suhrkamp taschenbuch
wissenschaft 243

W0236254

Jürgen Habermas, geboren 1929, hat von 1961 bis 1964 in Heidelberg Philosophie, von 1964 bis 1971 in Frankfurt am Main Philosophie und Soziologie gelehrt. Seit 1971 ist er Direktor am Max-Planck-Institut zur Erforschung der Lebensbedingungen der wissenschaftlich-technischen Welt in Starnberg.

Publikationen: *Student und Politik* (gemeinsam mit L. v. Friedeburg, Ch. Oehler und F. Weltz), 1961; *Strukturwandel der Öffentlichkeit*, 1962; *Theorie und Praxis*, 1963; *Erkenntnis und Interesse*, 1968; *Technik und Wissenschaft als Ideologie*, 1968; *Protestbewegung und Hochschulreform*, 1969; *Zur Logik der Sozialwissenschaften*, 1970; *Theorie der Gesellschaft oder Sozialtechnologie – Was leistet die Systemforschung?* (zusammen mit Niklas Luhmann), 1971; *Philosophisch-politische Profile*, 1971; *Kultur und Kritik*, 1973; *Legitimationsprobleme im Spätkapitalismus*, 1973; *Zur Rekonstruktion des Historischen Materialismus*, 1976.

Die überwiegend historisch gerichteten Untersuchungen, die in diesem Band gesammelt sind, sollen die Idee einer in praktischer Absicht entworfenen Theorie der Gesellschaft entfalten und deren Status gegenüber Theorien anderer Herkunft abgrenzen. Der Typus von Gesellschaftstheorie, den wir zuerst bei Marx ausgebildet finden, zeichnet sich dadurch aus, daß die Theorie in doppelter Hinsicht reflexiv ist. Der Historische Materialismus will eine Erklärung der sozialen Evolution leisten, die so umfassend ist, daß sie sich auch noch sowohl auf den Entstehungs- wie auf den Verwendungszusammenhang der Theorie selber erstreckt. Die Theorie gibt die Bedingungen an, unter denen eine Selbstreflexion der Gattungsgeschichte objektiv möglich geworden ist; und sie nennt zugleich den Adressaten, der sich mit Hilfe der Theorie über sich und seine potentiell emanzipative Rolle im Geschichtsprozeß aufklären kann. Mit der Reflexion ihres Entstehungs- und der Antizipation ihres Verwendungszusammenhangs begreift sich die Theorie selbst als ein notwendiges katalysatorisches Moment desselben gesellschaftlichen Lebenszusammenhangs, den sie analysiert; und zwar analysiert sie ihn als einen integralen Zwangszusammenhang unter dem Gesichtspunkt seiner möglichen Aufhebung.

Dieser Band ist textidentisch mit der früheren Ausgabe in der Reihe *suhrkamp taschenbücher* (= st 9).

Jürgen Habermas
Theorie und Praxis

Sozialphilosophische Studien

Suhrkamp

suhrkamp taschenbuch wissenschaft 243
Erste Auflage 1978
© 1963 by Hermann Luchterhand Verlag GmbH,
Neuwied am Rhein und Berlin
Vorliegende Ausgabe ist identisch mit der vierten,
durchgesehenen, erweiterten
und neu eingeleiteten Auflage 1971
Suhrkamp Verlag, Frankfurt am Main
Suhrkamp Taschenbuch Verlag
Alle Rechte vorbehalten, insbesondere das des
öffentlichen Vortrags, der Übertragung durch
Rundfunk oder Fernsehen und der Übersetzung,
auch einzelner Teile
Satz: IBV Lichtsatz KG, Berlin
Druck: Nomos Verlagsgesellschaft, Baden-Baden
Printed in Germany
Umschlag nach Entwürfen
von Willy Fleckhaus und Rolf Staudt

CIP-Kurztitelaufnahme der Deutschen Bibliothek
Habermas, Jürgen
[Sammlung]
Theorie und Praxis: sozialphilos. Studien. –
1. Aufl. – Frankfurt am Main: Suhrkamp, 1978.
(Suhrkamp-Taschenbücher Wissenschaft; 243)
ISBN 3-518-07843-7

Inhalt

Vorwort zur Neuausgabe

In einer Notiz zur zweiten Auflage hatte ich darauf hingewiesen, daß es ein schwieriges Unterfangen wäre, eine Sammlung von Aufsätzen »auf den neuesten Stand« zu bringen. Aus dem gleichen Grunde habe ich auch dieses Mal davon abgesehen, die Texte zu verändern; ich habe nur einige stilistisch und sachlich motivierte Streichungen und Korrekturen vorgenommen. Die Fußnoten habe ich um die wichtigsten Literaturangaben ergänzt. Vier weitere Abhandlungen, die seither entstanden sind und sich thematisch dem Gang der Untersuchung einfügen, sind aufgenommen worden; während die beiden Aufsätze über Bloch und Löwith, die im Anhang der ersten drei Auflagen enthalten waren, nun in dem Kontext stehen, in den sie hineingehören: in den ›Philosophisch-politischen Profilen‹, Bibliothek Suhrkamp 1971.

Beim Durchsehen des Textes ist mir bewußt geworden, daß die Diskussion besonders im Hinblick auf zwei Komplexe über den Stand von 1963 hinausgelangt ist: ich meine die (von M. Theunissen in einem Literaturbericht dargestellte) Theorie-Praxis-Diskussion im Anschluß an Hegel; sodann die Diskussion über die Grundlagen der Marxschen Wertlehre und Krisentheorie (wobei freilich immer noch keine befriedigende Klärung über den Status herbeigeführt worden ist, den die werttheoretischen Grundannahmen für eine empirisch gehaltvolle Analyse des Spätkapitalismus beanspruchen können). Auf diese Probleme kann ich nicht en passant eingehen. Andererseits möchte ich wenigstens programmatisch andeuten, wie sich mir das Verhältnis von Theorie und Praxis heute darstellt. Diese Überlegungen sind in der für die Neuausgabe verfaßten Einleitung dargestellt.

Frankfurt/M., im Juni 1971   J. H.

Vorwort zur ersten Auflage

Der Hauptteil des Bandes vereinigt sieben Abhandlungen, die während der drei letzten Jahre zu verschiedenen Anlässen geschrieben wurden. Querverbindungen machen den Zusammenhang der Studien auch äußerlich sichtbar; er selbst muß sich bei der Lektüre erweisen.

Die vorliegenden Arbeiten stellen einen propädeutischen Anspruch; ich betrachte sie als historische Vorstudien zu einer systematischen Untersuchung des Verhältnisses von Theorie und Praxis in den Sozialwissenschaften.

Für freundliche Ratschläge und Berichtigungen danke ich Herrn Otto Grüters.

Heidelberg, im Sommer 1963   J. H.

Einleitung zur Neuausgabe

Einige Schwierigkeiten beim Versuch, Theorie und Praxis zu vermitteln

Im Vorwort zur ersten Auflage hatte ich eine systematische Untersuchung zum Verhältnis von Theorie und Praxis in Aussicht gestellt. Bei dieser Ankündigung ist es geblieben. Das bedeutet nicht, daß ich das Thema fortan vernachlässigt hätte; die inzwischen publizierten Arbeiten zeigen vielmehr, daß mich das Thema nicht losgelassen hat. Die Neuauflage von »Theorie und Praxis« gibt mir eine willkommene Gelegenheit, mich in einer (notgedrungen flüchtigen) Retrospektive zu vergewissern, wohin ich durch die seither angestellten Überlegungen geführt worden bin.

»Theorie und Praxis«

Die überwiegend historisch gerichteten Untersuchungen, die in diesem Band gesammelt sind, sollen die Idee einer in praktischer Absicht entworfenen Theorie der Gesellschaft entfalten und deren Status gegenüber Theorien anderer Herkunft abgrenzen. Der Typus von Gesellschaftstheorie, den wir zuerst bei Marx ausgebildet finden, zeichnet sich dadurch aus, daß die Theorie in doppelter Hinsicht reflexiv ist. Der Historische Materialismus will eine Erklärung der sozialen Evolution leisten, die so umfassend ist, daß sie sich auch noch sowohl auf den Entstehungs- wie auf den Verwendungszusammenhang der Theorie selber erstreckt. Die Theorie gibt die Bedingungen an, unter denen eine Selbstreflexion der Gattungsgeschichte objektiv möglich geworden ist; und sie nennt zugleich den Adressaten, der sich mit Hilfe der Theorie über sich und seine potentiell emanzipative Rolle im Geschichtsprozeß aufklären kann. Mit der Reflexion ihres Entstehungs- und der Antizipation ihres Verwendungszusammenhangs begreift sich die Theorie selbst als ein notwendiges katalysatorisches Moment desselben gesellschaftlichen Lebenszusammenhangs, den sie analysiert; und zwar analysiert sie ihn als einen integralen Zwangszusammenhang unter dem Gesichtspunkt seiner möglichen Aufhebung.

Die Theorie erfaßt also eine doppelte Beziehung zwischen Theorie und Praxis: sie untersucht einerseits den geschichtlichen Konstitutionszusammenhang einer Interessenlage, der die Theorie gleichsam durch die Akte der Erkenntnis hindurch noch angehört; und andererseits den geschichtlichen Aktionszusammenhang, auf den die Theorie handlungsorientierend einwirken kann. Im einen Fall handelt es sich um die soziale Praxis, die als gesellschaftliche Synthesis Erkenntnis möglich macht; im anderen Fall um eine politische Praxis, die bewußt darauf abzielt, das bestehende Institutionensystem umzuwälzen. Durch die Reflexion ihres Entstehungszusammenhangs unterscheidet sich Kritik ebenso von Wissenschaft wie von Philosophie. Die Wissenschaften blenden nämlich den Konstitutionszusammenhang aus und verhalten sich zu ihren Gegenstandsbereichen objektivistisch; während umgekehrt Philosophie sich ihres Ursprungs als eines Ersten ontologisch nur zu sicher war. Durch die Antizipation ihres Verwendungszusammenhangs unterscheidet sich Kritik von dem, was Horkheimer traditionelle Theorie genannt hat. Sie begreift, daß ihr Geltungsanspruch allein in gelingenden Prozessen der Aufklärung und das heißt: im praktischen Diskurs der Betroffenen eingelöst werden kann. Kritik entsagt dem kontemplativen Anspruch monologisch aufgebauter Theorien und sieht zudem, daß sich auch die bisherige Philosophie, ihrem eigenen Anspruch zum Trotz, einen kontemplativen Charakter bloß anmaßt[1].

Diese Bestimmungen werden freilich in diesem Bande nicht systematisch entwickelt, sondern im Zusammenhang einer Problemgeschichte, für die die Aristotelische Unterscheidung zwischen Praxis und Technik als Leitfaden dient. Die Sozialphilosophie der Neuzeit setzt gegenüber der klassischen Naturrechtslehre den Anspruch auf einen konkurrenzfähigen, szientifisch ernstzunehmenden Status nur um den Preis einer Abtrennung vom Erfahrungszusammenhang der praktischen Philosophie durch: die monologisch gewordene Sozialphilosophie kann sich nicht eigentlich zu Praxis, sondern nurmehr zu einem durch sozialtechnische Empfehlungen gesteuerten zweckrationalen Handeln in Verhältnis setzen. Auf dieser Folie kann der Historische Materialismus als eine in praktischer Absicht entworfene Theorie der Gesellschaft begriffen werden, die die komplementären Schwächen der traditionellen Politik und der neuzeitlichen Sozialphilosophie vermeidet, die also den Anspruch auf Wissenschaftlichkeit mit einer auf Praxis bezogenen theoretischen Struktur verbindet. In weiteren Untersuchungen habe ich drei Aspekte des Verhältnisses von Theorie und Praxis weiter zu klären versucht: (1) den empirischen Aspekt des Verhältnisses von Wissenschaft, Politik und öffentlicher Meinung in spätkapitalistischen Gesellschaftssystemen; (2) den epistemologischen Aspekt des Zusammenhangs von Erkenntnis und Interesse; und schließlich (3) den methodologischen Aspekt einer Gesellschaftstheorie, die die Rolle der Kritik soll übernehmen können.

Öffentlichkeit

Technische Fragen stellen sich im Hinblick auf die zweckrationale Organisation von Mitteln und die rationale Wahl zwischen alternativen Mitteln bei gegebenen Zielen (Werten und Maximen). Praktische Fragen hingegen stellen sich im Hinblick auf die Annahme oder Ablehnung von Normen, insbesondere Handlungsnormen, deren Geltungsanspruch wir mit Gründen stützen oder bestreiten können. Theorien, die ihrer Struktur nach zur Klärung praktischer Fragen dienen, sind darauf angelegt, in kommunikatives Handeln einzugehen. Interpretationen, die im Rahmen solcher Theorien gewonnen werden können, sind freilich nicht unmittelbar als Handlungsorientierungen wirksam; sie finden vielmehr einen legitimen Stellenwert im therapeutischen Zusammenhang reflexiver Willensbildung. In politisch folgenreiche Aufklärungsprozesse können sie deshalb nur umgesetzt werden, wenn die institutionellen Bedingungen für praktische Diskurse im breiten Staatsbürgerpublikum erfüllt sind; solange das nicht der Fall ist, sind die restriktiven Zwänge, d. h. die in den Systemstrukturen angelegten Kommunikationseinschränkungen selber ein theoretisch zu klärendes Problem. Im Hinblick auf unser eigenes Gesellschaftssystem läßt sich diese Frage unter drei Gesichtspunkten präzisieren.

a) In meiner Einleitung zu *Student und Politik* [2] und in der Untersuchung über den *Strukturwandel der Öffentlichkeit* [3] habe ich den historischen Zusammenhang der kapitalistischen Entwicklung mit Entstehung und Zerfall der liberalen Öffentlichkeit analysiert. Einerseits ist die Fiktion einer Herrschaft auflösenden diskursiven Willensbildung zum ersten Mal im politischen System des bürgerlichen Rechtsstaates wirksam institutionalisiert worden; andererseits zeigt sich die Unvereinbarkeit der Imperative des kapitalistischen Wirtschaftssystems mit Forderungen eines demokratisierten Willensbildungsprozesses. Das Prinzip der Publizität, das auf der

Grundlage eines Publikums gebildeter, räsonnierender und kunstgenießender Privatleute und im Medium der bürgerlichen Presse zunächst in eindeutig kritischer Funktion gegen die Geheimpraxis des absolutistischen Staates durchgesetzt und in den Verfahrensweisen der rechtsstaatlichen Organe verankert worden war, wird zu demonstrativen und manipulativen Zwecken umfunktioniert. Das immer dichter gespannte Kommunikationsnetz der elektronischen Massenmedien ist heute, obgleich es technisch ein Potential der Befreiung darstellt, so organisiert, daß es eher die Loyalität einer entpolitisierten Bevölkerung kontrolliert als daß es dazu diente, die staatlichen und gesellschaftlichen Kontrollen ihrerseits einer dezentralisierten, folgenreich kanalisierten und entschränkten diskursiven Willensbildung zu unterwerfen.

b) In den thematisch eng zusammengehörenden Abhandlungen über *Technik und Wissenschaft als Ideologie* [4], über *Technischen Fortschritt und soziale Lebenswelt* [5], über *Praktische Folgen des wissenschaftlich-technischen Fortschritts* (in diesem Band) und über die *Bedingungen für eine Revolutionierung spätkapitalistischer Gesellschaftssysteme* [6] habe ich zwei Entwicklungstendenzen, die (abgesehen von den Erscheinungsformen der Zentralisation) für den entwickelten Kapitalismus kennzeichnend sind, im Hinblick auf die Entpolitisierung der Öffentlichkeit untersucht: ich meine erstens das Anwachsen der interventionistischen Staatstätigkeit, die Stabilität und Wachstum des ökonomischen Systems sichern soll, und zweitens die wachsende Interdependenz von Forschung, Technik und staatlicher Administration, welche das Wissenschaftssystem zur ersten Produktivkraft gemacht hat. Staatsinterventionismus und geplanter wissenschaftlich-technischer Fortschritt können als Regulative für die Ungleichgewichte und Konflikte dienen, die sich aus einem durch Kapitalverwertungsimperative gesteuerten Produktionsprozeß ergeben. Freilich scheint es sich so zu verhalten, daß die Steuerungskapazität der staatlichen Verwaltung und das Produktivitätspotential von Wissenschaft und Technik innerhalb der Schranken der gegenwärtigen Produktionsweise systematisch nur um den Preis eines zunächst noch latent gehaltenen Konfliktes eingesetzt werden können. Der Konflikt besteht darin, daß einerseits die unter ökonomischen Imperativen eingespielten Prioritäten nicht von einem allgemeinen diskursiven Willensbildungsprozeß abhängig gemacht werden dürfen: deshalb nimmt Politik heute den Schein der Technokratie an; daß aber andererseits der Ausschluß folgenreicher praktischer Fragen aus einer entpolitisierten Öffentlichkeit infolge einer langfristigen Erosion verhaltenssichernder kultureller Überlieferungen, die bislang als nicht thematisierte Randbedingungen des politischen Systems vorausgesetzt werden konnten, immer schwieriger wird: deshalb entsteht heute ein chronischer Bedarf an Legitimation.

c) Schließlich habe ich in Abhandlungen zur Wissenschaftspolitik und zur Hochschulreform (siehe in diesem Band die beiden letzten Beiträge, ferner: *Verwissenschaftlichte Politik und öffentliche Meinung*[7]; die größeren Arbeiten in dem Sammelband: *Protestbewegung und Hochschulreform*[8] und die Einleitung zu den *Philosophisch-politischen Profilen*[9] erörtert, welche Konsequenzen sich für das Wissenschaftssystem selbst aus dem Umstand ergeben, daß die Wissenschaften mehr und mehr die Rolle einer ersten Produktivkraft übernehmen. Die neue politische Bedeutung, die beispielsweise Luhmann zu der Überlegung veranlaßt hat, ob dem Wissenschaftssystem in Zukunft ein funktionaler Primat für die gesamtgesellschaftliche Entwicklung zukommen wird, ist eine Herausforderung und ein Problem auch für die Wissenschaften. Zunächst kann sich die Wissenschaft selbst thematisieren. Sie kann unter verschiedenen Gesichtspunkten die Organisation des wissenschaftlichen und technischen Fortschritts empirisch untersuchen: das ist Aufgabe der komplexen Bemühungen, die den Namen einer *Science on Science* in Anspruch nehmen. Sodann kann die Wissenschaft reflexiv den gesellschaftlichen Zusammenhang analysieren, in den sie institutionell, aber auch methodologisch eingebettet ist und der zugleich über die Verwertung der wissenschaftlich erzeugten Informationen entscheidet: das ist Aufgabe einer materialen Wissenschaftskritik. Schließlich kann die praktische Verwertung der Erkenntnis, die Umsetzung in Technologien und Strategien einerseits, in kommunikative Praxis andererseits wissenschaftlich vorbereitet werden: das ist Aufgabe einer erst in den Anfängen steckenden Praxeologie, zu der auch Untersuchungen über die mögliche Interaktion zwischen Wissenschaft und Politik (beispielsweise in Form der Politikberatung) gehört.

Die in Gang gekommene Umstrukturierung des Hochschulsystems läßt sich gleichzeitig als Teil einer technokratischen Planung *und*, in Reaktion darauf, als Versuch begreifen, das System der Wissenschaften als politische Einheit zu konstituieren. Eine wissenschaftskritisch aufgeklärte und politisch handlungsfähige Hochschule könnte sich zum Anwalt dafür machen, daß zwischen alternativen Gewichtungen des wissenschaftlich-technischen Fortschritts nicht naturwüchsig unter industriell-militärischen Gesichtspunkten, sondern, in Abwägung der praktischen Folgen, politisch, eben aufgrund allgemeiner diskursiver Willensbildungsprozesse entschieden wird[10].

Alle diese Untersuchungen zum empirischen Verhältnis von Wissenschaft, Politik und öffentlicher Meinung in spätkapitalistischen Gesellschaftssystemen müssen unbefriedigend bleiben, solange seriöse Ansätze zu einer Theorie des Spätkapitalismus kaum ausgearbeitet sind. Ich meine, daß die Theoriebildung heute von drei zentralen Fragenkomplexen ausgehen müßte. 1) Warum wird die Beschaffung von Legitimation im entwickelten Kapitalismus zum wichtigsten Systemproblem? Werden die Konflikte, die durch staatliche Planung leidlich unter Kontrolle gebracht werden können, ins politische System verschoben? Muß eine politische Krisentheorie an die Stelle der ökonomischen treten? 2) Können die neuen, durch Motivationsentzug und Protestneigung gekennzeichneten, subkulturell abgestützten Konflikt- und Apathiepotentiale zu einer Leistungsverweigerung systemgefährdenden Ausmaßes führen? Sind die Gruppen, die die Erfüllung wichtiger Systemfunktionen möglicherweise passiv in Frage stellen, mit den Gruppen identisch, die in Krisensituationen bewußt politisch handeln können? Ist der Erosionsprozeß, der dazu führen kann, daß funktional notwendige Herrschaftslegitimationen und Leistungsmotivationen zerbröckeln, zugleich ein Politisierungsprozeß, der Handlungspotentiale schafft? 3) Resultieren aus einem weitgehend politisch vermittelten Lohnarbeitsverhältnis heute noch Zwänge zur Organisierung der Arbeiterklasse und zur Konstituierung eines Klassenbewußtseins? Lassen sich innerhalb der Industriearbeiterschaft Teilgruppen angeben, die aus strukturellen Gründen einer politischen Aufklärung zugänglich und für nicht-ökonomistische Zielsetzungen zu gewinnen sind? Sind die politisch bewußtseinsbildenden Motive aus Bereichen produktiver Arbeit in andere Bereiche des Beschäftigungssystems abgewandert?

Wir haben bisher keine hinreichend präzisierten und überprüfbaren Hypothesen entwickelt, um diese Fragen empirisch beantworten zu können[11].

In den sozialphilosophischen Abhandlungen zu Theorie und Praxis habe ich erkenntnistheoretische Fragen nicht systematisch behandelt. Das ist auch in dem problemgeschichtlichen Kontext meines Buches *Erkenntnis und Interesse* und der gleichnamigen Antrittsvorlesung[12], wenn man strenge Standards anlegt, nicht geschehen. Gleichwohl habe ich die historischen Untersuchungen und explorativen Überlegungen soweit geführt, daß das Programm einer Wissenschaftstheorie klar wird, die den Konstitutions- und den Verwendungszusammenhang wissenschaftlicher Theorien überhaupt systematisch erfassen soll[13]. Ich habe mich von der Frage nach den Systemen von Grundbegriffen (oder ›transzendentalen Rahmen‹) leiten lassen, innerhalb deren wir unsere Erfahrungen a priori und vor aller Wissenschaft organisieren, freilich so, daß auch die Bildung wissenschaftlicher Objektbereiche dadurch präjudiziert ist. Im Funktionskreis instrumentalen Handelns begegnen uns Gegenstände vom Typus bewegter Körper; hier machen wir Erfahrungen mit Dingen, Ereignissen und Zuständen, die grundsätzlich manipulierbar sind. In Interaktionen (oder auf der Ebene der Intersubjektivität möglicher Verständigung) begegnen uns Gegenstände vom Typus sprechender und handelnder Subjekte; hier machen wir Erfahrungen mit Personen, Äußerungen und Zuständen, die grundsätzlich symbolisch strukturiert und verständlich sind. Die Objektbereiche der empirisch-analytischen und der hermeneutischen Wissenschaften sind in diesen Vergegenständlichungen der Realität, die wir alltäglich unter dem Gesichtspunkt der technischen Verfügbarkeit und der intersubjektiven Verständlichkeit immer schon vornehmen, fundiert. Das zeigt sich beim methodologischen Vergleich der theoretischen Grundbegriffe, des logischen Aufbaus der Theoreme, des Verhältnisses von Theorie und Gegenstandsbereich, der Kriterien der Überprüfung, der Prüfprozeduren usw. Auffällig ist vor allem der Unterschied der pragmatischen Funktion, den die in verschiedenen Wissenschaften erzeugten Informationen jeweils haben können. Empirisch analytisches Wissen kann die Form von kausalen Erklärungen oder bedingten Prognosen, die sich auf beobachtbare Ereignisse beziehen, annehmen; hermeneutisches Wissen hat in der Regel die Form einer Interpretation von überlieferten Sinnzusammenhängen. Es besteht ein systematischer Zusammenhang zwischen der logischen Struktur einer Wissenschaft und der pragmatischen

Struktur möglicher Verwendungen der in ihrem Rahmen erzeugbaren Informationen.

Diesen differentiellen Handlungsbezug der beiden erwähnten Kategorien von Wissenschaften habe ich auf den Umstand zurückgeführt, daß wir in der Konstituierung der wissenschaftlichen Objektbereiche den alltäglichen Vorgang der Vergegenständlichung der Realität unter den Gesichtspunkten der technischen Verfügbarkeit und der intersubjektiven Verständlichkeit bloß fortsetzen. Diese beiden Gesichtspunkte bringen anthropologisch tiefsitzende erkenntnisleitende Interessen zum Ausdruck, die einen quasitranszendalen Status haben. Die Erkenntnisinteressen sind weder erkenntnispsychologisch noch wissenssoziologisch oder im engeren Sinne ideologiekritisch von Bedeutung; denn sie sind invariant. Noch lassen sie sich andererseits auf das biologische Erbe eines konkreten Antriebspotentials zurückführen; denn sie sind abstrakt. Sie ergeben sich vielmehr aus Imperativen der an Arbeit und Sprache gebundenen soziokulturellen Lebensform. Daher sind technisches und praktisches Erkenntnisinteresse nicht Steuerungen der Kognition, die um der Objektivität der Erkenntnis willen ausgeschaltet werden müßten; sie selbst vielmehr bestimmen den Aspekt, unter dem die Wirklichkeit objektiviert, und damit der Erfahrung allererst zugänglich gemacht werden kann. Sie sind die für sprach- und handlungsfähige Subjekte notwendigen Bedingungen der Möglichkeit von Erfahrung, die auf Objektivität Anspruch erheben kann. Der Ausdruck ›Interesse‹ soll freilich die Einheit des Lebenszusammenhanges anzeigen, in den Kognition eingebettet ist: wahrheitsfähige Äußerungen beziehen sich auf eine Realität, die in zwei verschiedenen Handlungs-Erfahrungskontexten als Wirklichkeit objektiviert, d. h. *zugleich* freigelegt und konstituiert wird; das zugrundeliegende ›Interesse‹ stiftet die Einheit zwischen diesem Konstitutionszusammenhang, an den Erkenntnis zurückgebunden ist, mit der Struktur der möglichen Verwendungen, die die Erkenntnisse finden können.

Während die Wissenschaften diese Interessenbasis, die den Entstehungs- und den Verwendungszusammenhang der Theorien vorgängig verbindet, nicht in ihr methodologisches Selbstverständnis aufnehmen, ist nun die Kritik, die Marx als Gesellschaftstheorie, Freud als Metapsychologie entworfen hat, gerade dadurch ausgezeichnet, daß sie das erkenntnisleitende Interesse, und zwar ein über das technische und praktische Erkenntnisinteresse hinausgehendes Interesse an Emanzipation, in ihr Bewußtsein aufnimmt. Ich habe an der Psychoanalyse als einer auf Selbstreflexion abzielenden Sprachanalyse zu zeigen versucht, wie die in systematisch verzerrter Kommunikation verkörperten Gewaltverhältnisse durch den Prozeß der Kritik unmittelbar angegriffen werden können, so daß in der methodisch ermöglichten und provozierten Selbstreflexion am Ende Einsicht und Emanzipation von undurchschauten Abhängigkeiten, d. h. Erkenntnis und die Erfüllung des Interesses an einer Befreiung durch Erkenntnis zusammenfallen[14]. Daher ist das Verhältnis von Theorie und Therapie für die Freudsche Theorie selber ebenso konstitutiv wie das Verhältnis von Theorie und Praxis für die Marxsche Theorie. Das läßt sich an der logischen Form allgemeiner Interpretationen und an der pragmatischen Leistung des explanatorischen Verstehens (im Vergleich mit kausaler Erklärung und hermeneutischem Verstehen) im einzelnen zeigen.

Methodologische Probleme

Aus dem Umstand, daß Theorien vom Typus der Kritik ihren (strukturellen) Entstehungs- und ihren (potentiellen) Verwendungszusammenhang selber noch reflektieren, ergibt sich, gleichsam als eine methodologische Innenansicht des Verhältnisses von Theorie und Praxis, auch ein verändertes Verhältnis von Theorie und Empirie. In Untersuchungen, die in dem Materialienband *Zur Logik der Sozialwissenschaften* (Frankfurt 1970) gesammelt sind, ferner in dem erwähnten Aufsatz über den *Universalitätsanspruch der Hermeneutik* und in meiner Auseinandersetzung mit Luhmann[15] bin ich in einer aporetischen und noch nicht hinreichend expliziten Form den wichtigsten methodologischen Problemen nachgegangen, die sich aus dem Programm und der Begriffsstrategie einer Gesellschaftstheorie in praktischer Absicht ergeben. Ausgehend von der eigentümlichen Stellung des erkennenden Subjekts zu einem Gegenstandsbereich, der sich aus den generativen Leistungen sprach- und handlungsfähiger Subjekte aufbaut und gleichwohl objektive Gewalt auch über diese Subjekte selber gewonnen hat, ergeben sich Abgrenzungen gegenüber vier konkurrierenden Ansätzen.

a) Gegenüber dem Objektivismus der strengen Verhaltenswissenschaften hütet sich die kritische Soziologie vor einer Zurückführung des intentionalen Handelns auf Verhalten. Wenn der Gegenstandsbereich aus symbolisch strukturierten Gebilden, die nach zugrundeliegenden Regelsystemen erzeugt werden, besteht, dann darf der kategoriale Rahmen nicht indifferent sein gegenüber dem Spezifischen der umgangssprachlichen Kommunikation. Ein sinnverstehender Zugang zu den Daten muß zugelassen werden. Daraus resultiert die für die Sozialwissenschaften typische Meßproblematik. An die Stelle der kontrollierten Beobachtung, die die Anonymität (Austauschbarkeit) des beobachtenden Subjektes und damit die Reproduzierbarkeit der Beobachtung garantiert, tritt eine partizipierende Beziehung des verstehenden Subjektes zu einem Gegenüber (*Alter ego*). Das Paradigma ist nicht länger die Beobachtung, sondern die Befragung, eine Kommunikation also, in die der Verstehende wie immer kontrollierbare Teile seiner Subjektivität einbringen muß, um dem Gegenüber auf der Ebene der Intersubjektivität möglicher Verständigung überhaupt begegnen zu können. Das macht freilich (wie das Beispiel der analytischen Grundregel für das psychoanalytische Gespräch zeigt) Disziplinierungen erst recht nötig. Die modischen Forderungen nach einem Typus von *action research,* der Erhebung mit politischer Aufklärung verbinden soll, übersehen den auch für die Sozialwissenschaften geltenden Umstand, daß eine unkontrollierte Veränderung des Feldes mit der gleichzeitigen Erhebung von Daten im Feld unvereinbar ist. Alle auf das Sprachspiel physikalischen Messens zurückführbaren Operationen (auch an Meßgeräten, die nur mit Hilfe komplizierter Theorien gebaut werden können) lassen sich der sinnlichen Wahrnehmung (›Beobachtung‹) und einer Ding-Ereignis-Sprache zuordnen, in der Beobachtungen deskriptiv ausgedrückt werden können. Hingegen fehlt ein entsprechendes System von Grundoperationen des Messens, das wir in analoger Weise dem in Zeichenbeobachtungen fundierten Sinnverstehen sowie einer Person-Äußerungssprache zuordnen könnten, in der verstandene Äußerungen deskriptiv ausgedrückt werden. Wir behelfen uns mit hermeneutisch disziplinierten Deutungen, d. h. wir bedienen uns der Hermeneutik anstelle eines Meßverfahrens; aber sie ist keines. Vermutlich würde erst eine Theorie umgangssprachlicher Kommunikation, welche die kommunikative Kompetenz nicht schult, sondern erklärt, eine geregelte Umformung kommunikativer Erfahrungen in Daten erlauben (ähnlich wie die Logik für bestimmte Untersuchungen der kognitivistischen Entwicklungspsychologie oder die Transformationsgrammatik für Untersuchungen der Psycholinguistik über den kindlichen Spracherwerb der Konstruktion von Meßverfahren eine normative Grundlage bieten).

b) Gegenüber dem Idealismus der geisteswissenschaftlichen Hermeneutik hütet sich die kritische Soziologie vor einer Zurückführung der in Gesellschaftssystemen vergegenständlichten Sinnzusammenhänge auf die Gehalte kultureller Überlieferung. Ideologiekritisch hinterfragt sie den faktisch eingespielten Konsensus, der die jeweils geltenden Traditionen stützt, im Hinblick auf die in die symbolischen Strukturen der Sprach- und Handlungssysteme unauffällig eingelassenen Machtbeziehungen. Die immunisierende Kraft von Ideologien, die Rechtfertigungsansprüche diskursiver Nachprüfung entziehen, geht, unabhängig von den wechselnden semantischen Gehalten, auf Kommunikationssperren zurück. Diese in den Kommunikationsstrukturen selbst angelegten Blokkierungen, welche für bestimmte Inhalte die Optionen zwischen nichtverbaler und verbaler Ausdrucksform, zwischen kommunikativem und kognitivem Sprachgebrauch und schließlich zwischen kommunikativem Handeln und Diskurs einschränken oder ganz ausschließen, bedürfen der Erklärung im Rahmen einer Theorie der systematisch verzerrrten Kommunikation. Wenn diese im Anschluß an eine Universalpragmatik[16] befriedigend entwickelt und mit präzisierten Grundannahmen des Historischen Materialismus überzeugend verknüpft werden könnte, wäre auch eine systematische Erfassung der kulturellen Überlieferung nicht ausgeschlossen. Vielleicht ergeben sich aus einer Theorie der sozialen Evolution überprüfbare Annahmen über die Logik der Entfaltung von Moralsystemen, von Weltbildstrukturen und entsprechenden Kultpraktiken; dann müßte sich zeigen, ob die, wie es scheint, kontingente Mannigfaltigkeit tradierter Sinngehalte, die im Rahmen von Weltbildern organisiert sind, nach universalpragmatisch erfaßbaren Merkmalen systematisch variieren[17].

c) Gegenüber dem Universalismus einer umfassend angelegten Systemtheorie hütet sich die kritische Soziologie vor der Zurückführung aller gesellschaftlichen Konflikte auf ungelöste Probleme der Steuerung selbstgeregelter Systeme. Gewiß ist es sinnvoll, soziale Systeme als Einheiten aufzufassen, die objektiv gestellte Probleme durch übersubjektive Lernprozesse lösen; nur soweit es sich dabei um die Lösung von Steuerungsproblemen handelt, erweist sich jedoch das Bezugssystem der Maschinenkybernetik als brauchbar. Soziale Systeme unterscheiden sich von (lernenden) Maschinen und Organismen unter anderem dadurch, daß die übersubjektiven Lernprozesse im Rahmen umgangssprachlicher Kommunikation ablaufen und organisiert sind. Ein sozialwissenschaftlich angemessener (und nicht nur auf die Erzeugung von Strategien und Organisationen, d. h. auf die Erweiterung von Steuerungskapazitäten zugeschnittener) Systembegriff kann deshalb nicht aus der allgemeinen Systemtheorie übernommen, er muß im Zusammenhang mit einer Theorie der umgangssprachlichen Kommunikation, die auch das Verhältnis der Intersubjektivität und die Beziehung zwischen Ich- und Gruppenidentität berücksichtigt, entwickelt werden. Ultrastabilität oder, in Luhmanns Fassung: die Reduktion von Weltkomplexität durch Steigerung von Eigenkomplexität, sind Zielbestimmungen, die sich aus der funktionalistischen Begriffsstrategie unvermeidlich ergeben, obgleich gerade auf der soziokulturellen Stufe der Evolution das Bestandsproblem unscharf und die Rede vom »Überleben« metaphorisch wird.

d) Gegenüber dem dogmatischen Erbe der Geschichtsphilosophie schließlich hütet sich die kritische Soziologie vor einer Überanstrengung der reflexionsphilosophischen Begriffe. Aus der transzendentalphilosophischen Begriffsstrategie ergibt sich (schon bei den Nachfolgern Kants, heute auch bei denjenigen, die eine marxistische Gesellschaftstheorie im Anschluß an Husserls Lebensweltanalysen entwickeln) der eigentümliche Zwang, die soziale Welt in der gleichen Weise als Konstitutum zu denken wie die Welt der Gegenstände möglicher Erfahrung. So werden auch den objektiven Zusammenhängen, in denen vergesellschaftete Individuen einander begegnen und kommunikativ handeln, Subjekte in Großformat zugeordnet. Die projektive Erzeugung höherstufiger Subjekte hat eine lange Tradition. Auch Marx hat nicht immer deutlich gemacht, daß die den sozialen Klassen zugeschriebenen Attribute (wie Klassenbewußtsein, Klasseninteresse, Klassenhandeln) nicht einfach Übertragungen von der Ebene individuellen Bewußtseins auf ein Kollektiv bedeuten. Es sind vielmehr Titel für etwas, das sich erst intersubjektiv in Beratungen oder in Kooperationen zusammenlebender Individuen herstellen kann.

Einwände

In meiner stark selektiv verfahrenden und übervereinfachenden Retrospektive habe ich drei Linien der Argumentation hervorgehoben, auf denen ich das Verhältnis von Theorie und Praxis, über die in diesem Bande angestellten historischen Untersuchungen hinaus, verfolgt habe. Diese Argumentationen sind gewiß unbefriedigend im Hinblick auf den Grad der Explikation und der Vollständigkeit; der fragmentarische und vorläufige Charakter der Überlegungen war mir stets gegenwärtig. Aber nur exponierte Stellungen machen diskursive Angriffe und Verteidigungen, d. h. substantielle Argumentation möglich. Dabei unterlaufen Ungenauigkeiten, oft mehr als mir lieb sein können. Das ist die eine Ebene der Kritik, der ich mich aussetze, die ich aber hier vernachlässige. Auf einer anderen Ebene liegen Einwände, die die Konstruktion selbst treffen. Im Augenblick sehe ich drei ernstzunehmende Einwände (andere Kontrahenten haben mich vom Gewicht ihrer Argumente nicht überzeugt; natürlich kann ich nicht ausschließen, daß es dafür auch psychologische Gründe gibt, aber ich hoffe es nicht). Auch hier begnüge ich mich mit einer Skizze.

a) Der erste Einwand bezieht sich auf den mangelhaft geklärten Status der erkenntnisleitenden Interessen. Die Verlegenheitsformel ›quasitranszendental‹ zeigt mehr Probleme an, als sie löst. Einerseits verzichte ich beim Versuch, die systematischen Beziehungen zwischen der Logik der Forschung und der Logik sowohl des Entstehungs- wie des Verwendungszusammenhangs der entsprechenden Wissenschaften zu klären, auf eine transzendentallogische Einstellung im strikten Sinne. Ich unterstelle nicht die synthetischen Leistungen eines intelligiblen Ichs oder überhaupt eine leistende Subjektivität. Ich unterstelle allerdings, mit Peirce[18], den realen Zusammenhang kommunizierender (und kooperierender) Forscher, wobei diese Subsysteme jeweils Teil ihrer umfassenden gesellschaftlichen Systeme und diese wiederum Ergebnis der soziokulturellen Evolution der Menschengattung sind. Andererseits lassen sich logisch-methodologische Zusammenhänge nicht auf empirische einfach zurückführen; es sei denn um den Preis eines Naturalismus, der das technische wie das praktische Erkenntnisinteresse naturgeschichtlich, letzten Endes also biologisch zu erklären beanspruchen müßte[19]; oder aber um den Preis eines Historismus, der mindestens das emanzipatorische Erkenntnisinteresse an zufälligen geschichtlichen Konstellationen festmacht und somit der Selbstreflexion die Möglichkeit einer Begründung ihres Geltungsanspruchs relativistisch nimmt[20]. In keinem der beiden Fälle wäre plausibel zu machen, wie überhaupt Theorien wahrheitsfähig sein können, die eigene Theorie nicht ausgenommen.

b) Der zweite Einwand richtet sich gegen die Behauptung, daß in der durch Selbstreflexion erzeugten Einsicht Erkenntnis und emanzipatorisches Erkenntnisinteresse ›eins‹ seien. Selbst wenn man zugibt, daß der Vernunft auch eine Parteilichkeit für Vernunft innewohnt, ist doch der Allgemeinheitsanspruch, den Reflexion als Erkenntnis stellen muß, unvereinbar mit der Partikularität, die jedem, auch einem auf Selbstbefreiung abzielenden Interesse anhaftet. Ist nicht mit dem emanzipatorischen Interesse doch schon ein bestimmter Inhalt, nämlich substantielle Rationalität, für eine Vernunft reklamiert, die ihrer eigenen Idee zufolge Festlegungen auf besondere Ziele ausschließt? Wird nicht das Moment an Entscheidung und Engagement, von dem jede und gerade die umwälzende Praxis der durch Kritik belehrten Subjekte abhängig ist, in einem dogmatisch behaupteten Vernunftinteresse bloß unterdrückt und dadurch zugleich immunisiert? Am Ende ist die normative Grundlage einer kritischen Soziologie nur erschlichen, wenn man bedenkt, daß im Interesse an der Befreiung von der dogmatischen Gewalt objektiv gewordener Selbsttäuschung beides unzulässig vermengt wird: einerseits das Interesse an Aufklärung im Sinne der unnachgiebigen diskursiven Einlösung von Geltungsansprüchen (und der diskursiven Auflösung von Meinungen und Normen, deren wie immer tatsächlich akzeptierte Geltung zu Unrecht beansprucht wird); und andererseits das Interesse an Aufklärung im Sinne einer praktischen Veränderung eingelebter Situationen (und der Realisierung von Zielen, die eine riskante Parteinahme und damit gerade die Preisgabe der neutralen Rolle eines Diskursteilnehmers verlangen)[21].

c) Der dritte Einwand richtet sich gegen die Unverbindlichkeit von Erörterungen über das Verhältnis von Theorie und Praxis, welche die Fragen einer Organisation der Aufklärung und der aufgeklärten Praxis aussparen. Auf politischer Ebene hat Oskar Negt diesen Einwand am klarsten formuliert: da ich die Organisationsfrage nicht stelle und damit die Konsequenzen aus einer auf Emanzipation gerichteten Erkenntnis nicht ziehe, bleibe ich bei einem *vorpolitischen* Begriff objektiver Parteilichkeit stehen. Stattdessen wäre eine Organisationspraxis, die der Forderung nach massenhafter Aufklärung genügt, zu diskutieren, für die Negt selbst die seinerzeit in der Studentenbewegung verbreiteten dezentralisierten Aktivitäten vor Augen gestanden haben, also Beispiele spontaner Selbstorganisation, »für die sich die Alternative von Aufklärung und Umsturz nicht mehr stellt«[22].

Auf theoretischer Ebene richtet sich ein analoger Einwand gegen die Übertragbarkeit des Modells der Psychoanalyse auf die Gesellschaftstheorie. Ich habe ja am Beispiel des analytischen Gesprächs den kritisch angeleiteten Prozeß der Selbstreflexion untersucht, um daran die Logik der Umsetzung von Kritik in Selbstbefreiung zu klären. Nun ist aber die Therapie an Kunstregeln und einschränkende institutionelle Bedingungen gebunden, denen der politische Kampf, erst recht der revolutionäre, nicht unterworfen ist. Daher liegt auf der konservativen Seite das Bedenken nahe, daß die Übertragung des Arzt-Patienten-Modells auf die politische Praxis großer Gruppen der unkontrollierten Gewaltausübung selbsternannter Eliten, die sich gegenüber ihren potentiellen Gegnern mit dem dogmatischen Anspruch auf einen privilegierten Zugang zu wahren Einsichten abschließen, Vorschub leistet. Während auf der anderen Seite das Bedenken entsteht, daß die Übertragung jenes selben Modells gerade zu einer rationalistischen Verleugnung des militanten Elementes in der Auseinandersetzung mit dem politischen Gegner führt, weil der irenische Anschein entsteht, als zerstöre die kritische Einsicht per se den gewalthabenden Dogmatismus der bestehenden Institutionen[23].

Handlung und Diskurs

Die normative Grundlage für eine in praktischer Absicht entworfene Gesellschaftstheorie finden wir nicht mehr, wie in gewisser Weise noch Marx, in der dialektischen Logik. Zwar kann die Logik einer Selbstreflexion, die den Bildungsgang der Identität eines Ichs durch die Windungen systematisch verzerrter Kommunikationen hindurch zurückverfolgt und demselben Ich analytisch zu Bewußtsein bringt, ›dialektisch‹ heißen, wenn es Aufgabe der Dialektik ist, im Sinne der Hegelschen ›Phänomenologie‹ (und einer nicht-szientistisch begriffenen Psychoanalyse) aus den geschichtlichen Spuren unterdrückter Dialoge das Unterdrückte zu rekonstruieren[24]. Dialektisch ist dann, das ist Adornos[25] zentrale Einsicht, allein der Zwangszusammenhang, den das dialektische Denken, indem es diesem sich angleicht, aufsprengt. Dann freilich verschiebt sich unser Problem nur. Denn die Struktur der verzerrten Kommunikation ist kein Letztes, fundiert ist sie in der Logik unverzerrter sprachlicher Kommunikation.

In gewisser Weise ist Mündigkeit die einzige Idee, deren wir, wie ich in meiner Frankfurter Antrittsvorlesung behauptet habe[26], im

Sinne der philosophischen Tradition mächtig sind; denn jedem Akt des Sprechens wohnt das Telos der Verständigung schon inne: »Mit dem ersten Satz ist die Intention eines allgemeinen und ungezwungenen Konsensus unmißverständlich ausgesprochen«[27]. Wittgenstein hat bemerkt, daß der Begriff der Verständigung im Begriff der Sprache liege. Wir können nur in einem selbst-explikativen Sinne sagen, daß sprachliche Kommunikation der Verständigung »diene«. Jede Verständigung bewährt sich an einem, wie wir sagen, vernünftigen Konsensus; sonst ist sie keine ›wirkliche‹ Verständigung. Kompetente Sprecher wissen, daß jeder faktisch erzielte Konsensus trügen kann; aber dem Begriff des trügerischen (oder bloß erzwungenen) Konsensus müssen sie den Begriff des vernünftigen Konsensus immer schon zugrundegelegt haben. Verständigung ist ein normativer Begriff; jeder, der eine natürliche Sprache spricht, kennt ihn intuitiv und traut sich darum zu, grundsätzlich einen wahren von einem falschen Konsensus zu unterscheiden. In der philosophischen Bildungssprache nennen wir dieses Wissen a priori oder ›angeboren‹. Das beruht auf traditionellen Deutungen. Auch unabhängig von diesen Interpretationen können wir versuchen, die normativen Implikate des Begriffs möglicher Verständigung, der jedem Redenden (und Hörenden) naiv vertraut ist, zu klären. Diesen Versuch unternehme ich mit dem Entwurf einer Universalpragmatik; von diesen Arbeiten sind bisher nur *Vorbereitende Bemerkungen zu einer Theorie der kommunikativen Kompetenz* veröffentlicht[28].

Wir können davon ausgehen, daß funktionierende Sprachspiele, in denen Sprechakte ausgetauscht werden, auf einem Hintergrundkonsensus beruhen. Dieser Hintergrundkonsensus bildet sich in der reziproken Anerkennung von mindestens vier Geltungsansprüchen, die die Sprecher wechselseitig anmelden: beansprucht wird die Verständlichkeit der Äußerung, die Wahrheit ihres propositionalen Bestandteiles, die Richtigkeit oder Angemessenheit ihres performatorischen Bestandteiles, und die Wahrhaftigkeit des sprechenden Subjekts. Der Anspruch auf Verständlichkeit muß faktisch eingelöst sein, wenn und soweit Verständigung in einer Kommunikation erzielt werden kann. Der Anspruch auf Wahrhaftigkeit kann nur in Interaktionen eingelöst werden: in Interaktionen muß sich auf die Dauer herausstellen, ob die andere Seite ›in Wahrheit‹ mitmacht oder kommunikatives Handeln bloß vortäuscht und sich tatsächlich strategisch verhält. Anders steht es mit dem assertorischen Anspruch auf die Wahrheit von Aussagen und mit dem Anspruch auf die Richtigkeit von Handlungsnormen, bzw. die Angemessenheit von Bewertungsnormen, denen wir folgen sollen. Das sind Geltungsansprüche, deren Berechtigung allein in Diskursen nachgewiesen werden kann. Die faktische Anerkennung stützt sich in jedem, auch im Irrtumsfalle, auf die Möglichkeit der diskursiven Einlösung des erhobenen Anspruchs. Diskurse sind Veranstaltungen, in denen wir kognitive Äußerungen begründen.

In Handlungen werden die faktisch erhobenen Geltungsansprüche, die den tragenden Konsensus bilden, naiv angenommen. Der Diskurs hingegen dient der Begründung problematisierter Geltungsansprüche von Meinungen und Normen. Insofern verweist das System von Handeln und Erfahrung zwingend auf eine Form der Kommunikation, in der die Beteiligten keine Informationen austauschen, weder Handlungen steuern und ausführen, noch Erfahrungen machen oder vermitteln, sondern Argumente suchen und Begründungen geben. Diskurse verlangen deshalb die Virtualisierung von Handlungszwängen, die dazu führen soll, daß alle Motive außer dem einzigen einer kooperativen Verständigungsbereitschaft außer Kraft gesetzt und Fragen der Geltung von denen der Genesis getrennt werden. Diskurse ermöglichen dadurch die Virtualisierung von Geltungsansprüchen, die darin besteht, daß wir gegenüber den Gegenständen kommunikativen Handelns (Dingen und Ereignissen, Personen und Äußerungen) einen Existenzvorbehalt anmelden und Tatsachen wie Normen unter dem Gesichtspunkt *möglicher* Existenz auffassen. Im Diskurs klammern wir, um mit Husserl zu sprechen, die Generalthesis ein. So verwandeln sich Tatsachen in Sachverhalte, die der Fall, aber auch nicht der Fall, und Normen in Empfehlungen und Warnungen, die richtig oder angemessen, aber auch unrichtig oder unangemessen sein können.

Allein die Struktur dieser eigentümlich irrealen Form der Kommunikation verbürgt die Möglichkeit eines diskursiv zu erzielenden Konsenus, der als vernünftig gelten darf. Weil sich Wahrheit (in dem weitgefaßten traditionellen Sinne der Vernünftigkeit) von bloßer Gewißheit durch ihren Absolutheitsanspruch unterscheidet, ist der Diskurs die Bedingung des Unbedingten. Mit Hilfe einer Konsensustheorie der Wahrheit, die gegenüber konkurrierenden Wahrheitstheorien zu begründen hätte, warum ein diskursunabhängiges Wahrheitskriterium sinnvollerweise nicht postuliert werden kann, wäre die Struktur des Diskurses mit Bezugnahme auf die unvermeidliche wechselseitige Antizipation und Unterstellung einer idealen Sprechsituation zu klären[29]. Und entsprechend wären die Idealisierungen des reinen kommunikativen Handelns als die Bedingungen zu rekonstruieren, unter denen Wahrhaftigkeit der sprechenden und handelnden Subjekte wechselseitig sowohl imputiert als auch überprüft werden kann. Darauf kann ich an dieser Stelle nicht eingehen. Ich habe aber den Rückgang auf das normative Fundament umgangssprachlicher Kommunikation soweit angedeutet, daß ich im folgenden die Strategie angeben kann, mit der ich auf die genannten Einwände reagieren möchte.

Objektivität der Erkenntnis und Interesse

Die *beiden ersten Einwände* möchte ich zusammen behandeln. Im Lichte des neu eingeführten Bezugssystems Handlung – Diskurs stellen sich mir die folgenden Punkte, die ich hier freilich nur durch wenige strategische Hinweise erläutern kann, anders dar als bisher. a) In den bisherigen Untersuchungen habe ich den Zusammenhang von Erkenntnis und Interesse herausgearbeitet, ohne die kritische Schwelle zwischen Kommunikationen, die dem Handlungskontext verhaftet bleiben, und Diskursen, die Handlungszwänge transzendieren, deutlich zu machen. Wohl läßt sich die Konstituierung wissenschaftlicher Objektbereiche als eine Fortsetzung der Objektivationen begreifen, die wir in der sozialen Lebenswelt vor aller Wissenschaft vornehmen. Aber der mit Wissenschaft genuin erhobene Objektivitätsanspruch stützt sich auf eine Virtualisierung des Erfahrungs- und Entscheidungsdrucks, die uns erst eine diskursive Prüfung *hypothetischer* Geltungsansprüche und damit die Generierung *begründeten* Wissens erlaubt. Gegen das objektivistische Selbstverständnis der Wissenschaften, das sich naiv auf Tatsachen bezieht, läßt sich für theoretisches Wissen ein indirekter Handlungsbezug nachweisen, aber nicht etwa eine direkte Herleitung aus Imperativen der Lebenspraxis (die ich auch nie behauptet habe). Die in den Diskurs eingegebenen Meinungen, das Rohmaterial also, das zu Begründungszwecken der Argumentation unterworfen wird, stammen allerdings aus differentiellen Zusammenhängen der Erfahrung und des Handelns. Die Logik dieser Erfahrungszusammenhänge gibt sich im Diskurs selbst dadurch zu erkennen, daß die Meinungen jeweils nur in Sprachen einer bestimmten Form präzisiert und abgeleitet und nur mit Methoden einer bestimmten Art (auf hoher Stufe der Verallgemeinerung: durch »Beobachtung« und durch »Befragung«) überprüft werden können. Darum können die diskursiv begründeten, die (die Argumentation überlebenden) theoretischen Sätze auch wiederum nur an spezifische Verwendungszusammenhänge abgegeben werden: Aussagen über den Phänomenbereich von Dingen und Ereignissen (oder über Tiefenstrukturen, die sich an Dingen und Ereignissen manifestieren) können nur in Orientierungen für zweckrationales Handeln (in Technologien und Strategien), Aussagen über den Phänomenbereich von Personen und Äußerungen (oder über Tiefenstrukturen gesellschaftlicher Systeme) können nur in Orientierungen für kommunikatives Handeln (in praktisches Wissen) rückübersetzt werden. Die erkenntnisleitenden Interessen wahren die Einheit des jeweiligen Systems von Handlung und Erfahrung gegenüber dem Diskurs; sie erhalten einen latenten Handlungsbezug des theoretischen Wissens, über die Transformation von Meinungen in theoretische Sätze und über deren Rücktransformation in handlungsorientierendes Wissen hinweg – aber sie heben keineswegs die Differenz zwischen den auf handlungsbezogene Erfahrung gestützten Meinungen über Gegenstände einerseits und den im erfahrungsfreien und handlungsentlasteten Diskurs begründeten Aussagen über Tatsachen andererseits auf; ebensowenig berühren sie den Unterschied zwischen faktisch anerkannten und begründeten Geltungsansprüchen.

Der Status der beiden ›unteren‹, des technischen und des praktischen Erkenntnisinteresses läßt sich zunächst aporetisch dadurch erläutern, daß sie weder wie empirische Neigungen oder Einstellungen erfaßt, noch wie variable Werte mit Bezugnahme auf Handlungsnormen vorgeschlagen und gerechtfertigt werden können. Vielmehr »stoßen« wir auf diese anthropologisch tiefsitzenden Interessen beim Versuch, die »Konstitution« der Tatsachen, über die theoretische Sätze möglich sind, zu klären (d. h. die Systeme von Grundbegriffen, die Gegenstände möglicher Erfahrung kategorisieren, und andererseits die Methoden, nach denen handlungsbezogene Primärerfahrungen ausgewählt, ihrem eigenen System entzogen und für Zwecke der diskursiven Überprüfung von Geltungsansprüchen in Dienst genommen, also in ›Daten‹ umgeformt werden). Die Erkenntnisinteressen lassen sich als generalisierte Motive für Handlungssysteme auffassen, die mittels Kommunikation wahrheitsfähiger Sätze gesteuert werden. Weil Handlungen über die Anerkennung diskursiv einlösbarer Geltungsansprüche laufen, haben auf soziokultureller Entwicklungsstufe die fundamentalen Regulatoren nicht mehr die Gestalt von besonderen Antrieben (oder Instinkten), sondern eben von allgemeinen kognitiven Strategien der handlungsbezogenen Organisation von Erfahrung. Solange diese Erkenntnisinteressen auf dem Wege einer Reflexion auf die Forschungslogik von Natur- und Geisteswissenschaften identifiziert und analysiert werden[30], können sie einen »transzendentalen« Status beanspruchen; sobald sie jedoch als Resultat der Naturgeschichte erkenntnisanthropologisch begriffen werden, haben sie einen »empirischen« Status. Ich setze »empirisch« in Anführungsstriche, weil eine Evolutionstheorie, der zugemutet wird, die für die soziokulturelle Lebensform charakteristischen emergenten Eigenschaften, mit anderen Worten die Konstituentien gesellschaftlicher Systeme naturgeschichtlich zu erklären, nicht ihrerseits im transzendentalen Rahmen objektivierender Wissenschaften entwickelt werden kann. Wenn sie jene Aufgabe übernehmen soll, kann sie die Form einer vom Vorverständnis der soziokulturellen Lebensform abhängigen Reflexion auf die Vorgeschichte der Kultur nicht ganz abstreifen. Das sind vorerst Spekulationen, die nur durch eine wissenschaftslogische Klärung des Status der heutigen Evolutionstheorie und der Tierverhaltensforschung eingeholt werden könnten. Bis dahin bezeichnen sie allenfalls eine Perspektive für Fragestellungen[31].

b) Was nun das dritte, das emanzipatorische Erkenntnisinteresse anbetrifft, so scheint mir eine deutlichere Abgrenzung geboten zu sein. Dieses Interesse kann sich erst in dem Maße ausbilden, als repressive Gewalt in Form normativer Machtausübung in den Strukturen verzerrter Kommunikation auf Dauer gestellt, d. h. als Herrschaft institutionalisiert wird. Es zielt auf Selbstreflexion ab. Sobald wir deren Struktur in dem Bezugssystem Handlung – Diskurs zu klären versuchen, wird der Unterschied zur wissenschaftlichen Argumentation deutlich: das analytische Gespräch ist kein Diskurs, und Selbstreflexion leistet keine Begründung. Was im Zusammenhang mit Akten der Selbstreflexion Begründung ist, stützt sich auf ein theoretisches Wissen, das unabhängig von Selbstreflexion gewonnen wird, nämlich auf die rationale Nachkonstruktion von Regelsystemen, die wir beherrschen müssen, wenn wir Erfahrungen kognitiv verarbeiten, an Handlungssystemen teilnehmen oder Diskurse führen wollen. Bisher habe ich

Nachkonstruktion von Selbstreflexion nicht hinreichend unterschieden[32].

Selbstreflexion bringt jene Determinanten eines Bildungsprozesses zu Bewußtsein, die eine gegenwärtige Praxis des Handelns und der Weltauffassung ideologisch bestimmen. Die analytische Erinnerung erstreckt sich mithin auf Partikulares, auf den besonderen Bildungsgang eines individuellen Subjektes (oder eines durch Gruppenidentität zusammengehaltenen Kollektivs). Rationale Nachkonstruktionen hingegen erfassen anonyme Regelsysteme, denen beliebige Subjekte, sofern sie die entsprechenden Regelkompetenzen erworben haben, folgen können. Ausgespart bleibt die Subjektivität, in deren Horizont Erfahrung der Reflexion allein möglich ist. In der philosophischen Überlieferung sind diese beiden legitimen Formen der Selbsterkenntnis unter dem Titel der Reflexion meist ungeschieden geblieben. Ein handfestes Kriterium der Unterscheidung bietet sich aber an. Selbstreflexion führt zur Einsicht dadurch, daß ein zuvor Unbewußtes praktisch folgenreich bewußt gemacht wird: analytische Einsichten greifen, wenn ich Wittgenstein diese dramatische Wendung entlehnen darf, in das Leben ein. Auch eine gelungene Nachkonstruktion bringt ein ›unbewußt‹ funktionierendes Regelsystem in gewisser Weise zu Bewußtsein; sie macht das intuitive Wissen, das mit der Regelkompetenz in der Art eines *know how* gegeben ist, explizit. Aber dieses theoretische Wissen hat keine praktischen Folgen. Durch das Erlernen der Logik oder der Linguistik eigne ich mir ein theoretisches Wissen an, ich verändere dadurch jedoch die bislang geübte Praxis des Schließens oder Sprechens im allgemeinen nicht.

Dieser Umstand findet seine Erklärung darin, daß Selbstreflexion, wie sich am Muster des analytischen Gesprächs zwischen Arzt und Patient zeigen läßt[33], kein Diskurs ist, sondern zugleich weniger und mehr leistet als ein Diskurs. Weniger leistet der therapeutische ›Diskurs‹ insofern, als der Patient gegenüber dem Arzt keineswegs von Anbeginn eine symmetrische Stellung einnimmt: der Patient erfüllt gerade nicht die Bedingungen eines Diskursteilnehmers. Ein gelingender therapeutischer ›Diskurs‹ hat erst zum Ergebnis, was für den gewöhnlichen Diskurs von Anbeginn gefordert werden muß; die effektive Gleichheit der Chancen bei der Wahrnehmung von Dialogrollen, überhaupt der Wahl und Ausübung von Sprechakten, muß zwischen den ungleich ausgestatteten Gesprächspartnern erst hergestellt werden. Andererseits leistet der therapeutische auch mehr als der gewöhnliche Diskurs. Weil er auf eine merkwürdige Weise mit dem System Handeln-Erfahrung verschränkt bleibt, also kein handlungsentlasteter und erfahrungsfreier Diskurs ist, der ausschließlich Geltungsfragen thematisiert und sich alle Inhalte oder Informationen von außen zuführen lassen muß, resultiert die gelingende Selbstreflexion in einer Einsicht, die nicht nur der Bedingung der diskursiven Einlösung eines *Wahrheits*- (bzw. eines Richtigkeits-) anspruches, sondern zusätzlich der Bedingung der (normalerweise gar nicht diskursiv zu erreichenden) Einlösung eines *Wahrhaftigkeits*anspruches genügt. Indem der Patient die vorgeschlagenen und ›durchgearbeiteten‹ Interpretationen des Arztes annimmt und als zutreffend bestätigt, durchschaut er zugleich eine Selbsttäuschung. Die wahre Interpretation ermöglicht gleichzeitig die Wahrhaftigkeit des Subjektes in den Äußerungen, mit denen es bis dahin (möglicherweise andere, mindestens aber) sich selbst getäuscht hatte. Wahrhaftigkeitsansprüche lassen sich in der Regel nur in Handlungszusammenhängen überprüfen. Jene ausgezeichnete Kommunikation, in der Verzerrungen der Kommunikationsstruktur selbst überwunden werden können, ist die einzige, in der zusammen mit einem Wahrheitsanspruch zugleich ein Wahrhaftigkeitsanspruch ›diskursiv‹ geprüft (und als unberechtigt abgewiesen) werden kann.

Nachkonstruktionen sind andererseits Gegenstand von gewöhnlichen Diskursen. Sie sind gegenüber anderen diskursiven Gegenständen freilich dadurch ausgezeichnet, daß sie in reflexiver Einstellung erst erzeugt werden. Bei nachkonstruierbaren Regelsystemen handelt es sich nicht um kognitive Bestandteile der Lebenspraxis, deren Geltungsansprüche problematisiert worden sind; es handelt sich auch nicht um wissenschaftliche Theoreme, die bei der Begründung solcher Geltungsansprüche kumuliert werden; vielmehr bedarf es zur Nachkonstruktion von Regelsystemen eines Anstoßes, der aus Diskursen selber stammt: eben der Reflexion auf Voraussetzungen, auf die wir uns in vernünftiger Rede immer schon naiv verlassen. Insofern hat dieser Typus von Wissen stets den Status eines besonderen, eines ›reinen‹ Wissens beansprucht; mit Logik und Metamathematik, Erkenntnistheorie und Sprachtheorie bildet er bis heute den Kern der philosophischen Disziplinen. Für die objektivierenden Wissenschaften ist dieser Typus von Wissen nicht konstitutiv; insofern bleibt er unberührt vom technischen wie vom praktischen Erkenntnisinteresse. Für Wissenschaften vom Typus der Kritik freilich, die wie die Psychoanalyse die Selbstreflexion zur Verfahrensweise macht, scheinen Nachkonstruktionen sowohl auf horizontaler wie auf vertikaler Ebene[34] konstitutive Bedeutung zu haben. Erst die Anlehnung an Nachkonstruktionen erlaubt die theoretische Ausbildung der Selbstreflexion. Auf diesem Wege gewinnen Nachkonstruktionen deshalb eine indirekte Beziehung zum emanzipatorischen Erkenntnisinteresse, das unmittelbar nur in die Kraft der Selbstreflexion eingeht[35].

Zur Institutionalisierung von Diskursen

Bleibt noch der *dritte Einwand:* Muß nicht das psychoanalytische Gespräch als Modell für die Auseinandersetzung zwischen politisch organisierten Gruppen irreführen? Wie läßt sich die Umsetzung der Theorie in Praxis angemessen organisieren? Bevor ich auf diese Frage eingehe, möchte ich das Verhältnis von Theorie und Praxis in eine entwicklungsgeschichtliche Perspektive rücken. Im Bezugssystem Handeln-Diskurs läßt sich nämlich der normativen Frage nach dem Verhältnis von Theorie und Praxis eine überraschende deskriptive Wendung geben. Einerseits ist die Annahme plausibel, daß der handlungstragende Konsensus auf wie immer bloß faktisch anerkannten Geltungsansprüchen ruht, die nur diskursiv eingelöst werden können; überdies läßt sich zeigen, daß wir eine ideale Sprechsituation wechselseitig unterstellen müssen, wann immer wir einen Diskurs führen wollen. Für kommunikatives Handeln sind mithin Diskurse von grundlegender Bedeutung. Andererseits haben Diskurse in der Geschichte erst spät ihren sporadischen Charakter verloren. Erst wenn für bestimmte Bereiche Diskurse soweit *institutionalisiert* sind, daß unter angebbaren Bedingungen die generelle Erwartung der Aufnahme diskursiver Gespräche besteht, können sie für eine gegebene Gesellschaft ein systemrelevanter Lernmechanismus werden. In der sozialen Evolution bezeichnen solche Institutionalisierungen von bereichsspezifischen Teildiskursen folgenreiche innovatorische Errungenschaften, die eine Theorie der gesellschaftlichen Entwicklung im Zusammenhang mit der Entfaltung der Produktivkräfte und der Expansion der Steuerungskapazitäten erklären müßte. Dramatische Beispiele sind die Institutionalisierung von Diskursen, in denen die Geltungsansprüche mythischer und religiöser Weltdeutungen systematisch in Frage gestellt und geprüft werden konnten: wir verstehen das als Beginn der Philosophie im Athen der klassischen Zeit; ferner die Institutionalisierung von

Diskursen, in denen Geltungsansprüche berufsethisch überlieferten, technisch verwertbaren Profanwissens systematisch in Frage gestellt und geprüft werden konnten: wir verstehen das als Beginn der modernen Erfahrungswissenschaften, gewiß mit Vorläufern in der Antike und im ausgehenden Mittelalter; schließlich die Institutionalisierung von Diskursen, in denen die mit praktischen Fragen und politischen Entscheidungen verknüpften Geltungsansprüche kontinuierlich in Frage gestellt und überprüft werden *sollten:* damals, im England des 17. Jahrhunderts, dann auf dem Kontinent und in den USA, mit Vorläufern in den oberitalienischen Städten der Renaissance, entstand die bürgerliche Öffentlichkeit und im Zusammenhang damit repräsentative Formen der Regierung – die bürgerliche Demokratie. Das sind sehr grobe Beispiele, und gewiß nur Beispiele. Heute werden Traditionsmuster der Sozialisation, die bislang naturwüchsig in kultureller Überlieferung festgesessen haben, durch die Psychologisierung der Kindererziehung und durch die bildungspolitische Planung der Schulcurricula freigesetzt und über einen Prozeß der »Verwissenschaftlichung« allgemeinen praktischen Diskursen zugänglich gemacht. Ähnliches gilt für Literatur- und Kunstproduktion; die ›affirmative‹, von der Lebenspraxis abgetrennte, die Transzendenz des schönen Scheins beanspruchende bürgerliche Kultur ist in Auflösung begriffen.

Wie vieldeutig solche Phänomene sind, und wie wenig die Erscheinungsform des Diskurses Gewähr bietet für die institutionell gesicherte Ausdehnung des diskursiven Lernmechanismus auf neue, der Tradition entzogene Bereiche der Erkenntnis und der Willensbildung, läßt sich am Beispiel der bürgerlichen Demokratie zeigen. Nachdem die kühne Fiktion einer Bindung aller politisch folgenreichen Entscheidungsprozesse an die rechtlich verbürgte diskursive Willensbildung des Staatsbürgerpublikums im Laufe des 19. Jahrhunderts unter den restriktiven Bedingungen der Produktionsweise zerbrochen ist, hat sich, wenn diese Übervereinfachung gestattet ist, eine Polarisierung der Kräfte ergeben. Auf der einen Seite setzte die Tendenz ein, den Anspruch, politisch-praktische Fragen diskursiv zu klären, als Illusion abzutun und die Wahrheitsfähigkeit dieser Fragen positivistisch zu leugnen. In den Massendemokratien spätkapitalistischer Gesellschaftssysteme sind die bürgerlichen Ideen von Freiheit und Selbstbestimmung eingezogen und der »realistischen« Deutung gewichen, daß der politische Diskurs in der Öffentlichkeit, in den Parteien und Verbänden und im Parlament ohnehin bloß Schein ist und unter allen denkbaren

Umständen auch Schein bleiben wird. Der Interessenkompromiß gehorcht der Logik von Macht und Machtbalancierung durch Gegenmacht, einer Rationalisierung ist er unzugänglich. Demgegenüber hat sich die Tendenz ausgebildet, die in diesem Bande ausführlich erörtert wird: der Versuch, zu erklären, warum die Ideen der bürgerlichen Revolution notwendig falsches Bewußtsein, warum sie Ideologie bleiben müssen und nur von denen verwirklich werden könnten, die durch ihre Stellung im Produktionsprozeß und die Erfahrung ihrer Klassenlage dazu disponiert sind, die bürgerliche Ideologie zu durchschauen. Marx kritisiert gleichermaßen die naive Forderung, die bürgerliche Demokratie zu schaffen, wie auch den unverhohlenen Widerruf der bürgerlichen Ideale. Er zeigt, daß Demokratie als bürgerliche nicht zu realisieren ist. Diese Einsicht beruft sich auf eine Kritik der Politischen Ökonomie, die sich als Ideologiekritik versteht. Das Praktischwerden dieser Kritik ist Aufgabe der Kommunisten. Daraus entwickelt sich die kommunistische Partei. Mit diesem Typus der Organisation wird etwas sehr Merkwürdiges institutionalisiert: nach außen, gegenüber dem Klassenfeind, strategisches Handeln und politischer Kampf; nach innen, gegenüber der Masse der Lohnarbeiter, Organisation der Aufklärung, diskursive Anleitung von Prozessen der Selbstreflexion. Die Vorhut des Proletariats muß beides beherrschen: die Kritik der Waffen und die Waffen der Kritik.

An dieser Stelle wird die Gattungsgeschichte, die in immer neuen Schüben die diskursive Form der Problemlösung naturwüchsig institutionalisiert hat, eigentümlich reflexiv. Um mit Willen und Bewußtsein diskursive Willensbildung als Organisationsprinzip des Gesellschaftssystems im ganzen durchzusetzen, soll nun der politische Kampf von einer Theorie, die die Aufklärung sozialer Klassen über sich selbst ermöglicht, abhängig gemacht werden. Allein, kann das Praktischwerden der Selbstreflexion zur Form des politischen Kampfes – und damit legitimerweise zur Aufgabe einer kämpfenden Organisation gemacht werden?

Organisation der Aufklärung

Wie wir »Denken« als einen von einem einzelnen Subjekt nach innen genommenen Vorgang diskursgebundener Argumentation verstehen können, so läßt sich auch Selbstreflexion als die Verinnerlichung eines »therapeutischen Diskurses« begreifen. In beiden

Fällen hebt die Zurücknahme einer Kommunikation in die Innerlichkeit des einsamen Subjekts keineswegs die virtuell beibehaltene intersubjektive Struktur des Gesprächs auf: das denkende Subjekt muß ebenso wie das reflektierende, wenn die Argumentation nicht bloß analytisch (und grundsätzlich durch Maschinen substituierbar) sein soll, mindestens zwei Dialogrollen spielen. Das ist problemlos im Falle des (verinnerlichten) Diskurses. Die Stellung von Diskursteilnehmern ist egalitär und grundsätzlich austauschbar; deshalb macht die interne Verteilung von Dialogrollen im Denken keine Schwierigkeit. Nicht so in der (verinnerlichten) Therapie. Die Stellung der Partner im analytischen Gespräch ist asymmetrisch; sie verändert sich im Laufe der Kommunikation vielfach und terminiert erst am Ende einer gelingenden Behandlung in jener symmetrischen Beziehung, die zwischen Diskursteilnehmern von Anbeginn statthat. Die Selbstreflexion eines einsamen Subjekts erfordert deshalb eine durchaus paradoxe Leistung: ein Anteil des Selbst muß von einem anderen Anteil in der Weise abgespalten sein, daß das Subjekt sich selbst Hilfestellung geben kann. Das psychoanalytische Gespräch macht diese interne Arbeit zwischen Subjektanteilen nur sichtbar; darin stellt sich als externe Beziehung wieder her, was durch die Verinnerlichung eines externen Verhältnisses im einsamen Subjekt nur noch virtuelle Gegenwart behält.

Gleichwohl hat auch das Modell der einsamen Selbstreflexion ein Recht. In ihm kommt nämlich das Risiko zum Ausdruck, das in der Möglichkeit einer sophistischen Verblendung, die bloß den Schein der Selbstreflexion annimmt, besteht: im Akt der einsamen Selbstreflexion kann ein Subjekt sich selber täuschen. Freilich hat es selber den Preis für seinen Irrtum zu entrichten. Wenn hingegen auf der horizontalen Ebene, auf der sich zwei Partner gegenüberstehen (der eine in der Rolle des Aufklärenden, der andere in der eines Aufklärung über sich Suchenden), die Verblendung des einen nicht vom anderen exploitiert werden soll, muß die Einheit des Lebenszusammenhanges beider Seiten institutionell soweit gesichert sein, daß am Irrtum und an den Folgen des Irrtums *beide* Partner gleichermaßen leiden. Dieses Modell hat Hegel im Begriff der Sittlichkeit, die unter der Kausalität des Schicksals steht, entfaltet.

Im Falle der Psychoanalyse können zwei grundsätzliche und zwei pragmatische Kautelen gegen Mißbrauch, im Sinne einer Exploitation von Verblendung, namhaft gemacht werden. Einmal erheben die zugrundegelegten Theoreme Anspruch auf Wahrheit, und dieser Anspruch muß nach den üblichen Regeln wissenschaftlicher Diskurse verteidigt werden können, sonst muß die Theorie preisgegeben oder revidiert werden. Zum anderen bedarf die Triftigkeit der theoretisch abgeleiteten und auf den Einzelfall angewendeten Interpretation der Bestätigung durch gelingende Selbstreflexion; Wahrheit konvergiert mit Wahrhaftigkeit, mit anderen Worten: der Patient selbst ist letzte Instanz. Ferner muß der Psychoanalytiker den berufsethischen und den berufspraktischen Anforderungen einer rechtlich sanktionierten Vereinigung von Ärzten genügen; Verstöße gegen Standesnormen und Kunstregeln sind in Grenzen kontrollierbar. Schließlich kann der Patient im allgemeinen gegenüber seinem Arzt eine gewisse Distanz halten; trotz Übertragung (und Gegenübertragung) ist die Patientenrolle nicht total, sondern eine unter vielen in einem differenzierten Rollensystem. Innerhalb gewisser Grenzen bleibt dem Patienten die Möglichkeit, den Analytiker zu wechseln oder die Behandlung abzubrechen.

Wie steht es aber nun mit Kautelen auf der Ebene einer Interaktion großer Gruppen, die durch analoge Muster systematisch verzerrter Kommunikation bestimmt sind und, angeleitet durch Prozesse der Aufklärung, politisch verändert werden sollen?

H. G. Gadamer und H. J. Giegel wenden sich mit Recht gegen undifferenzierte Versuche, ein der Psychoanalyse entliehenes Modell auf große Gruppen zu übertragen: »Eine Kritik, die dem anderen oder den herrschenden gesellschaftlichen Vorurteilen ihren Zwangscharakter generell entgegenhält und auf der anderen Seite beansprucht, einen solchen Verblendungszusammenhang kommunikativ aufzulösen, befindet sich, wie ich mit Giegel meine, in einer schiefen Lage. Sie muß sich über fundamentale Unterschiede hinwegsetzen. Im Falle der Psychoanalyse ist im Leiden und im Heilungswunsch des Patienten eine tragende Grundlage für das therapeutische Handeln des Arztes gegeben, der seine Autorität einsetzt und nicht ohne Nötigung die verdrängten Motive aufzuklären drängt.

Dabei ist eine freiwillige Unterordnung des einen unter den anderen die tragende Basis. Im sozialen Leben dagegen ist der Widerstand des Gegners und der Widerstand gegen den Gegner eine gemeinsame Voraussetzung aller[36].« Gadamer bezieht sich hier auf Giegels Feststellung: »Der revolutionäre Kampf ist keineswegs eine psychoanalytische Behandlung im großen Maßstab. Der Unterschied zwischen diesen beiden Formen emanzipatorischer Praxis ergibt sich schon daraus, daß dem Patienten geholfen wird, sich von dem ihm angetanen Zwang zu befreien, während der herrschenden Klasse der Versuch, sich vom gesellschaftlichen Zwangszusammenhang zu lösen, allein als eine Bedrohung der Herrschaft erscheinen muß, die sie über die anderen Klassen ausübt. Die Entgegensetzung stellt sich hier weitaus schärfer als im Fall der Psychoanalyse dar. Die unterdrückte Klasse zweifelt nicht nur die Gesprächsfähigkeit der herrschenden Klasse an, sondern hat auch gute Gründe für die Annahme, daß jeder ihrer Versuche, mit der herrschenden Klasse in einen Dialog einzutreten, dieser bloß als Gelegenheit dient, ihre Herrschaft abzusichern[37].«

Wenn wir uns auf das von Giegel angezogene Marxsche Beispiel organisierter Klassenkämpfe beschränken, dann liegt es auf der Hand, daß die strategische Auseinandersetzung zwischen Klassen und die Interaktion zwischen Arzt und Patient nicht dasselbe sind. Dieses Modell ist nur brauchbar, um normativ das Verhältnis zwischen der kommunistischen Partei und den Massen, die sich durch die Partei über ihre eigene Lage aufklären lassen, zu strukturieren. Gleichwohl ist für Marx die Theorie in beiden Fällen dieselbe. Ich kann Theorien von der Art der Psychoanalyse (und der Marxschen Ideologiekritik) anwenden, um Reflexionsprozesse herbeizuführen und Kommunikationsbarrieren aufzulösen: die daraus resultierende Wahrhaftigkeit des Adressaten im Umgang mit sich und anderen ist Indikator der Wahrheit der Deutung, die der Analytiker (oder der Parteiintellektuelle) vorgeschlagen haben. Dieselbe Theorie kann ich aber auch gebrauchen, um eine erklärende Hypothese abzuleiten, ohne die Gelegenheit zu haben (oder zu nehmen), eine Kommunikation mit den Betroffenen selbst einzuleiten und meine Deutung an deren Reflexionsprozessen zu bestätigen. In diesem Fall kann ich mich mit den in wissenschaftlichen Diskursen üblichen Prozeduren begnügen: beispielsweise abwarten, ob sich die als pathologisch identifizierten Verhaltensmuster und Kommunikationsmuster unter spezifizierten Bedingungen wiederholen, oder unter anderen Bedingungen, die einen Reflexionsprozeß anzunehmen gestatten, verändern. Unerreichbar bleibt dann freilich jene genuine Bestätigung der Kritik, die nur in Kommunikationen von der Art des therapeutischen »Diskurses«, eben in gelingenden Bildungsprozessen durch zwanglose Zustimmung der Adressaten selber zu gewinnen ist. Von der Ebene des theoretischen Diskurses müssen wir unterscheiden die Organisation von Aufklärungsprozessen, in denen die Theorie angewendet wird. Und diese kann (zunächst) auf die durch ihre Interessenlage ausgezeichneten Zielgruppen beschränkt werden.

Freilich steht der Kritik dieser Gebrauch nicht schon an der Stirn geschrieben – auch nicht der Kritik der Politischen Ökonomie. So schließt Marx Situationen keineswegs aus, in denen das Vertrauen auf die Dialogfähigkeit des Gegners nicht prinzipiell ungerechtfertigt ist und die Waffe der Kritik weiter trägt als die Kritik der Waffen. Das sind Situationen, in denen Versuche des radikalen Reformismus, der nicht nur nach innen, sondern auch nach außen überzeugen will, aussichtsreicher sind als revolutionärer Kampf. In anderen Situationen wiederum fällt es überhaupt schwer, Zielgruppen aktiver Aufklärungsarbeit von ideologisch befangenen Gegnern zu unterscheiden; dann bleibt nur die diffuse Verbreitung von individuell gewonnenen Einsichten im Stile der Aufklärung des 18. Jahrhunderts. So beispielsweise hat Adorno seine Kritik eingeschätzt. Gegenüber manchen sektiererischen Unternehmungen wäre heute darauf hinzuweisen, daß im Spätkapitalismus die Veränderung der Strukturen des allgemeinen Bildungssystems möglicherweise für die Organisation von Aufklärung wichtiger ist als wirkungslose Kaderschulung oder der Aufbau von ohnmächtigen Parteien. Ich will damit nur sagen: das sind empirische Fragen, die nicht präjudiziert sind. Es kann sinnvollerweise keine Theorie geben, die per se, ohne Ansehung der Umstände, auf Militanz verpflichtet. Wir können Theorien allenfalls danach unterscheiden, ob sie ihrer Struktur nach auf mögliche Emanzipation bezogen sind oder nicht.

Historisches zur Organisationsfrage

Die Vermittlung von Theorie und Praxis kann nur geklärt werden, wenn wir zunächst drei Funktionen auseinanderhalten, die sich an verschiedenen Kriterien bemessen: die Bildung und Fortbildung kritischer Theoreme, die wissenschaftlichen Diskursen standhalten; sodann die Organisation von Aufklärungsprozessen, in denen solche Theoreme angewendet und an der Auslösung von Reflexionsprozessen in bestimmten Zielgruppen auf eine einzigartige Weise überprüft werden können; und schließlich die Wahl angemessener Strategien, die Lösung taktischer Fragen, die Führung des politischen Kampfes. Auf der ersten Ebene geht es um wahre

Aussagen, auf der zweiten um wahrhaftige Einsichten, auf der dritten um kluge Entscheidungen. Weil in der Tradition der europäischen Arbeiterbewegung der Parteiorganisation alle drei Aufgaben zugleich aufgebürdet worden sind, sind spezifische Differenzen verwischt worden. Die Theorie dient primär dazu, ihre Adressaten über die Stellung aufzuklären, die sie in einem antagonistischen Gesellschaftssystem einnehmen, und über die Interessen, die ihnen in dieser Lage objektiv als ihre eigenen bewußt werden können. Erst in dem Maße, als organisierte Aufklärung und Beratung dazu führen, daß sich die Zielgruppen in den angebotenen Interpretationen tatsächlich erkennen, wird aus den analytisch vorgeschlagenen Deutungen ein aktuelles Bewußtsein, wird aus der objektiv zugeschriebenen Interessenlage das wirkliche Interesse einer handlungsfähigen Gruppe. Das nannte Marx, der das Industriearbeiterproletariat als einzige Zielgruppe vor Augen hatte, die Konstituierung einer Masse von Proletariern als »Klasse für sich selbst«[38]. Marx hat freilich die objektiven Bedingungen angegeben, unter denen die theoretisch bereits aufgeklärten Kommunisten den Aufklärungsprozeß für die Masse der Arbeiter organisieren sollten. Der ökonomische Zwang zur Bildung von ›Arbeiterkoalitionen‹ und die Vergesellschaftung der Arbeit im Fabriksystem erzeugten eine gemeinsame Situation, in der die Arbeiter naturwüchsig genötigt waren, ihre gemeinsamen Interessen verteidigen zu lernen; die »reelle Subsumtion der Lohnarbeit unter das Kapital« erzeugte die ebenso reelle Grundlage, auf der den Beteiligten der politische Sinn der ökonomischen Kämpfe zu Bewußtsein gebracht werden konnte.

Von diesem Prozeß der Aufklärung ist die Organisation des Handelns zu unterscheiden. Während die Theorie sowohl die Aufklärungsarbeit legitimiert wie auch selbst durch mißlingende Kommunikation widerlegt, jedenfalls korrigiert werden kann, kann sie keineswegs a fortiori die riskanten Entscheidungen strategischen Handelns unter konkreten Umständen legitimieren. Entscheidungen für den politischen Kampf können nicht vorweg theoretisch gerechtfertigt und dann organisatorisch durchgesetzt werden. Einzige mögliche Rechtfertigung auf dieser Ebene ist der in praktischen Diskursen zu erzielende Konsensus unter den Beteiligten, die im Bewußtsein ihrer gemeinsamen Interessen und in Kenntnis der Umstände, der prognostizierbaren Folgen und Nebenfolgen nur selber wissen können, welche Risiken sie mit welchen Erwartungen eingehen wollen. Es kann keine Theorie geben, die die potentiellen Opfer im vorhinein einer weltgeschichtlichen Mission versichert. Der einzige Vorzug, dessen Marx ein solidarisch handelndes Proletariat hätte versichern dürfen, wäre der gewesen, daß eine Klasse, die sich mit Hilfe einer wahren Kritik als Klasse konstituiert, überhaupt erst in der Lage ist, in praktischen Diskursen zu klären, wie vernünftigerweise politisch zu handeln ist – während die Mitglieder der bürgerlichen Parteien, der herrschenden Klasse überhaupt, ideologisch befangen und einer rationalen Klärung praktischer Fragen unfähig sind, also nur unter Zwang agieren und reagieren können.

Jene drei Funktionen, die ich unterschieden habe, können nicht nach ein und demselben Prinzip erfüllt werden: eine Theorie kann nur ausgebildet werden unter der Voraussetzung, daß die wissenschaftlich Arbeitenden die Freiheit haben, theoretische Diskurse zu führen; Aufklärungsprozesse können (unter Vermeidung der Exploitation von Verblendung) nur organisiert werden unter der Voraussetzung, daß die, die die aktive Aufklärungsarbeit tun, sich an Kautelen binden und einen Spielraum für Kommunikationen nach dem Muster therapeutischer »Diskurse« sichern; ein politischer Kampf schließlich kann nur legitim geführt werden unter der Voraussetzung, daß alle folgenreichen Entscheidungen vom praktischen Diskurs der Beteiligten abhängig gemacht werden – auch und erst recht hier gibt es keinen privilegierten Zugang zur Wahrheit. Eine Organisation, die alle drei Aufgaben nach demselben Prinzip bewältigen soll, wird keine richtig erfüllen können. Und selbst wenn diese, wie die Partei Lenins, erfolgreich ist nach den üblichen Maßstäben einer mitleidlosen Historie, verlangt sie für ihre Erfolge denselben Preis, den die ambivalenten Siege in einem naturwüchsigen Zusammenhang, einem Kontext von bisher unerschütterter Kontinuität, stets gefordert haben.

In seinem berühmten Aufsatz »*Methodisches zur Organisationsfrage*« (vom September 1922) hat Lukács die konsequenteste Fassung einer Parteitheorie entwickelt, die das Problem der Vermittlung von Theorie und Praxis allein im Hinblick auf Imperative der Führung des politischen Kampfes löst. Das ist der Sinn der These: »Die Organisation ist die Form der Vermittlung zwischen Theorie und Praxis[39].« *Zunächst* unterwirft Lukács die Theorie den Bedürfnissen strategischen Handelns: »Nur eine organisatorisch orientierte Fragestellung macht es möglich, die Theorie vom Gesichtspunkt der Praxis aus wirklich zu kritisieren. Wird die Theorie unvermittelt neben eine Aktion gestellt, ohne daß es klar würde, wie ihre Einwirkung auf jene gemeint ist, also ohne die organisatorische Verbindung zwischen ihnen klar zu machen, so kann die Theorie selbst nur in bezug auf ihre immanenten theoretischen Widersprüche usw. kritisiert werden[40].« Daß die Wahrheit einer Theorie unabhängig davon geprüft werden muß, ob sie für bestimmte aktionsvorbereitende Diskurse nützlich ist, ist für Lukács unerheblich. Theoretische Aussagen sollen unter organisationsbezogenen Fragestellungen selegiert werden. Daher verbietet sich auch ein Spielraum für wissenschaftliche Diskurse innerhalb der Partei. Das würde nur Opportunismus fördern: »Während in der bloßen Theorie die verschiedenartigsten Anschauungen und Richtungen friedlich nebeneinander leben können, ihre Gegensätze nur die Form von Diskussionen annehmen, die sich ruhig im Rahmen ein und derselben Organisation abspielen können, ohne diese sprengen zu müssen, stellen sich dieselben Fragen, wenn sie organisatorisch gewendet sind, als schroffe einander ausschließende Richtungen dar. Jede ›theoretische‹ Richtung oder Meinungsverschiedenheit muß augenblicklich ins Organisatorische umschlagen, wenn sie nicht bloße Theorie, abstrakte Meinung bleiben will, wenn sie wirklich die Absicht hat, den Weg zu ihrer Verwirklichung zu zeigen[41].« Lukács möchte die Unentschiedenheit der Geltung von Hypothesen nicht dulden. Theoretische Abweichungen sollen deshalb auf organisatorischer Ebene sofort sanktioniert werden[42]. Wie die Theorie, so wird *zweitens* auch die Aufklärung des Proletariats unbedenklich den Zwecken der Parteiführung untergeordnet. Lukács sieht zwar wie Marx die Aufgabe der Partei darin, die Masse der Lohnarbeiter mit Hilfe einer richtigen Theorie zur »Selbsterkenntnis… als Erkenntnis ihrer objektiven Lage auf einer bestimmten Stufe der geschichtlichen Entwicklung« anzuleiten. Aber er begreift die Anstrengung der kommunistischen Partei um die Entwicklung des proletarischen Klassenbewußtseins keineswegs als einen Aufklärungsprozeß, »in dem es sich nur darum handelt, das Unbewußte bewußt, das Latente aktuell zu machen usw., besser gesagt: in dem dieser Prozeß des Bewußtwerdens nicht eine fürchterliche ideologische Krise des Proletariats selbst bedeutet[43].« Mit Lenin ist Lukács davon überzeugt, daß das Proletariat immer noch stark in den Gedanken- und Gefühlsformen des Kapitalismus befangen ist, daß die subjektive Entwicklung des Proletariats hinter den ökonomischen Krisen zurückbleibt. Wenn aber »aus dem Fehlen eines durchgehenden und klaren Willens zur Revolution im Proletariat (nicht) auf das Fehlen einer objektiv revolutionären Lage« geschlossen werden darf[44], wenn der »Widerstreit von individuellem Bewußtsein und Klassenbewußtsein in jedem einzelnen Proletarier durchaus nicht zufällig[45]« ist, dann muß die Partei als die Verkörperung des Klassenbewußtseins auch substitutiv für die Massen handeln und darf sich nicht von der Spontaneität der Massen abhängig machen. Die Partei tut den ersten bewußten Schritt; sie steuert ein noch unreifes Proletariat in einem Kampf, in dessen Verlaufe es sich erst als Klasse konstituiert. In der Partei darf die zurückgebliebene Klasse ein antizipiertes, obgleich ihr selbst noch unzugängliches Bewußtsein wenigstens als einen Fetisch anschauen: »Die organisatorische Selbständigkeit der Partei ist notwendig, damit das Proletariat sein eigenes Klassenbewußtsein, als geschichtliche Gestalt, unmittelbar erblicken könne[46].«

Damit ist aber *schließlich* auch die Theorie der Bestätigung durch die Zustimmung derer, denen sie zur Selbstreflexion verhelfen soll, enthoben. Wenn die organisatorisch verselbständigte Partei »die ununterbrochene *taktische* Rücksichtnahme auf den Bewußtseinszustand der breitesten, der zurückgebliebensten Massen« üben muß, dann wird »hier die Funktion der richtigen Theorie für das Organisationsproblem der kommunistischen Partei sichtbar. Sie soll die höchste, objektive Form des proletarischen Handelns repräsentieren. Dazu ist aber die richtige theoretische Einsicht die unerläßliche Vorbedingung[47].« Die theoretische Weiterentwicklung, von der Lukács an anderer Stelle spricht, wird durch den Selektionszwang der organisatorischen Fragen gesteuert; gegenüber den mediatisierten Massen ist die Theorie hingegen eine unangreifbare objektive Instanz.

Organisationsfragen sind kein Erstes. Lukács hat zwischen ihnen und einer objektivistischen Geschichtsphilosophie eine unmittelbare Beziehung hergestellt. Die stalinistische Praxis hat den verhängnisvollen Beweis erbracht, daß sich eine instrumentalistisch verfahrende Parteiorganisation und ein Marxismus, der zur Legitimationswissenschaft degeneriert ist[48], nur zu gut ergänzen.

Oskar Negt hat in den letzten Jahren unorthodoxe Überlegungen zur Organisationsfrage angestellt[49]. Wenn ich recht sehe, bleibt selbst er noch der Tradition verhaftet, in der Theoriebildung und Organisation der Aufklärung von den Zwängen strategischen Handelns nicht mit wünschenswerter Konsequenz getrennt worden sind. Deren Autonomie aber ist geboten um der Selbständigkeit des politischen Handelns willen. Keine Theorie und keine

Aufklärung entlastet uns von den Risiken der Parteinahme und ihrer nicht intendierten Folgen. Die Versuche zur Emanzipation, die zugleich Versuche sind, utopische Gehalte der kulturellen Überlieferung zu realisieren, können im Hinblick auf (theoretisch zu erklärende) systematisch erzeugte Konflikte und auf vermeidbare Repressionen und Leiden unter Umständen als *praktische* Notwendigkeiten plausibel gemacht werden. Aber solche Versuche sind eben auch Tests; sie testen Grenzen der Veränderbarkeit der menschlichen Natur, vor allem der geschichtlich variablen Antriebsstruktur, Grenzen, über die wir theoretisches Wissen nicht besitzen und, wie ich meine, aus prinzipiellen Gründen auch nicht besitzen können. Wenn bei der Überprüfung von »praktischen Hypothesen« dieser Art wir, die betroffenen Subjekte, selber in die Versuchsanordnung einbezogen sind, dann kann eine Schranke zwischen Experimentatoren und Versuchspersonen nicht errichtet werden, sondern alle Beteiligten müssen wissen können, was sie tun – eben diskursiv einen gemeinsamen Willen bilden.

Es gibt Situationen, angesichts deren solche Erwägungen skurril oder einfach lächerlich sind; in diesen Situationen müssen wir handeln wie eh und je. Dann aber ohne Berufung auf eine Theorie, deren Rechtfertigungskapazität soweit nicht reicht.

Bemerkung über die objektivierende Anwendung reflexiver Theorien

Der Status einer auf Aufklärung angelegten Theorie bringt die Eigentümlichkeit mit sich, daß der Wahrheitsanspruch auf verschiedenen Stufen überprüft werden muß. Die erste Stufe der Bewährung ist der wissenschaftliche Diskurs; darin wird der Wahrheitsanspruch theoretisch abgeleiteter Hypothesen in der üblichen Form wissenschaftlicher Argumentation gestützt oder widerlegt. Natürlich muß eine Theorie, die diese diskursive Prüfung nicht übersteht, verworfen werden. Der Geltungsanspruch reflexiver Theorien kann freilich auf dieser Stufe nur tentativ begründet werden. Eingelöst wird er allein in gelingenden Aufklärungsprozessen, die dazu führen, daß die Betroffenen die theoretisch ableitbaren Deutungen zwanglos anerkennen. Auch Aufklärungsprozesse stützen freilich den Wahrheitsanspruch der Theorie nur, ohne ihn einzulösen, so lange nicht *alle* potentiell Betroffenen, auf die sich die theoretischen Deutungen beziehen, die Chance hatten, die angebotenen Interpretationen *unter geeigneten Umständen* anzunehmen oder abzulehnen. Daraus ergibt sich ein Vorbehalt bei der Anwendung reflexiver Theorien unter Bedingungen des politischen Kampfes. Ich kehre noch einmal zu dem von Gadamer und Giegel angemeldeten Bedenken zurück.

Die Gruppen, die sich als theoretisch aufgeklärt verstehen (und die Marx seinerzeit als die Avantgarde der Kommunisten bzw. der Partei identifiziert hat), müssen im Hinblick auf den Gegner jeweils zwischen Strategien der Aufklärung und des Kampfes, also zwischen Beibehaltung oder Abbruch der Kommunikation wählen. Selbst der Kampf, strategisches Handeln im engeren Sinne, soll freilich an Diskurse innerhalb der Avantgarde und ihrer Zielgruppen rückgekoppelt bleiben. In diese praktischen Diskurse, die unmittelbar der Organisation des Handelns und nicht der Aufklärung dienen, kann natürlich der durch Kommunikationsabbruch ausgeschlossene Gegner (auch der potentielle Bundesgenosse) nur virtuell einbezogen werden. In diesem Zusammenhang stellt sich die interessante Aufgabe, die temporäre Gesprächsunfähigkeit des Gegners, den ideologischen Zwang also, der sich aus der Bindung an partikulare Interessen notwendig ergeben soll, zu erklären. Das verlangt eine objektivierende Anwendung der Theorie. Bei ideologiekritischen Erklärungen dieser Art unterstellen wir nämlich kontrafaktisch ein ungebrochen naturwüchsiges (im oben angegebenen Sinne dialektisches) Verhältnis zwischen den Gegnern. Wir abstrahieren von dem Umstand, daß die eigene Gruppe beanspruchen muß, mit Hilfe derselben Theorie den bloß naturwüchsigen Zusammenhang begriffen und dadurch schon transzendiert zu haben. Eine reflexive Theorie kann, das zeigt sich hier, nur unter Bedingungen der Aufklärung, nicht unter Bedingungen strategischen Handelns widerspruchsfrei angewendet werden. Dieser Unterschied erklärt sich aus der retrospektiven Stellung der Reflexion.

Die Organisation der Aufklärung löst, wenn und soweit sie erfolgreich ist, Reflexionsprozesse aus. Die theoretischen Deutungen, in denen die Subjekte sich und ihre Lage erkennen, sind retrospektiv: sie bringen einen Bildungsprozeß zu Bewußtsein. So kann die bewußtmachende Theorie die Bedingungen herstellen, unter denen die systematische Verzerrung von Kommunikationen aufgelöst und ein praktischer Diskurs erst geführt werden kann; aber sie enthält keine Informationen, die das künftige Handeln der Betroffenen präjudizieren. Auch der Analytiker hat nicht das Recht, prospektiv Handlungsanweisungen zu geben: die Konsequenzen für sein Handeln muß der Patient selber ziehen. Aus der retrospektiven Stellung der Reflexion ergibt sich, daß wir wohl durch Aufklärung instand gesetzt werden können, aus einem (dialektischen) Zusammenhang verzerrter Kommunikation herauszutreten. In dem Maße aber, wie uns die Theorie über unsere Gefangenschaft in diesem Zusammenhang aufklärt, bricht sie diesen auch auf. Deshalb ist der Anspruch, mit Einsicht dialektisch zu handeln, sinnlos. Er beruht auf einem Kategorienfehler. In einem dialektisch aufzuklärenden Zusammenhang systematisch verzerrter Kommunikation handeln wir nur, solange dieser sich undurchschaut, auch von uns undurchschaut perpetuiert. Für die Organisation des Handelns, des politischen Kampfes, kann die Theorie deshalb nicht dieselbe Funktion haben wie für die Organisation der Aufklärung.

Die praktischen Folgen der Selbstreflexion sind Einstellungsänderungen, die sich aus Einsicht in *vergangene* Kausalitäten ergeben, und zwar eo ipso ergeben. Das zukunftsgerichtete strategische Handeln, das in den internen Diskursen der Gruppen, die (als Avantgarde) gelungene Aufklärungsprozesse für sich selbst bereits unterstellen, vorbereitet wird, kann hingegen nicht in derselben Weise durch reflexives Wissen gerechtfertigt werden.

Auch die ideologiekritische Erklärung der temporären Gesprächsunfähigkeit des strategischen Gegners steht unter dem hypothetischen Vorbehalt, daß erst ein unter gegebenen Umständen unmöglicher Diskurs im Kreise aller Beteiligten über die Wahrheit der Theorie wird entscheiden können. Freilich ist die objektivierende Anwendung einer reflexiven Theorie unter Bedingungen strategischen Handelns nicht illegitim in jeder Hinsicht. Sie kann dazu dienen, die Konstellationen des Kampfes hypothetisch unter dem Gesichtspunkt zu deuten, als sei jeder erstrebte Sieg nicht nur (wie üblich) die Durchsetzung eines partikularen Interesses gegen ein anderes, sondern eben ein Schritt auf dem Wege zu einem intendierten Zustand, der universale Aufklärung und, durch diese hindurch, eine uneingeschränkte diskursive Willensbildung aller Beteiligten (und dann nicht mehr nur Betroffenen) möglich macht. Solche Deutungen sind, von jenem antizipierten Zustand her, retrospektiv. Sie eröffnen daher für das strategische Handeln und für die Maximen, nach denen Entscheidungen in aktionsvorbereitenden Diskursen gerechtfertigt werden, eine Perspektive. Aber eine Rechtfertigungsfunktion können diese objektivierenden Deutungen selbst nicht beanspruchen; sie müssen nämlich kontrafaktisch das erst geplante eigene Handeln (und die Reaktionen der Gegner) als Momente eines noch unabgeschlossenen kollektiven Bildungsprozesses auffassen. Die Gewißheit der Selbstreflexion stützt sich hingegen darauf, daß der erinnerte Bildungsprozeß mit eben dem Akt der Erinnerung zur Vergangenheit herabgesetzt ist.

Daß das strategische Handeln derer, die sich zu kämpfen und das heißt: Risiken auf sich zu nehmen entschlossen haben, in einem durch Antizipation erst ermöglichten Rückblick hypothetisch gedeutet, daß es aber auf dieser Ebene nicht zugleich mit Hilfe einer reflexiven Theorie auch *zwingend gerechtfertigt* werden kann, hat einen guten Grund: die vindizierte Überlegenheit der Aufklärer über die noch Aufzuklärenden ist theoretisch unvermeidlich, aber zugleich fiktiv und der Selbstkorrektur bedürftig: in einem Aufklärungsprozeß gibt es nur Beteiligte.

1 Vgl. meine Abhandlung: *Wozu noch Philosophie?*, in: *Philosophisch-politische Profile*, Frankfurt 1971
2 Neuwied 1961, 3. Aufl. 1969: *Über den Begriff der politischen Beteiligung*, S. 11–56
3 Neuwied 1962, 5. Aufl. 1971
4 Frankfurt 1968, 4. Aufl. 1970, S. 48–103
5 ebd., S. 104–119
6 in dem Sammelband: *Marx und die Revolution*, Frankfurt 1970, S. 24–44
7 in: *Technik und Wissenschaft als ›Ideologie‹*, S. 120–145
8 Frankfurt 1969, 3. Aufl. 1970
9 Frankfurt 1971
10 Zum politischen Mandat der Wissenschaften vgl. K.-O. Apel, *Wissenschaft als Emanzipation?*, in: *Zeitschrift für allgemeine Wissenschaftstheorie*, Bd. I 1970, S. 173–195; ferner U. K. Preuß, *Das politische Mandat der Studentenschaft*, Frankfurt 1969
11 Ansätze zur Entwicklung eines angemessenen theoretischen Apparates finde ich unter anderem in Arbeiten von Claus Offe, siehe unten die bibliographische Notiz
12 In: *Technik und Wissenschaft als ›Ideologie‹*, S. 146–168
13 Vgl. auch die parallelen Untersuchungen von K.-O. Apel, insbesondere den programmatischen Aufsatz: *Szientistik, Hermeneutik und Ideologiekritik*, wieder abgedruckt in dem Sammelband: *Hermeneutik und Ideologiekritik*, Frankfurt 1971; S. 7 ff.
14 Vgl. *Erkenntnis und Interesse*, Frankfurt 1968, 5. Aufl. 1971, S. 262 ff., ferner: *Der Universalitätsanspruch der Hermeneutik*, wiederabgedruckt in: *Hermeneutik und Ideologiekritik*, S. 120 ff., und A. Lorenzer, *Sprachzerfall und Rekonstruktion*, Frankfurt 1970
15 Habermas, Luhmann, *Theorie der Gesellschaft oder Sozialtechnologie – Was leistet die Systemforschung?*, Frankfurt 1971, 2. Aufl. 1971, S. 124 ff.
16 Vgl. meine Vorbereitenden Bemerkungen zu einer Theorie der kommunikativen

Kompetenz, in: Habermas/Luhmann, *Theorie der Gesellschaft…*, a. a. O., S. 101 ff.

17 Das ist übrigens auch der einzige forschungsstrategisch aussichtsreiche Weg für eine allgemeine Semantiktheorie, die (wie die Anstrengungen von Katz, Fodor, und Postal zeigen) in ihren elementaristischen Versionen bisher gescheitert ist.

18 Vgl. die Einleitungen von K.-O. Apel zu der von ihm besorgten Ausgabe von Peirce's *Schriften I* und *II*, Frankfurt 1967 und 1970

19 Vgl. M. Theunissen, *Gesellschaft und Geschichte, Zur Kritik der kritischen Theorie*, Berlin 1969

20 H. Pilot, *Jürgen Habermas' empirisch falsifizierbare Geschichtsphilosophie*, in: Adorno et al., *Der Positivismusstreit in der Deutschen Soziologie*, Neuwied 1969, 3. Aufl. 1971, S. 307–334.

21 Vgl. K.-O. Apel, *Wissenschaft als Emanzipation?*, in: *Zeitschrift für allgemeine Wissenschaftstheorie*, Bd. I 1970, S. 173–195; ferner: D. Böhler, *Das Problem des ›emanzipatorischen Interesses‹ und seiner gesellschaftlichen Wahrnehmung*, in: *Man and World*, Vol. 3, May 1970: ders., *Metakritik der Marxschen Ideologiekritik*, Frankfurt 1971. R. Bubner, *Was ist kritische Theorie?*, in: *Hermeneutik und Ideologiekritik* a. a. O., S. 160 ff. Zum Dogmatismusvorwurf allgemein, der sich übrigens gegen Apel und mich gleichermaßen richtet: H. Albert, *Plädoyer für Kritischen Rationalismus*, München 1971

22 O. Negt, *Politik als Protest*, Frankfurt 1971, S. 87–101, Zitat S. 96

23 H.-G. Gadamer, *Rhetorik, Hermeneutik und Ideologiekritik. Metakritische Erörterungen zu ›Wahrheit und Methode‹*, in: *Hermeneutik und Ideologiekritik*, Frankfurt 1971 S. 57 ff.; ders., Replik, ebd., S. 283 ff.; H. J. Giegel, *Reflexion und Emanzipation*, in: *Hermeneutik und Ideologiekritik*, ebd. S. 244 ff.; A. Wellmer, *Kritische Gesellschaftstheorie und Positivismus*, Frankfurt 1969, S. 48 ff.;

24 Dagegen R. Bubner, *Was ist kritische Theorie*, a. a. O. S. 187 ff.

25 T. W. Adorno, *Negative Dialektik*, Frankfurt 1967

26 *Technik und Wissenschaft als ›Ideologie‹*, a. a. O., S. 163

27 ebd. S. 163

28 in: Habermas/Luhmann, *Theorie der Gesellschaft oder Sozialtechnologie…*, Frankfurt 1971, S. 101–141

29 Habermas/Luhmann, *Theorie der Gesellschaft oder Sozialtechnologie…*, a. a. O., S. 136 ff.

30 Vgl. in diesem Zusammenhang meine Interpretation von Peirce und Dilthey, *Erkenntnis und Interesse*, a. a. O., Kap. 5–8

31 In dieser Perspektive sehe ich freilich meine Position von denen nicht recht getroffen, die mir, bei der Erläuterung des Status der Erkenntnisinteressen, umstandslos Naturalismus unterstellen. Neben M. Theunissen siehe auch G. Rohrmoser, *Das Elend der Kritischen Theorie*, Freiburg 1970, S. 101 ff. Der (zunächst?) unvermeidliche Zirkel, in dem wir uns, obgleich er der Explikation sehr wohl fähig ist, bewegen müssen, sobald wir Probleme angehen, die dem traditionellen der Letztbegründung äquivalent sind, mag ein Anzeichen dafür sein, daß u. a. das Begriffspaar ›Kontingenz – Notwendigkeit‹ auf dieser Stufe der Argumentation nicht mehr trennscharf ist. Vermutlich sind Behauptungen über die Kontingenz oder die Notwendigkeit von Erkenntnisinteressen ebenso wie die über die Kontingenz oder Notwendigkeit der Menschengattung oder der Welt im ganzen sinnlos. So wenig wie der Naturalismusvorwurf, den Theunissen und Rohrmoser in ihren sehr abgewogenen Interpretationen erheben, trifft mich andererseits der von H. Albert etwas hemmungsloser geäußerte Vorwurf des Antinaturalismus; vgl. dessen *Plädoyer für Kritischen Rationalismus*, a. a. O., S. 53 ff.

32 Vgl. allerdings die Bemerkung in *Hermeneutik und Ideologiekritik*, a. a. O., S. 126 f.

33 *Erkenntnis und Interesse*, a. a. O., S. 279 ff.

34 Vgl. Habermas, Luhmann, *Theorie der Gesellschaft oder Sozialtechnologie*, S. 171–175, Fußnote 2, und S. 272 ff.

35 Dieses Verhältnis hat Apel vermutlich vor Augen gestanden bei seiner These: »Theoretische Reflexion und materiell-praktisches Engagement sind, trotz der Identität der Vernunft mit dem Vernunftinteresse, nicht identisch, sondern treten auf der höchsten Stufe philosophischer Reflexion als polar entgegengesetzte Momente innerhalb des emanzipatorischen Erkenntnisinteresses noch einmal auseinander.« (*Wissenschaft als Emanzipation?*, a. a. O., S. 193 f.) Wenn ich ›theoretische Reflexion‹ als das Verfahren rationaler Nachkonstruktion verstehen darf, dann möchte ich dafür nur einen indirekten, durch Selbstreflexion vermittelten Bezug zum emanzipatorischen Erkenntnisinteresse annehmen. Für Selbstreflexion aber möchte ich nicht, wie Apel, ein bestimmtes situationsabhängiges Engagement in Anschlag bringen, sondern eine, wenn auch nicht an den Reproduktionsbedingungen der Kultur, sondern an der Institutionalisierung von Herrschaft festgemachte Motivation behaupten, die ebenso generalisiert ist wie die beiden anderen, anthropologisch allerdings ›tiefer‹ verankerten Erkenntnisinteressen.

36 Gadamer, Replik, in: *Hermeneutik und Ideologiekritik*, a. a. O., S. 307 f.

37 H. J. Giegel, *Reflexion und Emanzipation*, in: *Hermeneutik und Ideologiekritik* a. a. O., S. 278 f.

38 *Das Elend der Philosophie*, Marx Engels *Werke*, Bd. 4, Berlin 1959, S. 181

39 G. Lukacs, *Werke*, Bd. 2, Neuwied 1968, S. 475

40 a. a. O., S. 477

41 ebd., S. 475

42 ebd., S. 477

43 ebd., S. 480

44 ebd., S. 481 f.

45 ebd., S. 495

46 ebd., S. 504

47 ebd., S. 504

48 Vgl. O. Negt, *Marxismus als Legitimationswissenschaft. Zur Genese der stalinistischen Philosophie*, Einleitung zu: Deborin, Bucharin, *Kontroversen über dialektischen und mechanistischen Materialismus*, Frankfurt 1969, S. 7–50

49 *Politik als Protest*, a. a. O., S. 175 ff., S. 186 ff., S. 214 ff.

1. Die klassische Lehre von der Politik
in ihrem Verhältnis zur Sozialphilosophie

Im aristotelischen Werk ist die »Politik« Teil der praktischen Philosophie. Ihre Tradition reicht noch bis über die Schwelle des 19. Jahrhunderts[1]; erst durch den Historismus wird sie endgültig gebrochen[2]. Ihr Flußbett trocknet aus, je mehr der philosophische Lebensstrom in die Kanäle einzelner Wissenschaften abgeleitet wird. Seit dem Ende des 18. Jahrhunderts graben so die neu sich bildenden Sozialwissenschaften auf der einen, die Disziplinen des öffentlichen Rechts auf der anderen Seite der klassischen Politik das Wasser ab. Dieser Prozeß der Loslösung vom Corpus der praktischen Philosophie endet vorerst mit der Etablierung der Politik nach dem Muster einer modernen Erfahrungswissenschaft, die mit jener alten »Politik« nicht viel mehr als den Namen gemein hat. Wo diese uns noch begegnet, erscheint sie hoffnungslos altmodisch. Mit Beginn der Neuzeit ist ihr schon im Rahmen der Philosophie selbst das Recht bestritten worden: als sich Hobbes, in der Mitte des 17. Jahrhunderts, mit the matter, forme and power of commonwealth befaßt, treibt er nicht mehr in der Art des Aristoteles »Politik«, sondern social philosophy. Er hat der klassischen Tradition, zwei Jahrhunderte bevor sie ganz zum Erliegen kam, konsequent abgeschworen. Denn er hat die Revolution der Denkungsart, die in der politischen Philosophie von Machiavelli auf der einen, Morus auf der anderen Seite eingeleitet worden war, vollzogen. Uns allen ist die alte Politik fremd geworden, vorab in dreifacher Hinsicht:

1. Politik verstand sich als die Lehre vom guten und gerechten Leben; sie ist Fortsetzung der Ethik. Denn Aristoteles sah keinen Gegensatz zwischen der in den nomoi gesatzten Verfassung und dem Ethos des bürgerlichen Lebens; umgekehrt war auch Sittlichkeit des Handelns nicht von Sitte und Gesetz zu trennen. Erst die Politeia ermächtigt den Bürger zum guten Leben; zoon politikon ist der Mensch überhaupt in dem Sinne, daß er zur Verwirklichung seiner Natur auf die Stadt angewiesen ist[3]. Bei Kant hingegen ist das sittliche Verhalten des bloß innerlich freien Individuums klar unterschieden von der Rechtlichkeit seiner äußeren Handlungen. Und wie Moralität von Legalität, so ist von beiden wiederum die

Politik abgelöst, die als der technische Sachverstand einer utilitaristischen Klugheitslehre einen recht zweifelhaften Stellenwert erhält.

2. Die alte Lehre von der Politik bezog sich ausschließlich auf Praxis im engen, griechischen Sinne. Mit Techne, der kunstfertigen Herstellung von Werken und einer tüchtigen Meisterung von vergegenständlichten Aufgaben, hat sie nichts mehr zu tun[4]. Politik richtet sich in letzter Instanz immer auf die Heranbildung des Charakters; sie verfährt pädagogisch und nicht technisch. Für Hobbes hingegen ist die von Bacon aufgestellte Maxime scientia propter potentiam bereits eine Selbstverständlichkeit: die größte Förderung verdanke das Menschengeschlecht der Technik, und zwar in erster Linie der politischen Technik der richtigen Einrichtung des Staates.

3. Aristoteles betont, daß sich Politik, praktische Philosophie überhaupt, in ihrem Erkenntnisanspruch nicht mit strenger Wissenschaft, der apodeiktischen episteme messen kann. Denn ihr Gegenstand, das Gerechte und Vortreffliche, entbehre im Kontext der veränderlichen und zufälligen Praxis der ontologischen Stetigkeit ebenso wie der logischen Notwendigkeit. Das Vermögen der praktischen Philosophie ist phronesis, ein kluges Situationsverständnis, auf das sich die Tradition der klassischen Politik über Ciceros prudentia bis zu Burkes prudence stützt. Hobbes hingegen will Politik für die Erkenntnis des Wesens der Gerechtigkeit, nämlich Gesetze und Abmachungen, selbst schaffen. Diese Behauptung folgt bereits dem zeitgenössischen Erkenntnisideal der neuen Naturwissenschaft, daß wir einen Gegenstand nur in dem Maße erkennen, in dem wir ihn selbst hervorbringen können[5].

Vicos Gewinn- und Verlustrechnung
beim Vergleich der modernen mit der klassischen Studienart

Hobbes beginnt das 29. Kapitel des »Leviathan« mit der zuversichtlichen Behauptung: »Though nothing can be immortal, which mortals make: yet, if men had use of reason they pretend to, their Commonwealths might be secured, at least, from perishing by internal diseases... Therefore when they come to be dissolved, not by external violence, but intestine disorder, the fault it not in men, as they are *Matter,* but as they are the *Makers* and orderers of them.« Darin sind die drei erwähnten Momente des Unterschieds von moderner und klassischer Betrachtungsweise impliziert. Erstens zielt der Anspruch einer wissenschaftlich begründeten Sozialphilosophie darauf, ein für allemal die Bedingungen der richtigen Staats- und Gesellschaftsordnung überhaupt anzugeben. Ihre Aussagen werden unabhängig von Ort, Zeit und Umständen gelten und ohne Ansehung der geschichtlichen Lage eine dauerhafte Begründung des Gemeinwesens gestatten. – Zweitens ist diese Umsetzung oder Anwendung der Erkenntnisse ein technisches Problem. In Kenntnis der allgemeinen Bedingungen einer richtigen Staats- und Gesellschaftsordnung bedarf es nicht mehr des praktisch klugen Handelns von Menschen untereinander, sondern einer korrekt berechneten Erzeugung von Regeln, Verhältnissen und Einrichtungen. – Drittens kommt deshalb das Verhalten der Menschen nur mehr als Material in Betracht. Die Ingenieure der richtigen Ordnung können von den Kategorien sittlichen Umgangs absehen und sich auf die Konstruktion der Umstände beschränken, unter denen die Menschen wie Naturobjekte zu einem kalkulierbaren Verhalten genötigt sind. Diese Loslösung der Politik von der Moral ersetzt die Anleitung zum guten und gerechten Leben durch die Ermöglichung des Wohllebens in einer richtig hergestellten Ordnung.

Damit verändert freilich »Ordnung« ihren Sinn ebenso wie das »Gebiet«, das geordnet wird – es ändert sich der Gegenstand der politischen Wissenschaft selbst. Die Ordnung tugendhaften Verhaltens verwandelt sich in eine Regelung des gesellschaftlichen Verkehrs. Dem angedeuteten Wechsel in der methodischen Einstellung entspricht eine Verschiebung des wissenschaftlichen Objekts. Politik wird zur Philosophie des Sozialen, so daß heute mit Recht die wissenschaftliche Politik den Sozialwissenschaften zugerechnet werden kann.

Seit der von Max Weber herbeigeführten Klärung im sogenannten Werturteilsstreit, und den präziseren Bestimmungen einer positivistischen »Logik der Forschung«[6], haben sich die Sozialwissenschaften von den normativen Elementen, dem schon vergessenen Erbe der klassischen Politik, ganz gelöst – so jedenfalls stellt es sich ihrem wissenschaftstheoretischen Selbstverständnis dar. Aber bereits die Sozialphilosophie mußte sich ihre normativen Implikationen verheimlichen, durfte sich nicht mehr eingestehen, was ihr von einer Morallehre immer noch anhaftete; die normativen Bestimmungen tauchten in den Äquivokationen der »Natur« der Menschen und ihrer Einrichtungen unter. Weil hier noch beides aktuell ist: die Herkunft von der klassischen Politik *und* die energische Abwendung von deren Prinzipien – eignet sich die Sozialphilosophie um so besser zur historischen Explikation einer Frage, die systematisch aus den Antinomien des erkenntniskritischen Selbstverständnisses der modernen Sozialwissenschaften sehr viel schwieriger zu entfalten wäre: Wie ist Erkenntnis des sozialen Lebenszusammenhangs im Hinblick auf politisches Handeln möglich? Wie und wieweit kann in einer politischen Lage wissenschaftlich geklärt werden, was zugleich praktisch notwendig und objektiv möglich ist? Die Frage läßt sich in unseren historischen Zusammenhang rückübersetzen: wie kann das Versprechen der klassischen Politik, nämlich praktische Orientierung über das, was in gegebener Lage richtiger- und gerechterweise zu tun ist, eingelöst werden, ohne andererseits auf die wissenschaftliche Stringenz der Erkenntnis, welche die moderne Sozialphilosophie im Gegensatz zur praktischen Philosophie der Klassiker beansprucht, zu verzichten? Und wie kann umgekehrt das Versprechen der Sozialphilosophie, nämlich eine theoretische Analyse des gesellschaftlichen Lebenszusammenhangs, eingelöst werden, ohne andererseits auf die praktische Einstellung der klassischen Politik zu verzichten?

Auf dem Wege zur Wissenschaft verliert Sozialphilosophie, was die Politik einst als Klugheit vermochte. Diese Einbuße an hermeneutischer Kraft in der theoretischen Durchdringung praktisch zu meisternder Situationen erkennt bereits Vico, der aus der Perspektive humanistisch-rhetorischer Tradition der von Galilei, Descartes und Hobbes inaugurierten neuen Philosophie eine Gewinn- und Verlustrechnung aufmacht: »Da nun, um von der Klugheit im bürgerlichen Leben zu sprechen, die menschlichen Dinge unter der Herrschaft von Gelegenheit und Wahl, die beide höchst ungewiß sind, stehen..., so verstehen diejenigen, die allein das Wahre im Auge haben, nur schwer die Wege, die sie nehmen, und noch schwerer ihre Ziele... Weil man also das, was im Leben zu tun ist, nach dem Gewicht der Dinge und den Anhängen, die man Umstände nennt, zu beurteilen hat, und viele von ihnen möglicherweise fremd und ungereimt, einige oft verkehrt und zuweilen sogar dem Ziel entgegengesetzt sind, lassen sich die Handlungen der Menschen nicht nach dem geraden Lineal des Verstandes, der starr ist, messen... Die unklugen *Gelehrten*, die geradewegs vom allgemeinen Wahren auf das Einzelne losgehen, durchbrechen die Verschlingungen des Lebens. Die *Klugen* aber, die über die Unebenheiten und Unsicherheiten der Praxis das ewige Wahre erreichen, nehmen, da es auf geradem Wege nicht möglich ist, einen Umweg; und die Gedanken, die *sie* fassen, versprechen für lange Zeit, soweit es die Natur zuläßt, Nutzen[7].« Vico hält an den Aristotelischen Bestimmungen des Unterschieds von Wissenschaft und Klugheit, episteme und phronesis fest: während jene auf »ewige Wahrheiten« abzielt, über das Seiende, das stets und mit Notwendigkeit so ist, wie es ist, Aussagen machen will, hat es die praktische Klugheit nur mit dem »Wahrscheinlichen« zu tun. Vico zeigt, wie es dieses Verfahren, gerade weil es den theoretisch geringeren Anspruch stellt, in der Praxis zu größerer Gewißheit bringt. Er verweist auf die Leistungen der Rhetorik, die sich vorzüglich des Vermögens der phronesis und des topischen Verfahrens bedient: »von den Rednern wird vor allem verlangt, daß sie imstande sind, im Drange der Verhandlung, die keine Verzögerungen noch Vertagung zuläßt... augenblicklichen Beistand zu leisten. Trägt man aber unsern kritischen Köpfen etwas Zweifelhaftes vor, so antworten sie: Darüber laß mich nachdenken[8].«

Damit ist in der Tat ein dialektisches Verhältnis angedeutet, das erst heute mit der Entfaltung der Sozialwissenschaften ganz durchsichtig wird: in dem Maße, als Politik wissenschaftlich rationalisiert, Praxis durch technische Empfehlungen theoretisch angeleitet wird, wächst nämlich jene eigentümliche Restproblematik, angesichts deren die erfahrungswissenschaftliche Analyse ihre Inkompetenz erklären muß. Auf der Basis einer Arbeitsteilung zwischen empirischen Wissenschaften und einer nicht mehr wahrheitsfähigen Normsetzung wächst der Spielraum purer Dezision: der genuine Bereich der Praxis entzieht sich in wachsendem Maße der Zucht methodischer Erörterung überhaupt[9]. Vico antizipiert in Auseinandersetzung mit der zeitgenössischen Sozialphilosophie bereits eine Tendenz, die sich heute erst durchsetzt. Die Ungewißheit im Handeln wächst, je strenger man in diesem Bereich die Maßstäbe für die wissenschaftliche Vergewisserung wählt. Vico lehnt deshalb das Unterfangen der modernen Philosophie ab, »die Methode des wissenschaftlichen Urteils auf die Praxis der Klugheit (zu) übertragen[10]«. Die Begründung der praktischen Philosophie als Wissenschaft, die Bacon fordert[11], die Hobbes als erster zu leisten verspricht, erscheint ihm abwegig. Dabei übersieht er, daß die neue methodische Einstellung auch ein neues Objekt, eben den Lebenszusammenhang des Sozialen, erst freilegt. Freilich wird dieser durch »wissenschaftliche« (sehr viel später wird man erst sagen dürfen: durch streng erfahrungswissenschaftliche) Objektivierung so von der Lebenspraxis gelöst, daß die Applikation der gewonnenen Einsichten selbst unkontrolliert bleibt.

So behalten denn beide Parteien jeweils in anderer Hinsicht recht. Wenn es möglich sein sollte, diese verschiedenen und, wie es scheint, widerstreitenden Rechte zu klären, gar zu vereinigen, dann kann »die Versöhnung der klassischen und der modernen Studienart«, der Vico seine Schrift gewidmet hat[12], zur methodischen Grundlage einer neuen Wissenschaft, einer anderen Scienza Nuova werden. Wir verfolgen die Entwicklung von der klassischen Politik zur modernen Sozialphilosophie unter dem *doppelten* Gesichtspunkt eines Wechsels der methodischen Einstellung und der Konstituierung eines neuen Objektbereichs.

Die thomistische Rezeption der aristotelischen Politik: zoon politikon als animal sociale

Wie hat sich, zwischen Aristoteles und Hobbes, die Umwandlung der klassischen Politik in die moderne Sozialphilosophie vollzogen? Aristoteles ist der Überzeugung, daß sich eine Polis, die in Wahrheit diesen Namen trägt und nicht bloß so genannt wird, die Tugend ihrer Bürger angelegen sein läßt – »denn sonst würde die Gemeinschaft der Stadt zu einer bloßen Bundesgenossenschaft werden« – zu einer koinonia symmachia. Diese erhält im römischen Recht den Namen societas und meint ebenso ein Bündnis zwischen Staaten wie eine geschäftliche Verbindung zwischen Bürgern – heute noch im Sinne von »Sozietät« gebräuchlich. Aristoteles entwirft die Fiktion eines solchen privatrechtlichen Vertragssystems zum Zwecke eines für alle gesicherten und allgemein geregelten Lebenserwerbs, um daran zu zeigen, was eine Polis *nicht* ist: Wenn Bürger, die ihren eigenen Geschäften nachgehen, zum Zwecke eines geordneten Tauschverkehrs und für den Fall kriegerischer Verwicklungen eine Rechtsgemeinschaft gründen, ist diese *nicht* schon mit einem *Staat* zu verwechseln. Denn, so lautet das Argument, sie verkehren ja an dem gemeinsamen Orte doch so, als wären sie getrennt; und ein jeder betrachtet sein eigenes Haus wie eine Stadt. Eine Polis bestimmt sich hingegen durch ihren *Gegensatz* zum Oikos. Demgegenüber hat es Hobbes gerade mit der naturrechtlichen Konstruktion eines solchen privatrechtlich geregelten und durch staatliche Souveränität geschützten Verkehrs bürgerlicher Privatleute zu tun. Zwischen beiden Autoren vermittelt auf eine eigentümliche Weise die Sozialphilosophie des Thomas von Aquin. Einerseits steht Thomas ganz in der aristotelischen Tradition. Mag ein Staat um des Überlebens willen gegründet worden sein, Bestand hat er nur um des guten Lebens willen. »Denn wenn sich die Menschen allein des bloßen Lebens willen zusammenschließen wollten, so wären auch Tiere und Sklaven ein Teil der civitas; wenn sie sich wieder nur um Reichtümer zu erwerben vereinigen würden, so müßten alle, die in gleicher Weise am wirtschaftlichen Verkehr interessiert sind, zu einer civitas gehören[13].« Eine Gemeinschaft darf ein Staat erst heißen, wenn sie ihre Bürger zu tugendhaften Handlungen und damit zum guten Leben ermächtigt. Andererseits versteht aber Thomas diese Gemeinschaft nicht mehr genuin politisch: die civitas ist unter der Hand societas geworden. Der unfreiwillige Abstand zur alten Politik kommt nirgends präziser zum Vorschein als in der wörtlichen Übersetzung des zoon *politikon:* homo naturaliter est animal *sociale*[14]. An einer anderen Stelle heißt es: naturale autem est homini ut sit animal *sociale et politicum*[15]. Bezeichnenderweise fehlt bei Thomas die von seinem Philosophus so dezidiert vorgetragene Unterscheidung zwischen der ökonomischen Verfügungsgewalt des Hausherrn und der politischen Herrschaftsgewalt in der Öffentlichkeit: die des Oikodespoten war ja Alleinherrschaft – monarchia, die in der Polis eine Herrschaft über Freie und Gleiche – Politie[16]. Jener princeps aber, über dessen Regiment Thomas seine Untersuchung anstellt, herrscht monarchisch, nämlich grundsätzlich in der gleichen Weise wie der pater familias als dominus. Dominium heißt nun Herrschaft schlechthin. Der Gegensatz von polis und oikos ist auf dem gemeinsamen Nenner der societas ausgeglichen; diese wird in Analogie zum patriarchalisch geordneten Haus- und Familienleben, nach Aristotelischen Maßstäben also unpolitisch gedeutet. Vollzog sich die Ordnung der Polis in der Teilnahme der Bürger an Verwaltung, Gesetzgebung, Rechtsprechung und Beratung, so behält Thomas nur mehr einen ordo zurück, der die politische Substanz jenes im öffentlichen Gespräch sich bildenden, aufs staatsbürgerliche Handeln bezogenen Willens und Bewußtseins preisgibt: bonum autem et salus consociatae multitudinis est ut eius unitas conservetur, quae dicitur pax. Kriterium des wohlgegründeten ordo ist nicht die Freiheit der Bürger, sondern Ruhe und Frieden – pax, eine eher »polizeiliche« als politische Auslegung des neutestamentarischen Begriffs. Die zentrale Frage der alten Politik: nach der *Qualität* der

Herrschaft entfällt. Thema probandum der zu Recht *sozialphilo-sophisch* genannten Überlegungen der thomistischen »Politik« ist vielmehr eine auf den Staat ausgedehnte Haus- und Familienord-nung, ist die Statushierarchie der arbeitenden Bürger. Der ordo ci-vitatis erstreckt sich nun auf die christlich rehabilitierte Arbeit, die für die Griechen eine schlechthin apolitische Größe war[17].

Thomas also verwandelt die aristotelische Politik in eine Philoso-phie des Sozialen, wahrt allerdings insofern die Tradition, als er an jenem bei Aristoteles so deutlich ausgeprägten Zusammenhang von Ethik und Politik festhält. Der ordo civitatis kann einerseits nicht mehr in praxis und lexis freier Bürger, in der politischen Öffentlichkeit festgemacht werden; soll aber doch, zum ordo so-cietatis erweitert, andererseits ein standesethisch konkretisiertes Sittengesetz begründen können, einen nach Ämtern und Rängen differenzierten Kodex, der eine allgemein zugängliche und unver-rückbar gewisse Erkenntnis statusspezifischer Verhaltensmuster verbürgt. Bekanntlich löst Thomas diese Konstruktion der *Gesell-schafts*ordnung als *Tugendordnung* ontotheologisch: die lex na-turae begründet die Ordnung der civitas als societas zugleich onto-logisch aus dem Zusammenhang des Kosmos und theologisch aus der Übereinstimmung dieser kosmischen Gesetzmäßigkeit mit den Geboten des Dekalogs.

Diese aus dem christianisierten stoischen Naturrecht entwickelte lex naturae verfällt im folgenden Jahrhundert der nominalistischen Kritik. Das ontologische Siegel auf die thomistische Soziallehre zerbricht, weil die gesellschaftlichen Verhältnisse, unter denen sie allein Glaubwürdigkeit behaupten konnte, selber zerbrechen. Wir lassen das hier auf sich beruhen. Jedenfalls weicht die Frage nach dem Wozu und dem Woraufhin des Zusammenlebens, die nicht mehr mit dem ordo societatis beantwortet werden kann, nun der anderen Frage: Wie und mit Hilfe welcher Mittel die civitas gere-gelt und gefügig gemacht werden kann. Das zerborstene Band der naturrechtlich konstruierten Tugendordnung läßt auch theoretisch die beiden Elemente auseinanderfallen, die in der Realität ausein-andergerissen werden: das *dominium* der souverän gewordenen Fürsten und die unter territorialstaatlicher Verwaltung privati-sierte *societas*. Im selben Jahr, in dem Niccolo Machiavelli seinen Principe geschrieben hat, arbeitet Thomas Morus an seiner Utopia. Der eine ist als Diplomat mit den zwischenstaatlichen Beziehungen der italienischen Pentarchie vertraut, der andere ist als Jurist erst Vertreter der Londoner Bürgerschaft im Parlament, dann Minister und Kanzler am Hofe Heinrichs VIII., mit den innerstaatlichen Ordnungsaufgaben einer absolutistischen Verwaltung befaßt.

Auf der schmalen Basis eines Stadtstaates mochte Machiavelli von der Organisation der Gesellschaft noch absehen und seine Aufmerksamkeit ausschließlich auf die Technik der Erhaltung und Eroberung von Macht richten. Der allgemeine und im Prinzip unaufhebbare Kriegszustand gilt fortan als die fundamentale Voraussetzung der Politik. Der Staat ist am meisten Staat im Zustand des Kampfes. Politik ist die erforschbare und erlernbare Kunst einer im Innern wie nach außen permanent geübten Strategie zur Durchsetzung der eigenen Macht. Die patriarchalische Hausgewalt des christlichen Fürsten hat sich zur abstrakten Selbstbehauptung des Souverains (suprema potestas) verdichtet und gleichzeitig von den eigentlich gesellschaftlichen Funktionen der zum Staat erweiterten Haushaltsordnung gelöst. – Gerade mit diesen Funktionen aber befaßt sich Thomas Morus. Auf der strategisch günstigen Basis eines Inselstaates mochte *er* die Technik der Selbstbehauptung gegen äußere Feinde vernachlässigen und ein vom Kriegszustand abgeleitetes Wesen des Politischen geradezu leugnen. Vielmehr stellt sich ihm der ordo societatis empirisch als eine Aufgabe der rechtstechnischen Organisation der Gesellschaft dar.

Salus publica und bonum commune können nicht mehr teleologisch bestimmt werden. Sie sind zu Leerstellen geworden, die Machiavelli aufgrund einer Analyse der Interessen des Fürsten mit der Staatsraison, Morus hingegen aufgrund einer Analyse der Interessen arbeitender Bürger mit einer der Wirtschaftsordnung immanenten ratio besetzt.

Der Bruch mit der Tradition: die modernen Begriffe des Politischen und des Sozialen in der realpolitisch entzauberten und der utopisch entworfenen Welt. Machiavelli und Morus

Die Blickrichtung hat sich spezifisch geändert: Das politische Verhalten, für das sich Machiavelli, und die soziale Ordnung, für die sich Morus interessiert, werden nicht mehr im Hinblick auf jenes tugendhafte Leben der Bürger expliziert. Die modernen Denker fragen nicht mehr wie die alten nach den sittlichen Verhältnissen des guten und vortrefflichen Lebens, sondern nach den tatsächlichen Bedingungen des Überlebens. Es geht unmittelbar um die Behauptung des physischen Lebens, um elementare Lebenserhaltung. Diese praktische Notwendigkeit, die technische Lösungen verlangt, steht am Beginn der modernen Sozialphilosophie. Im Unterschied zur ethischen Notwendigkeit der klassischen Politik verlangt sie keine theoretische Begründung der Tugenden und Gesetze in einer Ontologie der menschlichen Natur. War der theoretisch begründete Ausgangspunkt der Alten: wie die Menschen praktisch einer natürlichen Ordnung entsprechen können; so ist der praktisch vorgegebene Ausgangspunkt der Modernen: wie die Menschen drohende Naturübel technisch bewältigen können. Gewiß ist Sozialphilosophie über die Sicherung des blanken Überlebens hinaus auch mit der Verbesserung, der Erleichterung, der Steigerung des Lebens befaßt. Diese ist jedoch grundsätzlich von einer sittlichen Perfektion des Lebens verschieden. Die pragmatischen Steigerungsformen des angenehmen und des machtvollen Lebens bleiben je auf ihren Positiv, die Erhaltung des bloßen Lebens, bezogen. Sie bleiben Komparative zum Überstehen der elementaren Lebensgefahren: der physischen Bedrohung durch den Feind oder den Hunger.

Die Sozialphilosophie war in solchen Naturübeln nicht erfinderisch. Sie hat über die Jahrhunderte hin die beiden, von denen Machiavelli und Morus ausgehen, nur variiert: den gewaltsamen Tod durch die Hand des Nächsten und den Tod durch Hunger und Elend. Machiavelli fragt: wie kann die Reproduktion des Lebens politisch, Morus: wie kann sie sozial-ökonomisch gesichert werden? Denn von der Angst, das Leben vor Angriffen der anderen zu schützen, können die Menschen nur durch eine erfolgreiche Technik des Machterwerbs und der Machterhaltung befreit werden; von der nicht minder drückenden Ungewißheit, das Leben in Hunger und Elend zu erhalten, nur durch eine richtige Organisation der gesellschaftlichen Ordnung. Die Selbstbehauptung des Lebens verlangt, je nachdem, welche Gefahr als die elementare erscheint, den Primat der mobilisierten Waffen oder den der organisierten Lebensmittel.

Freilich ergibt sich bei der *Steigerung* jener beiden technisch erörterten Reproduktionsformen des Lebens ein charakteristischer Unterschied. Während die Abschaffung des Hungers den Ausblick auf eine mögliche Steigerung des angenehmen Lebens ins Unbegrenzte eröffnet, erzeugt eine Erweiterung jener Macht, die die Angst vor dem gewaltsamen Tode beseitigt, mit der Bewältigung des einen Übels sogleich ein anderes: die Gefahr der Knechtschaft. Die Sozialphilosophien, die das Naturübel politisch definieren, können deshalb nicht wie jene, die es ökonomisch definieren, utopische Gestalt annehmen. Sie verfallen, wenn sie auf eine gegenutopische Form der Lebenssteigerung gleichwohl nicht verzichten wollen, der Irrationalität: virtù gewinnt schon bei Machiavelli wenn nicht den Sinn, so doch die Aura einer barbarischen Gesundheit, die politische Macht per se verklärt. – Neben den beiden »natürlichen« Übeln der Bedrohung durch Hunger und Feinde wird das »künstliche« Übel der Herrschaft von Menschen über Menschen zum dritten Ausgangspunkt der sozialphilosophischen Untersuchung: es gilt, den Erniedrigten und Beleidigten ebenso zu Würde und Frieden zu verhelfen, wie Machiavelli den Angegriffenen und Verängstigten Macht und Sicherheit, Morus den Mühsamen und Beladenen Wohlstand und Glück verheißt[18].

Machiavelli und Morus gewinnen gegenüber der alten Politik je ein neues Feld der Betrachtung, weil sie die Struktur der Herrschaft aus dem ethischen Zusammenhang lösen. Seit Aristoteles ging es um die gesetzliche Ermöglichung und Ermächtigung eines guten Lebens der Bürger; die Güte der Herrschaft mußte sich an der Tugend der Bürger und ihrer im Rahmen der Gesetze der Stadt verwirklichten Freiheit ausweisen. Seit Aristoteles kennt die Politik gute und entartete Verfassungen, kennt sie die absolut und die relativ beste Verfassung. Machiavelli und Morus unterlaufen diese Problematik. Machiavelli mit der Behauptung: daß angesichts der gleichbleibenden Substanz des Herrschaftsverhältnisses einer politischen Minderheit über die Masse der privaten Bürger die normativen Ordnungen historisch wechselnde Überbauten darstellen. Der vergleichende Historiker wird finden, »daß ein kleiner Teil frei zu sein wünscht, um zu befehlen, alle anderen aber, die unverhältnismäßig größere Zahl, die Freiheit wünschen, um sicher zu leben. In einem jeden Gemeinwesen aber, habe es eine Verfassung welche es wolle, sind die befehlenden Stellen mit höchstens vierzig bis fünfzig Bürgern besetzt[19]«. Machiavelli isoliert im Wandel der Institutionen die zugrunde liegende Struktur eines formal gleichbleibenden Verhältnisses der Repression. Sie ist durch die Unausweichlichkeit von Angriff und Verteidigung, von Bedrohung und Selbstbehauptung, von Eroberung und Niederlage, Aufstand und Unterdrückung, Macht und Ohnmacht bestimmt. Von dieser Spannung, die mit der potentiellen oder aktuellen wechselseitigen Gewaltanwendung gleichsam natürlich gesetzt ist, bezieht überhaupt der neue Begriff des Politischen seinen Sinn.

Morus entkräftet die traditionelle Verfassungsproblematik mit einem analogen Hinweis. Er begreift die unter den wechselnden normativen Ordnungen gleichbleibende Substanz des Herrschaftsverhältnisses, statt aus einer unaufhebbaren Grundsituation der Menschen, aus dem mit dem Privateigentum gesetzten Zwang zur Ausbeutung: »Wenn ich alle diese Staaten... prüfend an meinem Geiste vorbeiziehen lasse, so finde ich... nichts anderes als eine Art von Verschwörung der Reichen, die im Namen und unter dem Rechtstitel des Staates für ihren eigenen Vorteil sorgen. Alle möglichen Schliche und Kniffe ersinnen und erdenken sie, um zunächst einmal das, was sie durch üble Machenschaften zusammengerafft haben, ohne Furcht vor Verlust zusammenzuhalten, dann aber alle Mühe und Arbeit der Armen so billig wie möglich zu erkaufen und ausnützen zu können. Sobald die Reichen erst einmal im Namen der Allgemeinheit, das heißt also auch der Armen, den Beschluß gefaßt haben, diese Methoden anzuwenden, so erhalten sie auch schon Gesetzeskraft[20]«. Dieser Begriff des Staates als einer ökonomischen Zwangsanstalt verweist auf die Grundsituation der bürgerlichen Gesellschaft, in der private Arbeitssubjekte um den Erwerb knapper Güter konkurrieren – »denn wie wenige gibt es, die nicht wissen, daß sie, falls sie nicht für sich selbst sorgen, trotz noch so großer Blüte des Staates, Hungers sterben müßten? Und deshalb drängt jeden die Not, mehr sich selbst als das Volk, das heißt: die anderen, zu berücksichtigen[21]«.

Von der möglichen Überwindung dieses Interessenegoismus und der mit ihm verbundenen Lebensrisiken bezieht der neue Begriff des Sozialen seinen Sinn. Morus spricht ihn naiv aus: »welch größeren Reichtum kann es geben, als wenn man, jeder Sorge ledig, frohen und ruhigen Herzens leben kann, ohne um sein tägliches Brot zu bangen[22]?«

Der normative Sinn der Gesetze wird durch Reduktion auf zugrunde liegende Strukturen, sei es der politischen Herrschaft, sei es der ökonomischen Ausbeutung zwar seiner sittlichen Substanz entleert, aber nicht als solcher suspendiert. Im Hinblick auf die praktische Aufgabe der Lebenserhaltung und der Steigerung dieses Lebens erweisen Gesetze ihre instrumentelle Tauglichkeit. Der normative Sinn der von Machiavelli empfohlenen Gesetze bewährt sich in der Aufrechterhaltung von Todes- und Tötungsbereitschaft; denn nur durch Waffengewalt wird das Naturübel der Bedrohung durch den Feind überwunden. Der normative Sinn der von Morus empfohlenen Gesetze bewährt sich im Zwang zur Arbeit; denn nur so wird das Naturübel des Hungers bezwungen.

Aristoteles kannte grundsätzlich keine Trennung zwischen politisch gesatzter Verfassung und dem Ethos des bürgerlichen Lebens in der Stadt. Machiavelli und Morus haben je auf ihre Weise die Scheidung von Politik und Ethik vollzogen. Die oberste Maxime der neuen Politik lautet: »Es muß des Fürsten einziger Zweck sein, sein Leben und seine Herrschaft zu erhalten. Man wird alle Mittel, deren er sich hierzu bedient, rechtfertigen.« Die private Tugend ist von der politischen, die praktische Klugheit der zu gutem, und das heißt jetzt: zu gehorsamem Leben verpflichteten Privatleute, von der technischen Klugheit der Politiker geschieden: »Ein Fürst ... kann nicht so handeln, wie die Menschen gewöhnlich handeln sollten, um rechtschaffen genannt zu werden; das Staatserfordernis nötigt ihn oft, Treue und Glauben zu brechen und der Menschenliebe, der Menschlichkeit und Religion entgegen zu handeln[23].« Morus hingegen betont die gesellschaftliche Heteronomie der privaten Tugend. Er hält am humanistischen Erbe einer naturrechtlich begründeten Moral fest; aber er beharrt auf den gesellschaftlichen Voraussetzungen, die erfüllt sein müssen, bevor die Masse der Bürger das stoische Mußeideal verwirklichen kann. Tugend und Glückseligkeit sind als solche traditionalistisch konzipiert, aber modern ist die These, daß die technisch-angemessene Organisation des Lebensnotwendigen, eine institutionell richtige Reproduktion der Gesellschaft, dem guten Leben vorausliegt, ohne selbst Inhalt und Ziel sittlichen Handelns zu sein.

Wie bei Machiavelli die Technik der Machterhaltung, so wird bei Morus die Organisation der gesellschaftlichen Ordnung moralisch neutral. Beide befassen sich nicht mit praktischen Fragen, sondern mit technischen. Sie entwerfen Modelle, d. h. sie untersuchen ihr neu erschlossenes Feld unter künstlichen Bedingungen. Bevor noch die experimentelle Methode in den Naturwissenschaften eingeführt ist, wird die methodische Abstraktion von der Vielfalt empirischer Verhältnisse hier vorweg erprobt. Machiavelli und Morus rücken auch in diesem Betracht überraschend auf eine Ebene, wenn man den heuristischen Sinn der realpolitischen Entzauberung in der gleichen Weise entschlüsselt wie den des utopischen Entwurfs.

Machiavelli unterstellt als das Ziel der politischen Technik die Behauptung der fürstlichen Macht nach außen sowie die Einigkeit und den Gehorsam der Untertanen im Innern[24]. Er isoliert die Operationen zur Erreichung dieses Ziels von allen gesellschaftlichen Voraussetzungen. Das politische Handeln ist von traditionellen und moralischen Bindungen gelöst und darf auch bei den Gegenspielern mit solchen nicht rechnen (es gilt der Grundsatz: »alle Menschen sind undankbar, unbeständig, heuchlerisch, furchtsam und eigennützig«); ferner kann sich das politische Handeln nicht auf gegebene Institutionen und erworbene Legitimationen stützen, sondern fängt gleichsam von vorne an (es gilt die Annahme einer durch fremde Gewalt oder Zufall gewonnenen Herrschaftsposition: »Derjenige, welchen das Glück allein aus dem Privatstande auf den Thron erhebt, wird zwar mit wenig Schwierigkeiten dahin gelangen, aber desto mehr hat er, um sich auf demselben zu erhalten«). Die Versuchsanordnung des Machiavelli ist kaum minder fiktiv als die des Morus: die absolute Freiheit der rationalen Mittelwahl zum Zweck der Machterhaltung im Ausnahmezustand des latenten Bürgerkriegs, des potentiellen Aufstandes und der faktischen Bedrohung durch den konkurrierenden Feind. Unter diesen Bedingungen der necessità ist Politik die Kunst, fortuna zu regulieren, »damit sie nicht bei jedem Umlauf zeigen kann, wieviel sie vermag«. Cesare Borgia gibt das historische Beispiel[25]. Der Fall des Konjunkturstaates, dessen Fundamente erst gelegt werden müssen, ist für eine Analyse der Regeln dieser Kunst wie geschaffen. Machiavells Rezeptbuch des technisch richtigen Machtkalküls hat die im Absolutismus der folgenden Jahrhunderte wirksame Tradition der arcana imperii begründet. Sie unterrichtet bekanntlich den Fürsten, wie sich die vis dominationis in typischen Lagen taktisch richtig mit Hilfe mobilisierter Bündnisse, Soldaten und Gelder durchsetzen kann.

Statt solcher empirischer Regeln für eine politische Technik gibt Morus ein unter empirischen Bedingungen vorstellbares Beispiel für eine soziale Organisation. Als deren Ziel unterstellt er die Wohlfahrt freier Bürger. Seine Versuchsanordnung isoliert die Reproduktion des gesellschaftlichen Lebens weitgehend von politischen Einwirkungen im Sinne Machiavellis: Kriege sind diskriminiert und die Funktionen öffentlicher Herrschaft auf ein Minimum beschränkt; ferner ist das private Eigentum an Produktionsmitteln und Konsumgütern aufgehoben. Beide Annahmen gestatten ein Modell, in dem die gesellschaftlichen Einrichtungen ebenso auf ihre instrumentelle Bedeutung reduziert werden können wie im fiktiven Ausnahmezustand die Herrschaftsmittel Machiavellis. Das Beispiel einer auf Gemeineigentum basierenden Ordnung legt die Motive gesellschaftlicher Konflikte bloß. Morus analysiert, wie mit der Sorge um die Sicherung des Lebensunterhaltes gleichzeitig die Ursache für eine Reihe von kriminellen Delikten, die Möglichkeit für eine Differenzierung des Sozialprestiges durch Reichtum, und die Notwendigkeit für eine Legalisierung der Ausbeutung entfallen. »Was soll man vollends dazu sagen, wenn die Reichen von dem Tagelohn der Armen nicht nur durch privaten Betrug, sondern sogar auf Grund staatlicher Gesetze etwas abzwacken[26]?« Reichtum, Ansehen und Macht verlieren den Schein ihrer Naturgegebenheit. Der historische Zusammenhang zwischen sozialer Schichtung und politischer Herrschaft einerseits, der Organisation der gesellschaftlichen Arbeit andererseits wird durchsichtig.

Der Wechsel der methodischen Einstellung: vom praktischen Wissen zur pragmatischen Kunst der Machttechnik und der Gesellschaftsorganisation

Auch eine Interpretation, die sich von der Absicht leiten läßt, am »Principe« und an der »Utopia« die »modernen« Züge von dem Hintergrund der traditionellen Politik nicht ohne eine gewisse Stilisierung abzuheben, wird die Schranken nicht verhehlen dürfen, die Machiavelli und Morus von Hobbes, dem Begründer der Sozialphilosophie als Wissenschaft, trennen. Es handelt sich um eine Beschränkung in der Materie ebenso wie in der Methode.

Die Versuche, die auseinandergefallenen Elemente der thomistischen Sozialphilosophie – dominium und societas – unter einem technischen Aspekt je für sich zu untersuchen, bleiben abstrakt. Machiavelli ignoriert die historische Aufgabe der Entwicklung einer Sphäre bürgerlicher Gesellschaft; und Morus ignoriert die politischen Tatsachen, die sich aus der Konkurrenz souveräner Staaten ergeben. Hobbes ist von dieser komplementären Blindheit seiner Vorgänger frei; denn ihm stellt sich die systematische Aufgabe einer naturrechtlichen Konstruktion der Souveränität, weil er im England des 17. Jahrhunderts – anders als Machiavelli im Florenz des beginnenden 16. – die suprema potestas des Landesfürsten nur mehr in ihrem funktionellen Zusammenhang mit einer sich bürgerlich emanzipierenden societas sehen kann. Eine vertragliche Konstituierung der fürstlichen Souveränität ist fällig, als die politische Selbstbehauptung ihrem Inhalt nach von originären Bedürfnissen der gesellschaftlichen Sphäre abhängig geworden ist. Hobbes rechtfertigt bereits die Behauptung der staatlichen Souveränität nach außen durch die Aufgaben der obrigkeitlichen Autorität im Inneren; denn diese soll den auf Kontrakt beruhenden Verkehr der bürgerlichen Privatleute garantieren: Gesellschafts- und Herrschaftsvertrag fallen zusammen, weil pactum potentia verlangt. Der Souverän führt das Schwert des Krieges als derjenige, dem das Schwert der Gerechtigkeit, nämlich die Kompetenz von Rechtsprechung und Strafvollzug, übertragen worden ist. Er übt eine im Sinne Machiavellis *politische* Gewalt aus, weil der universell politische Zustand des bellum omnium in omnes beseitigt und dieses ungezähmt Politische geradezu zugunsten einer rationalen *Organisation der Gesellschaft* pazifistisch neutralisiert werden soll – genau das utopische Anliegen des Thomas Morus.

Noch entschiedener überwindet Hobbes die methodologische Schwäche seiner Vorgänger. Machiavelli und Morus hatten keinen Anspruch darauf erhoben, Politik und Sozialphilosophie als Wissenschaft zu betreiben – als Wissenschaft weder im hergebrachten Sinne der praktischen Philosophie noch im modernen Sinne jenes empirisch-analytischen Verfahrens, das erst ein Jahrhundert später von Bacon proklamiert wird (und nicht einmal er konnte das, was er antizipierte, auch schon einlösen). Machiavelli und Morus stehen auf halbem Wege: Sie haben methodisch mit den Voraussetzungen der Tradition gebrochen und die praktische Blickrichtung durch eine technische Fragestellung ersetzt; aber ohne die strenge Erkenntnismethode des Descartes, die erfolgreiche Forschungsmethode eines Galilei bearbeiten sie ihre Materie gewissermaßen noch pragmatisch. Zu einer Empfehlung von Techniken gelangt der eine; einen Organisationsvorschlag macht der andere.

Als 1517 des Morus Bericht über die Nova Insula Utopia unter dem Titel De optimo Reipublicae statu erschien, mußten seine humanistischen Leser die neue Formulierung eines traditionellen Lehrstücks der Politik erwarten. Doch zeigt gerade der Vergleich mit dem platonischen Vorbild, auf das Morus sich selbst beruft, wie sehr der Titel irreführt: Die Schrift analysiert nicht das Wesen der Gerechtigkeit, sondern kopiert einen der zeitgenössischen Reiseberichte. Weil sich Gerechtigkeit nach Auffassung der Griechen allein in der vollzogenen Lebensordnung der Stadt verwirklichen kann, erklärten sie das Wesen der Gerechtigkeit am Wesen des Staates, und das heißt an der vollendeten Verfassung einer Herrschaft freier Bürger. Morus hingegen beruft sich nicht mehr auf eine Wesensordnung, nicht mehr auf notwendig einzusehende Verhältnisse, von denen er ein Beispiel in der Erfahrung geben möchte; sein Staat ist kein Ideal im kantischen Sinne. Er entwirft vielmehr eine »Fiktion« in der Weise, in der der englische Sprachgebrauch diesen Namen für die Gattung der bürgerlichen Erzählkunst gebraucht. Die Imagination des Tatsächlichen stellt uns Gegenstände und Personen vor, als seien sie empirisch vorgefunden – ebenso zufällig und unableitbar wie in ihrer Wirklichkeit sinnlich bezeugt. Auf diese Weise erzeugt Morus die Illusion der Wirklichkeit im Rahmen einer fingierten Entdeckungsreise, jener Art von Erfahrung also, die die Alten Historie nannten. »Wenn du mit mir in Utopien gewesen wärest und hättest mit eigenen Augen die dortigen Sitten und Einrichtungen gesehen, wie ich, der ich mehr als fünf Jahre dort gelebt habe und niemals mehr hätte fortgehen wollen, wenn nicht um von dieser Welt zu künden, dann würdest du ohne weiteres gestehen, *nirgendwo sonst* ein so wohlgeordnetes Staatswesen gesehen zu haben wie dort[27].« Dieses »nirgendwo sonst« verrät den Doppelsinn und den darin begründeten Anspruch der Utopie: gesellschaftliche Verhältnisse in der Weise realistisch zu fingieren, daß sie als unter empirischen Bedingungen existierend *vorgestellt*, freilich nicht auch schon begriffen werden können.

Morus ist pragmatisch zu der Überzeugung gelangt, »daß es überall da, wo es noch Privateigentum gibt, wo alle alles nach dem Wert des Geldes messen, kaum jemals möglich sein wird, gerechte oder erfolgreiche Politik zu treiben[28]«. Anstelle des Versuchs, diese als Erfahrungssatz verstandene Hypothese wissenschaftlich zu überprüfen, entwirft er das Modell einer auf entsprechend variierten Bedingungen ruhenden Verfassung. Wenn dieser Fiktion der Charakter eines Beispiels in der Erfahrung mit ausreichender Glaubwürdigkeit, und das heißt: ohne der bisherigen Erfahrung zu widerstreiten, gegeben werden kann, ist der Nachweis geführt, daß ein solcher Gesellschaftszustand unter empirischen Bedingungen existierend vorgestellt werden kann. So wird die sozialtechnische Regel, nach der aus dem bestehenden Zustand der gewünschte hervorgehen soll – in diesem Falle eine Veränderung der Eigentumsverhältnisse –, indirekt auf Übereinstimmung mit allen bisherigen Erfahrungen kontrolliert. Prinzipiell sind für dieses Vorgehen dieselben Momente bestimmend wie für das ganz andere Verfahren Machiavells.

Machiavelli löst das praktische Wissen der Politik in technische Kunstfertigkeit auf. Auch bei den Alten sollte ein mit der Staatsleitung betrauter Politiker mit Klugheit ein gewisses Können paaren, etwa die Beherrschung der Ökonomie und der Strategie. Bei Machiavelli bleibt aber von der Politik nur noch der handwerkliche Kunstverstand des Strategen übrig. Und zwar meint er die Kriegskunst im buchstäblichen Sinne[29] wie auch jene Fertigkeit, die sich bildet, wenn man Politik ausschließlich unter dem strategischen Gesichtspunkt entwickelt. Sie wird dann eine »Kunst«, die im Kanon der traditionellen Künste ohne Vorbild ist, Machiavellis eigentliche Entdeckung. Diese Kunst der Menschenführung, wie wir heute sagen würden, ist auf ihre Weise auch ein technisches Können, hat aber, den Alten unvorstellbar, statt Gegenständen der Natur menschliches Verhalten zum Material der Bearbeitung. Das Verhalten der Menschen selbst, insbesondere ihre Antriebe der Selbstbehauptung und Unterwerfung, sind der Stoff, den der fürstliche Handwerker zu formen hat. Machiavelli gewinnt seine psychologischen Einsichten noch auf die kasuistische Weise des Historikers; klar ist aber die technische Absicht ausgesprochen, Politik als Herrschaftswissen zu treiben, um ein regnum hominis auch über die bezwungene Geschichte aufzurichten: »Nicht unüberlegt noch ohne Grund pflegen kluge Männer zu sagen, daß, um vorauszusehen, was sein wird, man betrachten müsse, was gewesen ist; denn alle Begebenheiten sind jederzeit nur die Seitenstücke zu irgendeinem Ereignis der Vergangenheit. Dies kommt daher, daß ... die Menschen stets dieselben Leidenschaften haben, und also dieselbe Ursache stets dieselbe Wirkung hervorbringen muß[30].« Dazu der vorgreifende Kommentar Horkheimers: »Es ist die Größe Machiavells, ... die Möglichkeit einer der neuzeitlichen Physik und Psychologie und ihren Prinzipien entsprechenden Wissenschaft von der Politik erkannt und ihre Grundzüge einfach und bestimmt ausgesprochen zu haben[31]«. Diese Deutung eilt Machiavelli insofern voraus, als die Kunstfertigkeit des Machterwerbs und der Machterhaltung zwar aus einer Übertragung der handwerklichen techne auf das bis dahin der phronesis vorbehaltene Gebiet der Praxis resultiert, aber der wissenschaftlichen Präzision der *berechneten Technik* noch durchaus entbehrt. Der Anspruch auf Begründung der Politik nach Prinzipien des galileischen Wissenschaftsideals kann, streng genommen, erst im Rahmen eines mechanistischen Weltbildes gestellt werden.

Gewiß ist das den »Principe« und die »Utopia« leitende Erkenntnisinteresse bereits darauf abgestellt, »im Modus des Herstellens zu handeln[32]«. Machiavelli und Morus haben die in der klassischen Philosophie unantastbare Schranke zwischen Praxis und Poiesis durchbrochen, haben auf einem Felde die relative Sicherheit des handwerklich-technischen Wissens gesucht, das bis dahin der Ungenauigkeit und Unübertragbarkeit praktischer Klugheit vorbehalten war. Dieser Ansatz kann indessen nicht radikal durchgeführt werden, bevor das technische Wissen selbst theoretisch, und nicht mehr nur pragmatisch, gesichert ist. Dazu mußte erst eine andere Schranke fallen: der griechisch-christliche Vorrang der vita contemplativa vor der vita activa, die Absperrung der Theorie gegen Praxis. Für die Alten war das Vermögen zwecktätigen Verhaltens, die Kunstfertigkeit, techne, ebenso wie die Klugheit vernünftigen Handelns, phronesis, ein Wissen, das wohl auf Theorie als den obersten Zweck und das höchste Ziel stets verweist, aber niemals selbst von ihr sich herleiten, aus ihr sich rechtfertigen kann. Es blieben »niedere« Erkenntnisvermögen gerade um dieser Eigenständigkeit der Kontemplation willen. Die Sphäre des Tuns und des Handelns, die Lebenswelt der um ihre Erhaltung oder ihr Zusammenleben besorgten Menschen und Bürger war im strengen Sinne theoriefrei. Das ändert sich erst, als die moderne Naturforschung darangeht, Theorie in der Einstellung des Technikers zu betreiben.

Nicht als sei die Erkenntnisabsicht der modernen Wissenschaft, zumal in ihren Anfängen, subjektiv darauf gerichtet gewesen, technisch verwendbare Kenntnisse zu erzeugen. Aber die Intention der Forschung selbst ist seit den Tagen Galileis objektiv die: die Kunstfertigkeit zu erlangen, die natürlichen Vorgänge *selbst* so zu machen, wie die Natur sie hervorbringt. Theorie bemißt sich an der Fähigkeit der künstlichen Reproduktion natürlicher Prozesse. Im Gegensatz zur episteme ist sie ihrer Struktur nach auf »Anwendung« angelegt. Theorie gewinnt dadurch als ein neues Kriterium ihrer Wahrheit (neben dem der logischen Schlüssigkeit) die Gewißheit des Technikers: wir *erkennen* einen Gegenstand, soweit wir ihn *machen* können. Durch die in der Einstellung des Technikers betriebene Forschung verändert sich aber auch das technische Verhalten selbst. Jene Gewißheit des Technikers, die die Erkenntnis moderner Wissenschaft auszeichnet, ist unvergleichbar mit der relativen Sicherheit des klassischen Handwerkers, der sein Material durch Übung beherrscht[33].

Erst Hobbes studiert die »Gesetze des bürgerlichen Lebens« in der ausgesprochenen Absicht, das politische Handeln fortan auf die unüberbietbar gewisse Basis jener wissenschaftlich angeleiteten Technik zu stellen, die er aus der zeitgenössischen Mechanik kennt.

Hannah Arendt hat die Konstruktionen des rationalen Naturrechts als Versuche bezeichnet, eine Theorie zu finden, »mit der man in wissenschaftlicher Exaktheit politische Institutionen herstellen kann, die die Angelegenheiten der Menschen mit der gleichen Zuverlässigkeit regeln würden, wie die Uhr die Bewegungen der Zeit oder die als Uhr verstandene Schöpfung die Vorgänge in der Natur regelt[34]«. Warum aber bedient sich Hobbes zu diesem Zwecke des Vertragsinstruments, warum begründet er die wissenschaftliche Sozialphilosophie als Rechtskonstruktion?

Hobbes' Begründung der Sozialphilosophie als Wissenschaft: der problematische Ursprung der Normen natürlicher Vernunft aus der Mechanik natürlicher Begierden

Der Zusammenhang von dominium und societas, die Einheit von Staat und Gesellschaft war im klassischen Naturrecht unter den synonymen Titeln von res publica und societas civilis begründet worden. Aber inzwischen hatte die Reformation zu einer Positivierung und Formalisierung des herrschenden thomistischen Naturrechts geführt[35], die es Althusius gestattete, die Frage zu stellen: »Quis enim exacte scire poterit quid sit iustitia, nisi prius quid sit ius cognoverit eiusque species? Ex iure enim iustitia[36]«. Recht wird zum Inbegriff positiver Satzungen, die sich die Individuen durch Vertrag geben; und Gerechtigkeit bezeichnet nurmehr den Respekt vor der Gültigkeit dieser Verträge (Hobbes zieht daraus die Konsequenz: »Mögen also auch gewisse Handlungen, die in dem einen Staate gerecht sind, in einem anderen ungerecht sein, die Gerechtigkeit, das heißt das Befolgen der Gesetze, ist überall dieselbe[37].«). Ein solches Formalrecht entspricht den objektiven Verhältnissen insoweit, als sich in den Territorialstaaten des 16. und 17. Jahrhunderts jene beiden großen Prozesse durchsetzen, die den Zusammenhang von dominium und societas von Grund auf ändern: ich meine die Zentralisierung und zugleich Bürokratisierung der Herrschaft im modernen Staatsapparat des landesherrlichen Regiments, wie auch die Expansion des kapitalistischen Warenverkehrs und eine allmähliche Umwälzung der hauswirtschaftlich gebundenen Produktionsweise. Denn dieser neue, am Markt statt am Haus orientierte Interessenzusammenhang der National- und Territorialwirtschaften entwickelt sich so sehr unter dem Reglement einer damals erst Souveränität erlangenden

Obrigkeit, daß diese gleichsam absolutistisch autorisierte Sphäre der »bürgerlichen Gesellschaft« zunächst auch in Kategorien des modernen Staates, eben in Kategorien eines zur Regulierung des gesellschaftlichen Verkehrs technisch gehandhabten Formalrechts angemessen begriffen werden kann. Die Grundkategorien des rationalen Naturrechts sind pactum und majestas. Der Vertrag wird als Instrument angesehen, um den Staat auf die doppelte Aufgabe zu verpflichten, die legal monopolisierte Gewalt im Dienste von Frieden und Ordnung einerseits, zum Nutzen der Wohlfahrt andererseits einzusetzen – aber auch darauf zu beschränken.

Die naturrechtlich legitimierte Herrschaft organisiert Gewaltandrohung und Gewaltanwendung zum Schutz der bürgerlichen Gesellschaft, nämlich mit dem Ziel der Abschaffung der Furcht vor Feinden, vor Hunger und vor Knechtschaft.

Bei Althusius bleibt das System der Verträge im ganzen zufällig; er nennt die bestehenden Institutionen des bürgerlichen Verkehrs und der staatlichen Gewalt, ohne sie zu erklären. Der analytische Trick, sie so vorzustellen, als seien sie aus Verträgen hervorgegangen, führt nicht zur Demonstration notwendiger, sondern nur zur Schematisierung zufälliger Verhältnisse. Althusius kann nicht erklären, warum die Individuen überhaupt Verträge eingehen; er kann nicht erklären, warum sie geltende Verträge respektieren; und ohne Erklärung bleibt vor allem, warum die souveräne Herrschaft zwar aus solchen Verträgen hervorgehend gedacht wird, aber als konstituierte Gewalt von den Vertragspartnern nicht mehr angefochten werden kann. Indem Hobbes diese drei Punkte in einen kausalen Zusammenhang bringt, macht er aus dem Naturrecht eine Wissenschaft – hat diese doch ihre Aufgabe dann erfüllt, wenn sie »aus den erzeugenden Ursachen die Wirkungen oder umgekehrt aus den erkannten Wirkungen die erzeugenden Ursachen... erforscht[38]«.

Der Zusammenhang der aus den Wirkungen erkannten Ursachen stellt sich so dar: daß sich die Souveränität der Staatsgewalt aus der Notwendigkeit ergibt, die Gültigkeit des Vertragssystems zu erzwingen; daß sich das Vertragssystem selbst aus der Notwendigkeit ergibt, ein Überleben in Frieden und Ordnung zu ermöglichen; und daß sich das gemeinsame Interesse an Frieden und Ordnung schließlich aus der Notwendigkeit ergibt, den existierenden Widerspruch des Naturzustandes zu beseitigen. Dieser Naturzustand, die von Machiavelli und den Reformatoren gleichermaßen vorausgesetzte Natur des bösen Menschen und der verdorbenen

Welt, muß selbst gesetzmäßig begriffen werden, um die Rechtskonstruktion in dem Kausalzusammenhang eines nun mechanistisch gedeuteten Naturgesetzes verankern zu können[39]. Hobbes muß *den* Naturzwang angeben, der mit Notwendigkeit einen künstlichen Zwang aus sich erzeugt – eben eine durch Strafgewalt gesicherte Rechtsordnung. Und er glaubt ihn in der Furcht vor dem gewaltsamen Tode zu finden: »Denn jeder verlangt das, was gut, und flieht das, was übel für ihn ist; vor allem flieht er das größte der natürlichen Übel, den Tod; und zwar *infolge einer natürlichen Notwendigkeit,* nicht geringer als die, durch welche ein Stein zur Erde fällt[40].« Um dem permanenten Risiko einer ungezähmten politischen Situation mit ihren universellen Freund-Feind-Verhältnissen zu entfliehen, suchen die Menschen die Sekurität der bürgerlichen Ordnung; und zwar wollen sie »aus diesem elenden und peinlichen Zustande *vermöge ihrer natürlichen Triebe* herauskommen[41]«. Was bei Althusius zufällig blieb, gewinnt durch Hobbes inneren Zusammenhang: Gesellschafts- und Herrschaftsvertrag sind nicht mehr nur als Instrumente der Rationalisierung einer gesetzlosen Natur verstanden, sondern in ihrer Rationalität aus Gesetzen der Natur selbst nachgewiesen. Dem Kausalnexus wird die Gerechtigkeit immanent.

In ihrer Rolle als Wissenschaft des Naturzustandes wird die klassische Ethik des Naturrechts von einer modernen Physik der menschlichen Natur abgelöst. Unter naturalistischen Voraussetzungen verwandeln sich in abgründiger Ironie die beibehaltenen Bestimmungen der Tradition. Das absolute Naturrecht des Thomas unterstellte doch, daß im Naturzustande die Ethik der Bergpredigt unmittelbar realisiert sei. Es gäbe keine Herrschaft: alle sind frei; es gäbe keine gesellschaftlichen Unterschiede: alle sind gleich; es gäbe kein persönliches und ausschließliches Eigentum: allen ist alles gemeinsam, alle haben ein Recht auf alles. Hobbes übernimmt diese Bestimmungen verbal; wechselt aber das Rechtssubjekt stillschweigend aus. Anstelle des animal sociale im christlich-aristotelischen Verstande setzt er ein animal politicum im Sinne Machiavellis, um dann mit leichter Hand zu zeigen: daß gerade die Annahme dieser Rechte, daß zumal das Recht aller auf alles, sobald es auf eine Horde »freier« und »gleicher« Wölfe angewendet wird, den mörderischen Zustand wechselseitiger Zerfleischung zur Folge haben muß. Das delikate Spiel mit den ehrwürdigen Attributen enthüllt das radikale Umdenken der klassischen Naturrechte in die faktische Rechtlosigkeit eines jeder positiven Regelung und rationalen Vereinbarung entbehrenden Naturmilieus. Die Bedingungen, unter denen die Gemeinschaft der Heiligen leben sollte, erscheinen in diabolischer Verkehrung als die Lebensbedingungen der sich auf Leben und Tod bekämpfenden Tiermenschen.

Wie zum Spiel projiziert Hobbes das absolute Naturrecht auf ein machiavellistisch gedeutetes Verhältnis der Menschen untereinander; dadurch entsteht der Anschein, als sei die Gesetzmäßigkeit des Naturzustandes normativ gefaßt. In Wirklichkeit bedient sich Hobbes dieser Rechte (des Rechts auf Freiheit, des Rechts auf Gleichheit, des Rechts aller auf alles) in der negativen Fassung: daß es keine politische Herrschaft, keine soziale Ungleichheit, kein privates Eigentum gibt, bloß als deskriptiver, ihres normativen Charakters entkleideter Bestimmungen. Denn seine Analyse des naturwüchsigen Zustandes der Menschengattung vor aller Vergesellschaftung ist überhaupt nicht ethisch, sondern physikalisch: sie hat es mit dem Sinnesapparat, den Triebreaktionen, den animalischen Bewegungen von Lebewesen zu tun; mit der physischen Ausstattung der Menschen und ihren kausal bestimmten Reaktionsweisen.

Freilich erinnert dieses Überblenden von der naturrechtlich-normativen zur naturwissenschaftlich-kausalen Deutung der Gesetze des Naturzustandes an die Herkunft des modernen Naturgesetzbegriffs überhaupt. Die Welt der Erscheinungen muß soziokosmisch als ein durch unverrückbare Gesetze geordneter Staat begriffen worden sein, bevor die empirisch festgestellten Invarianzen des Naturablaufs mit »Kausalgesetzen« identifiziert werden konnten[42]. Diese vorgängige Übertragung juristischer Kategorien auf die Natur im ganzen mag den äquivoken Gebrauch des Terminus Naturgesetz erleichtert haben, den Hobbes beim prekären Übergang vom Naturfaktum des Krieges aller gegen alle zur Naturrechtsnorm des bürgerlichen Zustandes nicht vermeiden kann. Diesen Übergang deutet er als einen selbst kausal notwendigen und verstrickt sich damit in die tiefe Zweideutigkeit seines Naturbegriffs: er verlangt der Kausalordnung des Naturzustandes für die Begründung des bürgerlichen Zustandes die Normen wieder ab, die die Kausalordnung einer im ganzen mechanistisch verstandenen Natur doch ihrerseits aus einer Übertragung normativer Kategorien erst geerbt und dann verschwiegen hatte.

»Naturgesetz« nennt Hobbes *beides:* den *kausalen* Zusammenhang der asozialen Triebnaturen *vor,* und die *normative* Regelung ihres sozialen Zusammenlebens *nach* der vertraglichen Konstituierung von Gesellschaft und Staat. Die Schwierigkeit liegt auf der Hand: Hobbes muß aus der Kausalität der menschlichen Triebnatur die Normen einer Ordnung ableiten, deren Funktion doch gerade die Erzwingung eines Verzichts auf die primäre Befriedigung dieser Triebe ist[43].

An einer wichtigen Stelle trifft Hobbes die Unterscheidung zwischen dem Zwang der natürlichen Begierden und den Geboten der natürlichen Vernunft: »Ich sah, daß aus dem gemeinsamen Besitz der Dinge der Krieg und damit alle Arten von Elend für die Menschen, die sich um deren Genuß mit Gewalt stritten, notwendig hervorgehen müsse, obgleich alle von Natur diesen Zustand verabscheuen. So gelangte ich zu den zwei sichersten Forderungen der menschlichen Natur: die eine ist die Forderung der *natürlichen Begierden,* vermöge deren jeder den Gebrauch der gemeinsamen Dinge für sich allein verlangt; die andere ist die Forderung der *natürlichen Vernunft,* vermöge deren jeder dem gewaltsamen Tod als dem höchsten Übel der Natur auszuweichen sucht. Von diesen Grundlagen aus glaube ich die *Notwendigkeit der Verträge* und der Einhaltung der Treue und damit die Elemente der sittlichen Tugenden und der bürgerlichen Pflichten... in klaren Folgerungen dargelegt zu haben[44].« Eine ungehemmte Befriedigung der natürlichen Bedürfnisse bringt die Gefahren des Kampfes aller gegen alle mit sich. Wächst aber die ebenso natürliche Sorge um die Erhaltung so sehr, daß die Furcht vor dem gewaltsamen Tode in die Furcht, sich immer weiter fürchten zu müssen, umschlägt, dann weist die natürliche Vernunft den Weg einer durch Regeln des Zusammenlebens vermittelten, und insofern gehemmten, aber ungefährdeten Befriedigung der Bedürfnisse. Wenn, wie Hobbes annimmt, die Gebote der natürlichen Vernunft, also Naturgesetze im normativen Sinne, aus einem Zwang der natürlichen Begierden, d. h. Naturgesetzen im kausalmechanischen Sinne, notwendig hervorgehen, dann steckt die Problematik gerade darin, diese Notwendigkeit selbst kausal zu deuten – läßt sie sich doch, wie sich zeigen wird, nur als eine »praktische« Notwendigkeit begreifen. Hobbes, der unter den mechanistischen Voraussetzungen der zeitgenössischen Wissenschaftstheorie eine aus Zusammenhängen der Praxis erfahrene »Notwendigkeit« als sinnlos ablehnen müßte, vermeidet die Schwierigkeit nur durch eine fast methodische Äquivokation im Gebrauch des Terminus ›Naturgesetz‹.

Diese, beim Übergang vom Natur- zum Gesellschaftszustand

mühsam verdrängte Problematik bricht im Begriff der naturrechtlich entworfenen Herrschaftsordnung selbst wieder auf. Ergab sie sich zunächst bei der Ableitung der Normen natürlicher Vernunft aus der Mechanik der natürlichen Begierden, so kehrt sie nun wieder bei der Frage: wie die naturrechtlichen Gebote entgegen dem fortwirkenden Zwang der menschlichen Triebnatur durchgesetzt werden können.

Die eine Antinomie: die Aufopferung der liberalen Inhalte an die absolutistische Form ihrer Sanktionierung

Die Raison des von Hobbes naturrechtlich konstruierten absolutistischen Staates ist liberal. Denn die unter dem Titel der Freiheit entwickelten Gesetze der natürlichen Vernunft binden nicht nur innerlich das Gewissen und den guten Willen der Menschen, sie liegen auch dem Gesellschafts- und Herrschaftsvertrag der Bürger so zugrunde, daß – wie das 13. Kapitel von De Cive zeigt – der Inhaber der Staatsgewalt auf die liberalen Intentionen des Naturrechts prinzipiell verpflichtet ist. Insofern ist Hobbes der eigentliche Begründer des Liberalismus. Als Beleg für diese These erinnern wir nur an die wichtigsten Grundsätze:

1. Die Herrschaft wird um des Friedens willen eingerichtet, der Friede der Wohlfahrt wegen erstrebt. Das Wohl besteht nicht nur in der Erhaltung des Lebens überhaupt, sondern in einem möglichst angenehmen Leben. Dieses entspringt nicht, wie das »gute Leben« der klassischen Tradition, der Tugend, sondern dem Genuß des frei verfügbaren Eigentums[45].

2. Der Herrscher sorgt für die Wohlfahrt der Bürger durch Gesetze. Diese begründen und regeln die Eigentumsordnung, damit »andere uns nicht an dem freien Gebrauch und Genuß unseres Eigentums stören können, und wir nicht jene in ihrem ruhigen Genuß[46]«. Eine Strafgesetzgebung sanktioniert diese Ordnung, beschränkt sich aber, wie das Recht überhaupt, auf einen rein instrumentellen Sinn: hier also, statt auf Vergeltung einer Schuld, auf Schutz, Besserung und Vorbeugung[47].

3. Die Gesetze haben den Charakter formaler und genereller Normen. Die Formalität des Rechts sichert den Bürgern Freiheit im Sinne von Freizügigkeit[48]. Im Gegensatz zur Lex naturae, die das ganze Leben durchdringt, trennt das Formalrecht die Rechtsordnung von der Lebensordnung und schafft rechtlich neutrale, nicht

inhaltlich normierte Spielräume für die legitime Verfolgung des privaten Nutzens[49].

Sodann garantiert die Generalität der Gesetze eine formale Gleichheit der Rechte und Pflichten[50], vor allen Dingen eine gleiche Verteilung der Steuerlasten[51]. Außerdem verbürgt sie die Vorausberechenbarkeit der Handlungen anderer, also eine Verhaltenserwartung nach allgemeinen Regeln, die den bürgerlichen Verkehr erst ermöglicht.

4. Der Herrscher trägt dafür Sorge, daß durch so wenig Gesetze wie möglich so viele Bürger wie möglich so angenehm leben, als es die menschliche Natur nur eben gestattet[52]. Er erhält den Frieden im Inneren und verteidigt ihn gegen äußere Feinde, damit ein jeder Bürger »sein Vermögen vermehren« und seine »Freiheit genießen« kann[53].

Hobbes konstruiert die Souveränität naturrechtlich, weil es die Raison des Staates ist, eine liberale Gesellschaft zu ermöglichen. Das aber ist nur die eine Seite[54]. Denn für eine solche Gesellschaft muß er Souveränität in Gestalt *absoluter Herrschaft* konstruieren; das erklärt sich aus der machiavellistischen Voraussetzung eines durch und durch politischen Naturzustandes, in dem jeder von jedem den Tod befürchtet und darum mit allen Mitteln sich selbst auf Tod und Leben behauptet. Dieser Zustand kann bekanntlich nur durch einen Friedenszustand abgelöst werden, wenn alle aus Furcht, sich immer weiter fürchten zu müssen, eine einzige Instanz mit dem Monopol physischer Gewaltanwendung ausstatten, damit diese alle zum Frieden zwingen kann. Gewiß zahlen sie diesen Preis in der Erwartung, daß die absolute Gewalt im Dienste einer liberalen Gesellschaft ausgeübt wird. Absolut, losgesprochen auch von dieser Erwartung selber, muß aber die Autorität des Staates sein, wenn anders jene Naturgewalt des Politischen überhaupt gebrochen werden soll – ein Argument, dem sich noch Kant so wenig entziehen konnte, daß er jedes Widerstandsrecht gegen die Staatsgewalt verworfen hat. Hobbes führt freilich das Argument weiter. Jene Dialektik der Zähmung politischer Naturgewalt durch die zweite Natur der vertraglich begründeten Souveränität verlangt nicht nur, daß die in der Generalklausel des Gesellschaftsvertrages gleichsam pauschal erwarteten Gesetze des bürgerlichen Verkehrs ausschließlich in der Form souveräner Befehle gegeben werden können (auctoritas non veritas facit legem); die Dialektik erfüllt sich erst darin, daß auch noch das Urteil, ob diese Befehle mit den Erwartungen des Gesellschaftsvertrages übereinstimmen, dem

Souverän allein vorbehalten bleiben muß. Ohne diesen Vorbehalt wäre nämlich seine Souveränität keine absolute, wie es doch vorausgesetzt wird[55]. Er gibt nicht nur alle Gesetze, sondern er allein befindet darüber, ob sie mit dem natürlichen Recht des Gesellschaftsvertrages übereinstimmen. Er kann nicht nur niemals unrecht tun, er kann nicht einmal *erkennbar* unsittlich handeln[56]. Infolgedessen ist auch die Unterscheidung zwischen Monarchie und Tyrannei, zwischen legitimer und despotischer Herrschaft praktisch unzulässig. »König ist der, welcher recht regiert, und Tyrann der, welcher anders regiert. Der Unterschied läuft also darauf hinaus, daß die Bürger einen mit der höchsten Staatsgewalt rechtmäßig betrauten König bei einer *ihnen* gut scheinenden Ausübung seiner Herrschaft ›König‹ und andernfalls ›Tyrann‹ zu nennen belieben[57].« Am Ende siegt Machiavelli über Morus auch in Hobbes. Den Geist, den sein System im Anfang beschwor, wird er am Ende nicht mehr los. Die liberale Raison des Staates wird von dessen Absolutismus verschlungen[58], *insofern* ein Leviathan in der Tat.

Diese Dialektik, in der die liberalen Inhalte des Naturrechts der absolutistischen Form ihrer Sanktionierung aufgeopfert werden, läßt sich mit der methodologischen Schwierigkeit in Zusammenhang bringen, von der wir ausgingen. Die Normen der natürlichen Vernunft fallen der Mechanik der natürlichen Begierden, aus der sie einst abgeleitet worden sind, wieder anheim. Ihnen muß nämlich durch Sanktionen Gehorsam verschafft werden, die auf die Physik der menschlichen Natur berechnet sind: Gesetze werden dadurch Befehle im Sinne einer psychologisch berechenbaren Zwangsmotivierung. Am Ende regiert die von Naturgesetzen im kausalen Sinne erzwungene Sanktionsgewalt doch wieder über die Naturgesetze im normativen Sinne, und sei es auch in deren Namen. Im Vorwort zu De Cive ermahnt Hobbes seine Leser, dieses Verhältnis auch in ihrem praktischen Verhalten zu berücksichtigen: »Ich hoffe, daß Sie es vorziehen werden, unter den gegenwärtigen Staatszuständen, auch wenn sie nicht die besten sind, Ihr Leben zu genießen, als Krieg zu beginnen, damit, nachdem Sie selbst getötet worden oder das Alter Sie verzehrt hat, andere in einem spätern Jahrhundert eine verbesserte Verfassung besitzen[59].«

Die andere Antinomie: die praktische Ohnmacht
des sozialtechnischen Machtwissens

Erst an dieser Stelle, wo Hobbes auf das Verhältnis seiner Theorie zur politischen Praxis seiner Mitbürger reflektiert, enthüllt sich die eigentliche Problematik jener Rückführung der normativen Gesetze auf kausale, der Fundierung der Rechtsverhältnisse in unverbrüchlichen Naturgesetzen, zu der der Versuch einer Begründung der Sozialphilosophie als Wissenschaft geführt hat. Auch Hobbes treibt diese Wissenschaft in der Einstellung eines Technikers: Er macht sich Bacons Maxime, daß Wissenschaft der Macht diene, zu eigen; die Theorie dient der Konstruktion; und alles Erkennen geht am Ende auf eine Handlung oder Leistung aus[60]. Hobbes untersucht die Mechanik der gesellschaftlichen Beziehungen wie Galilei die der natürlichen Bewegungen[61]: »Schon bei einer Uhr, die sich selbst bewegt, und bei jeder etwas verwickelten Maschine (nach deren Analogie ja damals die Natur im ganzen gedeutet wurde), kann man die Wirksamkeit der einzelnen Teile und Räder nicht verstehen, wenn sie nicht auseinandergenommen werden und die Materie, die Gestalt und die Bewegung jedes Teiles für sich betrachtet wird. Ebenso muß bei den Rechten des Staates und bei Ermittelung der Pflichten der Bürger der Staat zwar nicht aufgelöst, aber doch wie ein aufgelöster betrachtet werden, d. h. es muß die menschliche Natur untersucht werden, wieweit sie zur Bildung des Staates geeignet *ist* oder nicht, und wie die Menschen sich zusammentun *sollen,* wenn sie eine Einheit werden *wollen*[62].« Das Verhältnis von Theorie und Praxis ist nach dem Muster der klassischen Mechanik bestimmt. Die wissenschaftliche Analyse des als Naturobjekt vergegenständlichten Lebenszusammenhangs unterrichtet uns über die kausalen Gesetzmäßigkeiten, nach denen sich die bestehenden Staaten reproduzieren; sie ist weniger an der faktischen Entstehungsgeschichte bestimmter Institutionen als vielmehr an den generellen Voraussetzungen interessiert, unter denen das menschliche Zusammenleben funktioniert. Die Naturrechtskonstruktion läßt sich als eine solche allgemeine Physik der Vergesellschaftung verstehen. Sie gibt in Kenntnis der Beschaffenheit der menschlichen Natur die institutionellen Vorkehrungen an, unter deren physisch wirksamem Zwang die natürlichen Reaktionsweisen ein geordnetes Zusammenleben der Menschen erwarten lassen. Dies ist die Mechanik des Gesellschaftszustandes, während der Naturzustand Inbegriff all jener Störungen ist, die mit

Sicherheit vorausgesagt werden können für den Fall, daß jene Institutionen unwirksam sind oder ganz fehlen. Da die Wissenschaft auch auf dem Gebiet der Sozialphilosophie kausalanalytisch verfährt, dient die Naturrechtskonstruktion der Erklärung des Funktionierens von Staatsapparaten. Dieselbe Erkenntnis kann prognostisch angewendet werden und dazu dienen, bedrohte staatliche Ordnungen zu sanieren.

Hobbes läßt an dem technologischen Selbstverständnis der als Wissenschaft begründeten Sozialphilosophie keinen Zweifel: »Die größte Förderung verdankt das menschliche Geschlecht der Technik, d. h. der Kunst, Körper und ihre Bewegungen zu messen, schwere Lasten zu bewegen, zu bauen, Schiffahrt zu treiben, Werkzeuge zu jeglichem Gebrauch herzustellen, die Bewegungen am Himmel, die Bahnen der Gestirne, den Kalender usw. zu berechnen... Die Philosophie ist demnach die Ursache aller dieser Vorteile[63].« Auf die gleiche Weise kann eine wissenschaftliche Sozialphilosophie, ja in noch viel größerem Maße als die Naturphilosophie nützen, »denn die Wurzel aller Nachteile und alles Unglücks, die durch menschliche Erfindungen vermieden werden können, ist der Krieg, vornehmlich der Bürgerkrieg; aus ihm entspringen Mord, Verwüstung und Mangel an allen Dingen. Der Grund dafür ist nicht, daß die Menschen den Krieg wollen...; auch ihre Unkenntnis nicht, daß die Folgen des Krieges Übel sind... Der Bürgerkrieg ist daher nur möglich, weil man die Ursachen weder von Krieg noch von Frieden kennt... Weshalb aber hat man diese nicht studiert, wenn nicht aus dem Grunde, weil es bisher hierfür keine klare und exakte Methode gab[64]?.« Weil also die cartesische Forderung nach einer Methode für die Anfangsgründe der Sozialphilosophie vor Hobbes gar nicht erhoben wurde, konnte es die klassische Lehre von der Politik niemals zu einer wirklichen Erkenntnis bringen. Erst Hobbes entwickelt, im Besitze der neuen Methode, eine Physik der Vergesellschaftung. Sobald die Einsicht in die Mechanik des Gesellschaftszustandes gewonnen ist, können die technisch erforderlichen Veranstaltungen getroffen werden, um die richtige soziale und politische Ordnung zu erzeugen.

Freilich ergibt sich nun die Schwierigkeit, daß die Techniker der »richtigen« Ordnung offensichtlich aus dem Kreis derjenigen Bürger genommen werden müßten, die zugleich als Glieder der bestehenden »mangelhaften« Ordnung Erkenntnisgegenstand waren. Dieselben Menschen, deren Verhalten zunächst als Naturobjekt aus dem kausalen Zusammenhang der institutionellen Zwänge und der anthropologisch gegebenen Reaktionsweisen in seiner Notwendigkeit begriffen worden ist, müßten auch die Rolle von Subjekten übernehmen, die in Kenntnis dieses Zusammenhangs ein besseres Arrangement treffen sollen. Sie sind ebenso Objekt der erforschten, wie Subjekt der zu verändernden Verhältnisse.

Die gleiche Schwierigkeit, die in genetischer Betrachtungsweise dadurch entsteht, daß der Normenzwang erzeugende Vertragsschluß selbst aus Naturkausalität entstehen soll, wiederholt sich bei der technologischen Deutung des Verhältnisses der Theorie zur Praxis. Hobbes kann im ersten Fall auf den heuristischen Charakter des künstlichen Staates mit dem Argument hinweisen, daß alle faktisch durch despotische Gewalt entstandenen Staaten doch so vorgestellt werden können, *als sei* die Gewalt ihrer Souveräne aus wechselseitiger vertraglicher Verpflichtung hervorgegangen. Im Falle einer aktuellen Anwendung der Sozialphilosophie müßte Hobbes wiederum auf die fiktive Rolle konstituierender Bürgerversammlungen stoßen. Denn wenn seine eigene Lehre praktische Folgen haben soll, dann muß sie öffentlich bekanntgemacht und von der Masse der Bürger akzeptiert werden; diese müssen auf dem Wege des öffentlichen Räsonnements einsehen und anerkennen, daß seine Lehre unter dem Namen »natürlicher Gesetze« objektive Bedürfnisse ausspricht und das im allgemeinen Interesse praktisch Notwendige empfiehlt: »Wenn dagegen jetzt der Krieg mit den Schwertern und der Krieg mit den Federn kein Ende nimmt; wenn die Kenntnis des Rechts und der natürlichen Gesetze heute nicht größer ist als in alten Zeiten; wenn jede Partei ihr Recht mit Ansprüchen der Philosophie unterstützt... so sind dies deutliche Zeichen, das die bisherigen moralischen Schriften der Philosophen zur Erkenntnis der Wahrheit nichts beigetragen haben. Sie haben wohl gefallen, aber den Geist nicht erleuchtet, vielmehr durch eine schöne, den Neigungen schmeichelnde Darstellung blindlings angenommene Meinungen unterstützt[65].«

Hobbes polemisiert an dieser Stelle gegen die topische Behandlung des Gegenstandes in der alten Politik und gegen die humanistische Rhetorik der Zeitgenossen, in der die klassische Tradition fortlebt. Ein halbes Jahrhundert später antwortet ihm Vicos Metakritik an dem Versuch, praktische Klugheit durch die methodisch strenge Wissenschaft der Sozialphilosophie zu ersetzen: »da sie (die Vertreter der neuen Methode) den Allgemeinsinn nicht ausgebildet haben und dem Wahrscheinlichen niemals nachgegangen sind, ganz zufrieden mit dem Wahren allein, so achten sie nicht darauf, was *die Menschen insgesamt* davon denken und ob sie ebenfalls den Eindruck von Wahrheit haben… Mit Recht fragten daher die weisen Römer in Sachen der Klugheit, wie der Fall zu sein ›scheine‹, und Richter wie Senatoren formulierten ihre Meinungen mit dem Wort es ›scheine‹[66].« Vico trifft die Schwierigkeit, mit der Hobbes sich vergeblich abmüht. Die wissenschaftlich etablierte Theorie des gesellschaftlichen Handelns verfehlt die Dimension der Praxis, zu der die klassische Lehre unmittelbaren Zugang besaß. Die nach dem Vorbild der modernen Physik, nämlich in der Einstellung des Technikers entworfene Sozialphilosophie kann die praktischen Folgen der eigenen Lehre nur innerhalb der Grenzen des technologischen Selbstverständnisses reflektieren. Hobbes kann nur stereotyp wiederholen: »Wenn die Verhältnisse der menschlichen Handlungen mit der gleichen Gewißheit erkannt worden wären, wie es mit den Größenverhältnissen der Figuren geschehen ist (in der Geometrie und der durch Geometrie verwissenschaftlichten Naturphilosophie), so würden der Ehrgeiz und der Geldgeiz gefahrlos werden, *da ihre Macht sich nur auf die falschen Ansichten über Recht und Unrecht stützt;* und das Menschengeschlecht würde einen beständigen Frieden genießen[67].« Aber sowohl die mechanistischen Voraussetzungen seiner Methode als auch die absolutistischen Konsequenzen seiner Lehre schließen es aus, daß sich die Menschen aus purer Einsicht zur Unterwerfung unter die staatliche Autorität bereit finden. Die Möglichkeit jener praktischen Folgen, die Hobbes einer kommunikationslosen Gewißheit der vollzogenen sozialphilosophischen Erkenntnis unterstellt, läßt sich im Rahmen der Sozialphilosophie selbst nicht begründen – das Verhältnis der Theorie zur Praxis läßt sich nicht mehr selbst theoretisch klären.

Von diesem unbewältigten Ende her müßte Hobbes sonst seine Lehre samt ihrem Anspruch auf vollkommene Gewißheit in Fragen des gesellschaftlichen Handelns einer Revision unterziehen. Die Umsetzung der Theorie in Praxis steht ja, anders als eine bloß technische Anwendung wissenschaftlicher Resultate, vor der Aufgabe, in das Bewußtsein und die Gesinnung handlungsbereiter Bürger einzugehen: theoretische Lösungen müssen in konkreter Lage als die praktisch notwendigen Lösungen zur Befriedigung objektiver Bedürfnisse ausgewiesen, ja, von vornherein aus diesem Horizont der Handelnden schon konzipiert sein. In diesem Sinne empfiehlt Vico die Redekunst, die es »durchaus mit den Zuhörern zu tun hat«; sie weiß, daß die praktisch folgenreichen Wahrheiten des klug erzielten Konsensus bedürfen: das ist das »Scheinen« der Wahrheit im sensus communis der öffentlich verhandelnden Bürger. Eine Theorie, die erklärtermaßen in der Einstellung des Technikers darauf angelegt ist, die Verfügung über Naturprozesse zu sichern, stößt, wenn sie auf das Gebiet der pädagogisch eingestellten Moralphilosophie übertragen wird, an eine spezifische Schranke. Die Verfügung über Naturprozesse ist von der Verfügung über gesellschaftliche Prozesse wesentlich verschieden; selbst wenn diese am Ende in der gleichen Weise wie jene *ausgeführt* würde (so verlangen es die sozialtechnischen Planungen in fortgeschrittenen Industriegesellschaften heute), bedarf sie doch einer vorgängigen Vermittlung durch das Bewußtsein verhandelnder und handelnder Bürger[68]. Der Akt technischer Naturbeherrschung ist im Prinzip einsam und stumm – frei von der Verständigung handelnder Subjekte, die ihre gesellschaftlichen Verhältnisse praktisch beherrschen wollen. Dessen ungeachtet bleibt die wissenschaftliche Sozialphilosophie auch in diesem Zusammenhang ihrer Struktur nach auf eine technische Umsetzung der Resultate angelegt. Wohl ist bei Hobbes jenes Moment Unverfügbarkeit in der Kommunikation miteinander sprechender und zusammen handelnder Bürger, durch das die Verfügung über Gesellschaft (außer im Grenzfall vollständiger Manipulation) dialektisch gebrochen ist, im Moment des Vertragsschlusses aufgehoben; aber durch die mechanistische Reduktion des erzeugten normativen Zwangs auf den kausalen der menschlichen Triebnatur wird es sogleich wieder zurückgenommen. Dieses unbewältigte Moment, das innerhalb der Theorie unterdrückt werden konnte, gibt keine Ruhe; sein Widerstand meldet sich von neuem bei dem Versuch, das Verhältnis der Theorie zur Praxis technologisch zu deuten. Hobbes' Versicherung, daß die sozialphilosophischen Erkenntnisse nur der methodischen Gewißheit bedürften, um ohne Umschweif auch zur praktischen Gewißheit der politisch einsichtigen Bürger zu werden, verrät die Ohnmacht eines vom Unterschied zwischen Verfügen und Handeln abstrahierenden Denkens.

Das Verhältnis von Theorie und Praxis in der Sozialphilosophie des 18. Jahrhunderts. Das Problem einer dialektischen Rückkehr der Gesellschaftstheorie in den Erfahrungshorizont des praktischen Bewußtseins

Die Fortbildung der Sozialphilosophie im 18. Jahrhundert läßt sich als eine Antwort auf die bezeichneten Fragwürdigkeiten des ersten Entwurfs einer Verwissenschaftlichung der klassischen Politik begreifen. Für diese Fortbildung sind zwei Trends charakteristisch. Nämlich *zunächst* der Versuch, die natürlichen Gesetze des Gesellschaftszustandes unmittelbar in Naturgesetzen so zu verankern, daß der prekäre Übergang vom Naturfaktum des Krieges aller gegen alle zu den Naturrechtsnormen des bürgerlichen Zustands ebenso vermieden werden kann wie die Antinomien, die sich daraus ergeben. Bekanntlich macht schon Locke die Eigentumsordnung der bürgerlichen Gesellschaft als solche zur Naturbasis der vertraglich begründeten Staatsgewalt. Von da aus ist es dann nur mehr ein Schritt bis zur Auffassung der Politischen Ökonomie in der zweiten Hälfte des 18. Jahrhunderts, die die von Locke immer noch naturrechtlich formulierten Gesetze der bürgerlichen Gesellschaft und ihres Staates zu Naturgesetzen der Gesellschaft selbst erklärt. Als schließlich Kant die von Hobbes entfaltete Ursprungsfrage der modernen Sozialphilosophie wiederholt – das Problem sei, so meint er, »eine Menge von vernünftigen Wesen, die insgesamt allgemeine Gesetze für ihre Erhaltung verlangen, deren jedes aber insgeheim sich davon auszunehmen geneigt ist, so zu ordnen und ihre Verfassung einzurichten, daß, obgleich sie in ihren Privatgesinnungen einander entgegenstreben, diese einander doch so aufhalten, daß in ihrem öffentlichen Verhalten der Erfolg ebenderselbe ist, als ob sie keine solche böse Gesinnungen hätten«[69] – da kennt er bereits die ökonomische Antwort auf seine, wie zu rhetorischen Zwecken, noch einmal naturrechtlich formulierte Frage. In den fortgeschritteneren Ländern des Westens hatte sich die Sphäre des Warenverkehrs und der gesellschaftlichen Arbeit inzwischen so weit vom obrigkeitlichen Reglement gelöst, daß die »natürliche Ordnung« jetzt in Kategorien der Bewegungsgesetze dieser bürgerlichen Gesellschaft im modernen Sinne begriffen werden kann[70].

Bezeichnender für unser Problem ist aber *die andere* Tendenz, die sich, bei Locke angedeutet, in den ökonomischen Schulen des 18. Jahrhunderts durchsetzt: die Theorie der bürgerlichen Gesellschaft wird durch eine Lehre von der politischen Öffentlichkeit ergänzt. Die ihrer wissenschaftlichen Struktur nach auf technische Anwendung angelegte Theorie steht zur Praxis verhandelnder und handelnder Bürger in einem Mißverhältnis, das den Ausgleich durch ein eigentümlich hinzugefügtes Lehrstück erzwingt; es wird freilich zunächst nicht zur Theorie selbst gerechnet, sondern als eine praktische Ergänzung angesehen. Die Physiokraten wollen in der Praxis den Monarchen zum Hüter der von ihnen theoretisch analysierten »Naturordnung« der Gesellschaft bestellen; die Einsicht in die Gesetze des ordre naturel gewinnt er aber nicht unmittelbar – er muß sie sich durchs aufgeklärte Publikum vermitteln lassen. Die von Hobbes zugeschüttete Dimension der Umsetzung von Theorie in Praxis wird unter dem Titel der »öffentlichen Meinung«, deren Begriff zuerst im Kreise dieser Physiokraten präzise bestimmt worden ist, wieder erschlossen. L'opinion publique ist das aufgeklärte Ergebnis der gemeinsamen und öffentlichen, von den Philosophen, den Vertretern der modernen Wissenschaft, angeleiteten Reflexion auf die Grundlagen der gesellschaftlichen Ordnung; sie resümiert deren natürliche Gesetze in Gestalt der praktischen Gewißheit handelnder Bürger; sie herrscht nicht, aber ihrer Einsicht wird der aufgeklärte Herrscher folgen müssen.

Eine liberalisierte Version dieser Lehre von der politischen Öffentlichkeit findet sich zur gleichen Zeit bei den Ökonomen und Soziologen, die in der Tradition der schottischen Moralphilosophie stehen[71]. Sie gehen über die Physiokraten hinaus und machen die Vermittlungsfunktion der öffentlichen Meinung zu einem Bestandteil der geschichtsphilosophisch erweiterten Theorie der bürgerlichen Gesellschaft selbst. Die natural history of civil society wird als gesetzmäßiger Fortschritt in der Zivilisierung der Menschheit – from rudeness to civilized manners – begriffen: er umfaßt die Entwicklung zu einer liberalen Gesellschaft im ökonomischen *und* im politischen Sinne[72]. Demzufolge entfaltet sich im gleichen Maße, wie sich mit dem privatautonomen Warenverkehr die natürlichen Gesetze des Marktes durchsetzen, eine politische Öffentlichkeit, die zur Angleichung der gesellschaftlichen Ränge und der Verbreitung der bürgerlichen Gleichheitsrechte führen wird. Der evolutionistische Begriff der Gesellschaft versichert so die Theorie einer vorgängigen und zwanglosen Übereinstimmung mit der öffentlichen Meinung. Weil die Physik der Vergesellschaftung in ihrer geschichtsphilosophisch erweiterten Version auch noch den Fortschritt des praktischen Bewußtseins als notwendig begreift, braucht sie ihr Verhältnis zur Praxis nicht technologisch zu deuten. Die Soziologie der Schotten konnte sich im Zusammenspiel mit einer ihr ohnehin »entgegenkommenden« politischen Öffentlichkeit auf Orientierung individuellen Handelns, auf eine im engen Sinne praktische Beförderung des geschichtlichen Prozesses beschränken. Weil sie mit diesem sich in Einklang wußte, brauchte sie die Bürger nicht darüber zu belehren, wie sie den sozialen Fortschritt organisieren können.

Wenn man sich philosophisch des Laufs der Geschichte im ganzen so versichern kann wie die Physik eines Ablaufs in der Natur, ist das Problem des Verhältnisses von Theorie und Praxis nicht unlösbar. Geschichtsphilosophie kann ihre Voraussagen dann grundsätzlich auch auf die Folgen der Umsetzung ihrer eigenen Lehren in die Praxis handelnder Bürger erstrecken. Andererseits ist leicht einzusehen, daß gerade diese überschwengliche Erkenntnis nicht nach Grundsätzen strenger Wissenschaft zu erlangen ist. Das Lehrstück der politischen Öffentlichkeit war der Theorie der bürgerlichen Gesellschaft, deren Verhältnis zur Praxis es klären sollte, nicht zu integrieren, ohne diese Theorie selbst in ihrer Struktur zu verändern. Das ist dem eilfertigen Evolutionismus der Schotten so wenig bewußt geworden wie den linearen Geschichtsphilosophien ihrer französischen Zeitgenossen[73].

Wenn, so stellte sich nun das Problem, die Sozialphilosophie noch ihr eigenes Verhältnis zur Praxis theoretisch klären will, und wenn diese Absicht in die Dimension der geschichtsphilosophischen Antizipation des praktischen Bewußtseins politisch handelnder Bürger hineinführt – dann kann offenbar die methodische Ignoranz gegenüber dem Unterschied von Verfügen und Handeln, auf dem die technisch eingestellte Wissenschaft beruht, nicht aufrechterhalten werden. Die geschichtsphilosophische Selbstreflexion wissenschaftlich begründeter Sozialphilosophie muß vielmehr auf eine methodische Anleitung bedacht sein, die einerseits der Klärung des praktischen Bewußtseins entspricht, ohne andererseits auf methodische Strenge als solche – die unverlierbare Errungenschaft der modernen Wissenschaft – zu verzichten. Das Problem, das sich bei Hobbes ergab, das die Physiokraten zu berücksichtigen, die Schotten zu lösen versucht haben; das Problem, das am Ende auf den von Vico bemerkten Nachteil der modernen gegenüber der antiken Studienart zurückgeht: die Strenge der Theorie nur um den Preis eines verlorenen Zugangs zur Praxis eingehandelt zu haben – dieses Problem einer theoretisch befriedigenden Vermittlung von Theorie und Praxis verlangt offenbar eine Revision der wissenschaftlichen Sozialphilosophie unter dem spezifischen Gesichtspunkt, unter dem sich einst die klassische Lehre von der Politik als kluge Anleitung der Praxis verstehen konnte. Auf dem Standpunkt der modernen Wissenschaft ist freilich die methodisch strenge Ausarbeitung dieses Gesichtspunktes unabdingbar.

Noch Vico ordnet der alten Politik das topisch-rhetorische Verfahren zu; es hat niemals Anspruch darauf erhoben, eine wissenschaftliche Methode zu sein. Die einzige Methode, die, wenigstens dem Namen nach, sowohl in der theoretischen wie in der praktischen Philosophie geübt wurde, war die Kunst des Gesprächs, Dialektik[74]. Nach den Forschungen von Kapp[75] kann allerdings kaum ein Zweifel daran bestehen, daß Aristoteles zufolge die Wissenschaft nicht grundsätzlich, aus systematischen Gründen, auf Dialektik angewiesen ist, sich ihrer vielmehr nur zu pädagogischen Zwecken bedient: Sie dient zur Einführung der Lernenden, auch der Forschenden natürlich, soweit sie Lernende bleiben. Dialektik ist in diesem Betracht *Lehr*gespräch und bloß ein Prolegomenon zur strengen Analytik. In Zusammenhängen der praktischen Philosophie schien indessen Dialektik nicht in dieser propädeutischen Funktion aufzugehen. So diente zwar Rhetorik der wirksamen Empfehlung und Warnung; sie zielte auf Entscheidung ab, auf das Handeln der Bürger. In Fällen aber, in denen sie sich auf die verhandelte Sache selbst einläßt, übte der Redner geradezu das philosophische Geschäft praktischer Klugheit auf dem bestimmten Gebiet der Politik. Hierfür empfiehlt Aristoteles das topische Verfahren: es geht von einem für uns Bekannten aus, von traditionell oder autoritativ legitimierten und geglaubten Gesichtspunkten, Gemeinplätzen, Regeln, und führt dialektisch zu ihrer Bewährung an den praktischen Aufgaben einer gegebenen Situation. Die logische Kraft solcher Topoi bewährt sich in der Unterordnung von Einzelfällen unter Regeln, die sich ihrerseits erst in der schematischen Anwendung auf das konkrete Besondere explizieren lassen. Dabei zielt Dialektik nicht, wie in den propädeutischen Anstrengungen zu einer apodeiktischen Wissenschaft, auf die Erarbeitung von Prämissen ab. Als eine durch wechselseitige Belehrung kontrollierte Übung reflektierender Urteilskraft vollzieht sie vielmehr die Subsumtion von Fällen unter vorverstandene Schemata, geeignet zur Hermeneutik gelebter Situationen und zur Erzielung eines Konsensus politisch handelnder Bürger.

Offenbar ist es auch *diese* Form der Dialektik, an die Hegel anknüpft[76]. Aber Hegel steht auf dem Niveau der modernen Wissenschaft, er beansprucht Dialektik für die methodisch sichere Selbstreflexion der Wissenschaft: den Vorrang der Topik vor der Analytik, den der Rhetoriker Vico gegenüber den zeitgenössischen Theoretikern nur pädagogisch (für die Reihenfolge der Studien) behauptet, wendet Hegel viel kühner in den methodischen Vorrang des dialektischen vor dem analytischen Verfahren beim Studium der Sache selbst. Auf diese Weise kann er auch die Schwierigkeit auf unerhörte Weise in Angriff nehmen, die die Sozialphilosophie ihrer Wissenschaftlichkeit nicht froh werden ließ. Wurde doch, wie wir sahen, die Sozialphilosophie um ihren eigentlichen Erfolg, die Gewißheit generell gültiger Aussagen, auch nach ihren eigenen Maßstäben am Ende dadurch betrogen, daß sie in Ansehung der praktischen Folgen ihrer eigenen Lehre nur mehr Versicherungen abgeben konnte, ohne theoretische Sicherheit im Wichtigsten zu erlangen: wie nun durch Umsetzung der Theorie in Praxis wirklich »die Förderung des menschlichen Lebens« herbeigeführt werden konnte. Indem Hegel Geschichte dialektisch, und damit sagen wir: aus dem Erfahrungshorizont des praktischen Bewußtseins begreift, kann er mit der Aufhebung der wissenschaftlich begründeten Sozialphilosophie in einer dialektischen Theorie der Gesellschaft die Kategorien so wählen und entwickeln, daß diese Theorie bei jedem Schritt vom Selbstbewußtsein ihres eigenen Verhältnisses zur Praxis geleitet und durchdrungen ist.

1 Vgl. W. Hennis, Politik und praktische Philosophie, Neuwied 1963; außerdem H. Maier, Die ältere deutsche Staats- und Verwaltungslehre, Neuwied 1966.
2 Vgl. M. Riedel, Aristotelestradition am Ausgang des 18. Jahrhunderts, in: Festschrift für Otto Brunner, Göttingen 1962, S. 278 ff.; ders., Der Staatsbegriff der deutschen Geschichtsschreibung des 19. Jh., in: Der Staat, Bd. 2, 1963, S. 41 ff; ders., Der Begriff der »bürgerlichen Gesellschaft« und das Problem seines geschichtlichen Ursprungs, in: Studien zu Hegels Rechtsphilosophie, Frankfurt 1969, S. 135 ff.
3 Vgl. J. Ritter, Zur Grundlegung der praktischen Philosophie bei Aristoteles, in: Archiv für Rechts- und Sozialphilosophie XLVI, 1960, S. 179 ff.; ders., Naturrecht bei Aristoteles, res publica H. 6, Stuttgart 1961; ders., Metaphysik und Politik, Frankfurt 1969, S. 9–179.
4 Vgl. Hannah Arendt, Vita activa, Stuttgart 1960. Das Studium von H. Arendts bedeutender Untersuchung und die Lektüre von H.-G. Gadamers »Wahrheit und Methode« (Tübingen 1961) haben mich auf die fundamentale Bedeutung der Aristotelischen Unterscheidung von Technik und Praxis aufmerksam gemacht.
5 G. B. Vico, Die neue Wissenschaft, ed. Auerbach, München 1924, S. 125 und 139.
6 Zusammenfassend: H. Albert, Probleme der Wissenschaftslogik in der Sozialfor-

schung, in: Handbuch der empirischen Sozialforschung, Bd. I, ed. König, Stuttgart 1962, S. 38 ff.; H. Albert u. E. Topitsch (Hg.), Werturteilsstreit, Darmstadt 1971.

7 G. B. Vico, Vom Wesen und Weg der geistigen Bildung, ed. F. Schalk, Godesberg 1947, S. 59 ff.

8 Ebd., S. 31.

9 Dezisionistische Konsequenzen aus dem methodologischen Postulat der Wertfreiheit zieht K. R. Popper, Die offene Gesellschaft und ihre Feinde, 2 Bde., Bern 1957, bes. Bd. I, S. 90 ff., und Bd. II, S. 281 ff. Die Wahrheitsfähigkeit praktischer Fragen, die nicht nur Kritizisten wie Popper, sondern vor allem Positivisten wie Carnap und Ayer, Empiristen wie Stevenson, auch Sprachanalytiker wie Hare bestreiten, ist er in jüngerer Zeit durch den sog. *good reasons approach* wieder zur Geltung gebracht worden. Bahnbrechend war die Untersuchung von K. Baier, The Moral Point of View, New York. 2. Aufl. 1965. Zur Logik des praktischen Diskurses vgl. ferner P. Lorenzen, Normative Logic and Ethics, Mannheim 1969; O. Schwemmer, Philosophie der Praxis, Frankfurt 1971, F. Kambartel, Moralisches Argumentieren (M. S. 1971).

10 G. B. Vico, a. a. O. S. 63.

11 Francis Bacon, Novum Organon, I, Art. 127.

12 Vgl. die Erläuterungen zu Vicos ›De nostri temporis studiorum ratione‹ von F. Schalk, a. a. O. S. 165 ff.

13 Thomas von Aquin, De regimine principum, ed. Schreyvogel, S. 83.

14 Thomas von Aquin, Summa I q. 96, 4.

15 Thomas von Aquin, De regimine principum c. 1.

16 Thomas von Aquin, Pol. 1255 b.

17 Vgl. H. Arendt, a. a. O. S. 76 ff.

18 E. Bloch, Naturrecht und menschliche Würde, Frankfurt 1961, S. 13 ff.

19 N. Machiavell, Gesammelte Schriften, ed. Floerke, München 1925 (Bd. I Vom Staate; Bd. II Vom Fürsten), I, 66.

20 Th. Morus, Utopia, ed. K. J. Heinisch, Hamburg 1960, S. 108.

21 Ebd., S. 106.

22 Ebd., S. 106.

23 N. Machiavell, a. a. O. II, 72.

24 Vgl. Hans Freyer, Machiavell, Leipzig 1938; kritisch vom Standpunkt des klassischen Naturrechts ist die Untersuchung von L. Strauss, Thoughts on Machiavell, Glencoe, Ill. 1958. Literatur b. E. Faul, Der moderne Machiavellismus, Köln 1961.

25 N. Machiavell, a. a. O. II, 26 ff.

26 Th. Morus, Utopia, a. a. O. S. 107.

27 Ebd. S. 46.

28 Ebd. S. 44.

29 »Ein Fürst muß alle seine Gedanken, allen seinen Fleiß auf das Studium der Kriegskunst, *der einzigen, deren Beherrschung man von ihm erwartet, verwenden.*« N. Machiavell, a. a. O. II, 58.

30 Ebd. I, 447.

31 M. Horkheimer, Die Anfänge der bürgerlichen Geschichtsphilosophie, Stuttgart 1930, S. 10.

32 H. Arendt, a. a. O. S. 293.

33 Zum Begriff des technischen Erkenntnisinteresses, das nicht einen psychologischen, sondern einen transzendentalen Sinn hat, vgl. meine Untersuchung Erkenntnis und Interesse, Frankfurt 1968, ferner K. O. Apel, Szientistik, Hermeneutik, Ideologiekritik, in: Wiener Jahrbuch für Philosophie, Bd. I, 1968, S. 15 ff.

jetzt auch in: Hermeneutik und Ideologiekritik. Theorie-Diskussion, Frankfurt 1971, S. 7 ff.

34 H. Arendt, a. a. O. S. 291.

35 Vgl. F. Borkenau, Der Übergang vom feudalen zum bürgerlichen Weltbild, Paris 1934, S. 104 ff.

36 J. Althusius, Politica Methodice Digesta, nach der 3. Auflage herausgegeben von C. J. Friedrich, Cambridge, Mass. 1932.

37 Th. Hobbes, Grundzüge der Philosophie, Leipzig 1915, II, 40.

38 Ebd. I, S. 13.

39 Vgl. zur anthropologischen Konstruktion des Naturzustandes jetzt B. Willms, Die Antwort des Leviathan – Th. Hobbes' politische Theorie, Neuwied 1970.

40 Th. Hobbes a. a. O. II, 81.

41 Ebd., II, 70.

42 Vgl. E. Topitsch. Vom Ursprung und Ende der Metaphysik, Wien 1958, S. 222 ff.

43 F. Borkenau, a. a. O. S. 467: »In der Welt der Verderbnis soll das soziale Bewußtsein nicht selbst ein Trieb sein und doch das stärkste aller Motive.«

44 Th. Hobbes, a. a. O. II, 62 f.; dazu B. Willms a. a. O., S. 111 ff.

45 Th. Hobbes, a. a. O., II, S. 208 ff.

46 Ebd., II, S. 224.

47 Ebd., II, S. 218.

48 »Nach meiner Ansicht ist die Freiheit nichts anderes als die Abwesenheit von allem, was die Bewegung hindert«. Ebd. II, S. 171.

49 »Da die Bewegung und die Tätigkeit der Bürger durch Gesetze niemals fest umschrieben wird … so kann notwendigerweise Unzähliges weder geboten noch verboten werden, sondern muß dem Urteil des einzelnen zur Entscheidung überlassen bleiben. In diesem Sinne versteht man den Genuß der Freiheit«, Ebd. II, S. 217.

50 Hobbes betont, »daß ein jeder die Rechte, welche er für sich verlangt, auch jedem andern zugestehe«, Ebd. II, S. 106.

51 Ebd., II, S. 213.

52 Ebd., II, 208.

53 Ebd., II, S. 209.

54 Sie ist vor allem von F. Tönnies (Hobbes, Stuttgart 1925) herausgearbeitet worden, während C. Schmitt die dezisionistische Kehrseite hervorhebt (Der Leviathan in der Staatslehre des Th. Hobbes., Hamburg 1938). Freilich verkennen beide den inneren Zusammenhang dieser Aspekte, der auf diesem Entwicklungsstand der bürgerlichen Gesellschaft auch den objektiven Verhältnissen entsprach. Vgl. M. Horkheimer, Die Anfänge der bürgerlichen Geschichtsphilosophie, a. a. O. Kap. II, S. 37 ff. Zur Kongruenz von Souveränität und Marktgesellschaft vgl. jetzt die bahnbrechende Untersuchung von C. B. Macpherson, Die politische Theorie des Besitzindividualismus, Frankfurt 1967, Kap. II., ferner die Einleitung von Iring Fetscher zur deutschen Ausgabe des Leviathan (Übersetzung W. Euchner): Th. Hobbes, Leviathan, Neuwied 1966, S. IX–LXIV.

55 Abstrakt darf gewiß der Philosoph aus dem politischen Charakter des Naturzustandes die liberalen Intentionen des Gesellschaftsvertrages, ebenso wie Hobbes selbst es tut, naturrechtlich konstruieren, um dann auch die positiven Befehle des Souveräns daran zu messen. In der politischen Praxis stünde aber dieser Anspruch auf *einer* Ebene mit allen übrigen konfessionellen Ansichten über Gut und Böse: »Die Kenntnis des natürlichen und bürgerlichen Rechts, sowie aller Wissenschaften, die unter dem Namen Philosophie zusammengefaßt, teils zum bloßen Leben, teils zum angenehmen Leben notwendig sind, die Einsicht in all dies, so behaupte

86

ich ... wird nur durch die Vernunft vermittelt, d. h. durch ein Gewebe von Schlüssen, die von der Erfahrung ausgehen. Allein dergleichen Vernunftschlüsse der Menschen sind bald richtig, bald falsch; und deshalb sind die so gewonnenen Sätze, die als eine Wahrheit gelten, mitunter Wahrheit, mitunter auch Irrtum. Irrtümer« – das ist nun die Pointe – »selbst in diesen wissenschaftlichen Gegenständen bringen jedoch dem Staate zuweilen Schaden und veranlassen große Aufstände und Beschädigungen. Deshalb muß für alle Fälle, wo über die Frage Streit entsteht, ob dergleichen nicht dem Staatswohl und dem gemeinen Frieden widerstreite, jemand dasein, der *entscheidet*, ob dgl. Ausführungen ... richtig sind« (Th. Hobbes, a. a. O. II, 288 f.). Und ohne Beeinträchtigung der Souveränität kann das natürlich nur der Souverän selbst sein.

56 Th. Hobbes. a. a. O. II, S. 138, Anm. und II, S. 156.
57 Ebd., II, S. 151.
58 Vgl. C. Schmitt, a. a. O. S. 69: »Die Staatsmaschine funktioniert oder sie funktioniert nicht. Im ersten Falle garantiert sie mir die Sicherheit meines physischen Daseins; dafür verlangt sie unbedingten Gehorsam gegen die Gesetze ihres Funktionierens. Alle weiteren Erörterungen führen in einen ›vorstaatlichen‹ Zustand der Unsicherheit, in dem man schließlich seines physischen Lebens nicht mehr sicher ist, weil die Berufung auf Recht und Wahrheit nicht etwa Frieden schafft, sondern den Krieg erst ganz erbittert und bösartig macht.«
59 Th. Hobbes, a. a. O. II, S. 72.
60 Ebd., I, S. 9.
61 Hobbes schwankt in der methodologischen Bestimmung des Verhältnisses von Sozialphilosophie und Physik (= Naturphilosophie). Er unterscheidet die Erkenntnis der Wirkungen aus den erzeugenden Ursachen – die demonstrative Erkenntnis a priori, die nur von Dingen möglich ist, die vom Menschen selbst hervorgebracht werden können – von der Erkenntnis der erzeugenden Ursachen aus bekannten Wirkungen, also der demonstrativen Erkenntnis a posteriori auf die wir bei den natürlichen Dingen angewiesen sind, deren Erzeugung nicht in unserer Macht steht. Beispiele sind die Geometrie auf der einen, die Physik auf der anderen Seite. Diese Unterscheidung wird dem Stand der zeitgenössischen Naturwissenschaft nicht ganz gerecht; deren – unausgesprochener – Maßstab ist ja die Reproduzierbarkeit der experimentell ›festgestellten‹ Naturabläufe. Anders Hobbes: »Weil wir selbst die Figuren hervorbringen, gilt die Geometrie für eine demonstrative Wissenschaft und ist auch streng beweisbar. Dagegen steht es nicht in unserer Macht, die Dinge in der Natur hervorzubringen«, II, 17. Hobbes verfehlt hier gerade die Pointe der modernen Forschungsart, die das Kriterium des ›verum et factum convertuntur‹ von der Geometrie, für die es bislang galt, auch auf die strengen Erfahrungswissenschaften überträgt. Eine Charakterisierung, die der modernen Physik gerecht würde, erhält aber die Sozialphilosophie. Diese soll nämlich der Geometrie darin entsprechen, daß sie es mit Verhältnissen (Verträgen) zu tun hat, die die Menschen selbst erzeugen; andererseits ist sie Erfahrungswissenschaft wie die Physik, denn »um die Eigenschaften des Staates zu erkennen, ist es notwendig, daß man vorher die Anlagen, Affekte u. Sitten der Menschen erkennt«. I, 13. Wir sehen uns deshalb zu der Formulierung legitimiert, daß Hobbes »in der Einstellung« Sozialphilosophie treibe, die für die moderne Physik bezeichnend ist – obwohl seine eigenen wissenschaftstheoretischen Bestimmungen der Physik unzureichend bleiben.
Eine indirekte Bestätigung für meine Interpretation sehe ich in Folgendem. Dem Wortlaut nach findet sich Vicos berühmte Erkenntnismaxime schon bei Hobbes. Vicos Satz heißt: »... es kann nirgends größere Gewißheit für die Geschichte ge-

ben als da, wo der, der die Dinge schafft, sie auch erzählt. So verfährt diese Wissenschaft gerade so wie die Geometrie, die die Welt der Größen, während sie sie ihren Grundsätzen entsprechend aufbaut und betrachtet, selbst schafft; doch mit um so mehr Realität, als die Gesetze über die menschlichen Angelegenheiten mehr Realität haben als Punkte, Linien, Flächen und Figuren.« (Die Neue Wissenschaft, ed. Auerbach, a. a. O. S. 139). Ähnlich Hobbes: »Da die Ursachen der Eigenschaften, welche die einzelnen Figuren haben, in den Linien liegen, die wir selbst ziehen, und da die Erzeugung der Figuren von unserem Willen abhängt, so ist zur Erkenntnis jeder beliebigen Eigenschaft einer Figur nichts weiter erforderlich, als daß wir alle Folgerungen aus der Konstruktion ziehen, die wir selbst beim Zeichnen der Figur ausführen. Aus diesem Grunde, weil wir selbst die Figuren hervorbringen, gilt die Geometrie für eine demonstrative Wissenschaft... Außerdem läßt sich die Politik und die Ethik, d. h. die Wissenschaft von Gerechtigkeit und Ungerechtigkeit, von Billigkeit und Unbilligkeit, apriorisch demonstrieren, weil wir die Prinzipien für die Erkenntnis des Wesens der Gerechtigkeit und der Billigkeit..., d. h. die Ursachen der Gerechtigkeit, nämlich Gesetze und Abmachungen, selbst schaffen« (II, 17 f.). Der verbalen Übereinstimmung der Aussagen zum Trotz folgt bei Hobbes daraus nichts, was mit den Folgerungen Vicos für die Begründung seiner Scienza Nuova auch nur entfernt vergleichbar wäre. Wenn man Hobbes' gravierende Einschränkung hinzunimmt, daß die Konstruktion von Gesellschaft und Staat in einer Physik der menschlichen Natur fundiert sein müsse, dann wird verständlich, warum aus Hobbes Reklamation des Kriteriums »verum et factum convertuntur« keine Philosophie der Weltgeschichte, sondern eine Mechanik der Vergesellschaftung folgt: Vico möchte die moderne Wissenschaft mit deren eigenen Waffen schlagen, um »antike Studienart« unter dem Anspruch der modernen Erkenntnisgewißheit zu erneuern; Hobbes hingegen will die klassische Lehre von der Politik nach dem Vorbild der modernen Wissenschaft revolutionieren, also Sozialphilosophie *in der Art* der zeitgenössischen Physik begründen.

62 Th. Hobbes, a. a. O. II. S. 68. Zusatz von mir.

63 Ebd., I, S. 9 f.

64 Ebd., I, S. 10.

65 Ebd., II, S. 61.

66 G. B. Vico, a. a. O. S. 63 f.

67 Th. Hobbes, a. a. O. II, S. 61.

68 Vgl. meine Untersuchung: Verwissenschaftlichte Politik und öffentliche Meinung, in: Technik und Wissenschaft als ›Ideologie‹, Frankfurt 1968, S. 120 ff.

69 I. Kant, Werke, ed., Cassirer, Bd. VI, S. 452 f.

70 Vgl. unten Kapitel 2 die Interpretation von Paine.

71 Die folgenden Hinweise ergänzen die historischen Bemerkungen zum Topos der ›öffentlichen Meinungen‹ in: Strukturwandel der Öffentlichkeit, 5. Aufl., Neuwied 1971. § 12.

72 John Millar, Vom Ursprung des Unterschieds in den Rangordnungen und Ständen der Gesellschaft, Frankfurt 1967.

73 Condorcet, Entwurf einer historischen Darstellung des Fortschritts des menschlichen Geistes, ed. W. Alff, Frankfurt 1963.

74 Die folgenden Hinweise stützen sich auf die Untersuchung von W. Hennis, Politik und praktische Philosophie, Neuwied 1963.

75 Greek Foundations of Traditional Logic., New York 1942, bes. Kapitel I, S. 3 ff.

76 H.-G. Gadamer, Hegel und die antike Dialektik, in: Hegelstudien, Bd. 1, 1961, S. 173 ff.

2. Naturrecht und Revolution

»Man muß sich nicht dagegen erklären, wenn gesagt wird, daß die Revolution von der Philosophie ihre erste Anregung erhalten habe[1].« Diese vorsichtige Bemerkung des alten Hegel bekräftigt das Selbstverständnis der Französischen Revolution: unter deren Zeitgenossen war es ja ein Gemeinplatz gewesen, daß die Revolution die Philosophie aus den Büchern in die Wirklichkeit übertragen habe. Die Philosophie – das hieß: die Grundsätze des rationalen Naturrechts; sie waren die Prinzipien der neuen Verfassungen. Noch eine Generation später klingt aus den Worten des zurückblickenden Hegel das Erstaunen der Philosophen selber über das Unerhörte: daß sich die Menschen auf den philosophischen Gedanken gestellt und die politische Wirklichkeit nach diesem erbaut hatten[2].

Das philosophische Selbstverständnis der bürgerlichen Revolution:
die Positivierung des Naturrechts
als Verwirklichung der Philosophie

Von Anbeginn bestand ein intimes Verhältnis zwischen Philosophie und bürgerlicher Revolution, so sehr es auch die Philosophen seitdem als ein illegitimes Verhältnis in Verdacht haben. »Evolution des Naturrechts« war der philosophische Begriff, den die Revolution sich von sich selbst gebildet hatte, sobald sie sich in der Lösung der nordamerikanischen Kolonien vom Mutterland und vor allem im Sturz des Ancien Régime überhaupt *als* Revolution begriff. Es gibt historische und soziologische Gründe, den Begriff der bürgerlichen Revolution objektiv schon auf sehr viel frühere Ereignisse anzuwenden; so auf jene Vorgänge, die zum Abfall der Generalstaaten von der spanischen Krone geführt haben. Aber subjektiv berief man sich damals auf die Wahrung ständischer Privilegien (etwa in der Unabhängigkeitserklärung vom 26. Juli 1581). Auf der Grundlage des klassischen Naturrechts ließ sich nämlich gewaltsamer Widerstand gegen die etablierte Herrschaft nur aus der Kontinuität des alten und zugleich ewigen Rechts, eben als die Restauration, Regeneration oder Reformation einer bloß unterbrochenen Rechtstradition legitimieren. Noch ein Jahrhundert später hat nicht der Parlamentsbeschluß über die englische Thronfolge, sondern die Landung des Oraniers der Glorious Revolution ihren Namen gegeben. Die Bill of Rights selbst galt als Bekräftigung alter Rechte und Freiheiten; das Erscheinen Wilhelms und die Flucht Jakobs mochten hingegen den Zeitgenossen als Ereignisse von der Größe und Unabwendbarkeit eines astronomisch begründeten Geschicks erscheinen, so daß *sie* mit den Revolutionen der Gestirne in Zusammenhang gebracht wurden. Sie wurden also nicht als eigentlich politische Akte den Handelnden selbst zugerechnet; der objektiv gerichtete Begriff von Revolution kannte keine Revolutionäre. In der denkwürdigen Polemik des Edmund Burke gegen die Französische Revolution[3] findet eine Unterscheidung ihr Echo, die 1689 noch selbstverständlich gewesen war: die Glorious Revolution bezieht ihren Sinn als eine Art naturgeschichtliche Umwälzung ohne menschliche Willkür und Gewalt gerade aus dem definitiven Gegensatz zur Great Rebellion des Königsmordes und des Bürgerkriegs vorangegangener Jahrzehnte[4].

Die Berufung auf das klassische Naturrecht war nicht revolutionär – die aufs moderne ist es geworden. Ja, ein Begriff von Revolution, der nicht nur die Umdrehung der Gestirne vom Himmel auf die Erde holt und sie auf die Umwälzung der Staaten wie auf ein anderes Naturereignis bloß abbildet, der Begriff einer Revolution, die vielmehr *als solche* ins Bewußtsein handelnder Revolutionäre eintritt und durch diese allein zu Ende geführt werden kann, hatte sich erst am rationalen Naturrecht entzünden, nämlich an dem Akt seiner Umsetzung in positives Staatsrecht ausbilden können. Was hat es mit dieser Positivierung auf sich, was verleiht ihr den gewaltsamen Charakter? In erster Linie, gewiß, die politische Gewalt, ohne die eine bestehende Autorität nicht gestürzt und ein Wechsel in der Legitimationsbasis für künftige Autoritäten nicht erzwungen werden kann. Aber den soziologischen Begriff revolutionärer Umwälzungen will ich zunächst beiseite lassen. Wir erkundigen uns vielmehr nach dem immanenten Zusammenhang des modernen Naturrechts mit der bürgerlichen Revolution.

Während dem klassischen Naturrecht zufolge die Normen des sittlichen und rechtlichen Handelns gleichermaßen inhaltlich am guten, und das heißt tugendhaften Leben der Bürger orientiert sind, ist das Formalrecht der Neuzeit von den Pflichtkatalogen einer materialen Lebensordnung, sei es der Stadt oder des Standes, entbunden. Es berechtigt vielmehr zu einer neutralen Sphäre des persönlichen Beliebens, in der jeder Bürger als Privatmann Ziele der Nutzenmaximierung egoistisch verfolgen kann. Formale Rechte sind prinzipiell Freiheitsrechte, weil sie alle Handlungen, die nicht explizit nach Kriterien äußeren Verhaltens verboten sind, freigeben müssen. Schon Hobbes hat klar ausgesprochen, daß in dieser indirekten Freigabe überhaupt die Freiheit unter formalen Gesetzen besteht[5]. Und als ihren Zweck definiert bekanntlich Locke die Verfügung über das private Eigentum, worin Leben und Freiheit der Person einbegriffen sind. Auch die Maxime der Physiokraten[6], die später alle Versuche, die französische Erklärung der Menschen- und Bürger*rechte* durch eine Erklärung entsprechender *Pflichten* zu ergänzen, inspiriert hat, kehrt nicht etwa zu den Tugendgeboten des klassischen Naturrechts zurück. Die handfest ökonomisch gedeutete oberste Pflicht, aus der alle Rechte erst hervorgehen sollen, ist nämlich höchst naturalistisch die Verpflichtung zur individuellen Selbsterhaltung; deren Sinn ist wiederum die Berechtigung zu privater Autonomie. Gerade die Pflichtenlehre der Physiokraten zeigt, daß das Formalrecht, einmal akzeptiert, eine Rückbeziehung von Recht auf materiale Sittlichkeit ausschließt. Rechtspflichten sind vielmehr ihrerseits nur aus dem primären Sinn der Berechtigung abzuleiten. Wenn das Formalrecht Sphären der individuellen Willkür einräumt, verlangt gewiß ein Zusammenstimmen dieser Sphären auch die Einschränkung der individuellen Willkür eines jeden zugunsten aller. Weil aber das Formalrecht das Verhalten der Bürger in einem sittlich neutralisierten Bereich von der Motivation durch verinnerlichte Pflichten gerade entbindet und zur Wahrnehmung eigener Interessen freisetzt, können auch die Einschränkungen, die sich daraus ergeben, nur mehr äußerlich imponiert werden. Weil prinzipiell Freiheitsrecht, ist ein von den informellen Lebensordnungen abgelöstes Formalrecht *auch* Zwangsrecht. Die Kehrseite der privaten Autonomie, zu der es berechtigt, ist die psychologische Zwangsmotivierung des Gehorsams. Geltendes Formalrecht ist durch physisch wirksame Gewalt sanktioniert, Legalität von Moralität grundsätzlich geschieden.

Der Akt der Positivierung des Naturrechts als solcher gewinnt aus diesem Verhältnis seine eigentümliche Schwierigkeit *und* Schärfe. Einerseits verlangt die positive Geltung zwingenden Rechts eine Sanktionsgewalt, die ihm Nachachtung garantiert. Andererseits kann, der Idee nach, der Positivierung des Naturrechts nichts anderes legitim voraufgehen als die Autonomie vereinzelter und glei-

cher Individuen und deren Einsicht in den rationalen Zusammenhang naturrechtlicher Normen. In den Lehrbüchern des Naturrechts ist deshalb die ursprüngliche Rechtssetzung immer so vorgestellt worden, als würde die rechtsverbürgende Gewalt durch
einen von gemeinsamer und vernünftiger Einsicht gelenkten Willen aller freien Einzelnen erzeugt. Die Privatrechtskodifikationen
des vorrevolutionären 18. Jahrhunderts boten kein Problem: hier
übernahm jeweils eine etablierte Staatsgewalt die Aufgabe, ein
freilich partielles System formaler Gesetze gleichzeitig zu setzen
und durchzusetzen. Wenn nun aber die Staatsgewalt selbst nach
den neuen Prinzipien von Grund auf reorganisiert werden sollte,
mußte jene fingierte und an die Schwelle des Gesellschaftszustandes zurückprojizierte Idee eines vorgängigen Vertrages als Deu-
tungsschema der revolutionären Handlungen herhalten. Weil es
darum geht, ein System zwingender Berechtigungen zu schaffen,
muß der sanktionierende Zwang als aus der privatautonomen Einsicht und Vereinbarung hervorgehend gedacht werden.

Der Akt, mit dem in Amerika wie in Frankreich die Positivierung
des Naturrechts eingeleitet wurde, war eine Deklaration von
Grundrechten. Dem revolutionären Selbstverständnis zufolge
mußte diese Deklaration Einsicht und Willen zumal bekunden –
die Einsicht in den rationalen Zusammenhang der grundlegenden
Normen, und den Willen, ihnen durch eine selbst auf diese Normen
verpflichtete Sanktionsgewalt Geltung zu verschaffen. Dieser Akt
der Erklärung mußte für sich beanspruchen, einzig aus philosophischer Einsicht politische Gewalt zu erzeugen. Diese Idee der politischen Verwirklichung der Philosophie, nämlich der vertragsauto-
nomen Schöpfung von rechtlichem Zwang aus dem Zwang der philosophischen Vernunft allein, ist der Begriff von Revolution, der
aus den Grundsätzen des modernen Naturrechts immanent folgt;
unter dem anderen Namen des Gesellschaftsvertrages war dieser
Begriff längst abgeleitet worden, bevor die ihrer bewußt gewordene bürgerliche Revolution in der Positivierung natürlicher
Rechte sich selbst begriffen, und diesen Begriff dann auch mit
ihrem eigenen Namen verbunden hat. In diesem Sinne ist das
Schlagwort von der Verwirklichung der Philosophie den Junghe-
gelianern damals schon vorweggenommen worden.

Genaugenommen gilt das freilich nur für Paris und nicht für Phil-
adelphia. Der Berufung auf Philosophie entspricht in Amerika die
Berufung auf den Common sense. Überhaupt haben die Kolonisten ihre Emanzipation vom Mutterlande nicht strikt im Bewußt-

sein einer Revolution vollzogen. Die Rede von der amerikanischen *Revolution* hat sich erst post festum eingestellt; aber bereits vor dem Ausbruch der Französischen Revolution ist sie in den Sprachgebrauch eingedrungen[7]. Während Thomas Paine mit dem Hinweis auf die naturrechtlich universelle Begründung des Staates die spezifische Gemeinsamkeit beider Ereignisse, der Amerikanischen *und* der Französischen Revolution, hervorhob, reservierte Robespierre diesen prinzipiellen Anspruch der bürgerlichen Revolution stets für die Französische allein[8]. Jene angelsächsische, von Locke ausgehende Tradition des rationalen Naturrechts, auf die sich die Väter der amerikanischen Verfassung stützten, und auf die sich dann Thomas Paine ausdrücklich zur Rechtfertigung einer Revolution berufen hat, ist nicht nur von französischen Konkurrenten wie Robespierre, sondern auch von Burke oder Hegel niemals als eine eigentlich revolutionäre Lehre ernst genommen worden. Hegel liegt der Gedanke an eine amerikanische Revolution so fern, daß er mit dem Hinweis auf das Ventil der inneren Kolonisation, durch das in den USA alle Unzufriedenheit abfließe, erklären kann: »hätten die Wälder Germaniens noch existiert, so wäre freilich die Französische Revolution nicht ins Leben getreten[9]«. Während ihm die Französische Revolution geradezu der Schlüssel zum philosophischen Begriff der Weltgeschichte wird, möchte Hegel Nordamerika als ein bloßes Land der Zukunft von philosophischer Betrachtung überhaupt ausschließen.

Der Sinn von »Deklaration« in den amerikanischen und französischen Menschenrechtserklärungen

In der Tat bestehen unverkennbare Unterschiede. Zwar berufen sich Amerikaner wie Franzosen gleichermaßen auf Prinzipien des modernen Naturrechts; die Gemeinsamkeit der Legitimationsbasis reicht insbesondere bei den Grundrechtsdeklarationen beider Länder bis in den Wortlaut hinein[10]. Gerade diese Deklarationen haben aber, ihrer materiellen Übereinstimmung zum Trotz, einen spezifisch verschiedenen Sinn. Die amerikanischen Kolonisten wollen mit dem Rekurs auf Menschenrechte ihre Unabhängigkeit vom britischen Empire legitimieren; die Franzosen einen Umsturz des Ancien Régime. Gewiß wird in beiden Fällen eine Staatsverfassung konstituiert, die sich im Rahmen deklarierter Grundrechte hält. Aber schon der äußere Stellenwert der Erklärungen, als

Präambel der französischen Verfassung vorangestellt, als Amendments der amerikanischen bloß angehängt, ist nicht zufällig. Die amerikanischen Bills of Rights inventarisieren im wesentlichen den bestehenden Rechtsbesitz britischer Bürger. Die Form ihrer universal-naturrechtlichen Begründung ist nur im Hinblick auf die Emanzipation vom Mutterland notwendig geworden. Die Grundrechtsdeklarationen, die ihrer Substanz nach in den ersten Sätzen der Unabhängigkeitserklärung rekapituliert werden, haben als solche zunächst den Sinn, der überlieferten Rechtsmaterie eine andere Legitimationsgrundlage zu verschaffen; die französische Deklaration soll hingegen prinzipiell neues Recht positiv erst zur Geltung bringen. Der revolutionäre Sinn der Deklaration ist in Frankreich die Begründung einer neuen Verfassung, in Amerika aber die der Unabhängigkeit, in deren Folge allerdings eine neue Verfassung nötig wird[11].

Als John Adams 1822 gegen Jefferson, dem man als dem Autor der Unabhängigkeitserklärung die volle Ehre eines Spiritus Rector erwies, den Einwand erhob, daß in jener Deklaration keine einzige neue Idee enthalten sei, gab ihm der Angegriffene die charakteristische Antwort: Ja, um eine Kompilation von Gemeinplätzen habe es sich wohl gehandelt. Und drei Jahre später schreibt Jefferson an Richard H. Lee, der diese Erklärung rundweg eine Abschrift von Locke genannt hatte: es sei damals nicht seine Aufgabe gewesen, neue Prinzipien und Argumente zu finden – »but to place before mankind the common sense of the subject[12]«. Ein zu Beginn des Jahres 1776 erschienenes Pamphlet des Thomas Paine, das die von Locke inspirierte Tradition für die aktuelle Frage der bevorstehenden Emanzipation aufbietet und damit auf Jefferson eingewirkt haben soll, trug selbst den lapidaren Titel »Commonsense«. Für die amerikanischen Kolonisten waren Lokkes Schlußfolgerungen zu Gemeinplätzen geworden; anstelle gelehrter Beweise waren die eigenen Erfahrungen mit einer Regierung, die vom Parlamentsabsolutismus eines fernen Mutterlandes nur in der Handelspolitik fühlbar abhängig blieb, überzeugend genug. Eine Deklaration konnte unter diesen Umständen nur den Sinn eines bekräftigenden Ausdrucks der ohnehin lebendigen gemeinsamen Überzeugungen haben: »it was intended to be an expression of the American mind... All its authority rests then on the harmonizing sentiments of the day...[13]«

Als hingegen der Abbé Sieyès während der Notabelnversammlung von 1788 seine Flugschrift über den Dritten Stand als den Repräsentanten der Nation abfaßte, mußte er von einer ganz anderen Situation ausgehen: »Man darf seine Forderungen nicht nach den vereinzelten Bemerkungen einiger Schriftsteller beurteilen, die sich über die Menschenrechte mehr oder weniger unterrichtet haben. Der Dritte Stand ist in dieser Beziehung noch weit zurück, ich sage nicht nur hinter der Einsicht derer, welche die gesellschaftliche Ordnung studiert haben, sondern auch hinter der Masse gemeinsamer Ideen, welche die öffentliche Meinung bilden[14].«

Bei diesem Gefälle zwischen der Einsicht einzelner und den Ansichten der meisten kommt dem »Philosophen« die praktische Aufgabe zu, durch seinen Einfluß auf die Macht der öffentlichen Meinung der Vernunft selbst politische Geltung zu verschaffen. Die Philosophen müssen die Wahrheit propagieren, müssen ihre unverkürzten Einsichten publizistisch verbreiten, denn nur wenn die Vernunft »überall trifft, trifft sie richtig, weil sich nur dann jene Macht der öffentlichen Meinung bildet, der man vielleicht die meisten der für die Völker wahrhaft vorteilhaften Veränderungen zuschreiben darf[15]«. Dabei ist zunächst auf die Arbeitsteilung zwischen Philosophen und Politikern zu achten, über die sich Sieyès schon im Motto seiner Streitschrift erklärt. Vom klugen Verhalten des Staatsmannes, der seine Schritte nach den nächstliegenden Schwierigkeiten bemißt, darf sich der Philosoph, gerade um ihm den Weg zum Ziele zu bahnen, nicht hemmen lassen. Seine Aufgabe ist es nicht, die Wahrheit ins Werk zu setzen, sondern sie darzulegen, sie zu erklären – déclarer. Dies ist der Weg, auf dem Theorie zur praktischen Gewalt wird: »Wenn alle Menschen wahr dächten, dann würden die größten Veränderungen keine Schwierigkeiten bieten, sobald sie einen Gegenstand des öffentlichen Interesses darstellen. Was kann ich Besseres tun, als mit allen meinen Kräften zur Verbreitung der Wahrheit beitragen, welche die Wege bahnt? Im Anfang nimmt man sie übel auf, allmählich ... bildet sich die öffentliche Meinung, und endlich wird man bei der Ausführung Prinzipien gewahr, die man zuerst als tolle Hirngespinste behandelt hatte[16].«

Diese Pflicht zur Deklaration der Wahrheit hat der Philosoph erst recht, wenn »die öffentliche Meinung schließlich sogar den Gesetzgebern Gesetze diktiert[17]«. Diese Formel entlehnt Sieyès unmittelbar den Physiokraten; ihrer Lehre zufolge sollte sich der Monarch von einer philosophisch und ökonomisch aufgeklärten Öffentlichkeit über die Gesetze der Natur belehren lassen, nach denen die Legislative sich dann nur zu richten brauchte. Eine durch

Publizität zur Macht gelangte Evidenz der natürlichen Ordnung ist die einzige Basis, auf der die richtige Verfassung begründet werden kann. Eine zur Evidenz aufgeklärte öffentliche Meinung wird mit einer despotisch durchgesetzten absoluten Herrschaft der Naturgesetze die Rechtmäßigkeit des Gesellschaftszustandes garantieren[18]. Die öffentliche Instruktion des Volkes war das Herzstück der physiokratischen Theorie. Le Mercier, Mirabeau und Dupont haben jeder einen Plan für die Organisation der Volkserziehung entworfen[19].

Die Physiokraten hatten gut vorgearbeitet: über den publizistischen Sinn einer Deklaration der Menschenrechte schien kein Zweifel sein zu können, als es schließlich so weit war, daß die öffentliche Meinung den Gesetzgebern die Gesetze diktieren konnte. Die Philosophen selbst waren zu Gesetzgebern geworden. Schon von dem ersten (von Mounier vorgetragenen) Bericht des für die Rechteerklärung eingesetzten Komitees heißt es: er sei eher für eine Gesellschaft von Philosophen als für die Nationalversammlung geeignet. Und diese verwandelt sich, zeitgenössischen Berichten zufolge, während der Diskussion über die Menschenrechte »en école de Sorbonne[20]«. Philosophisch eingesehen, bedurfte aber die Wahrheit dann der Propagierung[21]. Noch in einem weiteren Sinne hatten die Physiokraten das philosophische Selbstverständnis einer solchen Deklaration vorbereitet: einem von der öffentlichen Meinung inspirierten Gesetzgeber mußten die natürlichen Gesetze so evident sein, daß der Akt ihrer Positivierung nur darin bestehen konnte, sie zu deklarieren. »Déclarer« hatte in der physiokratischen Schule den technischen Sinn, den ordre naturel in einen ordre positif derart zu übersetzen, daß das Naturrecht in dem aus ihm abgeleiteten Gesetze bloß bekräftigt und angewendet wird.

Zwischen dem 9. Juli und dem 4. August 1789 wurde in der Nationalversammlung darüber diskutiert, ob und in welcher Form eine Deklaration von Grundrechten notwendig sei. In diesen Sitzungen ist der französische Sinn der »déclaration« im Unterschied zu den vorangegangenen amerikanischen »declarations« bemerkenswert geklärt worden. Zunächst hat Lafayette die Funktion einer solchen Erklärung noch ganz im Sinne Jeffersons, mit dem er damals in Paris Kontakt hatte, gedeutet. Aber sofort erhob die anglophile Fraktion der Versammlung Einspruch: »Ich bitte zu bedenken, welch ungeheurer Unterschied zwischen einem Kolonialvolk besteht, das die Fesseln einer fernen Regierung zerbricht, und einem der ältesten Völker der Erde, das sich schon seit 1400 Jahren eine

Regierungsform gegeben hat[22].« Später hat Champion de Cicé, der Erzbischof von Bordeaux, diesen Unterschied ausgeführt: das Beispiel Nordamerikas sei nicht ausschlaggebend, da es dort nur Eigentümer und gleiche Bürger gäbe[23]. Und schließlich erklärt der Abgeordnete Malouet: die Amerikaner hätten unbedenklich die natürlichen Rechte deklarieren können, denn dort bestehe die Gesellschaft in ihrer Mehrzahl aus Eigentümern, die schon an Gleichheit gewöhnt sind und kaum das Joch der Steuern und der Vorurteile kennen. Solche Menschen seien ohne Zweifel für die Freiheit vorbereitet gewesen, anders als die Menschen in Frankreich heute[24]. Lafayettes Deutung war damit erledigt, aber seine Kritiker drangen mit ihrer Warnung vor jeder Deklaration nicht durch; sie konnten bloß zeigen, welchen Sinn diese in Frankreich *nicht* haben konnte[25]. Die Mehrheit der Versammlung hält eine Deklaration für notwendig, weil die Öffentlichkeit einer publizistisch wirksamen Aufklärung bedürfe. Dieser Sinn ist denn auch in der Präambel unmißverständlich festgehalten; eine Deklaration will man, weil »die Unkenntnis, das Vergessen oder die Mißachtung der Rechte des Menschen die alleinigen Ursachen des öffentlichen Unglücks und der Verderbtheit der Regierung sind«. In Amerika selbst ein Ausdruck des commonsense, muß sie in Frankreich opinion publique erst formen.

In Amerika hat die Positivierung des Naturrechts der Philosophie keine revolutionäre Rolle abverlangt. Eine Spannung zwischen Theorie und Praxis, zwischen naturrechtlichen Prinzipien und ihrer technischen Verwirklichung, Überlegungen, wie philosophische Einsicht über die öffentliche Meinung selbst politische Gewalt erlangen könne, hat es hier nicht gegeben. Ja, die Kolonisten, die ihre Unabhängigkeit wollten und einen eigenen Staat gründeten, haben sich zur Lockeschen Tradition so verhalten, wie sich die politisch Handelnden immer verhalten haben, wenn sie sich am klassischen Naturrecht orientierten: sie waren auf die kluge Applikation vorgegebener Normen auf eine konkrete Lage bedacht. Die philosophischen Köpfe in der Nationalversammlung hatten hingegen den Bruch des modernen mit dem klassischen Naturrecht strenger realisiert: sie verhielten sich, jedenfalls in der ausschlaggebenden Mehrheit, zu den wie immer aus Natur legitimierten Normen nicht länger praktisch, sondern technisch; sie diskutierten über die Organisationsmittel zur Konstruktion einer gesamtgesellschaftlichen Ordnung. Erst so wurde die Positivierung des Naturrechts eine revolutionäre Aufgabe: Philosophie sollte nicht mehr über ein politisch kluges Handeln unter Gesetzen orientieren, sie sollte mit Hilfe von Gesetzen eine technisch richtige Einrichtung instruieren. In den Menschenrechtserklärungen beider Länder ist freilich nicht nur der Sinn der Deklaration als solcher verschieden, es läßt sich vielmehr zeigen, daß in ihnen überhaupt, auch dort, wo der Wortlaut übereinstimmt, zwei verschiedene Naturrechtskonstruktionen der bürgerlichen Gesellschaft impliziert sind.

Die liberale Naturrechtskonstruktion der bürgerlichen Gesellschaft: John Locke und Thomas Paine

Bis zu jener folgenreichen Kontroverse mit dem englischen Parlament im Jahre 1764 waren die Amerikaner stets stolz darauf gewesen, Bürger des Britischen Empire zu sein[26]. Und auch im nächsten Jahrzehnt ging der Streit um die Gesetzgebungskompetenzen des englischen Parlaments in den Kolonien stets von der Frage aus: Welche Rechte haben wir Amerikaner als britische Bürger? Erst 1774 erschien ein Pamphlet, in dem James Wilson den Versuch machte, die englischen Freiheiten des common law und die in den charters der einzelnen Kolonien verbürgten Rechte einem obersten naturrechtlichen Gesichtspunkt unterzuordnen: the happiness of the society is the first law of every government[27]. Im gleichen Sinne beginnt die Deklaration des Ersten Kontinentalen Kongresses, der im gleichen Jahr zusammentrat, mit der Feststellung, daß den Einwohnern der englischen Kolonien in Nordamerika aufgrund der unwandelbaren Gesetze der Natur, der Grundsätze der englischen Verfassung und einiger Verträge (charters and compacts) eine Reihe von Rechten zukomme; darauf folgt allerdings an erster Stelle das von Locke formulierte Recht auf Leben, Freiheit und Eigentum. Shermans berühmter Ausspruch: »The Colonies adopt the common law, not as the common law, but as the highest reason« steht noch ganz in der klassischen Tradition. Sie war in Amerika um so eher erhalten worden, je weniger hier eine absolutistische Regierungspraxis zu der radikalen Umdeutung des stoisch-christlichen Naturrechts genötigt hatte, die im Mutterland seit Hobbes vollzogen war[28]. So verstand man auch Locke noch aus der Kontinuität des klassischen Naturrechts, nachdem die Emanzipation unabwendbar geworden und als Basis ihrer Rechtfertigung nur mehr das moderne Naturrecht übriggeblieben war; die christlichen Voraussetzungen seiner Lehre mochten dem Vorschub leisten[29]. Die Haltung, in der man sich auf ihn berief, war die gleiche, in der sich die Amerikaner bis dahin auf die verbrieften Freiheiten englischer Bürger und die Engländer selbst seit den Zeiten der Magna Charta auf ihr altes Recht berufen hatten. Auch Locke schien, wie die praktische Philosophie vor ihm, Gesetze guten Lebens und klugen Handelns zu geben und nicht Regeln, nach denen die richtige Gesellschaftsordnung nun planmäßig erst einzurichten wäre[30].

Einer im Prinzip unrevolutionären Auffassung kommen, gleichsam von der anderen Seite, gerade auch die Elemente der Lockeschen Lehre entgegen, die mit dem klassischen Naturrecht schlechthin unvereinbar sind. Weil Locke im Gegensatz zu Hobbes davon ausgeht, daß die Menschen ihr Leben statt durch Angriff und Verteidigung primär durch Arbeit erhalten, interpretiert er das Grundrecht auf Selbsterhaltung als ein Recht auf Eigentum[31]. Lockes Ableitung der Menschenrechte ist einfach. Im Naturzustand verleiht einzig die persönliche Arbeit für den individuellen Gebrauch einen Rechtstitel auf privates Eigentum. Dieses natürliche Recht, das mit dem Eigentum auch Leben und Freiheit sichert, kann jeder unmittelbar ausüben und auch gegen alle behaupten, denn es bemißt sich ohnehin nach seinen physischen Kräften und Fertigkeiten. Unsicherheit und damit das Bedürfnis nach staatlicher Autorität, also ein Motiv zur Vergesellschaftung, entstehen erst mit einer durch den Markt bestimmten Produktionsweise; diese verlangt nämlich die Sicherung des privaten Eigentums über die persönlich produzierten und zum eigenen Konsum bestimmten Güter hinaus – der Naturzustand wird unhaltbar. Die Menschen vergesellschaften sich unter einer Regierung, die das über unmittelbare Körperkraft und Verfügungsgewalt hinausreichende Eigentum schützen kann. Sie muß einen Rechtszustand garantieren, der, seiner Substanz nach vorstaatlich, immer schon auf der Basis privaten Eigentums ruhte, nun aber, mit den wachsenden Kollisionen eines auf Kapitalbesitz erweiterten Eigentums, ausdrücklich sanktioniert werden soll. So wird jede mögliche Regierung »entrusted with the condition and for this end, that men might have and secure their properties[32]«.

Die natürlichen Rechte auf Freiheit, Leben und Eigentum sind im Gesellschaftszustand nicht suspendiert; sie sind nur insoweit gegen staatlich sanktionierte bürgerliche Rechte gleichsam eingetauscht worden, als die Macht des einzelnen zu ihrer Durchsetzung nicht mehr genügte[33]. Die Regierung mag Gewalt haben, um den Verkehr der Privateigentümer untereinander gesetzlich zu regeln, aber niemals so viel Gewalt, daß sie in das Eigentumsrecht auch nur eines einzigen ohne Einverständnis eingreifen kann »for this would be no property at all[34]«.

Als die amerikanischen Kolonisten die Autorität dieser Lehre gegen die Übergriffe des englischen Parlamentes aufboten, waren sie von der modernen Begründung ihrer naturrechtlichen Ansprüche ebensowenig zu einem revolutionären Selbstverständnis angehalten wie durch einen ins klassische Naturrecht zurückprojizierten Locke. Denn die liberale Naturrechtskonstruktion der bürgerlichen Gesellschaft, die in den von Locke rezipierten und gegen England deklarierten Rechten impliziert war, hatte ja bloß den restriktiven Sinn einer Abschirmung der privatautonomen Sphäre des gesellschaftlichen Verkehrs gegenüber staatlichen Interventionen. Wie wenig *diese* Naturrechtstradition die philosophische Einsicht zu einer Vorbereitung der revolutionären Tat zwingt, hat wider Willen gerade der Schriftsteller gezeigt, der unermüdlich die amerikanische mit der Französischen Revolution auf eine Stufe gestellt hat – Thomas Paine.

In dem zweiten, 1792 publizierten Teil seines Buches über die Menschenrechte wiederholt Paine die These: daß die Emanzipation Amerikas wenig Bedeutung gehabt hätte, wenn sie nicht von einer Revolution in den Grundsätzen und der Praxis der Regierung begleitet worden wäre[35]. Diese Revolution hat jedoch mit dem politischen Akt der Verwirklichung von Naturrecht im Sinne der Konstruktion einer die Gesamtgesellschaft organisierenden Verfassung nichts zu tun; im Gegenteil, ihr einziges Ziel ist Beschränkung der politischen Gewalt auf ein Minimum. Das Naturrecht wird nicht auf revolutionärem Wege positiviert; es gelangt nicht subjektiv durch das Bewußtsein politisch handelnder Bürger, sondern objektiv durch eine ungehemmte Wirksamkeit der immanenten Naturgesetze der Gesellschaft selber zur Geltung. Paine identifiziert nämlich die natürlichen Rechte des Menschen mit den natürlichen Gesetzen des Warenverkehrs und der gesellschaftlichen Arbeit. Er spricht den spezifischen Zusammenhang zwischen Locke und Adam Smith aus; er sieht, daß die klassische Ökonomie des 18. Jahrhunderts dieselben Naturgesetze, die im 17. noch als Normen des formalen Rechts begriffen wurden, in die Naturbasis der Gesellschaft hineinverlegt: »by the simple operation of constructing Government on the principles of Society *and* the rights of man, every difficulty retires[36]«.

An die Stelle der Unterscheidung von Natur- und Gesellschaftszustand ist die von der Gesellschaft und Staat getreten. Die naturrechtlichen Schranken jeder Regierungsgewalt, die Locke zufolge aus dem Natur- in den Gesellschaftszustand hineinragten, sind zu Gesetzen einer Naturgesellschaft geworden, der ein Vertrag gar nicht mehr zugrunde liegt. Die der Natur gemäß eingerichtete und vor allem eingeschränkte Regierung ist nun »out of society«, wie sie vordem out of social compact war; Paine gebraucht beide Ausdrücke synonym. Er teilt mit der klassischen Ökonomie eines Adam Smith die Überzeugung, daß sich die Gesellschaft als ein arbeitsteiliges System der Bedürfnisse naturwüchsig harmonisch entfaltet, wenn es nur vor despotischen Eingriffen der Regierung bewahrt wird. Die Konfrontation der spontanen Kräfte gesellschaftlicher Kohäsion und Selbstregulierung mit den formellen Zwangsmitteln einer repressiven Regierungsgewalt antizipiert einen Begriff von Gesellschaft, der, als lebendige Totalität gefaßt, den Staat nur als abgespaltenes Moment, ein verselbständigtes Partikulares gelten läßt. Schon seine Streitschrift von 1776 beginnt mit dem energischen Hinweis auf die heterogenen Ursprünge von society und government[37]: die Gesellschaft wird durch unsere Bedürfnisse, der Staat durch unsere Schwächen hervorgebracht. Jeder Zustand der Gesellschaft ist segensreich, der Staat ist noch in seiner besten Verfassung ein notwendiges Übel; denn das Übel der Unterdrückung ist eine Folge der politischen Ungleichheit von Herren und Knechten und nicht der sozialen Unterschiede zwischen Armen und Reichen. Ja, Paines Liberalismus scheut nicht einmal anarchistische Konsequenzen: die Gesellschaft, heißt es einmal, beginnt in dem Augenblick selbsttätig zu handeln, in dem die formelle Regierungsgewalt abgeschafft ist – es entsteht dann eine allgemeine Assoziation, und das gemeinsame Interesse schafft universelle Sicherheit[38].

Die Positivierung des Naturrechts ist keine Sache von Revolutionen, sobald die Rights of Man unter dem gemeinsamen Namen von Laws of Nature mit den Principles of Society zusammenfallen. Die natürlichen Rechte finden ihre zuverlässige Entsprechung in den Gesetzen von Handel und Verkehr; diesen aber gehorchen die Privatleute, weil es unmittelbar in ihrem Interesse liegt, und nicht, weil der Staat formelle Gesetze unter Strafandrohung imponiert. Die Praxis eines allgemeinen Freihandels wird deshalb die Menschenrechte strenger garantieren als jede Theorie, die, über die öffentliche Meinung zur politischen Gewalt geworden, Gesetze diktiert und so Naturrecht positiviert. Die Philosophie braucht sich um ihre Verwirklichung nicht zu bemühen.

Die Franzosen jedoch hatten eine eigene Politische Ökonomie, aus der sie die Naturrechtslehre ihres eigenen Locke interpretieren konnten, wenn sich das in der Nationalversammlung auch nicht so bruchlos zusammenfügen konnte wie jene angelsächsischen Traditionen in den Händen eines Thomas Paine. Kein Zweifel – die amerikanischen Declarations sind der Form und dem Buchstaben nach das Vorbild gewesen für die Déclaration des droits de l'homme et du citoyen; und gewiß war Lafayette, der als erster einen Entwurf einreichte, nicht der einzige Abgeordnete, der unter amerikanischem Einfluß stand. Dieser war gleichwohl nicht so stark, daß der amerikanische Geist französisch rezipiert worden wäre; er hat allenfalls katalysatorisch eine eigentümliche Verbindung der zunächst gegensätzlichen Lehren Rousseaus und der Physiokraten ermöglicht. Aus ihr ging eine andere Naturrechtskonstruktion der bürgerlichen Gesellschaft hervor; und diese hat die politisch Handelnden tatsächlich zu einem revolutionären Selbstverständnis inspiriert.

Die Vorbereitung konkurrierender Naturrechtskonstruktionen der bürgerlichen Gesellschaft: Rousseau und die Physiokraten

Nachdem am 17. August Mirabeau für das Fünferkomitee, das mit der Prüfung der vorliegenden Projekte für eine Menschenrechtsdeklaration beauftragt worden war, vor dem Plenum der Nationalversammlung Bericht erstattet hatte, eröffnete der Abgeordnete Crenier, neben Biauzat und dem Grafen Antraigues einer der profiliertesten Anhänger Rousseaus, die Diskussion[39]. Die Deklaration, so meint er mit einem Hinweis auf die amerikanischen Vorbilder, dürfe nicht die Form einer Folge von Prinzipien haben, denn ein Recht sei die Wirkung eines Vertrages und nicht ein Grundsatz, aus dem wahre Aussagen geschlossen werden können. Schon in früheren Sitzungen hatte Crenier die Menschenrechtserklärung mit dem Akt des Gesellschaftsvertrages identifizieren wollen. Im Naturzustand ist der Mensch weder Herr noch Sklave, er hat weder Rechte noch Pflichten; die natürliche Unabhängigkeit und Selbsterhaltung eines jeden können erst durch einen Gesellschaftsvertrag zum natürlichen Recht auf Freiheit und Gleichheit erhoben werden. Die Erklärung von Menschenrechten ist daher gleichbedeutend mit der Konstituierung des Allgemeinwillens, an dessen Bildung alle mitwirken und vor dessen Gesetzen alle gleich sind. Im weiteren Verlauf der Debatte wendet sich Démeuniers gegen diese Auffassung mit dem bemerkenswerten Argument: »Das ist das System von Hobbes, das von ganz Europa verworfen worden ist[40]«.

In der Tat glaubt ja mit Hobbes auch Rousseau, den Zwang zur Vergesellschaftung aus einem Zustand des universellen Mißtrauens und der prekären Unsicherheit eines allgemeinen und gewaltsamen Konkurrenzkampfes herleiten zu müssen. Diese mehrfach ausgeführte Charakterisierung trifft freilich nicht zufällig sowohl auf jene Phase des Naturzustandes, die dem Gesellschaftszustand unmittelbar voraufgeht, zu, als auch – im Prinzip – auf die zivilisierte Gesellschaft des zeitgenössischen Frankreich. Denn *gegen* Hobbes beharrt Rousseau darauf, daß jener vom politischen Naturübel regierte Zustand, der zur Vergesellschaftung nötigt, in einem despotisch erzwungenen Gesellschaftszustand ja nicht etwa aufgehoben ist, sondern mit der Konkurrenz privater Interessen innerhalb eines ruhelosen und zerrissenen Systems geteilter Arbeit und vervielfältigter Bedürfnisse fortlebt. Bei Rousseau soll der Gesellschaftsvertrag zwar die gleiche Aufgabe lösen wie bei Hobbes: das politische Naturübel einer universellen Selbstbehauptung aller gegen alle ist so substantiell, daß die positive Geltung allgemeiner Normen nur durch eine absolute Gewalt erzwungen werden kann. Aber die in der Vertragsklausel vorgesehene totale Übereignung und Unterwerfung ist nur der Form nach dieselbe. Die Selbstentäußerung, die bei Hobbes die masochistische Unterwerfung unter einen selbst gesetzten, aber unwiderruflich *äußeren* Zwang bedeutet, meint bei Rousseau die Verwandlung der korrumpierten Menschennatur in die moralische Person des Staatsbürgers So kann nämlich die souveräne Gewalt selbst *verinnerlicht,* aus einer äußerlich zwingenden Fürstensouveränität in eine innerlich gegenwärtige Volkssouveränität zurückgenommen werden. Angesichts der Gemeinsamkeit ihrer Voraussetzungen war es konsequent, daß Rousseau jene beiden Lösungen als vollständige Alternative erschienen. In jenem berühmten Brief an Mirabeau, den Physiokraten, vom 26. Juli 1767, gesteht er deshalb: ich sehe keine erträgliche Mitte zwischen der rauhesten Demokratie und dem vollendeten Hobbesismus.

Der Abgeordnete Démeunier hat offensichtlich auf diesen Zusammenhang angespielt, um in Erinnerung zu rufen, daß sich mit Hobbes Menschenrechte überhaupt nicht begründen lassen. Von Locke unterscheidet dieser sich ja nicht nur in der Bestimmung des fundamentalen Naturübels; weil der eine Waffen, der andere Nahrung, Kleidung und Unterkunft als die primären Mittel der Selbsterhaltung ansieht, verlangt die gesellschaftlich organisierte Selbsterhaltung im einen Fall eine Zwangsordnung gegen innere und äußere Feinde, im anderen aber eine Eigentumsordnung zum Schutz gegen Hunger und Elend. Auch die naturrechtliche Basis der Staatsgewalt ist eine andere; weil die Menschen, Locke zufolge, das ökonomische Naturübel durch individuelle Arbeit *vor* ihrer Vergesellschaftung prinzipiell in der gleiche Weise bewältigen wie nachher, sind die Eigentumsrechte ihrer Substanz nach vorstaatlich. Eine Regierung soll nur gewisse Risiken beseitigen, damit die natürliche Form der Selbsterhaltung um so besser gewahrt bleiben kann. Hobbes hingegen braucht eine souveräne Gewalt zur vollständigen Liquidierung des Naturzustandes. Denn Gehorsam, die Furcht, die von der Furcht befreit, ist ein Produkt der Vergesellschaftung und stammt nicht wie Arbeit, das Leiden, welches Leiden aufzehrt, aus Natur[41]. Dem Willen dieses Souveräns können mithin rechtliche Schranken von einer Natur, *gegen* die er doch konstruiert ist, nicht gezogen sein – so wenig wie der demokratisch umgestülpten und moralisch verinnerlichten Souveränität des allgemeinen Willens bei Rousseau; es sei denn, die natürlichen Rechte folgten aus der Natur dieses Willens selber. Das hat der Abgeordnete Crenier in der Tat geltend machen wollen. Freiheit und Gleichheit, und in deren Folge auch Leben, Sicherheit und Glück, verdanken die Bürger nicht dem privatrechtlich gesicherten Automatismus sei es natürlicher Rechte, sei es der Gesetze eines naturwüchsigen gesellschaftlichen Verkehrs. Vielmehr ist es in der Struktur der volonté générale allein begründet, daß diese gegen die Prinzipien von Freiheit und Gleichheit nicht verstoßen kann, obwohl es ihr als dem pouvoir souverain freisteht, beliebige Gesetze zu geben und aufzuheben – nur *Gesetze* müssen es sein.

Rechtliche Konventionen müssen als Akte des Gemeinwillens den Charakter allgemeiner Gesetze haben; über einen Einzelfall kann es ein Gesetz nicht geben. Zugleich gehorchen die Untertanen als Staatsbürger, die an der Bildung des Allgemeinwillens beteiligt sind, nur sich selbst und einander gegenseitig: »Man ersieht daraus, daß die souveräne Macht – so absolut, so geheiligt, so unverletzlich sie auch ist – die Grenzen der allgemeinverbindlichen Konventionen nicht überschreitet noch überschreiten kann; ferner daß jeder Mensch vollkommen über das verfügen kann, was ihm von seinem Besitz und seiner Freiheit durch diese Konventionen gelassen worden ist. Der Souverän hat dergestalt niemals das Recht, einen Untertan mehr als einen andern zu belasten, weil dann die Angelegenheit eine besondere wird und daher seine Macht nicht mehr zuständig ist[42]«. Verglichen mit der liberalen Konstruktion der Menschenrechte tritt anstelle des materialen Automatismus eines durch Naturgesetze der Gesellschaft erfüllten Naturrechts die formale Automatik des allgemeinen Willens, der seiner eigenen Natur nach gegen das Interesse der Gesellschaft im ganzen so wenig verstoßen könnte wie gegen die Freiheit auch nur eines Individuums. Selbst einziger Autor einer Staat und Gesellschaft organisierenden Gesamtverfassung, ist das Naturrecht in ihm begründet und nicht im eigengesetzlichen Funktionieren einer vorstaatlichen Ordnung, sei es des Naturzustandes oder einer naturwüchsigen Gesellschaft. Diese Konsequenz zieht Crenier. Sein Projekt für eine Menschenrechtserklärung umfaßt nur neun Sätze. Auf die Frage, welches denn die natürlichen Rechte sind, deren Aufstellung allein den Akt der Konstitution eines Volkes bilden könne, antwortet er: die ausschließliche Unterwerfung unter allgemeine Gesetze, und die Mitwirkung an dem allgemeinen Willen, aus dem sie ausschließlich hervorgehen. Demgegenüber verteidigt Mirabeau die vom Fünferkomitee redigierte Liste einzeln aufgeführter Menschenrechte mit dem Hinweis auf die naturrechtlichen Grundsätze seines Vaters. Die natürliche Ordnung der Physiokraten schien für die Deklaration ein solides Fundament zu geben als der allgemeine Wille Rousseaus. Die Parteigänger Rousseaus, ohnehin nur eine Handvoll Abgeordnete, waren mit ihrem Vorschlag hoffnungslos unterlegen; vor allem die Form der Deklaration haben sie nicht beeinflußt. Aber der Sache nach sind dann ihre Argumente gerade von ihren durch physiokratisches Naturrecht inspirierten Gegnern gerettet worden.

Die Physiokraten kennen ebensowenig wie die englischen Ökonomen ihrer Zeit die strikte Unterscheidung von Natur- und Gesellschaftszustand; die Gesellschaft selbst ist ein Stück Natur und keineswegs durch Vertrag entstanden. Le Mercier spricht von einer société naturelle, universelle et tacite, in der stillschweigend gewisse Rechte und Pflichten in Kraft sind. Sie löst sich freilich in verschiedene sociétés particulières et conventionelles auf, sobald das Grundeigentum zur Basis der gesellschaftlichen Reproduktion wird. Von nun an muß die Ordnung im Innern und die Sicherheit nach außen durch Staatsgewalt geschützt werden. Damit sich der ökonomische Kreislauf der agrarisch produzierenden Gesellschaft der Natur gemäß vollziehen kann, muß der Schutz des Grundeigentums, die freie Ausübung der Eigentumsrechte überhaupt organisiert und so die Gesellschaft in eine »politische Gesellschaft« überführt werden. Der materielle Lebenszusammenhang steht unter Gesetzen der physischen Natur und gehorcht im ganzen einem ordre naturel. Im Gegensatz zur liberalen Auffassung einer naturwüchsigen Harmonie sind aber die Physiokraten davon überzeugt, daß sich auf der Entwicklungsstufe, auf der Agrikultur und politische Organisation zur Reproduktion eines erweiterten und reicheren Lebens notwendig geworden sind, die Naturgesetze der Gesellschaft nicht mehr mit der Notwendigkeit eines ordre physique durchsetzen. Im Ordre positif muß vielmehr der ordre naturel *aufgrund* philosophischer Einsicht und *mittels* politischer Gewalt erst zur Herrschaft gebracht und sodann despotisch in seiner Geltung gewahrt werden. Die politische Gesellschaft ist eine durch Einsicht in die natürlichen Bewegungsgesetze des materiellen Lebens diktierte Schöpfung des Staates.

Wie Locke begreift Quesnay das Recht auf Eigentum als den Kern des Naturrechts; und Adam Smith hat er bekanntlich die Einsicht des »laissez faire« vorweggenommen, die Le Mercier als den »Ruhm unseres Jahrhunderts« gefeiert hat. In der freien Konkurrenz der Einzelinteressen privater Eigentümer sollte sich das Gesamtinteresse der Gesellschaft befriedigen können. Aber hier wie überhaupt unterscheiden sich die Physiokraten von den Liberalen in dem entscheidenden Punkt: nicht aus dem egoistischen Zusammenspiel *unmittelbarer* Interessen würde sich die erstrebte Harmonie *naturwüchsig* ergeben, sondern nur aus dem *aufgeklärten* Selbstinteresse im Rahmen einer *staatlich organisierten* Naturordnung. Solange die Bürger in kontroversen Meinungen befangen bleiben und nicht zur Evidenz der Naturordnung vordringen, können sie sich aus dem depravierten Gesellschaftszustand nicht lösen. Denn nur ein aufgeklärter Despot, der nach Maßgabe der natürlichen Maximen die souveräne Gewalt zur Positivierung der Naturrechtsordnung einsetzt, kann die Naturgesellschaftsordnung erzeugen und stabilisieren. Mit Rousseau kommen also die Physiokraten darin überein, daß es Menschenrechte nur *als* Bürgerrechte, Freiheit nur *im* staatlichen Zustand geben kann. Die Naturordnung der Gesellschaft wird allein durch politische Gewalt verwirklicht, wobei diese freilich, im Unterschied zu Rousseau, aufgrund von Gesetzen verfährt, die aus der philosophischen Einsicht in die Natur der Dinge selbst gewonnen sind.

Eine eigentümliche Verbindung beider Theorien bot sich indessen an, als eine Deklaration der Menschenrechte nun auf der undiskutierten Grundlage politischer Freiheit und Gleichheit abgeleitet werden mußte. Ich behaupte nicht, daß in den intellektuellen Vorhöfen der Nationalversammlung eine solche Beziehung explizit hergestellt worden ist. Dennoch sind Grundzüge dieser Theorien nicht nur in einzelnen Sätzen der endgültig redigierten Erklärung wiederzuerkennen, der Begriff einer Positivierung dieser Grundrechte hat sich in dem unausdrücklichen Zusammenspiel beider Traditionen artikuliert.

Das Verhältnis von Staat und Gesellschaft in den beiden Naturrechtskonstruktionen

Um die natürliche Ordnung der Gesellschaft politisch hervorzubringen und zu sichern, muß der durch ein physiokratisch aufgeklärtes Publikum, also durch öffentliche Meinung belehrte Souverän die natürlichen Menschenrechte positivieren – das war die Substanz des bald in Verruf geratenen legalen Despotismus. Was hier auf despotischem Wege geschehen sollte, wollte man aber 1789 demokratisch ins Werk setzen. Der umgekehrte Despotismus des allgemeinen Willens konnte die diskreditierte Lücke des Systems um so eher schließen, je mehr die eigentlich ökonomische Begründung des physiokratischen Naturrechts verblaßt und davon im philosophischen Bewußtsein der Zeit bloß noch eine Naturordnung haften geblieben war, die nur im Rahmen einer politischen Gesellschaft zur Existenz gelangen konnte – und nun, statt despotisch von oben, revolutionär von unten verwirklicht werden sollte. Der Abbé Sieyès hatte bereits eine öffentliche Meinung, die den Souverän über die natürlichen Gesetze aufklärt, in eine Instanz umgesetzt, die dem Gesetzgeber eines Tages die Gesetze diktieren werde; im Verlaufe der Revolution war sie zum Souverän selbst geworden. Im Hinblick auf das, was man unter einem demokratischen Souverän zu verstehen hatte, genoß der Contrat Social damals kanonische Geltung. So enthielt auch der von Démeunier gegen Crenier verteidigte, von Mirabeau vertretene Deklarationsentwurf des Fünferkomitees im zweiten Artikel den Unterwerfungsvertrag fast in den Worten Rousseaus: »Jedes Individuum stellt gemeinsam seine Person und seine Fähigkeiten unter die oberste Leitung des allgemeinen Willens, und die Gesellschaft nimmt ihn zu gleicher Zeit als Teil auf[43]«. Und Artikel 6 der ratifizierten Fassung unterstellt diese Formel mit dem Satz: »Das Gesetz ist der Ausdruck des allgemeinen Willens.« Andererseits hat die Nationalversammlung nicht die Naturrechte als solche in der Natur des allgemeinen Willens selbst begründen wollen. Wenn aber die Menschenrechte in irgendeiner Weise vorgegeben sind und gleichwohl mit der Souveränität des allgemeinen Willens vereinbar sein sollen, kann ihr natürliches Fundament nur in der Gesellschaft selber liegen. Wo immer sie mit den vorpolitischen und bloß negatorisch wirksamen Rechten der liberal begründeten amerikanischen Deklarationen bis in den Wortlaut übereinstimmen, dürfen sie doch nur als von Grund auf politische Rechte gelten. So hatten die Physiokraten Naturrecht in der Tat konzipiert, und so ist es in der Nationalversammlung überwiegend verstanden worden.

Auf diese Weise bietet auch die in der französischen Deklaration oft bemerkte »Vermischung« von Menschenrechten, Bürgerrechten und Grundsätzen des Staatsrechts keine Schwierigkeit – das Naturrecht ist von vornherein als Gesellschaftsrecht begriffen. In Artikel 2 kann der Staat als Versicherungsinstitut für *alle* Menschenrechte definiert werden, weil diese stillschweigend als Rechte einer politisch konstituierten Gesellschaft gelten. Die drei namentlich genannten Grundrechte wiederholen ohnehin eine Formel, die als politisches Sakrament der physiokratischen Schule gegolten hat: la liberté, la propriété, la sûreté.

Das Recht auf Sicherheit wird später in der Rechteerklärung vom 24. Juni 1793 in einer Weise erläutert, die den impliziten Sinn der zugrunde liegenden Naturrechtskonstruktion der bürgerlichen Gesellschaft klärt. Die Sicherheit, heißt es dort in Artikel 8, bestehe in dem *von der Gesellschaft* jedem ihrer Mitglieder zugesprochenen Schutz für die Erhaltung seiner Person, seiner Rechte und seines Eigentums. »Die Gesellschaft« ist damit als das Subjekt benannt, das den Lebenszusammenhang der Menschen im ganzen organisiert. Sie kann weder als eine Regierung verstanden werden, die im Auftrage und mit der beschränkten Vollmacht der vereinigten Individuen eine Rechtsordnung sanktioniert – noch als diese Vereinigung der Individuen selbst, die der Regierung als Kontrahent gegenübersteht. Anders hätte auch die Umkehrung des

Grundsatzes in Artikel 34: daß die Unterdrückung jedes einzelnen die Rechtsordnung im ganzen zerstört, keinen Sinn; dort heißt es nämlich: Unterdrückung jedes einzelnen tritt ein, wenn der Körper der Gesellschaft unterdrückt wird. Corps social, der Begriff Rousseaus, meint, wie die société politique der Physiokraten, eine durch die Institutionalisierung der natürlichen Rechte organisierte Gesamtverfassung, die Staat und Gesellschaft politisch umfaßt. In diese Verfassung ragt kein Naturzustand herein, wie es den Vorstellungen Lockes, diese Verfassung ruht nicht auf einem naturwüchsigen Zusammenhang des gesellschaftlichen Verkehrs, wie es der Auffassung von Adam Smith oder Thomas Paine entsprochen hätte. Keine Basis ist dieser Verfassung substanziell vorgegeben, denn diese Ordnung, die die Nationalversammlung, freilich nach Prinzipien der Natur, politisch selbst erst hervorbringen möchte, hat es im Naturzustand, vor aller Politik, gerade nicht gegeben.

Deshalb war es kein Widerspruch, als man 1793 in den Katalog von Freiheitsrechten, die eine ihrer Struktur nach liberale Gesellschaft begründeten, auch bereits soziale Teilhaberrechte aufnahm[44]. Diese Konstruktion stellt ja den gesellschaftlichen Lebenszusammenhang insgesamt einem, freilich naturrechtlich aufgeklärten, politischen Willen zur Disposition. Wenn das Recht auf Sicherheit dem Gesamtsubjekt der Gesellschaft noch einmal die Verpflichtung auferlegt, die Grundrechte zu garantieren, so kann doch (wie Art. 23 zu Art. 8 reziprok ergänzt) die Gesellschaft ihrerseits nur garantiert werden durch das aktive »Zusammenwirken aller, um einem jeden die Nutzung und Wahrung seiner Rechte zuzusichern; diese Garantie beruht auf der Souveränität des Volkes«.

In der liberalen Naturrechtskonstruktion entsprechen die Grundrechte den Gesetzen eines vorstaatlich ausgebildeten Verkehrs, dessen Substanz aus einem Naturzustand oder aus einer naturwüchsigen Gesellschaft stammt und auch im Rahmen der politischen Ordnung unversehrt erhalten bleibt; ja, die politische Ordnung hat ausschließlich den Zweck, sie zu konservieren. Unter diesen Umständen genügt es, eine Regierung widerruflich mit dem Auftrag zu betrauen, die natürlichen Rechte zu sanktionieren. Die Mitglieder der Gesellschaft behalten sich vor, eine Regierung einzusetzen, und zu prüfen, ob sie vertrauenswürdig arbeitet. Das ist der einzige Akt politischer Willensbildung, den die amerikanische Unabhängigkeitserklärung in der Form einer »Zustimmung der Regierten« (consent of the governed) definiert. Der ununterbrochene Rekurs auf einen kontinuierlichen Vollzug der politischen

Willensbildung erübrigt sich. Dieses von Rousseau in der Souveränität des Volkes begründete »aktive Zusammenwirken aller« (l'action de tous) wird erst dann erforderlich, wenn die Institutionalisierung der Grundrechte nicht eine vorstaatliche Substanz bloß zu erhalten braucht, sondern eine wie immer nach Prinzipien der Natur selbst organisierte Gesamtverfassung gegen den depravierten gesellschaftlichen Verkehr erst schaffen, durchsetzen und aufrechterhalten muß. Dazu bedarf es einer omnipotenten politischen Gewalt und darum auch der demokratischen Integration dieser Gewalt in einen stets präsenten politischen Willen.

Nicht als ob *eine* Auffassung das demokratische Prinzip anerkennte, die *andere* es leugnete. Beide unterscheiden sich nicht primär im Hinblick auf die Organisation der Staatsgewalt, sondern durch die Interpretation des Verhältnisses von Staat und Gesellschaft. Eine Radikalisierung der Demokratie kann sich Jefferson nur derart vorstellen, daß die Herrschaft der öffentlichen Meinung (Lockes Law of Opinion) eine Regierung aufgrund formeller Gesetze ganz überflüssig macht: »public opinion is in the place of law and restrains morals as powerfully as laws ever did anywhere[45]«. Jefferson zieht einer Regierung ohne Zeitungen nicht nur einen Zustand mit Zeitungen ohne Regierung vor, er ist sogar überzeugt, daß ein solcher Zustand Demokratie erst verwirklichen würde. Zusammen mit den formellen Gesetzen mag die repressive Staatsgewalt als solche absterben, sobald sich die Gesellschaft selbst organisiert. Demgegenüber kann sich Sieyès eine demokratisch inthronisierte Öffentlichkeit nicht anders denn als Souverän einer Gesetzgebungsmaschine denken; auch die Jakobiner begreifen als gelehrige Schüler Rousseaus Demokratie noch in ihrer radikalsten Gestalt so, daß der allgemeine Wille seine Souveränität durch formelle und generelle Gesetze ausübt. Die Franzosen rechnen nämlich nicht mit einer vom Staat getrennten Naturbasis der Gesellschaft; die Befreiung einer Sphäre des Warenverkehrs und der gesellschaftlichen Arbeit vom staatlichen Interventionismus muß selber noch politisch, wie sie glauben, im Rahmen einer stets auch die Gesellschaft umgreifenden Gesamtverfassung realisiert und behauptet werden.

Aus diesem spezifischen Unterschied zwischen der in Amerika und Frankreich herrschenden Naturrechtskonstruktion der bürgerlichen Gesellschaft folgt notwendig eine verschiedene Deutung der revolutionären Aufgabe: das Naturrecht zu positivieren und Demokratie zu verwirklichen. Der revolutionäre Akt selbst kann nicht den gleichen Sinn haben, wenn es sich dort darum handelt, die spontanen Kräfte der Selbstregulierung im Einklang mit dem Naturrecht freizusetzen; hier aber darum, eine naturrechtliche Gesamtverfassung gegen eine depravierte Gesellschaft und eine korrumpierte Menschennatur erst durchzusetzen. Dort wird revolutionäre Gewalt zur Restriktion einer despotisch entfesselten Gewalt aufgeboten, hier zur Konstruktion einer natürlichen Ordnung, die nicht mit dem Entgegenkommen einer Naturbasis rechnen kann. Dort kann die Revolution den ungebrochenen Egoismus der natürlichen Interessen für sich arbeiten lassen, hier muß sie moralische Antriebe mobilisieren.

Das revolutionäre Selbstverständnis im jakobinischen Frankreich und im Amerika Jeffersons: Robespierre und Paine

So hatte es schon Rousseau begriffen: die Verwandlung des Naturmenschen, der sich fürs isolierte und autarke Leben eignet, in einen für friedliche Kooperation tauglichen Staatsbürger war nur als Konversion denkbar. Der Gesellschaftsvertrag verlangt daher die Denaturierung der naturwüchsigen Existenz in eine moralische; er ist moralischer Akt schlechthin. Deshalb hält Rousseau eine Verfassung nach Grundsätzen des Contrat Social nur bei kleinen Völkern eines primitiven Entwicklungsstandes für möglich, beispielsweise in Korsika, wo Handel und Gewerbe kaum entwickelt sind, wo das Eigentum breit und gleichmäßig gestreut ist, wo reine und schlichte Sitten herrschen[46]. Für die großen Staaten einer fortgeschrittenen Zivilisationsstufe zog er eine republikanische Umwandlung nicht in Betracht. Seine Lehre war nicht revolutionär, sie mußte erst revolutionär interpretiert werden. Die vom Lehrer selbst gezogenen Grenzen der Anwendung seines Modells haben die Schüler nicht respektiert; sie wollten eine republikanische Verfassung nun auch für eine entwickelte Gesellschaft in einem großen Staat revolutionär ins Werk setzen, oder genauer: die ausgebrochene Revolution nach diesem Plan zu Ende bringen.

Niemand war sich der immanenten Schwierigkeit, die sich daraus ergab, theoretisch eher bewußt als Robespierre. Weil er an dem Prinzip festhält, daß die Etablierung des Naturrechts durch die Freiheit und Gleichheit verbürgende Gewalt eines innerlich zwingenden Souveräns nur aus Tugend, nicht aus Interesse möglich ist, stellt sich ihm das Problem einer erfolgreichen Vollendung der Revolution in der Form: wie kann in der Masse der Bevölkerung eine tugendhafte Gesinnung erzeugt werden? »Die Gesellschaft würde ihr Meisterstück machen, wenn sie in bezug auf die moralischen Belange im Menschen einen raschen Instinkt schüfe, der ihn – ohne den nachträglichen Beistand des Denkens – das Gute tun und das Böse vermeiden ließe[47].« Am Ende des Jahrhunderts, dessen geistige Energien auf die Entlarvung des Priestertrugs wie auf sonst keinen Gegenstand verwandt worden waren, sieht sich Robespierre um der Erzeugung einer nicht mehr von selbst aus dem Boden eines unverdorbenen Volkes hervorsprießenden Tugend willen zur fragwürdigen Restauration des rationalistischen Gottesglaubens genötigt. Von Staats wegen will er den quasiklerikalen Kult des »Höchsten Wesens« verordnen; dabei ist sich Robespierre über den Charakter nachgeahmter Ursprünglichkeit nicht im Zweifel: »Die Idee des höchsten Wesens und der Unsterblichkeit der Seele ist ein ständiger Anruf an die Gerechtigkeit; sie ist somit sozial und republikanisch[48].« Sorels politischer Mythos ist in dem neuen Kult und seinen nationalen Festen antizipiert – sie inszenieren Brüderlichkeit und erzeugen revolutionsgerechte Gesinnung alsbald im Schatten der Guillotine[49]. Thomas Paine hingegen, durch den wenige Jahre zuvor französische Patrioten den Schlüssel der Bastille an George Washington hatten überreichen lassen, brauchte in sein Revolutionskalkül weder Tugend, noch eine durch Manipulation und schließlich Terror erzwungene Tugend aufzunehmen: jede effektive Verbesserung der Lebensumstände muß sich, so betont er, durchs persönliche Interesse aller Einzelnen vermitteln[50].

Dieser Satz steht in den »Rights of Man«, die inzwischen, wie wir aus den Briefen Jeffersons an Paine wissen, zum Textbook der Republikaner geworden waren; während sich die Föderalisten an die Schriften Burkes hielten. In den USA hatte sich die Szene gewandelt. An der Französischen Revolution schieden sich auch hier die Geister. Die Ideologie des Bürgerkriegs wird jetzt erst aus Europa importiert – so wenig hatte die Emanzipation Bürgerkriegsfronten im strikten Sinne gekannt. Der aus Frankreich auf dem Höhepunkt der Revolution zurückgekehrte Jefferson deutet die Ereignisse von 1776 nun in den artikulierteren Kategorien von 1789 und organisiert die republikanische Organisation gegen die Regierung. In ihr sitzen die großen Repräsentanten der amerikanischen Unabhängigkeit, deren ambivalente Einstellung zur Französischen Revolution nur zu deutlich verriet, wie wenig sie selbst einst ihre Berufung aufs Naturrecht, wie wenig sie die universale Begründung des Rechtsstaates als einen revolutionären Bruch mit dem klassischen Naturrecht und den historischen Rechten der englischen Tradition verstanden hatten[51].

Andererseits war die revolutionäre Deutung ihrer Gegner keineswegs *nur* Rückprojektion. In der gleichen Weise wie das amerikanische Vorbild für das französische Selbstverständnis katalysatorisch gewirkt hatte, konnten nun die Amerikaner im Spiegel des französischen Bürgerkriegs das Revolutionäre ihrer eigenen Staatsgründung klarer fassen. Tatsächlich hat sich das Bewußtsein von einer amerikanischen Revolution erst mit der Wahl Jeffersons zum Präsidenten (die man darum »Revolution of 1800« genannt hat) zu dem heute noch verbindlichen Traditionsbild geformt und gefestigt. In ihm sind die Züge einer Revolution festgehalten, die genuin aus der angelsächsischen Naturrechtstradition stammen und nicht mit dem revolutionären Selbstverständnis des europäischen Kontinents verwechselt werden können. Die Revolution, von der Robespierre 1794 vor der Nationalversammlung ausruft: ihre eine Hälfte sei schon realisiert, die andere müsse noch vollendet werden; die Revolution also, deren Vollendung er als die Verwirklichung der Philosophie begreift[52], ist nicht die gleiche wie jene Revolution, deren Begriff Thomas Paine für das republikanische Amerika so wirksam entfaltet hat.

Paine stellt den traditionellen Staaten die neuen, naturrechtlich begründeten Herrschaftssysteme gegenüber; während jene aus purer Gewalt, normalerweise durch Eroberung entstanden sind, beruhen diese gleichzeitig auf den Gesetzen einer vom Staat getrennten Gesellschaft und den Rechten der Menschen, die als Mitglieder der Gesellschaft die Regierung mit der Wahrung gemeinsamer Geschäfte beauftragen, aber nicht selber dem Staat inkorporiert sind. Eine Revolution im strikten Sinne hat mithin die Aufgabe, jene governments out of power zu stürzen und an ihrer Statt governments out of society zu errichten, genauer: entstehen zu lassen. Es genügt nämlich, die repressive Gewalt zu beseitigen, damit die Prinzipien der Gesellschaft zur Auswirkung kommen und eine Regierung hervorbringen, die der spontanen Entfaltung von »Gesellschaft, Zivilisation und Handel« dient. Diese Prinzipien setzen sich in den Interessen der freigelassenen Privatleute mit der gleichen naturwüchsigen Kraft durch wie Naturgesetze in den Instinkten der Tiere. Paine stellt eine Überlegung an, die beweist, daß er die Positivierung des Naturrechts, soweit sich in ihr eine abstrakt entworfene Naturrechtskonstruktion der bürgerlichen Gesellschaft realisieren soll, nicht dem revolutionären Handeln als solchem zumutet: »Es ist möglich, daß ein Einzelner ein System von Prinzipien ausarbeitet, nach denen ein Staat auf jedem beliebigen Territorium errichtet werden kann. Das ist nicht mehr als eine Operation des Geistes... das Handeln aufgrund solcher Prinzipien, und deren Anwendung auf die zahlreichen und mannigfaltigen Umstände einer Nation, auf Agrikultur und Manufaktur, Handel und Gewerbe verlangen eine andere Art von Wissen. Dieses kann nur aus den verschiedenen Teilen der Gesellschaft selbst entspringen; es ist ein Ensemble praktischer Erfahrungen, über das kein Einzelner verfügt[53].« Die Revolution kann bestenfalls Hindernisse beiseite schaffen; ihre Berufung auf natürliche Rechte ist einzig durch die Erwartung legitimiert, daß ihnen Naturgesetze der Gesellschaft korrespondieren. Ja, Paine gelangt sogar zu der Konsequenz, daß auch umgekehrt ein Staat der Revolutionierung nach Prinzipien des Naturrechts nicht widerstehen kann, sobald nur die Sphäre des Warenverkehrs und der Arbeit Autonomie erlangt. Eine Emanzipation der Gesellschaft kann der Revolution des Staates ebenso vorhergehen, wie sie auch selbst durch Revolution in Gang gebracht werden kann: »Ließe man nur den Handel im größtmöglichen Spielraum frei arbeiten..., so würde er in den unentwickelten Staatsverfassungen eine Revolution hervorbringen[54].« Wie die revolutionäre Beseitigung der politischen Gewalt in Frankreich die Voraussetzung war, um die Marktgesellschaft den immanenten Gesetzen des Tauschverkehrs liberal zu überlassen, so kann auch eine liberale Wirtschaftsverfassung gesellschaftliche Prozesse auslösen, die eine politische Revolution erst im Gefolge haben[55].

Die marxistische Kritik am liberalen Naturrecht und ein dialektischer Begriff der bürgerlichen Revolution

An diesem äußersten Punkt, den das liberale Selbstverständnis der bürgerlichen Revolution in Thomas Paine erreicht, kann zwei Generationen später die marxistische Deutung unmittelbar anknüpfen. Marx begreift nämlich den bürgerlichen Rechtsstaat zunächst gar nicht anders, als dieser sich liberal selbst verstanden hatte: »Durch die Emanzipation des Privateigentums vom

Gemeinwesen ist der Staat zu einer besonderen Existenz neben und außer der bürgerlichen Gesellschaft geworden; er ist weiter nichts als die Form der Organisation, welche sich die Bourgeois sowohl nach außen als nach innen hin zur gegenseitigen Garantie ihres Eigentums und ihrer Interessen notwendig geben... Das vollendetste Beispiel des modernen Staats ist Nordamerika[56].« Der Staat kann deshalb als Garant eines Vertrages aller Gesellschaftsmitglieder über diejenigen Bedingungen begriffen werden, »innerhalb deren dann die Individuen den Genuß der Zufälligkeit hatten. Dieses Recht, innerhalb gewisser Bedingungen ungestört der Zufälligkeit sich erfreuen zu dürfen, nannte man bisher persönliche Freiheit[57]«. Nun hatte diese liberale Naturrechtskonstruktion selber die Politische Ökonomie als den Probierstein ihrer Wahrheit betrachtet: die Naturgesetze der Gesellschaft sollten die Versprechungen der Naturrechte des Menschen einlösen. Wenn daher Marx jetzt der Politischen Ökonomie nachweisen konnte, daß der freie Verkehr der Privateigentümer untereinander einen chancengleichen Genuß der persönlichen Autonomie für alle Individuen notwendig ausschließt, so hatte er zugleich den Beweis geliefert, daß den formalen und generellen Gesetzen der bürgerlichen Privatrechtsordnung die prätendierte Gerechtigkeit ökonomisch versagt bleiben muß. Das Interesse der Bürgerlichen kann dann mit dem aller Bürger nicht länger identifiziert werden; gerade die generellen Gesetze, in denen sich das formale Recht ausdrückt, bringen nur das partikulare Interesse einer Klasse zur Geltung: »Die unter diesen Verhältnissen herrschenden Individuen müssen... ihrem durch diese bestimmten Verhältnisse bedingten Willen einen allgemeinen Ausdruck als Staatswillen geben, als Gesetz... Ihre persönliche Herrschaft muß sich zugleich als eine Durchschnittsherrschaft konstituieren. Ihre persönliche Macht beruht auf Lebensbedingungen, die sich als Vielen gemeinschaftliche entwickeln, deren Fortbestand sie als Herrschende gegen andere und zugleich als für alle geltende zu behaupten haben. Der Ausdruck dieses durch ihre gemeinschaftlichen Interessen bedingten Willens ist das Gesetz. Gerade das Durchsetzen der voneinander unabhängigen Individuen und ihrer eigenen Willen, das auf dieser Basis in ihrem Verhalten gegeneinander notwendig egoistisch ist, macht die Selbstverleugnung im Gesetz und Recht nötig. Selbstverleugnung im Ausnahmefall, Selbstbehauptung ihrer Interessen im Durchschnittsfall[58].«

Weil der Staat in den Interessen der Privateigentümer nicht dem

Interesse der Gesellschaft im ganzen dient, bleibt er Instrument der Herrschaft; die repressive Gewalt kann nicht absterben, kann nicht an eine spontan sich regulierende Gesellschaft zurückfallen. Marx braucht nur die Erwartungen der liberalen Naturrechtskonstruktion der bürgerlichen Gesellschaft mit den Entwicklungstendenzen dieser Gesellschaft selbst zu konfrontieren, um die bürgerliche Revolution polemisch auf ihren Begriff zu bringen. Weil diese selbst einen Begriff philosophisch von sich gebildet hatte, konnte sie von ihren Kritikern ökonomisch beim Wort genommen werden. Die erstaunliche Verbindung von Philosophie und Ökonomie ist keine Eigentümlichkeit der »Pariser Manuskripte« – im philosophischen Selbstverständnis der bürgerlichen Revolution war sie vorweggenommen.

Marx begreift im Einklang mit dem Sprachgebrauch der Hegelschen Rechtsphilosophie, die bürgerliche Revolution als die Emanzipation der Bürger, aber nicht der Menschen: vor dem Gesetze als freie und gleiche Rechtspersonen anerkannt, sind sie doch zugleich den naturwüchsigen Verhältnissen einer freigelassenen Tauschgesellschaft ausgeliefert. »Der Mensch, wie er Mitglied der bürgerlichen Gesellschaft ist, der unpolitische Mensch, erscheint aber notwendig als der natürliche Mensch. Die droits de l'homme erscheinen als droits naturels, denn die selbstbewußte Tätigkeit konzentriert sich auf den politischen Akt. Der egoistische Mensch ist das passive, nur vorgefundene Resultat der aufgelösten Gesellschaft...

Die politische Revolution löst das bürgerliche Leben in seine Bestandteile auf, ohne diese Bestandteile selbst zu revolutionieren und der Kritik zu unterwerfen. Sie verhält sich zur bürgerlichen Gesellschaft, zur Welt der Bedürfnisse, der Arbeit, der Privatinteressen, des Privatrechts, als zur Grundlage ihres Bestehens, als zu einer nicht weiter begründeten Voraussetzung, daher als zu ihrer Naturbasis[59].« Der polemische Begriff einer bloß politischen Emanzipation, die gleichwohl »als ein großer Fortschritt« anerkannt wird[60], wendet sich also kritisch gegen die zentrale Voraussetzung der angelsächsischen Naturrechtstradition. – Freilich hat Marx die konkurrierende, auf Rousseau und die Physiokraten zurückgehende Konstruktion, die keine prinzipielle Trennung der Menschen- und der Bürgerrechte, der vorstaatlichen und der staatlichen Grundrechte kennt, davon niemals ausdrücklich unterschieden. Deshalb muß es ihm auch rätselhaft bleiben, »daß ein Volk, welches eben beginnt, sich zu befreien, ...die Berechtigung des egoistischen, vom Mitmenschen und vom Gemeinwesen abgesonderten Menschen feierlich proklamiert (Déclaration de 1791), ja diese Proklamation in einem Augenblicke wiederholt,... wo die Aufopferung aller Interessen der bürgerlichen Gesellschaft zur Tagesordnung erhoben und der Egoismus als ein Verbrechen bestraft werden muß (Déclaration de 1793)[61]«.

Die liberale Naturrechtslehre hätte auch, wie gezeigt, das Selbstverständnis der Französischen Revolution nicht begründen können. Ihr hatte vielmehr die Idee einer politischen Gesellschaft, einer Staat und Gesellschaft zumal umfassenden Organisation zugrunde gelegen. Ohne es zu wissen, steht Marx selbst in dieser Tradition, knüpft er selbst an ihren Revolutionsbegriff an, freilich mit einem neuen Inhalt. Während die politische Revolution den Bürger rechtlich emanzipiert hatte, soll eine künftige proletarische Revolution den Menschen gesellschaftlich emanzipieren. Marx hat sich bekanntlich die Pariser Revolte vom 25. Juni 1848 als die Andeutung einer solchen proletarischen Revolution zurechtgelegt; er vergleicht sie mit dem Ausbruch der Februarrevolution des gleichen Jahres nach der Formel: »Revolution bedeutete nach dem Juni: Umwälzung der bürgerlichen Gesellschaft, während es vor dem Februar bedeutet hatte: Umwälzung der Staatsform[62].« Das Proletariat soll seine politisch errungene Herrschaft dazu benützen, in einer Revolution von oben (»vermittelst despotischer Eingriffe in die bürgerlichen Produktionsverhältnisse«) nun auch die gesellschaftliche Naturbasis des vom Bürgertum politisch revolutionierten Staates zu organisieren. Dabei geht es freilich nicht mehr um die Positivierung von Naturrecht; diese Revolution verläßt sich vielmehr auf die Vollstreckung einer in die Naturgeschichte dialektisch zurückgenommenen Gerechtigkeit. Im Rahmen einer als Schuldzusammenhang dechiffrierten Weltgeschichte hatte Hegel das abstrakte Naturrecht einer, wie ihm schien, lebendigeren Judikatur des Schicksals aufgeopfert. Er hatte deshalb jenem beifällig aufgenommenen Satz, daß die Revolution von der Philosophie ihre erste Anregung erhalten habe, sogleich die Einschränkung hinzugefügt: »aber diese Philosophie ist nur erst abstraktes Denken, nicht konkretes Begreifen der absoluten Wahrheit, was ein unermeßlicher Unterschied ist.« Marx hat darüber hinaus mit der Ideologiekritik am bürgerlichen Rechtsstaat die Idee der Rechtlichkeit selbst und, mit der soziologischen Auflösung der Basis natürlicher Rechte, die Intention des Naturrechts als solche für den Marxismus so nachhaltig diskreditiert, daß sich seitdem die Klammer um

Naturrecht *und* Revolution gelöst hat. Die Parteien eines internationalisierten Bürgerkrieges haben den Nachlaß verhängnisvoll eindeutig aufgeteilt: die eine Seite hat die Erbschaft der Revolution, die andere die Ideologie des Naturrechts übernommen.

Die Grundrechte
als Prinzipien einer sozialstaatlichen Gesamtrechtsordnung

In den sozialstaatlichen Massendemokratien einer hochindustrialisierten und bürokratisch hochorganisierten bürgerlichen Gesellschaft haben die geltenden Menschen- und Bürgerrechte eine eigentümlich ambivalente Stellung. Drei Momente sind dafür charakteristisch:

1. Auf der einen Seite sind die grundrechtlichen Verbürgungen das anerkannte Fundament der Rechtsstaatlichkeit, einer Ordnung, an der sich Ausübung von Herrschaft, Gewaltvollzug und Machtausgleich legitimieren müssen. Andererseits entbehrt das Naturrecht selbst jeder verbindlichen philosophischen Rechtfertigung. Gewiß rekurrieren Rechtslehrer und Praktiker tatsächlich auf Naturrechtstraditionen, sei es christlicher, sei es rationalistischer Observanz; aber die angezogenen Systeme sind nicht etwa nur kontrovers, sie verlieren nicht nur durch den Pluralismus der Begründungsversuche ihre Glaubwürdigkeit – sondern bleiben im allgemeinen selbst unter dem Niveau der zeitgenössischen Philosophie. So gehört etwa die materiale Wertethik von Scheler und Hartmann keineswegs zum »philosophischen Bestand« – wenn man davon überhaupt sprechen könnte.

2. Ferner ist der immer noch herrschenden liberalen Deutung des Grundrechtskatalogs weithin die gesellschaftliche Basis entzogen worden. Im Gefolge jener seit dem letzten Viertel des 19. Jahrhunderts wirksamen Tendenzen zur Verschränkung von Staat und Gesellschaft ist die Sphäre des Warenverkehrs und der gesellschaftlichen Arbeit der Autonomie der Privatleute im gleichen Maße entzogen worden, wie der Staat interventionistische Aufgaben übernommen hat. Dem Sozialstaat sind Eigentumsordnung und gesamtwirtschaftlicher Kreislauf nicht mehr als Naturbasis bloß vorgegeben, die ökonomischen Voraussetzungen für eine entpolitisierte Gesellschaft sind entfallen. Die klassische Trennung von Menschen- und Bürgerrechten, und die strikte Unterscheidung des privaten vom öffentlichen Recht, haben mithin

ihre Grundlage, auf die sie einst liberal bezogen waren, verloren[63].

3. Schließlich hat der Funktionszuwachs des Sozialstaats dazu geführt, daß Gesetzgeber, Regierung und Verwaltung ebenso wie die informell an der Beeinflussung und Ausübung politischer Herrschaft beteiligten Parteien und Organisationen ihre Entscheidungen durch wissenschaftliche Analysen sozialer Tatbestände vorbereiten lassen. Solange die Tätigkeit eines liberalen Staates im Inneren wesentlich auf die Erhaltung und Ausgestaltung einer prinzipiell durch Grundrechte festgelegten Privatrechtsordnung beschränkt war, blieb das politische Handeln »praktisch«: man brauchte allenfalls auf juristischen Sachverstand zu rekurrieren. Heute sind hingegen Instruktionen durch sozialtechnischen Sachverstand unerläßlich geworden. Das hat eine spezifische Verwissenschaftlichung der staatlichen Praxis zur Folge: die nun in Anspruch genommenen Sozialwissenschaften verfahren nicht mehr hermeneutisch, sondern analytisch. Sie können für die Organisation von zweckmäßigen Mitteln technische Empfehlungen geben, aber nicht normativ über die Zwecke selbst orientieren; sie enthalten sich strikt einer verbindlichen Aufklärung über praktische Notwendigkeiten in gegebenen Situationen, über die Selektion von Zwecken, die Priorität von Zielen, die Anwendung von Normen.

Beide Momente: die Grundnormen politischen Handelns, die einer wissenschaftlichen Legitimation nicht mehr fähig sind; und die wissenschaftlich rationalisierten Methoden einer technischen Verfügung über gesellschaftliche Prozesse, die als solche der praktischen Orientierung entbehren, sind abstrakt auseinandergetreten. Der theoretische Zusammenhang zwischen beiden Momenten, der in der Tradition der Naturrechts- und Naturgesellschaftslehren von Hobbes und Locke bis zu Marx stets gewahrt blieb, ist zerbrochen; positivistische Anpassung oder weltanschaulicher Dirigismus können ihn nicht ersetzen[64].

Wenn man diese Gesichtspunkte berücksichtigt, bieten sich aus unserem historischen Vergleich der beiden konkurrierenden Naturrechtskonstruktionen einige Folgerungen auch für eine systematische Analyse der Grundrechte unter heutigen Verhältnissen. Denn was damals, am Ende des 18. Jahrhunderts ein Unterschied der Deutung war, wird erst unter den veränderten sozialen Bedingungen zu einem Unterschied im Lebensprozeß der politischen Verfassung selbst. Betrachtet man nämlich die Grundrechte während der liberalen Phase nur im Hinblick auf ihre soziologische Funktion, so ergibt sich für Europa wie für Amerika prinzipiell das gleiche Bild. Sie garantieren die Gesellschaft als Sphäre privater Autonomie; ihr gegenüber eine auf wenige zentrale Aufgaben limitierte öffentliche Gewalt; und gleichsam zwischen beiden den Bereich der zum Publikum versammelten Privatleute, die als Staatsbürger den Staat mit Bedürfnissen der bürgerlichen Gesellschaft vermitteln[65]. Infolgedessen ließen sich die Menschenrechte liberal interpretieren: sie wehren staatliche Ein- und Übergriffe in die Bereiche ab, die grundsätzlich den an allgemeine Regeln des Rechtsverkehrs gebundenen Privatleuten vorbehalten bleiben sollen. *Ebensogut* ließen sie sich aber auch als Prinzipien einer Gesellschaft und Staat zumal organisierenden Verfassung *deuten:* die Grundrechte wirkten keineswegs nur »ausgrenzend«, denn auf der Basis, für die jene Verfassungen konzipiert waren, mußten sie als positive Verbürgungen einer chancengleichen Teilnahme am Prozeß der Erzeugung sowohl des gesellschaftlichen Reichtums als auch der öffentlichen Meinung wirksam werden. Im Zusammenspiel mit einer Verkehrsgesellschaft, wie sie auch die Nationalversammlung zusammen mit den Physiokraten voraussetzte, war eine chancengleiche Gewährung der Teilhabe an sozialen Entschädigungen (über den Markt) und einer Teilnahme an den politischen Einrichtungen (in der Öffentlichkeit) nur indirekt durch die Gewährleistung von Freiheiten und Sicherheiten gegenüber der im Staat konzentrierten Gewalt, war mithin die positive Auswirkung nur auf dem Wege einer negatorischen Wirkung der Grundrechte zu erreichen.

Die objektiven Funktionen des positivierten Naturrechts waren damals gegenüber den beiden herrschenden Interpretationen gleichgültig. Durch einen Funktionswandel haben sie aber inzwischen auf einer veränderten gesellschaftlichen Basis diese Indifferenz eingebüßt. In der sozialstaatlich verfaßten Industriegesellschaft geht die Fiktion des vorpolitischen Charakters subjektiver Freiheitsrechte nicht mehr auf, ist die prinzipielle Unterscheidung von Menschen- und Bürgerrechten, die ja schon in den französischen Deklarationen fehlte, nicht länger haltbar. Niemand kann mehr erwarten, daß die positive Erfüllung der negatorisch wirkenden Grundrechte »automatisch« eintritt. Weil die Ausgrenzung staatsfreier Bereiche vom Entgegenkommen der der Gesellschaft immanenten Naturgesetze nicht mehr mit einer auch bloß annähernd chancengleichen Teilhabe an sozialen Entschädigungen, einer chancengleichen Teilhabe an den politischen Einrichtungen honoriert wurde, sind nicht etwa nur soziale Grundrechte und Vorbehalte ergänzend hinzugetreten – vielmehr können die Menschenrechte selbst gar nicht mehr anders denn als politische Rechte interpretiert werden. Wie Ernst Rudolf Huber bereits für die Weimarer Verfassung nachgewiesen hat, können die Grundrechte, die einst liberal als Anerkennung, nicht als Verleihung der natürlichen, prinzipiell außerstaatlichen Freiheit eines privatautonomen Bereichs begriffen wurden, jetzt nur mehr aus dem Zusammenhang der objektiven Prinzipien einer Staat und Gesellschaft umfassenden Gesamtrechtsordnung ihren spezifischen Sinn herleiten[66].

Was indirekt durch Ausgrenzung nicht mehr gewährleistet werden kann, bedarf nun positiv der Gewährung: die Teilhabe an sozialen Leistungen und die Teilnahme an den Einrichtungen der politischen Öffentlichkeit[67]. Die Gruppe von Grundrechten, die, mit der institutionellen Garantie des Eigentums als ihrem Kern, die Grundfreiheiten des Privatrechts bestätigen, auch die freie Wahl des Berufs, des Arbeitsplatzes und der Ausbildungsstätte gewährleisten, nehmen teils selbst den Charakter von Teilhaberechten an, teils werden sie durch andere sozialstaatliche Garantien eingeschränkt. Auch jene andere Gruppe von Grundrechten, die eine politisch fungierende Öffentlichkeit verbürgen, werden in positive Garantien der Teilnahme umfunktioniert und durch Rechtsprinzipien für die Organisation der Massenmedien, der Parteien und der öffentlichen Verbände ergänzt. Sogar die Grundrechte, die die Integrität des kleinfamilialen Intimbereichs und den persönlichen Freiheitsstatus verbürgen, verlieren in Verbindung mit einem materiell ausgelegten Recht auf die freie Entfaltung der Persönlichkeit jenen bloß negatorischen Charakter, für den sie im Übergang von den älteren ständischen zu den bürgerlichen Freiheitsrechten den Prototyp abgaben[68].

Schließlich ist auch eine Drittwirkung der Grundrechte dadurch legitimiert, daß in der industriell fortgeschrittenen Gesellschaft Privatautonomie nur mehr als Derivat einer politischen Gesamtverfassung aufrechtzuerhalten und zu sichern ist. Die sozialen oder sozialstaatlich umfunktionierten Rechte auf Freiheit, Eigentum und Sicherheit gründen nicht mehr in einem durch Interessen des freien Warenverkehrs naturwüchsig stabilisierten Rechtsverkehr; sie beruhen vielmehr auf einer demokratisch jeweils zu vollziehenden Integration der Interessen aller staatsbezogen agierenden und ihrerseits durch interne wie externe Öffentlichkeit kontrollierten Organisationen.

Die Grundrechtsnormen, auf die auch eine sozialstaatliche Praxis verpflichtet ist, verhalten sich zu den Naturrechtskonstruktionen, aus denen sie einst legitimiert wurden, dialektisch. Diese werden in ihrer ursprünglichen Intention unnachgiebig festgehalten, zugleich aber im Hinblick auf die gesellschaftlichen Bedingungen, unter denen sie sich heute realisieren müssen, umfunktioniert. Gerade die liberale Verbindung der Naturrechtskonstruktion mit der Politischen Ökonomie der bürgerlichen Gesellschaft hat eine soziologische Kritik herausgefordert, die lehrt, daß wir das formale Recht nicht aus dem konkreten Zusammenhang gesellschaftlicher Interessen und geschichtlicher Ideen lösen und gleichsam für sich, sei es ontologisch, transzendental-philosophisch oder anthropologisch aus Natur (der Natur der Welt, des Bewußtseins oder des Menschen) begründen können – eine Einsicht, die der Jenenser Hegel dem Marx der Deutsch-Französischen Jahrbücher bereits vorweggenommen hat. Freilich begreifen wir die Grundrechte nicht deshalb historisch aus dem gesellschaftlichen Lebenszusammenhang, um sie als pure Ideologie zu entwerten, sondern gerade um zu verhindern, daß die Ideen, nachdem ihnen die lebendige Basis entzogen, ihren Sinn preisgeben und sodann rechtfertigen, wovon sie einst die Menschen doch lossprechen sollten: die unaufgelöst substantielle Gewalt von politischer Herrschaft und sozialer Macht, die der Legitimation an öffentlich diskutierten und rational erweisbaren Zwecken weder willens noch fähig ist. Das gleiche dialektische Verhältnis stellt sich also umgekehrt auch so dar: daß sich einerseits der revolutionäre Sinn des modernen Naturrechts nicht auf den gesellschaftlichen Interessenzusammenhang schlechthin reduzieren läßt, daß sich aber andererseits die über bürgerliche Ideologie hinausweisende Idee des Naturrechts nicht etwa retten, sondern im Ernst erst verwirklichen läßt durch eine Interpretation aus den konkreten gesellschaftlichen Verhältnissen. Deren naturwüchsige Strukturen können freilich in den Normen der grundrechtlich fixierten Gesamtverfassung einer politischen Gesellschaft nur in dem Maße aufgehoben werden, in dem sie darin auch zur Geltung kommen[69].

Wir können auf die von Rousseau und den Physiokraten gleichermaßen inspirierte Naturrechtskonstruktion der französischen Nationalversammlung rekurrieren, soweit in ihr die Grundrechte als Prinzipien einer mit dem Staat auch die Gesellschaft umgreifenden politischen Verfassung begriffen wurden. Aber nur weil man einer solchen Gesamtrechtsordnung und ihren Prinzipien Natürlichkeit vindizieren zu können glaubte, sollte sie durch revolutionären Akt ein für allemal gegen eine depravierte Gesellschaft durchgesetzt werden. Diesem revolutionären Selbstverständnis kam eine prinzipielle Zweideutigkeit des physiokratischen Naturbegriffs entgegen: natürlich hießen ja die immanenten Gesetze einer vom Staat emanzipierten bürgerlichen Gesellschaft; zugleich sollten sie aber der rechtlichen Normierung und einer despotisch revolutionären Durchsetzung bedürfen, weil die Naturgesetze der Gesellschaft nicht mit physikalischer Unverbrüchlichkeit arbeiten, sondern gegen die Korruption der menschlichen Natur erst politisch zur Herrschaft gebracht werden müssen. Demgegenüber hatte die liberale Deutung die Naturwüchsigkeit der emanzipierten Tauschgesellschaft durchschaut. Diese mochte als Naturbasis eines liberalen Staates durch politische Gewalt freigesetzt werden; aber selber würde sie in eine politische Gesamtverfassung nur eingehen, wenn die Privatleute als Staatsbürger die Bedingungen der gesellschaftlichen Reproduktion ihres Lebens in immer weiteren Bereichen politisch beeinflussen und grundsätzlich unter Kontrolle bringen könnten. Diese Idee wird freilich erst in der sozialstaatlichen Transformation des liberalen Rechtsstaats eingelöst: das revolutionäre Moment der Positivierung von Naturrecht ist in einen langfristigen Prozeß der demokratischen Integration von Grundrechten aufgegangen[70].

Diese haben unterdessen die Abstraktion natürlicher Rechte abgestreift, weil wir wissen, daß sie ihrer Intention nur im Zuge einer materialen Gestaltung sozialer Verhältnisse gerecht werden können. Dadurch ändert sich auch ihr Charakter. Die französische Deklaration hatte stillschweigend unterstellt, daß sich eine Zwangsordnung formaler und genereller Normen unmittelbar in eine Organisation der gesellschaftlichen Lebensverhältnisse umsetze: sie teilte dieses juristische Vorurteil mit der von Hobbes ausgehenden Naturrechtstradition insgesamt. Sobald aber die im bürgerlichen Formalrecht investierten Erwartungen von den immanenten Gesetzen einer privatautonomen Sphäre des Warenverkehrs und der gesellschaftlichen Arbeit nicht mehr mit ausreichender Glaubwürdigkeit erfüllt wurden, traten beide Momente auseinander: die unmittelbar normative Wirkung der Grundrechte für die subsumierten Rechtspersonen einerseits; und andererseits die positiven Anweisungen der Prinzipien für eine Gesamtrechtsordnung, in der einer assimilierten Gesellschaft der Charakter einer Naturbasis erst abgestreift werden muß.

Im Sozialstaat ist die politische Praxis gehalten, nach Maßgabe der Grundrechte zu verfahren; sie ist *an* sie nicht nur als Rechtsnormen gebunden, sondern zugleich *durch* sie als Gestaltungsmaximen angewiesen, jenen Transformationsprozeß zu lenken. Mithin wird sie sich an den grundrechtlichen Normen genau in dem Maße orientieren, in dem sie sich zugleich sozialwissenschaftlich über die tatsächlichen Bedingungen ihres möglichen Funktionierens informieren läßt. Diese Form des Engagements wirkt auch auf die Sozialwissenschaften selbst zurück. In *dieser* Form würde eine unvermeidlich gewordene Verwissenschaftlichung der Politik auch die bisher ängstlich vermiedene Reflexion der Wissenschaften auf ihre eigenen politischen Folgen erforderlich machen. Eine positivistisch beschränkte Sozialwissenschaft darf über die Stufe einer ideologiekritischen Auflösung der naturrechtlichen Leerformeln nicht hinausgehen[71]. Auf der Stufe der Selbstreflexion ihres Engagements für eine grundrechtlich verpflichtete politische Praxis wird sie sich indessen mit Postulaten des Wertnihilismus oder der Wertabstinenz nicht begnügen können: dann muß sie sich vielmehr selber als Moment des praktischen Lebenszusammenhangs begreifen – und als ein Agens in ihm.

1 Hegel, Sämtliche Werke, ed. Glockner, Bd. 11, S. 556.
2 Ebd., S. 557.
3 E. Burke, Betrachtungen über die Französische Revolution, Frankfurt 1967.
4 E. Rosenstock, Revolution als politischer Begriff der Neuzeit, in: Festschrift F. Heilbron, Breslau 1931; K. Griewank, Der neuzeitliche Revolutionsbegriff, Frankfurt 1969; R. Kosellek, Kritik und Krise, Freiburg 1959, bes. S. 208, Anm. 97.
5 Th. Hobbes, Elementa philosophica de cive, XIII, 15.
6 »Qui dit un droit, dit une prérogative établie sur un devoir; point de droits sans devoirs et point de devoirs sans droit.«
7 1786 beschäftigt sich beispielsweise Condorcet mit dem Einfluß de la révolution d'Amérique sur l'Europe (Œuvres de Condorcet, ed. A Condorcet, O'Connor u. M. F. Arago, Paris 1847, Bd. VIII).
8 »Die Revolutionen, die bislang das Antlitz der Reiche veränderten, hatten nichts anderes zum Ziel als einen Wechsel der Dynastie oder den Übergang der Macht aus der Hand eines einzelnen in die Hände mehrerer. Die Französische Revolution ist die erste, welche auf der Lehre von den Menschheitsrechten und auf den Prinzipien der Gerechtigkeit basiert«, Robespierre, Reden, ed. Schnelle, Reclam, S. 371.

9 Hegel, a. a. O., Bd. 11, S. 128.

10 Damit hat bereits Jellinek seine These gestützt, daß die Französische Revolution in ihrem Selbstverständnis vom amerikanischen Modell abhängig bleibt. Georg Jellinek, Die Erklärung der Menschen- und Bürgerrechte, 2. Aufl., Leizig 1904, S. 13 ff.

11 Ein historisch sinnvoller Vergleich der französischen Grundrechtserklärung mit ihren Vorläufern in Amerika muß sich daher eher auf die Unabhängigkeitserklärung als auf die ihrer Form nach verwandteren Bills der Einzelstaaten beziehen.

12 The Writings of Thomas Jefferson, 1869, Bd. VII, S. 407; vgl. C. Becker, The Declaration of Independance, New York 1956, S. 24 ff.

13 Th. Jefferson, ebd. S. 407.

14 E. Sieyès, Was ist der Dritte Stand? ed. Brandt, Berlin 1924, S. 49.

15 Ebd., S. 121.

16 Ebd., S. 119 f.

17 Ebd., S. 122.

18 B. Güntzberg, Die Gesellschafts- und Staatslehre der Physiokraten, Diss. Heidelberg 1907; E. Richner, Le Mercier de La Rivière, Diss. Zürich 1931.

19 Als Vorsitzender der Kommission für Volksaufklärung hat Condorcet im Konvent dieses Erbe der Physiokraten übernommen. Vgl. Güntzberg, a. a. O. S. 84, Anm. 37.

20 B. Schickhardt, Die Erklärung der Menschen- und Bürgerrechte in den Debatten der Nationalversammlung, Berlin 1931, S. 55 ff.

21 Etienne Dumont, Souvenirs sur Mirabeau et sur les deux premières Assemblées Législatives, ed. Duval, Paris 1932, S. 138.

22 Schickhardt, a. a. O. S. 56.

23 Ebd., S. 67.

24 Ebd., S. 69.

25 Das verkennt die interessante Deutung von E. Voegelin, Der Sinn der Erklärung der Menschen- und Bürgerrechte, in: Zeitschrift für öffentliches Recht, Bd. VIII, 1928, S. 82 ff.

26 Zum Folgenden vgl. C. Becker, a. a. O. Kap. III: Historical Antecedents of the Declaration – Theory of the Empire, S. 80 – 134.

27 Works of James Wilson, 1804, Bd. III, S. 99 ff.

28 Vgl. Otto Vossler, Studien zur Erklärung der Menschenrechte, in: Historische Zeitschrift Bd. 142, 1930, S. 516 ff.

29 O. Vossler, Die amerikanischen Revolutionsideale in ihrem Verhältnis zu den europäischen, München u. Berlin 1929, S. 26: »Damit ist auch klar, wie die vielgenannte naturrechtliche ›Grundlage‹ der Bills of Rights von 1776 aufzufassen ist. Ein Vergleich mit dem unmittelbaren Vorläufer, der sogenannten Bill of Rights des Kontinentalen Kongresses, in der noch an das Naturrecht und an die englische Verfassung und an die Charters appelliert wird, zeigt, daß dieses Law of Nature von 1776 in Wirklichkeit nur eine Art Restbestand ist, es bleibt allein stehen, wenn mit der Trennung vom Mutterland die Berufung auf Verfassung und Charter hinfällig wird.« Vossler übersieht freilich, daß dieser »Restbestand« das eigentlich Revolutionäre ist: denn unterderhand sind aus dem klassischen Naturrecht die universalen Grundsätze des modernen hervorgegangen.

30 Tatsächlich lassen sich wesentliche Elemente der klassischen Naturrechtslehre in Lockes Theorie wiederfinden. Die Kontroversen in der neueren Locke-Literatur, die sich daran entzündet haben, finden eine abgewogene Darstellung bei W. Euchner, Naturrecht und Politik bei John Locke, Frankfurt 1969. Vgl. auch Euchners Einleitung zu seiner Ausgabe der Zwei Abhandlungen über die Regie-

rung, Frankfurt 1967, bes. S. 39 ff. Meine Interpretation bezieht sich unter Vernachlässigung des Lockeschen Traditionalismus auf die Elemente des »modernen« Naturrechts.

31 Schon im Naturzustand erwirbt sich der Mensch Eigentum, indem er die Dinge durch seiner Hände Arbeit aus dem für sie von Natur aus vorgesehenen Zustand herausreißt und sich aneignet. Die Natur findet durch Vermischung mit der Arbeitskraft des Menschen ihre Bestimmung erst darin, daß sie ihm zum Eigentum wird. Damit hat die bürgerliche Kategorie der Arbeit die klassische Naturordnung, in der ein jedes Ding an seinem eigenen Platz sein Wesen entfaltet, liquidiert. J. Locke, Two Treatises of Civil Government, II, c. V, 27 (deutsch: Zwei Abhandlungen über die Regierung, ed. W. Euchner, Frankfurt 1967).

32 Vgl. dazu die Locke-Interpretation von Leo Strauss, Naturrecht und Geschichte, Stuttgart 1953.

33 Der zentrale Satz heißt: The obligations of the law of Nature cease not in society, but only in many cases are drawn closer, and have, by human laws, known penalties annexed to them to enforce their observation. Thus the law of Nature stands as an eternal rule to all men, legislators as well as others. J. Locke, a. a. O. II, c. XI, 135. Vgl. im einzelnen die Darstellung bei C. B. Macpherson a. a. O. Kap. V.

34 Ebd., c. XI 139.

35 Thomas Paine, The Rights of Man, ed. Seldon, London 1958, S. 151.

36 Ebd. S. 161.

37 Th. Paine, Common Sense, ed. Adkins, New York 1953, S. 4 f.

38 Ebd., S. 158.

39 Zum Folgenden vgl. Schickhardt, a. a. O. S. 77, auch S. 63 f.

40 Ebd., S. 81.

41 Leo Strauss, Naturrecht und Geschichte, a. a. O. S. 261.

42 J.-J. Rousseau: Du Contrat Social. II, 4.

43 Schickhardt, a. a. O. S. 45.

44 Artikel 21: Recht auf Arbeit und Unterhaltsfürsorge; Artikel 22: Recht auf öffentliche Schulbildung.

45 Th. Jefferson in einem Brief an E. Carrington vom 16. Januar 1787.

46 Iring Fetscher, Rousseaus politische Philosophie, 2. Aufl., Neuwied 1965.

47 Robespierre, Reden, a. a. O. S. 358.

48 a. a. O. S. 358.

49 Vgl. die Darstellung der Neuen Religion und ihrer Kulte bei P. Bertaux, Hölderlin und Französische Revolution, Frankfurt 1969, S. 64 ff.

50 Th. Paine, Rights of Man, a. a. O. S. 215.

51 Vgl. O. Vossler, Amerikanische Revolutionsideale, a. a. O. S. 149 ff.

52 Robespierre, a. a. O. S. 322.

53 Übers. nach Th. Paine, The Rights of Man, a. a. O. S. 175.

54 Nach Th. Paine, The Rights of Man, ebd. S. 215.

55 Eine eigenwillige Deutung des Verhältnisses von französischer und amerikanischer Revolution gibt H. Arendt, Über die Revolution, München 1965. Vgl. dazu meine Kritik: Die Geschichte von den zwei Revolutionen, in: Merkur H. 218, 1966, S. 479 ff.

56 Marx/Engels, Werke, Bd. 3, Berlin 1959, S. 62.

57 Ebd., S. 75.

58 Ebd., S. 311 f.

59 Marx/Engels, Bd. 1, Berlin 1958, S. 369.

60 Ebd., S. 356.

61 Ebd., S. 366.
62 Marx/Engels, Werke, Bd. 7, Berlin 1969, S. 35. Den Handstreich des Dritten Napoleon am 2. Dezember 1851, dem er ja unter dem Titel »Der 18. Brumaire des Louis Bonaparte« eine eigene Untersuchung gewidmet hat, charakterisiert Marx mit dem Satz: »Statt daß die Gesellschaft selbst sich einen neuen Inhalt erobert hätte, scheint nur der Staat zu seiner ältesten Form zurückgekehrt, zur unverschämt einfachen Herrschaft von Säbel und von Kutte«. Werke, Bd. 8, Berlin 1969, S. 118.
63 Vgl. U. K. Preuss, Zum staatsrechtlichen Begriff des Öffentlichen, Stuttgart 1969, bes. Kap. III.
64 Vgl. meinen Aufsatz: Verwissenschaftlichte Politik und öffentliche Meinung, in: Technik und Wissenschaft als »Ideologie«, Frankfurt 1968.
65 Das habe ich in anderem Zusammenhang ausgeführt, vgl. Strukturwandel der Öffentlichkeit, 5. Aufl., Neuwied 1971 § 11.
66 »Die im liberalen Geiste geprägten klassischen Grundrechte sind unter dem Einfluß eines neuen staatlichen Werdens in ihrem Sinn verwandelt worden, auch wo sie äußerlich noch die alte Form tragen. Zu einem großen Teil haben sie sich zu allgemeinen Rechtsprinzipien, zu Gewährleistungen von Rechtsinstituten und zu organisatorischen und korporativen Garantien umgestaltet. Auch dort, wo sie nach ihrer Rechtsform eigentliche Freiheitsrechte geblieben sind, ist die in ihnen anerkannte Freiheit so stark zersetzt und umschränkt worden, daß sie nur mit Vorbehalten als ›liberale‹ Freiheitsrechte bezeichnet werden können.« E. R. Huber, Bedeutungswandel der Grundrechte, in: Archiv des öffentl. Rechts, N. F. 23, 1933, S. 79. Aus dieser richtigen Analyse folgert Huber freilich die Entwicklung zu einem nationalen Rechtsstaat faschistischer Prägung. Er verkennt nämlich, daß der Sozialstaat gerade *in Fortsetzung der Rechtstradition des liberalen Staates* zur Umfunktionierung der Grundrechte genötigt ist. Zur heutigen Position von Huber vgl. seine Untersuchung: Rechtsstaat und Sozialstaat in der modernen Industriegesellschaft, Oldenburg 1962.
67 Zur juristischen Diskussion: E. Forsthoff (Hg.), Rechtsstaatlichkeit und Sozialstaatlichkeit, Darmstadt 1968.
68 Vgl. J. Habermas, Strukturwandel d. Öffentlichkeit, a. a. O. S. 247 ff.
69 W. Abendroth, Antagonistische Gesellschaft und politische Demokratie, Neuwied 1967.
70 R. Smend, Artikel »Integrationslehre«, in: Handwörterbuch der Sozialwissenschaften Bd. 5, Stuttgart 1956, S. 299 ff.
71 Exemplarisch E. Topitsch, Sozialphilosophie zwischen Ideologie und Wissenschaft, Neuwied 1967.

3. Hegels Kritik der Französischen Revolution

»Es gibt keine zweite Philosophie, die so sehr und bis in ihre innersten Antriebe hinein Philosophie der Revolution ist, wie die Hegels.« Diese These, die von Joachim Ritter nachdrücklich vertreten worden ist[1], möchte ich um eine weitere These ergänzen: um nicht Philosophie als solche der Herausforderung durch die Revolution zu opfern, hat Hegel die Revolution zum Prinzip seiner Philosophie erhoben. Erst als er im klopfenden Herzen des Weltgeistes selbst die Revolution festgemacht hatte, fühlte er sich vor ihr sicher. Hegel hat die Französische Revolution und deren Kinder nicht weggescholten, er hat sie hinweggefeiert. Zeit seines Lebens hat er, einer Überlieferung zufolge, am Jahrestage des Sturms auf die Bastille mit erhobenem Glas die Revolution geehrt. Wenn das Ritual so stattgefunden hätte, würde es einen magischen Charakter nicht verleugnen können: die Ehrung wäre Beschwörung gewesen. Gesteht doch ein fast schon resignierter Hegel am Ende der Geschichtsphilosophie, daß die von der Revolution ausgehende und immerfort erneuerte Unruhe der Knoten sei, den die Geschichte in künftigen Zeiten – erst in künftigen Zeiten – zu lösen hat[2]. Hegel feiert die Revolution, weil er sie fürchtet; Hegel erhebt die Revolution zum Prinzip der Philosophie um einer Philosophie willen, die als solche die Revolution überwindet. Hegels Philosophie der Revolution ist seine Philosophie *als* deren Kritik.

1817 erschien in den Heidelberger Jahrbüchern eine Kampfschrift gegen die Württembergischen Landstände, die in langen Verhandlungen eine vom König angebotene Verfassung abgelehnt hatten[3]. Die Zeitgenossen verstanden das Pamphlet als eine reaktionäre Parteinahme für den Monarchen. Dieser bewies jedoch in der Verwirrung der tagespolitischen Fronten den schärferen Blick, als er dem ungebetenen Parteigänger mißtraute – ihm jedenfalls eine Stellung im Staatsdienst, wie sie sich der Autor wohl erhofft hatte, *nicht* anbot. Dieser Autor war Hegel. Die Stoßrichtung seiner Kritik konnte dem König so wenig behagen wie seinen Ständen; war es doch die Richtung, die ein Vierteljahrhundert zuvor die Revolution selbst eingeschlagen hatte.

Hegel wandte sich nicht gegen den Anspruch der Stände, weitergehende Rechte zu erhalten, als die neue Konstitution ihnen zugestand; als den prinzipiellen Irrtum verwarf er vielmehr die Begründung dieses Anspruchs. Die Versammlung hatte sich nämlich auf die Privilegien der altwürttembergischen Verfassung berufen und eine Restauration der ständischen Freiheiten verlangt. Damit hatten sie sich in die Tradition des klassischen Naturrechts zurückgestellt, waren unter das Niveau des revolutionären Naturrechts zurückgefallen. Dieses weigert sich ja, in der positiven Masse der geschichtlich gewordenen Privilegien die von Ewigkeit vernünftige Ordnung wiederzuerkennen. Die Vernunft des rationalen Naturrechts hat den Traditionszusammenhang mit den geltenden Sitten der Bürger und den wirkenden Einrichtungen des Gemeinwesens abgestreift: vor ihr hat einzig die abstrakte Freiheit der Rechtsperson in der Gleichheit aller Menschen unter formalen und generellen Gesetzen Bestand. Aus dieser Perspektive mußte sich jene praktische Vernunft der alten »Politik«, die *in* den Traditionen doch das Natürliche zu erkennen glaubte, zu bloßem Traditionalismus verkürzen: »ob das, was altes Recht und Verfassung heißt, recht oder schlecht ist, kann nicht aufs Alter ankommen. Auch die Abschaffung des Menschenopfers, der Sklaverei, des Feudaldespotismus und unzähliger Infamien war immer ein Aufheben von etwas, das ein altes Recht war[4]«. Hegel begreift die Französische Revolution als das weltgeschichtliche Ereignis, das zum ersten Mal das abstrakte Recht zu Dasein und Geltung gebracht hat. Rückblickend auf die seitdem verflossenen Jahrzehnte spricht er als ein Parteigänger der Revolutionsordnung sein verächtliches Urteil über deren Gegner: »Es konnte kaum einen furchtbareren Mörser geben, um die falschen Rechtsbegriffe und Vorurteile über Staatsverfassungen zu zerstampfen, als das Gericht dieser 25 Jahre, aber diese Landstände sind unversehrt daraus hervorgegangen.« Die Anerkennung verrät freilich schon in diesem Satz ihren doppelten Boden: über die Geltung jenes abstrakten Rechts, das Hegels Rationalismus so rigoros gegen die positive Masse des geschichtlich bloß Gewordenen aufbietet, befindet ihrerseits wiederum der Gang der Geschichte in der Weise eines obersten Gerichts (... das Gericht dieser 25 Jahre ...).

Hegel legitimiert die objektive Wirklichkeit des abstrakten Rechts welthistorisch. Er geht damit hinter die vom Naturrecht selbst beanspruchte Basis der Rechtfertigung zurück; er trennt die Geltung des abstrakten Rechts von dessen Verwirklichung; die durch die Revolution hervorgebrachte Ordnung von der Revolution selbst; er trennt die abstrakte Freiheit, die in der Sphäre der bürgerlichen Gesellschaft positive Geltung erlangt hat (Code Napoléon), von *der* abstrakten Freiheit, die sich selbst realisieren will (Robespierre). Diese verfängt sich nämlich im Widerspruch der absoluten Freiheit eines gleichwohl bloß subjektiven Bewußtseins: in der äußersten Machtentfaltung erfährt sie notwendig ihre eigene Hinfälligkeit. Als eine solche Negation der zur absoluten Freiheit überzogenen abstrakten begreift Hegel den jakobinischen Terror. Diesem gilt die Kritik der Französischen Revolution. So begrüßt Hegel in Napoleon beides in einem: den Überwinder der Revolution und den Hüter einer revolutionierten Ordnung, den eigentlich über Robespierre siegreichen Feldherrn und den Patron des neuen Bürgerlichen Gesetzbuches. Ein rascher Augenblick genügte, um dieser Gestalt des berittenen Weltgeistes zu akklamieren; aber kaum ein ganzes Leben reichte aus, um die affektiv beschwingte Akklamation zu denken, nämlich: die Revolutionierung der Wirklichkeit unter Abzug der Revolution selbst vor dem Begriff zu legitimieren.

I

Vergegenwärtigen wir uns zunächst den Stellenwert, den die Französische Revolution im Selbstverständnis des modernen Naturrechts gewinnen mußte[5]. Die Revolution scheint faktisch eine Schwierigkeit aufzulösen, die den Naturrechtslehren als ein theoretisch ungelöster Rest stets angehangen hatte. Eine unvorhergesehene Umwälzung sorgt gleichsam über Nacht für jene eigentümliche Umsetzung der Theorie in die Praxis, die im Rahmen dieser Theorie selbst gar nicht mehr durchdacht werden konnte. Auf dem Wege zu wissenschaftlicher Strenge hatte nämlich die moderne Naturrechtslehre verloren, was die alte Politik einst als Klugheit vermochte: praktische Orientierung über das, was in gegebener Lage richtiger- und gerechterweise zu tun ist[6].
Die von Hobbes in Galileis Geist begründete Sozialphilosophie will ein für allemal die Bedingungen der richtigen Staats- und Gesellschaftsordnung angeben. In Kenntnis dieser allgemeinen Bedingungen bedarf es daher nicht des praktisch klugen Handelns von Menschen untereinander, sondern einer korrekt berechneten Erzeugung von Regeln, Verhältnissen und Einrichtungen. Die Ingenieure der richtigen Ordnung können von den Kategorien sittlichen Umgangs absehen und sich auf die Konstruktion der Umstände beschränken, die die Menschen zu einem bestimmten

Verhalten nötigen. Nun sind es aber die gleichen Menschen, die im einen Fall das Material hergeben und im anderen Fall als Techniker ihrer eigenen Ordnung dieses Material auch bearbeiten. Damit ist die Schwierigkeit bezeichnet: wie soll diese Theorie praktisch werden?

Hobbes' unermüdlich wiederholte Versicherung, daß die sozialphilosophischen Erkenntnisse bloß der methodischen Gewißheit bedürften, um ohne Umschweif auch zur praktischen Gewißheit politisch einsichtiger Bürger zu werden, verrät die Ohnmacht eines vom Unterschied zwischen Verfügen und Handeln abstrahierenden Denkens. Die Umsetzung der Theorie in Praxis steht ja, anders als eine bloß technische Anwendung wissenschaftlicher Resultate, vor der Aufgabe, in das Bewußtsein und die Gesinnung handlungsbereiter Bürger einzugehen: theoretische Lösungen müssen in konkreter Lage als die praktisch notwendigen Lösungen zur Befriedigung objektiver Bedürfnisse ausgewiesen, wenn nicht gar von vornherein aus diesem Horizont der Handelnden schon konzipiert sein[7]. Genau *dieser* Schwierigkeit wird nun, so scheint es, die Theorie enthoben durch die Revolution. Die Verwirklichung des abstrakten Rechts war gleichsam hinter dem Rücken der Theorie von der Geschichte selbst vollzogen worden. Die Zeitgenossen begreifen deshalb die Revolution, mit einem Worte Kants, als die Evolution des Naturrechts.

Tatsächlich ging allerdings diese Arbeitsteilung zwischen Theorie und Geschichte nicht auf. Was in der Theorie nicht mehr angemessen reflektiert werden konnte, die Realisierung des abstrakten Rechts, hatte sich nämlich in der Revolution keineswegs unreflektiert als ein schlechthin objektives Ereignis durchgesetzt. Die Französische Revolution war die erste, die, obschon wie eine naturgeschichtliche Katastrophe hereingebrochen, alsbald in den Willen und das Bewußtsein der Parteigänger und Gegner aufgenommen wurde. Seit 1789 gibt es Revolutionen, die von ihren revolutionär gesonnenen Anwälten als solche verteidigt, vorangetrieben, gelenkt und vollendet werden. Mit diesen Advokaten, Ideologen und Prinzipienmännern, wie Hegel sie verächtlich nennt, tritt aber jenes prekäre Praktischwerden der Theorie in die politische Planung der agierenden Einzelnen wieder ein; sind diese doch wiederum die Ingenieure, die im Modus des Herstellens handeln, den allgemeinen Normen unvermittelt Realität verleihen wollen. Die »Phänomenologie des Geistes« begreift das als den Schrecken der absoluten Freiheit. Die direkte Verwirklichung des zuvor in der Theorie vorentworfenen abstrakten Rechts stellt das Problem der Vermittlung einer einfachen unbiegsamen kalten Allgemeinheit mit der absolut harten Sprödigkeit und eigensinnigen Punktualität des wirklichen Selbstbewußtseins. Da aber beide Extreme aus der Kontinuität des praktischen Lebenszusammenhangs herausgedreht und absolut für sich sind, kann ihr Verhältnis »keinen Teil in die Mitte schicken, wodurch sie sich verknüpften«. Die vom subjektiven Bewußtsein autorisierte revolutionäre Tätigkeit ist daher die Negation des Einzelnen im Allgemeinen. Ihr einziges Werk ist der Tod, und zwar »der kälteste plattteste Tod, ohne mehr Bedeutung als das Durchhauen eines Kohlhaupts oder ein Schluck Wassers«[8].

Hegel anerkennt die Revolution, soweit sie dem, was Kant als Rechtszustand begriffen hatte, zum äußeren Dasein verhilft. Zugleich kritisiert er aber die Revolutionäre, die die Verwirklichung des Rechtszustandes unmittelbar als Ziel in ihr Handeln aufnehmen[9].

Hinter dieses Ziel selbst kann Hegel nicht zurück; von dem ersten Kritiker der Französischen Revolution, Edmund Burke, unterscheidet er sich deshalb prinzipiell. Er kann nicht mehr wie dieser die Fragen des Staatsrechts an die Staatsklugheit zurückverweisen als question of dispositions, and of probable consequences – wholly out of the law[10]. Burkes prudence, die sich aus der klassischen Tradition der Politik über Ciceros prudentia von der aristotelischen phronesis herleitet, diese praktische Klugheit, von Vico noch einmal gegen die Methodenstrenge der modernen Wissenschaft beschworen, kann Hegel nicht länger genügen. Er kritisiert ja nur das ehrgeizige Selbstverständnis der Revolution: durch die Macht des subjektiven Bewußtseins, die es doch über die Abstraktionen des Verstandes hinaus zu nichts bringen könne, gleichwohl Vernunft zu realisieren. Den Anspruch der Revolution als solchen, »daß der Mensch sich auf den Kopf, das ist auf den Gedanken stellt, und die Wirklichkeit nach diesem erbaut«[11] – diesen Anspruch nimmt Hegel ernst. Er muß die Revolutionierung der Wirklichkeit ohne die Revolutionäre selbst legitimieren. Darum unternimmt er den großartigen Versuch, die Verwirklichung des abstrakten Rechts als einen objektiven Vorgang zu begreifen.

Das abstrakte Recht gewinnt seine logische Kraft und seine ontologische Würde daraus, daß es von allem historisch bloß Gewordenen absieht; aber die Philosophie, die es begreift, faßt es als Moment einer geschichtlichen Totalität, um es gerade in seiner Abstraktheit aus konkret Allgemeinem zu rechtfertigen.

Die Anlage der Rechtsphilosophie läßt den eigentümlich historischen Begriff des abstrakten Rechts freilich verkennen. Im ersten Teil, der prononciert unter dem Titel des Naturrechts steht, werden die Elemente des abstrakten Rechts, Besitz, Eigentum und Vertrag als die geschichtsunabhängigen und voraussetzungslosen Grundsätze eingeführt, die sie ihrem modernen Selbstverständnis nach sein wollen und in ihrer Eigenschaft als kritische Maßstäbe zur Vernichtung alles historisch bloß gewordenen Rechts auch sein müssen. Eine gewisse Schwierigkeit ergibt sich schon beim Übergang vom Vertrag zu Unrecht und Strafe; denn nur ein gesetzlich geltendes Recht kann verletzt werden. Geltung erlangt aber das abstrakte Recht, das Hegel hier zunächst als Recht an sich entwikkelt, in der bürgerlichen Gesellschaft. Im dritten Teil der Rechtsphilosophie erscheint deshalb unter dem unscheinbaren Titel der Rechtspflege das *verwirklichte* abstrakte Recht. Es ist hier erst als positiv geltendes Privatrecht ins Dasein getreten; hier erst gibt es sich als *die* Form zu erkennen, in der die Privatsphäre der gesellschaftlichen Arbeit, also die moderne Gesellschaft ihrer eigenen Macht sicher wird. Weil aber der Begriff des abstrakten Rechts und der des Systems der Bedürfnisse unabhängig voneinander und je für sich entwickelt worden sind, entsteht der Anschein, als ob der fertige gesellschaftliche Inhalt in eine schon bereitstehende rechtliche Form einginge[12]. Über den eigentlichen Prozeß der Entstehung des abstrakten Rechts aus dem historischen Zusammenhang der gesellschaftlichen Arbeit, über seine Verwirklichung in der industriellen Gesellschaft verweigert uns die im Schatten der Logik ausgeführte Rechtsphilosophie die Auskunft, die der jüngere Hegel detailliert gegeben hatte; das »System der Sittlichkeit« und die beiden Versionen der Jenenser Realphilosophie halten die Spuren jenes Arbeitsganges fest, in dem Hegel die Abstraktionen des Naturrechts auf den von der politischen Ökonomie bereiteten Boden der historischen Erfahrung zurückholt[13]. Er hatte Locke aus Adam Smith rekonstruiert und gezeigt, wie Besitz zunächst in der Bearbeitung eines Gegenstandes angeeignet, wie überschüssiger Besitz getauscht und im Tausch sodann als Eigentum gegenseitig anerkannt wird, wie schließlich die Verallgemeinerung der Tausch- und damit der Vertragsverhältnisse einen gesetzlichen Zustand hervorbringt, in dem sich der Wille jedes Einzelnen im Willen aller Einzelnen als privatautonom konstituiert.

Hegel durchschaut den historischen und zugleich systematischen Zusammenhang zwischen bestimmten Prozessen der gesellschaftlichen Arbeit und dem freien Tauschverkehr der Produzenten einerseits und andererseits jenen formellen Regeln des privatrechtlichen Verkehrs, deren Prinzipien im rationalen Naturrecht ausgebildet, in den Bürgerlichen Gesetzbüchern seit dem 18. Jahrhundert kodifiziert[14] und von Hegel auf den Begriff des abstrakten Rechts gebracht worden sind. Indem Hegel die Naturrechtslehren der modernen Sozialphilosophie mit den zeitgenössischen Naturgesellschaftslehren der Politischen Ökonomie vergleicht, entdeckt er als ihren eigentlichen Zusammenhang: daß die Freiheit der Rechtspersonen und deren Gleichheit unter allgemeinen Gesetzen buchstäblich erarbeitet worden sind. Das abstrakte Recht ist die Urkunde einer konkreten Befreiung: denn gesellschaftliche Arbeit ist jener Prozeß, in dem sich das Bewußtsein zum Ding macht, um daran sich zu sich selbst zu bilden und schließlich als Sohn der bürgerlichen Gesellschaft die knechtische Gestalt abzustreifen. In diesem Prozeß der Vergesellschaftung verwirklicht sich das abstrakte Recht des modernen Staates; die Fiktion eines Gesellschafts- und Herrschaftsvertrages, durch den alle Einzelnen den Staat erst konstituieren, abstrahiert von dem geschichtlichen Prozeß des Bewußtseins, das sich durch das entwickelte System der Bedürfnisse hindurch von naturwüchsiger Gewalt emanzipieren und zur Autonomie eines Vertragspartners erst heranbilden muß[15].

So konnte denn die Französische Revolution das abstrakte Recht nur deshalb gleichsam über Nacht zur positiven Geltung bringen, weil sich die Individuen während der vorangegangenen Jahrhunderte zu Söhnen einer im modernen Sinne bürgerlichen Gesellschaft emporgearbeitet hatten und darin zur formellen Freiheit von Rechtspersonen herangereift waren. Mit diesem, in den historischen Zusammenhang zurückgenommenen Begriff des abstrakten Rechts kann Hegel die Revolutionsordnung legitimieren und doch zugleich das revolutionäre Bewußtsein kritisieren. Das Problem wäre gelöst, Napoleon begriffen, wenn nicht diese Lösung selbst gewisse Konsequenzen für das Verhältnis von Theorie und Praxis nahegelegt hätte.

Wir hatten gesehen: das revolutionäre Bewußtsein, das sich auf die Grundsätze des rationalen Naturrechts beruft, bleibt gegenüber den existierenden Verhältnissen, die es umstürzen will, abstrakt; es verharrt entweder ohnmächtig im Widerspruch zwischen dem, was es verständig fordert, und dem, was sich der Forderung verweigert – oder es entfaltet seine bodenlose Macht in der Vernichtung der Wirklichkeit und seiner Hoffnungen zumal. Statt dessen ermöglicht nun der historische Begriff des abstrakten Rechts ein dialektisches Verhältnis der Theorie zur Praxis; Hegel entwickelt es in einem Entwurf zur Einleitung seines Pamphlets gegen die Verfassung des alten Reiches, kurze Zeit bevor Napoleon dieses tatsächlich zertrümmert[16]. Die zunächst als praktisch notwendig erfahrene Umgestaltung muß in ihrer historischen Notwendigkeit begriffen werden: »Das Gefühl des Widerspruchs der Natur mit dem bestehenden Leben ist das Bedürfnis, daß er gehoben werde; (aber) dies wird er (nur), wenn das bestehende Leben seine Macht und alle seine Würde verloren hat, wenn es reines Negatives geworden wird.« Sobald die Theorie die sich behauptende Welt einer solchen Negativität überführen kann, gewinnt sie selbst praktische Gewalt. Dann nämlich kommt der Idee das Interesse entgegen. In der Masse des Volkes wächst »der Widerspruch zwischen dem Unbekannten, das die Menschen bewußtlos suchen, und dem Leben, das ihnen angeboten und erlaubt wird«. Dieses praktische Streben nähert sich zugleich der kritischen Theorie, nämlich der Sehnsucht derer nach Leben, welche die Natur zur Idee in sich emporgearbeitet haben: »Das Bedürfnis jener, ein Bewußtsein über das, was sie gefangenhält, und das Unbekannte, das sie verlangen, zu bekommen, trifft mit dem Bedürfnis dieser, ins Leben aus ihrer Idee überzugehen, zusammen.« Dies ist eine der zentralen Stellen, für die jene von Karl Löwith systematisch nachgewiesene Beobachtung zutrifft: daß Positionen der Junghegelianer vom jungen Hegel selbst antizipiert sind[17]. So kritisiert Marx an der Hegelschen Rechtsphilosophie, was dieser in seinem Text über die Verfassung Deutschlands längst formuliert hat: »Werden die theoretischen Bedürfnisse unmittelbar praktische Bedürfnisse sein? Es genügt nicht, daß der Gedanke zur Verwirklichung drängt, die Wirklichkeit muß sich selbst zum Gedanken drängen[18].« Allerdings warnt Hegel vor revolutionärer Gewaltanwendung; nur einsichtige Reform kann das Wankende mit Ehre und Ruhe vollends wegschaffen. Wenn gegen die Gewalt des erstarrten Lebens wiederum nur Gewalt aufgeboten würde, dann müßte dieser Akt einem in seiner Notwendigkeit gerade nicht reflektierten geschichtlichen Prozeß verhaftet bleiben, denn: »fremde Gewalt ist Besonderes gegen Besonderes«. Die Theorie kann nur hinter dem Rücken dieses Lebens dadurch zur praktischen Gewalt werden, daß sie dem Bestehenden die Würde des Allgemeinen, nämlich das erkennbare Recht, das es für sich noch beansprucht, nimmt: »Das Beschränkte kann durch seine eigene Wahrheit… angegriffen und mit dieser in Widerspruch gebracht werden; es gründet seine Herrschaft nicht auf Gewalt Besonderer gegen Besondere, sondern auf Allgemeinheit; diese Wahrheit, das Recht, die es sich vindiziert, muß ihm genommen und demjenigen Teil des Lebens, das gefordert wird, gegeben werden.«

Schon 1798 hatte Hegel in einer Kritik an den Gebrechen der Württembergischen Magistratsverfassung unmißverständlich der Theorie diese praktische Aufgabe zugewiesen. Die in ihrer historischen Notwendigkeit begriffene, als objektive Gerechtigkeit legitimierte Veränderung wird die Gestalt einer bewußten Reform annehmen. Wenn freilich diese Notwendigkeit bloß gefühlt wird, die Menschen aber ängstlich alles behalten wollen, was sie besitzen, wächst ihnen die Veränderung revolutionär über den Kopf: »nach kalter Überzeugung, daß eine Veränderung notwendig ist, dürfen sie sich nun nicht fürchten, mit der Untersuchung ins einzelne zu gehen, und was sie Ungerechtes finden, dessen Abstellung muß der, der Unrecht leidet, fordern, und der, der im ungerechten Besitz ist, muß ihn freiwillig aufopfern[19].« Gerade die durchdringende Theorie, die das Bestehende an der prätendierten Allgemeinheit ihres eigenen Begriffs als unhaltbar kritisiert, erpreßt vom partikularen Interesse die Aufopferung. Die Philosophie kann nicht mit äußerer Gewalt zwingen, aber sie kann das Beschränkte durch seine eigene Wahrheit angreifen, durch die Reflexion des Widerspruchs des Existierenden mit seinem eigenen Begriff zur Selbstaufgabe nötigen.

Sofern sie dabei die sittliche Welt als in sich zerrissene kritisiert, behauptet sie also deren »Atheismus«. Wie verträgt sich damit aber das hochfahrende Gericht, das Hegel in der Vorrede zur Rechtsphilosophie gerade über diesen Atheismus der sittlichen Welt abhält? Offenbar hat er den Standpunkt, den er in den früheren politischen Schriften vertrat, revidiert. Die Philosophie, die zum Belehren ohnehin immer zu spät kommt, weil sie ihre Zeit erst in Gedanken faßt, nachdem die Wirklichkeit sich fertiggemacht hat – diese Theorie hat der alte Hegel der Praxis ganz überhoben[20]. Er hat deren dialektisches Verhältnis preisgegeben aus der Ahnung: daß jenes von den Abstraktionen des Verstandes befreite, und sei's auch auf Reform bedachtsam beschränkte Praktischwerden der Theorie noch den Stachel der Revolution selbst im Herzen trägt. Immerhin sollte die Theorie der existierenden Welt durch Konfrontation mit dem eigenen Begriff ihre Hinfälligkeit nachweisen, sollte sie die historischen Gewichte von der Waagschale des erstorbenen zur Waagschale eines künftigen Lebens kritisch verschieben, also indirekt sehr wohl politische Macht entfalten können.

Hegel hat die subjektiv-revolutionäre Verwirklichung des abstrakten Rechts auf den objektiv revolutionären Vorgang der gesellschaftlichen Emanzipation arbeitender Individuen zurückgeführt, um die Revolutionierung der Wirklichkeit unter Abzug der Revolution selbst legitimieren zu können. Nun handelt er dafür das gefährlichere Potential einer Theorie ein, die ihr kritisches Verhältnis zur Praxis selbst noch begriffen hat. Dieses Potential will Hegel entschärfen. Und er kann es entschärfen, indem er sich eines anderen Sinnes erinnert, den er der Verwirklichung des abstrakten Rechts stets *auch* beigemessen hatte. Während Hegel jetzt die Abstraktionen des neuen Privatrechts als das Siegel auf die Selbstbefreiung der Individuen durch gesellschaftliche Arbeit begriff, hatte er früher die Abstraktionen des römischen Rechts als die Wegmarken einer Tragödie im Sittlichen angegriffen. Das abstrakte Recht erscheint nicht nur als die Form, in der sich die moderne Gesellschaft emanzipiert; sondern auch als jene Form, in die sich die substantielle Welt der griechischen Polis zersetzt hat. Aus diesen konkurrierenden Zusammenhängen, als eine Emanzipationsform der gesellschaftlichen Arbeit einerseits und als Zerfallsprodukt einer aufgelösten Sittlichkeit andererseits, erhält das abstrakte Recht jene tiefe Zweideutigkeit, in der die Ambivalenz Hegels gegenüber der Französischen Revolution ihr Echo findet.

III

Unermüdlich wiederholt der an Gibbons Darstellung orientierte Hegel den Zerfall der absoluten Sittlichkeit der griechischen Polis in den formalen Rechtsverhältnissen der römischen Universalmonarchie. Mit der politischen Freiheit ist das Interesse am Staat vertilgt, die Bürger sind auf ihr privates Dasein beschränkt, als

Einzelne zugleich fixiert und absolut gesetzt. Das Individuum ist als Person aus der unmittelbar lebendigen Einheit der Individualität mit der Substanz herausgetreten. Der gestorbene Geist der substantiellen Allgemeinheit, der in die Atome vieler absolut Einzelner zersplittert ist, ist zum Formalismus des Rechts verwest. Hier entsteht ein Vexierbild der emanzipativen Freiheit unter generellen und formalen Gesetzen. Als Zerfallsprodukt der Sittlichkeit trägt das abstrakte Recht jene krisenhaften Züge, deren Modell der jugendliche Hegel in der theologischen Auseinandersetzung mit der mosaischen Gesetzesreligion herausgearbeitet hatte.

Die Allgemeinheit der Normen tritt der lebendigen Subjektivität als das starre, unpersönliche und unzerstörbare Positive entgegen. Indem das Gesetz bestimmten Pflichten den Charakter allgemeiner Gebote gibt, abstrahiert es von der Besonderheit des Individuums und der Konkretion seiner Lage; die Herrschaft des Gesetzes unterdrückt das Leben. Solange Gesetze das Höchste sind, kann sich das Individuelle in dem Allgemeinen, dem es aufgeopfert wird, nicht wiederfinden. Die Strafe des beleidigten Gesetzes bleibt äußerer Zwang; auch die abgebüßte Strafe kann den Verbrecher mit dem Gesetz nicht versöhnen. Wenn hingegen – so war die folgenreiche Überlegung – statt des abstrakten Gesetzes das konkrete Leben selbst als strafende Wirklichkeit auftritt, wird die Strafe als Schicksal erfahren, als ein selbst Individuelles, dem die betroffene Subjektivität wie einem Feinde als kämpfende Macht gegenübertreten kann. Weil im Feindlichen das verletzte und entfremdete Leben gleichwohl als ein, wenn auch abgetrenntes, *Leben* erfahren wird, kann der Verbrecher die Macht, die er selbst gegen sich bewaffnet hat, auch versöhnen.

Aus dieser Gegenüberstellung der Strafe als Zwang und der Strafe als Schicksal gewinnt Hegel den entscheidenden Begriff für die Vermittlung des abstrakten Rechts mit der substantiellen Sittlichkeit. Die zur Positivität erstarrte Allgemeinheit des Gesetzes kann in der vollendeten Tragödie des Sittlichen nur überwunden werden, wenn sie als das Höchste entthront, nämlich als ein bestimmtes Recht mit einem konkurrierenden anderen Recht in die Arena des geschichtlichen Lebens zurückgestürzt, in einen *Kampf ums Recht* verwickelt wird; insofern ist der Krieg das höchste Signum für den Untergang des abstrakten Rechts in der Selbstbehauptung eines konkreten Staates: »... im Kampf für Rechte liegt ein Widerspruch;... ebenso sind die Kämpfenden als Wirkliche entgegengesetzt, zweierlei Lebende, Leben im Kampf mit Leben. Durch die

Selbstverteidigung des Beleidigten wird der Angreifende gleichfalls angegriffen, und dadurch in das Recht der Selbstverteidigung gesetzt, so daß beide Recht haben, beide im Kriege sich befinden, der beiden das Recht sich zu verteidigen gibt.« Während unter der friedlichen Herrschaft des Gesetzes Recht und Wirklichkeit nicht eigentlich vermittelt sind, lassen die Kriegführenden eine Entscheidung ihres Rechts auf Gewalt und Stärke ankommen; so »vermischen sie die beiden und machen jenes (das Recht) von dieser (der Wirklichkeit) abhängig«[21]. Durch den Krieg und durch die Aufopferung der Individuen für das sittliche Allgemeine, das Hegel darin mitdenkt, wird also das Recht wieder auf dem Boden der Wirklichkeit festgemacht: als ein Lebendiges im Kampf mit Lebendigem wird es selbst zum Leben erweckt.

Gegenüber dem abstrakten Recht, dessen Durchsetzung und Geltung von Ungerechtigkeit gegenüber dem unvermittelt subsumierten Besonderen nicht frei sein kann, scheint sich das konkrete Recht nur historisch im Kampf zwischen Mächten, vor allem im Krieg zwischen den Staaten zu verwirklichen. Als ein Allgemeines, das sich zum Besonderen vermittelt, ohne es in seiner Besonderheit zu schänden, ergibt sich das konkrete Recht hinter dem Rücken der lebendigen Individuen aus dem interessierten Kampf einer Macht mit der anderen, für die das ungeschriebene Gesetz der konkreten Selbstbehauptung das höchste Recht ist.

Damit ist einerseits der Anspruch des revolutionären Bewußtseins, die in den naturrechtlichen Theorien verständig gefaßten Allgemeinheiten unmittelbar zu realisieren, endgültig abgewiesen; in Abrede gestellt ist aber andererseits auch die Möglichkeit jenes dialektischen Praktischwerdens der Theorie, das Hegel selbst einst erwogen hatte. Mit dem Diktum, daß sich konkrete Gerechtigkeit nur durch den interessierten Kampf des Lebens mit dem Leben herstellt, ist auch jede über diese Entzweiung des Besonderen sich erhebende Kritik verurteilt, die einem zur Partikularität erstarrten Interesse die Maske seiner bloß prätendierten Allgemeinheit abnehmen will, um in ihr die Physiognomie eines erst geforderten wahren Interesses zu entziffern – jede Kritik also, die dem Toten die widerrechtlich festgehaltene Macht stehlen und einem künftigen Leben als sein Recht geben will.

Welthistorisch arbeitet sich vielmehr ein Recht am anderen ab und verliert seine Abstraktheit letzthin nur im Existentialismus der Volksgeister. Indem Hegel das abstrakte Recht, statt als Emanzipationsform der gesellschaftlichen Arbeit, als Zerfallsprodukt auf-

gelöster Sittlichkeit begreift, hat sich unter der Hand der Problem-
ansatz verwandelt: nicht die Verwirklichung, sondern die Versöhnung des abstrakten Rechts ist zur Diskussion gestellt – und mit ihr
die Aufhebung jener Sphäre, die das Privatrecht zu positiver Geltung bringt, die Aufhebung der bürgerlichen Gesellschaft, von der
es ja schon in der Jenenser Realphilosophie geheißen hatte: »Das
Bedürfnis und die Arbeit in diese Allgemeinheiten erhoben, bildet
für sich in einem großen Volk ein ungeheures System von Gemein-
schaftlichkeit und gegenseitiger Abhängigkeit, ein sich in sich be-
wegendes Leben des Toten, das in seiner Bewegung blind und ele-
mentarisch sich hin und her bewegt, und als ein wildes Tier einer
beständigen strengen Beherrschung und Bezähmung bedarf[22].«

IV

Hat sich Hegel damit der Gegenrevolution angeschlossen; hat er
am Ende mit der Revolution selbst auch die von ihr geschaffene
Ordnung des abstrakten Rechts und die bürgerliche Gesellschaft
als die Sphäre des privaten Rechts verworfen? Ist in diesem Begriff
einer durch die Revolution hindurch wiederhergestellten Sittlichkeit des Staates, in dem Hegel so eigentümlich den klassischen mit
dem modernen Begriff des Politischen, nämlich die Tugendlehre
des Aristoteles mit den von Machiavelli bis Hobbes ausgebildeten
Regeln gewaltsamer Selbstbehauptung verbindet, ist in dieser
konkreten Gerechtigkeit die abstrakte aufgesogen – hat die Revolution ihr Recht an die Idee der Sittlichkeit verloren?
So in der Tat hat es sich den konservativen Interpreten Hegels dargestellt. Ich belege diese Tradition, deren ruhmreiche akademische
Herrschaft noch heute ihre Schatten wirft, mit einem einzigen Satz
von Karl Larenz: »Die Beziehung des Rechts auf die Gemeinschaft
bedeutet …, daß der Inhalt eines bestimmten positiven Rechts dem
betreffenden Volksgeist, dem sittlichen Bewußtsein, den Sitten des
Volkes gemäß sein muß[23].« Auch wenn damit nicht das Tor zur
»Idee der Volksgemeinschaft als leitendem Rechtsprinzip«[24] auf-
gestoßen worden wäre, hatte man so mit dem Atheismus der
Sittlichkeit das Recht in seiner Abstraktheit überhaupt ausgetrie-
ben.
Demgegenüber können die liberalen Interpreten nachweisen, wie
streng Hegel stets darauf beharrt hat, daß jede gegenwärtige und
künftige Verfassung das universale Freiheitsprinzip der Revolu-

tion, nämlich die abstrakte Freiheit durch Gleichheit unter formalen und generellen Gesetzen respektieren müsse. Die Pointe dieser Deutung verrät Joachim Ritter. Die rechtlich abstrakte Form des gesellschaftlichen Verkehrs der Privateigentümer untereinander emanzipiere den Menschen indirekt; denn die in der Erhaltung ihres äußeren Lebens auf den natürlichen Willen eingeschränkte Rechtsperson werde durch diese Art Reduktion für die übergreifenden Lebenszusammenhänge gerade freigesetzt: »Als sachliche Arbeitswelt befreit die moderne (privatrechtlich geordnete) Gesellschaft den Menschen nicht nur aus der Macht der Natur, sie erhebt zugleich mit der Versachlichung… der Arbeitsverhältnisse… die Freiheit zum allgemeinen Prinzip; sie gibt der Person in sich als Persönlichkeit ihr Selbstsein und dessen Verwirklichung frei[25].«

Gegen eine solche Auffassung haben wiederum die Linkshegelianer Einspruch erheben können; sie weisen nämlich, ich nenne an dieser Stelle nur Herbert Marcuse[26], darauf hin, daß Hegels Kritik des abstrakten Rechts am Maßstab substantieller Sittlichkeit doch ernster genommen werden muß, als die Fiktion einer gerade durch äußerlich zwingendes Recht in ihrer Unveräußerlichkeit geschützten Privatautonomie wahrhaben möchte. Die Gewalt der verdinglichten Gesellschaft ist so penetrant, daß in deren Entzweiung der Subjektivität keine Zone der Unberührbarkeit formal ausgespart werden kann. Da andererseits die substantielle Sittlichkeit einer im Staat aufgehobenen Sphäre des privaten Rechts und der abstrakten Gesellschaft, wie die konservative Deutung zeigt, das universale Freiheitsprinzip der Revolution, an dem die liberale Deutung mit Recht festhält, zu desavouieren droht, werden diese Interpreten Hegels zu Hegels Kritikern: bekanntlich behaupten sie, daß die gesellschaftliche Emanzipation, die in der von der Revolution geschaffenen Ordnung des Privatrechts fixiert wurde, in der Sphäre der gesellschaftlichen Arbeit selbst bis zu dem Punkt weitergetrieben werden müsse, an dem sich das abstrakte Recht in ein konkretes verwandelt. Neu gegenüber Hegel ist der Anspruch, auch noch die (von ihrem substantiellen Grund freilich gelöste) Sittlichkeit des konkreten Rechts ausschließlich als Emanzipationsform der gesellschaftlichen Arbeit zu begreifen. Erneuert ist damit aber zugleich jenes dialektische Verhältnis von Theorie und Praxis, vor dessen revolutionärem Potential Hegel selbst zurückgescheut war.

An diese drei Interpretationen der Aufhebung von Recht und

Gesellschaft in Sittlichkeit sei kurz erinnert, weil in den konkurrierenden Argumenten die Spannung von Hegels eigenem, zutiefst ambivalentem Verhältnis zur Französischen Revolution ausgetragen wird: deshalb formieren sich diese Deutungen auch nach den politischen Fronten des europäischen Bürgerkriegs, die bis heute unser Verhältnis zu jener Revolution bestimmen. Ich möchte am Ende gleichwohl riskieren zu fragen, wie Hegel selbst sich zu jenen Interpretationen verhält. An dieser Stellung wird sich nämlich erst die These erweisen, daß Hegel die Revolution zum Prinzip seiner Philosophie um einer Philosophie willen erhebt, die die Revolution als solche überwindet. Die Behauptung, daß Hegel alle drei Interpretationen als Momente seiner eigenen Darstellung rechtfertigen kann, ist mehr als eine neuhegelianische Floskel. Die im buchstäblichen Sinne phantastische Anstrengung, deren es bedarf, um alle drei Momente dialektisch zusammenzuzwingen, verrät aber nur zu deutlich, daß Hegel den Komplex seiner Kritik der Französischen Revolution nicht ohne Narben bewältigt.

Das konkrete Recht kann nicht im subjektiven Bewußtsein abstrakt vorweggenommen und dann revolutionär zur Geltung gebracht werden; denn Hegel hatte eingesehen, daß ein formales und generelles Gesetz in eben dem Maße, in dem es von der Fülle des Lebens abstrahiert, die Individualität unterdrücken und den Lebenszusammenhang dissoziieren muß, sobald es positive Gewalt erlangt. Eine Gerechtigkeit, die auch von dieser immanenten Ungerechtigkeit des abstrakten Rechts noch frei ist, kann sich nur schicksalhaft verwirklichen; sie muß aus der weltgeschichtlichen Polemik der konkurrierenden Volksgeister hervorgehen. Nun stellt sich aber die Frage: wenn nicht das revolutionäre Bewußtsein, wer bürgt dann für die revolutionäre Richtung, die die Weltgeschichte im Kampf des Lebens mit dem Leben nimmt, um die Vernunft zu realisieren, das konkrete Recht herzustellen? Der Begriff des Lebens ist historisch zu unbestimmt, er muß zum Leben des Begriffs logisch entfaltet werden[27]. Aus diesem Zusammenhang wäre deshalb abzuleiten, warum Hegel auf der Ebene des objektiven Geistes wieder einführt, was er auf der des subjektiven Geistes verwirft: er ernennt doch den verworfenen Robespierre zum Geist der Welt. Dieser Weltgeist darf sich bekanntlich der Geschichte als der Schlachtbank bedienen, auf der das Glück der Völker, die Weisheit der Staaten und die Tugend der Einzelnen zum Opfer gebracht werden. Die Guillotine ist hier als eine, die den Gestalten des *objektiven* Geistes den Kopf abschlägt, rehabilitiert.

Dieser Weltgeist, zugleich die Stelle, an der die Logik ihren mythischen Kern preisgibt, ist durch einen Widerspruch gezeichnet, der dialektisch nicht gehoben und nicht gerechtfertigt wird.

Hegel bestimmt nämlich den Geist, den er als Geist der Welt in der Geschichte wiedererkennt, folgendermaßen: »Das erste, was wir bemerken, ist ... daß das, was wir Prinzip, Endzweck, Bestimmung oder die Natur und den Begriff des Geistes genannt haben, nur ein Allgemeines, Abstraktes ist. Prinzip, so auch Grundsatz, Gesetz, ist ein Inneres, das als solches, so wahr es auch *in* ihm ist, nicht vollständig wirklich ist. Zwecke, Grundsätze usf. sind in unseren Gedanken, erst in unserer inneren Absicht, aber noch nicht in der Wirklichkeit. Was an sich ist, ist eine Möglichkeit, ein Vermögen, aber noch nicht aus seinem Inneren zur Existenz gekommen. Es muß ein zweites Moment für ihre Wirklichkeit hinzukommen, und dies ist die Bestätigung, Verwirklichung, und deren Prinzip ist der Wille die Tätigkeit des Menschen überhaupt[28].« Dem Weltgeist wird somit genau die Bewußtseinsstruktur vindiziert, die Hegel am Geist der Französischen Revolution vernichtend kritisiert hat. Dem subjektiv gerichteten Begriff der Revolution wird dadurch der Boden entzogen, daß ein objektiv revolutionäres Geschehen durch Interpolation eines Weltgeistes in Kategorien begriffen wird, die dem subjektiv revolutionären Bewußtsein entliehen sind, aber nur noch für das Subjekt der Geschichte im ganzen gelten sollen. Erst so läßt sich die Geschichte als die stufenweise Einlösung des Anspruchs der Revolution auf Verwirklichung des Rechts begreifen, ohne gleichzeitig auch eine revolutionäre Tätigkeit des subjektiven Bewußtseins legitimieren zu müssen.

Das ist die eine Seite. Andererseits darf Hegel, nachdem er den Vorteil daraus gezogen hat, die Konsequenz nicht gelten lassen: daß der Weltgeist das Prinzip der Geschichte, das er der Welt revolutionär einbildet, als ein abstrakt Allgemeines im voraus weiß und hernach realisiert, ohne selbst über die Dialektik des revolutionären Bewußtseins zu stolpern. Darum setzt Hegel nachträglich dieses innerlich gewußte Prinzip zu einem naturwüchsigen Ansich herab: »Die Weltgeschichte fängt mit ihrem allgemeinen Zwecke, daß der Begriff des Geistes befriedigt werde, nur an sich an, *das heißt als Natur,* er ist der innere, der innerste bewußtlose Trieb, und das ganze Geschäft der Weltgeschichte ist ... die Arbeit, ihn zu Bewußtsein zu bringen.« Der Weltgeist darf das Ziel der Geschichte so wenig im vorhinein als das abstrakt Allgemeine wissen, wie der Revolutionär von 1789 sein abstraktes Recht hätte im Kopf haben dürfen, wenn er den eigenen hätte behalten wollen.

Der Widerspruch in der Konstruktion des Weltgeistes, der keineswegs ein dialektischer ist, besteht also darin: einerseits muß, um die Verwirklichung des revolutionären Anspruchs in der Geschichte zu garantieren, dieser Geschichte ein Subjekt substituiert werden, das den Endzweck der Geschichte als abstrakt Allgemeines entwirft, um es dann zu realisieren. Andererseits darf dieses Allgemeine nicht den Charakter eines theoretisch vorentworfenen Plans haben, es wird deshalb zu einem naturwüchsigen Ansich degradiert, das erst zu sich kommt, nachdem es sich im Gang der Geschichte objektiviert hat. Der Weltgeist darf als revolutionäres Bewußtsein nicht erkennbar sein. Der Weltgeist ist fingiert, um der List der Vernunft einen Namen zu geben; aber erst nachdem die List ausgeführt ist, kann es den Weltgeist geben, der auf listige Gedanken überhaupt kommen könnte. Im Weltgeist als dem Revolutionär, der es doch nicht sein darf, faßt sich Hegels ambivalentes Verhältnis zur Französischen Revolution noch einmal zusammen: Hegel will die Revolutionierung der Wirklichkeit ohne Revolutionäre. Der Weltgeist hat die Revolution vollbracht, die Vernunft ist bereits praktisch geworden, bevor der absolute Geist, Philosophie vor allem, die Wirklichkeit in ihrer Vernünftigkeit erkennt. Die Hypothese des Weltgeistes unterstellt die Paradoxie eines objektiven Geistes, der gleichwohl dem Absoluten sein Wissen entlehnt hat[29]. Auf ihn allein wird projiziert, was der alte Hegel den Politikern wie den Philosophen so streng versagt: gleichzeitig zu handeln *und* zu wissen. Erst nachdem der Geist die Wirklichkeit praktisch revolutioniert, die Vernunft wirklich gemacht hat, kann Philosophie zum Bewußtsein der revolutionierten, der vernünftig gewordenen Welt kommen. Eine Kommunikation zwischen dem Philosophen, der die Vernunft in der Geschichte und den Stand ihrer Verwirklichung erkennt, einerseits und den politisch handelnden Subjekten auf der anderen Seite kann es schlechterdings nicht geben. Hegel macht die Revolution zum Herzstück seiner Philosophie, um Philosophie davor zu bewahren, zum Zuhälter der Revolution zu werden. Damit hat er noch einmal Dialektik als Ontologie gerettet, hat er noch einmal der Philosophie ihren Ursprung aus der Theorie gewahrt, hat er Theorie der Mediatisierung durch historisches Bewußtsein und gesellschaftliche Praxis entzogen – obwohl oder weil er als erster Philosoph in diese Dimensionen überhaupt hineingeführt und sehr viel tiefer hineingeführt hat, als es Historismus und Pragmatismus, als es die professionellen Destrukteure der Metaphysik nach ihm vermochten. Dennoch scheint Philosophie heute in diese Dimensionen so tief eingesunken zu sein und noch um so viel tiefer eindringen zu müssen, daß nicht einmal auf eine solche halb schon gewaltsame Umkehr der Philosophie zu Theoria in dem hohen griechischen Sinne Aussicht besteht[30].

Der junge Hegel hatte mit der Positivität der christlichen Religion zugleich deren Eschatologie kritisiert als eine Kompensation der Ohnmacht dissoziierter Sittlichkeit. Damals, im Hellenismus, konnte die Realisierung der sittlichen Idee nur noch gewünscht und nicht mehr gewollt werden: »Zu einer solchen, durch ein göttliches Wesen zustande zu bringenden Revolution, wobei die Menschen sich ganz passiv verhielten, machten auch die ersten Ausbreiter der christlichen Religion Hoffnung, und als diese Hoffnung endlich verschwand, so begnügte man sich, jene Revolution des Ganzen am Ende der Welt zu erwarten[31].« Der alte Hegel hat dieser Erwartung einer aufgeschobenen Revolution die Erinnerung der vollzogenen entgegengesetzt. Bleibt nicht, nach seinen eigenen Maßstäben, eins so abstrakt wie das andere? Der schlechten Utopie einer künftig sich objektiv ereignenden Erlösung von allem Übel, wie auch der zwanghaften Identifikation einer bloß subjektiv unbefriedigten Gegenwart mit der vernünftig angeschauten und in ihrer Vernünftigkeit erkannten Wirklichkeit – beiden ist gemeinsam, daß »die Realisierung einer Idee außerhalb der Grenzen *menschlicher* Macht gesetzt ist«[32]. Ob die ausstehende Realisierung der sittlichen Idee nur noch gewünscht, ob die je vollzogene nur mehr erkannt werden darf, gleichviel, eine Revolutionierung der Wirklichkeit kann »nicht mehr gewollt werden«.

Gewiß wendet sich der alte Hegel wie der junge gegen die Kraftlosigkeit des subjektiven Meinens; während aber Hegel das Moment Meinen in der eschatologischen Erwartung kritisiert, weil es vom eigenen Zutun, vom Selbstvollbringen dispensiert, kritisiert er das Moment Meinen auf der Stufe des absoluten Geistes, weil es sich die Zutat und das Vollbringen des realisierten Guten noch einmal anmaßt: »Diese Wiederholung der Voraussetzung des nicht ausgeführten Zweckes nach der wirklichen Ausführung des Zweckes bestimmt sich auch so, daß die subjektive Haltung des objektiven Begriffes reproduziert und perennierend gemacht wird... Was den objektiven Begriff noch begrenzt, ist seine eigene Ansicht von sich, die durch die Reflexion auf das, was seine Verwirklichung an sich ist, verschwindet; er steht nur sich selbst durch diese Ansicht im

Wege und hat sich darüber nicht gegen eine äußere Wirklichkeit, sondern gegen sich selbst zu richten[33].« Einst hätte der junge Hegel, junghegelianisch genug, diese Wiederherstellung der Theorie (in der prinzipiellen Nachträglichkeit eines absoluten Wissens) der gleichen Resignation geziehen – die er einst an der in Kontemplation zurückgenommenen, an eine transzendente Instanz entäußerten Heilserwartung der Christen gerügt hatte. Auch der Theorie als Begriff hätte er, wie komplementär der Eschatologie, einen Begriff von Theorie entgegengehalten, die weder aus Übermacht noch aus Schwäche die Praxis »hinter« sich lassen muß. War er doch damals, Hegel und Feuerbach und Marx in einem, der Überzeugung, daß es »unseren Tagen vorzüglich aufbehalten (ist), die Schätze, die an den Himmel verschleudert worden sind, wenigstens in der Theorie, zu vindizieren, aber welches Zeitalter wird die Kraft haben, dieses Recht geltend zu machen, und sich in den Besitz zu setzen?[34]«

1 Joachim Ritter, Hegel und die Französische Revolution, Veröffentlichungen der Arbeitsgemeinschaft für Forschung des Landes Nordrhein-Westfalen. H. 63, Köln-Opladen 1957, wieder abgedruckt in: J. Ritter, Metaphysik und Politik a. a. O., S. 183–255; ferner: J. Ritter, Person und Eigentum, ebd. S. 256–280. Vgl. ferner die Beiträge von Jean Hyppolite und Alfred Stern in: La Révolution de 1789 et la Pensée Moderne, Paris 1939.

2 Hegel, Sämtliche Werke, ed. Glockner, Bd. 11, S. 563.

3 Hegel, Schriften zur Politik, ed. Lasson, S. 157 ff., jetzt in: Hegel, Politische Schriften, Frankfurt 1966, S. 140 ff.

4 Hegel, Schriften zur Politik, a. a. O. S. 199.

5 Vgl. das 2. Kapitel.

6 Leo Strauss, Naturrecht und Geschichte, a. a. O. S. 124 ff.

7 Vgl. unsere Ausführungen zu Hobbes im 1. Kapitel.

8 Hegel, Phänomenologie des Geistes, ed. Hoffmeister, S. 418 f.

9 Diese Deutung kritisiert A. Wildt., Hegels Kritik des Jakobinismus, in: O. Negt (Hg.), Aktualität und Folgen der Philosophie Hegels, Frankfurt 1970, S. 256 ff.

10 E. Burke, Reflections on the Revolution in France, ed. Grieve, London 1960, S. 28, deutsch: Betrachtungen über die Französische Revolution, Frankfurt 1967.

11 Hegel, Sämtliche Werke, ed. Glockner, Bd. 11, S. 557.

12 Hegel, Grundlinien der Philosophie des Rechts, § 209 ff.

13 Diesen Zusammenhang analysiert J. Ritter a. a. O., S. 35 ff. vgl. vor allem G. Lukács, Der junge Hegel, Neuwied 1967.

14 F. Wieacker, Privatrechtsgeschichte der Neuzeit, Göttingen 1952.

15 Zu Hegels Rezeption der politischen Ökonomie vgl. P. Chamley, Economie politique et philosophique chez Stewart et Hegel, Paris 1963; und M. Riedel, Die Rezeption der Nationalökonomie, in: Studien zu Hegels Rechtsphilosophie a. a. O., S. 75 ff.

16 Hegel, Politische Schriften, Frankfurt 1966, S. 16 ff.

17 K. Löwith, Die Hegelsche Linke, Stuttgart 1962, Einleitung.

18 Marx/Engels, Werke Bd. 1, Berlin 1958, S. 386.

19 Hegel, Politische Schriften, a. a. O. S. 152.

20 Gegen diese These bringt bemerkenswerte Argumente vor H. Fulda, Das Recht der Philosophie in Hegels Philosophie des Rechts, Frankfurt 1968.

21 Hegel, Theologische Jugendschriften, ed. Nohl, S. 284 f.

22 Hegel, Jenenser Realphilosophie, ed. Hoffmeister, Bd. I, S. 239. Vgl. M. Riedel, Hegels Bürgerliche Gesellschaft und das Problem ihres geschichtlichen Ursprungs, in: Archiv für Rechts- u. Sozialphilosophie, Bd. 48, 1962, S. 539 ff.

23 Karl Larenz, Deutsche Rechtserneuerung und Rechtsphilosophie, Tübingen 1934, S. 9.

24 Ders., Rechts- und Staatsphilosophie der Gegenwart, Berlin 1935, S. 130.

25 J. Ritter, Person und Eigentum, in: Metaphysik und Politik, a. a. O. S. 278.

26 H. Marcuse, Reason and Revolution, London–New York 1941, deutsch: Vernunft und Revolution, Neuwied 1963.

27 Hegel, Wissenschaft der Logik, ed. Lasson, Zweiter Teil, S. 477 ff.

28 Hegel, Sämtliche Werke, ed. Glockner, Bd. 11, S. 50.

29 Vgl. dazu die im übrigen abweichende Deutung von B. Liebrucks, Zur Theorie des Weltgeistes, in: Kantstudien, 1954/55 S. 230 ff., jetzt auch B. Liebrucks, Sprache und Bewußtsein, Bd. 3, Frankfurt 1966, S. 553 ff. u. S. 664 ff.

30 Gegen diese Interpretation wendet sich M. Theunissen, der einen vorzüglichen, auch systematisch weiterführenden Literaturbericht über die an Hegel anschließende Theorie-Praxis-Diskussion der letzten Jahre vorgelegt hat: M. Theunissen, Die Verwirklichung der Vernunft, Beiheft 6 der Philosophischen Rundschau, Tübingen 1970, 89 S. Zur Metakritik an der kritischen Theorie und zur Entwicklung der eigenen These über die Einheit von Theorie und Praxis siehe: M. Theunissen, Gesellschaft und Geschichte, Berlin 1969; ders., Hegels Lehre vom absoluten Geist als theologisch-politischer Traktat, Berlin 1970.

31 Hegel, Theologische Jugendschriften a. a. O. S. 224.

32 Ebd., S. 224.

33 Hegel, Wissenschaft der Logik, a. a. O. Zweiter Teil S. 482; vgl. Rechtsphilosophie, ed. Hoffmeister S. 16 f.

34 Hegel, Theologische Jugendschriften S. 225.

4. Zu Hegels Politischen Schriften

Hegel, der Autor der Enzyklopädie, ist ins Bewußtsein einer Epoche, die sich nicht mehr ungebrochen zur Tradition der großen Philosophie verhalten kann, als der letzte Systematiker eingegangen. Aber er war zugleich ein engagierter, sogar ein wendiger politischer Schriftsteller und Publizist. Von der Berner Hauslehrerzeit bis zur endgültigen Etablierung als Universitätslehrer gehören beide Rollen, trotz ihres verschiedenen Gewichtes, so eng zusammen, daß bei späteren Biographen der Eindruck entstanden ist, Hegel habe zunächst nebeneinander eine journalistische und eine wissenschaftliche Karriere angestrebt. Der Zusammenhang der Philosophie mit der Tagespublizistik ist indessen bei Hegel, der zeitlebens den realistischen Morgensegen der Zeitungslektüre in Ehren gehalten hat und selber Redakteur einer Zeitung gewesen ist[1], nicht nur lebensgeschichtlich motiviert; er ist auch systematisch begründet. Denn das System läßt sich im ganzen als der Beweisgang auffassen, der die ontologische Grundannahme der klassischen wie der neueren Philosophie, nämlich die abstrakte Entgegensetzung des Wesens und der Erscheinung, des von Ewigkeit Seienden und des Nichtseienden, des Bleibenden und des Unsteten falsifiziert. Eine Philosophie, die sich als Resultat desselben Bildungsprozesses weiß, den sie als Zusammenhang von Natur und Geschichte begreift, kann sich nicht außerhalb des Elementes der Zeit setzen. Der Geist verzehrt die Zeit, sie aber kann ihrerseits einen ohnmächtigen Geist auch richten.

Die Weltgeschichte ist das Medium der Erfahrung, an der Philosophie sich erproben muß und scheitern kann. Nach Hegels eigenen Maßstäben blamiert sich eine Philosophie, die an der Anstrengung, ihre Zeit in Gedanken zu fassen, zerbricht, vor der unbezwungenen Gewalt des objektiven Geistes: wenn es sich herausstellt, daß sie ihre Epoche nicht auf den Begriff gebracht hat, ist sie als fadenscheinige Abstraktion entlarvt, die sich zwischen die Vernunft als selbstbewußten Geist und die Vernunft als vorhandene Wirklichkeit schiebt (Rechtsphilosophie, Vorrede). Gewiß hat Hegel die welthistorische Erfahrung nicht als ein unabhängiges Kriterium der Geltung seiner Theorie annehmen können; das wäre mit der Selbstbegründung der Philosophie, mit dem Vorbegriff, den die Logik von sich selber hat, unvereinbar[2]. Aber Hegels System steht und fällt mit seiner Philosophie des Geistes, zumal des objektiven. Diese ist Theorie der Gesellschaft und Philosophie der Geschichte in einem. Und sie hat sich am Anspruch einer Theorie des gegenwärtigen Zeitalters zu bewähren: eben daran, die zeitgenössische Situation welthistorisch zu begreifen. Ein solcher Begriff muß die weltgeschichtlichen Veränderungen einer fortschreitenden Gegenwart aushalten.

Die Publizistik bestimmt die Form des Bewußtseins, in dem sich die historischen Bewegungen an den Rändern des Tagesgeschehens zunächst reflektieren. Die politische Schriftstellerei ist das Medium, durch das sich Hegel die Erfahrungsmasse der Publizistik aneignet.

Zur Entstehung der politischen Schriften

Hegel hat mit seinen politischen Schriften[3] nicht viel Glück gehabt. Sie sind zum Teil gar nicht veröffentlicht worden, zum Teil blieben sie wirkungslos, und soweit sie eine politische Wirkung hatten, war sie vom Autor kaum so beabsichtigt.

1. *Die Vertraulichen Briefe über das vormalige Staatsrechtliche Verhältnis des Wadtlandes zur Stadt Bern* erschienen 1798 unter dem Namen des Autors, des wadtländischen Rechtsanwaltes Cart, der über Paris in die Vereinigten Staaten emigriert war und damals übrigens noch nicht, wie der Untertitel der deutschen Übersetzung behauptete, gestorben ist. Erst 1909 hat Falkenheim[4] Hegel als den anonymen Übersetzer und Herausgeber identifiziert. Zielscheibe der Cartschen Polemik ist die Herrschaft der Berner Stadtaristokratie über die seit 1564 abhängige Provinz. Cart argumentiert nicht naturrechtlich, er kritisiert die Verletzung historisch verbürgter Rechte und Freiheiten. Die »Briefe« sind im Original 1792, nach der Niederschlagung eines wadtländischen Aufstandes gegen die Berner Herren veröffentlicht worden. Wenige Wochen vor der deutschen Ausgabe, im Frühjahr 1798, marschierten französische Truppen in die Schweiz ein – das Berner Regiment wurde gestürzt, und das Wadtland gewann seine politische Unabhängigkeit zurück[5].

Hegel hatte während seiner Hauslehrerzeit in Bern die Herrschaft der ratsfähigen Familien kennengelernt. Wie die sachkundige Kommentierung der Cartschen Schrift[6], zeigt, hat er sich damals eine genaue empirische Kenntnis des historischen Hintergrunds und der Verwaltungspraxis verschafft. Offensichtlich identifiziert sich der Herausgeber mit seinem Autor. Die Berner Aristokratie erschien Hegel als das Muster einer Oligarchie, die das Schicksal des revolutionären Umsturzes verdiente. Als die deutsche Übersetzung erschien, war sie durch den Einmarsch der Franzosen in gewisser Weise schon überholt. Sie hat kaum eine Wirkung gehabt. Nur noch einzelne Exemplare sind erhalten.

2. Seine erste eigene politische Schrift hat Hegel nicht publiziert. Sie ist in der ersten Hälfte des Jahres 1798 entstanden. Nur Bruchstücke sind erhalten, die Einleitung handschriftlich und einige Sätze durch Mitteilungen Hayms, dem noch eine Abschrift des ursprünglichen Manuskripts vorgelegen hat. Der neutrale Titel *Über die neuesten innern Verhältnisse Württembergs, besonders über die Gebrechen der Magistratsverfassung* ist von fremder Hand an die Stelle der durchgestrichenen Originalüberschrift gesetzt worden, die programmatisch formuliert war: »Daß die Magistrate vom Volk gewählt werden müssen«. Hegel selbst hatte diese Fassung schon gemildert, indem er ›Volk‹ durch ›Bürger‹ ersetzte. Das Titelblatt trug die Widmung: »An das württembergische Volk«. Die Schrift selbst scheint einen klaren Vorschlag für den Modus der Wahlen zum Landtag nicht mehr enthalten zu haben. Gleichwohl ist die Tendenz der Flugschrift klar: sie ergreift in dem Konflikt zwischen Herzog und Ständen für diese Partei.

Im Herbst 1796, als Hegel sich vor dem Antritt seiner neuen Hauslehrerstelle in Frankfurt einige Monate in der württembergischen Heimat aufhielt, war der Landtag einberufen worden – zum ersten Mal seit 1770. Für die Kriegsentschädigungen an Frankreich mußten neue Steuern erhoben werden. Außerdem konnte der Landtag die Macht der Ausschußbürokratie brechen, die, zusammen mit dem Geheimen Rat der Regierung, die österreichfreundliche Politik des nach der Kurwürde trachtenden Herzogs gefährdete. Unter Herzog Friedrich, der Ende 1797 zur Regierung kam, währte das Einverständnis zwischen Fürst und Ständen freilich nicht lange. Die Einberufung der Ständeversammlung hatte die republikanischen Strömungen im Lande verstärkt. Eine frankreichfreundliche Flugschriftenpublizistik verlangte bereits die Umwandlung der Landstände in eine parlamentarische Volksvertretung. Im Landtag selbst regten sich Kräfte für eine schwäbische Republik; das Beispiel der napoleonischen Schweiz wirkte. In dieser Lage lief Hegels

Kritik an der »Anmaßung der höheren Offizialen«, trotz der Bedenken gegen demokratische Wahlen, auf die Forderung hinaus, die Stellung des unvollständig repräsentierten Volkes gegen die Regierung zu stärken und die Rechte des Landtages energisch zu erweitern.

Die Motive, die Hegel davon abgehalten haben, seine Schrift zu veröffentlichen, sind bis heute nicht plausibel geklärt. Haym sucht den Grund in der mangelnden politischen Klarheit und der unschlüssigen Argumentation der Schrift selber[7]. Rosenkranz berichtet von drei Stuttgarter Freunden, die Hegel von der Publikation abgeraten haben[8]. E. Rosenzweig vermutet, daß die französische Diplomatie auf dem Rastatter Kongreß die idealistischen Parteigänger Frankreichs durch bloße Machtpolitik ernüchtert und entmutigt habe[9].

3. Während des Rastatter Kongresses arbeitet Hegel an seinem ersten Entwurf zur *Verfassung des Deutschen Reiches*. Er hat ihn zu Beginn des Jahres 1799 niedergeschrieben. Das Fragment einer Einleitung ist zwar später, aber mit einiger Sicherheit noch während der Frankfurter Zeit entstanden[10]. In Jena, während des Winters 1800/01, nimmt Hegel die liegengelassenen Arbeiten an seiner Verfassungsschrift wieder auf. Die ›Urschrift‹ hat er Ende 1802 noch einmal überarbeitet. Diese ›Reinschrift‹ umfaßt etwa die Hälfte der Abhandlung. Sie bricht an der Stelle ab, an der das schwierige Verhältnis von Staat und Individuum geklärt werden mußte.

Der Krieg gegen die französische Republik, die mangelnde Koordination der deutschen Länder, die unglücklichen Operationen des Reiches und der Friede von Luneville hatten den Tatbestand zu Bewußtsein gebracht, den Hegel schonungslos beim Namen nennt: Deutschland hatte aufgehört, als ein Staat zu existieren. Die militärische Schwäche begriff Hegel als Symptom für eine tiefere Desorganisation, die das Reich in seiner Substanz angriff. Gleichwohl rechnet Hegel nicht mit der empirisch naheliegenden und alsbald ja auch durch Napoleon herbeigeführten Auflösung des Reiches zugunsten souveräner Territorialstaaten. Auch diese Schrift hat ein programmatisches Ziel: die Reform des Reiches an Haupt und Gliedern unter Führung Österreichs. Preußen kam als Kandidat nicht in Frage: es hatte sich durch den Alleingang des Friedensschlusses zu Basel kompromittiert. Zudem hatten die preußischen Landstände ihre politische Bedeutung vollends eingebüßt, während Hegel auf die repräsentativen Körperschaften Österreichs noch Hoffnungen setzte. Die Reform des Reiches soll nach Hegels Vorstellungen auf dem Wege einer Reform des Heeres und seiner Finanzierung erreicht werden. Der Kern des Vorschlages zeugt, bei aller Scharfsicht der Analyse im einzelnen, von einer ganz unrealistischen Einschätzung der Machtverhältnisse. Hegel sieht zwar, daß eine Reform gegen das Widerstreben der Territorien nur durch die Gewalt eines Eroberers erzwungen werden konnte. Aber es ist wohl kein Zufall, daß er die Person dieses Eroberers, eines anderen Theseus, mit mythischem Namen umschreibt – diese fiktive Rolle hätte schwerlich einem Napoleon und erst recht niemandem sonst pragmatisch angesonnen werden können. Der Reichsdeputationshauptschluß machte den Text, an dessen Überarbeitung Hegel gesessen hatte, bald gegenstandslos; so wurde auch diese Schrift nicht publiziert. Vollständig ist sie erst 1893 von Mollat vorgelegt worden.

4. Ein einziges Mal hat der Publizist Hegel in der politischen Öffentlichkeit eine Wirkung erzielt, nämlich mit der *Beurteilung der im Druck erschienenen Verhandlungen in der Versammlung der Landstände des Königreichs Württemberg in den Jahren 1815 und 1816.* Dieses Pamphlet hatte die Form einer Rezension und erschien anonym in der November/Dezember-Nummer des 10. Jahrgangs der Heidelberger Jahrbücher, also Ende 1817. Die Diskussion in den Landständen war durch einen Erlaß des inzwischen verstorbenen Königs Friedrich ausgelöst worden, der Anfang 1815 »aus eigenem Antrieb und ohne fremde Einwirkung« seinem Lande eine Verfassung versprochen hatte. Es war im Interesse des Königs, den Beschlüssen des Wiener Kongresses zuvorzukommen und seine souveräne Herrschaft über das unter den Franzosen beträchtlich erweiterte Landesgebiet konstitutionell abzusichern. Unter Napoleon hatte der König im Stile eines kleinfürstlichen Absolutismus regiert, Grund genug für die Stände, dem zum Konstitutionalismus bekehrten Despoten zu mißtrauen. So war es politisch verständlich, daß die Landstände den Verfassungsvorschlag nicht schlicht akzeptierten, sondern demokratische Zugeständnisse und rechtsstaatliche Garantien forderten, Änderungen, für die sie freilich die im alten Württemberg übliche Basis der Rechtfertigung in Anspruch nahmen: nach ständestaatlicher Tradition sollte die neue Verfassung nicht durch Erlaß des Königs, sondern durch Vertrag zwischen Fürst und Ständen in Kraft treten.

Hegel, der sich auf diesen Ausgangspunkt des Konfliktes im wesentlichen konzentriert und die Verhandlungen unter dem kompromißbereiteren Nachfolger Friedrichs vernachlässigt, nimmt die traditionalistische Rechtfertigung der Opposition zum Anlaß, das Zögern der Landstände in wuchtigen Formulierungen zu schelten. Hegel kehrt, wie an keiner Stelle zuvor, die rationale Geltung des abstrakten bürgerlichen Rechts gegenüber der historischen Zufälligkeit der traditionellen ständischen Freiheitsrechte hervor. Er spielt also philosophisch das weltgeschichtliche Resultat der französischen Revolution gegen diejenigen aus, deren Selbstverständnis hinter dem Begriff des modernen Staates altväterlich und ahnungslos zurückbleibt. Die Zwiespältigkeit seiner politischen Stellung zeigt sich aber darin, daß eine theoretisch überlegene und gewiß fortschrittliche Position zugunsten der eher restaurativen Gewalt des Königs und seines Ministers Wangenheim benutzt wurde. Die Regierung ließ Hegels Kampfschrift gegen die Landstände in verbilligten Sonderdrucken verbreiten. Eine direkte Mitarbeit Hegels am »Württembergischen Volksfreund«, einem Oppositionsblatt, halte ich nicht für wahrscheinlich[11]. Die Bemerkung des Freundes Niethammer, der durch Hegel eine schlechte Sache geistreich verteidigt sah, trifft jedenfalls gut die Reaktion der aufgeklärten und liberal gesinnten Öffentlichkeit. Die publizistische Wirkung, die Hegel bei dieser Gelegenheit zum ersten und einzigen Male tagespolitisch erzielt hat, bleibt mithin, an seinen grundsätzlichen Intentionen gemessen, ambivalent[12].

5. Rosenzweig berichtet über Hegels ängstliche Reaktionen auf die Nachricht von den Pariser Juliereignissen des Jahres 1830. Einige Tage war er gar wegen des Verhaltens eines Studenten in Sorge geraten, der mit blau-weiß-roter Kokarde aufgetreten war; der junge Revolutionär entschärfte freilich rechtzeitig seine Demonstration mit dem Hinweis, »blau-weiß-rot« habe nicht die Trikolore, sondern die märkischen Farben gemeint. Im darauffolgenden Winter schließt Hegel seine geschichtsphilosophische Vorlesung mit einem zweifelnden Rückblick auf den neuerlichen Sturz der Bourbonen. Obwohl sein altes Herz »nach vierzig Jahren von Kriegen und unermeßlicher Verwirrung« eine Befriedung des revolutionierten Weltzustandes herbeisehnt, kann Hegel in Vorahnung des fortschwelenden Konflikts keine Ruhe finden. Dieser Konflikt erscheint vor allem in der Ausbreitung demokratischer Grundsätze: »Der Wille der Vielen stürzt das Ministerium, und die bisherige

Opposition tritt nunmehr ein; aber diese, insofern sie jetzt Regierung ist, hat wieder die Vielen gegen sich. So geht die Bewegung und Unruhe fort. Diese Kollision, dieser Knoten, dieses Problem ist es, an dem die Geschichte steht, und den sie in künftigen Zeiten zu lösen hat[13].« Auch in England waren die Wahlen, unter dem Eindruck der Julirevolution, zugunsten der Opposition ausgefallen. Nachdem im März 1831 das neue Kabinett die Gesetzesvorlage für eine Wahlreform eingebracht hatte, übernahm der Philosoph, kurz vor seinem Tode, ein letztes Mal die Rolle des Publizisten und veröffentlichte ein Pamphlet gegen die englische Reformbill.

Der Abdruck der Abhandlung *Über die englische Reformbill* begann am 26. April 1831 in der Allgemeinen Preußischen Staatszeitung. An den folgenden Tagen erschienen zwei Fortsetzungen, dann brach die Publikation ab. Das letzte Viertel der Abhandlung durfte nicht mehr veröffentlicht werden. Kurz zuvor, am 22. April, hatte der englische König, nachdem ein Zusatzantrag zur Regierungsvorlage unerwartet erfolgreich gewesen war, von dem lange nicht mehr in Anspruch genommenen Recht der Parlamentsauflösung Gebrauch gemacht. In dieser Situation glaubte der preußische König, außenpolitische Rücksichten nehmen zu müssen. Er befahl, die Artikelserie abzusetzen. In Sonderdrucken wurde das Pamphlet, das privat die Zustimmung Friedrich Wilhelms gefunden hatte, unter Freunden und Interessenten verteilt. Aber zu Lebzeiten Hegels ist diese Arbeit nicht mehr vollständig veröffentlicht worden. Auch in der Folgezeit hat sie keine große Aufmerksamkeit gefunden. Hegels stärkste Verherrlichung Preußens, bemerkt Rosenzweig lakonisch, fand in dem Regierungsblatte Preußens keinen Platz.

Das Verhältnis von Theorie und Praxis

Die politischen Schriften haben in ihrer eigenen Dimension der zeitgeschichtlichen Aktualität keinen wirklichen Erfolg gehabt. An Hegels journalistischen Unternehmungen vollzieht sich die Ironie, daß sie für den Tag, an den sie adressiert waren, weniger Bedeutung gewinnen konnten, als sie für das philosophische System bis heute behalten haben. Die bloße Tatsache, daß Hegel politische Kampfschriften verfaßt hat, wirft ein eigentümliches Licht auf das Verhältnis seiner Theorie zur Praxis. Denn wie verträgt sich die

Intention, die Wirklichkeit, und das ist doch die Wirklichkeit der sittlichen Idee, zu verändern, mit einer Theorie, die eben diesen Anspruch als eitel verwerfen muß?

Hegel hat im letzten Abschnitt der *Logik* das Verhältnis der subjektiven Zwecktätigkeit zur Idee des Guten unmißverständlich bestimmt[14]. Wo die Idee des Guten als eine Anweisung für zwecktätiges Handeln aufgefaßt wird, ist sie unvermeidlich mit Subjektivität behaftet. Dann wird nämlich die Theorie als »ein Reich des durchsichtigen Gedankens« der Realität als einem »unaufgeschlossenen Reich der Finsternis« abstrakt entgegengesetzt. Abstrakt ist dieser Standpunkt des subjektiven Bewußtseins, weil er von dem Wissen absieht, das uns auf dieser Stufe des Handelns mit der Realität immer schon verbindet. Denn die Praxis, die hier nicht instrumentales Handeln und technische Verfügung über eine vergegenständlichte Natur, sondern Sittlichkeit im Sinne Hegels, also politisches Handeln und eingelebte Interaktion meint – diese Praxis bewegt sich immer schon innerhalb einer Wirklichkeit, in die sich die Vernunft eingebildet hat. Theorien, die, wie das rationale Naturrecht, die Zwecke erst aufstellen, unter denen eine vorhandene Wirklichkeit hernach revolutioniert werden soll, verfehlen die Welt des objektiven Geistes. In dieser Welt, dem Lebenszusammenhang der Institutionen, ist an sich das Gute schon realisiert: »Indem durch die Tätigkeit des objektiven Begriffs die äußere Wirklichkeit verändert... wird, so wird ihr eben dadurch die bloß erscheinende Realität genommen... Es wird darin die Voraussetzung überhaupt aufgehoben, nämlich die Bestimmung des Guten als eines bloß subjektiven und seinem Inhalte nach beschränkten Zwecks, die Notwendigkeit, ihn durch subjektive Tätigkeit erst zu realisieren, und diese Tätigkeit selbst[15]«. Wenn wir uns dieser Wirklichkeit gegenüber dennoch so verhalten, als könnten wir sie, durch bessere Einsicht belehrt, mit Willen und Bewußtsein verändern, verfallen wir einem verhängnisvollen Schein: wir wiederholen nämlich die Voraussetzung des nicht ausgeführten Zwecks nach der wirklichen Ausführung des Zwecks. Das nennt Hegel die subjektive Haltung des objektiven Begriffs: »Was den objektiven Begriff noch begrenzt, ist seine eigene Ansicht von sich, die durch die Reflexion auf das, was seine Verwirklichung an sich ist, verschwindet; er steht nur sich selbst durch diese Ansicht im Wege und hat sich darüber nicht gegen eine äußere Wirklichkeit, sondern gegen sich selbst zu richten[16]«.

Hegel hat in der Vorrede zur *Rechtsphilosophie* aus diesen Bestimmungen der *Logik* die Folgerungen gezogen. Die Philosophie kann nicht die Welt darüber, was sie sein soll, belehren; in ihrem Begriffe reflektiert sich allein die Wirklichkeit, wie sie ist. Kritisch kann sie sich nicht gegen diese richten, sondern nur gegen die Abstraktionen, die sich zwischen die objektiv gewordene Vernunft und unser subjektives Bewußtsein schieben. Philosophie kann an Fries und Burschenschaften Kritik üben, nicht an den Institutionen des Staates. Sie gibt keinen Leitfaden für eine umwälzende Praxis, sondern eine Lektion denen, die sich ihrer als Anleitung zum politischen Handeln fälschlich bedienen. Das Diktum über die Nachträglichkeit der Theorie bestimmt deren Verhältnis zur Praxis. Die politische Theorie kann nicht darauf ausgehen, »den Staat zu belehren, wie er sein soll, sondern vielmehr, wie er, das sittliche Universum, erkannt werden soll[17].«

Die politischen Schriften zeigen, daß Hegel diese Position nicht immer eingenommen hat. Nicht zuletzt diese Abweichungen machen den systematischen Reiz der um Systematik ganz unbekümmerten Gelegenheitsarbeiten aus.

»Belehrung« derer, die politisch handeln, ist die den veröffentlichten wie den unveröffentlichten Schriften zur Politik gemeinsame Absicht. Aber in jeder Schrift versteht Hegel diese Intention auf andere Weise. Die didaktische Absicht, in der er Carts Briefe übersetzt, ist in der Vorerinnerung epigrammatisch ausgesprochen. Das »Discite justiciam moniti, die Tauben aber wird ihr Schicksal schwer ergreifen« verrät eine eher konventionelle Einstellung. In der klassischen Lehre von der Politik, auch in der politischen Geschichtsschreibung von Thukydides bis zu Machiavell, ist eine exemplarische Betrachtung üblich, die an typischen Abläufen die verderblichen Folgen des politisch unklugen und praktisch verwerflichen Verhaltens vorführt. Dieses Muster steht Hegel vor Augen; er erspart es sich nur deshalb, »eine Menge Nutzanwendungen« zu geben, weil die jüngsten Begebenheiten selbst die Moral dieses Lehrstückes vom verdienten Untergang einer entarteten Aristokratie ins Buch der Geschichte eingetragen haben. Die siegreiche Berner Regierung von 1792, die nach der Niederschlagung des Aufstandes triumphiert hatte, ist inzwischen gestürzt und ihres wahren Charakters vor aller Augen überführt worden.

Während der Frankfurter Zeit, in der Schrift über die Magistratsverfassung und im Einleitungsfragment zur Verfassung Deutschlands, tritt die Belehrung aus dem traditionellen Rahmen der klassischen Politik heraus. Hegel mutet der Philosophie nun die Rolle der Kritik zu, fast schon in dem Sinne, in dem später die Junghegelianer, Marx schärfer als alle anderen, Kritik als Vorbereitung der umwälzenden Praxis in Anspruch nehmen. Hegel geht von der Positivität der vorhandenen Wirklichkeit aus. »Positiv« nennt er eine Gesellschaft, aus deren historisch erstarrten Formen der Geist entflohen ist; hier stimmen die Institutionen, Verfassungen und Gesetze mit den Interessen, Meinungen und Empfindungen nicht mehr überein. Diesen Zustand der Entzweiung hatte Hegel in den theologischen Jugendarbeiten am Zerfall der substantiellen Sittlichkeit einer verklärten Antike untersucht. In den gleichen Begriffen faßt er jetzt den Verfassungszustand seines Heimatlandes und alsbald auch den des Deutschen Reiches. Der ohnmächtigen Ängstlichkeit derer, die die Notwendigkeit einer Veränderung fühlen und gleichwohl am Bestehenden eigensinnig festhalten, stellt Hegel den Mut der Aufgeklärten gegenüber, die mit ruhigem Blick untersuchen, was zum Unhaltbaren gehört. Hegel sieht eine unausweichliche Alternative zwischen dem gewaltsamen Umsturz, »in welchem dem Bedürfnisse der Verbesserung sich Rache beigesellt«, und einer klugen Reformpraxis, »die das Wankende mit Ehre und Ruhe vollends wegschaffen und einen gesicherten Zustand hervorbringen kann«. Eine Veränderung der Wirklichkeit, welche die Positivität des erstorbenen Lebens vernichtet, ist unvermeidlich; aber im revolutionären Umsturz treibt ein blindes Schicksal die Angst, die muß, vor sich her, während der zuvorkommende Mut einer Reform, die Gerechtigkeit übt, dasselbe Schicksal mit Bewußtsein vollzieht und dessen Gewalt die Gewaltsamkeit nimmt.

In der großen Abhandlung über den *Geist des Christentums und sein Schicksal,* die Hegel in Frankfurt niederschreibt, dient die Konfrontation der Strafe des Gesetzes mit der Strafe als Schicksal einer ersten Entfaltung geschichtlicher Dialektik[18]. Die Bewegung des konkreten sittlichen Lebens steht unter der Gesetzmäßigkeit eines Schuldzusammenhangs, der einer Entzweiung der sittlichen Totalität entspringt. Sittlich nennt Hegel einen gesellschaftlichen Zustand, in dem alle Glieder zu ihrem Recht kommen und ihre Bedürfnisse befriedigen. Ein Verbrecher, der sittliche Verhältnisse verletzt, indem er fremdes Leben unterdrückt, erfährt die Macht dieses entfremdeten Lebens als feindliches Schicksal. Dabei ist die historische Notwendigkeit des Schicksals nur die reaktive Gewalt des verdrängten und abgeschiedenen Lebens, die den Schuldigen leiden läßt, bis er in der Vernichtung des fremden Lebens den

Mangel des eigenen, in der Abkehr vom fremden Leben die Entfremdung von sich selbst erfährt. In der Kausalität des Schicksals wirkt die Macht des mangelnden Lebens, die nur versöhnt werden kann, wenn aus der Erfahrung der Negativität des enzweiten Lebens die Sehnsucht nach dem verlorenen aufsteigt und dazu nötigt, in der fremden Existenz die verleugnete eigene zu identifizieren. Dann erkennen beide Parteien ihre verhärtete Stellung gegeneinander als das Resultat der Loslösung, der Abstraktion von ihrem gemeinsamen Lebenszusammenhang – und in diesem erkennen sie den Grund ihrer Existenz. Auch die Positivität des Zustandes unter der württembergischen Magistrats- und der alten Reichsverfassung trägt die Merkmale einer solchen Entzweiung, so daß Hegel in der fühlbaren Negativität die strafende Macht des reprimierten Lebens zu sehen meint. Die Umwälzung, die eintreten muß, ist das gerechte Schicksal. In der Revolution vollzieht es sich an den kämpfenden Parteien, und über sie hinweg, als Agenten und Opfern in einem. Damals in Frankfurt sieht freilich Hegel, wie auch das Einleitungsfragment zur Verfassungsschrift zeigt, noch die andere Möglichkeit einer vorbeugenden Reflexion auf das herannahende Schicksal. Diese Aufgabe weist Hegel einer Kritik zu, die das Bestehende an der konkreten Gerechtigkeit des Schicksals mißt, ihm die Maske der bloß prätendierten Allgemeinheit nimmt und die Legitimation »dem Teil des Lebens, das gefordert wird«, gibt. Der Philosoph, der das Schicksal reflektiert, kann zu einer Reform anleiten, die Gerechtigkeit übt, um nicht die furchtbarere Gerechtigkeit der blind revolutionären Gewalt zu leiden. In der vorrevolutionären Lage kommt das Interesse der Massen, die den Widerspruch zwischen dem erlaubten und dem bewußtlos gesuchten Leben erst fühlen, den Intellektuellen, die jene Natur zur Idee in sich emporgearbeitet haben, schon entgegen. Aber diese dürfen nicht bei dem Gegensatz zwischen Subjektivität und verdinglichter Welt[19] stehenbleiben und ihn melancholisch genießen, sie müssen ihn historisch begreifen. Das ist der Standpunkt der Kritik, die das beschränkte Leben mit dessen eigenem Begriff konfrontiert. Adressiert an die Herrschenden, kann eine Philosophie, die Geschichte als Schicksal begreift, den Widerspruch, von dem die unreflektierten Massen dumpf getrieben sind, artikulieren und die Hinfälligkeit des Partikularen im Spiegel des noch angemaßten allgemeinen Interesses entlarven. Die Kritik soll nicht, wie Marx es erwartet, praktische Gewalt erlangen, indem sie die Massen ergreift; sie soll praktische Wirkung erringen, indem sie das

Bewußtsein der Herrschenden verändert. Sie kann die Politiker über die Gerechtigkeit eines Schicksals belehren, das sich an ihnen objektiv vollziehen wird, wenn sie nicht den Mut aufbringen, es zu wollen.

Als Hegel Jahre später die umgearbeitete Einleitung zur Verfassungsschrift noch einmal korrigiert und ins reine schreibt, hat er diese Position preisgegeben. Diejenigen, die die geschichtlichen Ereignisse als Schicksal begreifen und aus der Geschichte lernen können, haben nicht die Macht, in den geschichtlichen Prozeß einzugreifen; während die politisch Handelnden aus den Fehlern, die sie begangen haben, keinen Nutzen ziehen. Schon zeichnet sich jene in der *Logik* begründete Arbeitsteilung zwischen den Philosophen und den Geschäftsführern des Weltgeistes ab, mit der Hegel in seinen geschichtsphilosophischen Vorlesungen eine Rückwirkung der Theorie auf Praxis ausschließen wird. Die Reflexion auf das Schicksal ist zur Nachträglichkeit verurteilt, sie kann dessen objektive Gewalt nicht mehr brechen. Schon in der Reinschrift von 1802 finden sich Formulierungen, die in der Vorrede von 1821 wiederkehren: die Philosophie, die die zeitgenössische Situation aus dem konkreten Zusammenhang welthistorischer Gerechtigkeit begreift, richtet sich kritisch allein gegen diejenigen, die zwischen die Begebenheiten und deren immanente Notwendigkeit eine Menge subjektiver Begriffe und Zwecke schieben. Die Verfassungsschrift will nur verstehen, was ist. Die Belehrung, die sie erteilen kann, nützt nur mehr den Leidenden; sie erleichtert das Ertragen des Schicksals: denn »nicht das, was ist, macht uns ungestüm und leidend, sondern daß es nicht ist, wie es sein soll; erkennen wir aber, daß es ist, wie es sein muß ..., so erkennen wir auch, daß es so sein soll«.

Nun nimmt sich die polemische Form einer Abhandlung, die unverkennbar eine politische Kampfschrift ist und mit programmatischen Vorschlägen endet, eigentümlich aus gegenüber dieser ganz unpolitischen Absicht einer stoischen Erziehung von Querulanten und Weltverbesserern zum geschichtsphilosophisch aufgeklärten Quietismus. Die Jenaer Urschrift ist denn auch zunächst nicht in diesem Geiste ausgearbeitet worden. Sie schließt zwar mit der Überzeugung, daß die Reform des Deutschen Reiches, wie sehr sie immer einem tief und bestimmt gefühlten objektiven Bedürfnis entspräche, niemals durch Kritik, sondern nur durch Gewalt zustande kommen kann: »die Einsicht in die Notwendigkeit ist zu schwach, um auf das Handeln zu wirken«. Hegel entsagt seiner

Hoffnung, daß kritische Einsicht die Praxis einer klugen Reform vorbereiten und die Gewalt des Schicksals im Medium des aufgeklärten Mutes geschmeidiger machen kann. Aber immer noch soll die nackte Gewalt des Eroberers, des großmütigen Theseus, der den Partikularismus der Fürsten zunächst einmal niederzwingt, dann zu eben der Erneuerung ausholen, die einst der Reformbereitschaft der Herrschenden unverzüglich angesonnen wurde. Es ist schon so – »der Begriff und die Einsicht führt etwas so Mißtrauisches gegen sich mit, daß er durch Gewalt gerechtfertigt werden muß, dann unterwirft sich ihm der Mensch«; allein, auch hier mutet Hegel dem philosophischen Begriff noch den kritischen Vorgriff zu, nur daß er jetzt zu seiner Verwirklichung der despotischen Gewalt bedarf.

Die neue, affirmative Einschätzung der Gewalt hängt damit zusammen, daß Hegel inzwischen von Machiavell und Hobbes den modernen Begriff des Staates rezipiert hat. Hegel hat durch seine historisch-politischen Studien der Frankfurter Zeit, zumal durch die Entdeckung der orientalischen Welt, eine entwicklungsgeschichtliche Perspektive gewonnen, in der das Griechentum nur eine Stufe repräsentiert und nicht ein Muster, auf dessen Wiederherstellung die Moderne abzielen könnte. Die Überwindung der historisch überholten Formen eines in Positivität erstarrten Zustandes wird darum nicht mehr, wie in den theologischen Jugendschriften, als Erneuerung der antiken Sittlichkeit, sondern als die Umwandlung des Reiches in einen modernen, auf zentraler Steuerverwaltung und straff organisiertem Berufsheer beruhenden bürokratischen Staat begriffen, der als solcher der Sphäre des freigelassenen bürgerlichen Privatverkehrs äußerlich bleibt. Allerdings gehen auf diesen Staat jene Attribute der Sittlichkeit über, die Hegel zunächst dem klassischen Begriff der Polis entnommen hatte[20]. Die Bestimmung der Souveränität wird deshalb verknüpft mit der Etablierung einer Macht, die die wirksame militärische Behauptung nach außen durch die Verpflichtung der Staatsbürger sichert, die Freiheit der persönlichen Existenz und ihr Leben für die Verteidigung des Ganzen aufzuopfern.

Von nun an hat die Kategorie des Krieges eine herrschende Stellung. Der Krieg ist das Medium, durch das sich das welthistorische Schicksal über die Völker erstreckt. Im Krieg bewährt sich die Gesundheit der souveränen Staaten und die politische Sittlichkeit ihrer Bürger. Die Kausalität des Schicksals wird nicht mehr als die ironische Strafe aufgefaßt, mit der die eigene Tat auf uns zurückschlägt. Jetzt entspringt sie einer Tragödie im Sittlichen, die mit dem freiwilligen Opfer der Selbstentäußerung des Absoluten an sein Anderes beginnt[21]. Auf der Grundlage des fetischisierten Opfers kann Hegel die Wirklichkeit der sittlichen Idee an der Selbstbehauptung des modernen bürgerlichen Staates und an dessen brüskem Herrschaftsapparat festmachen. Wenn aber die Opfer der Bürger, die zur Verteidigung der Gesamtheit ihres Eigentums aus ihrer privaten Existenz heraustreten, nicht nur die Asche sind, aus der sich der Staat zur Herrlichkeit seiner äußeren Kraftentfaltung erhebt, wenn vielmehr die im Inneren begründete Macht des Staates der Altar ist, auf dem allein die Bürger ihr Opfer darbringen können, dann ist die Erneuerung eines Reiches, das aufgehört hat, als ein Staat zu existieren, nur durch äußere Gewalt, durch den Triumph eines Eroberers möglich – und nicht von vornherein durch friedliche Reform der inneren Verhältnisse.

Der Triumph eines erst erwarteten Siegers kann indessen nicht gefeiert, er muß damals vom politischen Schriftsteller antizipiert werden. So tritt der Begriff des neuen Staates in der Kritik schon auf, bevor ihm die Waffen objektive Geltung verschafft haben. Wir wissen, daß Hegels Begriff des Deutschen Reiches auf den napoleonischen Schlachtfeldern nicht eingelöst worden ist. Erst am Ende der Jenaer Periode, nach Austerlitz, hat Hegel die Position erreicht, von deren Warte aus Philosophie endgültig die Rolle der Kritik an der Welt ablegen und sich auf Kontemplation beschränken kann: nun rechtfertigt der Begriff eine Wirklichkeit, die sich fertig gemacht hat, er seinerseits bedarf nicht mehr einer Rechtfertigung durch äußere Gewalt. Hegel schließt sein Kolleg am 18. September 1806 mit den Worten: »Wir stehen in einer wichtigen Zeitepoche, einer Gärung, wo der Geist einen Ruck getan, über seine bisherige Gestalt hinausgekommen ist und eine neue gewinnt. Die ganze Masse der bisherigen Vorstellungen, Begriffe, die Bande der Welt sind aufgelöst und fallen wie ein Traumbild in sich zusammen. Es bereitet sich ein neuer Hervorgang des Geistes. Die Philosophie hat vornehmlich seine Erscheinung zu begrüßen und ihn zu erkennen, während andere, ihm unmächtig widerstehend, am Vergangenen kleben und die Meisten bewußtlos die Masse seines Erscheinens ausmachen. Die Philosophie aber hat, ihn als das Ewige erkennend, ihm seine Ehre zu erzeigen[22]«.

Hegel kann die Philosophie von ihrer kritischen Anstrengung, die faule Existenz des gesellschaftlichen und politischen Lebens mit ihrem Begriff zu konfrontieren, entlasten, nachdem er aufatmend erkennt: daß der Geist einen Ruck getan, daß das Prinzip der Vernunft in die Wirklichkeit eingetreten und objektiv geworden ist. Es ist nur noch eine Frage der Zeit und der kontingenten Umstände, wann die neue Epoche über den Widerstand derer, die ihr ohnmächtig widerstehen, hinwegschreiten und in ihrem Prinzip allgemein anerkannt sein wird. Erst jetzt kann sich Hegel damit begnügen, den objektiv gewordenen Geist zu erkennen, beim Namen zu nennen und kritisch gegen die zu wenden, die die Lektion der Weltgeschichte noch nicht begriffen haben. Das ist der Tenor der Kampfschrift gegen die württembergischen Landstände. »Sie scheinen diese letzten fünfundzwanzig Jahre«, schreibt Hegel im Jahre 1817, »die reichsten, welche die Weltgeschichte wohl gehabt hat, und die für uns lehrreichsten, weil ihnen unsere Welt und unsere Vorstellungen angehören, verschlafen zu haben.«

Das abstrakte Recht und die gefeierte Revolution

Der Zeitpunkt, zu dem sich Hegel jene Perspektive geöffnet hat, 1806, legt zunächst die Vermutung nahe, daß der Geist erst mit Napoleons Sieg über Europa seinen »Ruck« getan hat. Aber so verhält es sich nicht. Nur hat Hegel damals erst, am Ende der Jenaer Zeit, den theoretischen Gesichtspunkt voll ausgebildet, unter dem er ein Ergebnis der französischen Revolution, nämlich die Durchsetzung des abstrakten Rechts, als das eigentlich Neue und Umwälzende begreifen kann.

Hegel hat schon in der Frankfurter Zeit ökonomische Studien getrieben und einen, nicht mehr erhaltenen, Kommentar zur deutschen Übersetzung von Steuarts *Staatswirtschaft* geschrieben. In Jena erarbeitet er sich dann, wie das 1802 entstandene *System der Sittlichkeit* und vor allem die Vorlesungen über die *Philosophie des Geistes* aus den Jahren 1803/06 bezeugen, in Auseinandersetzung mit der zeitgenössischen Ökonomie zum ersten Mal einen angemessenen Begriff der modernen bürgerlichen Gesellschaft. Im Zusammenhang dieses »Systems der Bedürfnisse« gewinnt auch das abstrakte Recht einen neuen Stellenwert.

Bisher hatte Hegel das abstrakte Recht, auf einer Stufe mit der Positivität allgemeiner Gesetze und der Beschränktheit der kantischen Ethik, als ein Produkt des Zerfalls der absoluten Sittlichkeit aufgefaßt. Schon in der Berner Zeit gibt die Unterscheidung zwi-

schen griechischer Phantasiereligion und positivem Christentum
die Gelegenheit, die Entstehung des formalen bürgerlichen Privatrechts aus dem Untergang der Polis und der Entstehung des römischen Universalreiches abzuleiten[23]. In dem Jenaer Aufsatz über
die wissenschaftlichen Behandlungsarten des Naturrechts ist wiederum der in Gibbons Farben gemalte »Verlust der absoluten Sittlichkeit« der Ursprung des formalen Rechts: »Mit dem allgemeinen Privatleben, und für den Zustand, in welchem das Volk nur aus
einem zweiten Stande (nämlich den Gewerbetreibenden) besteht,
ist unmittelbar das formale Rechtsverhältnis, welches das Eigen-
sein fixiert, vorhanden; und es hat sich auch die vollständigste Ausbildung der auf dasselbe sich beziehenden Gesetzgebung aus einer
solchen Verdorbenheit und universellen Erniedrigung gebildet
und entwickelt. Dieses System von Eigentum und Recht, das um
jenes Festsein der Einzelheit willen in nichts Absolutem und Ewi-
gem, sondern ganz im Endlichen und Formellen ist, muß … sich
in einem eigenen Stande konstituieren, und hier dann in seiner
ganzen Länge und Breite sich ausdehnen können[24]«. Hegel sieht
bereits die Notwendigkeit, daß diesem System des Verkehrs der
privatisierten Bürger ein relatives Recht und ein Reich zugestanden werden muß, »worin es sich festsetzen und an seiner Verwirrung und der Aufhebung einer Verwirrung durch die andere seine
völlige Tätigkeit entwickeln könne[25]« – das nämlich ist die Kehrseite der Tragödie im Sittlichen. Aber noch in der gleichzeitigen
Schrift über die Reichsverfassung ist die Sphäre der bürgerlichen
Gesellschaft nur negativ bestimmt und aus dem philosophischen
Begriff ausgeschlossen. Erst auf dem Wege über die ökonomischen
Studien gewinnt die gesellschaftliche Arbeit ein systematisches
Gewicht: so bleibt die bürgerliche Gesellschaft nicht mehr nur
Sphäre der entzweiten Sittlichkeit, sie wird zum Schauplatz der tä-
tigen Emanzipation der Gattung aus dem Naturzustand.
Schon der subjektive Geist bildet seine einsame Existenz in
Arbeitsprozessen. In der *Arbeit* macht sich das Bewußtsein zum
Ding, um sich die Dinge zu unterwerfen. Die Herrschaft über die
Natur wird im *Werkzeug* ebenso objektiv wie die auf Dauer gestellte Triebbefriedigung im *Besitz* als dem Produkt der allgemein
gewordenen Arbeit. Aber in die Sphäre des wirklichen Geistes tritt
der subjektive erst über, nachdem der Kampf um Anerkennung zu
einem System der gesellschaftlichen Arbeit und zur Emanzipation
vom Naturzustande geführt hat. Erst wenn die *Arbeitsteilung* abstrakte Arbeit, und der *Austauschverkehr* den abstrakten Genuß,

hervorbringt, wenn beide die Arbeit aller für die Befriedigung der Bedürfnisse aller ermöglichen, wird der *Vertrag* zum Prinzip eines bürgerlichen Verkehrs. Dann verwandelt sich der zufällige Besitz in ein durch allgemeine Anerkennung garantiertes *Eigentum*, und an diesem bildet sich der subjektive Geist zur Person[26]. Seitdem hat Hegel »das Moment der Befreiung, das in der Arbeit liegt« (Rechtsphilosophie § 194) nicht mehr aus dem Auge verloren[27]. Später, in der *Rechtsphilosophie,* hat er zwar den materialistischen Weg unkenntlich gemacht, auf dem er die Würde des abstrakten Rechts überhaupt erfahren hat. Unter dem Titel der Rechtspflege geht das bürgerliche Privatrecht gleichsam von außen in die moderne bürgerliche Gesellschaft ein, obwohl es doch ihr allein Entstehung und Existenz verdankt. Aber nach wie vor bindet Hegel die Existenz der Freiheit an die Grundsätze des abstrakten Rechts. Die Französische Revolution ist nur darum weltgeschichtliche Zäsur, weil sie die Realisierung dieser Grundsätze zum Resultat hat. Hegel begrüßt Napoleon in Jena auch und vor allem als den Patron des neuen bürgerlichen Gesetzbuches. Mit der Revolution, und dem großen Bonaparte als dem Vollstrecker ihres Testamentes, ist das Prinzip der Vernunft in Form der rechtlich garantierten Freiheit aller Menschen als Person Wirklichkeit geworden. Das ist die Grundlage der Kritik am württembergischen Landtag: »Man muß den Beginn der französischen Revolution als den Kampf betrachten, den das vernünftige Staatsrecht mit der Masse des positiven Rechts und der Privilegien, wodurch jenes unterdrückt worden war, einging; in den Verhandlungen der württembergischen Landstände sehen wir denselben Kampf dieser Prinzipien, nur daß die Stellen verwechselt sind... So stellte in Württemberg der König seine Verfassung in das Gebiet des vernünftigen Staatsrechts; die Landstände werfen sich dagegen zu Verteidigern des Positiven und der Privilegien auf; ja sie geben das verkehrte Schauspiel, daß sie dieses im Namen des Volkes tun, gegen dessen Interesse noch mehr als gegen das des Fürsten jene Privilegien gerichtet sind.«

Der substantielle Staat und die gefürchtete Revolution

Als er 1817 die Landständeschrift abfaßt, stimmt der politische Schriftsteller Hegel, in Anbetracht des Verhältnisses seiner Theorie zur Praxis, zum ersten und einzigen Mal ganz mit dem Logiker und Rechtsphilosophen Hegel, d. h. mit dem Selbstverständnis des

Systems überein. Nachdem die Theorie den Bildungsprozeß des Geistes begriffen hat, kann sie sich kritisch gegen die wenden, die unterhalb des Niveaus der Weltgeschichte stehen. Die Kritik richtet sich nicht mehr gegen eine Wirklichkeit, sondern gegen die Fessel eines Abstraktums, das zum Begriff der Wirklichkeit befreit werden muß.

Freilich taucht in der Landständeschrift auch schon der kritische Gesichtspunkt auf, der Hegel später veranlaßt, sich gegen die englische Reformbill zu wenden. Der Verfassungsvorschlag des Königs bindet das aktive Wahlrecht lediglich an Qualifikationen des Alters und des Einkommens. Hegel befürwortet demgegenüber eine Abstufung der politischen Rechte des Staatsbürgers nach dem bürgerlichen Status in der Gesellschaft. Er sieht die Staatsgewalt in ihrer Substanz gefährdet, wenn sich auf der Ebene der politischen Entscheidungen die gesellschaftlichen Interessen unmittelbar umsetzen. Der Filter eines berufsständisch privilegierten Wahlrechts soll die Auswahl der Abgeordneten so präjudizieren, daß in der Ständeversammlung eine politische Gesinnung herrscht, die die Unabhängigkeit der Staatsautorität von gesellschaftlichen Konflikten, denen sie steuern soll, statt bloß ihr Ausdruck zu sein, nicht untergräbt. Eine »Verwechslung des Staates mit der bürgerlichen Gesellschaft«, die die Bestimmung des Staates allein »in die Sicherheit und den Schutz des Eigentums und der persönlichen Freiheit« setzt (Rechtsphilosophie § 257), ist aber die Gefahr, die mit der Julirevolution von neuem akut wird. In Frankreich wird das Wahlrecht demokratisiert, in England steht eine Wahlrechtsreform vor der Tür. So schließt Hegel sein Pamphlet gegen die englische Reformbill mit der beschwörenden Warnung vor der Macht des Volkes und einer Opposition, die verleitet werden könnte, »im Volke ihre Stärke zu suchen und dann statt einer Reform eine Revolution herbeizuführen«.

Es scheint mir wenig überzeugend, die Indolenz des alten Hegel und seine Kassandrarufe, die so wenig mit der Selbstsicherheit eines Systems der zur Vernunft gebildeten Wirklichkeit und des selbstbewußten Geistes zusammenstimmen wollen, bloß psychologisch zu nehmen. Und wenn es schon, wie Rosenzweig meint, die schiere Revolutionsfurcht ist, die Hegel damals umtreibt, so besteht kein Grund, diese tagespolitische Einstellung nun plötzlich von systematischen Auffassungen zu trennen. Ist Hegels Pessimismus, der sich am Ende seines Lebens, wie Briefe bezeugen, zur Unsicherheit steigert, vielleicht Symptom einer tieferen Unruhe,

einer Beunruhigung, die nicht auf den privaten Lebensbereich eingeschränkt ist, sondern, Hegel noch kaum bewußt, von beginnenden Zweifeln an der Theorie selbst herrühren mochte?

Wir können zum Vergleich eine Stelle aus den etwas früheren Vorlesungen zur Philosophie der Religion heranziehen. Am Schluß des
Kollegs setzt sich Hegel mit jener heiklen Frage der ›Aufhebung‹
der Religion in Philosophie auseinander, die nach Hegels Tod
durch Kontroversen unter den Schülern eine politisch so folgenreiche Bedeutung gewann. Der Philosophie stellt Hegel die Aufgabe, die Inhalte der Religion, zumal der christlichen, indem sie ihnen die Form des Glaubens abstreift, vor der höheren Instanz der
Vernunft zu rechtfertigen. Die Reflexion ist ohnehin im Zuge der
Aufklärung in die Religion eingebrochen: »Das Denken, das so
begonnen, hat keinen Aufenthalt mehr, führt sich durch, macht das
Gemüt, den Himmel und den erkennenden Geist leer und der religiöse Inhalt flüchtet sich dann in den Begriff. Hier muß er seine
Rechtfertigung erhalten[28]…«. Nun kann diese religiöse Erkenntnis, die den Glauben ablöst, ihrer philosophischen Natur wegen
nicht allgemein verbreitet werden. Hegel, hinter die Intention der
Aufklärung zurückfallend, hat ja den Boden des parmenideischen
Grundvorurteils abendländischer Philosophie, daß die Vielen von
der Partizipation am Seienden ausgeschlossen sind, niemals verlassen. Deshalb muß die Wahrheit der Religion, sobald sie sich in den
Begriff flüchtet, von der Gemeinde der Gläubigen in die der Phi-
losphen übersiedeln und ihre allgemeine Anerkennung verlieren.
Der öffentliche Atheismus der sogenannten Gebildeten wird auch
die Armen, die bis dahin im Stande der unbefangenen Religion gelebt haben, ergreifen. Gegen diesen Verfall des Glaubens kann
auch die Macht des Staates nichts ausrichten. Die Folgen der Ent-
mythologisierung sind unaufhaltsam. Gerade die Erfüllung der
Zeit, deren Signum das Bedürfnis nach der Rechtfertigung durch
den Begriff ist, geht zusammen mit einer Demoralisierung des Volkes: »Wenn den Armen nicht mehr das Evangelium gepredigt
wird, wenn das Salz dumm geworden und alle Grundfesten stillschweigend hinweggenommen sind, dann weiß das Volk, für dessen gedrungen bleibende Vernunft die Wahrheit nur in der Vorstellung sein kann, dem Drange seines Innern nicht mehr zu helfen[29]«.

In unserem Zusammenhang ist die stoische Ruhe und Gelassenheit
bemerkenswert, mit der Hegel diese Entwicklung antizipiert. Er
spricht unterkühlt von einem »Mißton«, der in der Wirklichkeit

vorhanden sei. Für die Philosophie, und durch sie, wird er aufgelöst, denn sie erkennt in der Offenbarung die Idee. Aber diese Versöhnung ist nur partiell, sie hat nur für den »isolierten Priesterstand der Philosophen« Geltung. Die Rückwirkung, die der Übergang von einer Stufe des absoluten Geistes zur anderen in der Welt des objektiven hat, diese Erschütterung der sittlichen Totalität, kann nicht durch Philosophie besänftigt werden: »Wie sich die zeitliche, empirische Gegenwart aus ihrem Zwiespalt herausfinde, wie sie sich gestalte, ist ihr zu überlassen und ist nicht die unmittelbare praktische Sache und Angelegenheit der Philosophie[30]«.

Diese Enthaltsamkeit der Theorie, die zugleich deren Überlegenheit und Ohnmacht angesichts einer praktisch so folgenreichen Gefahr spiegelt, ist konsequent im Sinne der zwingenden Voraussetzungen des Systems. Aber derselbe Hegel verliert, kurze Zeit darauf, im Anblick jener anderen Gefahr, die zum zweiten Male von Paris ausgeht, die philosophisch gebotene Gelassenheit und versucht, wiederum in der Rolle des politischen Schriftstellers, auf die Praxis Einfluß zu nehmen. Damit setzt er sich in Widerspruch zu seinem System.

Für Hegel ist, wie die verschiedenen Konstruktionen der Stände seit Jena, dem System der Sittlichkeit und dem Naturrechtsaufsatz, bezeugen, das Verhältnis von Staat und Gesellschaft stets ein Problem gewesen. In der Rechtsphilosophie schließlich hat er eine tentative Lösung gefunden. Sie gestattet es, die moderne bürgerliche Gesellschaft als einen antagonistischen Zwangszusammenhang zu begreifen, und gleichwohl ihr gegenüber den modernen Staat, wie schon in der Verfassungsschrift, im Stande einer substantiellen Gewalt zu belassen. Der Staat wird nicht aus Funktionen jener Gesellschaftsstruktur als ein Not- und Verstandesstaat bestimmt, sondern in der politischen Gewalt stellt sich, durch das System der Bedürfnisse nur vermittelt, die absolute Sittlichkeit einer aristotelischen Ordnung des guten Lebens wieder her. Die Vermittlung jenes modernen, im rationalen Naturrecht und der politischen Ökonomie ausgebildeten Begriffs der bürgerlichen Gesellschaft mit dem klassischen Begriff der politischen Herrschaft gelingt freilich nur mit Hilfe von Instanzen, die sich zwischen Staat und Gesellschaft schieben. Hegel findet sie, rückwärtsgewandt, in einer korporativen Gliederung der Gesellschaft und in einer organisch zusammengesetzten Ständeversammlung. Gemessen an dieser ständestaatlichen Konstruktion mußten die zeitgenössischen, in Frankreich und England je auf ihre Weise entwickelten Elemente des liberalen Rechtsstaats als rückständig gelten. Hegel hat sie in der Tat als Elemente einer Wirklichkeit denunziert, die hinter dem welthistorisch schon geltenden Prinzip, hinter Preußen zurückbleiben.

Aber wenn es sich so verhielt, warum konnte sich Hegel dann nicht bei dem Gedanken beruhigen, für den er aus der Weltgeschichte oft Beispiele zu nennen wußte: daß der Geist lange Zeiten braucht, um ein Prinzip, das an einem Ort ausgesprochen und objektiv geworden ist, allgemein zu machen? Stattdessen verfaßt Hegel, der preußische Universitätslehrer in Berlin, eine politische Kampfschrift gegen eine Gesetzesvorlage der Londoner Regierung.

Hegels gelassener Pessimismus, der, wie in den religionsphilosophischen Vorlesungen, im Untergang einer Zeit die Zeichen ihrer Vollendung erkennt, weicht dem furchtsamen Pessimismus seiner letzten politischen Schrift, weil der Zweifel aufkommt, ob nicht Frankreich und England eher als Preußen die Wirklichkeit repräsentieren, in die sich das herrschende Prinzip der Geschichte am tiefsten eingebildet hat. Vielleicht hat Hegel doch schon einiges von dem geahnt, was Marx gegen Hegels Staatsrecht ein Jahrzehnt später einwenden wird: daß sich jene politischen Stände der vorbürgerlichen Gesellschaft, an deren Residuen Hegel die Autorität seines Staats festmacht, in ›soziale‹ Stände, in Klassen aufgelöst haben. Ihnen immer noch die Funktion einer Vermittlung von Staat und Gesellschaft zuzuweisen, wäre dann der ohnmächtig restaurative Versuch, »in der politischen Sphäre selbst den Menschen in die Beschränktheit seiner Privatsphäre zurückzustürzen[31]«. Dann fiele Hegels Kritik an Julirevolution und Reformbill auf ihn selbst zurück. Er wäre es, der die faktisch vollzogene Trennung von Staat und Gesellschaft durch das Abstraktum einer neuständischen Verfassung, durch die Hypostasierung rückständiger preußischer Verhältnisse, durch eine »Reminiszenz«, wie Marx sich ausdrückt, verleugnete.

Hegel scheint gefühlt zu haben, daß seine Kritik sich nun nicht mehr, wie noch 1817, gegen einen vom Gang der Weltgeschichte überholten Subjektivismus richtet, sondern gegen die Folgen derselben Revolution, die Hegel gefeiert hat, solange sich die Grundsätze des abstrakten Rechtes in den Grenzen des bürgerlichen Privatrechts hielten und nicht auf die politischen Gleichheitsrechte erstreckten. Die Kritik, in die sich die Philosophie unter der Hand des Publizisten Hegel noch stets umgesetzt hat, wechselt ein letztes Mal ihre Stellung: wiederum kehrt sie sich, wie in Jugendtagen, gegen die Objektivität wirklicher Verhältnisse, aber diesmal nicht wie ehedem gegen einen in Positivität erstarrten Weltzustand, sondern gegen den lebendigen Geist der sich fortzeugenden Revolution selber. Hegel spürt den Wind nicht mehr im Rücken.

Politischer Schriftsteller wird Hegel am Ende seines Lebens noch einmal, weil er durch den Gang der Ereignisse nicht nur sich, sondern die Theorie selbst angegriffen sieht. Freilich kann die Aktualität des Tages, der sich der Publizist stellt, die Philosophie überhaupt herausfordern, weil sie, die Dialektik ist, beansprucht, das Perennierende im Untergang des ewig Vergänglichen zu begreifen.

Hegels politische Philosophie heute

Hegels politische Philosophie läßt sich nicht umstandslos auf die Ebene des 20. Jahrhunderts projizieren. Die Nazis haben versucht, Hegel für den totalen Staat zu reklamieren[32]. Nicht vorsichtiger verfahren die unschuldigeren Apologeten der offenen Gesellschaft, die in abstrakter Umkehrung die alte Legende noch einmal bestätigen[33]. Beide Interpretationen sind, Spielarten derselben Melodie, bereits von Marcuse und Ritter nachdrücklich widerlegt worden. Der Hegel, der dem terroristischen Vollzug der bürgerlichen Revolution, niemals aber deren Idealen entgegengetreten ist, der die historisch fortschrittlichen Grundsätze des rationalen Naturrechts gegen die neuen Ultras ebenso heftig verteidigt hat wie gegen die altfränkischen Traditionalisten, dieser Hegel kann schwerlich zum Erblasser für Carl Schmitt oder für Binder, Larenz und andere umstilisiert werden. Nicht ganz so fatal, aber ebensowenig überzeugend ist andererseits die Neigung, den politischen Denker Hegel ins juste Milieu westlicher Demokratien einzupassen, ihn ehrenhalber zum Liberalen zu ernennen[34]. Beides unterscheidet Hegel eklatant von den zeitgenössischen Liberalen und der kommoden Gesinnung seiner liberalen Schüler: einerseits die schonungslose Radikalität in der Erkenntnis der Dynamik geschichtlicher Entwicklungen (Rechtsphilosophie §§ 243 bis 248) und andererseits die eigentümliche Enge des durch protestantische Beamtentradition auch wiederum entpolitisierten und aufs Preußische eingeschränkten Blicks.

Hegel stellt uns heute vor die Aufgabe, die für ihn nicht unehrenhaft sein kann: das Mißverhältnis zu begreifen zwischen der umfassenden Kraft der Enzyklopädie, die noch einmal die Substanz einer ganzen Welt in Philosophie aufzehrte, und den heimlichen Grenzen des Horizonts, die eine Bodenständigkeit in undurchschauten Traditionen verraten. Auch Hegel selber hat seine Zeit und seine Verhältnisse nicht übersprungen[35]. Und das waren, wie Marx bemerkt, Verhältnisse eines Landes, das die Restaurationen der modernen Völker geteilt hat, ohne ihre Revolutionen zu teilen. Auch in Hegel setzt sich, gegen seinen eigenen Anspruch, eine Partikularität fort, die deutsche Philosophie ihrer Entfremdung vom westlichen Geist verdankt. Sie zu überwinden mußte einem rheinischen Juden im Londoner Exil leichter fallen als dem Tübinger Stiftler und preußischen Beamten im Berlin der Restauration[36].

1 W. R. Beyer, Zwischen Phänomenologie und Logik, Hegel als Redakteur der Bamberger Zeitung, Frankfurt 1955.
2 H. Fulda, Das Problem einer Einleitung in Hegels Wissenschaft der Logik, Frankfurt 1965.
3 Die im folgenden erwähnten Schriften sind enthalten in: Hegel, Politische Schriften, Frankfurt 1966.
4 H. Falkenheim, Eine unbekannte politische Druckschrift Hegels, in: Preußische Jahrbücher Bd. CXXXVIII, 1909.
5 Vgl. F. Rosenzweig, Hegel und der Staat, 2 Bde., München/Berlin 1920, S. 47 ff.
6 K. Hoffmeister, Dokumente zu Hegels Entwicklung, Stuttgart 1936, S. 248 ff. u. S. 549 ff.
7 R. Haym, Hegel und seine Zeit (1857), Darmstadt 1962.
8 K. Rosenkranz, Apologie Hegels gegen Dr. R. Haym, Berlin 1858.
9 F. Rosenzweig, a. a. O. S. 61 ff.
10 Ebd., S. 88 ff.; Hoffmeister a. a. O. S. 468 ff.
11 W. R. Beyer, Hegels Mitarbeit am ›Württembergischen Volksfreund‹, in: Zeitschrift für Philosophie, Jg. 14 14, 1966, 709 ff.
12 F. Rosenzweig, a. a. O. S. 48 ff.
13 Hegel, Sämtliche Werke ed. Glockner, Bd. 11, S. 563.
14 Hegel, Wissenschaft der Logik, Zweiter Teil, Sämtliche Werke, ed. Glockner, Bd. IV, 1934, S. 477 ff.
15 Ebd., S. 483.
16 Ebd., S. 482.
17 Vgl. die abweichende Interpretation bei H. F. Fulda, Das Recht der Philosophie in Hegels Philosophie des Rechts, Frankfurt 1968.
18 Hegel, Theologische Jugendschriften, ed. Nohl, S. 267–293.
19 G. Rohrmoser, Subjektivität und Verdinglichung, Gütersloh 1961; ders., Emanzipation und Freiheit, München 1970, bes. Kap. 4: Theologie und Gesellschaft.
20 M. Riedel, Tradition und Revolution in Hegels ›Philosophie des Rechts‹, in: Studien zu Hegels Rechtsphilosophie a. a. O. S. 100 ff.
21 Wissenschaftliche Behandlungsarten des Naturrechts, Hegel, Sämtliche Werke, ed. Glockner, Bd. 1, S. 500 ff. Vgl. dazu M. Riedel, Hegels Kritik des Naturrechts, in: Studien zu Hegels Rechtsphilosophie a. a. O. S. 42 ff.

22 K. Hoffmeister, a. a. O. S. 352.
23 Hegel, Theologische Jugendschriften, ed. Nohl, S. 219–229.
24 Hegel, Sämtliche Werke, ed. Glockner, Bd. 1, S. 497 f.
25 Ebd.
26 Hegel, Jenenser Realphilosophie, Sämtliche Werke, ed. Glockner, Bd. 19, S. 218–241; Bd. 20, S. 194–225.
27 G. Lukács, Der junge Hegel, Neuwied 1967; vgl. auch meine Untersuchung: Arbeit und Interaktion, in: Technik und Wissenschaft als ›Ideologie‹, Frankfurt 1968.
28 Hegel, Sämtliche Werke, ed. Glockner, Bd. 16, S. 351 f.
29 Ebd., S. 355.
30 Ebd., S. 356.
31 Marx/Engels, Werke Bd. I, Berlin 1958, S. 285.
32 E. Topitsch, Die Sozialphilosophie Hegels als Heilslehre und Herrschaftsideologie, Neuwied 1967, bes. S. 63 ff. Angemessener urteilt: H. R. Rotleuthner, Die Substantialisierung des Formalrechts, in: O. Negt, Aktualität und Folgen der Philosophie Hegels a. a. O. S. 215 ff.
33 K. R. Popper, Die offene Gesellschaft und ihre Feinde, Bern 1958, Bd. II.
34 E. Fleischmann, La philosophie politique de Hegel, Paris 1964.
35 Gegen diese These, die nach meiner Auffassung ein Vorwurf nicht sein kann, nehmen Hegel diejenigen in Verwahrung, die sich in Anknüpfung an theologische Überlieferungen anheischig machen, Hegels Lehre vom absoluten Geist zu retten. Neben Theologen wie Küng und Pannenberg sind hier, trotz ihrer im übrigen konträren Position, auf der einen Seite B. Liebrucks, Sprache und Bewußtsein, 5 Bde., Frankfurt 1964 ff. und auf der anderen Seite M. Theunissen, Hegels Lehre vom absoluten Geist als theologisch politischer Traktat, Berlin 1970 zu nennen.
36 Zur kritischen Hegelrezeption vgl. O. Negt, Aktualität und Folgen der Philosophie Hegels, Frankfurt 1970.

5. Dialektischer Idealismus
im Übergang zum Materialismus –
Geschichtsphilosophische Folgerungen aus
Schellings Idee einer Contraction Gottes

Schelling ist kein politischer Denker. Er hat im Laufe seiner philosophischen Lebensgeschichte dreimal eine Theorie der politischen Ordnung, in der Sprache des Systems: eine Deduktion des Staates entworfen. Bei diesen gelegentlichen Skizzen ist es geblieben. Aber erstaunlich daran ist nicht das offenkundige Desinteresse des Autors an diesem Gegenstand, also das Sporadische dieser drei Ableitungsversuche, sondern deren Inkompatibilität. Die Deduktionen wählen jedesmal einen anderen Ansatz und führen zu Resultaten, die einander ausschließen.

Drei Deduktionen des Staates

Der junge Schelling hatte sich naturphilosophisch im spekulativ erweiterten Gebrauch der von Kant restriktiv gehandhabten Urteilskraft geübt. Bei dem ersten Versuch, diese Naturphilosophie durch eine Philosophie des Geistes systematisch zu ergänzen[1], lag es darum nahe, auch den Ideen der Kantischen Geschichtsphilosophie konstitutive Geltung zu vindizieren: der praktischen Absicht einer »vollkommen gerechten Ordnung« sind die theoretischen Skrupel der durch Fichte, wie es schien, erst zu Ende gedachten Kritik der reinen Vernunft genommen. In diesem Rahmen reklamiert Schelling Kants Rechtslehre für die Identitätsphilosophie. Die Menschen, als Vernunftswesen, handeln frei; ob jeder einzelne sein Handeln durch die Möglichkeit des freien Handelns aller übrigen einschränkt, steht darum seiner Willkür anheim. Das Heiligste aber darf nicht dem Zufall anvertraut sein; es muß vielmehr »durch den Zwang eines unverbrüchlichen Gesetzes unmöglich gemacht sein, daß in der Wechselwirkung aller die Freiheit des Individuums aufgehoben werde«[2]. Es bedarf eines »Naturgesetzes zum Behuf der Freiheit«: eben eine nach Grundsätzen der praktischen Vernunft eingerichtete, aber von den automatisch ausgelösten Sanktionen der Staatsgewalt verbürgte Rechtsordnung. Diese muß in der Art eines Naturmechanismus wirken können[3]. Das vernünftige Naturrecht wäre, ganz im Sinne Kants, dauerhaft begründet in der republikanischen Ordnung eines jeden Staates und in der weltbürgerlichen Föderation aller Staaten miteinander. Eine solche universelle Rechtsverfassung ist aber »nur durch die ganze Gattung, das heißt eben nur durch Geschichte realisierbar«[4]. Deren allmähliches Entstehen ist »das einzig wahre Objekt der Historie«. Diese Idee der Geschichts*betrachtung* setzt die Identitätsphilosophie leichtfüßig in einen spiritus rector der Geschichte selber um.

Wie sollte aus dem unentrinnbaren Widerspruch aller einzelnen Handlungen, aus dem völlig gesetzlosen Spiel der Freiheit am Ende noch etwas Vernünftiges herauskommen, wenn nicht Geschichte im ganzen aus einer absoluten Synthese aller Handlungen entspringen würde, »in welcher, weil sie absolut ist, alles im voraus so abgewogen und berechnet ist, daß alles, was auch geschehen mag, so widersprechend und disharmonisch es scheinen mag, doch in ihr seinen Vereinigungsgrund habe und finde«[5]. Vor dem überlegenen Maßstab absoluter Identität ist die Erfahrung der moralischen Freiheit des Handelnden ebenso zur Erscheinung herabgesetzt, wie die der Naturkausalität für den Erkennenden. Die christlichbarocke Allegorie des Weltendramas findet eine harmonistische Auflösung: »Wenn wir uns die Geschichte als ein Schauspiel denken, in welchem jeder, der daran teilhat, ganz frei und nach Gutdünken seine Rolle spielt, so läßt sich eine vernünftige Entwicklung dieses verworrenen Spiels nur dadurch denken, daß es ein Geist ist, der in allem dichtet, und daß der Dichter, dessen bloße Bruchstücke die einzelnen Schauspieler sind, den objektiven Erfolg des Ganzen mit dem freien Spiel aller Einzelnen schon im voraus so in Harmonie gesetzt hat, daß am Ende wirklich etwas Vernünftiges herauskommen muß. Wäre nun aber der Dichter unabhängig von seinem Drama, so wären wir nur die Schauspieler, die ausführen, was er gedichtet hat. Ist er nicht unabhängig von uns, so offenbart und enthüllt er sich nur sukzessiv durch das Spiel unserer Freiheit selbst, so daß ohne diese Freiheit auch er selbst nicht wäre, so sind wir Mitdichter des Ganzen und Selbsterfinder der besonderen Rolle, die wir spielen.«

Dieser in der Geschichte sich offenbarende Gott hat die eher ästhetisch verklärten als historisch gebrochenen Züge seiner Göttlichkeit genuin einer Philosophie der Kunst entliehen, die die Renaissance des Bruno in die Sprache des Novalis übersetzt.

Schellings zweiter Versuch einer Theorie der politischen Ordnung bezieht sich auf den ersten, unausgesprochen, allenfalls negativ. In den »Stuttgarter Privatvorlesungen[6]«, zehn Jahre nach dem »System des transzendentalen Idealismus«, heißt es lakonisch: »Es ist bekannt, wie viele Mühe man sich, besonders seit der Französischen Revolution und den Kantischen Begriffen, gegeben hat, eine Möglichkeit zu zeigen, wie mit der Existenz freier Wesen Einheit vereinbar, also ein Staat möglich sei, der eigentlich nur die Bedingung der höchstmöglichen Freiheit der Einzelnen sei. Allein dieser in unmöglich. Entweder wird der Staatsmacht die gehörige Kraft entzogen, oder wird sie ihr gegeben, dann ist Despotismus da[7].« Mit einem Hinweis auf Fichte bemerkt Schelling, daß nicht zufällig die konsequentesten Köpfe über der Idee einer vollkommen gerechten Ordnung auf den ärgsten Despotismus geraten seien. Die Deduktion des Staates steht, an dieser Stelle, im Zusammenhang der Weltalterphilosophie, und zwar dient sie zum Erweis jenes der Erfahrung entzogenen, aber in seinen Folgen sich aufdrängenden Ereignisses, das Schelling, seit 1804, zunächst mythologisch als den Abfall des ersten Menschen von Gott umschreibt. Den »größten Beweis« für das Zurücksinken der Menschen in Natur sieht er eben in der Tatsache des Staates. Wie die Natur durch den Menschen, so hat auch die Menschheit selbst durch jene Tat ihre »Einheit« verloren; als von Gott getrennte Vernunftswesen müssen sie statt der wahren Einheit *in* ihm nun ihre eigene Einheit suchen, ohne sie finden zu können: »Die Natureinheit, diese zweite Natur über der ersten, zu welcher der Mensch notgedrungen seine Einheit nehmen muß, ist der Staat; und der Staat ist daher, um es gerade herauszusagen, eine Folge des auf der Menschheit ruhenden Fluchs[8].« Was einst als Vorzug des staatlich institutionalisierten rechtlichen Zwangs erschien, daß er nämlich Legalität der Handlungen gleichsam durch einen Mechanismus der Natur verbürgt, wird ihm jetzt als Mangel angerechnet. Damit ist allerdings die Schwierigkeit eines Systems bezeichnet, das die Unterscheidungen der Reflexionsphilosophie nicht gelten läßt, und, wie das Hegelsche, die Macht der zweiten Natur erst in der Gestalt gewordenen Sittlichkeit als dauerhaft begründet anerkennt: »Der Staat, wenn er auch nur mit einiger Vernunft regiert ist, weiß wohl, daß er mit bloß physischen Mitteln nichts ausrichtet, daß er höhere und geistige Motive in Anspruch nehmen muß. Aber er kann über diese nicht gebieten, sie liegen außer seiner Gewalt, und gleichwohl rühmt er sich, einen sittlichen Zustand hervorbringen zu können, also eine Macht zu sein wie die Natur… Daher ist jede Einheit, die auch in einem Staat entsteht, doch immer nur prekär und temporär[9].«

Solange die politische Einigung der Gesellschaft auf den physischen Zwangsmitteln des Staates basiert, ist die wahre Einheit der menschlichen Gattung nicht gefunden; dazu bedarf die Menschheit zuvor der Fähigkeit, »den Staat, wo nicht entbehrlich zu machen und aufzuheben, doch zu bewirken, daß er selbst allmählich sich von der blinden Gewalt befreie… und zur Intelligenz verkläre[10]«. Die kaum verhüllte anarchistische Konsequenz erspart es Schelling denn auch, in die traditionell verbindliche Diskussion über die beste Form des Staates einzutreten. 1800 hatte er sich eindeutig für die demokratische Republik entschieden; 1810 ist diese Frage gleichgültig geworden. Der Staat als Staat, die Zwangsanstalt nämlich, in der Herrschaft als die Substanz des Politischen unvermindert in Kraft ist, bleibt ja untrügliches Zeichen einer währenden Korruption der ursprünglich intakten Ordnung von Menschheit und Natur.

Noch einmal vier Jahrzehnte später führt der dritte Versuch einer Theorie der politischen Ordnung[11] zu einer Verwerfung der beiden früheren. Ganz der Wahrheit entgegen sei der Versuch, »den Staat selbst, das heißt den Staat in seiner Grundlage aufzuheben, praktisch durch Staatsumwälzungen, die, wenn beabsichtigt, ein Verbrechen ist…; theoretisch durch Doktrinen, die den Staat soviel wie möglich dem Ich gerecht und genehm machen möchten«[12]. Damit sind nicht etwa die aus Frankreich einströmenden frühsozialistischen Theorien gemeint oder gar das Kommunistische Manifest, das wenige Jahre zuvor eine gewisse Publizität erlangt hatte; gemeint ist die vom jungen Schelling selbst einst emphatisch geteilte und spekulativ überhöhte Lehre, der maßvolle Rousseauismus des Königsberger Philosophen: »Es ist diese, wie gesagt, im Dienst des Ich stehende Vernunft, die hier, wo nicht ein rein theoretisches, sondern ein praktisches Interesse vorwaltet, nur zugleich sophistisch sein, und die folgerecht nur zur völligen Selbstherrlichkeit des Volks, das heißt der unterschiedlosen Massen, fortgehen kann, wo alsdann, weil ein Schein von Verfassung doch nicht zu vermeiden ist, das Volk beides, Oberhaupt und Untertan, sein muß, wie Kant erklärt, Oberhaupt als das vereinigte Volk selbst, Untertan als vereinzelte Menge[13].«

Freilich bringt Schelling auch in seiner Spätphilosophie den Staat mit jenem Abfall des ersten Menschen in Zusammenhang; aber nun erscheint er nicht mehr als der beweiskräftige Ausdruck einer verkehrten Welt, sondern als heilsame Gewalt gegen die Verkehrung selbst. Der Mensch ist die intelligible Ordnung, von der er sich losgerissen hat, dem Staat als ihrem Statthalter auf Erden schuldig geworden: »Diese äußere mit zwingender Gewalt ausgerüstete Vernunftordnung ist der Staat, der materiell eine bloße Tatsache ist und auch nur eine tatsächliche Existenz hat, aber geheiligt durch das in ihm lebende Gesetz, das nicht von dieser Welt, noch von Menschen ist, sondern sich unmittelbar von der intelligiblen Welt herschreibt. Das zur tatsächlichen Macht gewordene Gesetz ist die Antwort auf jene Tat, durch welche der Mensch sich außer der Vernunft gesetzt hat; dies die Vernunft in der Geschichte[14].« Der Positivismus der Schellingschen Spätphilosophie führt hier zu einer, der Hegelschen Vermittlung von Moralität und Sittlichkeit entratenden, unvermittelten Identifikation der in den existierenden Staaten ausgeübten Autorität mit der obligatorischen Durchsetzung einer der Menschheit abstrakt gegenübergestellten, zum eigentlich Seienden hypostasierten Sittenordnung. Der Staat ist in diesem Stadium des weltgeschichtlichen Prozesses eo ipso Instanz der Restitution: »Der Staat ist die der tatsächlichen Welt gegenüber selbst tatsächlich gewordene intelligible Ordnung. Er hat daher eine Wurzel in der Ewigkeit, und ist die bleibende, nie aufzuhebende, weiterhin auch nicht zu erforschende Grundlage des ganzen menschheitlichen Lebens und aller ferneren Entwicklung, Vorbedingung, welche zu erhalten alles aufgeboten werden muß in der eigentlichen Politik, wie im Krieg, wo der Staat Zweck ist[15].« Demgegenüber hatte es 1810 geheißen: »Die höchste Verwicklung entsteht durch die Kollision der Staaten untereinander, und das höchste Phänomen der nicht gefundenen und nicht zu findenden Einheit ist der Krieg[16].«

Nun verlohnte es der Erinnerung an diese drei widerspruchsvollen Versuche nicht, wenn sie eine geradlinige Entwicklung Schellings vom revolutionär gesonnenen Tübinger Stiftler zum kirchlich-konservativen Staatsphilosophen der romantisch geheißenen Reaktion unter Friedrich Wilhelm IV. geistesgeschichtlich dokumentierten – für seine Generation war der Weg vom Republikaner zum Monarchisten, so wenig das von Weitsicht auch zeugen mochte, nicht eben originell. Eigentümlich ist aber der Umweg über jene zweite Version der Staatsphilosophie, die zur Negierung des Staates als solchen führt. Ich möchte mich des systematischen Zusammenhangs, aus dem dieses Motiv hervorgeht, versichern, um es als Symptom einer Krise zu deuten, in der Schelling als einziger der großen Idealisten an den Rand des Idealismus selbst getrieben worden ist.

Die Korruption der Welt und das Problem eines absoluten Anfangs

Hegels berühmte Abrechnung mit Schellings Begriff der absoluten Identität und dem ihr entsprechenden Akt der intellektuellen Anschauung trifft noch den Schelling des »Bruno«. Dieser Identitätsphilosophie war es in der Tat nicht »ernst mit dem Anderssein und der Entfremdung, sowie mit dem Überwinden dieser Entfremdung«; ihrem Absoluten fehlte in der Tat »der Ernst, der Schmerz, die Geduld und Arbeit des Negativen«[17]. Allein, in einer Abhandlung, die sich als bloße Fortsetzung des »Bruno« ausgab, hatte Schelling diese Kritik aus der Vorrede zur »Phänomenologie des Geistes« stillschweigend um zwei Jahre vorweggenommen. Hier, in der Schrift über »Philosophie und Religion«, findet sich zum letzten Mal eine Definition der intellektuellen Anschauung im affirmativen Sinne[18]; zum ersten Mal jedoch stellt sich auch die »Abkunft der endlichen Dinge aus dem Absoluten« so aufdringlich als Problem, daß Schelling einen steten Übergang vom Absoluten zum Wirklichen leugnen zu müssen glaubt. Dieser sei vielmehr nur als ein »vollkommenes Abbrechen von der Absolutheit, durch einen Sprung« denkbar[19].

Gegenüber denen, die, wie aus der Pistole geschossen[20], aus ihrer intellektuellen Anschauung anfangen wollten, bestimmt Hegel den »Anfang« der Philosophie damals, 1807, als den »Anfang des Herausarbeitens aus der Unmittelbarkeit des substantiellen Lebens«, aus der Gestalt des Bewußtseins also, in der es sich als ein in der Äußerlichkeit befangenes Wissen immer schon vorfindet: der erscheinende Geist befreit sich aus der Unmittelbarkeit der sinnlichen Gewißheit zum reinen Wissen und hat damit den Begriff der Wissenschaft zum Resultat der Erfahrung des Bewußtseins. Die Phänomenologie des Geistes, die die Wahrheit des Standpunktes des reinen Wissens allererst entwickelt, ist so die Voraussetzung der reinen Wissenschaft, nämlich der Logik. In dieser Reihenfolge war ja ursprünglich das System konzipiert. Allerdings stellt Hegel zu Beginn des ersten Bandes der Großen Logik dieselbe Frage noch einmal zur Diskussion: womit muß der Anfang der Wissenschaft gemacht werden?[21]

Er wendet sich gegen das hypothetische oder problematische Verfahren, das mit einer willkürlichen Erscheinung als dem »äußerlich Angenommenen und bittweise Vorausgesetzten« beginnt, um hernach, durch den folgerichtigen Gang der Untersuchung selbst, die Annahme zu bewähren, eben das zuerst bloß Vorausgesetzte nachträglich als das wahre Erste zu erweisen, ganz so, wie allerdings die Phänomenologie das Bewußtsein von seiner äußeren Erscheinung zum reinen Wissen zurückführt. Die Philosophie als ein System gestattet aber nicht, daß der Anfang, allein darum, weil erst das Resultat als der absolute Grund hervortritt, etwas Provisorisches sein dürfte: »es muß doch die Natur der Sache und des Inhalts selbst bestimmend sein«. Die Wissenschaft des erscheinenden Geistes taugt deshalb, wie Hegel schon 1817, in der Heidelberger Enzyklopädie (§ 36) ausdrücklich feststellt, so wenig zum absoluten Anfang der Philosophie wie eine der Realphilosophien überhaupt – sie alle haben die Logik ihrerseits zur Voraussetzung. Der alte Hegel betrachtet denn auch die »Phänomenologie des Geistes« als eine eigentümliche Arbeit, die nicht mehr umzugestalten sei; er schließt sie bekanntlich aus dem Systemverband aus und verbraucht sozusagen ihren Titel für einen Unterabschnitt in der Philosophie des subjektiven Geistes.

Schon in jenem Anfangskapitel der Großen Logik ist diese Liquidierung halb und halb vollzogen: »soll aber keine Voraussetzung gemacht, der Anfang selbst unmittelbar genommen werden« – statt ihn durch das reine Wissen, den Standpunkt der Phänomenologie des Geistes vermitteln zu lassen –, »so bestimmt er sich nur dadurch, daß es der Anfang der Logik, des Denkens für sich, sein soll…, der Anfang ist also das reine Sein«[22]. Freilich bleibt Hegel auch dabei nicht stehen. Um nämlich das reine Sein als solches zu isolieren, muß das reine Wissen von ihm, als seinem Inhalt, »zurücktreten«. Es liege, so sucht sich Hegel zu behelfen, in der Natur des Anfangs selbst, daß er das Sein sei und sonst nichts: »so hätten wir keinen besondern Gegenstand, weil der Anfang *als des Denkens*, ganz abstrakt, ganz allgemein, ganz Form ohne allen Inhalt sein soll; wir hätten somit gar nichts als die Vorstellung von einem bloßen Anfang als solchem«[23]. Auch mit dem Begriff des Anfangs als solchem ist mithin das abstrakte Sein als ein unmittelbar Objektives nicht zu gewinnen, zeigt sich doch sogleich der Anfang wiederum als einer des Denkens.

Das Sein, so sehr die Logik um ihres Anfangs willen sich darum bemüht, wird die Bestimmung des Denkens nicht los. Infolgedessen
bleibt es bei der Schwierigkeit, daß man die logischen Formen gerade in ihrem ontologischen Sinn von vornherein als Gestalten des
selbstbewußten Geistes auslegt. Von dieser Schwierigkeit heißt es
im dritten Buch der Logik: »Die reinen Bestimmungen von Sein,
Wesen und Begriff machen zwar auch die Grundlage und das innere einfache Gerüst der Formen des Geistes aus; der Geist als an-
schauend, ebenso als sinnliches Bewußtsein ist in der Bestimmtheit
des unmittelbaren Seins, so wie der Geist als vorstellend, wie auch
als wahrnehmendes Bewußtsein sich vom Sein auf die Stufe des
Wesens oder der Reflexion erhoben hat. Allein diese konkreten
Gestalten gehen die logische Wissenschaft so wenig an als die konkreten Formen, welche die logischen Bestimmungen in der Natur
annehmen, und welche Raum und Zeit, alsdann der sich erfüllende
Raum und Zeit als unorganische Natur, und die organische Natur
sein würden. Ebenso ist hier auch der Begriff nicht als Aktus des
selbstbewußten Verstandes, nicht der subjektive Verstand zu betrachten, sondern der Begriff an und für sich, welcher ebensowohl
eine Stufe der Natur als des Geistes ausmacht. Das Leben oder die
organische Natur ist diese Stufe der Natur, auf welcher der Begriff
hervortritt; aber als blinder, sich selbst nicht fassender, das heißt
nicht denkender Begriff; als solcher kommt er nur dem Geiste zu.
Von jener ungeistigen aber sowohl als von dieser geistigen Gestalt
des Begriffs ist seine logische Form unabhängig, es ist hierüber
schon in der Einleitung die nötige Vorerinnerung gemacht worden;
es ist dies eine Bedeutung, welche *nicht erst innerhalb* der Logik
zu rechtfertigen ist, sondern mit der man *vor derselben* im reinen
sein muß[24].« Die Logik bedarf ausdrücklich eines Vorbegriffs der
Logik, der als Begriff nur im Gang durch die Realphilosophie der
Natur und des Geistes hindurch gewonnen werden könnte – diese
setzen aber ihrerseits die Logik voraus. Am Ende muß also die philosophische Wissenschaft überhaupt auf einen absoluten Anfang
verzichten: jeder Anfang, von dem sie ihren Ausgang nähme, wird
sich als ein schon Abgeleitetes erweisen, weil das vorwärtsgehende
Weiterbestimmen und das rückwärtsgehende Begründen ineinander fallen[25]. »Auf diese Weise zeigt sich die Philosophie als ein in
sich zurückgehender Kreis, der keinen Anfang im Sinne anderer
Wissenschaften hat, so daß der Anfang nur eine Beziehung auf das
Subjekt, als welches es sich entschließen will zu philosophieren,
nicht aber auf die Wissenschaft als solche hat[26].«

Hegel gesteht die Verlegenheit ein: daß eine philosophische Einleitung in Philosophie schlechterdings unmöglich ist. Faktisch muß er sich freilich um eine didaktische Anleitung bemühen, mit dem Vorbehalt, daß diese, vor der Philosophie, auf ihre bloß historisch-räsonierende Art nicht erledigen kann, was wahrhaft nur auf die selbst philosophische Art möglich ist[27]. Diese Propädeutik, deren sich der mündig gewordene Adept zu entledigen hätte, steht außerhalb des Systems. Das idealistische Denken verstrickt sich, mit dem Einstieg in es selbst, in den hermeneutischen Zirkel, den es doch nicht wahrhaben darf. Systematisch ist ein Anfang des Systems nicht denkbar. Schelling aber sucht ihn. Zunächst möchte ich das Motiv dieses Versuches klären.

Der anfang- wie endlose Ring ihres Voran- und gleichermaßen In-sich-Zurückschreitens, in den Hegel zufolge die Philosophie ebenso eingeschlossen ist, wie sie selbst darin sich einschließt, ist der im absoluten Wissen zur Selbstgewißheit gelangten Welt nicht äußerlich: besteht diese Gewißheit doch darin, zu wissen, daß die höchste Stufe, die irgend etwas je erreichen kann, diejenige ist, in welcher sein Untergang beginnt[28]. Der Schluß der Hegelschen Logik, nämlich die erschlossene Einheit der Methode mit dem System, ist in Wahrheit die Schließung der durchmessenen Geschichte: er biegt deren Linie in den Kreis zurück. Insofern bedarf also auch jenes freie Entlassen der absoluten Idee in die Unmittelbarkeit der Natur keiner besonderen Begründung. Schelling, der zwischen der »Logik« und der Naturphilosophie – fortan ein Topos des Spätidealismus wie der gesamten Hegelkritik – eine »Stockung der Bewegung«[29] wahrzunehmen meint, sieht die erbarmungslos großartige Konsequenz eines Systems, das sich gerade im Schluß der »Logik« als ein zum Kreis sich schließendes begreift. Die absolute Idee hätte ihre Stufe nicht erreicht, wenn nicht in demselben Moment ihr Untergang begänne. Wenn es eine Erlösung gibt, so nur in der aufgeopferten Vollendung selbst. Das ewige Leben ist einzig als die Erlösung von der Ewigkeit durch den (unsterblichen) Tod wirklich. Schelling erfüllt dieser Gedanke mit Schrecken: von *unserer* Welt gäbe es, wenn es die göttliche wäre, keine Erlösung – das hatte Hegel gezeigt.

Hegel hat von diesem Standpunkt aus mit Recht den Anspruch auf die durchgängige Vernünftigkeit des Wirklichen gegen den Vorwurf verteidigt, er habe das Gewicht des Einzelnen, die Endlichkeit in ihren Erscheinungsformen des Schmerzlichen, des Falschen und des Bösen unterschlagen. Das Leben des Begriffs erzeugt noch in der »Logik« einen Begriff des Lebens als Entzweiung und das Gefühl dieser Entzweiung zumal: »Der Schmerz ist das Vorrecht lebendiger Naturen; weil sie der existierende Begriff sind, sind sie eine Wirklichkeit von der unendlichen Kraft, daß sie in sich die Negativität ihrer selbst sind, daß diese Negativität für sie ist, daß sie sich in ihrem Anderssein erhalten. Wenn man sagt, daß der Widerspruch nicht denkbar sei, so ist er vielmehr im Schmerz des Lebendigen sogar eine wirkliche Existenz[30].« Weil jener Vorwurf Hegel so wenig trifft, muß er sich allerdings dem eigentlichen Zweifel, von dem Schelling bewegt wird, aussetzen. Weil Hegel in das zusammengeschlossene und sich abschließende System ohne Anfang und Ende gleichwohl die Spannung des Absoluten und des Endlichen – zwischen denen Schelling zufolge nur mehr ein Sprung möglich sein soll – in ihrer ganzen Unerträglichkeit und Schärfe aufnimmt, verewigt er, als die unendliche Einheit der Negativität mit sich selbst, jene Erbarmungslosigkeit, die nicht bleiben kann und doch immer wieder ist. »Die Idee hat um der Freiheit willen, die der Begriff in ihr erreicht, auch den härtesten Gegensatz in sich; ihre Ruhe besteht in der Sicherheit und Gewißheit, womit sie ihn ewig erzeugt und ewig überwindet und in ihm mit sich selbst zusammengeht[31].« Diese Ruhe hat sich stoisch mit dem Unabänderlichen abgefunden: daß Versöhnung nur im Übergang zur erneuten Entfremdung gelingt; im Gelingen entzieht sie sich wiederum als mißlingend.

Schelling hingegen *hatte* einst in der intellektuellen Anschauung des Absoluten der Versöhnung des Absoluten und des Endlichen teilhaftig zu sein vermeint. Auch jetzt noch, 1806, in den Aphorismen zur Naturphilosophie, erscheint ihm die absolute Identität als das »Allselige außerhalb allen Widerstreits« – im All ist kein Tod. Weil er sich indes, wie Hegel zur gleichen Zeit ihm vorhält, des göttlichen Lebens als eines Spiels der Liebe mit sich selbst zunächst einmal ohne Rücksicht auf »die Arbeit des Negativen« versichert hatte, weckt die inzwischen gemachte Erfahrung der »Härte und Abgeschnittenheit der Dinge« aus tiefer Erschütterung ein Motiv, das Hegel fremd geblieben ist. Philosophie, die als idealistische nach wie vor den Seinszusammenhang im ganzen zu erkennen sucht, steht seitdem vor der Aufgabe, eine von Grund auf verkehrte Welt in ihrem Ursprung aus dem Absoluten um der Möglichkeit ihrer Erlösung willen zu begreifen – also über Theodizee, die von Hegel noch einmal in äußerster Strenge geleistete Rechtfertigung der Welt, hinausgehend, die Welt geschichtlich als eine

Theogonie zu denken. Dieses Bedürfnis entsteht, wie der alte Schelling in der vor seinem Tode letzten Niederschrift bekennt, »durchaus praktisch«[32], nachdem sich der Philosophie eine letzte Verzweiflung bemächtigt hat – eine unvergleichlich andere Gestalt jenes, bereits von Hegel für die Phänomenologie beanspruchten »sich vollbringenden Skeptizismus«. Unvergleichlich ist sie insofern, als *diese* Verzweiflung sich nicht mehr in einer Dialektik des Lebens ohne Anfang und Ende befriedigen kann. Ein *wirklicher* Anfang dieser Bewegung ist Bedingung der Möglichkeit ihres *wirklichen* Endes. Schelling wendet sich mit Hegel gegen diejenigen, die die Zerrissenheit des Lebens, obwohl es eben darin sein Leben hat, verharmlosen: »sie möchten den Streit, den nur die Tat entscheidet, mit friedlichen Allgemeinbegriffen schlichten und das Resultat eines Lebens, das durchgekämpft sein will, einer Geschichte, in der wie in der Wirklichkeit Szenen des Kriegs und des Friedens, Schmerz und Lust, Gefahr und Errettung wechseln, durch eine bloße Verknüpfung von Gedanken herausbringen, in der Anfang wie die Fortschreitungsart gleich willkürlich ist[33].« Allein der nächste Satz erweist den Unterschied zu Hegel: »Aber keiner glaubt, wenn er nicht von dem, was *wirklich* Anfang ist, dem, woraus sich in Wahrheit etwas denken läßt, also dem *an sich* Unvordenklichen und Ersten durch Mittelglieder... bis zu dem, was *wirklich* das Ende ist, fortschreitet, daß er den Weg wahrer Wissenschaft wandelt. Alles, was nicht auf diese Weise *anfängt*... ist bloß scheinbare, künstliche, gemachte Wissenschaft.«

Der Einsicht in die Eitelkeit eines immer gleichen Lebens, in dem nur das zum Untergang Bestimmte seine Vollendung genießt, entzieht Schelling den Boden durch seine, einen wirklichen Anfang und ein wirkliches Ende verlangende Konzeption der Weltalter: »Fände sich aber in Ansehung der Welt doch bewährt und gegründet die alte Rede, daß nichts Neues in ihr geschähe; wäre auf die Frage: Was ist's, das geschehen ist? nur jene Antwort die richtige: eben das, was hernach geschehen wird und auf diese: was ist's, was geschehen wird? eben das, was auch zuvor geschehen: so würde daraus doch nur folgen, daß die Welt in sich keine Vergangenheit und keine Zukunft habe, daß alles, was in ihr von Anbeginn geschehen und was bis zum angenommenen Ende der Dinge in ihr geschehen wird, nur zu Einer großen Zeit gehöre; daß die wahre eigentliche Vergangenheit, die allgemeine, die Vergangenheit schlechthin, vor und außer der Welt; die eigentliche Zukunft, die allgemeine, die absolute Zukunft nach und außer der Welt zu suchen sei – und so würde sich vor uns denn ein großes System der Zeiten entfalten[34].«

Der Anfang, den Schelling, eben um das System mit ihm absolut anfangen zu können, als einen historischen festmachen möchte, verdankt sich freilich einer petitio principii. Erklärtermaßen ist Philosophie angetrieben sowohl von dem »lebhaften Gefühl dieses unleugbar Anderen«, das sich als ein Widerstrebendes überall aufdrängt und vor dem das Gute kaum und nur mit Mühe zur Wirklichkeit gedeiht; wie auch von dem Bewußtsein der Notwendigkeit seiner Aufhebung, das mit jenem Gefühl als ein der Theorie vorangehendes praktisches Bedürfnis gesetzt ist. Wenn wir den systematischen Zusammenhang der Welt idealistisch voraussetzen, und zugleich die Erfahrung der Korruption ernstnehmen, muß aber der Ursprung der Vereinzelung und Verderbnis einer gleichsam zwecklos, sich selbst zum Schmerz und der Menschheit zum Vorwurf gewordenen Welt[35] bereits in den Anfang eines gleichwohl über alle Zerrissenheit erhabenen Anfangs aufgenommen sein, damit eine Überwindung der Korruption, ein wirkliches Ende des Übels als historisch *möglich* vorgestellt werden kann: nemo contra Deum nisi Deus ipse.

Mit der Lehre vom radikal Bösen hatte Kant bereits einen Leitfaden dafür angegeben, wie dieses unumstößlichste Dokument einer Kraft tätiger Verneinung auf einen Naturgrund zurückgeführt werden könne, in dem »der subjektive oberste Grund aller Maximen mit der Menschheit selbst, es sei, wodurch es wolle, verwebt und gleichsam gewurzelt ist«[36]. Um aber den Naturgrund selbst, nicht nur als Grund des verkehrten Herzens, sondern der verkehrten Welt im ganzen zu fassen, war es nötig, über die Bestimmungen der endlichen Freiheit, ja der Endlichkeit selber hinauszugehen. Nicht ein Verhältnis der Erkenntnisvermögen untereinander, eine Dialektik von Verstand und Vernunft, die sich als Bewegung des Geistes begreift; sondern ein der Vernunft selber Vorangehendes, ein Grund, aus dem sie ihre Begründung bestreitet, ohne sich seiner je als solchen bemächtigen zu können, scheint somit gefordert zu sein. Ein solcher Grund ist die Materie. Nicht zufällig ist sie das »Kreuz aller Philosophie«: »die Systeme, die von oben herabsteigend der Dinge Ursprung erklären wollen, kommen fast notwendig auf den Gedanken, daß die Ausflüsse der höchsten Urkraft sich zuletzt in ein gewisses Äußerstes verlieren müßten, wo nur gleichsam noch ein Schatten von Wesen, ein Geringstes von Realität übrig war, ein Etwas, das nur noch gewissermaßen ist, eigentlich aber nicht ist ... Wir, der entgegengesetzten Richtung folgend, behaupten auch ein Äußerstes, unter dem Nichts ist; aber uns ist es nicht Letztes, Ausfluß, sondern Erstes, von dem alles beginnt, nicht bloßer Mangel oder fast gänzliche Beraubung von Realität, sondern tätige Verneinung[37].« Dieses Nichtseiende, das keine Realität ist und doch unleugbar als eine furchtbare Realität äußert[38], empfiehlt sich als der historische Anfang des Systems. Von derselben Materie, mit der es »die Darstellung Gottes, wie er in seinem ewigen Wesen vor der Erschaffung der Natur und eines endlichen Geistes ist«, also die Logik, zu tun hat, sagt hingegen Hegel: sie sei der reine Gedanke[39].

Die Begründung des materialistischen Weltalters in der Dialektik von Egoität und Liebe

Freilich ist mit dem gleichsam historisch-materialistischen Anfang für die Konstruktion des Weltzusammenhangs als eines theogonischen Prozesses nichts gewonnen, wenn nicht diese Materie zugleich als Materie des Absoluten selber *und* als Bedingung der Möglichkeit eines Bruchs im Absoluten begreiflich gemacht werden könnte. Schelling fand Anschluß an apokryphe Traditionen, in denen dieses geforderte Verhältnis, wenngleich in mythischer Sprache, bereits vorgedacht war – an die Traditionen der jüdischen und der protestantischen Mystik[40]. Drei Topoi sind in unserem Zusammenhang relevant: die Vorstellung von einer Natur in Gott, ferner von einem Rückzug Gottes in sich selbst, einer Selbstverschränkung Gottes[41], schließlich vom Abfall des ersten Menschen, der die Schöpfung mit sich herabzieht und die Geschichte zum Zwecke der Wiederherstellung eines ursprünglichen Zustandes eröffnet. Alle drei sind auf eigentümliche Weise mit der Anschauung einer zusammenziehenden Kraft, einer Contraction verbunden.

1. Im Sohar, dem großen kabbalistischen Text aus dem Kastilien des 13. Jahrhunderts, findet sich ein Lehrstück von den beiden Händen Gottes, der linken, mit der er richtet, der rechten, mit der er Gnade spendet. Die Qualität des strengen Urteils, des Gerichtes, heißt auch der »Zorn Gottes«. Dieses unauslöschliche Zornesfeuer, das in Gottes Grund lodert, wird von Gottes Liebe gebändigt, von der Gnade gemildert. Aber die zurückgestaute Lohe kann jederzeit nach außen schlagen und den Sünder verzehren – als ein

tiefer, von der Sanftmut Gottes nur mühsam gezügelter Hunger. Das ist freilich erst eine Formel Jakob Böhmes, der in seiner Lehre von den »Quellgeistern« die Welt der Sefiroth, der göttlichen Qualitäten noch einmal entdeckt hat. Jene Zornesquelle erscheint auch unter dem komplementären Bild der reinen Finsternis und des herben Zusammenziehens, einer Art Contraction; so wie im Winter, fügt Böhme hinzu, wenn es grimmig kalt ist und das Wasser zu Eis gefriert, diese Kraft der Contraction das eigentlich Bestand Verleihende ist (»denn die Strengigkeit macht die Zusammenziehung und Haltung eines Körpers, und die Härtigkeit vertrocknet es, daß es kreatürlich besteht«[42].

2. Diese erste Contraction, die Gott als eine ewige Natur in sich erzeugt und auch der Schöpfung mitteilt, darf nicht verwechelt werden mit jenem anderen Prozeß des Einschrumpfens, durch den Gott in sich, weil er im Anfang nichts außer sich haben kann, der Welt buchstäblich einen Platz einräumt; das ist die Contraction als Schöpfungstat. Isaak Luria, der Kabbalist aus Safed, konzipiert, wenige Jahrzehnte vor Böhme, im Bild des Zimzum ein Zurückgehen Gottes in sich selbst, eine Selbstverbannung aus der eigenen Mitte. Um der Offenbarung willen verschränkt sich Gott in seiner Tiefe; sich selbst verneinend, gibt er die Schöpfung frei. Die Formel der späteren Kabbalisten heißt, daß »Gott sich von sich selbst auf sich selbst zurückzieht«.

3. Beiden, Luria und Böhme, gemeinsam ist die Lehre vom Abfall des Adam Kadmon, des Urmenschen, der sich, ebenfalls durch eine Contraction aus dem Verband der ursprünglichen Schöpfung löst, um etwas für sich zu sein, in der Art jenes ersten zusammenziehenden Willens der Gottnatur, obwohl nicht aus dieser, sondern allein aus des Menschen Willkür hervorgegangen. Allerdings nimmt, von diesem kreatürlichen Einzelwillen gleichsam rückwirkend, nun auch die Natur in Gott die Bedeutung des göttlichen Egoismus an: »aller Wille, der in seine Selbheit eingehet und den Grund seines Lebens Gestältnis suchet... tritt in ein Eigenes«. Dieses Böhme-Wort gilt für die anfängliche Geburt in Gott ebenso wie für die Lossagung des ersten Menschen, mit der er die Schöpfung in den Abgrund reißt und fast Gott selber noch vom Throne stößt.

Von der Erfahrung der Korruption unserer Welt läßt Schelling sich leiten; die genannten Topoi sind, in philosophischer Übersetzung, geeignet, diese Erfahrung zu verarbeiten. Wie tief diese Erfahrung reicht, zeigt sich, nach dem Tod der geliebten Caroline[43], in jenem merkwürdigen Gespräch über den Zusammenhang der Natur mit der Geisterwelt: »Jede Stufe, die aufwärts führt, ist lieblich, aber die nämliche, im Fall, erreicht, ist schrecklich. Kündigt nicht alles ein gesunkenes Leben an? Sind diese Berge so gewachsen, wie sie da stehen? Ist der Boden, der uns trägt, durch Erhebung entstanden oder durch Zurücksinkung? Und noch dazu hat hier nicht eine feste, stete Ordnung gewaltet, sondern nach einmal gehemmter Gesetzmäßigkeit der Entwicklung brach auch der Zufall herein. Oder wer wird glauben, daß die Fluten, die so offenbar überall gewirkt, diese Täler durchrissen und so viele Seegeschöpfe in unsern Bergen zurückgelassen haben, das alles nach einem innerlichen Gesetz bewirkt, wer wird annehmen, daß eine göttliche Hand schwere Felsenmassen auf schlüpfrigen Ton gelagert, damit sie in der Folge herabgleiten und friedliche Täler, besäet mit menschlichen Wohnungen, in schrecklichem Ruin, fröhliche Wanderer mitten auf dem Wege begraben. O nicht jene Trümmer uralter menschlicher Herrlichkeit, wegen welcher der Neugierige die Wüsten Persiens oder Indiens Einöden aufsucht, sind die eigentlichen Ruinen; die ganze Erde ist eine große Ruine, worin Tiere als Gespenster, Menschen als Geister hausen, und worin viele verborgene Kräfte und Schätze wie durch unsichtbare Mächte und wie durch den Bann eines Zauberers festgehalten sind[44].«

Ein zur Absurdität überzogener barocker Weltaspekt in romantischer Sprache. Im einzelnen nennt Schelling die folgenden Erscheinungen zum Beweis »der Gewalt, die das Äußere in diesem Leben über das Innere hat«[45]: die Macht des Zufalls und der Willkür, also der dunkle Rest eines von Grund auf Irregulären, das sich aller wissenschaftlichen Rationalisierung entzieht; sodann die Gebrechlichkeit und Vergänglichkeit alles Lebens – Krankheit und die allgemeine Notwendigkeit des Todes; ferner die Erscheinungen des sogenannten Naturbösen, nämlich alles Schädliche und Giftige, auch nur Grauenerregende in der Natur[46]; und schließlich die Gegenwart des Bösen in der moralischen Welt, weiter gefaßt überhaupt Unglück, Not und Leid, das sich zumal in der Gesellschaft vervielfacht: »Rechnen wir nun noch dazu, wieviel Laster der Staat erst entwickelt – Armut – das Böse in großen Massen –, so ist das Bild der ganz zum Physischen, ja sogar zum Kampf um ihre Existenz herabgesunkenen Menschheit vollendet«[47]. Aus dem Schmerz des Lebens vernehmen wir allerdings immer *auch* etwas von der Sehnsucht »nach unbekanntem, namenlosem Gut« – und wir selbst teilen sie.

Schelling erhellt zunächst die Struktur des Negativen an einigen Beispielen. Weil der Irrtum höchst geistreich sein kann und gleichwohl unwahr, besteht er nicht etwa in einem Mangel an Geist, er ist vielmehr verkehrter Geist, nicht Privation der Wahrheit, sondern selbst ein Positives. Überhaupt ist der Geist ein aus dem Verstandlosen hervorgegangener Verstand – er hat den Wahnsinn zu seiner Basis. Denn Menschen, die keinen Wahnsinn in sich haben, sind leeren und unfruchtbaren Verstandes. Was wir Verstand nennen, spontanen, aktiven Verstand, ist nichts anderes als geregelter Wahnsinn. Ebenso verhält es sich mit der Tugend. Ohne allen Eigenwillen bleibt sie kraftlos und ohne Verdienst. »Aus diesem Grunde ist auch jene Rede ganz richtig« (dieser Hinweis bezieht sich auf Hamann), »daß, wer keinen Stoff noch Kräfte zum Bösen in sich hat, auch zum Guten untüchtig sei... Die Seele alles Hassens ist Liebe, und im heftigsten Zorn zeigt sich nur die im innersten Zentrum angegriffene und aufgereizte Stille«[48]. So scheinen denn der Irrtum, der Wahnsinn, das Böse überhaupt aus der Erektion eines relativ Nichtseienden über das Seiende hervorzubrechen, aus der Umkehrung und Erhebung der Materie über das, was an ihr sich brechen und als das Wesen zur Erscheinung gelangen soll, mit einem Wort: aus der eigenwilligen Herrschaft eines »barbarischen Prinzips, das, überwunden, aber nicht vernichtet, die eigentliche Grundlage aller Größe ist«[49].

Ein einziges Zitat soll die Herkunft dieser Kategorie aus der mystischen Tradition belegen: »Die bloße Liebe für sich könnte nicht sein, nicht subsistieren, denn eben weil sie ihre Natur nach *expansiv*, unendlich mitteilsam ist, so würde sie zerfließen, wenn nicht eine *contractive* Urkraft in ihr wäre. So wenig der Mensch aus bloßer Liebe bestehen kann, so wenig Gott. Ist eine Liebe in Gott, so auch ein Zorn, und dieser Zorn oder die Eigenkraft in Gott ist, was der Liebe Halt, Grund und Bestand gibt[50].« Die Kraft der Zusammenziehung, die in allem Seienden waltet, nennt Schelling die Basis, die der Existenz zugrunde liegt[51]. Ihr Wesen ist amphibolisch, da sie zugleich entzieht und gründet, als das selbst Nicht-Reale dennoch das allein Realitätsverleihende ist; weil sie sich in sich selbst verschlingt und flieht und in dieser Verbergung dennoch dem allein sich Zeigenden Grund und Boden gibt. Solange sich solche Materie der Liebe fügt, findet diese ihr Wesen; erhebt sie sich aber über die Liebe, gelangt das Unwesen zur Herrschaft, und mit ihm jene Gewalt des Äußeren über das Innere, von der die korrumpierte Welt durchgängig zeugt. »Da es aber doch kein wahres

Leben sein kann, als welches nur in dem ursprünglichen Verhältnis bestehen konnte, so entsteht zwar ein eignes, aber ein falsches Leben, ein Leben der Lüge, ein Gewächs der Unruhe und der Verderbnis. Das treffendste Gleichnis bietet hier die Krankheit dar, welche als die durch den Mißbrauch der Freiheit in die Natur gekommene Unordnung das wahre Gegenbild des Bösen oder der Sünde ist[52].«

Die Umkehrung der Prinzipien, die zwar nur im Verhältnis zueinander sind, was sie sind, aber es je auf eine wahre oder falsche Weise sein können, führt Schelling auf einen Mißbrauch der »Freiheit« zurück. Diese muß, an den Folgen ihres Mißbrauchs gemessen, einerseits absolute Freiheit sein, kann aber andererseits gerade nicht die Freiheit des Absoluten selbst gewesen sein, weil eine Urheberschaft des Unheils in Gott nicht angenommen werden darf. Die Verkehrung der Prinzipien und die Korruption der Welt müssen mithin in Ausübung einer Freiheit geschehen sein, die *wie* Gott ist und doch nicht er selbst – ein alter Deus, nämlich Adam Kadmon, der erste Mensch. Schelling hat diese Idee eines anderen Absoluten 1804 eingeführt: »Das Gegenbild, als ein Absolutes, das mit dem ersten alle Eigenschaften gemein hat, wäre nicht wahrhaft in sich selbst und absolut, könnte es nicht sich in seiner Selbstheit ergreifen, um als *das andere Absolute* wahrhaft zu sein[53].«

Ich behaupte nun, daß die Konstruktion dieses alter deus das eigentliche Thema der Weltalterphilosophie ist, obschon die einzelnen Fragmente nicht bis zu dem systematischen Ort, an dem er gleichsam auftritt, also bis zur Umschlagstelle der Schöpfung praeter deum in eine Schöpfung extra deum, gediehen sind. Wenn es nämlich gelingt, den Mythos vom Adam Kadmon zu denken, die Kategorie des anderen Absoluten aus einem wirklichen Anfang des Absoluten abzuleiten, dann ist dem praktischen Bedürfnis, die *Möglichkeit* eines wirklichen Endes der Korruption dieser Welt darzutun, theoretisch Genüge getan – jedenfalls nach idealistischen Maßstäben. Es wäre erwiesen, daß das Unheil nicht von Ewigkeit ist, und also nicht in Ewigkeit zu währen braucht; eine Denkfigur übrigens, deren sich, bis auf den heutigen Tag, Marxisten bedienen, wenn sie argumentieren: daß mit dem geschichtlichen Ursprung von Herrschaft grundsätzlich auch die Möglichkeit ihrer Aufhebung erwiesen sei. Schelling also versucht, einen Gott zu konstruieren, der am Anfang nichts ist als Gott – und also nichts in oder außer sich haben kann als den, der er ist; aus dessen anfänglicher Allmacht aber ein anderer Gott, eben jener erste mit Gottes eigener Absolutheit ausgestattete Mensch hervorgehend gedacht werden kann. Gottes Allmacht vollendet sich erst im Entspringenlassen eines ihm Gleichen, an das er, um der strikten Gleichheit willen, seine eigene Macht auch verlieren kann: in ihm, dem ersten Menschen, setzt Gott sein eigenes Schicksal aufs Spiel. Er geht das Risiko ein, daß der andere Gott seine Freiheit mißbraucht, nämlich das in Gott selbst unzertrennliche Band der Prinzipien zerreißt und deren Verhältnis umkehrt. Dadurch belastet dieser sich mit der prometheischen Aufgabe, die korrumpierte Schöpfung gleichsam noch einmal hervorzubringen, nun freilich kraft einer selbst korrumpierten Natur, eben geschichtlich. Im Sturz des anderen Gottes wird der ursprüngliche Gott mitgerissen, an die Geschichte ausgeliefert; sein eigenes Schicksal ist dem Subjekt dieser Geschichte preisgegeben – der gesellschaftlichen Menschheit. Schon der Kabbala galt der Messias bloß als das Siegel auf ein Dokument, das die Menschen *selber* schreiben müssen.

Im ersten Weltalter-Fragment konstruiert Schelling diesen Gott; dabei dient ihm als Konstruktionsmittel die mystische Kategorie der Contraction. Zwar geht auch er zunächst von Gott als dem Ungrund, dem Ensof, aus, von dem Willen, der nichts will; diese Gottheit, die gleichsam über Gott selbst ist, nennen die Mystiker eine lautere Froheit, eine gelassene Wonne, Huld, Liebe und Einfalt; philosophisch ist diese Freiheit buchstäblich Alles und Nichts, sie ist das schlechthin Unzugängliche. Wir können sie für uns allenfalls per analogiam veranschaulichen: »Wollten wir auch einen persönlichen Gott als etwas sich von selbst Verstehendes annehmen: so würde er doch so wenig als irgendein persönliches Wesen, der Mensch zum Beispiel, aus bloßer Liebe bestehen können. Denn diese, die ihre Natur nach unendlich ausbreitend ist, würde zerfließen und sich selbst verlieren ohne eine zusammenhaltende Kraft, die ihr Bestand gibt. Aber so wenig die Liebe existieren könnte ohne eine ihr widerstehende Kraft: so wenig diese ohne die Liebe[54].«

Damit ist freilich noch kein Anfang gesetzt. Der erste wirkende Wille ist der, in dem Gott sich zusammenzieht; der Anfang ist eine Contraction Gottes: »In der Anziehung liegt der Anfang. Alles Sein ist Contraction[55].« Es gibt kaum einen Satz in den Schriften der Weltalter-Periode, um dessen Erweis Schelling sich häufiger bemüht hätte. Immer wieder versucht er, diesen methodischen Materialismus plausibel zu machen: »Das Niedere ist in der Ent-

wicklung notwendig vor dem Höheren, die verneinende, einschlie-
ßende Urkraft muß sein, damit etwas sei, das die Huld des göttlichen Wesens, die sich sonst nicht zu offenbaren vermöchte, trage
und emporhalte. Also muß auch notwendig der Zorn eher sein,
denn die Liebe, die Strenge eher denn die Milde, die Stärke vor der
Sanftmut. Die Priorität steht im umgekehrten Verhältnis mit der
Superiorität[56].« Gott zieht sich zusammen, das will heißen: im
Anfang ist das Absolute der in sein eigenes Sein eingeschlossene
Gott – eine Art erste Schöpfung Gottes durch sich selbst. Zur zweiten Schöpfung, der eigentlichen, aus der die Welt in ihrer idealen
Gestalt hervorgehen wird, kommt es dann, weil der durch Gottes
Contraction eingeleitete Streit der Prinzipien auf eine Entscheidung drängt. Dieser Entscheidung geht eine Phase des Umtriebs
voraus: »Durch jede Contraction wird dem wirkenden Willen wieder die Liebe als der erste Wille empfindlich, so daß er wieder zur
Expansion sich entschließt: Durch die Scheidung aber wird ihm der
andre Wille als die Begierde zur Existenz neu erregt, und da er
nicht von ihm lassen kann, weil eben darauf, daß er beide Willen
ist, die Existenz beruht, so entsteht unmittelbar aus der Expansion
wieder Contraction, und ist hier keine Ausflucht[57].« Gott verlangt,
nachdem er sich in die Enge zusammengezogen hat, wieder in die
Weite, ins stille Nichts, in dem er zuvor war, und kann es doch
nicht, weil er dadurch sein selbsterzeugtes Leben wieder aufgeben
müßte. Dieser Widerspruch scheint unauflöslich, und wäre es
wirklich, wenn sich Gott nicht eine neue Dimension eröffnen
könnte, in der das Unverträgliche vereinbar wird. Gott kann den
Bann der ewigen Zeit brechen und den Zwang zur Simultaneität
der Prinzipien lösen. Er tritt in die Vergangenheit zurück und setzt,
was er als seine Prinzipien in einem war, als eine Folge von Perioden: eben als Weltalter.

In der Phase des Umtriebs ist schon so etwas wie eine innere Zeit
gesetzt; »aber zuvörderst ist diese Zeit keine bleibende, geordnete
Zeit, sondern in jedem Augenblick durch neue Contraction, durch
Simultaneität bezwungen, muß sie dieselben Geburten, die sie soeben gezeugt, wieder verschlingen... nur durch eine von der ersten
(dem eingeschlossenen Gott) verschiedne Persönlichkeit, welche
die Simultaneität der Prinzipien in ihr entschieden aufhebt, das
Sein als erste Periode oder Vergangenheit, das Seiende als Gegenwart und die in der ersten ebenfalls eingeschlossne wesentliche und
freie Einheit beider als Zukunft setzt, nur durch eine solche kann
auch die im Ewigen verborgne Zeit ausgesprochen und geoffenbart

werden, welches dann geschieht, wenn die Prinzipien, die in ihm als Potenzen des Seins koexistierend oder simultan waren, als Perioden hervortreten«[58].

Damit ist zunächst ein Anfang der Zeit gesetzt; er ist undenkbar, »wenn nicht gleich eine ganze Masse als Vergangenheit, eine andere als Zukunft gesetzt wird; denn nur in diesem polarischen Auseinanderhalten entsteht jeden Augenblick die Zeit«[59]. Auch jene erste Entschließung des eingeschlossenen Gottes besteht darin, sich als ganzen in die Vergangenheit zurückzunehmen: und zwar nochmals in einem Akt der Contraction, nun aber im Sinne des Isaak Luria, der mit dem Rückzug Gottes in sich selbst nicht sowohl die Verschließung als vielmehr die Freigabe des eigenen Platzes für ein anderes meinte. Es ist eine Contraction in der höheren Dimension der Zeit, die die erste, gleichsam räumliche Contraction überholt und als solche noch einmal in sich zurückholt, um, zur Potenz herabgesetzt, das zuvor Eingeschlossene in die Aktualität freizulassen.

Ist Gott aber durch diese Herabsetzung und Selbstverschränkung erst einmal der Liebe untergeordnet, überwindet ihn die Liebe – und diese Überwindung des göttlichen Egoismus durch die göttliche Liebe ist die Schöpfung, in der das in die Vergangenheit zurückgetretene Prinzip der ersten Contraction als Materie gegenwärtig bleibt. Jenes, das erste Ziehen noch einmal in sich selbst zurücknehmende Zusammenziehen faßt Schelling auch im Bilde der Zeugung des Vaters durch den Sohn, und zwar derart als dessen Selbstverdoppelung, »daß das, wodurch das eine erzeugt wird, selbst wieder von ihm gezeugt werde«[60]: »Der Sohn ist der Versöhner… denn der Vater selbst ist nur in dem Sohn und durch den Sohn Vater. Daher der Sohn auch wieder Ursache von dem Sein des Vaters ist, und hier vorzugsweise gilt jene den Alchimisten bekannte Rede: des Sohnes Sohn ist der des Sohnes Vater war[61].« Entsprechend wird die Ewigkeit einmal als ein »Kind der Zeit« bezeichnet[62]. Nur im Horizont der aufgeschlossenen Weltalter, der eröffneten Zeit, ist Ewigkeit als das, was ihren Horizont übersteigt – gleichsam der Komparativ von Vergangenheit und Zukunft zumal, vergangener als die Vergangenheit selbst, zukünftiger als die Zukunft, aber nur durch beide hindurch. In der Gegenwart läßt der eingeschlossene Gott, der sich zur Welt entschlossen hat, seine Ewigkeit durch die Zeit gleichsam aufarbeiten: Die Schöpfung der idealen Welt der Natur und des Geistes vollzieht sich als eine fortschreitende Dualisierung von Vergangenheit und Gegenwart. Erst an deren Ende ist das Wesen geschaffen, das ganz gegenwärtig ist; erst der Mensch hält, als das der Geschichtlichkeit fähige Bewußtsein, Vergangenheit und Zukunft ganz auseinander. Er steht an der Schwelle der Zukunft, und kann sie überschreiten. Würde er diesen Übertritt in das Zeitalter der Zukunft vollzogen haben, so wäre mit einem Schlage Zeit und Ewigkeit auf das Vollständigste vermittelt und darin die gegenwärtig auseinandergetretenen Weltalter alle zumal und vereinigt[63].

Dies ist die kritische Schwelle im theogonischen Prozeß. Bis hierher nämlich konnte der in die Vergangenheit zurückgetretene Gott – als der Vater, der in beständiger Scheidung durch den Sohn begriffen ist – gleichsam das Geschehen übersehen. Noch in der Auslieferung an die Macht des von ihm Ermächtigten behält er es so lange in der Hand, bis ihm im Menschen der andere Gott entgegentritt, der es ihm aus der Hand nehmen kann. In diesem Moment hat sich der Satz zu bewahrheiten: »Freiwillig gibt er sein eigen Leben, als das eigene, auf. Er Selbst das erste Beispiel jener großen, nicht genug zu erkennenden Lehre: wer sein Leben findet, der wird es verlieren, und wer sein Leben verliert, der wird es finden[64].« Gott hätte es in seinem alter ego finden können, wenn sich dieser erste Mensch zur Liebe entschlossen hätte: in der Liebe nämlich sind solche verbunden, »deren jedes für sich sein könnte und doch nicht ist, und nicht sein kann ohne das andere[65].« In dem früheren Text, auf den Schelling an dieser Stelle verweist, heißt es noch deutlicher: »wäre nicht jedes ein Ganzes, sondern nur Teil des Ganzen, so wäre nicht Liebe: darum aber ist Liebe, weil jedes ein Ganzes ist, und dennoch nicht ist, und nicht sein kann ohne das andere[66].«

Von hier aus enthüllt sich der Sinn des theogonischen Prozesses im ganzen, ergibt sich die Antwort auf die Frage nach dem Motiv jenes unergründlichen Aktes der ersten Contraction Gottes, die in einer zweiten Contraction überholt und zurückgenommen wird, auf die Frage also, warum *etwas* ist und nicht vielmehr nichts. Gott verfügt über alles; seine Verfügung ist einzig dadurch beschränkt, daß sie selber notwendig ist. Das Verfügen als ein Verfügen-Müssen ist die Bedingung, die Gott nicht aufheben kann, »indem er sonst sich selbst aufheben müßte«[67]. Von dieser einzigen, mit seiner unumschränkten Verfügung selber gesetzten Schranke, kann er sich nur befreien, wenn sich ihm ein Unverfügbares zeigte, nämlich ein ihm Gleiches, das er wohl beherrschen *könnte,* aber nicht beherrschen *würde* – weil er es nur haben könnte im Nichthaben, in der Liebe.

In diesem Sinne heißt es: daß Gott die Bedingung seiner Existenz, die er nicht aufzuheben vermöchte, ohne sich selbst aufzuheben, nur durch Liebe bewältigen und sich zur Verherrlichung unterordnen kann. Herr würde er erst sein in der Herrschaft über ein ihm Gleiches, das sich aber der Herrschaft durch einen Gleichen gerade entzieht. Die absolute Verfügung über alles, und noch über diese Absolutheit selber, vollendet sich mithin im *Verzicht auf* eine, mit der Hervorbringung des anderen Absoluten ermöglichten *Herrschaft*, in der Einigung also mit einem schlechthin Unverfügbaren. Dies ist der esoterische Sinn der Überwindung des göttlichen Egoismus durch die göttliche Liebe. Diese Liebe muß freilich auch von dem anderen Absoluten, da es sonst ein Absolutes nicht wäre, *gewollt* sein. Gott muß, um der Liebe willen, die Gefahr in Kauf nehmen, daß sich ihm sein Gegenbild versagt – und das Band der Prinzipien tatsächlich löst, das in Gott selbst unauflöslich war. So erklärt sich jenes brutale Faktum einer Verkehrung, über die uns eine korrumpierte Welt unmittelbar belehrt, eine dem Gott aus der Hand geglittene Welt, deren Geschichte dem »umgekehrten Gott« der gesellschaftlichen Menschheit überantwortet ist.

Im Zustand des »Materialismus«, in dem das Äußere über das Innere Gewalt hat, müssen die Menschen, ihrer wahren Einheit mit Gott verlustig, notgedrungen eine Natureinheit suchen, den Staat: dieser erzwingt die Einheit freier Subjekte nun mit physischer Gewalt. Umgekehrt hat sich mithin im Menschengeschlecht der anfängliche Gott auch insofern, als dieser über alles verfügen, aber über niemanden herrschen konnte, während die Menschen herrschen und nicht verfügen, also nur über das Unverfügbare, über andere Menschen, verfügen wollen, ohne über das Verfügbare verfügen zu können – über die dem Menschen entfremdete Natur. Gleichwohl bleibt dieses Menschengeschlecht, wenn auch auf verkehrte Weise, ein Gott, weil es seine Geschichte selber macht; also das Subjekt seiner Geschichte ist, ohne es doch *als* Subjekt schon sein zu können – sonst wäre Geschichte wiederum Schöpfung. In der Idee des gefallenen alter deus ist die Vermittlung des Absoluten mit der Geschichte als eine selbst historisch zu lösende Aufgabe gestellt.

Die Kategorie der aus der Contraction Gottes entspringenden
»Weltalter« dient als Mittel zur Konstruktion einer Geschichte,
deren Geschichtlichkeit einerseits so ernst gemeint ist, daß in ihr
die Auslieferung des Absoluten an die Geschichte beschlossene
Sache ist; deren Herkunft aber aus Gott andererseits so unverkennbar bleibt, daß eine schließliche Contraction des umgekehrten
Gottes die Wiederherstellung der korrumpierten Welt herbeiführen soll. Diese Absicht einer historisch-idealistischen Philosophie
ist schon im ersten Satz der »Weltalter« deklariert: das Vergangene wird gewußt, das Gegenwärtige wird erkannt, das Zukünftige
wird geahndet; das Gewußte wird erzählt, das Erkannte wird dargestellt, das Geahndete wird geweissagt. Hier ist die Spanne der
Entfernung Schellings von Hegel genau auszumessen. Der Gegenstand auch der höchsten Wissenschaft ist ein geschichtlicher; ihrem
Wesen nach ist Philosophie darum Historie, ihrer Darstellung nach
eine Fabel. Wenn gleichwohl Philosophie *ihr* Gewußtes nicht mit
der Geradheit und Einfalt wiederzugeben imstande ist, wie jedes
andere Gewußte erzählt wird, so verrät sich darin nur, daß wir gegenwärtig zur wahren Wissenschaft noch nicht vorgedrungen sind:
»Die Meinung, die Philosophie durch Dialektik endlich in wirkliche Wissenschaft verwandeln zu können ... verrät nicht wenig Ein-
geschränktheit, da ja eben das Dasein und die Notwendigkeit der
Dialektik beweist, daß sie noch keineswegs wirkliche Wissenschaft
ist[68].« Der Philosoph ist der *Historiker* des Absoluten; daher be-
dauert es Schelling, vom Kern der Geschichte nicht alles Dialektische entfernen zu können, »ob ich gleich versuchen werde, es soviel möglich in Einleitungen, Zwischenreden und Anmerkungen
abzuhandeln«[69]. Wie für Hegel das historische Räsonieren, so ist
für Schelling Dialektik eine Form des subjektiven Geistes. Dem
einen erscheint die Historie gleich untauglich, obschon unentbehrlich zur Einleitung in Dialektik, wie dem anderen Dialektik zur
Darstellung der Historie. Unentbehrlich bleibt Dialektik auch für
Schelling, weil es, wenn es um die Geschichte des Absoluten zu tun
ist, des Standpunktes einer bereits vollzogenen Vermittlung beider
bedürfte, um vergleichsweise so »erzählen« zu können, wie es der
Historiker, am vollkommensten aber der Epiker vermag[70].
Hegel kann diesen »Standpunkt« voraussetzen; von ihm aus ist
Schellings Vorgehen leicht zu kritisieren: »Wenn es nicht um die

Wahrheit, sondern nur um die Historie zu tun ist, wie es im Vorstellen und dem erscheinenden Denken zugehe, so kann man allerdings bei der Erzählung stehenbleiben... Aber die Philosophie soll keine Erzählung dessen sein, was geschieht, sondern eine Erkenntnis dessen, was wahr darin ist, und aus dem Wahren soll sie ferner das begreifen, was in der Erzählung als ein bloßes Geschehen erscheint[71].« Die Dialektik, die als bloße Darstellungsform des Historischen (soweit es um die Geschichte des Absoluten geht) gehandhabt wird, gilt dann als eine »geistreiche Reflexion«: »ob sie zwar den Begriff der Dinge und ihrer Verhältnisse nicht ausdrückt und nur Vorstellungsbestimmungen zu ihrem Material und Inhalt hat, so bringt sie dieselben in eine Beziehung, die ihren Widerspruch enthält und durch diesen hindurch ihren Begriff scheinen läßt[72].« In der Tat befreit sich die Weltalter-Philosophie selten von ihren dialektischen Bildern zum Begriff. Diese Befangenheit hat aber ihre Berechtigung darin, daß Schelling den objektiven Begriff als Form der Selbstvermittlung des Absoluten nicht anerkennt. Subjektiv muß sich zwar der Begriff der Geschichte überheben, objektiv ist er aber von ihr immer schon überboten; das setzt ihn zu dem zwar unentbehrlichen, aber dem historischen Gegenstand unangemessenen Konstruktionsmittel herab. Für Hegel hingegen ist »Zeit« der bloß angeschaute Begriff – der Geist, der seinen Begriff erfaßt, tilgt die Zeit[73]. In Schellings Logik, hätte er eine geschrieben, bliebe das dritte Buch dem zweiten, der Begriff dem Wesen untergeordnet. Philosophie kann nicht an ihr selbst die noch ausstehende Vermittlung leisten, denn die korrumpierte Welt ist nicht eine Negation, welche die bestimmte Negation des absoluten Wissens herausforderte, um ihr sich dann zu fügen.

Contraction ist aus härterem Stoff als Negation, gleichsam mit einem Überschuß an moralischer Energie über die logische Kategorie hinaus ausgestattet. Nicht zufällig hält Schelling, in gewisser Weise vordialektisch, an Prinzipien oder Potenzen fest, die freilich zueinander durchaus in einem Verhältnis dialektischer Entsprechung stehen; auch ist die vermittelnde Bewegung nicht etwa, von ihnen abgelöst, ein Drittes; aber sie ist dennoch nicht jene Dialektik, die die Prinzipien als ihre Momente gleichermaßen auseinander hervor- und ineinander zugrunde gehen läßt. Die Bewegung, eben Contraction, haftet vielmehr nur an dem einen Prinzip, und zwar dem niederen, das seine Proportion zum Höheren, und auch noch dessen Reaktionsweise bestimmt. Das Wirken der Liebe ist ein Wirkenlassen durch den Egoismus, je nachdem ob er sie in sich einkapselnd unter Verschluß hält, oder aber, sich selbst aufschließend, ihr, der frei ausströmenden, sich zum Grunde legt. Contraction kann eine Krise unterdrücken oder einleiten, aber nicht mehr diese selbst kontrollieren, so wie die zusammenziehende Kraft, die sich selbst überwindet, sich von der Liebe durch die Liebe selbst scheiden lassen muß. Ein zunächst ermächtigtes Geschehen muß sie sodann an sich geschehen lassen. Dadurch gewinnt das Negative den gleichsam substantiellen Charakter einer Contraction, die zugleich unvertilglicher und versöhnlicher ist als die Diremtion des Lebens in das abstrakte Allgemeine und das isolierte Einzelne; aus deren Widerspruch erwirbt sich das konkrete Allgemeine eine selbstverständlichere aber vergänglichere Einheit. Hegel vermag nur Einheit und Diremtion der Einheit, sowie die Einheit beider, zu konstruieren, nicht aber so etwas wie eine positiv gesetzte *falsche Einheit*. Gewiß ist für ihn das Leben der Idee selbst der daseiende Widerspruch: »wenn ein Existierendes nicht in seiner positiven Bestimmung zugleich über seine negative überzugreifen und eine in der anderen festzuhalten, den Widerspruch nicht in ihm selbst zu haben vermag, so ist es nicht die lebendige Einheit selbst, nicht *Grund*, sondern geht in dem Widerspruch zugrunde[74].« Die Einheit zerfällt dann in ihre abstrakten Momente und ist nur mehr als diese Diremtion. Schelling hingegen konzipiert mit jener Umkehrung im Verhältnis von Existenz und Basis noch dieses verkehrte Verhältnis selbst als eine Einheit: »denn es ist nicht die Trennung der Kräfte an sich Disharmonie, sondern die falsche Einheit derselben, die nur beziehungsweise auf die wahre eine Trennung heißen kann«[75].

Während Hegel, etwa am Beispiel des Staates, die Konsequenz ziehen muß, daß ein Ganzes, sobald die Einheit seines Begriffs und seiner Realität aufgelöst ist, zu existieren überhaupt aufhört, kann Schelling den Staat, noch und gerade in seiner unheimlichsten Gestalt, als die »furchtbare Realität« einer *falschen Einheit* konzipieren. Nach Hegel hat diejenige Realität, welche dem Begriff nicht entspricht, sondern bloß erscheint, als das Zufällige, Willkürliche und Äußerliche keine Macht, nicht einmal Macht des Negativen. »Im gemeinen Leben nennt man etwa jeden Einfall, den Irrtum, das Böse und was auf diese Seite gehört, so wie jede noch so verkümmerte und vergängliche Existenz zufälligerweise eine Wirklichkeit. Aber auch schon einem gewöhnlichen Gefühl wird eine zufällige Existenz nicht den emphatischen Namen eines Wirklichen verdienen[76].« Die falsche Einheit, die Herrschaft des Grundes über die Liebe, verleiht demgegenüber, durch die Gewalt des Äußeren über das Innere, noch dem Zufall, der Willkür und dem bloß Erscheinenden die dämonische Ebenbürtigkeit des blendenden Scheins, eben der Verblendung. Der sich begreifende Geist ist ihrer nicht eo ipso mächtig: »Wer mit den Mysterien des Bösen nur einigermaßen bekannt ist, der weiß, daß die höchste Korruption gerade auch die geistigste ist, daß in ihr zuletzt alles Natürliche, und demnach sogar die Sinnlichkeit, ja die Wollust selbst verschwindet, daß diese in Grausamkeit übergeht, und daß der dämonisch-teuflische Böse dem Genuß weit entfremdeter ist als der Gute. Wenn also Irrtum und Bosheit beides geistig ist und aus dem Geiste stammt, so kann *er* unmöglich das Höchste sein[77].«

Wie aber ist dann die Aufgabe der gesellschaftlichen Menschheit, die von ihr in der Rolle des gefallenen alter deus erwartet wird, wie ist Vermittlung des Absoluten und der Geschichte möglich, wenn nicht im Begreifen des Begriffs?

Durch die beinahe Kantische Abstraktion einer ursprünglich und unableitbar bösen Tat am Anfang, jenes Abfalls des ersten Menschen von Gott, wird der Verblendungszusammenhang dieser Welt gegenüber der geschichtlich handelnden Menschengattung eigentümlich objektiv. Dadurch daß Korruption sozusagen als eine Generalthesis vorweggenommen ist, kann die Geschichte der Menschheit nicht mehr in der Art einer Phänomenologie des Geistes als Zusammenhang der reflexiven Selbstbefreiung begriffen werden. Durch den Niveauunterschied der geschichtlichen Bewegung im Verhältnis zu jener, die Geschichte erst begründenden Tat, kann die Menschheit wohl deren Folgen, nicht aber ihr selbst als der eigenen Tat begegnen. Während, Hegel zufolge, das Subjekt auf jeder Stufe seiner Entwicklung in dem Objektiven, das zunächst mit der unbegriffenen Härte des ganz Äußeren auf es zurückschlägt, schließlich am eigenen Leibe doch nur erfährt, was es selbst einst hervorgebracht hat, und diese Erfahrung als solche anzuerkennen gezwungen ist – bleibt, in Schellings Konzeption, die zum Anorganischen herabgesetzte Natur dem Menschen schlechthin äußerlich. Die Identität der Menschheit mit der Natur ist so elementar gestört, daß auch auf dem Wege ihrer werktätigen Aneignung immer ein unvertilgbarer Rest des unbezwungenen Zufalls zurückbleiben müßte. Auf jeder Stufe der erarbeiteten Vermittlung der Menschengattung mit der Natur findet das Subjekt im Objekt außer den Spuren seiner eigenen Geschichte solche einer älteren und dunkleren, nie ganz zu bewältigenden Kraft; erfährt es in den Schicksalsschlägen nicht *nur* den Rückschlag seiner eigenen geschichtlichen Tätigkeit. Um so eher aber scheint sich als der einzig mögliche Weg anzubieten: die korrumpierte Welt von ihrem Materialismus durch materielle Produktion selbst zu lösen, den Bann des Äußeren über das Innere durch tätige Entäußerung selbst zu brechen. Das ist ja in der Dialektik der Contraction schon angelegt. Nur die zusammenziehende Kraft der Materie vermag die eingeschlossenen Kräfte der Liebe zu ermächtigen, den zum dunklen Kern noch einmal zusammengezogenen Willen des Grundes aufzuschließen und zu bewältigen: die Liebe ist bloße »Dazwischenkunft«, selbst ohne Initiative.

Obschon der historische Idealismus der »Weltalter« krypto-materialistische Elemente dieser Art enthält, hat natürlich Schelling niemals im Ernst materialistische Folgerungen gezogen. Gleichwohl nötigt ein deutlicher Einschnitt in der Lebensgeschichte seines Werkes, der mitten durch die alsbald ganz aufgegebene Weltalterphilosophie hindurchgeht, an dieser Stelle dazu, systematische Konsequenzen zu erörtern: weil Schelling, wie wenig ihm das immer bewußt geworden sein mag, vor ihnen zurückscheute, mußte er die Prämissen einer Revision unterziehen.

Die geschichtsphilosophischen Folgerungen aus Schellings Idee der Contraction Gottes, auf die es uns ankommt, lassen sich religionsgeschichtlich am Sabbathianismus vorbereitend exemplifizieren. Diese häretische Bewegung, vor der das orthodoxe Judentum bis tief ins 18. Jahrhundert hinein schauderte, geht auf die Jahre 1665–1666 zurück, als Sabbathai Zwi sich zuerst als Messias zu erkennen gab und dann, vor den Sultan zitiert, zum Islam übertrat. Die höchst dialektische Lehre, die antinomistische Handlungen nicht nur rechtfertigt, sondern sublim fordert, ist eine extreme Variation der urianischen Mystik. Weil die verzehrende Positivität des Bösen nur mehr durch die Bosheit selbst überwunden werden kann, schlägt die bis dahin für das mystisch erregte Judentum bestimmende Magie der Innerlichkeit in eine Magie des Abfalls um. Nicht die strenge Einhaltung der Thora wird am Ende dem Schwächeren über die Stärke der korrumpierten Welt Macht verleihen; die Welt ist vielmehr in ihre Korruption so tief versunken, daß sie nur noch durch eine gleichsam überbietende Verworfenheit restituiert werden kann. Der Messias selbst muß in das Reich des Bösen hinabsteigen, um den Kerker der eingeschlossenen göttlichen Liebe gleichsam von innen zu sprengen. Der Apostasie des Messias folgten die kollektiv organisierten Übertritte der häretischen

Gemeinden zu Katholizismus und Islam. Die Heiligsprechung der Sünde entfesselte den Anarchismus im Heiligtum des Gesetzes selber. Er setzte sich, als der radikalen Praxis die politisch-historische Bestätigung versagt blieb, in Religionskritik um; der naturrechtliche Rationalismus erbt die uneingelösten Wechsel des Sabbathianismus auf Emanzipation, und sei es nur einer vom Ghetto. Von der mystischen Häresie zur Aufklärung ist nur ein Schritt: Jonas Wehle, das Haupt der Prager Mystiker um 1800, zitiert als Autoritäten gleichermaßen Sabbathai Zwi *und* Mendelssohn, Kant *und* Isaak Luria[78].

Auf eine ähnliche Weise fern und nah zugleich steht auch der mystisch inspirierte Idealismus Schellings um 1811 den Konsequenzen eines atheistischen Materialismus. Im Zusammenhang mit dem »größten Beweis für jenes Zurücksinken des Menschen in die Natur«, eben dem Staat als der durch physische Mittel gezwungenen Natureinheit der gesellschaftlichen Menschengattung, bemerkt Schelling: »Nachdem einmal das Dasein der Natur durch den Menschen gefährdet und die Natur genötigt war, sich als *eigene* zu konstituieren, so scheint jetzt alles nur auf die Erhaltung der äußeren Grundlage des Lebens gerichtet[79].« Wenn einerseits die Menschheit als der alter deus ihre Geschichte selber macht, als der umgekehrte Gott aber den Zusammenhang mit der Natur zerrissen und die Verfügung über sie verloren hat: wie kann sie dann die Gewalt des Äußeren über das Innere anders brechen als dadurch, daß sie es äußerlich mit dem Äußeren aufnimmt und sich in jener Anstrengung, die, nach Schellings Worten, auf die Erhaltung der äußeren Grundlage des Lebens gerichtet ist, in der gesellschaftlichen Arbeit nämlich, mit der Natur vermittelt. So abwegig ist der Gedanke nicht, denn Schelling selbst sieht, daß die Gewalt des Äußeren nur überwältigt, also in dem Maße gebrochen werden kann, in dem die Menschen sie gegen sich selbst zu wenden verstehen – durch Beherrschung der Natur: »Alles, auch das Edelste, was mit ihr in Kollision kommt«, heißt es an der gleichen Stelle weiter, »geht zugrunde, und der Beste muß gleichsam mit dieser äußeren Gewalt in Bund treten, um toleriert zu werden. Freilich was durch diesen Kampf sich hindurchschlägt, was gegen diese Übermacht des Äußeren sich dennoch als ein Göttliches behauptet, das ist wie durchs Feuer bewährt, in dem muß wirklich eine ganz göttliche Kraft sein«. Dieser Satz scheint der Version recht zu geben, daß die Menschheit durch eine nach außen gerichtete Technik eher als durch eine wie immer kontemplativ gemilderte Magie der

Innerlichkeit die Verfügung über Natur wieder erlangen kann. Wenn erst einmal die Konsequenzen so weit gezogen wären, fiele dann nicht, wie von selbst, auch die theogonische Hülle vom historischen Prozeß? Als Subjekt einer mit Natur nicht mehr identitätsphilosophisch synchronisierten Geschichte ist die Menschheit gleichsam losgesprochen; sie könnte die Deutung der »vollkommenen Menschwerdung Gottes, wovon immer noch nur der Anfang geschehen ist«[80], als überflüssige Hypothese beiseite schieben. Ja, diese Menschwerdung Gottes, »wo das Unendliche ganz endlich geworden ohne Nachteil seiner Unendlichkeit«[81], könnte ihrerseits als Spiegelschrift einer Menschwerdung des Menschen selbst gedeutet werden, die bis auf jenen Punkt führt, da in Gestalt einer vergesellschafteten Menschheit das Endliche ohne Nachteil seiner Endlichkeit unendlich geworden ist. Das wäre eine Feuerbachsche Religionskritik am historischen Idealismus, aber auf dessen eigenem dialektischen Niveau.

Der Gott der Weltalter, der zuerst über alles verfügt, aber niemanden, der ihm gleich wäre, beherrschen kann; er, der zunächst so wenig Herr ist, daß er nicht einmal auf Herrschaft verzichten könnte um der Liebe willen; der Gott, der deshalb die Weltschöpfung einleitet, um ein alter ego hervorzubringen, das sich ihm dann aber eigenwillig versagt, an seiner Stelle selbst die Weltschöpfung nachholen und bis zur »vollendeten Personalisierung Gottes«[82], bis zu jenem Moment also führen muß, in dem eine vergöttlichte Menschengattung dem menschgewordenen Gott sich endlich in Liebe verbinden läßt –; dieser Gott ist wie gebildet, um seinerseits als alter ego der Menschheit dechiffriert zu werden. Diese ermangelt ja genau der Verfügung deren der Gott nicht froh wird; während Gott umgekehrt der Verfügung über das Unverfügbare entbehrt, die doch die Substanz der Geschichte ausmacht: der Herrschaft eines autonomen Wesens über andere ebenso wie der prekären Augenblicke des Verzichts auf Herrschaft im individuellen Glück. In dieser Weise gedeutet, könnte die umgekehrte Menschwerdung Gottes, nämlich die Menschwerdung des umgekehrten Gottes, die Intention bezeichnen: das Mißverhältnis zu beseitigen, das in der Geschichte der Menschheit bisher zwischen der Ohnmacht in der Verfügung über das Verfügbare einerseits und der Gewalt in der Verfügung über das Unverfügbare andererseits besteht. Es wäre die Intention, Herrschaft inmitten einer Menschheit der Verkümmerung preiszugeben, die ihrer selbst gewiß geworden ist und darin ihre Gelassenheit gefunden hat.

Die Potenzenlehre der Spätphilosophie:
metaphysische Lebensversicherung gegen das Risiko
einer Selbstpreisgabe Gottes an die Geschichte

Von Schelling führen solche Überlegungen weit ab. Er hat sie,
gleichsam nach einem kurzen, kaum merklichen Innehalten, abgeschnitten mit dem Dictum, daß die Kluft zwischen dem Inneren
und dem Äußeren nicht bleiben könne, wie sie ist, »denn sie würde
die Existenz Gottes antasten. Aber wodurch ist diese Kluft aufzuheben? Durch den Menschen in seinem jetzigen Zustand nicht«[83].
Schelling begreift die Notwendigkeit, daß sich die Menschheit des
Äußeren »erinnert«, es innerlich machen müsse[84]. Mit Hilfe der
gesteigerten »Erinnerungskraft« kann die Aneignung der entfremdeten Natur freilich nur auf magische Weise, niemals technisch, gelingen, also in dem Sinne, in dem Schelling einmal hypothetisch äußert: »Ich weiß nicht, ob wir den jetzt bekannten
Lebenserscheinungen der Körper, dem elektrischen Wechselspiel
der Kräfte oder den chemischen Verwandlungen, eine so hohe
Bezeichnung geben dürfen, und halte nicht für unmöglich, daß uns
eine ganz neue Reihe von Erscheinungen aufgehen würde, wenn
wir nicht mehr bloß ihr Äußeres zu verändern, sondern unmittelbar
auf jenen inneren Lebenskeim zu wirken vermöchten. Denn ich
weiß nicht, ist es Täuschung, oder die besondere Beschaffenheit
meiner Art zu sehen, aber mir sehen alle, auch die körperlichsten
Dinge aus, als ob sie bereit wären, noch ganz andere Lebenszeichen
von sich zu geben als die jetzt bekannten[85].« Wenn aber der
Mensch diesen magischen Rapport nicht von sich aus wiederherstellen kann, müßte ihm die Natur entgegenkommen. Die Wiederherstellung der Menschengattung wäre dann von einer der Natur
abhängig: »(der Mensch) muß mit seinem vollkommenen Dasein
auf das ihrige warten. Endlich freilich muß die Krisis der Natur
kommen, wodurch sich die lange Krankheit entscheidet. Diese
Krisis ist die letzte der Natur, daher das ›letzte Gericht‹[86].«
Eine letzte Entscheidung der Natur steht offenbar in Analogie zu
jener anfänglichen Entscheidung Gottes, aus der die ideale Welt
hervorgegangen ist. Aber wie sollte, wenn schon nicht der gefallene
Mensch, die von ihm in den Grund gestürzte Natur selbst über solche Kräfte der moralischen Krisis noch verfügen? Schelling hat
diese Version nur versuchsweise durchgespielt und wieder fallengelassen. Als einzige Lösung bietet sich der bis an die Grenze des
Idealismus getriebenen Weltalterspekulation die Rückkehr zu der

anderen, ebenfalls im Text von 1810 schon angedeuteten Version einer Erlösung der Welt durch den geoffenbarten Gott: »Nur Gott kann das Band der geistigen und natürlichen Welt herstellen, und zwar nur durch eine zweite Offenbarung:... die höchste ist die, wo das Göttliche sich selbst ganz verendlicht, mit einem Wort, wo es selbst Mensch wird, und gleichsam nur als der zweite und göttliche Mensch wieder ebenso Mittler zwischen Gott und dem Menschen wird, wie es der erste Mensch zwischen Gott und der Natur sein sollte[87].«

Der rettende Rückgriff auf die Idee der Offenbarung zwingt freilich zu einer von Grund auf anderen Konstruktion der Weltalterphilosophie. Einer Menschheit, die unabdingbar der christlichen Offenbarung (und der kirchlichen Institutionalisierung der geoffenbarten Wahrheit) bedarf, entspricht ein Gott, der niemals ganz von der Geschichte verschlungen werden darf. In der letzten, allein autorisierten Fassung der »Weltalter« gilt deshalb Contraction nur noch für die Natur in Gott, nicht für Gott selbst, der sich, als das schlechthin Unanfechtbare, aus dem »Umtrieb« der Kräfte je heraushält[88]. Die naturlose Gottheit als der Wille, der nichts will, nimmt sich des ruhelosen Seins der göttlichen Natur gleichsam von oben an. »Annahme des Seins« heißt zwar: daß die Gottheit, indem sie sich des anderen in ihr annimmt, selbst eine andere Gestalt annimmt; zugleich aber ist es eine Annahme auch in jenem hypothetischen Sinne: etwas anzunehmen, um, selbst unbetroffen und ohne alle Gefährdung, zuzusehen, was dabei herauskommt. Die Seinsannahme hat etwas von der arbiträren Freiheit des so und auch anders Könnens. Ein derart reservierter Gott steht hoch genug über allen Risiken und Katastrophen, um auch einer gefallenen Schöpfung wieder auf die Beine helfen zu können. Nicht mehr *Zusammenziehung,* sondern *Herablassung* Gottes ist nun das Zeichen der Schöpfung.

Schelling greift, nach dem Abschluß der Weltalter-Periode, die Idee der Contraction Gottes systematisch nicht wieder auf. Die kontraktive Dialektik der Existenz und des Grundes von Existenz weicht einer Quadratur der Prinzipien, die sich der aristotelischen Kategorienpaare Materie und Form, Potenz und Akt bedient[89]. Jenes Erste, worin Philosophie ihren absoluten Anfang fand, behält seinen Namen: Materie; aber es bezeichnet nicht mehr die zusammenziehende Kraft der Verneinung in der Weise einer Selbsteinschließung, einer Verschränkung in sich selbst; vielmehr meint es nun gerade eine Kraft der Entgrenzung, ja, das außer sich

Gesetzte, das Grenz- und Bestimmungslose, das aller Form und Regel widerstrebende Sein, das pythagoreisch-platonische Apeiron. Diesem stehen als das andere Prinzip nicht mehr, wie der Egoität die Liebe, das Überschwängliche und Ausfließende gegenüber, sondern das Begrenzende, Grenzensetzende – Peras. Freilich behält die Materie von ihrer ursprünglichen Bedeutung einer »Basis« insofern etwas zurück, als sie auch, im Gegensatz zum Akt, als Potenz erscheint. Auch in diesem Betracht ist indessen das Verhältnis von Existenz und dem Grunde von Existenz nicht wiederhergestellt, denn Schelling läßt, wie schon aus der thomistischen Terminologie hervorgeht, keinen Zweifel daran, daß sich die Aktualisierung an der Potenz als dem primum passivum vollzieht, also von der Potenz selber weder ausgelöst noch irgend gefährdet werden kann. Ja, das Bedürfnis, die Sekurität des Gott, und die Welt umgreifenden Prozesses schon in den Prinzipien zu verankern, wird durch ein drittes Prinzip befriedigt, das über dem Streit der beiden anderen zum Wächter bestellt ist: »… denn in jedem der beiden andern ist ein für sich unendliches Wollen, das erste will nur im Sein sich behaupten, das zweite nur es ins Nichtsein zurückführen, das dritte allein, als das selbst, daß ich so sage, affektlose, kann bestimmen, in welchem Maß jeder Zeit, das heißt für jeden Moment des Prozesses, das Sein überwunden sein soll; es selbst aber, durch das jedes Werdende allein zum Stehen, also zustande kommt, ist das von innen heraus alles Zweckgemäße wirkende und zugleich selbst Zweck[90].«

Als causa finalis ist die dritte Ursache der causa materialis und der causa efficiens übergeordnet; sie ist das Seinsollende gegenüber dem Seinkönnenden und dem Seinmüssenden[91]: »Die erste bloß materiale Ursache ist eigentlich nicht Ursache, da sie als die bestimmungslose, darum der Bestimmung bedürftige Natur eigentlich nur leidend ist.… Die zweite, Bestimmung gebende, zu der Substanz als bestimmende Ursache… sich verhaltende, diese ist reine Ursache, da sie auch nichts für sich will. Was kann nun noch über beiden gedacht werden, oder vielmehr was muß über beiden gedacht werden, um zu einem begrifflichen Abschluß zu gelangen? Offenbar was Substanz und Ursache, Bestimmbares und Bestimmendes zugleich, also die sich selbst bestimmende Substanz ist, als Unbestimmtes ein Können in sich schließend, *aber über dessen Gefahr durch das Sein erhoben…*[92]« Das Risiko einer Selbstpreisgabe Gottes an jenes andere Absolute, die geschichtlich agierende Menschheit ist nun prinzipiell, buchstäblich durch ein eigens dazu bestelltes Prinzip, gebannt: »…es ist eben das nie und nimmer sich selbst verlieren Könnende, das ewig Besonnene und bei sich selbst Bleibende[93].« Schelling hat eine metaphysische Lebensversicherung gegen die Gefahr eines absoluten Anfangs aus Materie abgeschlossen: »Der Anfang also ist in dem allein aus sich selbst ein anderes werden Könnenden und darum ursprünglich dem Werden Unterworfenen.« Dieser Satz ist noch ein fernes Echo jener frühen Einsicht, daß Zusammenziehung der Anfang alles Lebens sei – »aber nicht sich selbst überlassen ist dieses, sondern *ein Hüter ist ihm beigesellt,* der es vor seiner eigenen Grenzenlosigkeit bewahrt, und in dieser unterzugehen verhindert«[94].

Im Maße der gewachsenen Sekurität Gottes hat die Welt den Zug des Katastrophalen verloren. Auch der Abfall des Menschen wird nämlich nach dem Schema von Akt und Potenz gedeutet: die aus den drei Prinzipien zusammengewachsene ideale Welt findet ihre Einheit in einem vierten Prinzip, einer Endursache höherer Ordnung, im Menschen. Sie verhält sich zu den drei ersten Ursachen wie der Akt zur Potenz. Sobald aber der Mensch sich als den gewordenen Gott ergreift, um selbst *als* Gott zu sein, aktualisiert er die intelligible Welt zu einer äußerlich existierenden: »Der Mensch ist das Setzende der Welt, er ist es, der die Welt außer Gott, nicht bloß praeter, sondern extra Deum gesetzt hat; er kann diese Welt seine Welt nennen[95].«

Der »Abfall«, der einst als die Verkehrung der Prinzipien und als die Korruption der Welt, als eine Machtergreifung der äußeren Gewalt über das Innere gegolten hat, wird nun, nach dem Verhältnis von Akt und Potenz, in eine gleichsam normale Wiederholung des ersten theogonischen Stadiums umgedeutet: »Die Schöpfung war vollendet, aber sie war auf einen beweglichen Grund – auf ein seiner selbst mächtiges Wesen – gestellt. Das letzte Erzeugnis war ein absolut Bewegliches, das sofort wieder umschlagen konnte, ja *gewissermaßen unvermeidlich umschlagen mußte*… Gott selbst dringt gleichsam unaufhaltsam auf diese Welt hin, durch die er erst alles Sein vollends von sich weg hat, in der er eine von sich freie Welt, eine außer ihm seiende Schöpfung hat. Alle bis hierher durchlaufenen Momente sind also reale, wirkliche Momente, aber insofern doch bloße Momente des Gedankens, als in ihnen kein Verweilen ist, kein Aufenthalt, bis diese Welt geboren ist, die Welt, in der wir uns wirklich befinden[96].«

Die späte Potenzenlehre ergänzt die Folge der Potenzierung durch eine fortschreitende Depotenzierung. Auf jeder Stufe wird, was zuerst Akt war, zur Potenz herabgesetzt – bis schließlich Gott als actus purus, von aller Potentialität gereinigt, hervortreten kann. Während zuerst die dritte Ursache, die sich selbst bestimmende Substanz, im Rahmen der idealen Welt als das allein aktuierende Prinzip wirksam war, wird diese nun von einer vierten Ursache verdrängt und zusammen mit den beiden anderen zur bloß materiellen Ursache herabgedrückt. Die zuvor ideale Welt ist jetzt im ganzen das, was der menschliche Geist ist, Potenz dieses höheren Aktes – und damit reale Welt geworden. Entsprechend vollzieht sich der Prozeß der Geschichte als eine allmähliche Überwindung auch dieser Aktualität durch einen wiederum höheren Akt. Der menschliche Geist wird am Ende zur Seele depotenziert sein, um in williger Unterordnung Gott als den einzig wahren Actus einer vollständig entfalteten Welt wirken zu lassen. Die Bürgschaft, die mit jener dritten Ursache gegeben war, erweist ihre Kraft auf jeder Stufe von neuem. Gott bewährt sich als der Herr des Seins, als die überschwengliche Aktualität von Anbeginn und Ewigkeit. Die Welt ist am Ende ihres Prozesses das: Was Gott ist, das Wesen alles Seienden, das Gott sein läßt, und welches ihm also verdankt, *daß* es, was es ist, *ist*.

Den gleichsinnigen Kategorienpaaren Materie und Form, Potenz und Aktus wird Essenz und Existenz als drittes hinzugefügt. Diese kategoriale Apparatur verrät einen Vorrang der ontologischen Fragestellung, dem das praktische Interesse an der Aufhebung der korrumpierten Welt untergeordnet wird; die Korruption selbst hat ihre Anstößigkeit eingebüßt. Jenem Akt, der die ideale Welt zur realen entäußert, ist seine Einzigartigkeit genommen - im Prozeß der fortschreitenden Aktualisierung der Welt ist er nur mehr ein Akt unter anderen. Die Katastrophe ist ontologisch normalisiert; die Philosophie sucht nicht länger den absoluten Anfang um eines Endes der Korruption willen, sie sucht das Sein als das vor und über allem Stete und Gewisse – »... das eigentlich Bleibende ... muß erst eruiert werden«[97]. Der späte Schelling verpflichtet Philosophie wieder auf ihre traditionelle Aufgabe, die seit Aristoteles explizit gestellt ist; gleichwohl läßt sich jenes, die Weltalterphilosophie einst bestimmende Interesse nicht einfach unterdrücken. Schließlich behauptet es sich sogar gegenüber dem theoretischen Interesse so erfolgreich, daß das System an diesem Konflikt in zwei Teile zerspringt: in eine negative und eine positive Philosophie.

Die Prinzipienlehre hat sowohl theogonisch-kosmologischen als auch transzendentalen Sinn. Sie betrifft sowohl den entwicklungsgeschichtlichen Zusammenhang des Seienden im ganzen als auch die durchgängige Erkennbarkeit seiner Gesetze.

Die Prinzipien sind zunächst idealistisch aus dem Selbstdenken der Vernunft hergeleitet, die Vernunft geht von ihrem eigenen unmittelbaren Inhalt aus. Als diesen findet sie »die unendliche Potenz des Seins« vor, die Indifferenz von Subjekt und Objekt, die weder das Seiende ist, noch das Nichtseiende, kurzum jenes grenzenlos Seinkönnende und zum Sein Drängende, das immer schon vorausgesetzt werden muß – gewissermaßen ein zur Materie angereichertes »Sein« der Hegelschen Logik. »Sie – die unmittelbare Potenz – ist also nur materiell, nur wesentlich, das heißt nur zufällig, das Seiende, das heißt so, daß sie das, was ist, auch nicht sein kann; ist nur gleichsam vorläufig das Seiende, solange sie sich nicht bewegt, aber sowie sie aus ihrem Können hinaustritt, tritt sie eben damit auch aus der Sphäre dessen heraus, was ist, tritt in die Sphäre des Werdens, ist daher das Seiende, und ist es nicht... Die Vernunft in diese Lage gesetzt, will nun zwar das Seiende selbst; denn nur dies betrachtet sie als ihren wahren, weil bleibenden, Inhalt. Aber sie kann das Seiende selbst, – das, was das Seiende selbst ist, nicht bloß den Schein von ihm hat, und ein anderes werden kann, übergehen kann in das der Vernunft Fremdartige, die Natur, Erfahrung usw. – sie kann das Seiende selbst nicht erlangen, als durch Ausschließung des andern, was nicht das Seiende selbst ist; aber dieses andere ist im ersten unmittelbaren Gedanken von dem, was das Seiende selbst ist, nicht abzutrennen, mit ihm unabweislich zugleich aufgenommen in den ersten Gedanken; wie kann sie aber jenes andere, das eigentlich das nicht Gewollte der Vernunft ist, das nicht eigentlich Gesetzte, sondern nur nicht nicht zu Setzende, was sie nur im ersten Gedanken nicht auszuschließen vermag, wie kann sie es anders ausschließen, als indem sie es hervortreten, wirklich in sein Anderes übergehen läßt, um auf diese Art das wahrhaft Seiende, das Ontos on, zu befreien und in seiner Lauterkeit darzustellen?[98]« In der dialektischen Verfolgung des Seinkönnens wird das, was das Seiende ist, der Akt, auf jeder neuen Stufe selbst zur Potenz herabgedrückt, und am Ende des Weges behält Vernunft die Aktualisierung als solche, Autorschaft als die reine

Tätigkeit zurück. Die transzendentale Selbstreflexion gewinnt die Prinzipien alles Seienden (die vier Ursachen) durch Eliminierung des Seinkönnenden vom Sein, des Nichtseienden von dem, was alles Seiende sein läßt.

Die transzendentale »Kritik« stellt darüber hinaus den Anspruch, selbst die Konstruktion der theogonischen »Krisis« zu sein. In jenem Prozeß der depotenzierenden Aktualisierung begreift nämlich die Vernunft den Weltprozeß im ganzen. Freilich kann Schelling den transzendentalen Sinn der Prinzipienlehre mit ihrem theogonischen nur gleichsetzen, wenn die endliche Vernunft mit der göttlichen eins ist. Unter dieser Voraussetzung aber hatte Hegels Logik längst in überlegener Weise geleistet, worum sich, mit einem fragwürdigen Rückgriff auf die thomistisch rezipierten aristotelischen Kategorien, die »reinrationale Philosophie« ein anderes Mal bemühte – so hatte es der alternde Schelling nicht gemeint. Die dreifache Einsicht seines vom praktischen Interesse angeleiteten Philosophierens hatte er inzwischen keineswegs ganz vergessen: die Einsicht in die Faktizität einer Welt, die sich der vernünftigen Durchdringung mit einem dunklen und unbegreiflichen Rest entzieht; die Einsicht ferner in die Unentschiedenheit eines historischen Prozesses, der unabgeschlossen in jedem Augenblick Vergangenheit und Zukunft zumal entspringen läßt; die Einsicht schließlich in die Korruption der im Ursprung zufälligen und fortwährend unversöhnten Verhältnisse – sowie in die prinzipielle Vergänglichkeit dieser Korruption.

An der Wirklichkeit des Übels und der Notwendigkeit einer Lösung, einer Erlösung von ihm, hatte sich Schelling einst die Endlichkeit des menschlichen Geistes erwiesen. Praktisch kann er sie nicht leugnen, aber ebensowenig darf er sie theoretisch anerkennen, nachdem er den Standpunkt der Weltalterphilosophie zugunsten der reinrationalen Philosophie verlassen hat. Diesem Dilemma verdankt sich die positive Philosophie, der gegenüber nun die rein rationale als negative relativiert wird. Die Systemspaltung löst die Schwierigkeit wie durch einen Trick: absoluter Geist ist der Mensch nur in Ansehung der Erkenntnis des Wesenszusammenhangs alles Existierenden, endlicher im Hinblick auf die Erfahrung der Existenz selbst. Diese geht in letzter Instanz auf wirkliche Autorschaft, auf eine irreduzibel freie Tat zurück. Darin entschließt sich Gott ohne angebbaren Grund zum Sein; sie ist Seins-Annahme.

Während einst der Grund von Existenz das Prinzip der Individuali-

tät, Faktizität und Irrationalität darstellte, werden diese Qualitäten nun der Existenz selbst zugeschrieben dem reinen Akt eines Willens über allem Sein. Dieses Sein hingegen, die Materie, wird schlicht mit der Essenz identifiziert, mit dem: Was Gott ist. Das einst der Erkenntnis Widerstrebende gilt nun als erkennbar schlechthin, als Wesen. Von der Materie heißt es in Schellings später Abhandlung »Über die Quelle der ewigen Wahrheiten«, daß sie »nur die potentia universalis sein kann, die als solche toto coelo von Gott verschieden, soweit auch ihrem Wesen nach, also bloß logisch betrachtet, unabhängig von dem sein muß, von dem alle Lehren übereinstimmend sagen, daß er reine Wirklichkeit ist, Wirklichkeit, in der nichts von Potenz ist«[99] und weiter: »Gott enthält in sich nichts als das reine Daß des eigenen Seins; aber dieses, daß er ist, wäre keine Wahrheit, wenn er nicht Etwas wäre…, wenn er nicht ein Verhältnis zum Denken hätte, ein Verhältnis nicht zu einem Begriff, aber zum Begriff aller Begriffe, zur Idee. Hier ist die wahre Stelle für jene Einheit des Seins und des Denkens[100].«
Schelling rekurriert auf eine von der göttlichen Wirklichkeit unabhängige, aber in deren Wesen begründete Möglichkeit aller Dinge, auf jenes principium realitatis essentiarium, das, Wolff zufolge, als von Gott selbst distinctum, aber mit ihm coaeternum et connecessarium zu denken sei. Er geht auf die Ebene der vorkritischen Metaphysik zurück, um mit Hilfe dieser Unterscheidung der beiden göttlichen Fakultäten plausibel zu machen: daß der menschliche Geist als Vernunft Gott gleich ist (er hat das Vermögen des Inbegriffs aller Essenzen), aber als Person zugleich dem göttlichen Willen unterworfen bleibt (Existenz kann er erfahren, allenfalls vorstellen, aber nicht denken). Einerseits läßt sich das theoretische Bedürfnis nach der Erkennbarkeit eines durchgängigen Zusammenhangs des Seienden im ganzen nur auf der Grundlage des absoluten Idealismus, andererseits läßt sich das praktische Bedürfnis nach dem geschichtlichen Begriff einer unversöhnten Welt nur unter Suspendierung dieser Grundlage befriedigen. Schelling möchte jedoch das eine haben, ohne das andere lassen zu können; er muß sich die Kompatibilität beider Philosophien gleichsam erschleichen. Schelling will auf der festgehaltenen Basis des Idealismus über diesen hinaus; er fällt gerade deshalb hinter ihn in vordialektische Philosophie zurück.
Eine eigentümliche Anknüpfung an Kants Lehre vom transzendentalen Ideal[101] macht diesen Rückfall deutlich. Kant schreitet von der Idee zum Ideal fort, weil jene, als der Inbegriff aller mögli-

chen Prädikate, nicht hinreicht, um die durchgängige Bestimmung eines Einzelwesens transzendental zu begründen. Deshalb muß das Denken von Gegenständen überhaupt auf ein Ideal als den Begriff jenes Einzelwesens zurückgeführt werden, das von allen möglichen entgegengesetzten Prädikaten eins, nämlich jedesmal das, was dem Sein schlechthin zugehört, zur Bestimmung hat – ens entium. Schelling verkehrt dieses Verhältnis von Idee und Ideal in ein Verhältnis von Essenz und Existenz: »Kant zeigt also, daß zur verstandesmäßigen Bestimmung der Dinge die Idee der gesamten Möglichkeit oder eines Inbegriffs aller Prädikate gehört. Dies versteht die nachkantische Philosophie, wenn sie von der Idee schlechthin, ohne weitere Bestimmung spricht; diese Idee selbst nun aber existiert nicht, sie ist eben, wie man zu sagen pflegt, bloße Idee; es existiert überhaupt nichts Allgemeines, sondern nur Einzelnes, und das allgemeine Wesen existiert nur, wenn das absolute Einzelwesen es ist. Nicht die Idee ist dem Ideal, sondern das Ideal ist der Idee Ursache des Seins... Gott ist die Idee heißt nicht: er ist selbst nur Idee, sondern... er ist der Idee Ursache des Seins, Ursache, daß sie ist[102].« Kant hatte nur einen regulativen Gebrauch des Ideals reiner Vernunft zugelassen[103] bei Schelling aber ergibt sich der Begriff des absoluten Einzelwesens nicht auf dem Wege einer transzendentalen Untersuchung, sondern als Resultat einer Konstruktion des Seienden im ganzen. Diese Konstruktion hat von Anbeginn die Schranke des subjektiven Idealismus durchbrochen und reflektiert nicht sowohl die Bedingungen der Möglichkeit aller Gegenstände, sondern die notwendigen Bedingungen ihrer Wirklichkeit als mögliche. Sie ist Logik und Ontologie, Transzendental- und Realphilosophie in einem. Schelling identifiziert das Ideal der reinen Vernunft mit der göttlichen Existenz im emphatischen Sinne: das Ideal, das unvordenklich Existierende, ist der Idee (als dem Inbegriff aller möglichen Prädikate) Ursache des Seins.
Nachdem aber Schelling mit diesem regulativen Grenzbegriff des subjektiven Idealismus konstitutiv verfahren ist, macht er sich, motiviert durch jene Divergenz von theoretischem und praktischem Bedürfnis in einer durch die Weltalterperiode nicht spurlos hindurchgegangenen Philosophie, der Inkonsequenz schuldig: diese oberste Kategorie noch einmal Kriterien zu unterwerfen, die auf dem objektiv-idealistischen Standpunkt längst aufgehoben sind. Er subsumiert ein bereits ontologisch umgedeutetes Ideal wiederum der Unterscheidung von Existenz und Essenz, so als seien die Kriterien der Kantischen Kritik am ontologischen Got-

tesbeweis auch für ihn noch in Kraft. Kants Unterscheidung der 100 wirklichen von den 100 möglichen Talern wendet Schelling auf das Ideal der reinen Vernunft noch einmal an, obwohl dieses schon die Bedeutung der göttlichen Existenz als des actus purus angenommen hatte. Der absolute Begriff des Ideals als des reinen Existierens wird noch einmal von dem Existieren selbst unterschieden. »Gott ist jetzt außer der absoluten Idee, in welcher er wie verloren war, und (als Ideal) in *seiner* Idee, aber darum doch nur Idee, bloß im Begriff, nicht im aktuellen Sein… Wird nun aber das, was essentiâ Actus ist, *auch* aus seinem Begriff gesetzt, so daß es nicht bloß das essentiâ oder naturâ, sondern das actu Actus Seiende ist, dann ist das Prinzip nicht mehr in dem Sinne als Prinzip gesetzt, wie wir es für das Ziel der rationalen Wissenschaft verlangt haben…; vielmehr ist es dann wirklich als Prinzip gesetzt, nämlich als Anfang, als Anfang der Wissenschaft, die das, was das Seiende ist, zum Prinzip hat, das heißt zu dem, von welchem sie alles andere ableitet: Wir bezeichneten sie bisher als diejenige, um deren willen das Prinzip gesucht wurde, und nennen sie jetzt im Gegensatz von der ersten, der negativen, die positive Philosophie…, denn sie geht von der Existenz aus, das heißt dem actu Actus-Sein des in der ersten Wissenschaft als notwendig existierend im Begriff (als naturâ Actus seiend) Gefundenen[104].«

Dieser Übergang von der negativen zur positiven Philosophie hält Hegels ungeschriebener Rezension der Schellingschen Spätphilosophie, die sich aus der »Logik« extrapolieren ließe, nicht stand. Hegel bezieht sich dort mehrfach auf Kants Kritik am ontologischen Gottesbeweis[105], in der Absicht, diesen zu rehabilitieren. »Das Sein als die ganz abstrakte unmittelbare Beziehung auf sich selbst ist nichts anderes als das abstrakte Moment des Begriffs, welches abstrakte Allgemeinheit ist, die auch das, was man an das Sein verlangt, leistet, außer dem Begriff zu sein; denn so sehr sie Moment des Begriffs ist, ebensosehr ist sie der Unterschied oder das abstrakte Urteil desselben, in dem er sich selbst sich gegenüberstellt. Der Begriff, auch als formaler, enthält schon unmittelbar das Sein in einer wahrern und reichern Form, indem er als sich auf sich beziehende Negativität, Einzelnheit ist[106].« In jeder der drei logischen Sphären kehren als Gestalten der Unmittelbarkeit Existenzkategorien wieder: Sein und Dasein, sodann Existenz und Wirklichkeit und schließlich die Objektivität. Eine entsprechende Bewegung vollzieht aber auch die sich denkende Vernunft in der »Logik« der negativen Philosophie, als welche Schelling seine

Prinzipienlehre entwickelt. Auch in den schwerfälligeren Kategorien der späten Potenzenlehre gehen die Existenzkategorien aus dem Prozeß der Aktualisierung von Potenzen bei einer gleichzeitigen Depotenzierung des Aktuellen jeweils hervor und wieder zugrunde. In Hegels Sprache ausgedrückt, aber für Schellings Selbstverständnis gleichermaßen verbindlich, heißt das: »So ist die Existenz hier nicht als ein Prädikat oder als Bestimmung des Wesens zu nehmen, daß ein Satz davon hieße: das Wesen existiert oder hat Existenz; sondern das Wesen ist in die Existenz übergegangen;... der Satz also hieße: das Wesen ist die Existenz, es ist nicht von seiner Existenz unterschieden[107].« Das sich zur Unmittelbarkeit Vermittelnde, das Sein und Dasein, Existenz und Wirklichkeit auf jeder Stufe eine bestimmtere Objektivität verleiht, ist die Vermittlung selbst, die am Ende der Logik unter dem Titel der »Methode« vom »System« geschieden wird und entsprechend am Ende der negativen Philosophie als actus purus erscheint. Nur durch eine theoretisch nicht mehr ausgewiesene Dezision könnten daher alle logischen Bestimmungen zusammengenommen *noch einmal* zu einem Wesen aller Wesenheiten herabgesetzt werden, das die Existenz als das schlechthin Undenkbare außer sich hat. Denn entweder ist das Verhältnis von Wesen und Existenz in der negativen Philosophie auf jeder Stufe der Aktualisierung und Depotenzierung von neuem gedacht; dann kann Existenz nicht im Ernst als das Undenkbare proklamiert werden – oder das Verhältnis von Wesen und Existenz hat sich beim Denken tatsächlich entzogen; dann ist die negative Philosophie im ganzen hinfällig, es sei denn, sie würde ihren Erkenntnisanspruch auf den des subjektiven Idealismus einschränken. Dazu war aber Schelling keinen Augenblick bereit.

Trennung von Theorie und Praxis

Wenn es Schelling Ernst war mit der »Krisis der Vernunftwissenschaft«, die sich an der »Unvordenklichkeit der Existenz« entzündet; wenn es ihm Ernst war mit der Einsicht: daß Vernunft sich nicht aus sich selbst begründen und nicht durch sich selbst verwirklichen kann, daß sie sogar noch ihre Selbstvermittlung durch ein ihr Vorgängiges vermitteln lassen muß[108], – dann hätte sie gegen die Vernunftwissenschaft als solche zurückschlagen müssen. In Schellings Spätphilosophie ist diese Konsequenz deutlich angelegt: der Ansatz der positiven Philosophie hätte eigentlich durch eine Preisgabe der negativen ratifiziert werden müssen. Von Schelling ist die »existentialistische« Überwindung des Idealismus vorbereitet, über Kierkegaard und Rosenkranz ist sie schließlich von Heidegger vollzogen worden. Erst diesem gelingt, was Schelling durch die Spaltung des Systems erreicht zu haben glaubte: die Vereinbarung der ontologischen Fragestellung mit dem praktischen Bedürfnis an einer Wendung des korrumpierten Weltalters. Beide Intentionen sind um den Preis einer entleerten Welt und in einem auf Innerlichkeit zusammengeschrumpften Bereich dadurch zusammengezwungen, daß sich Vernunft durch ein Vernommenes, Denken durch ein ihm Zugedachtes, sei es kerygmatisch, sei es mythopoetisch oder wenigstens topologisch vermitteln läßt. Theorie und Praxis kommen in einem kontemplativen Exerzitium überein. So nämlich verspricht die hartnäckig wie hingebungsvoll betriebene Suche nach dem Sein, zugleich die Not der Zeit zu wenden. Mit dieser Überzeugung, daß die devote Erkenntnis des Seins und die Evokation des Heils zusammenstimmen, wenn nicht gar identisch sind, lebt noch in der Überwindung des Idealismus der Idealismus selber fort. Diese Zwiespältigkeit hat Schelling der gegenwärtigen Philosophie vererbt[109].

Schelling *war* es mit der Krisis der Vernunftwissenschaft Ernst, und über deren Motiv gibt er uns eindeutig Auskunft: »Die Vernunftwissenschaft führt über sich hinaus und treibt zur Umkehr; diese selbst aber kann doch nicht vom Denken ausgehen. Dazu bedarf es vielmehr eines praktischen Antriebs; im Denken aber ist nichts Praktisches, der Begriff ist nur kontemplativ, und hat es nur mit dem Notwendigen zu tun, während es sich hier um etwas außer der Notwendigkeit Liegendes, um etwas Gewolltes handelt[110].«

Der praktische Antrieb gewinnt die Oberhand, sobald sich zeigt, daß die rein rationale Philosophie dem geschichtlich riskierten Gott der Weltalter Unantastbarkeit nur um den idealistischen Preis der Identität von Denken und Sein zurückgewinnt, also zu Hegel zurückführt, der die Weltalter nivelliert, die gegenwärtige Welt mit der wirklichen identifiziert, und sich so der Kategorien entblößt hatte, in denen ein Ende der Korruption gedacht werden kann. Schelling glaubt, im verdoppelten System der negativen und positiven Philosophie beides komplementär vereinigen zu können: *die logisch-ontologische Konvergenz von Vernunft und Essenz auf der einen, die ontologische Divergenz von Vernunft und Existenz auf der anderen Seite*. Auf seine Weise trennt er die theoretische Philosophie von der praktischen und verkehrt die Attribute des »umge-

kehrten Gottes« noch einmal. Ausgestattet mit einer Erkenntnisart, die der epischen Historie noch unfähig ist und sich daher der
dialektischen Konstruktion bedienen muß, aber vor die Aufgabe
gestellt, die korrumpierte Welt geschichtlich zu restituieren, war
einst, in der Weltalterphilosophie, der gefallene alter Deus durch
Endlichkeit des theoretischen und durch eine Unendlichkeit des
praktischen Vermögens gekennzeichnet. Nun verhält es sich umgekehrt. Absolut ist der Mensch in Ansehung seiner Erkenntnis,
endlich in seiner praktischen Abhängigkeit von der Erlösungstat
Gottes. Diese Trennung von Theorie und Praxis innerhalb der
Theorie findet ihre, theoretisch entwickelte, Entsprechung in einer
Trennung von Praxis und Theorie innerhalb der Praxis selbst.
In dieser Sphäre erscheint der Staat als eine Institution, die dem
Abfall der Menschengattung entgegenwirkt. Schelling begreift ihn
als den »Akt der ewigen, dieser tatsächlichen Welt gegenüber
wirksamen, das heißt eben praktisch gewordenen Vernunft… Der
Staat hat insofern selbst eine tatsächliche Existenz[111]«. Zwar muß
das Wesen des Staates philosophisch deduziert werden können,
aber das Gewaltverhältnis selbst, in dem der Staat zur Existenz
kommt und sich als Existenz behauptet, ist schlechthin undurch-
dringlich: »Indem also die Vernunft tatsächlich Macht geworden,
kann sie das Zufällige nicht ausschließen… Und wenig Verstand
der Sache scheint insofern in Ansprüchen zu liegen wie die bekannten: es müßte das tatsächliche Recht immer mehr dem Vernunftrecht weichen, und damit fortgefahren werden, bis ein reines
Vernunftrecht dastehe, das, so wie es gemeint ist, in der Tat alle
Persönlichkeiten überflüssig machen, diesen Dorn im Auge des
Neides hinwegschaffen würde[112].« Schellings Isolierung der Existenz vom Wesen übertrifft hier die positivistischen Elemente in
der Hegelschen Rechtsphilosophie bei weitem. Die Menschen
bleiben einem Gesetz, das »seinem Willen gleichsam eingenarbt
und eingestochen ist«, als einer entfremdeten Macht unterworfen.
Die äußerlich anerkannte Gewalt kann nur innerlich überwunden
werden: »für das Ich nämlich ist die Möglichkeit da, nicht zwar sich
aufzuheben in seinem außergöttlichen und unheilvollen Zustande,
aber doch… sich in sich selbst zurückzuziehen… Indem es dieses
tut, hat es keine andere Absicht, als der Unseligkeit des Handelns
sich zu entziehen, vor dem Drängen des Gesetzes ins beschauliche
Leben sich zu flüchten… Ohne von Gott zu wissen, sucht es ein
göttliches Leben in dieser ungöttlichen Welt[113].«
Der theoretischen Trennung von Vernunft und Existenz entspricht

die Empfehlung einer praktizierten Trennung von beschaulichem Leben und politischer Praxis: »Laßt euch ein unpolitisches Volk schelten, weil die meisten unter euch mehr verlangen regiert zu werden... als zu regieren, weil ihr die Muße, die Geist und Gemüt für andere Dinge freiläßt, für ein größeres Glück achtet, als ein jährlich wiederkehrendes, nur zu Parteiungen führendes politisches Gezänke... Laßt politischen Geist euch absprechen[114].«
Die praktisch motivierte Kontemplation, in der sich zunächst die Vernunft ganz auf sich selbst stellt, führt nur bis zu dem Umschlagspunkt, an dem sie erkennt: daß dem praktischen Bedürfnis in reiner Theorie nicht Genüge geschehen kann. Das philosophische Denken sieht sich von der unvordenklichen Existenz stets überholt; der Vorrang der Praxis vor der Theorie erzwingt den Übergang von der negativen zur positiven Philosophie: »Denn die kontemplative Wissenschaft führt nur zu dem Gott, der Ende, daher nicht der Wirkliche ist, nur zu dem, was seinem Wesen nach Gott ist, nicht zu dem aktuellen. Bei einem bloß ideellen Gott vermöchte das Ich sich etwa dann zu beruhigen, wenn es beim beschaulichen Leben bleiben könnte. Aber eben dies ist unmöglich. Das Aufgeben des Handelns läßt sich nicht durchsetzen; es muß gehandelt werden[115].« Andererseits kann auch die Rückkehr aus intermittierender Kontemplation ins tägliche Leben die konstatierte Unseligkeit des Handelns nicht aufheben; es sei denn, die Menschengattung würde die äußere Gewalt des Staates, »diese letzte Tatsache«, praktisch anfechten: »Verderblich genug ist schon der Vorsatz, im Staat alles Tatsächliche zu bekämpfen, zumal nicht abzusehen ist, wo dieses Bestreben stillstehen und sich aufhalten lasse, während in dem Augenblick, wo es gelungen wäre, alles Empirische, Irrationale auszuschließen, der Staat sich auflösen müßte, der eben nur in diesem Empirischen seinen Halt und seine Stärke hat[116].«
Das war ja die Intention jener im Zusammenhang der Weltalterphilosophie entwickelten Staatslehre gewesen. Mit der Aufhebung des Staates sollte das Siegel der Gewalt brechen, die das Äußere über das Innere hat. Nun aber gestattet ein Gott, der seines weltgeschichtlichen Risikos enthoben ist, eine »Freiheit, über den Staat hinaus und gleichsam jenseits des Staats, nicht rückwärts auf den Staat wirkende oder im Staat[117]«. Nicht durch politische Praxis soll die Umkehrung einer verkehrten Welt, sondern durch Kontemplation, die in der Kontemplation sich selbst praktisch überbietet, eben durch positive Philosophie soll die Erlösung vorbereitet werden.

Der heimliche Materialismus der Weltalterphilosophie:
Schelling und Marx

Die Idee einer radikalen Aufhebung der politischen Herrschaft, die der späte Schelling verleugnet, ist in der marxistischen Tradition aufgenommen worden. Marx eignet sich Hegels Dialektik in einem zuerst durch Schelling explizierten Vorverständnis an. Ohne die Frage einer geistesgeschichtlichen Kontinuität zu prüfen, sei hier nur der Nachweis versucht: daß Schelling an jenem materialistischen Wendepunkt seines historischen Idealismus gewisse Intentionen des historischen Materialismus vorwegnimmt.

Die unter der Idee des »umgekehrten Gottes« konzipierte Struktur des gegenwärtigen Weltalters enthält drei Momente, die in der spekulativen Auffassung des geschichtlichen Prozesses beim jungen Marx wiederkehren.

1. Die Produktivität der natura naturans hat sich, nach dem »Fall«, aus der Natur gleichsam zurückgezogen und findet einen Wirkungsspielraum unmittelbar nur noch im Horizont der geschichtlichen Menschheit. Beim späten Schelling ist dieser Prozeß als ein mythologischer ins kollektive Bewußtsein der Menschengattung eingesperrt. Bei Marx vollzieht sich das produktive Leben hingegen in jener Bearbeitung der unorganischen Natur und der praktischen Erzeugung einer gegenständlichen Welt, durch die der »Mensch die Natur reproduziert[118]«: »Diese Produktion ist sein werktätiges Gattungsleben. Durch sie erscheint die Natur als sein Werk und seine Wirklichkeit. Der Gegenstand der Arbeit ist daher die Vergegenständlichung des Gattungslebens des Menschen: Indem er sich nicht nur wie im Bewußtsein intellektuell, sondern werktätig wirklich verdoppelt, und sich selbst daher in einer von ihm geschaffenen Welt anschaut[119].«

Bei Schelling wie bei Marx steht eine Resurrektion der Natur durch die Produktion der Menschengattungen in Aussicht.

2. Im gegenwärtigen Zustand ist die Identität zwischen Natur und Menschengattung zerrissen. In eigentümlicher Verkehrung des »wahren« Verhältnisses hat das Äußere über das Innere, das Untere über das Höhere Gewalt erlangt. Für Schelling wie für Marx faßt sich diese materialistische Verkehrung in der »falschen Einheit« des Staates, der die politische Herrschaft von Menschen über Menschen institutionalisiert, zusammen. Sie ist für beide Ausdruck der »Herrschaft der totgeschlagenen Materie über den Menschen[120]«. Aber der eine entwirft eine Theogonie, während

der andere ökonomisch analysiert. Schelling wie Marx begreifen die Korruption dieser Welt »materialistisch« insofern, als das, was der Existenz bloß zugrunde liegen sollte, nämlich Materie, sich die Existenz selbst unterworfen hat. Dabei schränkt freilich Marx den materiellen Lebensprozeß, den der Naturphilosoph Schelling noch universell aufgefaßt hatte, auf die Reproduktion des gesellschaftlichen Lebens ein.

3. Schließlich stimmen Schelling und Marx auch darin überein, daß die Korruption der Welt nicht der Natur zuzuschreiben ist, sondern dem Menschen: »Nicht die Götter, nicht die Natur, nur der Mensch selbst kann diese fremde Macht über den Menschen sein[121].« Gleichviel, ob man wie Schelling eine ursprüngliche Identität des Menschen mit der Natur voraussetzt oder wie Marx diese Frage dahingestellt sein läßt – die besondere Form des »Materialismus«, dem das menschliche Leben unterworfen ist, geht in beiden Fällen auf ein »egoistisches« Prinzip zurück. Bei Schelling hat es in der vom partikularen Eigenwillen des ersten Menschen desorganisierten Schöpfungsordnung einen gleichermaßen physikalischen wie moralischen Sinn; bei Marx gewinnt es einen ökonomischen Sinn in der durch die private Aneignung gesellschaftlicher Arbeit fixierten Eigentumsordnung. Der kosmologische »Egoismus« Schellings wird als Kapitalismus dechiffriert; die anthropologisierende Ausdrucksweise der »Pariser Manuskripte« hält ihre Verwandtschaft mit den physiko-moralischen Erwägungen der »Freiheitsschrift« fest, sie übersetzt die metaphysischen Kategorien ins Ökonomische. Die Form der privaten Aneignung der gesellschaftlichen Produktion zwingt die Hervorbringung und Verteilung der Gebrauchswerte unter das ökonomische Gesetz einer zum Selbstzweck gewordenen Vermehrung von Tauschwerten. Insofern erscheint das Privateigentum, wie bei Schelling der partikulare Wille, als die Kapsel, in der die vom Menschen abgezogenen Wesenskräfte – die »Liebe« – eingesperrt sind. Mit der Verwertung der Sachenwelt nimmt die Entwertung der Menschenwelt zu. Und obwohl sich die Reproduktion des gesellschaftlichen Lebens auf der Grundlage von Privateigentum sogar gegenüber dem Willen der Privateigentümer verselbständigt, wird sie von den Motiven der Warenbesitzer bestimmt. In diesem Sinne wiederholt Marx, was Schellings Lehre vom Abfall mythologisch vorwegnahm: »Das fremde Wesen, dem die Arbeit und das Produkt der Arbeit gehört, in dessen Dienst die Arbeit... und zu dessen Genuß das Produkt der Arbeit steht, kann nur der Mensch selbst sein«[122] – und deshalb

wiederum nur vom Menschen überwunden werden. Für Schelling wie für Marx ist die Menschengattung selbst das autorisierte, obwohl der Geschichte nicht mächtige Subjekt der Geschichte – eben ein »umgekehrter Gott«.

Die geschichtsphilosophischen Folgerungen aus der Idee einer Contraction Gottes ergeben, so betrachtet, einige Momente, in denen die Schellingsche und die Marxsche Geschichtskonstruktion übereinstimmen. Beiden ist das praktische Bedürfnis gemeinsam, die Korruption dieser Welt, um der theoretischen Möglichkeit ihrer praktisch notwendigen Aufhebungen willen, auf einen historischen Ursprung zurückzuführen. Deshalb stimmen beide auch in dem überein, was man die Rahmendialektik der materialistischen Verkehrung nennen könnte. Schelling hat sie ontologisch als die Verkehrung eines ursprünglichen Verhältnisses von Existenz und des Grundes von Existenz entwickelt. Er macht die wiederholte Umkehrung der »Basis«, die Wiederherstellung des ursprünglichen Verhältnisses, zum Leitfaden einer philosophischen Interpretation der Weltgeschichte. Von der gleichen Idee einer Überwindung des Materialismus, die darin besteht, eine fälschlich zum Seienden selbst erhobene Materie wieder zur Basis des Seienden herabzusetzen, läßt auch Marx sich leiten. Er teilt sogar den von Schelling universell gefaßten Begriff von Materie, der Natur und das geschichtlich Naturwüchsige gleichermaßen trifft. Beide nennen auch jenen Zustand der Menschengattung, in dem einst der Bann des Materialismus gelöst sein wird, »Gesellschaft« im emphatischen Sinne[123] und beide machen ihn davon abhängig, daß es der Menschheit gelingt, die Natur, sowohl die Natur des Weltalls als auch die Natur der Menschen, aus ihrer »unorganischen« Gestalt zu befreien. »Das menschliche Wesen der Natur ist erst da für den gesellschaftlichen Menschen; denn erst hier ist sie für ihn da als Band mit den Menschen, als Dasein für den anderen und des anderen für ihn; erst hier ist sie da als Grundlage seines eigenen menschlichen Daseins[124].« Marx schließt an dieser Stelle mit jenem überschwenglichen Satz, der sich liest, als faßte er das am Ende der »Stuttgarter Privatvorlesung« antizipierte Weltalter der Zukunft materialistisch: »also die Gesellschaft ist die vollendete Wesenseinheit des Menschen mit der Natur, die wahre Resurrektion der Natur, der durchgeführte Naturalismus des Menschen und der durchgeführte Humanismus der Natur[125]«.

Allerdings gewinnt die Rahmendialektik der materialistischen Verkehrung ihren spezifischen Sinn im Zusammenhang einer Kritik der Politischen Ökonomie, in dem Materie nicht sowohl Natur im allgemeinen, als vielmehr die historische Naturwüchsigkeit eines materiellen Lebensprozesses meint, der sich gegenüber dem Leben selbst verselbständigt hat. Die Materie, als das Reich der Natur, kann erst zur Grundlage des menschlichen Daseins werden, wenn das wirtschaftliche Reich der Naturnotwendigkeit zur Basis eines gesellschaftlichen Reichs der Freiheit gemacht ist, also dann, wenn »der vergesellschaftete Mensch, die assoziierten Produzenten, ihren Stoffwechsel mit der Natur rationell regeln, unter ihre gemeinschaftliche Kontrolle bringen, statt von ihm als von einer blinden Macht beherrscht zu werden... Aber es bleibt dies immer ein Reich der Notwendigkeit. Jenseits desselben beginnt die menschliche Kraftentwicklung, die sich als Selbstzweck gilt, das wahre Reich der Freiheit, *das aber nur auf jenem Reich der Notwendigkeit als seiner Basis aufblühn kann*«[126]. Über eine große, wie es scheinen mag, unüberbrückbare Entfernung hinweg hat Schelling das gleiche Verhältnis in der mystisch inspirierten Sprache Jakob Böhmes ausgedrückt: »Nur die überwundene, also aus der Aktivität zur Potentialität zurückgebrachte Selbstheit ist das Gute, und der Potenz nach, als überwältigt durch dasselbe, bleibt es im Guten auch immerfort bestehen[127].«

Die Schwierigkeit, beide Sätze zusammenzubringen, bleibt, obwohl sich aus dem Kontext der geschichtsphilosophischen Konstruktionen ihre Zusammengehörigkeit ergibt, bestehen. Sie rührt daher, daß Marx jene Konsequenz gezogen hat, vor der Schelling sich abwandte und seinem Philosophieren eine andere Richtung gab. Wenn die Menschengattung die Gewalt des Äußeren über das Innere nur brechen kann, indem sie es äußerlich mit dem Äußeren aufnimmt, eben mit jener Anstrengung ihrerseits überwältigen kann, die, in Schellings eigenen Worten, auf die Erhaltung der äußeren Grundlagen des Lebens gerichtet ist; dann ist die objektive Möglichkeit einer Umkehr der materialistischen Verkehrung nur aus dem materiellen Lebensprozeß der Gesellschaft selbst zu begreifen. Die Momente des Existierenden und des Grundes von Existenz können dann in ihrem anthropologisch gewiß wesentlichen, aber eben nicht ontologisch unwandelbaren Verhältnis zueinander zureichend, nämlich »fundamental« nur noch in der Dimension der gesellschaftlichen Arbeit gefaßt werden. Das Fundament ist dann nicht Mythologie, sondern Ökonomie. Die welthistorischen Positionsverschiebungen in jenem für die Umstülpung des Materialismus zentralen Verhältnis zeichnen sich am Reifegrad nicht des »moralischen« Bewußtseins, sondern der »produktiven« Kräfte ab. Zu deren Analyse aber eignet sich Hegels Dialektik einer Entäußerung durch Vergegenständlichung eher als Schellings Dialektik einer Entäußerung durch Zusammenziehung. Im festgehaltenen Rahmen *dieser* Dialektik eignet sich Marx *jene* an, um sie noch *als* Dialektik im ganzen geschichtlich zu relativieren. Sei es ein Kunstgriff nur, sei es tiefere Einsicht, dies ist das bloßgelegte Gerüst seiner materialistischen Dialektik.

Die materialistische Selbstaufhebung der Dialektik der Arbeit – eine durch Schelling vorbereitete Rezeption Hegels

Den Begriff der Arbeit entwickelt Hegel in der Logik unter dem Titel der Teleologie. Diese ist ja als das Resultat der Verwirklichung subjektiver Zwecke begriffen[128]. Hegel zeigt, wie die subjektive Zwecktätigkeit sich durch die von ihr aufgebotenen Mittel hindurch realisieren und gleichzeitig im Prozeß der Vermittlung selbst aufgehen muß. Die berühmte Stelle heißt: »Daß der Zweck sich unmittelbar auf ein Objekt bezieht und dasselbe zum Mittel macht, wie auch daß er durch dieses ein anderes bestimmt, kann als Gewalt betrachtet werden, insofern der Zweck als von ganz anderer Natur erscheint als das Objekt und die beiden Objekte ebenso gegeneinander selbständige Totalitäten sind. Daß der Zweck sich aber in die mittelbare Beziehung mit dem Objekte setzt und zwischen sich und dasselbe ein anderes Objekt einschiebt, kann als die List der Vernunft angesehen werden. Die Endlichkeit der Vernünftigkeit hat, diese Seite, daß der Zweck sich zu der Voraussetzung, d. h. zur Äußerlichkeit des Objekts verhält. So stellt er ein Objekt als Mittel hinaus, läßt dasselbe statt seiner sich äußerlich abarbeiten, gibt es der Aufreibung preis und erhält sich hinter ihm gegen die mechanische Gewalt... Insofern ist das Mittel ein Höheres als die endlichen Zwecke der äußeren Zweckmäßigkeit; – der Pflug ist ehrenvoller, als unmittelbar die Genüsse sind, welche durch ihn bereitet werden und die Zwecke sind. Das Werkzeug erhält sich, während die unmittelbaren Genüsse vergehen und vergessen werden. An seinen Werkzeugen besitzt der Mensch die Macht über die äußerliche Natur, wenn er auch nach seinen Zwecken ihr viel mehr unterworfen ist[129].«

Die Dialektik der Arbeit hat ihre Pointe darin, daß die subjektiven Zwecke am Ende nur Mittel waren für die in den produktiven Mitteln selbst objektiv gewordene Vernunft. Mit diesem Verhältnis findet die in der »Phänomenologie des Geistes« zunächst entfaltete Dialektik der Vergegenständlichung ihren Stellenwert in der Logik; darin hat Hegel, so preist Marx, das Wesen der Arbeit erfaßt und den »gegenständlichen« Menschen als Resultat seiner eigenen Arbeit begriffen. Aber, so schränkt er gleich ein, Hegel sehe nur die positive Seite der Arbeit, nicht deren negative[130]. Die Entäußerung des Arbeiters in seinem Produkt hat nämlich für Marx den *doppelten* Sinn, daß die Arbeitskraft sowohl zu einem Gegenstand und zu einer äußeren Existenz wird, aber auch unabhängig und fremd von ihm existiert und eine selbständige Macht ihm gegenüber erlangt – »daß das Leben, was er dem Gegenstand verliehen hat, ihm feindlich und fremd gegenübertritt[131].« Marx anerkennt mit Hegel insofern eine der Arbeit innewohnende Vernünftigkeit, als sich der Mensch durch seine Werkzeuge mit der Natur vermittelt; gegen Hegel aber sieht er, daß noch diese Bearbeitung der Natur unter dem Bann der Naturwüchsigkeit steht, solange die Vermittlung über das zu Vermittelnde selbst regiert – der Pflug ehrenvoller als die Genüsse bleibt.

Hegel setzt die aus der Teleologie der Arbeit gewonnenen Kategorien ohne Zögern in Bestimmungen des organischen Lebensprozesses um. Im Lebensprozeß sind die Reproduktion des Natürlichen und die des gesellschaftlichen Lebens auf den gleichen Nenner gebracht – ein »reines rastloses Kreisen in sich[132]«. Dieselbe Idee wendet Marx polemisch gegen sich selbst. Solange die Menschheit ihr Leben unter der Bedingung einer Herrschaft der »toten« über die »lebendige« Arbeit, derart nämlich erhält, daß sie ihrem »Stoffwechsel mit der Natur« wie einer fremden Macht subsumiert ist, statt ihn mit Bewußtsein zu regulieren; solange im Bereich der Reproduktion des gesellschaftlichen Lebens die subjektive Tätigkeit nicht der objektiven Zweckmäßigkeit des »ausgeführten Zwecks« bewußt und mächtig geworden ist – so lange ist die Gesellschaft in Naturwüchsigkeit befangen, und ihr Lebensprozeß in der Tat ein Naturprozeß. Vorgeschichte der Menschheit nennt Marx diese Geschichte, weil die materialistische Gewalt der Lebensmittel über das Leben selbst, überhaupt die Macht der »Basis«, der Mittel über die Zwecke, des Unteren über das Höhere, des Äußeren über das Innere noch nicht gebrochen ist. In Hegels Logik vollzieht sich der Übergang vom »organischen Leben« zur »absoluten Idee« noch im vorgezeichneten Horizont jenes Lebens selber. Der ebenso zentrale wie prekäre Übergang von der Moralität zur Sittlichkeit wiederholt nur die Dialektik der Arbeit, in der die subjektive Zwecktätigkeit von der objektiven Zweckmäßigkeit ihrer Mittel hinterrücks überholt wird. Das handelnde Subjekt muß erkennen und anerkennen, daß in den, zur Realisierung seiner Zwecke und durch sie hindurch institutionalisierten Verhältnissen das objektive Gute immer schon Wirklichkeit geworden ist; der gegenüber sinken die intendierten Zwecke zum bloß Subjektiven herab[133]. Im absoluten Wissen ist »die vorgefundene Wirklichkeit als der ausgeführte absolute Zweck bestimmt[134]«. Erst diese doppelte Identifizierung des technischen Arbeits- mit dem organischen Lebensprozeß, und des Lebensprozesses wiederum mit dem absoluten Leben der Idee garantiert das reine rastlose Kreisen in sich, nämlich die Geschichte der Menschheit als Naturgeschichte, die keine Erlösung kennt, es sei denn die Erlösung von der Ewigkeit durch den unsterblichen Tod.

Der Überschwenglichkeit der Geschichte hatte Schelling dadurch gerecht werden wollen, daß er Dialektik zu einer, zwar unvermeidlichen, aber ihrem historischen Gegenstand unangemessenen Form des subjektiven Geistes herabsetzte. Marx begreift die gleiche Unvermeidlichkeit *und* Unangemessenheit der Dialektik aus der materialistischen Verfassung des objektiven Geistes selbst. Solange die Menschen ihr Leben in Formen der entfremdeten Arbeit erhalten, bleiben sie in einem Kreislauf gefangen, der so naturwüchsig ist wie die Natur selbst, und in dem die Vermittlung über das zu Vermittelnde absolute Macht hat. In diesem Kreislauf behält die Entäußerung noch über den Prozeß der Entäußerung und Aneignung, behält die Vergegenständlichung noch über den Prozeß von Vergegenständlichung und Entgegenständlichung Gewalt. Die dialektische Logik gilt darum als das »Geld des Geistes«; sie selbst lebt von dem Zwangszusammenhang einer materialistisch verkehrten Reproduktion des gesellschaftlichen Lebens. Innerhalb dieser Dialektik erscheint das Leben der entfremdeten Arbeit als das einzige, natürliche und ewige Leben, und Dialektik als dessen Wahrheit: »Diese Bewegung in ihrer abstrakten Form als Dialektik gilt daher als das wahrhaft menschliche Leben, und weil es doch eine Abstraktion, eine Entfremdung des menschlichen Lebens ist, gilt es als göttlicher Prozeß, oder als der göttliche Prozeß des Menschen – ein Prozeß, den sein von ihm unterschiedenes abstraktes, reines, absolutes Wesen selbst durchmacht[135].«

Im Rahmen der von Schelling entwickelten Dialektik des Seienden und seiner Basis begreift Marx die Möglichkeit einer dialektischen

Selbstaufhebung der Hegelschen Dialektik, die er materialistisch zugleich ernst nimmt und verwirft. Wenn je die gesellschaftlich notwendige Arbeit unter der Kontrolle der assoziierten Produzenten zur Basis eines Reichs der Freiheit gemacht werden kann, dann muß auch jenes Verhältnis (der von der objektiven Zweckmäßigkeit ihrer Mittel stets überholten subjektiven Zwecktätigkeit) als ein historisch aufhebbares Verhältnis gedacht werden können. Dialektik selbst, als die objektive Gewalt der anfangs- und endlos in sich kreisenden Vermittlung über die zu vermittelnden endlichen Subjekte, büßt alsdann ihr idealistisches Selbstverständnis ein. Sie durchschaut sich in ihrer Verhaftung an einen materialistischen Weltzustand, den sie deshalb durch dialektisches Denken allein nicht aufzuheben vermag. Der kritische Ansatz selbst entspringt, schon bei Schelling und erst recht bei Marx, dem aller Theorie vorgängigen Bedürfnis nach Umwendung einer praktisch erfahrenen Verkehrtheit. Ebenso praktisch ist dann auch die Notwendigkeit einer Emanzipation der Menschheit von der Gewalt der Materie, die Notwendigkeit ihrer Herabsetzung zur Basis eines mündig gesprochenen Subjekts der Geschichte, einer Gesellschaft also, die als Gattung das Verfügbare kontrolliert und das Unverfügbare respektiert.

Zu sehr wäre freilich Marx aus Schellings Perspektive begriffen, wenn man, wie Ernst Bloch es versucht hat, des Naturphilosophen zentrale Kategorie eines natura naturans historisch-materialistisch erweitern wollte, um der praktisch notwendigen Überwindung der korrumpierten Welt doch noch eine Garantie theoretischer Notwendigkeit zu sichern[136]. Bloch behauptet Materie als Prinzip: »Die Idealisten, gewiß, sie haben in Ansehung der Materie keineswegs ein Untersuchungsgebiet geschaffen, doch immerhin: wie viele und wie sehr nachdenkliche Bestimmungsversuche sind in der Geschichte des idealistischen Gedankens an seine Verlegenheit: Materie gewandt worden. Der aristotelische Bestimmungsversuch des In-Möglichkeit-Seins ist nur der wichtigste unter ihnen; es gibt in seiner Nachfolge außerdem den thomistischen (Materie als Prinzip der Individuation); es gibt den fast schon immanent-schöpferischen des Averroës (Materie als natura naturans); es gibt den phantastischen Franz von Baaders (Materie als Schutzdecke gegen das unterirdisch wühlende Chaos)... Erst die Erkenntnis einer Materie, worin Leben und menschliche Zielsetzungen nichts Auswärtiges sind, sondern eigenste Funktionen, weiter qualifizierte Daseinsweisen, wird der realen Dialektik gerecht... Dadurch wurde es ermöglicht, daß auch der Mensch als gegenständlich-materielles Wesen begriffen werden konnte. Nämlich in einer Welt, die nicht nur Platz, sondern höchsten Platz für ein wahres und eingreifendes Bewußtsein hat, genauso, wie dieses Bewußtsein, um ein wahres zu sein, das Auge und das Theorie-Praxis-Organ der Materie selber ist[137].«

Tatsächlich gesteht auch Marx »daß das physische und geistige Leben des Menschen mit der Natur zusammenhängt, hat keinen anderen Sinn, als daß die Natur mit sich selber zusammenhängt, denn der Mensch ist ein Teil der Natur«[138]. Allein, wie immer die Natur durch die menschliche Arbeit hindurch ihren eigenen Schöpfungsprozeß weitertreiben mag, von dem endlichen Standpunkt der zwecktätigen Menschen aus ist Gewißheit über eine in der Materie als Prinzip begründete Identität von Natur und Gesellschaft, organischem Leben und geschichtlichem Prozeß unmöglich[139]. Materialismus ist kein ontologisches Prinzip, sondern die historische Indikation einer gesellschaftlichen Verfassung, unter der es der Menschheit bisher nicht gelungen ist, die praktisch erfahrene Gewalt des Äußeren über das Innere aufzuheben. Nicht hingegen versichert er die subjektive Zwecktätigkeit einer künftig *mit Notwendigkeit* sich einpendelnden Übereinstimmung mit der objektiven Zweckmäßigkeit einer entgegenkommenden Natur. Wenn die »Pariser Manuskripte« noch die Intention verraten, einen weltgeschichtlichen Sinn materialistisch zu verankern, nämlich die Emanzipation der Gesellschaft, die Resurrektion der Natur, und die vollständige Verwirklichung beider in der Naturalisierung des Menschen und der Humanisierung der Natur gleichsam identitätsphilosophisch aus einer dem materiellen Lebensprozeß innewohnenden Dialektik theoretisch abzuleiten; so bestimmt doch Marx, der Ökonom, später einen solchen »Sinn« allenfalls negativ – als eine praktisch betriebene und zu betreibende Eliminierung des mit dem materialistischen Weltzustand stets neu und in neuen Formen erzeugten »Unsinns« ökonomischer wie politischer Krisen. Es steht aber dahin, ob das, was die Menschen zwecktätig mit Natur im Sinn haben, dieser nicht auch dann noch fremd und äußerlich bleiben würde, wenn eine kritisch angeleitete Praxis den rationell geregelten Lebensprozeß zur Basis einer emanzipierten Gesellschaft – eben zu »Materie« im Sinne der Schellingschen Weltalterphilosophie – gemacht haben sollte.

1 Schelling, System des transzendentalen Idealismus, 1800, in: Werke, Münchner Jubiläumsausgabe II, 327 ff.
2 Ebd., S. 582.
3 Ebd., S. 583.
4 Ebd., S. 591.
5 Ebd., S. 598.
6 Schelling, Stuttgarter Privatvorlesungen, 1810, in: Schelling, Werke, IV, S. 354.
7 Ebd., S. 353 f.
8 Ebd., S. 353.
9 Ebd., S. 353.
10 Ebd., S. 356 f. Eine ähnliche These findet sich freilich auch schon in dem von Rosenkranz aufgefundenen Systemprogramm des Jahres 1795; zuletzt abgedruckt bei H. Zeltner, Schelling, Stuttgart 1954, S. 65 ff.
11 Schelling, Philosophische Einleitung in die Philosophie der Mythologie oder Darstellung der rein rationalen Philosophie, bes. 23. Vorlesung, in: Werke V, S. 716 ff.
12 Ebd., S. 729.
13 Ebd., S. 730.
14 Ebd., S. 715.
15 Ebd., S. 732.
16 Werke IV, S. 354.
17 Hegel, Phänomenologie des Geistes, ed. Hoffmeister, S. 20.
18 Sie ist eine Erkenntnis, »die das Ansich der Seele selbst ausmacht, und die nur darum Anschauung heißt, weil das Wesen der Seele, welches mit dem Absoluten eins und es selbst ist, zu diesem kein anderes als unmittelbares Verhältnis haben kann«. Werke IV, S. 13.
19 Ebd., S. 28.
20 Hegel, Wissenschaft der Logik, ed. Lasson, I, S. 51.
21 Inzwischen liegt zu diesem Problem die vorzügliche Arbeit von H. Fulda, Das Problem der Einleitung in Hegels Wissenschaft der Logik, Frankfurt 1965 vor.
22 Hegel, Wissenschaft der Logik, ed. Lasson, I, S. 54.
23 Ebd., I. S. 58.
24 Ebd., II, S. 224.
25 Hegel, Berliner Schriften, ed. Hoffmeister, S. 9.
26 Hegel, Enzyklopädie (1830), ed. Nicolin u. Pögeler, S. 50.
27 »Historisch« hat hier noch die griechische Bedeutung des empirischen Auskundschaftens.
28 Hegel, Wissenschaft der Logik, ed. Lasson, II, S. 252.
29 Schelling, Philosophie der Offenbarung, Werke, Erg. Bd. VI, S. 88.
30 Hegel, Wissenschaft der Logik, ed. Lasson II, S. 424.
31 Ebd., S. 412.
32 Schelling, Werke, V, S. 751.
33 Schelling, Weltalter, Urfassungen, ed. M. Schröter, München 1946, S. 211.
34 Ebd., S. 202 (Ergänzungen von mir).
35 Diese Weltansicht gibt Schelling nicht mehr auf; Philosophie der Offenbarung, VI, S. 363 ff. ist die Diktion unverändert.
36 I. Kant, Die Religion innerhalb der Grenzen der bloßen Vernunft, Werke, ed. Weischedel, Darmstadt 1956, Bd. IV, S. 680.
37 Schelling, Weltalter, Urfassungen, a. a. O. S. 230.
38 Schelling, Werke, V, S. 328.
39 Hegel, Wissenschaft der Logik, ed. Lasson, I, S. 31.

40 E. Benz, Schellings theologische Geistesahnen, Abh. d. Ak. d. Wiss. u. d. Lit. in Mainz, geistes- u. sozialwiss. Klasse. 1955, Nr. 3; ders., Die christliche Kabbala, Zürich 1958; W. Schulz, Jakob Böhme und die Kabbala, in: Zeitschrift für philosophische Forschung. IX, 1955, S. 447 ff. Derselbe, Schelling und die Kabbala, in: Judaica XIII, 1957, S. 65 ff., S. 143 ff., S. 210 ff., G. Scholem, Die jüdische Mystik in ihren Hauptströmungen, Frankfurt 1967.

41 G. Scholem, Schöpfung aus Nichts und Selbstverschränkung Gottes, in: Über einige Begriffe des Judentums, Frankfurt 1970, S. 53–89.

42 J. Böhme, Schriften, ed. Schulze, Leipzig 1938, S. 96.

43 Eine lebensgeschichtliche Interpretation der Schellingschen Philosophie gibt K. Jaspers, Schelling, München 1955.

44 Schelling, Werke, IV, Erg. Bd., S. 135.

45 Schelling, Werke, IV, S. 351 f.

46 Erscheinungen, die auch ohne Rücksicht auf ihre Gefährlichkeit für den Menschen dennoch einen allgemeinen natürlichen Abscheu erregen. Schelling, Werke IV, S. 260.

47 Schelling, Werke IV, S. 354.

48 Ebd., S. 292 f.

49 Schelling, Weltalter, Urfassungen, S. 51.

50 Schelling, Werke IV, S. 331.

51 G. Scholem, Grundbegriffe, a. a. O. S. 81 ff. erläutert die Rede vom »Abgrund in Gott«: »Unter den Kabbalisten ist wohl Asriel von Gerona der erste, der den Ort, wo alle Wesen in gestaltloser Ungeschiedenheit stehen, als ›den unendlichen, grenzenlosen und unerforschlichen Abgrund, der bis ins reine Nichts reicht‹, erklärt.« Diese Symbolik verbindet sich später mit der Idee des Zimzum oder der Contraction, so daß in der mystischen Tradition die Aristotelische Lehre von der steresis dahingehend umgedeutet werden konnte, daß in jedem Etwas ein Abgrund mitgegeben ist.

52 Schelling, Werke IV, S. 258.

53 Ebd., S. 29.

54 Schelling, Weltalter, Urfassungen, a. a. O. S. 19.

55 Ebd., S. 23.

56 Ebd., S. 25 f.

57 Ebd., S. 35.

58 Ebd., S. 77 f.

59 Ebd., S. 75.

60 Schelling, Werke IV, S. 250.

61 Schelling, Weltalter, Urfassungen, a.a.O. S. 59.

62 Ebd., S. 230.

63 Zur temporalen Struktur des Gottes der »Weltalter« vgl. W. Wieland, Schellings Lehre von der Zeit, Heidelberg 1956; und J. Habermas, Das Absolute und die Geschichte, Von der Zwiespältigkeit in Schellings Denken, Diss Bonn 1954, bes. S. 323 ff.

64 Ebd., S. 99.

65 Schelling, Werke IV, S. 300.

66 Ebd., S. 108.

67 Ebd., S. 291.

68 Schelling, Weltalter, Urfassungen, a. a. O. S. 5.

69 Ebd., S. 193.

70 Ebd., S. 9.

71 Hegel, Wissenschaft der Logik, II, S. 226.

72 Ebd., S. 61.

73 Hegel, Phänomenologie des Geistes, a. a. O. S. 558.

74 Hegel, Wissenschaft der Logik, II, S. 59.

75 Schelling, Werke IV, S. 263.

76 Hegel, Enzyklopädie, a. a. O. S. 38.

77 Schelling, Werke IV, S. 360.

78 G. Scholem, Hauptströmungen, a. a. O. S. 333; ders., Judaica 1 und 2, Frankfurt 1967 u. 1970; vgl. auch meine Untersuchungen zum Deutschen Idealismus jüdischer Philosophen, in: Philosophisch-politische Profile, Frankfurt 1971, S. 37 ff.

79 Schelling, Werke IV, S. 352.

80 Ebd., S. 373.

81 Ebd., S. 376.

82 Ebd., S. 325.

83 Ebd., S. 355.

84 Ebd., S. 370.

85 Schelling, Werke IV, Erg. Bd., S. 156 f.

86 Schelling, Werke IV, S. 374 f.

87 Ebd., S. 355.

88 Ich habe das im einzelnen nachgewiesen in meiner Untersuchung: Das Absolute und die Geschichte, a. a. O. S. 344 ff.

89 Zur Prinzipienlehre des späten Schelling vgl. Werke V, S. 437 ff. (Darstellung der rein rationalen Philosophie); und IV, Erg. Bd. 3 ff. (Einleitung in die Philosophie d. Offenbarung).

90 Schelling, Werke V, S. 578 f.

91 Ebd., S. 577.

92 Ebd., S. 576 f.

93 Ebd., S. 572.

94 Ebd., S. 580.

95 Schelling, Werke IV, Erg. Bd., S. 352.

96 Ebd., S. 359.

97 Ebd., S. 67.

98 Ebd., S. 69 f.

99 Schelling, Werke V, S. 767.

100 Ebd., S. 769.

101 I. Kant, Kritik der reinen Vernunft A, S. 573 ff. Der zentrale Satz in der kantischen Deduktion heißt: »Ob nun zwar diese Idee von dem Inbegriffe aller Möglichkeit, sofern er als Bedingung der durchgängigen Bestimmung eines jeden Dinges zugrunde liegt, in Ansehung der Prädikate, die denselben ausmachen mögen, selbst noch unbestimmt ist, und wir dadurch nichts weiter, als einen Inbegriff aller möglichen Prädikate überhaupt denken, so finden wir doch bei näherer Untersuchung, daß diese Idee, als Urbegriff, eine Menge von Prädikaten ausstoße, die als abgeleitet durch andere schon gegeben sind, oder nebeneinander nicht stehen können, und daß sie sich bis zu einem durchgängig a priori bestimmten Begriff läutere, und dadurch der Begriff von einem einzelnen Gegenstand werde, der durch die bloße Idee durchgängig bestimmt ist, mithin ein Ideal der reinen Vernunft genannt werden muß.«

102 Schelling, Werke V, S. 767 f.

103 I. Kant, Kritik der reinen Vernunft A, S. 639.

104 Schelling, Werke V, S. 744 ff.

105 Hegel, Wissenschaft der Logik I, S. 71 ff.; I, S. 99 f.; II, S. 61 f.; II, S. 103 ff.; II, S. 353 ff.

106 Hegel, Wissenschaft der Logik, II, S. 355.
107 Ebd., S. 105.
108 Walter Schulz hat diesen Zug der Spätphilosophie mit großer Präzision herausgearbeitet: Die Vollendung des deutschen Idealismus in der Spätphilosophie
Schellings, Stuttgart 1955.
109 Vgl. unten S. 363 f.
110 Schelling, Werke V, S. 747.
111 Ebd., S. 720.
112 Ebd., S. 720 f.
113 Ebd., S. 738.
114 Ebd., S. 731.
115 Ebd., S. 741 f.
116 Ebd., S. 732 Anm. 2.
117 Ebd., S. 733.
118 Marx/Engels, Kleine ökonomische Schriften, Berlin 1955, S. 105.
119 Ebd., S. 105.
120 Ebd., S. 93.
121 Ebd., S. 107.
122 Ebd.
123 Werke V, S. 723.
124 Marx/Engels, Kleine ökonomische Schriften, a. a. O. S. 129.
125 Ebd., S. 116.
126 Marx, Das Kapital, Bd. III, Berlin 1949, S. 873 f.
127 Marx/Engels, Werke, a. a. O. Bd. 4, Berlin 1969, S. 292.
128 Hegel, Wissenschaft der Logik II, S. 311 ff.
129 Ebd., S. 397 f.
130 Marx, Frühschriften, ed. Landshut, S. 269 f.
131 Marx/Engels, Kleine ökonomische Schriften, a. a. O. S. 99.
132 Marx, Frühschriften, a. a. O. S. 282, vgl. dazu Logik II, S. 432 ff.
133 Hegel, Wissenschaft der Logik II, S. 481 ff.
134 Ebd., S. 483.
135 Marx, Frühschriften, a. a. O. S. 282.
136 vgl. meinen Aufsatz: Ernst Bloch, Ein marxistischer Schelling, in: Philosophisch-politische Profile, Frankfurt 1971, S. 147 ff.
137 Ernst Bloch, Subjekt – Objekt, Berlin 1951, S. 415 ff.; erweiterte Ausgabe,
Frankfurt 1962
138 Marx/Engels, Kleine ökonomische Schriften, a. a. O. S. 103.
139 Zur Kritik an den identitätsphilosophischen Voraussetzungen des Blochschen
Materialismus vgl. A. Schmidt, Der Begriff der Natur in der Lehre von Marx,
Frankfurt 1962.

6. Zwischen Philosophie und Wissenschaft: Marxismus als Kritik

1. Die für die liberale Phase der kapitalistischen Entwicklung typische »Trennung« von Staat und Gesellschaft ist im Stadium des organisierten Kapitalismus zugunsten einer wechselseitigen Verschränkung aufgehoben. Der Bereich des Warenverkehrs und der gesellschaftlichen Arbeit bedarf der zentralen Gestaltung und Verwaltung so sehr, daß die einst den Privatleuten nach Regeln des freien Marktes überlassene bürgerliche Gesellschaft in vielen Sparten ihren Verkehr bereits politisch vermitteln lassen muß. Wenn sie sich aber nicht mehr als die dem Staat voraus- und zugrunde liegende Sphäre autonom konstituiert, stehen Staat und Gesellschaft nicht länger in dem klassischen Verhältnis von Überbau und Basis. Eine Betrachtungsweise, die die ökonomischen Bewegungsgesetze der Gesellschaft methodisch zunächst einmal isoliert, kann nur so lange beanspruchen, schlechthin den Lebenszusammenhang der Gesellschaft in seinen wesentlichen Kategorien zu erfassen, als Politik von der ökonomischen Basis abhängig ist, und diese nicht umgekehrt auch schon als eine Funktion der mit politischem Selbstbewußtsein ausgetragenen Konflikte begriffen werden muß[1].

2. Ferner ist in den fortgeschrittenen kapitalistischen Ländern der Lebensstandard, auch in den breiten Schichten der Bevölkerung, so weit immerhin gestiegen, daß sich das Interesse an der Emanzipation der Gesellschaft nicht mehr unmittelbar in ökonomischen Ausdrücken artikulieren kann. »Entfremdung« hat ihre ökonomisch sinnfällige Gestalt des Elends eingebüßt. Der Pauperismus der entfremdeten Arbeit findet seinen entfernten Reflex allenfalls in einem der entfremdeten Freizeit – Skorbut und Rachitis erhalten in psychosomatischen Störungen, Hunger und Mühsal in der Öde fremdgesteuerter Ermunterung, in der Befriedigung von Bedürfnissen, die nicht die »eigenen« sind, ihre sublimere und nicht einmal klassenspezifische Form. Die »Versagungen« sind heimlicher geworden, wenn auch vielleicht zehrend wie je[2]. Ebenso hat Herrschaft, als die Kehrseite der Entfremdung, den unverhüllten Ausdruck eines im Lohnarbeitsvertrag fixierten Gewaltverhältnisses abgestreift. In dem Maße, in dem der ökonomische wie politische

Status der »Diensttuenden« gesichert wird, treten Verhältnisse persönlicher Herrschaft hinter dem anonymen Zwang indirekter Steuerung zurück – in wachsenden Bereichen des gesellschaftlichen Lebens verlieren Anweisungen ihre Befehlsform und werden auf dem Wege sozialtechnischer Manipulation derart übersetzt, daß die zum Gehorsam Gehaltenen, gut integriert, im Bewußtsein der Freiheit tun können, was sie tun sollen.

3. Unter diesen Verhältnissen hat sich der designierte Träger einer künftigen sozialistischen Revolution, das Proletariat, *als* Proletariat aufgelöst. Wohl ist die Masse der Bevölkerung, nach ihrer objektiven Stellung im Produktionsprozeß beurteilt, »proletarisch«; sie hat keine tatsächliche Verfügungsgewalt über Produktionsmittel. Daran kann auch der sogenannte Volkskapitalismus nichts ändern; beim gegenwärtigen Stand der Konzentration und Zentralisation des Kapitals darf eine gleichsam demokratische Kontrolle in unpolitischer Form, nämlich auf der fortdauernden Basis des Privateigentums, als wenig aussichtsreich gelten[3]. Andererseits ist aber der Ausschluß von der Verfügung über Produktionsmittel nicht mehr derart mit dem Entzug von sozialen Entschädigungen (Einkommen, Sicherheit, Erziehung usw.) verbunden, daß diese objektive Lage auch subjektiv noch irgend als proletarisch erfahren werden müßte. Ein Klassenbewußtsein, zumal ein revolutionäres, ist heute auch in den Kernschichten der Arbeiterschaft nicht festzustellen[4]. Jede revolutionäre Theorie entbehrt unter diesen Umständen ihres Adressaten; Argumente lassen sich daher nicht mehr in Parolen umsetzen. Dem Kopf der Kritik, selbst wenn es ihn noch gäbe, fehlt das Herz; so müßte Marx seine Hoffnung, daß auch die Theorie zur materiellen Gewalt werde, sobald sie die Massen ergreift, heute fahrenlassen. Allerdings reproduziert sich der intranational stillgelegte Klassenkampf auf der internationalen Ebene zwischen kapitalistischem und sozialistischem »Lager«.

4. Die russische Revolution und die Etablierung des Sowjetsystems ist schließlich *der* Tatbestand, von dem die systematische Diskussion des Marxismus, und mit dem Marxismus am meisten gelähmt worden ist. Die von einem schwachen Proletariat ausgelöste, von den klein- und vorbürgerlichen Bauernmassen getragene, antifeudalistische Bewegung, die unter der Regie leninistisch geschulter Berufsrevolutionäre im Oktober 1917 die Doppelherrschaft von Parlament und Sowjets liquidierte, hatte unmittelbar keine sozialistischen Ziele. Sie begründete aber eine Funktionärs- und Kaderherrschaft, auf die gestützt Stalin, ein Jahrzehnt später, mit der

Kollektivierung der Landwirtschaft, eine sozialistische Revolution von oben bürokratisch einleiten konnte. Aus dem Krieg gegen den Faschismus als Weltmacht hervorgegangen, bestimmt der Sowjetmarxismus die auf kapitalistischer Grundlage organisierten Führungskräfte des Westens zur äußersten Wachsamkeit über die Stabilität ihres Systems. Die erzwungene Kontrolle über weite gesellschaftliche Bereiche hat auf dieser Seite Organisationsformen der Sicherung sozialer Stellungen und des Ausgleichs sozialer Entschädigungen, hat eine Art institutionalisierter Dauerreform hervorgebracht, so daß eine Selbstregulierung des Kapitalismus durch Kräfte der »Selbstdisziplin« als möglich erscheint; das Stichwort für diese Entwicklung ist in den USA geprägt worden: new capitalism[5]. Demgegenüber scheint sich der sowjetische Weg des Sozialismus nur noch als eine Methode abgekürzter Industrialisierung für Entwicklungsländer zu empfehlen, die, weit entfernt von der Verwirklichung einer in Wahrheit emanzipierten Gesellschaft, sogar zeitweise hinter die rechsstaatlichen Errungenschaften des Kapitalismus in den legalen Terror einer Parteidiktatur zurückgeführt hat. Freilich gelingt der Sowjetunion die Steigerung der Produktivkräfte in einem Tempo, das ihr unter dem Slogan von »Einholen und Überholen« die friedliche Konkurrenz um den höchsten Lebensstandard erlaubt. Davon werden langfristig auch Gesellschaftsstruktur und Herrschaftsapparat derart betroffen, daß eine Angleichung beider Systeme auf der mittleren Ebene einer wohlfahrtsstaatlich gelenkten Massendemokratie nicht ausgeschlossen ist. Die Gefahren einer Gesellschaft, die sich »wohlfühlt in der Entfremdung«, ja, im stimulierten Wohlgefühl einer hygienisch perfektionierten Entfremdung deren Stachel aus dem Bewußtsein vollständig und dauerhaft verdrängt, Gefahren, die sich im Vexierbild der negativen Utopien vom Typ der »brave new world« spiegeln, wären damit freilich nicht gebannt. Wenn allerdings die alten Utopien der besten Ordnung und des ewigen Friedens, der höchsten Freiheit und der vollkommenen Glückseligkeit als rationale Motive einer, wie immer zum sekundären Mythos entstellten, Theorie unveräußerlich zugrunde liegen; und wenn sich an dieser Theorie, weil sie nun einmal als Staatsideologie investiert worden ist, die politische Praxis immer wieder legitimieren muß – dann mag man mit Herbert Marcuse behutsam die Überlegung anstellen, ob am Ende ein solches System nicht auch gegenüber den angedeuteten Gefahren über Korrektive verfügt[6]. Vorerst sind freilich die anderen Gefahren, die aus der Spannungslage eines durch das atomare Patt nur brüchig versiegelten Weltbürgerkrieges täglich neu hervorgehen, so überragend, daß kaum einer über die Vorfrage hinaus: ob und wie überhaupt friedliche Koexistenz der beiden Lager institutionell zu sichern sei, Erwägungen anzustellen wagt[7].

Die Auseinandersetzung mit dem Marxismus – typische Reaktionsformen

Die vier bezeichneten Tatbestände zusammengenommen bildeten gegen eine theoretische Rezeption des Marxismus, zumal in seiner zur Weltanschauung gefrorenen Form des unter Stalin kodifizierten Diamat, (bis in die Mitte der 60er Jahre) eine unüberwindliche Barriere. Auch die theoretischen Formen der Reaktion auf den Marxismus waren durch die wortlose Kraft dieser Tatbestände geprägt; auch heute noch sind sie gezeichnet durch die Gewalt des Freund-Feind-Verhältnisses zwischen den Parteien eines auf internationale Ebene transponierten Klassenkampfes[8]. Wir unterscheiden eine Reihe typischer Reaktionsformen.

1. Es liegt nahe, die politische und ideologische Gestalt des Sowjetmarxismus ohne Ansehung dessen, was er selber sein möchte, zum Objekt wissenschaftlicher Analysen zu machen. In diese Kategorie gehören einerseits verdienstvolle politikwissenschaftliche Untersuchungen über das sowjetrussische System als Beispiel für den Typus totalitärer Herrschaft. Über den Faschismus ist noch von marxistisch geschulten Autoren (Franz Neumann) so gearbeitet worden, daß der Zusammenhang der Konstellation ökonomischer Interessen mit den politischen Institutionen im Blickfeld blieb; eine entsprechende marxistische Analyse des Sowjetmarxismus selbst wird indessen kaum unternommen[9]. Diese Blickverengung auf die methodisch isolierte Struktur des Politischen wird zumal bei einem Gegenstand problematisch, dessen immanenter Anspruch darin besteht, im Zuge einer rationalen Organisation des gesellschaftlichen Reproduktionsprozesses die politischen Verhältnisse substantiell zu verändern, nämlich *als* politische aufzulösen.

In die gleiche Kategorie von Analysen gehören andererseits geistreiche kulturwissenschaftliche Untersuchungen über die sowjetrussische Ideologie. Neben Versuchen, sie religionsgeschichtlich als Derivation der Gnosis (Vögelin) oder der jüdisch-christlichen

Eschatologie (Löwith) einzuordnen, ist die philosophiegeschichtliche Ableitung aus den Spekulationen des deutschen Idealismus üblich geworden: aus einer junghegelianisch verkürzten Aneignung der Hegelschen Dialektik folge ein rational nicht ausweisbares Totalwissen, das für eine Totalplanung mit unmenschlichen Konsequenzen die Grundlage bietet. Der Marxismus wird als Säkularisierung eines gleichwohl vernünftig unauflöslichen religiösen oder philosophischen Glaubens dargestellt. Die Analyse befriedigt sich im nützlichen Aufweis von geistesgeschichtlichen Verwandtschaften und läßt den immanenten Anspruch dieser Theorie, die Bewegungsgesetze der Gesellschaft zu erkennen, wiederum außer Betracht.

Im übrigen wird am Marxismus eine Dialektik der Überschwenglichkeit exemplifiziert, die auf dessen eigene Intentionen zurückschlage. So will etwa Carl Schmitt den Nachweis führen, daß sich die politische Substanz an jedem Versuch, Politik in rationale Verwaltung aufzulösen, durch die Verstrickung des revolutionären Beginnens in eben die totalitäre Herrschaft rächt, die doch beseitigt werden sollte. Analog entwickelt Karl Jaspers die Überlegung, daß sich die, sei es mythisch, religiös oder philosophisch zu deutende Transzendenz an jedem Versuch, sie in eine Totalwissenschaft zu überführen, durch eine Verstrickung des kritischen Begriffs in eben die Ideologie rächt, deren Fessel doch gesprengt werden sollte.

2. Auf einer anderen Ebene vollzieht sich die theologische und philosophische Auseinandersetzung mit dem Marxismus, die sich auf dessen Intentionen einläßt und zuweilen bis an die Schwelle einer partiellen Rezeption heranführt. Das gilt besonders für einen Teil der evangelischen Kirche wie auch für die vom Protestantismus inspirierte Philosophie. In diesem Kreise[10] sind zwei Positionen der Aneignung charakteristisch ausgebildet worden, eine unter dem Aspekt einer philosophischen Theologie (Landgrebe), die andere unter dem der philosophischen Anthropologie (Metzke, Thier u. a.).

Marx' Naturalismus wird aus dem Horizont seines revolutionären Humanismus begriffen und gegen den metaphysischen Materialismus der Epigonen Engels und Kautsky, Lenin und Stalin historisch präzise abgegrenzt. Marx' Stellung bemißt sich am Verhältnis zu Hegel. Auf der seinsgeschichtlich ausgestanzten Folie der abendländischen Metaphysik, mit ihren durch Plato, Descartes und Hegel bezeichneten epochalen Einschnitten, erscheint eben Hegel als die glücklich-unglückliche Vollendung des neuzeitlichen Bewußtseins vor allem auch deshalb, weil er mit der Ausarbeitung seines Systems der absoluten Vernunft in den Bannkreis bloß zurückgefallen sei, den er in seinen theologischen Jugendschriften, mit der kühn antizipierten Dialektik der liebend begreifenden Vernunft, schon verlassen zu haben schien. Auf diesen verschütteten Ausgangspunkt, nämlich auf das Problem der Verlebendigung aller erstorbenen Beziehungen zwischen Mensch und Natur, und der Menschen untereinander, geht Marx, ihm freilich unbewußt, zurück. Seine Dialektik der Selbstentfremdung enfaltet sich in einem Spielraum, der erst dadurch entstanden ist, daß die enzyklopädische Dialektik der Vernunft das Problem nicht auflöst, das Hegel einst selbst mit der Kritik an der »Positivität« so verheißungsvoll enrollt hatte. Wenn allerdings »Verlebendigung« der Welt, und der Natur in ihr, aus einem Begriff des Lebens gedacht werden soll, der, wie in Hegels Jugendschriften, nur auf dem Boden der christlichen Offenbarung gedeiht, fällt der atheistische Versuch der Marxschen Jugendschriften sogleich ins Bodenlose. Landgrebes interessante Version holt Marx in die seinsgeschichtliche Perspektive des späten Heidegger ein. Gewiß präjudiziert er damit, daß Wahrheit nur in der Weise einer Kontemplation des Heiligen vergegenwärtigt, nicht in einer von Kritik angeleiteten Praxis hergestellt werden kann; innerhalb dieses, wenn man will idealistischen, Vorurteils gelangt aber der radikale Anspruch des Marxismus und die Wahrhaftigkeit seines Ansatzes, wie eigentümlich auch in die Dimension von Glauben und Andenken zurückgenommen, immerhin zur Diskussion[11].

Der andere Weg einer philosophischen Aneignung führt über das »Menschenbild« des jungen Marx. Dieser analysiert ja, vor allem in den Pariser Manuskripten, die Strukturen der entfremdeten Arbeit und bedient sich dabei einiger zentraler, in die Sprache der Feuerbachschen Anthropologie übersetzten Kategorien aus Hegels Phänomenologie des Geistes. So entsteht der Anschein, als gehe es um das »gegenständliche Wesen« des Menschen, der sich, als Naturwesen, arbeitend selbst erst hervorbringt. Entäußerung der Wesenskräfte und Austausch mit der Natur, Aneignung der vergegenständlichten Wesenskräfte, Verwirklichung des Menschen, aber auch der Natur in ihrem durch vernünftige Reproduktion des gesellschaftlichen Lebens zugleich erzeugten *und* freigesetzten Wesen: dieser Zusammenhang mochte anthropologisch oder gar fundamentalontologisch als eine konstante Struktur gedeutet werden. Tatsächlich war er jedoch als die spezifische Analyse einer konkreten Situation, nämlich der durch die Dialektik von Lohnarbeit und Kapital hervorgetriebenen »Lage der arbeitenden Klassen« entwickelt worden[12].

Beide Formen der Marxrezeption finden ihre Schranke daran, daß sie sich von den »Voraussetzungen der Philosophie« nicht lösen wollen, die die materialistische Kritik suspendiert; deren kritische Leistung besteht ja zunächst darin, die Philosophie in die Armut ihres Selbstbewußtseins, und zwar in die Einsicht hineinzutreiben, daß sie weder ihren Ursprung in sich selbst begründen, noch ihre Erfüllung durch sich selbst wirklichmachen kann.

3. Nun gibt es eine Reihe von Gelehrten, die diese Schranke, mit einer Kritik an der Philosophie als Ursprungsphilosophie, durchbrechen[13]. Sie machen sich den Ansatz einer Geschichtsphilosophie in praktischer Absicht zu eigen und durchschauen das Mißverständnis einer ontologischen Auslegung des Marxismus, welcher Spielart auch immer. Sie wissen, daß Marx nie nach dem Wesen des Menschen und der Gesellschaft als solchem gefragt hat und niemals danach, wie sich der Sinn von Sein, gar des gesellschaftlichen Seins konstituiert, etwa in der Art: warum ist Sein und Seiendes und nicht vielmehr nichts? Marx ließ sich statt dessen vom Stachel einer handgreiflich erfahrenen Entfremdung immer nur und immer wieder auf die eine und anfängliche Frage hinführen: warum ist die bestimmte geschichtliche und gesellschaftliche Lage, unter deren objektiven Zwang ich selbst mein Leben erhalten, einrichten und führen muß – warum ist dieses Seiende so und nicht vielmehr anders?

Die Philosophen und Soziologen, bei denen ein ähnliches erkenntnisleitendes Interesse noch wirksam ist, wenden allerdings die Anstrengung des Begriffs nicht mehr, wie Marx selbst, auf die Sphäre der Reproduktion des gesellschaftlichen Lebens unmittelbar – seit Hilferding hat es marxistische Ökonomen von vergleichbarem Rang kaum noch gegeben[14]. Statt dessen befassen sie sich mit jenen abgeleiteten Erscheinungen, die Marx zum Überbau gerechnet hatte. Darin spiegelt sich gewiß nicht nur die Tatsache, daß sich mit der Zuspitzung der Weltbürgerkriegssituation auch die Sanktionen verschärfen. Diesem negativen Motiv enspricht positiv die Tatsache, daß Ideologiekritik in dem Maße an Dringlichkeit gewinnt, in dem sich die Formen der Entfremdung raffinieren. Wo das System des organisierten Kapitalismus, ohne die ökonomischen Konflikte durch den institutionellen Zwang eines Obrigkeitsregimes stillstellen, oder in militärische Expansion ableiten zu müssen, relative Stabilität auf einem hohen Niveau der Erzeugung und der Beschäftigung behauptet, da wird auch Kritik die versagten oder verstellten Bedürfnisbefriedigungen in der Sphäre der »Kultur« eher suchen müssen als bei den sogenannten basic needs. Sie folgt damit nur den repressiven Kräften selbst, die von den ökonomischen Mechanismen des Arbeitsmarktes tendenziell schon auf die sozialpsychologischen des Freizeitmarktes übergegangen sind – der manipulierte Kulturkonsum bestätigt vielleicht nur ein altes Gewaltverhältnis in neuer, gewiß annehmlicherer Form[15].

Unter den älteren, noch der marxistischen Tradition verbundenen Gelehrten finden sich derlei Bemühungen häufig in Gestalt einer *verschwiegenen Orthodoxie:* die Kategorien der Marxschen Arbeitswerttheorie verraten sich in der kulturkritischen Anwendung, ohne als solche ausgewiesen zu werden. Noch im esoterischen Gespinst der ästhetischen Reflexionen hängt etwas vom längst verdrängten Echo einer Kritik der Politischen Ökonomie. Je weniger diese zur Sprache kommt, um so ungreifbarer kann ihr Kanon stillschweigend unterstellt werden. Eben die Ungreifbarkeit der Unterstellung läßt freilich, je länger je mehr, daran zweifeln, ob es sie überhaupt noch gibt. – Eine komplementäre Erscheinung ist unter Jüngeren, die sich erst aus der Distanz des zusammengebrochenen Faschismus mit der marxistischen Tradition vertraut machen konnten, der historische Rekurs auf den originalen Marx, in betonter Abhebung gegen die mit Engels bereits einsetzende »Verfallsgeschichte« des Marxismus. Sie nennen sich selbst gerne, im Gegensatz zu den Marxisten, Marxologen und entfalten, im philosophiegeschichtlichen Kostüm hochdifferenzierte Untersuchungen zumal des Ideologiebegriffs, der materialistischen Dialektik und der revolutionären Strategie, eine Art *schwebende Orthodoxie*, die über den Grad der systematischen Verbindlichkeit mit sich so lange nicht ins reine kommen kann, als auch hier die Probleme der Politischen Ökonomie peinlich ausgespart bleiben.

4. Zu diesem eigentümlichen Pendelschlag zwischen einer verschwiegenen Marxorthodoxie und einem durchaus gesprächigen Marxhistorismus gehört ein wissenschaftlich-politisches Getriebe, in dem die ökonomische und soziologische Fachdiskussion mit dem Marxismus seit Jahrzehnten so gut wie stillsteht: sie gilt, vom offiziellen Standpunkt der positiven Wissenschaften aus, als »überwunden«. Marxistische Ökonomie und Soziologie haben sich sel-

ber seit dem ersten Weltkrieg kaum entwickelt. Nur eine Handvoll angelsächsischer Autoren, darunter Paul M. Sweezy und Paul Baran in den USA, Maurice Dobb und sein Schüler Ronald L. Meek in England, haben sich darum bemüht, mit den modernen Forschungen Schritt zu halten; sie haben auch Arbeiten hervorgebracht, die über das sonst fürs Metier charakteristische Niveau sektiererischer Autodidaktik hinausragen[16].

In der Soziologie konnte die Entwicklung anders verlaufen, weil sie ohnehin nicht mit dem systematischen Ansatz der Arbeitswerttheorie, sondern nur mit bestimmten theoretischen Ableitungen konfrontiert war. Sie konnte unter Ressortgesichtspunkten prinzipielle Entscheidungen dahingestellt sein lassen und gewisse Bestandteile, aus dem System herausgelöst, für den eignen Apparat fruchtbar machen. Schon in den zwanziger Jahren ist die Ideologienlehre in Gestalt einer Wissenssoziologie assimiliert worden (Mannheim). Später sind vor allem die Analysen des berühmten 13. Kapitels im 1. Band des »Kapitals« in die Arbeitssoziologie eingegangen (G. Friedmann); und auch das soziologische Kernstück des Marxismus, die Klassentheorie, ist schließlich, zur Lehre von den sozialen Klassen formalisiert, der heute maßgebenden strukturell-funktionalen Theorie eingefügt worden[17]. Alle diese Rezeptionen kommen freilich unter Voraussetzungen einer sozialwissenschaftlichen Arbeitsteilung zustande, die von Schumpeter (bei Gelegenheit seiner eigenen und sehr eigenwilligen Rezeptionen der Theorie der gesamtgesellschaftlichen Entwicklung vom Kapitalismus zum Sozialismus) deklariert worden sind: »Wir müssen nun etwas tun, das den Gläubigen sehr zuwider ist... Was sie am meisten übelnehmen ist, wenn man Marxens Werk in Stücke zerlegt und sie der Reihe nach diskutiert. Sie würden sagen, daß diese Handlung als solche die Unfähigkeit des Bourgeois zeigt, das prachtvolle Ganze zu begreifen, dessen wesentliche Teile sich gegenseitig ergänzen und erklären, so daß die richtige Bedeutung nicht mehr erkannt werden kann, sobald irgendein Teil oder eine Seite für sich betrachtet wird. Uns bleibt indessen keine andere Wahl[18].«

Schumpeter begründet freilich nicht, und könnte es auch bloß mit dem Hinweis auf den nun einmal institutionalisierten Wissenschaftsbetrieb tun: warum er keine andere Wahl hat, als die marxistische Lehre in je zwei wissenschaftliche und zwei außerwissenschaftliche Disziplinen zu departementalisieren. Er untersucht die ökonomischen und soziologischen Elemente jeweils für sich und löst sie sorgfältig aus dem »philosophischen« Rahmen und von der Absicht politisch-pädagogischer Einwirkung auf den Leser. Damit wird von vornherein dreierlei aus der rationalen Betrachtung herausgenommen: nämlich die vorgängige Integration der analytisch getrennten ökonomischen und soziologischen Aspekte in der Einheit des Gegenstandes, eben der Gesellschaft als Totalität; sodann die dialektische Auffassung der Gesellschaft als eines historischen Prozesses, der im Widerstreit angebbarer Tendenzen eine Situation aus der anderen hervortreibt; und schließlich eine Beziehung von Theorie auf Praxis, die der Marxismus ausdrücklich mit in die Reflexion aufnimmt, weil seine wissenschaftstheoretische Struktur einer Geschichtsphilosophie in politischer Absicht entspricht. Mit der Eliminierung dieser drei, für den marxistischen Frageansatz konstitutiven Momente wird der Marxismus auf »reine« Wissenschaft so reduziert, wie vorher auf »reine« Philosophie. Wenn, nach einem im logischen Positivismus geklärten Sprachgebrauch, wissenschaftliche Aussagen nur aus hypothetisch deduktiven Systemen gewonnen werden, die, oder deren Ableitungen empirisch überprüft, nämlich durch Basissätze falsifiziert werden können, dann ist die marxistische Lehre, ihrem eigenen Anspruch zufolge, nicht als ganze der Wissenschaft zu subsumieren. Wohl will sie ihre Einsichten der Kontrolle von wissenschaftlichen Aussagen jenes Typs unterwerfen; um aber Gesellschaft als geschichtlich gewordene Totalität zu Zwecken einer kritischen Mäeutik politischer Praxis zu begreifen, bedarf es zusätzlich, ja von vornherein, der Rationalisierung solcher Schritte, die sonst der Pragmatik des gesunden Menschenverstandes und der Irrationalität seiner Vorurteile ausgeliefert würden. Die Rationalisierung dieser Schritte ist nämlich mit dem Kalkül und den Experimenten der vergegenständlichenden Wissenschaft nicht zu leisten. Wissenschaft soll gleichwohl als falsifizierende Instanz in Kraft bleiben. Nimmt man diesen Anspruch zunächst einmal ernst, dann wird in der Tat plausibel, worüber sich Schumpeter ironisch hinwegsetzt: daß eine Isolierung der »Bestandteile« des Marxismus nach Gesichtspunkten sozialwissenschaftlicher Arbeitsteilung nur die disjecta membra zurückbehält, die aus dem dialektischen Sinnverständnis einer auf Praxis bezogenen Theorie der Gesellschaft als Totalität herausgebrochen sind[19].

Im Begriff der Gesellschaft als einer geschichtlichen Totalität konnte Marx noch zusammenhalten, was später in die branchenspezifischen Gegenstände der einzelnen sozialwissenschaftlichen Disziplinen auseinanderfiel. Die Vertröstung auf eine »Synthese« post festum vermag nicht wiederzubringen, was zwischen den Sparten von Ökonomie, Soziologie, Politologie und Jurisprudenz heute hindurchfallen muß: den gesellschaftlichen Lebenszusammenhang als solchen. Ihn hatten, zu Zeiten Lorenz von Steins, die Gesamten Staatswissenschaften noch sehr wohl im Blick – kein marxistisches Privileg also.

Gewiß haben die Gesellschaftswissenschaften inzwischen nur aufgrund ihrer Arbeitsteilung den stolzen Erkenntnisfortschritt erzielen können, der sie, in einigen ihrer Disziplinen, an die Seite der Naturwissenschaften führen soll. Jedoch fordert dieser Fortschritt einen Preis, der die Wissenschaften von der Natur weit weniger belastet als die der Gesellschaft; zumal dann, wenn sie sich seiner gar nicht mehr bewußt sind. Wir möchten an einem einzigen Beispiel vergegenwärtigen, wie eine Wissenschaft, in unserem Fall die moderne Soziologie, ihr Feld möglicher Erkenntnis um so mehr beschränken muß, je strengeren Kriterien sie ihre Erkenntnis im einzelnen unterwirft.

1. Die Soziologie betrachtet heute die Menschen als Träger sozialer Rollen. Mit der operationellen Einführung dieser Kategorie erschließt sie Bereiche des gesellschaftlichen Verhaltens exakter Analyse. Soweit die als Verhaltenserwartung einer Bezugsgruppe definierte »Rolle« eine historische Größe darstellt, muß deren Variation im Laufe der Entwicklungsgeschichte der Menschheit soziologischer Untersuchung entzogen bleiben. Vor dieser Schranke machen auch dynamische Theorien, die dem Prozeßcharakter des gesellschaftlichen Geschehens ebenso wie seinen Konflikten gerecht werden wollen, halt. Insofern verfahren auch sie noch keineswegs historisch. Erst in einem fortgeschrittenen Stadium der industriellen Gesellschaft ist mit dem, was Max Weber die Rationalisierung ihrer Verhältnisse genannt hat, die funktionelle Interdependenz der Institutionen so gewachsen, daß die Subjekte, ihrerseits von einer zunehmenden und beweglichen Vielfalt gesellschaftlicher Funktionen beansprucht, als Schnittpunktexistenzen sozialer Verpflichtungen gedeutet werden können. Die

Vervielfältigung, die Verselbständigung und der beschleunigte Umsatz abgelöster Verhaltensmuster gibt erst den »Rollen« eine quasi dingliche Existenz gegenüber den Personen, die sich darin »entäußern« und in der zu Bewußtsein kommenden Entäußerung den Anspruch auf Innerlichkeit entfalten – wie die Geschichte des bürgerlichen Bewußtseins, zumal im 18. Jahrhundert, zeigt. Marx war überzeugt, die Verdinglichung der Verhaltensweisen auf die Ausdehnung der Tauschverhältnisse, letzten Endes auf die kapitalistische Produktionsweise zurückführen zu können. Das mag dahingestellt sein; so viel ist jedenfalls gewiß, daß die analytische Fruchtbarkeit der Rollenkategorie nicht unabhängig von dem Entwicklungsstand der Gesellschaft ist, an deren Beziehungen sie sich zunächst einmal bewährt. Wird sie aber in der Anwendung auf gesellschaftliche Verhältnisse schlechthin zu einer universalhistorischen Kategorie verallgemeinert, muß die Rollenanalyse mit ihrer eigenen geschichtlichen Bedingtheit überhaupt gesellschaftliche Entwicklung als eine geschichtliche ignorieren – so, als sei es den Individuen äußerlich, ob sie, wie der Leibeigene des hohen Mittelalters, einigen wenigen naturwüchsigen Rollen, oder aber, wie etwa der Angestellte in der industriell fortgeschrittenen Zivilisation, vervielfältigten und beschleunigt wechselnden, in gewissem Sinn abgelösten Rollen subsumiert sind. In dieser Dimension der Entwicklung wächst, etwa mit der Chance, sich zu den Rollen als solchen verhalten zu können, sowohl die Freiheit des Bewegungsspielraums in der Disposition der Rollenübernahme und des Rollenwechsels, als auch eine neue Art Unfreiheit, soweit man sich unter äußerlich diktierte Rollen genötigt sieht; vielleicht müssen sogar Rollen um so tiefer verinnerlicht sein, je äußerlicher sie werden.

Eine auf Rollenanalyse verpflichtete Soziologie wird diese Dimension überspringen, und damit geschichtliche Entwicklung auf die gesellschaftliche Abwandlung immer gleicher Grundverhältnisse reduzieren müssen. Die Rollen als solche sind in ihrer Konstellation zu den Rollenträgern konstant gesetzt, als sei der gesellschaftliche Lebenszusammenhang dem Leben der Menschen selbst auf immer die gleiche Weise so äußerlich, wie es Kant im Verhältnis des empirischen zum intelligiblen Charakter hingestellt hat[20].

2. Für den Erkenntnisfortschritt zahlt indessen Soziologie nicht nur mit dem Preis einer methodischen Blindheit gegenüber dem historischen Charakter der Gesellschaft; zugleich mit ihrer methodischen Enthaltsamkeit gegenüber den praktischen Folgen ihres

eigenen Tuns muß sie vielmehr eine Beschränkung in Kauf nehmen, die ihr den Blick, statt auf den Gegenstand, sogar auf sich selbst verstellt. Auch das läßt sich am gleichen Beispiel dartun. Eine strikte Trennung der wissenschaftlichen Konstruktion des Rollenträgers von der Dimension moralischer Entscheidung angesichts des wirklichen Menschen, wie sie in Analogie zu Kants Unterscheidung zwischen phänomenalem vom noumenalem Bereich eingehalten wird, soll nämlich auch die Konfliktlage klären helfen, in die der Soziologe als Wissenschaftler und Politiker in einer Person hineingerät. Nach der bekannten Auflösung des Werturteilsstreites muß er beides streng auseinanderhalten: einerseits die im Verfolg explikativer Probleme empirisch-theoretisch ermittelten Antworten auf technische Fragen; und andererseits jene im Verfolg normativer Probleme traditionell oder philosophisch erworbenen Antworten auf ethische und politische Fragen. Nun wird aber Soziologie heute in wachsendem Maße zu einer Hilfswissenschaft für die Verwaltung. Die technische Umsetzung von Forschungsresultaten wirkt nicht wiederum auf analytische Schemata, sondern auf die selbst schon schematisierte gesellschaftliche Realität. Deshalb bleibt jene Isolierung eine Fiktion. Im Hinblick auf die gesellschaftspolitischen Folgen hat es der Soziologe, bei aller methodisch geforderten Verfremdung des Gegenstandes, immer auch schon mit den wirklichen Menschen, dem lebendigen Zusammenhang der Gesellschaft zu tun.

Die Rückbeziehung der Rollentheorie auf die Tätigkeit des Soziologen kehrt die Grundlagenproblematik der Rollentheorie erst hervor: Wie kann die Vermittlung von Konstruktion der Erscheinung einerseits und gesellschaftlicher Existenz andererseits noch in die Reflexion selbst aufgenommen, wie das Verhältnis von Theorie und Praxis theoretisch eingeholt, womöglich im voraus eingesehen werden? Man hat versucht, diesem Problem auf der Basis der Wertfreiheit mit dem Postulat gerecht zu werden, daß der Soziologe seine Fragen unter dem Gesichtspunkt der Relevanz für die Freiheit der Individuen auswählen solle: »Es besteht keine Gefahr für die Reinheit wissenschaftlichen Tuns, wenn der Soziologe solche prüfbaren Theorien vorzieht, die dem Recht und der Fülle des Einzelnen Rechnung tragen. Es ist methodisch durchaus unverdächtig, bei der wissenschaftlichen Beschäftigung mit der Gesellschaft den Gedanken an die mögliche Anwendung von Resultaten zum Nutzen und Wohl des freien Einzelnen nicht aus dem Auge zu verlieren[21].«

Allein, wie lassen sich diese bestimmten Ziele in der konkreten Situation rational ausweisen? Ja sind, darüber hinaus, die erkenntnisleitenden Interessen nur für die Auswahl der Probleme maßgebend, oder spielen sie bis in die Wahl der grundlegenden systematischen Kategorien hinein? Geht nicht in die soziologische Konstruktion der empirischen Charaktere immer auch ein Vorverständnis des intelligiblen Charakters notwendig in dem Sinne mit ein, wie diese kantische Unterscheidung von Hegels Kritik überhaupt dialektisch getroffen wird? Weist doch dieser jenem mit Recht nach, daß auch er aus seinem funktionellen (durch transzendentale Bedingungen der Möglichkeit von Erkenntnis ausgewiesenen) Begriff der Wahrheit die substantiellen Momente nicht ganz tilgen kann, daß auch er eine vorgängige Entsprechung von Vernunft und Natur, Subjekt und Objekt voraussetzen muß[22]. Deren dialektischem Verhältnis entzieht Marx freilich die idealistische Basis. Die Selbstbewegung des Geistes, in der Subjekt und Objekt verflochten sind und sich miteinander verflechten, deutet er als die Selbsterzeugung der Menschen durch gesellschaftliche Arbeit. Die »Einheit von Subjekt und Objekt« bringt der Mensch weder als Geist noch als Naturwesen von Haus aus schon mit; erst im arbeitsamen Austausch mit der Natur, als deren wechselseitigem Bildungsprozeß, wird sie praktisch hergestellt. Alle mögliche Erfahrung ist im Horizont dieser Praxis einbehalten, ist, auf ihrem Grunde, also stets auch interessierte Erfahrung.

Wohl wird die in interessierter Erfahrung gegebene Einheit von Subjekt und Objekt durch die von den Wissenschaften methodisch herbeigeführte Trennung von Subjekt und Objekt formalisiert, niemals aber ganz suspendiert. Die Arten der Erfahrung und der Grad ihrer Wissenschaftlichkeit unterscheiden sich nur danach, in welchem Maße die Interessenbindung formalisiert werden kann. Nun ist das Interesse an der Verfügbarmachung realer Prozesse allerdings in hohem Grade formalisierbar: es ist fundamental und in fast allen geschichtlichen und gesellschaftlichen Lagen virulent. Überdies wird das Interesse in dem Maße, in dem es zur Beherrschung, zunächst der Natur, tatsächlich führt, durch die Erfolge rückwirkend bestätigt, also durch einen Kreisprozeß stabilisiert. Darum kann dieses Interesse so selbstverständlich werden, daß es, erst einmal im Erkenntnisansatz investiert, »verschwindet«. Gleichwohl muß es im Bereich der Gesellschaftswissenschaften problematisch werden. Was mit der Natur »selbst« geschieht, indem sie durch den Zugriff des kategorialen Apparats der Wissenschaften (Physik) sowie des technischen Apparats angewandter Wissenschaften (Technik) verfügbar wird, erfahren wir nicht, brauchen es auch nicht zu erfahren, da wir am »Schicksal« der Natur als solcher nicht »praktisch« interessiert sind. Wohl aber an dem der Gesellschaft. Denn wenn wir uns auch im Erkennen (fiktiv) außerhalb des gesellschaftlichen Lebenszusammenhangs stellen und ihm gegenüber, so gehören wir ihm, noch im Erkenntnisakt Subjekt und Objekt zugleich, doch als ein Teil an. Das im Erkenntnisansatz wissenschaftlicher Theorien zunächst nur investierte Interesse an der Verfügung über Gesellschaft interferiert mit einem gleichzeitigen Interesse an der Gesellschaft »an sich«. In die Grundbegriffe des theoretischen Systems schießt darum immer auch ein aus interessierter Erfahrung stammendes Vorverständnis der gesellschaftlichen Totalität ein.

Wenn aber mit Notwendigkeit situationsgebundene Erfahrungen auch in den streng wissenschaftlichen Erkenntnisansatz mit eingehen, müssen die erkenntnisleitenden Interessen unter Kontrolle gebracht, als objektive Interessen legitimiert werden, es sei denn, man wollte den Prozeß der Rationalisierung willkürlich abbrechen. Gleichviel, ob etwa die Integrationstheorie (aus der Erfahrung der Unsicherheit gesellschaftlicher Krisen) das soziale System als ein Gefüge ausgeglichener und dauerhafter Ordnung, oder ob die Konflikttheorie (aus Erfahrungen einer täuschenden Sicherheit politischer Zwangsintegration) dasselbe System als einen durch innere Gegensätze stets offen und in Fluß gehaltenen Herrschaftsverband versteht – immer geht in die Wahl der fundamentalen Kategorien eine vorgreifende Deutung der Gesellschaft im ganzen ein. Bezeichnenderweise ist dies ein Vorverständnis davon, wie Gesellschaft als Totalität zugleich ist und sein soll – die interessierte Erfahrung in gelebter Situation trennt nämlich »Sein« so wenig von »Sollen«, wie sie das ihr Begegnende in Fakten auf der einen und Normen auf der anderen Seite zerlegt.

Die dialektische Interpretation begreift das erkennende Subjekt aus den Zusammenhängen gesellschaftlicher Praxis, aus seiner Stellung sowohl im Prozeß der gesellschaftlichen Arbeit als auch im Prozeß der Aufklärung der politischen Kräfte über deren eigene Ziele. Diese doppelte Reflexion charakterisiert nach Horkheimer die »kritische« Theorie im Unterschied zur »traditionellen«: »Die traditionelle Vorstellung der Theorie ist aus dem wissenschaftlichen Betrieb abstrahiert, wie er sich innerhalb der Arbeitsteilung auf einer gegebenen Stufe vollzieht. Sie enspricht der Tätigkeit des

Gelehrten, wie sie neben allen übrigen Tätigkeiten in der Gesellschaft verrichtet wird, ohne daß der Zusammenhang zwischen den einzelnen Tätigkeiten unmittelbar durchsichtig wird. In dieser Vorstellung erscheint daher nicht die reale gesellschaftliche Funktion der Wissenschaft, nicht was Theorie in der menschlichen Existenz, sondern bloß was sie in der abgelösten Sphäre bedeutet, wo sie unter den historischen Bedingungen erzeugt wird ... Während der Fachgelehrte als Wissenschaftler die gesellschaftliche Realität mitsamt ihren Produkten für äußerlich ansieht und als Staatsbürger sein Interesse an ihr durch politische Artikel, Mitgliedschaft bei Parteien oder Wohltätigkeitsorganisationen und Beteiligung an den Wahlen wahrnimmt, ohne diese beiden und noch einige andere Verhaltungsweisen seiner Person anders als höchstens durch psychologische Interpretation zusammenzubringen, ist das kritische Denken durch den Versuch motiviert, die Spannung real zu überwinden, den Gegensatz zwischen der in den Individuen angelegten Zielbewußtheit, Spontaneität, Vernünftigkeit und der für die Gesellschaft grundlegenden Beziehungen des Arbeitsprozesses aufzuheben[23].«

Für Marx hat sich das Problem eines solchen »materialistischen« Selbstbewußtseins der Kritik nicht aus den immanenten Schwierigkeiten der positiven Wissenschaften ergeben, sondern in Anbetracht der politischen Folgen der zeitgenössischen Philosophie – und ihrer Folgenlosigkeit. Die Sozialwissenschaften hatten damals noch keineswegs einen Stand erreicht, auf dem sie der dialektischen Theorie den Spiegel ihrer aus dem Konkurs der Philosophie sehr wohl zurückbehaltenen Erbmasse hätte vorhalten können[24]. In die Fragestellungen der Ökonomie des 18. Jahrhunderts und des beginnenden 19. war so viel philosophische Substanz eingegangen, daß die Kritik der Politischen Ökonomie auf deren eigenem wissenschaftlichen Boden stehen konnte, um von dort aus dem falschen Wissenschaftsanspruch der Philosophie den Prozeß zu machen. Die phänomenologische Erfahrung des Geistes sollte durch die kritische des gesellschaftlichen Lebenszusammenhangs ihres ideologischen Selbstverständnisses überführt, Philosophie sollte *als* Philosophie überholt werden. Heute kommen, umgekehrt, die positiven Wissenschaften mit der damaligen Philosophie in jenen »idealistischen« Momenten überein, in denen überhaupt die traditionelle Theorie sich von der kritischen unterscheidet[25]. Diese hält eine eigentümliche Stellung zwischen Philosophie und Positivismus derart inne, daß eine kritische Selbstaufklärung des Positivismus in die gleiche Dimension hineinführt, in die Marx sozusagen von der entgegengesetzten Seite hineingelangt ist.

Kritik und Krise: mythologische Herkunft und wissenschaftliche Struktur einer empirischen Geschichtsphilosophie in praktischer Absicht

Mit ihrer Stellung »zwischen« Philosophie und positiver Wissenschaft ist die marxistische Theorie nur formal angezeigt. Noch nichts ist damit über den wissenschaftstheoretisch eigentümlichen Typus selbst ausgemacht, den sie repräsentiert. Wir möchten uns ihrer Struktur als einer explizit in politischer Absicht entworfenen, dabei wissenschaftlich falsifizierbaren Geschichtsphilosophie ausdrücklich versichern, ohne uns zu scheuen, die Chance des Nachgeborenen zu nützen: Marx besser zu verstehen, als er sich selbst verstanden hat.

Marx gab seiner Theorie den Namen der Kritik – ein unauffälliger Name, wenn man Kritik der Politischen Ökonomie als die Vollendung jenes Unternehmens versteht, das mit der philologischen Kritik der Humanisten begann, in der ästhetischen der Literaten sich fortsetzte und schließlich in der theoretischen und praktischen Kritik der Philosophen *als* Kritik sich begreifen lernte. Kritik wird damals mit Vernunft geradezu synonym, bezeichnet den guten Geschmack und das findige Urteil, ist das Medium zur Ermittlung des nach Gesetzen der Natur mit dem Gerechten zusammenstimmenden Richtigen ebenso, wie die Energie, die das Räsonnement ruhelos voran- und umhertreibt, zuletzt auch es gegen sich selber wendet. »Les Philosophes« – so wurden die genannt, die sich an dem großen Unternehmen beteiligten, und stolz nannte sich Kant einen Philosophen auch in dem praktisch-pädagogischen Sinne des »freien Rechtslehrers«. Demgegenüber nimmt es sich merkwürdig aus, wenn Marx seine Kritik nicht mehr als Philosophie, vielmehr als deren Überwindung begreift. Nach gewissen Andeutungen schon bei Rousseau nimmt nämlich Kritik im 19. Jahrhundert erst den Bezug zur Krisis, die beide, nicht nur etymologisch, der gleichen Wurzel entspringen, ausdrücklich wieder auf[26].

1. Im griechischen Sprachgebrauch war das kritische Urteil der Krisis als dem Rechtsstreit, der zur Entscheidung drängt, zugeordnet, war Kritik selber ein Moment im objektiven Zusammenhang der Krisis. Im Lateinischen wird das Wort auf den medizinischen

Sprachgebrauch eingeschränkt. Das Johannes-Evangelium überträgt schließlich Krisis auf den heilsgeschichtlichen Prozeß der Scheidung des Guten vom Bösen. Die kritische Entscheidung über Verhängnis und Freispruch gelangt damit in die Dimension von Verdammnis und Erlösung, theologische Antizipation von Kategorien, in denen dann das 18. Jahrhundert die Philosophie der Geschichte entwerfen lernte. Als sich in dieser Zeit überhaupt die Kritik wissenschaftliche Gestalt gibt, emanzipiert sie sich nicht nur vom Anwendungsbereich der pragmatischen Disziplinen wie Jurisprudenz und Medizin, sondern auch aus dem, in der Heilsgeschichte noch festgehaltenen objektiven Zusammenhang der Krise – Kritik wird zum subjektiven Vermögen. Auch in der Disziplin, die die weltgeschichtliche Entwicklung der Menschheit der Kritik zu unterwerfen sich anschickt, auch in der Geschichtsphilosophie versteht sich Kritik nicht mehr in Entsprechung zur Krisis. Der Zivilisationsprozeß gilt nicht als ein selbstkritischer Prozeß, bestenfalls als einer des Fortschritts zur Kritik.

Das Material der Weltgeschichte, vorab betrachtet aus der Perspektive der eben sich bildenden bürgerlichen Gesellschaft, schien dem Ziel der Emanzipation von der Naturwüchsigkeit feudaler Verhältnisse so wenig Widerstände in den Weg zu legen, daß es der Kritik genug dünkte, theoretisch aufzulösen, was praktisch längst in Auflösung begriffen war: die Scheidung des Neuen vom Alten, der bürgerlichen Freiheiten von den ständischen Bindungen, der kapitalistischen Produktionsweise vom feudalen Produktionsverhältnis wurde damals von so mächtigen Triebkräften getragen, daß dieser Prozeß nicht als eine Krisis begriffen werden mußte. Einer kritischen Entscheidung der ungewissen, ja zweideutigen Folgen schien es nicht zu bedürfen; nicht als Scheidung der ambivalenten Kräfte, als linearen Fortschritt verstanden Condorcet und seine Zeitgenossen die Geschichte, und konnten sie so verstehen. Den ersten, von Voltaire, Lessing und Goethe registrierten Schock, hatte dieses Bewußtsein durch ein Erdbeben, ein Ereignis der Natur, erlitten. Aber erst als solche Naturereignisse aus dem Boden der Gesellschaft selbst hervorbrachen, als die Wehen des Industriekapitalismus das Beben von Lissabon vergessen machten, also mit den Wirtschaftskrisen des 19. Jahrhunderts – tritt der subjektivierten Kritik die Krisis als ein objektiver Zusammenhang, nun freilich aus der Geschichte wieder entgegen. Das eschatologische Krisenbewußtsein kommt zum historischen Bewußtsein seiner selbst.

Die Kritik wird nun in Gang gebracht durch das praktische Interesse an einer Entscheidung des Krisenprozesses zum Guten. Sie kann sich mithin nicht theoretisch aus sich begründen. Ja, weil der zur Welt als Krise universalisierte Krisenzusammenhang keinen transmundanen Standort reiner Erkenntnis außer sich läßt; weil der Richter vielmehr in diesen Rechtsstreit ebenso verwickelt wie der Arzt von dieser Krankheit selber ergriffen ist, wird sich Kritik ihrer eigentümlichen Verwicklung in den von ihr kritisierten Gegenstand bewußt. Angesichts der Härte des objektiven Zusammenhangs, den Kritik, obschon in ihn mit eingeschlossen, als Totalität reflektiert und eben dadurch zur Vollendung der Krise treiben will, sind gleichwohl alle Anstrengungen zur Folgenlosigkeit verurteilt, die nicht, über Kritik hinaus, in die Krise mit Mitteln der Krise selber eingreifen: nämlich praktisch – nemo contra Deum nisi Deus ipse. Weil die weltgeschichtlich gewordene Krise jede bloß subjektive Kritik überbietet, verlagert sich die Entscheidung so in Praxis hinein, daß erst mit deren Gelingen Kritik selber wahr werden kann.

2. In bestimmten Traditionen, vor allem der jüdischen und protestantischen Mystik (mit Isaak Luria und Jakob Böhme als ihren Repräsentanten), hatte das Schwergewicht des radikalisierten Theodizeeproblems zu einer gnostisch inspirierten Version der Heilsgeschichte, nämlich jener merkwürdigen Auffassung von Theogonie und Kosmogonie gedrängt, derzufolge der anfängliche, ganz lautere und spielerische Gott sich selbst äußerlich wird, indem er nun nicht nach außen tritt, sich ausdrückt, entäußert, veräußerlicht, sondern vielmehr in sich selber ein Exil antritt, sich egoistisch verkapselt, sozusagen ins Dunkel seines eigenen grundlosen Grundes emigriert und in höchster Selbststeigerung sein Anderes wird – Natur, versteht sich: Natur in Gott. Durch diese Verschränkung in sich selbst, eine ursprüngliche Selbstentthronung, gibt und verliert Gott sich so weit aus der Hand, daß ihn, am Ende seines kreatürlich-qualvollen Restitutionsprozesses, Adam ein zweites Mal vom Thron stürzen kann. Unter dem mythischen Wiederholungszwang muß daher der Mensch, in der Geschichte mit dem Werk seiner Erlösung allein gelassen, mit dieser zugleich die Erlösung der Natur, sogar die Erlösung des gestürzten Gottes aus eigener Kraft betreiben: ein Christus in der prometheischen Rolle des Luzifer. In ihm hat Gott, der es noch ist, dennoch aufgehört, im strengen Sinne göttlich zu sein. Er hat sich vollends dem Risiko einer unwiederbringlichen Katastrophe ausgeliefert; nur

um diesen Preis hat er den Weltprozeß als Geschichte eröffnet[27].

Wir lassen die Herkunft dieses raffinierten Mythos auf sich beruhen, erwähnen ihn nur, weil Hegel aus der dialektischen Metapher der göttlichen Selbsterniedrigung ein metaphysisches Rechenverfahren gewinnt, mit dessen Hilfe er die Weltgeschichte als Krisenzusammenhang durchkalkulieren kann. Auf jeder Stufe der Entwicklung entfaltet das Böse, Widrige, Zerstörerische eine eigentümliche Sprödigkeit, Eigensinnigkeit und Macht, gewinnt Negatives, ja Negation selber eine solche Positivität, wie sie nur der Gott im Widergöttlichen zustande zu bringen vermag. Der Ausgang der Krise ist freilich nur dann in jeder Phase von neuem ernsthaft offen, wenn die zur Scheidung kommenden Kräfte gleich ursprünglich und, miteinander ringend von gleichem Rang, nach einem Worte Schellings, »äquipollent« sind. Die vorbehaltlose Selbstauslieferung Gottes an die Geschichte macht den Krisenzusammenhang als Totalität perfekt. Eine Transzendenz innerhalb der Immanenz bleibt gleichwohl gewahrt, weil doch der verlorene Gott immerhin Gott einmal gewesen ist, also mit dieser erloschenen Vergangenheit seinem in die geschichtliche Gegenwart versunkenen Rest auch schon vorweg ist: in der Krisis ist er der Krisis voraus; ist der, der sich, zunächst fremd auf sich zurückkommend, dann doch einholt und wiedererkennt. So rationalisiert Hegel das mythische Schema zur dialektischen Logik der Weltgeschichte als Krise; ja, deren geschmeidiger Gang ist der Gang der schmiegsamen Dialektik selber. Nun weiß aber der im absoluten Geist durch den Menschen zu sich selbst befreite Gott am Ende doch, daß er alles vorher schon wußte und noch *in* der Geschichte *über* sie Herr geblieben war. Mit der Wissenschaft der Logik verpatzt daher Philosophie die dem Mythos gestohlene Pointe des atheistischen Gottes, der zur Geschichte erstirbt und wahrhaft eine Geburt durch Menschenhand, die darum auch nicht bloße *Wieder*geburt sein darf, geschichtlich riskiert.

Diese Philosophie der Welt als Krise hat in ihrer Dialektik von der kontemplativen Substanz des Mythischen noch so viel erhalten, daß sie sich nicht selbst als der Krise unterworfen und ausgeliefert begreift; Philosophie versteht sich vielmehr als deren Lösung. Der philosophische Gott, der sich allem Anschein zum Trotz eben doch der Geschichte nicht ganz preisgab, erhält sich in der philosophischen Reflexion des absoluten Geistes zurück, die, von der Krise unangefochten und ihr überlegen, sich deshalb auch nicht als Kritik zu begreifen braucht, nicht als das Urteil in einem Ringen auf Leben und Tod – nicht als Vorspruch des Lebens, der sich durch das Leben selbst erst bestätigen lassen muß. Statt dessen bildet sich Philosophie zur eigenen Totalität, ist nicht Kritik, sondern Synthese.

Genau das kreidet Marx, bereits in seiner Dissertation, dem Hegelschen System an, wenn er von ihm sagt, daß »die Philosophie zu einer vollendeten, totalen Welt sich abgeschlossen hat«. Ihr stehe, als der existente Gegenbeweis der von ihr prätendierten Lösung, die Ungelöstheit der zerrissenen Welt als eine andere Totalität gegenüber – ein Verhältnis, in dem »das System zu einer abstrakten Totalität herabgesetzt ist… Begeistert mit dem Trieb, sich zu verwirklichen, tritt es in Spannung gegen Anderes… So ergibt sich die Konsequenz, daß das Philosophisch-Werden der Welt zugleich ein Weltlich-Werden der Philosophie, daß ihre Verwirklichung zugleich ihr Verlust ist[28].«

Gleichwohl setzt eine solche Kritik immer noch die Logik dieser Philosophie, eben Hegels Dialektik voraus. Lenin empfahl bekanntlich zum Studium des »Kapitals« die Lektüre der »Logik«. Die Voraussetzung der Hegelschen Logik im Marxismus ist überdies ein verbreiteter Topos der neueren Marxismuskritik. Tatsächlich knüpft Marx systematisch an Kategorien des objektiven Geistes an; er unterstellt die Idee der Sittlichkeit derart als den Begriff der Gesellschaft als Totalität, daß deren eigene Wirklichkeit daran gemessen und als das unsittliche Verhältnis einer zerrissenen Welt erkannt werden kann. Dem objektiven Geist der Hegelschen Philosophie wird in der Marxschen Soziologie nachgewiesen, daß er, als das trügerische Spiegelbild antizipierter Versöhnung, nur auf dem Wege der bestimmten Negation aus den existierenden Widersprüchen der etablierten Gesellschaft gewonnen sein kann; aber eben: in bestimmter Negation. Nur wenn die Dialektik als eine der gesellschaftlichen Verhältnisse selber schon unterstellt ist, geben diese sich zu erkennen. Warum »darf« Marx das? Wie kann er seine Unterstellung rechtfertigen, ohne eine heimliche Adoption der explizit doch abgewiesenen idealistischen Voraussetzungen? Das anfängliche Interesse an der Auflösung der Krise, von dem sich kritische Erkenntnis leiten läßt, ist zunächst nur eine Form des »subjektiven Geistes«. Die dringliche Erfahrung eines Übels und den leidenschaftlichen Trieb, ihm zu begegnen, nennt Hegel ein »praktisches Gefühl« für die »Unangemessenheit des Seins zum Sollen[29]«. Marx muß deshalb sein praktisches Interesse als ein objektives nachweisen – die Verwurzelung seines kritischen Impulses in den objektiven Tendenzen der Krise selbst. Und weil diese in den ökonomischen Krisen zur Erscheinung kommt, versucht Marx den Nachweis auf dem Wege einer Analyse der gesellschaftlichen Arbeit, eben jener unter Bedingungen des Privateigentums an Produktionsmitteln entfremdeten Arbeit während der ersten Phase der Industrialisierung. In unserem Zusammenhang ist vor allem wichtig, daß er die Analyse ohne Voraussetzung der Hegelschen Logik beginnt. Erst während ihrer Durchführung entdeckt er in dem Verhältnis von Lohnarbeit und Kapital die eigentümliche Herrschaft der toten Arbeit über die lebendige, die sich materialistisch als der »rationelle Kern« der idealistischen Dialektik entschlüsseln lassen soll. Marx hält diese Einsicht in einem berühmt gewordenen Satz der »Pariser Manuskripte« fest: das Große an der Phänomenologie des Geistes sei »daß Hegel die Selbsterzeugung des Menschen als einen Prozeß faßt, die Vergegenständlichung als Entgegenständlichung, als Entäußerung und als Aufhebung dieser Entäußerung; daß er also das Wesen der Arbeit faßt und den gegenständlichen Menschen, wahren, weil wirklichen Menschen, als Resultat seiner eigenen Arbeit begreift.«

Marx geht dem, in Hegels Dialektik seiner mythologischen Form zwar schon entkleideten, aber durchs idealistische Selbstverständnis der Philosophie immer noch verstellten Motiv jenes sich selbst erniedrigenden und sich in sich verschränkenden Gottes auf den Grund: die Menschheit macht sich in der vielfältigen Anstrengung, das Leben durch eigener Hände Arbeit zu erhalten, zum Autor ihrer geschichtlichen Entwicklung, ohne sich doch als deren Subjekt auch zu wissen. Die Erfahrung der entfremdeten Arbeit ist die materialistische Verifikation der dialektischen Empirie: daß die Menschen in dem, was auf sie zukommt, auf die Werkspur ihrer eigenen Geschichte gesetzt sind; daß sie in den Gewalten, die sich über ihren Köpfen zusammenziehen, ihren eigenen Gemächten begegnen und in der Aneignung der Gegenstände nur die Vergegenständlichung ihrer eigenen Wesenskräfte zurücknehmen. Wenn sich aber so das Feld der gesellschaftlichen Arbeit als die Erfahrungsbasis der Geschichtsdialektik ausweisen läßt, dann entfällt eine in der idealistischen Version noch festgehaltene Garantie dafür, daß die Menschheit auf jeder Stufe in dem, was auf sie zukommt, am Ende auch sich selbst vernünftig erfährt – und Entfremdung tatsächlich aufhebt. Es bleibt ungewiß, ob eben aus dem objektiven Krisenzusammenhang eine kritische Einsicht in die Dialektik der entfremdeten Arbeit nicht nur hervorgeht, sondern auch bis zu praktischer Wirksamkeit gedeiht. Der Pointe des Mythos vom atheistischen Gott, die Hegels idealistische Dialektik verdorben hatte, gibt die materialistische ihr Recht zurück, indem sie den Atheismus wahr macht und erkennt: daß die Menschheit die Ahnung ihrer eigenen Macht über die Geschichte, die sich ihr gleichwohl immer wieder entzieht, im Bilde des Gottes nur verschlüsselt hat. Der in Wahrheit geschichtlich gewordene Gott kann eben ein Gott nicht nur nicht mehr, sondern ernsthaft auch niemals gewesen sein. Die Menschheit ist mit dem Werk ihrer Erlösung alleingelassen; und nur solange sie sich aus dem Stand der Unmündigkeit noch nicht befreit hat, muß sich ihr als Erlösung darstellen, was doch nur sie allein auf dem Wege ihrer Selbsterzeugung vernünftig herstellen kann. Erst auf diesem Hintergrund wird die heute so schwer nachvollziehbare Wirkung der nicht eben tiefsinnigen Feuerbachschen Religionskritik, auch auf Marx und Engels, verständlich[30].

3. Marx begreift den Krisenzusammenhang materialistisch aus der Dialektik der gesellschaftlichen Arbeit. Deren Kategorien sind in der zeitgenössischen Politischen Ökonomie entwickelt, aber nicht in ihrem durch und durch historischen Charakter erkannt worden. Marx untersucht daher das kapitalistische System in Form einer Kritik der Politischen Ökonomie. Mit diesem unscheinbaren Titel beansprucht »Kritik« zunächst den Sinn einer kritischen Sondierung vorgefundener Literatur; darüber hinaus aber auch den Hintersinn einer in der praktischen Absicht entworfenen Theorie, die Krisis zu überwinden: Kritik der Politischen Ökonomie ist Krisentheorie auch im genuinen Verstande. Die Analyse der entfremdeten Arbeit hat den propädeutischen Charakter einer Einleitung in materialistische Dialektik; die eigentliche Kritik kann sogleich von deren Standpunkt aus geführt werden: sie weist den Menschen, die ihre Geschichte, ohne es ausdrücklich zu wissen, doch selber machen, die scheinbare Übermacht der naturwüchsigen Verhältnisse als das Werk der Arbeit ihrer eigenen Hände nach. Marx beginnt mit dem Nachweis des Fetisch-Charakters der Ware: »Das Geheimnisvolle der Warenform besteht einfach darin, daß sie den Menschen die gesellschaftlichen Charaktere ihrer eignen Arbeit als gegenständliche Charaktere der Arbeitsprodukte selbst, als gesellschaftliche Natureigenschaften dieser Dinge zurückspiegelt, daher auch das gesellschaftliche Verhältnis der Produzenten zur Gesamtarbeit als ein außer ihnen existierendes gesellschaftliches Verhältnis von Gegenständen. Durch dies quid pro quo werden die

Arbeitsprodukte Waren, sinnlich übersinnliche oder gesellschaftliche Dinge... Da die Produzenten erst in gesellschaftlichen Kontakt treten durch den Austausch ihrer Arbeitsprodukte, erscheinen auch die spezifisch-gesellschaftlichen Charaktere ihrer Privatarbeiten erst innerhalb dieses Austausches. Den letzteren erscheinen daher die gesellschaftlichen Beziehungen ihrer Privatarbeiten als das, was sie sind, d. h. nicht als unmittelbar gesellschaftliche Verhältnisse, sondern vielmehr als sachliche Verhältnisse der Personen und gesellschaftliche Verhältnisse der Sachen[31].« Aber nicht nur den unmittelbar an den Produktions- und Distributionsvorgängen Beteiligten erscheinen die gesellschaftlichen Beziehungen, in objektiver Ironie, als das, was sie sind, nämlich in Wahrheit nicht sind; noch die Wissenschaft, die diese Beziehungen zu ihrem Gegenstand macht, erliegt dem von der Wirklichkeit selbst produzierten Schein: »Das Nachdenken über die Formen des menschlichen Lebens, also auch ihre wissenschaftliche Analyse, schlägt einen der wirklichen Entwicklung entgegengesetzten Weg ein. Es beginnt post festum und daher mit den fertigen Resultaten des Entwicklungsprozesses. Die Formen, welche Arbeitsprodukte zu Waren stempeln und daher der Warenzirkulation vorausgesetzt sind, besitzen bereits die Festigkeit von Naturformen des gesellschaftlichen Lebens, bevor die Menschen sich Rechenschaft zu geben suchen, nicht über den historischen Charakter dieser Formen, die ihnen vielmehr bereits als unwandelbar gelten, sondern über deren Gehalt[32].« Aus diesem Grunde kann Marx seine Kritik des objektiven Krisenzusammenhangs in Form einer Kritik der Politischen Ökonomie durchführen.

Freilich läßt sich die Warenform erst auf alle möglichen Arbeitsprodukte verallgemeinern, wenn die Arbeit selber Warenform annimmt, wenn die Produktionsweise kapitalistisch wird. Erst mit der Gestalt des freien Lohnarbeiters, der als einzige Ware seine Arbeitskraft verkauft, ist geschichtlich die Bedingung gegeben, unter der sich der Arbeitsprozeß als Verwertungsprozeß gegenüber dem Menschen derart verselbständigt, daß die Produktion von Gebrauchswerten ganz und gar in einer Art Selbstbewegung des Kapitals zu verschwinden scheint. Die Kritik dieses objektiven Scheins – als die theoretische Voraussetzung einer praktischen Aneignung der kapitalistisch entfremdeten Wesenskräfte – identifiziert die Lohnarbeit als Quelle des Mehrwertes.

Die Mehrwerttheorie geht von einer einfachen Überlegung aus. Wenn die Verwandlung von Geld in Kapital unter Bedingungen des Austauschs von Äquivalenten möglich sein soll, muß der Geldbesitzer Waren zu ihrem Wert kaufen, zu ihrem Wert verkaufen und dennoch am Ende des Prozesses mehr Wert herausziehen können, als er hineingesteckt hat. Es muß daher eine spezifische Ware geben, die sich, wie alle übrigen, wohl zu ihrem Wert tauscht, deren Gebrauchswert aber so beschaffen ist, daß aus dem Verbrauch der Ware Wert entspringt: »Um aus dem Verbrauch einer Ware Wert herauszuziehn, müßte unser Geldbesitzer so glücklich sein, innerhalb der Zirkulationssphäre, auf dem Markte eine Ware zu entdecken, deren Gebrauchswert selbst die eigentümliche Beschaffenheit besäße, Quelle von Wert zu sein, deren wirklicher Verbrauch also selbst Vergegenständlichung von Arbeit wäre, daher Wertschöpfung. Und der Geldbesitzer findet auf dem Markte eine solche spezifische Ware vor – das Arbeitsvermögen oder die Arbeitskraft[33].« Der Wert der Arbeitskraft bemißt sich an der gesellschaftlich notwendigen Arbeitszeit, die die Produktion der Mittel für ihre Subsistenz erfordert; ihrerseits aber wird die gekaufte Arbeitskraft von dem Kapitalisten länger eingesetzt, als Arbeitszeit zum Zweck ihrer Reproduktion nötig wäre. Diese Mehrarbeit gilt als Quelle des Mehrwerts.

Die Analyse dieses Verhältnisses hat nicht etwa, wie es der Ausdruck der Exploitation nahelegt, den Charakter eines moralischen Verdiktes. (Das Verhalten der Kapitalisten ist überhaupt nicht einzelnen Personen zuzurechnen, sondern objektiv durch ihre Stellung im Produktionsprozeß bestimmt.) An dem Gegensatz von Lohnarbeit und Kapital ist Marx kritisch, eben im Hinblick auf eine praktische Auflösung des vorgefundenen Krisenzusammenhangs, vielmehr deshalb interessiert, weil er in ihm den Ursprung jener Dialektik der Selbstverstellung entdeckt zu haben glaubt, die es den Menschen verwehrt, sich selbst als die Subjekte ihrer Geschichte, die sie doch sind, zu erkennen und ins Recht zu setzen.

Marx behauptet nun, daß die Krisen des kapitalistischen Systems mit Notwendigkeit aus dem Verwertungsprozeß des Kapitals, eben aus jenem fundamentalen Verhältnis hervorgehen, welches mit der Aneignung von Mehrwert gesetzt ist. Dieser These geht die andere voraus, daß die Welt als Krisenzusammenhang ausschließlich ökonomisch begründet, nämlich in jenen Krisen verknotet und mit ihnen zugleich auflösbar ist. Die erste These wird in der Politischen Ökonomie zur Krisentheorie, die andere im Historischen Materialismus zur Ideologienlehre ausgebildet.

1. Die Krisen innerhalb des kapitalistischen Systems entwerten vorhandenes Kapital, um dadurch den Verwertungsprozeß des Kapitals im ganzen, der, sei es unmittelbar durch einen Fall der Profitrate, sei es mittelbar durch einen Schwund an rentablen Chancen der Kapitalanlage, periodisch ins Stocken gerät, beschleunigt wieder in Gang zu bringen. Allerdings fällt dieser immer wieder in dieselben Widersprüche zurück, von denen jede neue Krise ihn zu kurieren verspricht; denn »die wahre Schranke der kapitalistischen Produktion ist das Kapital selbst, ist dies: daß das Kapital und seine Selbstverwertung als Ausgangspunkt und Endpunkt, als Motiv und Zweck der Produktion erscheint; daß die Produktion nur Produktion für das Kapital ist und nicht umgekehrt die Produktionsmittel bloße Mittel für eine stets sich erweiternde Gestaltung des Lebensprozesses für die Gesellschaft der Produzenten sind. Die Schranken, in denen sich die Erhaltung und Verwertung des Kapitalwerts, die auf der Enteignung und Verarmung der großen Masse der Produzenten beruht, allein bewegen kann, diese Schranken treten daher beständig in Widerspruch mit den Produktionsmethoden, die das Kapital zu seinem Zweck anwenden muß, und die auf unbeschränkte Vermehrung der Produktion, auf die Produktion als Selbstzweck, auf unbedingte Entwicklung der gesellschaftlichen Produktivkräfte der Arbeit lossteuern. Das Mittel – unbedingte Entwicklung der gesellschaftlichen Produktivkräfte – gerät in fortwährenden Konflikt mit dem beschränkten Zweck, der Verwertung des vorhandenen Kapitals. Wenn daher die kapitalistische Produktionsweise ein historisches Mittel ist, um die materielle Produktivkraft zu entwickeln und den ihr entsprechenden Weltmarkt zu schaffen, ist sie zugleich der beständige Widerspruch zwischen dieser ihrer historischen Aufgabe und den ihr entsprechenden gesellschaftlichen Produktionsverhältnissen[34]«.

Der Widerspruch drängt in zwei typischen Formen zur Krise. Die eine steht unmittelbar im Zusammenhang mit dem Fall der Profitrate und nimmt ihren Ausgang von einer Lage, in der eine erhöhte Akkumulationsrate das Beschäftigungsvolumen aufbläht und das Lohnniveau hochtreibt. Eine Begrenzung der Chancen, den Profit im üblichen Umfang zu maximieren, unterbricht den Prozeß der Akkumulation so lange, bis sich der Mechanismus der sogenannten

Reservearmee wieder einspielt und die Löhne auf den Wert der Arbeitskraft, oder gar unter ihren Wert, herabdrückt.

Nun eröffnet sich freilich den Kapitalisten ein Ausweg, der es ihnen erlaubt trotz steigender Akkumulationsrate das Reservoir an Arbeitskräften immer nur so weit auszuschöpfen, daß die »natürliche« Mehrwertrate nicht gefährdet wird. Sie führen arbeitsparende Maschinen ein, um durch technologisch bedingte Freisetzung von Arbeitskraft den Druck der industriellen Reservemannschaft auf die aktive Arbeiterarmee zu erhalten. Aus diesem Grunde wird die Kapitalakkumulation von einer fortschreitenden Mechanisierung des Produktionsprozesses begleitet. Dies führt freilich, wie Marx mit seinem berühmtesten und umstrittensten »Gesetz«, dem Gesetz des tendenziellen Falls der Profitrate nachzuweisen glaubt, eine neue Ursache für eben die Art Krise herbei, die sie verhindern sollte[35]. Im Maße einer Mechanisierung des Produktionsprozesses nimmt nämlich der Anteil des variablen Kapitals im Verhältnis zum konstanten ab; mithin steigt die organische Zusammensetzung des Gesamtkapitals, so daß die Profitrate sinkt: »Da die Masse der angewandten lebendigen Arbeit stets abnimmt im Verhältnis zu der Masse der von ihr in Bewegung gesetzten vergegenständlichten Arbeit, der produktiv konsumierten Produktionsmittel, so muß auch der Teil dieser lebendigen Arbeit, der unbezahlt ist und sich in Mehrwert vergegenständlicht, in einem stets abnehmenden Verhältnis stehn zum Wertumfang des angewandten Gesamtkapitals. Dies Verhältnis der Mehrwertsmasse zum Wert des angewandten Gesamtkapitals bildet aber die Profitrate, die daher beständig fallen muß[36].« Im Anschluß an die Ableitung des Gesetzes analysiert Marx eine Reihe von Faktoren, die in entgegengesetzter Richtung auf die Profitrate einwirken und ihren Fall, wenn nicht aufhalten, so doch mindestens hemmen.

Die Kontroverse um das Gesetz währt, auch innerhalb des Marxismus, seit Generationen (L. v. Bortkiewicz, Natalie Moszkowska, Paul M. Sweezy). Ein schwerwiegender Einwand richtet sich dagegen, daß Marx dieses Gesetz unter Voraussetzung einer konstanten Mehrwertrate konzipiert und den isolierten Zusammenhang zwischen steigender Produktivität der Arbeit und einer steigenden Rate des Mehrwertes als eine der entgegenwirkenden Ursachen erst nachträglich eingeführt habe. Roman Rosdolsky hat den Einwand mit Hinweis auf eine Serie von Textstellen zunächst entkräften können[37]. Marx berücksichtigt stets den funktionellen Zusammenhang steigender Arbeitsproduktivität *mit beiden* Faktoren, sowohl mit der fallenden Profitrate (infolge der veränderten Kapitalzusammensetzung), als auch mit einer steigenden Mehrwertrate (infolge einer Verbilligung der Lohngüter, überhaupt der rückwirkenden Entwertung des variablen Kapitals). Daraufhin können freilich die Kritiker erst recht betonen, daß aus einem solchen Zusammenhang keine historische Prognose eines Falls der Profitrate abgeleitet werden könne: »Das Gesetz vom tendenziellen Fall der Profitrate ist kein historisches, sondern ein dynamisches Gesetz. Es konstatiert nicht eine geschichtliche Tatsache, nämlich daß die Profitrate fällt, es formuliert lediglich die Abhängigkeit zweier Größen voneinander, nämlich: wenn die Mehrwertrate gleichbleibt, so sinkt die Profitrate; wenn die Profitrate gleichbleibt, so steigt die Mehrwertrate[38].« Gewiß hat sich Marx um den Nachweis bemüht, daß sich der die Profitrate senkende Faktor in stärkerem Maße durchsetzt als die entgegenwirkenden Faktoren; seine empirischen Argumente reichen aber (ein einziges ausgenommen, auf das wir noch zurückkommen) nicht so weit, daß eine Prävalenz des tendenziellen Falls der Profitrate über ein tendenzielles Steigen der Mehrwertrate schon in die Formulierung des Gesetzes selber eingehen könnte[39].

Die Kontroverse um das Gesetz vom tendenziellen Fall der Profitrate ist aufschlußreich, weil sie geradewegs in die werttheoretische Problematik der Arbeitsproduktivität hineinführt. Marx berücksichtigt die Einführung arbeitsparender Maschinen unter dem Gesichtspunkt einer Einsparung variablen Kapitals im Verhältnis zum aufgestockten Anteil des konstanten Kapitals. Bei der Subsumtion der eingeführten Maschinen unter den Wertausdruck des konstanten Kapitals vernachlässigt er aber deren Spezifisches, das sich in der merkwürdigen Begleiterscheinung einer steigenden Mehrwertrate verrät. Mit der Mechanisierung der Produktion verändert sich ja nicht nur überhaupt die organische Zusammensetzung des Kapitals, sondern in der spezifischen Weise, die es dem Kapitalisten erlaubt, von einer gegebenen Masse (nun auf Maschinen oder bessere Maschinen übertragener) Arbeitskraft einen größeren Anteil Mehrarbeit einzubehalten. Zwar läßt die Formulierung des Gesetzes eine Veränderung der Größen, deren Verhältnis die Mehrwertrate bezeichnet, durchaus zu; aber sie schließt die notwendige Beziehung, die zwischen dieser Art des konstanten Kapitals und der Mehrwertrate besteht, eben nicht als eine gesetzmäßige ein. Für gewöhnlich ist eine Steigerung der Arbeitsproduktivität mit einer wachsenden organischen Zusammensetzung des

Kapitals verbunden; umgekehrt geht jedoch nicht eine jede entsprechende Veränderung des Wertausdrucks mit einer Produktivitätsteigerung zusammen: es steht dem konstanten Kapital nicht an der Stirn geschrieben, ob es den Wert arbeitsparender Maschinen oder andere Kosten deckt. Es genügt nicht, arbeitsparende Maschinen ohne zusätzliche Charakterisierung mit den übrigen Titeln des konstanten Kapitals zusammenzufassen. Joan Robinson stellt einmal fest, »that periods of falling profits may occur, when capital per man increases very rapidly relatively to the rate of advance in technical knowledge«[40]. Das Gesetz vom tendenziellen Fall der Profitrate würde mithin die Einführung arbeitsparender Maschinen erst dann spezifisch berücksichtigen, wenn in den Wertausdruck für das aufgestockte konstante Kapital auch der darin umgesetzte »advance in technical knowledge« explizit einginge. Dann könnte allerdings jener Typus von Arbeit werttheoretisch nicht länger ignoriert werden, der, obwohl nicht selber produktiv, darauf verwandt wird, den Produktivitätsgrad der Arbeit zu steigern.

In den »Grundrissen der Kritik der Politischen Ökonomie« findet sich eine sehr interessante Überlegung, aus der hervorgeht, daß Marx selbst einmal die wissenschaftliche Entwicklung der technischen Produktivkräfte als mögliche Wertquelle angesehen hat. Die arbeitswerttheoretische Voraussetzung, daß das »Quantum angewandter Arbeit der entscheidende Faktor der Produktion des Reichtums sei«, schränkt er dort nämlich ein: »In dem Maße, wie die große Industrie sich entwickelt, wird die Schöpfung des wirklichen Reichtums abhängig weniger von der Arbeitszeit und dem Quantum angewandter Arbeit (!), als von der Macht der Agentien, die während der Arbeitszeit in Bewegung gesetzt werden und die selbst wieder in keinem Verhältnis steht zur unmittelbaren Arbeitszeit, die ihre Produktion kostet, sondern vielmehr abhängt vom allgemeinen Stand der Wissenschaft und dem Fortschritt der Technologie, oder der Anwendung dieser Wissenschaft auf die Produktion[41].« Diesen »revisionistischen« Gedanken hat Marx dann freilich fallengelassen; er ist in die endgültige Fassung der Arbeitswerttheorie nicht eingegangen[42].

Wie schon der Name des »Exploitationsgrads der Arbeit« zeigt, denkt Marx bei historischen Veränderungen der Mehrwertrate zunächst an jene physische Ausbeutung, die aus vorhandenen Arbeitskräften bei gleichbleibender Art der Arbeit einen wachsenden Anteil Mehrarbeit herauspreßt: an Beschleunigung der

Arbeit und an Verlängerung der Arbeitszeit. Natürlich zieht er dann auch andere Methoden in Betracht: die Steigerung der Arbeitsproduktivität durch Rationalisierung der Arbeitsorganisation und eine Mechanisierung des Produktionsvorgangs. Aber auch diese Aneignung von Mehrarbeit begreift er noch nach dem groben Modell jener Ausbeutung: hier wie dort gilt die Mehrwertrate als eine Größe, die der Wertberechnung als ein naturgeschichtliches Datum zugrunde gelegt werden muß. So wenig etwa der physische Zwang, unter dem einst das Arbeitstempo beschleunigt worden sein mag, im Wertgesetz anders als eine ökonomisch selbst nicht weiter ableitbare Erhöhung der Mehrwertrate zum Ausdruck gelangt, so wenig findet jene Arbeit, die die Methoden zur Rationalisierung der Arbeit entwickelt, einen adäquaten Wertausdruck. Der Wertausdruck des Gesamtkapitals ändert sich erst, wenn die angewandten Methoden Kapital beanspruchen – wie es bei fortschreitender Mechanisierung der Produktion allerdings der Fall ist.

2. Der spezifische Einfluß der Vorbereitungs- und Entwicklungsarbeiten auf den Prozeß der Wertbildung fällt durch die Kategorien der Marxschen Arbeitswerttheorie hindurch. Diese Indifferenz des werttheoretischen Instruments gegenüber dem Produktivitätszuwachs ist unzweckmäßig. Plausible Gründe legen es vielmehr nahe, einen Index auch dieses Zuwachses selber in den Wertausdruck des Produktes, zumal des gesamtwirtschaftlichen, aufzunehmen. Ein wichtiger empirischer Hinweis ergibt sich gerade im Zusammenhang mit dem Gesetz vom tendenziellen Fall der Profitrate. Marx hat immerhin *ein* stichhaltiges Argument dafür gegeben, daß sich im Zuge der Mechanisierung der Produktion und einer entsprechenden Steigerung der Produktivität der Arbeit die Tendenz der fallenden Profitrate gegen die Tendenz einer wachsenden Mehrwertrate langfristig doch durchsetzen muß. Es lautet: »Der Wert kann nie gleich dem ganzen Arbeitstag sein; das heißt ein bestimmter Teil des Arbeitstags muß stets gegen die in dem Arbeiter vergegenständlichte Arbeit ausgetauscht werden. Der Mehrwert ist überhaupt nur Verhältnis der lebendigen Arbeit zu der im Arbeiter vergegenständlichten; das eine Glied des Verhältnisses muß daher immer bleiben. Schon dadurch, daß das Verhältnis konstant ist als Verhältnis, obgleich seine Faktoren wechseln, ist ein bestimmtes Verhältnis zwischen Vermehrung der Produktivkraft und Vermehrung des Werts gegeben... Je größer der Surpluswert des Kapitals vor der Vermehrung der Produktivkraft...,

oder je kleiner bereits der Bruchteil des Arbeitstags, der das Äquivalent des Arbeiters bildet, desto geringer ist das Wachstum des
Surpluswerts, den das Kapital von der Vermehrung der Produktivkraft erhält. Sein Surpluswert steigt, aber in immer geringrem Verhältnis zur Entwicklung der Produktivkraft. Je entwickelter also
schon das Kapital, ... um so fruchtbarer muß es die Produktivkraft
entwickeln, um sich nur in geringem Verhältnis zu verwerten, das
heißt Mehrwert zuzufügen – weil seine Schranke immer bleibt das
Verhältnis zwischen dem Bruchteil des Tages, der die notwendige
Arbeit ausdrückt, und dem ganzen Arbeitstag[43].« Gerade wenn
wir dieses Argument als stichhaltig annehmen, reicht das Gesetz,
das es stützen soll, nicht aus, um die Tatsache zu klären, daß in den
fortgeschrittenen kapitalistischen Ländern die durchschnittliche
Profitrate während der letzten 80 Jahre trotz steigenden Lohnni-
veaus keine eindeutige Tendenz langfristiger Veränderung gezeigt
hat. Unter den klassischen Voraussetzungen der Arbeitswertttheo-
rie läßt sich offenbar der tatsächliche Wertzuwachs nicht befriedigend erklären. Daher empfiehlt sich auch aus empirischen Gründen die Erwägung, ob nicht Rationalisierungsarbeiten als produktive Arbeit zweiter Ordnung verstanden und gewertet werden sollten – als eine zwar unselbständige, weil auf produktive Arbeit erster Ordnung angewiesene, aber zusätzliche Quelle der Wertbildung. Diese Arbeiten sind einerseits nicht produktiv im Sinne
der unmittelbaren Gütererzeugung; gleichwohl verändern sie
deren Voraussetzungen derart, daß aus ihr nicht nur mehr Mehrwert, sondern insgesamt mehr Tauschwerte hervorgehen. Die
Gleichgewichtsbedingungen des Wertgesetzes würden dann nur
für einen gegebenen Stand der technischen Produktivkräfte
gelten.
Marx hat sogar, wie aus jener apokryphen Überlegung in den
»Grundrissen« hervorgeht, den Zustand einer weitgehend auto-
matisierten Produktion so gedeutet, daß die Wertschöpfung von
der unmittelbar produktiven Arbeit auf Wissenschaft und Technologie übergehen wird: »Die Arbeit erscheint nicht mehr so sehr als
in den Produktionsprozeß eingeschlossen, als sich der Mensch vielmehr als Wächter und Regulator zum Produktionsprozeß selbst
verhält ... Er (der Arbeiter) tritt neben den Produktionsprozeß,
statt sein Hauptagent zu sein. In dieser Umwandlung ist es weder
die unmittelbare Arbeit, die der Mensch verrichtet, noch die Zeit,
die er arbeitet, sondern die Aneignung seiner allgemeinen Produktivkraft, sein Verständnis der Natur (!) und die Beherrschung der-

selben…, die als der große Grundpfeiler der Produktion und des Reichtums erscheint… Sobald die Arbeit in unmittelbarer Form aufgehört hat, die große Quelle des Reichtums zu sein, hört und muß aufhören die Arbeitszeit sein Maß zu sein[44].«

Was Marx hier an einem fortgeschrittenen Stadium technischer Entwicklung exemplifiziert, müßte freilich dann für jedes Stadium berücksichtigt werden: »das Verständnis der Natur und die Beherrschung derselben« gewinnen in dem Maße als ein weiterer »Faktor der Produktion des Reichtums« an Gewicht, in dem sie die Produktivität der unmittelbaren Arbeit technisch steigern. Das Wertgesetz in seiner klassischen Form würde dann nur für einen gegebenen Stand der technischen Produktivkräfte gelten. Um auch deren Entwicklung und Vermehrung selbst zu fassen, bedürfte es der Ergänzung durch den funktionellen Zusammenhang von Mehrwertrate und Profitrate mit Hilfe eines Wertausdrucks, der mit dem Grad der Produktivität der Arbeit kovariiert[45].

Mit der Einbeziehung eines entsprechenden Korrekturfaktors hörte nicht nur die Mehrwertrate auf, als eine Naturgröße vorgegeben zu sein; auch der Wert der Arbeitskraft könnte in seinem historischen Charakter erkannt und berücksichtigt werden. Gewiß hat Marx bemerkt, daß die Reproduktionskosten der Arbeitskraft jeweils von einem kulturellen Standard abhängen, der nur »für ein bestimmtes Land, zu einer bestimmten Periode« gegeben ist: »Die Summe der Lebensmittel muß hinreichen, das arbeitende Individuum als arbeitendes Individuum in seinem normalen Lebenszustand zu erhalten. Die natürlichen Bedürfnisse selbst, wie Nahrung, Kleidung, Heizung, Wohnung usw. sind verschieden je nach den klimatischen und andren Eigentümlichkeiten eines Landes. Andrerseits ist der Umfang sogenannter notwendiger Bedürfnisse, wie die Art ihrer Befriedigung, selbst ein historisches Produkt und hängt daher großenteils von der Kulturstufe eines Landes, unter andrem auch wesentlich davon ab, unter welchen Bedingungen, und daher mit welchen Gewohnheiten und Lebensansprüchen die Klasse der freien Arbeiter sich gebildet hat. Im Gegensatz zu den andren Waren enthält also die Wertbestimmung der Arbeitskraft ein historisches und moralisches Element. Für ein bestimmtes Land, zu einer bestimmten Periode jedoch, ist der Durchschnittsumkreis der notwendigen Lebensmittel gegeben[46].« Marx hat jedoch nicht systematisch in Betracht gezogen, daß der Kapitalismus selbst das »historische und moralische Element« in der Wertbestimmung der Arbeitskraft revolutionieren könnte; daß sich im

Zuge der Akkumulation des Kapitals mit der gesamten Kulturstufe auch der »Umfang sogenannter notwendiger Bedürfnisse«, die »Gewohnheiten der Lebensansprüche« erweitern und von Grund auf wandeln würden. Inzwischen reproduziert sich das Kapital auf schwindelnd hoher Stufenleiter und wirft eine vervielfältigte Masse von Gebrauchsgütern auch für die Klasse der Lohnarbeiter ab. Es wäre daher unsinnig, den Wert der Arbeitskraft immer noch nach Maßgabe etwa des englischen Arbeiterlebensstandards um die Mitte des vorigen Jahrhunderts anzusetzen; nicht minder unsinnig wäre es freilich, ihn am kulturellen Durchschnittsstandard in den kapitalistisch fortgeschrittenen Ländern zu bemessen, ohne die Dimension des »historischen und moralischen Elements« explizit in die Wertbestimmung der Arbeitskraft einzuführen. Das wiederum ist nur möglich, wenn die Produktivitätssteigerung als solche in die Wertrechnung eingeht[47].

3. Nicht nur für den Krisentyp, der unmittelbar mit dem Fall der Profitrate zusammenhängt, auch für die Theorie der Realisationskrise wäre eine Revision der arbeitswerttheoretischen Grundlagen von großer Tragweite. Marx selbst gibt die folgenden Bestimmungen: »Sobald das auspreßbare Quantum Mehrarbeit in Waren vergegenständlicht ist, ist der Mehrwert produziert. Aber mit dieser Produktion des Mehrwerts ist nur der erste Akt des kapitalistischen Produktionsprozesses, der unmittelbare Produktionsprozeß beendet. Das Kapital hat soundsoviel unbezahlte Arbeit eingesaugt. Mit der Entwicklung des Prozesses, der sich im Fall der Profitrate ausdrückt, schwillt die Masse des so produzierten Mehrwerts ins Ungeheure. Nun kommt der zweite Akt des Prozesses. Die gesamte Warenmasse, das Gesamtprodukt, sowohl der Teil, der das konstante und variable Kapital ersetzt, wie der den Mehrwert darstellt, muß verkauft werden. Geschieht das nicht, oder nur zum Teil, oder nur zu Preisen, die unter den Produktionspreisen stehn, so ist der Arbeiter zwar exploitiert, aber seine Exploitation realisiert sich nicht als solche für den Kapitalisten… Die Bedingungen der unmittelbaren Exploitation und die ihrer Realisation sind nicht identisch. Sie fallen nicht nur nach Zeit und Ort, sondern auch begrifflich auseinander. Die einen sind nur beschränkt durch die Produktivkraft der Gesellschaft, die andren durch die Proportionalität der verschiednen Produktionszweige und durch die Konsumtionskraft der Gesellschaft. Diese letztere ist aber bestimmt weder durch die absolute Produktivkraft noch durch die absolute Konsumtionskraft; sondern durch die Konsumtionskraft auf Basis antagonisti-

scher Distributionsverhältnisse, welche die Konsumtion der großen Masse der Gesellschaft auf ein nur innerhalb mehr oder minder enger Grenzen veränderliches Minimum reduziert. Sie ist ferner beschränkt durch den Akkumulationstrieb, den Trieb nach Vergrößerung des Kapitals und nach Produktion von Mehrwert auf erweiterter Stufenleiter. Dies ist Gesetz für die kapitalistische Produktion, gegeben durch die beständigen Revolutionen in den Produktionsmethoden selbst, die damit beständig verknüpfte Entwertung von vorhandnem Kapital, den allgemeinen Konkurrenzkampf und die Notwendigkeit, die Produktion zu verbessern und ihre Stufenleiter auszudehnen, bloß als Erhaltungsmittel und bei Strafe des Untergangs[48].«

Wenn man hingegen von der Annahme ausgeht, daß aus Produktivitätssteigerung per se Wert entspringt, läßt sich zeigen, daß innerhalb eines expansiven kapitalistischen Systems der aus doppelter Quelle gespeiste Mehrwert unter Umständen ausreichen kann, um gleichzeitig eine angemessene Profitrate *und* ein steigendes Niveau der Reallöhne zugleich zu sichern. Gewiß reproduziert das System aus sich je die Tendenz, auf der Basis antagonistischer Produktionsverhältnisse die Konsumtionskraft der großen Masse der Bevölkerung einzuschränken; eine politische Regulierung der Distributionsverhältnisse wäre aber, unter Voraussetzungen einer revidierten Arbeitswerttheorie, mit den Bedingungen einer an Profitmaximierung orientierten Produktion nicht unvereinbar. Die Möglichkeit und der Erfolg einer bewußten Krisenpolitik hängt dann vielmehr davon ab, ob es den auf Demokratisierung der Gesellschaft drängenden Kräften gelingt, den Zusammenhang der Produktion im ganzen, soweit er sich »als blindes Gesetz den Produktionsagenten aufzwingt«, zu durchstoßen und es »als von ihrem assoziierten Verstand begriffnes und damit beherrschtes Gesetz… ihrer gemeinsamen Kontrolle (zu unterwerfen)[49].« Der »demokratische Faktor« würde in die Kritik der Politischen Ökonomie selbst einbezogen.

Vor allem J. Strachey analysiert die von Marxisten immer wieder vernachlässigten wirtschaftlichen Folgen der Demokratie: »Was den im vergangenen Kapitel am britischen Beispiel bezifferten Anstieg des Lebensstandards der Lohnverdiener auslöste und verursachte, ist beileibe nichts Geheimnisvolles. Wenn viele sonstige Faktoren, wie etwa der Produktivitätszuwachs, die notwendigen Vorbedingungen schufen, so war ausschlaggebend doch einzig und allein die zunehmende Macht des Volkes, d. h. jener 90 v. H. der britischen Bevölkerung, die sich für gewöhnlich in etwa die Hälfte des Volkseinkommens teilten. Sie allein hat verhindert, daß die dem kapitalistischen System innewohnenden Tendenzen sich in stetig fortschreitender Verelendung der Arbeiter auszuwirken vermochten.«... »Wir kommen so zu der paradoxen Folgerung, daß es gerade der Kampf der demokratischen Kräfte gegen den Kapitalismus war, der dem System das Fortbestehen ermöglichte. Denn nicht nur machte er die Lebensbedingungen der Arbeiter erträglich. Zugleich hielt er jene Absatzmärkte für die Fertigprodukte offen, die ein selbstmörderischer Vorstoß des Kapitalismus in eine zunehmend ungleichheitliche Volkseinkommensverteilung mehr und mehr zerstört hätte. Die Demokratie hat demnach weitreichende wirtschaftliche Wirkungen gehabt. Sie hat innerhalb gewisser Grenzen (die weit genug gezogen sind, um von größter Bedeutung zu sein) die eigentliche Aufteilung der Güter und Dienstleistungen auf den einzelnen Menschen und auf Personenklassen festgelegt. Sie hat damit zugleich auch schon weitgehend festgelegt, wer reich und wer arm und in welchem Maße er reich oder arm sein soll[50].« Strachey ist der Auffassung, daß mit dem von Keynes entwickelten konjunkturpolitischen Instrumentarium die von Marx richtig diagnostizierten Tendenzen verarbeitet und so die Antagonismen des Systems ausgeglichen werden können. Der Konflikt der Klassen verliert in dieser Perspektive seine revolutionäre Gestalt; eine fortschreitende Demokratisierung der Gesellschaft ist auch innerhalb der kapitalistischen Wirtschaftsordnung nicht von vornherein ausgeschlossen – eine Version von demokratischem Sozialismus, die freilich von Marx genug gelernt und auch behalten hat, um nicht über der Entfaltung und Sicherung des sozialen Rechtsstaats die widerstrebenden Tendenzen aus dem Auge zu lassen, die sich im Verwertungsprozeß des Kapitals je von neuem und mit wachsenden Gefahren für die junge und verwundbare Regierungsform der sozialstaatlichen Massendemokratie erneuern[51].

4. Wenn allerdings die Entwicklung der Produktivkräfte einen Stand erreichte, auf dem die Masse der erzeugten Gebrauchswerte die »notwendigen« ebenso wie die »überflüssigen« Bedürfnisse nicht etwa nur befriedigen könnte, sondern, innerhalb eines immens erweiterten Spielraums der Kaufkraft, auch tatsächlich befriedigt, wäre eine Fortsetzung des Akkumulationsprozesses nur noch mit Rücksicht auf Bevölkerungswachstum und den wissenschaftlich-technischen Fortschritt nötig; im großen und ganzen

könnte die Akkumulation abgebrochen und aus der Spirale der erweiterten in den Kreislauf der einfachen Reproduktion zurückgeholt werden.

In dieser Lage wäre die objektive Möglichkeit einer Emanzipation gegeben, die den Individuen den Überfluß eines von notwendiger Arbeit wie von gelenktem Verbrauch weithin entlasteten Lebens gewährt. Solange jedoch die Selbstverwertung des Kapitals Ausgang und Ende der Produktion bestimmt, solange nicht um der Gebrauchswerte, sondern primär um der Tauschwerte willen, also nicht für den Reichtum, der der Gesellschaft genügt, sondern für für einen Reichtum, dem diese ihrerseits Genüge tun soll, produziert wird, bleibt der Arbeitsprozeß dem Verwertungsprozeß unterworfen. Zu dem selbstbewußten Entschluß der assoziierten Produzenten, die Akkumulation einzuschränken, wird es unter solchen Umständen nicht kommen können. Marx hat die Schranke der kapitalistischen Produktionsweise darin gesehen, »daß die Aneignung unbezahlter Arbeit und das Verhältnis dieser unbezahlten Arbeit zur vergegenständlichten Arbeit überhaupt, oder, kapitalistisch ausgedrückt, daß der Profit und das Verhältnis dieses Profits zum angewandten Kapital, also eine gewisse Höhe der Profitrate über Ausdehnung oder Beschränkung der Produktion entscheidet, statt des Verhältnisses der Produktion zu den gesellschaftlichen Bedürfnissen, zu den Bedürfnissen gesellschaftlich entwickelter Menschen«[52].

Eine Demokratisierung der Gesellschaft, die es mit diesem Widerspruch aufnehmen wollte, statt sich von ihm ins falsche Bewußtsein einer schlechten Unendlichkeit des materiellen Fortschritts verstricken zu lassen, würde am Ende nicht darum herumkommen, Verhältnisse herzustellen, unter denen Investitionsentschlüsse und die Entschlüsse, Investitionen zu unterlassen, vom Motiv der Profitmaximierung abgelöst werden können.

Allerdings bestehen Anhaltspunkte dafür, daß aus ganz anderen Gründen die ökonomischen Motive der Akkumulation immer mehr in politische eingebettet werden. Gewiß speisen sich die subjektiven Antriebskräfte immer noch primär aus dem Interesse an der Maximierung des Profits; insofern werden die ökonomischen Motive nicht einfach durch politische ersetzt. Aber sie werden in dem Sinne »überholt«, daß in die subjektiven solche sozialen Antriebskräfte bestimmend mit eingehen, die primär den Interessen an einer Verstärkung der nationalen Position in der Konkurrenz der Weltmächte entspringen. Und zwar kann der Akkumulationsprozeß vom ökonomischen auf das politische Triebwerk in dem Maße umfunktioniert werden, in dem ohnehin staatliche Interventionen den gesamtwirtschaftlichen Kreislauf regulieren und stabilisieren müssen.

Unter diesen Verhältnissen wird die Abhängigkeit der politischen Aktionen von den ökonomischen Interessen, wie der Marxismus sie unterstellt, problematisch. Auch die Schwäche der Imperialismustheorie, zumal ihrer aktuellen Anwendung auf Kapitalexporte in die Entwicklungsländer, hängt mit der Blindheit gegenüber der Tatsache zusammen, daß sich, auf Grund der wachsenden Selbstvermittlung des organisierten Kapitalismus durch politische Interventionen und Konventionen, der ökonomische Zwangszusammenhang nicht länger als ein geschlossenes System konstruieren läßt. Vielmehr scheint es, daß gerade zur Erhaltung des Systems auf seiner, wie immer modifizierten, Basis des Privateigentums an Produktionsmitteln politische Instanzen hervorgebracht werden müssen, die gegenüber den ökonomischen Interessen der Kapitalbesitzer eine gewisse Selbständigkeit erlangen[53].

Ideologiekritik und kritische Aneignung überlieferter Ideen

Die entstellte Welt und eine sich selbst verstellte Menschheit offenbaren, wie Schelling es einmal, an mystische Traditionen anknüpfend, nannte, ihren Fluch und Makel in der eigentümlichen Herrschaft des Äußeren über das Innere, des Unteren über das Obere, des Zornigen über die Liebe, der Gewalt des dunklen Grundes über die Lauterkeit. Auf die gleiche Erfahrung stützt sich auch das Vor-Urteil des Historischen Materialismus, das der Basis vor dem Überbau Priorität einräumt. Die barbarische Kraft, mit der die ökonomischen Verhältnisse über alle sublimeren in gewisser Weise bestimmen, nimmt dieser Materialismus freilich nicht triumphierend als das Zeichen einer ontologischen Struktur der Welt ein für allemal – etwa im Sinne der Ontologie Nicolai Hartmanns, derzufolge die Kategorien der jeweils niederen Seinsschicht die der höheren, auch wo sie von diesen »überformt« werden, in Abhängigkeit halten. Jene Kraft gilt vielmehr als das Zeichen eines historischen, und darum auch im Laufe der Geschichte zu stürzenden Regiments der Natur über die Gesellschaft, noch innerhalb der von Naturgewalt sich emanzipierenden Gesellschaft selber. Dieses aus sich selbst erzeugte Naturverhältnis spannt den gesellschaftlichen Lebenszusammenhang unter das Joch des Reproduktionsprozesses in seiner nackten ökonomischen Form. Wie sich jener Gott, im mythischen Akt eines unergründlichen Egoismus, sich in sein Inneres zurückziehend, seines Wesens entäußert hat, so deutet Marx das mit dem Privateigentum gesetzte »egoistische« Verhältnis als die »Kapsel«, in der die menschlichen Wesenskräfte zusammengezogen und den Menschen selbst entfremdet worden sind. Das Privateigentum gilt als der dunkle Punkt, in dem sich die Verfinsterung der Welt zusammenzieht, als der Knoten, in dem alle Fäden des gesellschaftlichen Zwangszusammenhangs verknüpft und festgemacht sind. Gewiß tragen Bilder wissenschaftlich nur so weit, als Begriffe aus ihnen sich entwickeln lassen; aber ihr Kolorit bewahrt den Distinktionen die Fülle der Bedeutung. Mit dem Begriff der Ideologie steht es nicht anders: wohl sind Interessen wie Ideen bloß dialektische Momente derselben Totalität; diese aber, als Totalität, wird zusammengehalten von Kategorien eines Reproduktionsprozesses, der sich als geschlossenes System konstituiert (und daher auch rekonstruieren läßt), solange die Subjekte in ihm von ihnen losgerissene Praxis nicht als ihre eigene erkennen.

1. Vor aller Ideologiekritik an Kunst, Religion und Philosophie müßte sich dieser Vorgriff an dem Verhältnis von Politik und Ökonomie bewähren; politische Aktionen und Institutionen müßten sich aus Interessenkonflikten, die ihrerseits notwendig aus dem kapitalistischen Produktionsprozeß hervorgehen, ableiten lassen. Marx hat das empirisch, vor allem am Beispiel des »Bürgerkriegs in Frankreich«, zu zeigen versucht. Dabei setzt er allerdings schon voraus, daß die Bewegungen in der Sphäre der Reproduktion selber als ein systematischer Zusammenhang begriffen werden können. Den Beweis muß die als Kritik durchgeführte Politische Ökonomie erbringen, indem sie alle ökonomischen Erscheinungen, ohne irgend auf Erscheinungen außerhalb ihrer Sphäre zu rekurrieren, aus dem Verwertungsprozeß des Kapitals ableitet: sie darf nicht die Realproblematik in die Daten abschieben; was sich die moderne Ökonomie als Datenkranz vorgeben läßt, muß sie selber noch ökonomisch begreifen.

Die gesellschaftlichen Bedingungen, unter denen Marx diesen Versuch unternahm, waren seinem Vorhaben günstig. Die Fiktionen des Modells vollständiger Konkurrenz fanden während der liberalen Phase des Kapitalismus ebenso ein gewisses fundamentum in re wie das Modell der »bürgerlichen Gesellschaft« als einer dem

Staat voraus- und zugrunde liegenden Sphäre privater, nämlich in der Verfügung über Eigentum begründeter Autonomie. Der von Marx selbst prognostizierte Prozeß der Konzentration und Zentralisation des Kapitals (dementsprechend die oligopolistische Umformung des Tauschverkehrs) hat hingegen bald und in wachsendem Maße die schwächeren Marktpartner genötigt, ihre Ansprüche in politischer Form zu behaupten, und umgekehrt die staatlichen Instanzen veranlaßt, in den Bereich des Warenverkehrs und der gesellschaftlichen Arbeit zu intervenieren. Im gleichen Maße hörte aber dieser auf, sich nach immanent ökonomischen Gesetzen zu entwickeln. Durch die Einführung von Elementen des Überbaus in die Basis selbst wurde das klassische Abhängigkeitsverhältnis der Politik von der Ökonomie gesprengt. Mit einer solchen Verschiebung, noch unterm Kapitalismus selbst, hat Marx systematisch nicht gerechnet: »Er vermochte nicht zu erkennen, daß in den fortgeschrittenen kapitalistischen Gesellschaften andere und im wesentlichen politische Kräfte entstehen würden, die die dem System innewohnenden Tendenzen abfangen... sollten[54].«

Nicht erst dadurch wird indessen die Grundlage der Ideologienlehre problematisch; schon deren orthodoxe Formulierung stand unter dem Einfluß eines Selbstmißverständnisses der Kritik als Wissenschaft[55]. Vor der Instanz des wissenschaftlichen Bewußtseins verwandelte sich das dialektische Verhältnis der seinem Interesse entfremdeten, und ihm darum unterworfenen Idee nur zu leicht in das kausale Verhältnis einer Abhängigkeit des Geistes von der Natur, des Bewußtseins von seinem gesellschaftlichen Sein: so klingt es bereits in dem berühmten Vorwort zur »Kritik der Politischen Ökonomie« von 1859. Und später hat sich Marx der naturalistischen Version, die Engels der Ideologienlehre gab, niemals ausdrücklich widersetzt. Mit ihr tritt ein bei Marx nur untergründig angelegter Zusammenhang deutlich hervor. Sobald sich der Historische Materialismus nicht mehr selbst in den objektiven Krisenzusammenhang einbezog; sobald er Kritik ausschließlich als positive Wissenschaft und Dialektik gegenständlich als das Gesetz der Welt verstand – mußte der ideologische Charakter des Bewußtseins metaphysische Qualität annehmen. Geist galt ihm schlechthin und auf immer, den Sozialismus inbegriffen, als Ideologie. In diesem platten Verstande unterscheidet sich dann die richtige Ideologie von der falschen nur mehr nach Kriterien einer realistischen Erkenntnistheorie. Die sozialistische »Weltanschauung« ist die einzig richtige deshalb, weil sie das Weltgesetz in Natur und Geschichte dialektisch richtig »abbildet«[56].

Gewiß verstand Marx von dialektischer Methode genug, um sie nicht in dieser Art gröblich mißzuverstehen. Daß aber, unwidersprochen, unter seinen Augen dieses Mißverständnis entstehen und, mit Engels' Weihen versehen, zur Grundlage der »orthodoxen« Tradition werden konnte, ist auf das Versäumnis zurückzuführen, Kritik als solche zu reflektieren: nämlich nicht nur die wissenschaftlichen Elemente gegen Philosophie, sondern auch die Elemente, die die Kritik ihrer philosophischen Herkunft verdankt, gegen die positivistischen Schranken der Wissenschaften zu rechtfertigen. Wie Maimon und Fichte zuerst, wie dann die Repräsentanten des objektiven Idealismus gegen den subjektiven Idealismus Kants das Argument zuspitzen konnten: dieser habe über dem Geschäft seiner Erkenntniskritik vergessen, sich über das Vermögen transzendentaler Erkenntnis selbst Rechenschaft zu geben; so können auch gegen Marx die Nachgeborenen das analoge Argument verwenden: daß sich die Kritik der Politischen Ökonomie ihres spezifischen Vermögens als Kritik, im Unterschied zu den positiven Wissenschaften, mit denen eins zu sein sie vorgibt, nicht bewußt wurde.

2. Weil sich Ernst Bloch im Rückgang auf Marx' Thesen über Feuerbach ausdrücklich des praktischen Sinnes von Kritik versichert, kann er über die in denselben Thesen resümierte Ideologiekritik hinausgehen. In der vierten These heißt es: »Feuerbach geht von dem Faktum der religiösen Selbstentfremdung, der Verdoppelung der Welt in eine religiöse und eine weltliche aus. Seine Arbeit besteht darin, die religiöse Welt in ihre weltliche Grundlage aufzulösen. Aber daß die weltliche Grundlage sich von sich selbst abhebt und sich ein selbständiges Reich in den Wolken fixiert, ist nur aus der Selbstzerrissenheit und dem Sichselbstwidersprechen dieser weltlichen Grundlage zu erklären. Diese selbst muß also in sich selbst sowohl in ihrem Widerspruch verstanden als praktisch revolutioniert werden[57].« Wenn aber die religiöse Welt ihrer irdischen Basis so innig zugehört, daß von deren Selbstzerrissenheit die Idee zur Ideologie bloß herabgesetzt, entstellt und in Dienst genommen ist, ohne in ihr doch ganz aufzugehen (wohl aus dem irdischen Widerspruch hervorgetrieben, ihn aber zugleich auch übersteigend) – dann ist das falsche Bewußtsein einer falschen Welt nicht nichts, sondern als die ihm selbst zwar unbewußte Negation des Negativen voller verschlüsselter Erfahrungen. Bloch entdeckt in

der ideologischen Hülse den utopischen Kern, noch im falschen Bewußtsein das Moment des wahren[58]. Die Transparenz einer besseren Welt wird, gewiß, auch in den Momenten, die über das Bestehende hinausweisen, den verheimlichten Interessen gebeugt; aber in den Hoffnungen, die sie weckt, in den Sehnsüchten, die sie befriedigt, stecken doch zugleich die Energien, die, über sich selbst belehrt, zum kritischen Impuls werden. Die anfängliche, von Hegel als ein »praktisches« Gefühl klassifizierte und deklassierte Erfahrung des Übels, in eins mit dem offensiven Interesse an seiner Überwindung, begreift Bloch als den Ausgangspunkt einer materialistischen Phänomenologie des allerdings zur Kritik sich entfaltenden Geistes. Weil er reflektiert, was Kritik der Wissenschaft voraushaben muß, um diese in praktischer Absicht über die bloß technische Anwendung ihrer Resultate hinaus zum Sprechen zu bringen; weil er Kritik nicht länger mit Wissenschaft verwechselt, begreift er in jenem ersten kritischen Impuls die gefesselte Produktivkraft der Hoffnung, die, mit ihrer eigenen Geschichte verständigt, in Freiheit gesetzt werden kann. Die Hoffnung weckt den von der Enge des Bewußtseins befreiten Sinn für das objektiv Mögliche in dem etablierten Wirklichen; für den Überschuß der Produktivkräfte über die institutionalisierten Produktionsverhältnisse, die, wo sie nicht blindlings von den materiellen Produktivkräften weggeschwemmt werden, eben der »Produktivkraft« des kritischen Impulses bedürfen, um mit Willen und Bewußtsein der Menschen aufgehoben werden zu können.

Auffällig beschränkt sich Bloch bei seinem Versuch, der Ideologiekritik die Tradition des Kritisierten zu erhalten, auf die Entzifferung von Mythos und Religion, Literatur und Musik; nicht der Staat, sondern die Staatsromane, nicht geltende Rechtsnormen, sondern die Theorien über Gerechtigkeit, finden sein Interesse. Offenbar geben nämlich Ideen ihren utopischen Überschuß über Ideologie um so eher preis, je weitläufiger ihre Beziehungen zu den gesellschaftlichen Konflikten vermittelt sind. Die vom herrschenden Interesse *unmittelbar* zu Zwecken der Legitimation beanspruchten, oder gar als Organisationselemente in die Ausübung von Herrschaft, in den wirtschaftlichen Kreislauf *selber einbezogenen* Gestalten des Geistes scheinen, mit dem Grade ihrer Instrumentalisierung, die Kraft der Transzendenz einzubüßen. Vom utopischen Überschwang bleibt hier nur das falsche Bewußtsein der Absolutheit zurück, einer Abgelöstheit von Praxis, das die Ideen hinterrücks desto blinder an die Interessen ausliefert und als bloße

Ideologie gefangenhält. Auf der untersten Sprosse der Ideologienleiter, beim Warenfetisch, bezeichnet die Entfremdung des theoretischen Elements vom praktischen gleichsam nur noch die »Entfremdung« der Praxis von sich selbst, »die Selbstzerrissenheit der weltlichen Grundlage« – Ideologie wird hier selber praktisch, während sich ihr idealer Anspruch, in der Idee des Äquivalententauschs, fast ganz verflüchtigt.

Blochs Fahndung nach Utopie beschränkt sich nicht nur überhaupt auf die Sphäre, die Hegel dem absoluten Geist vorbehält; auch innerhalb dieser Sphäre macht er vor den Gestalten des modernen Bewußtseins halt. Zumal die jüngsten Entwicklungen in Kunst, Literatur und Musik müssen ihr eigentümlich unergiebig erscheinen, weil die experimentierende Kunst die Reflexion auf sich selbst ins Werk hineinnimmt und mit der Darstellung ihrer eigenen Wege und Mittel den, wie es scheint, »realistischen« Weltbezug zugunsten weltentzogener Stilvariationen formalisiert. Bloch haftet noch, wie Hegel, an klassizistischer Ästhetik und an deren zentralem Begriff des Symbolischen; die Erscheinung der Idee wird durch ein Vorscheinen der Materie bloß ersetzt. Walter Benjamin hat dem einen Begriff des Allegorischen entgegengestellt, der sich, in der virtuosen Handhabung Adornos, obwohl am Barock gewonnen, gerade an moderner Kunst eigentümlich bewährt. Diese konserviert nämlich nicht mehr die versöhnlichen Erfahrungen des vorweggenommenen Augenblicks im schönen Schein einer sei's symbolisch durchscheinenden oder naturalistisch vorausscheinenden Welt der bezwungenen Widersprüche. Sie nimmt vielmehr unbarmherzig die Schründe der zerrissenen Welt kritisch in ihre Darstellung auf, aber so, daß sie nicht in veristischer Verdoppelung ihre Zufälligkeit imitiert, sondern in artifizieller Verfremdung die als Krise konstruierte Welt entblößt zur Schau stellt.

Adorno[59] versteht moderne Kunst als eine legitime Quelle kritischer Erkenntnis, wenn auch ihr Erkenntnismodus von dem wissenschaftlichen unterschieden ist. Damit ist für die Gegenwart immerhin *eine* Gestalt des absoluten Geistes nicht nur gegen wissenssoziologische Reduktionen in Verwahrung genommen, so als sei unter der ideologisch verhärteten Kruste ein utopisch quellender Keim freizulegen; sie wird vielmehr aus der Sphäre der Ideologie überhaupt herausgerückt und der kritischen Theorie ebenbürtig zur Seite gestellt. Deutlicher als irgendein anderer entspricht dieser Versuch der Verlegenheit, in die Kritik durch den Verlust der Unschuld ihres Wissenschaftsbewußtseins gerät. Denn auf welche

Quelle der Erfahrung kann sich Kritik berufen, wenn sie der Philosophie als Ursprungsphilosophie materialistisch entsagt und doch andrerseits auch nicht in den positiven Wissenschaften aufgehen kann? Muß sie sich nicht auf den geschichtlich variablen Erfahrungszusammenhang der gesellschaftlich konkreten Lebenswelt, vor aller methodischen Objektivierung, einlassen, um den kritischen Ansatz als solchen zu legitimieren? Und strömen nicht andrerseits Erfahrungsmassen dieser Herkunft eben in die ideologiekritisch entwerteten Formen des absoluten Bewußtseins, in Kunst, Religion und Philosophie ein[60]? Kunst, Religion und Philosophie (für die Hegelsche Philosophie selbst hat Marx das bereits anerkannt) sind des Begriffs der Sittlichkeit als eines Hervorscheinenden je auf ihre Weise mächtig. Erst wenn sie diese Macht zum Zauber mißbrauchen, der sittliche Verhältnisse als daseiende spiegelt, fallen sie den partikularen Interessen der zerrissenen Welt anheim und sind ideologisch; solange sie aber, etwa in moderner Kunst, die daseienden im Spiegel der sittlichen Verhältnisse als die zerrissene Welt sichtbar machen, bewahren sie die Intention auf das konkrete Allgemeine und sind kritisch. Eine Aufwertung des ideologiekritisch entwerteten Geistes scheint derart möglich, ja schon wirklich zu sein, daß die Hinterlassenschaft des absoluten Geistes (in seinen utopischen Gehalten) angeeignet und als Kritik (zur Demonstration des Unversöhnten in seiner Unversöhnlichkeit) fortgeführt werden kann.

Daß die Kritik dieser, sagen wir literarischen, Nebenquelle der Erkenntnis propädeutisch bedürfte, hätte Marx niemals zugestanden. Er traute zwar nicht mehr einer Logik der Geschichte, die sich, bei einbrechender Dunkelheit, in zwei Bänden »Logik« ihr Nachwort hinterdrein schicken ließ; aber er traute doch einer Logik der Geschichte, die sich praktisch so würde vollenden und damit auch aufheben lassen müssen, wie es die Revolutionstheorie aus der dialektischen Anatomie der bürgerlichen Gesellschaft antizipierte. Marx hat sich die erkenntniskritische Frage nach den Bedingungen der Möglichkeit einer Geschichtsphilosophie in politischer Absicht niemals explizit gestellt[61].

Geschichtsphilosophie beginnt gewissermaßen zu Anfang des 18. Jahrhunderts mit Vicos berühmter Auslegung des Topos *verum et factum convertuntur:* »Nach unserem ersten unbezweifelbaren Prinzip (ist) die historische Welt ganz gewiß von den Menschen gemacht worden... Und darum ist ihr Wesen in den Modifikationen unseres eigenen Geistes zu finden..., denn es kann nirgends größere Gewißheit geben als da, wo der, der die Dinge schafft, sie auch erzählt. So verfährt diese Wissenschaft (die Geschichtsphilosophie) geradeso wie die Geometrie, die die Welt der Größen, während sie sie ihren Grundsätzen entsprechend aufbaut und betrachtet, selbst schafft; doch mit um so mehr Realität, als die Gesetze der menschlichen Angelegenheiten mehr Realität haben als Punkte, Linien, Flächen und Figuren. Und dies wird dir, o Leser, ein göttliches Vergnügen gewähren müssen, denn in Gott ist Erkennen und Tun dasselbe Ding[62].« Die Anspielung des letzten Satzes, der so schmeichelhaft die historische Vernunft mit dem göttlichen Intellekt vergleicht, rührt schon an die Problematik, die den Erkenntnisanspruch der Geschichtsphilosophie von Anbeginn begleitet: der intellectus originarius erzeugt die Welt, indem er sie denkt; dem Menschen aber kann Vico allenfalls Hoffnung machen, seine Geschichte zu erkennen, nachdem er sie gemacht hat – er soll sie als sein Erzeugnis denken können. Er soll seinen Geist als Produkt der Geschichte und in ihm die Geschichte als sein eigenes Produkt erfassen können. Die historische Vernunft, der das auch gelänge, bliebe doch durch einen Hiatus vom göttlichen Intellekt getrennt. Während diesem die Vorstellung der natürlichen Welt genügt, um sie zu schaffen, erschafft sich der Mensch seine geschichtliche Welt, um sie hernach vielleicht als das, was sie ist, auch vorstellen zu können. Geschichtsphilosophie kann sich nicht mit gleichem Recht wie die Geometrie auf Verwandtschaft mit dem intellectus originarius berufen.

1. Die erkenntnistheoretische Frage stellt sich hier nicht zufällig in theologischer Form. Denn in der Geschichtstheologie der Kirchenväter war vorausgedacht, was Geschichtsphilosophie zum Thema einer vorsätzlich wissenschaftlichen Betrachtung erhebt. Sie hatte die Einheit der Welt und ihrer Geschichte als Weltgeschichte schon konzipiert; sie konstruierte Anfang und Ende als Ursprung und Ziel und die Erstreckung zwischen beiden als Ereignis von Unheil und Heil. Mit der Einheit der Weltgeschichte und

der Schicksalhaftigkeit ihres Zusammenhangs war Geschichte als Totalität und Krisenprozeß in einem entworfen. Unter dem Gesichtspunkt der Eschatologie, der Erlösung von ursprünglicher Schuld, behält Geschichte allerdings den doppelten Boden von Welt- und Heilsgeschichte; denn der Theismus wahrt peinlich den Unterschied zwischen dem Subjekt der Geschichte und den geschichtlich agierenden Subjekten, zwischen dem Herrn der Geschichte und den der Geschichte bloß Unterworfenen. In dieser Konstruktion gibt es nur einen einzigen Geschichtsphilosophen; auf ihn treffen allerdings Vicos Definitionen zu: Gott selbst. Die Scientia Nuova möchte aber alle zu legitimen Teilhabern der Vorsehung machen. Geschichtsphilosophie beansprucht nur mehr die natürliche Quelle der historischen Vernunft.

Vico verschließt sich noch den Fortschrittskonzeptionen, die das Jahrhundert beherrschen werden. Wie er den Erkenntnisanspruch der Neuen Wissenschaft damit begründet, daß die Menschen, was sie gemacht haben, auch, ja vor allem, erkennen können, so soll Geschichtsphilosophie fortan der Hypothese Gottes als des Subjekts der Geschichte entbehren; aber an seiner Stelle behält er nun die Menschengattung zurück. Sie ist als der Autor der Geschichte erkannt, und doch fehlen ihr die Qualitäten, die sie zu deren Subjekt erst machen würden: Allmacht und Vorsehung; die Menschen machen ihre Geschichte, und machen sie doch nicht mit Bewußtsein. Geschichte bleibt zweideutig: freie Tat und Ereignis, Handlung und Geschehen. Daher eliminiert Vico aus der Theorie der Geschichte die göttliche Vorsehung nicht ganz; doch scheint ihm das Gesetz der Providenz so »natürlich« und auf so »einfache Weise« wirksam, daß es mit den empirischen Gesetzen der historischen Entwicklung zusammenfällt. Die Vorsehung verschwindet in der Natur der Sache so, daß aus deren eigener Entwicklung der göttliche Plan hervorscheint – dem bloßen Auge der natürlichen Vernunft erkennbar. Vico spannt die Vorsehung gleichsam als das Netz unter das Trapez der Geschichte, das die Völker immer wieder auffängt, solange sie, Subjekte der Geschichte an sich, noch nicht als Subjekt die Geschichte mit Willen und Bewußtsein lenken. Die Menschheit steht nach jedem mißglückten Anlauf, der, wenn er gelänge, die Geschichte im christlichen mondo civile erfüllte, unter Wiederholungszwang: aus der entartenden Barbarei der Reflexion wird sie in die heilsame Barbarei der Primitivität zurückgeleitet. Die Periodik von Corso und Ricorso macht den Stellenwert der versteckten Vorsehung deutlich. Nur sie kann garantieren, daß sich die Zersetzung der Zivilisation auf ihrer höchsten Stufe nicht in bloßer Regression erschöpft; nur sie eröffnet den Horizont, in dem auf dem Grunde der Katastrophe noch die Katharsis sichtbar wird, das Heilsame in der Verheerung.

Die Erkenntnischance einer solchen dialektischen Deutung geht verloren, sobald die historische Vernunft auf die Ersatzfunktion einer naturalisierten Vorsehung verzichtet. Dann läßt sich der Fortgang vom Anfang zum Ende nur noch einsinnig als Fortschritt vom Ursprung zum Ziel begreifen. Er verlangt überdies den Nachweis, daß sich in der Folge der Erscheinungen kontinuierlich ein Fortgang zum wesentlich Besseren ausmachen läßt. Jeder empirisch registrierte Rückfall in der Entwicklung der Zivilisation müßte, weil er jetzt nur noch für sich selbst stehen kann und nichts wäre als ein barer Rückfall, die Vernunft schlechthin am Fortschreiten der Menschheit verzweifeln lassen. Dazu kommt ein weiteres Problem.

Vicos Geschichtsphilosophie blieb retrospektiv. Der Geist erkennt die Geschichte, nachdem er sie selbst gemacht hat; und zwar vermag er sie, trotz ihrer Unabgeschlossenheit, im Ganzen und gesetzmäßig so weit zu begreifen, als sich ihre Prozesse zyklisch wiederholen. Die schließliche Durchbrechung des Kreislaufes von Corso und Ricorso, die Erfüllung der Zeit, fällt strenggenommen nicht mehr unter die Gesetze der Neuen Wissenschaft[63]. Auch diese erkenntniskritische Sicherung der geschichtsphilosophischen Retrospektive entfällt, wenn das zyklische Schema durch das lineare abgelöst wird. Geschichtsphilosophie hat nun die prekäre Aufgabe, künftige Zustände, in denen sich die vergangenen nicht bloß reproduzieren, nach Gesetzen des Fortschritts zu konstruieren; sie wird prospektiv und verlangt eine erkenntniskritische Begründung ihrer prognostischen Leistungen. Beide Probleme sind im 18. Jahrhundert nicht eigentlich gelöst worden. Turgot und Condorcet griffen hinter Vico auf die cartesische Tradition zurück mit der Auffassung, es bedürfe nur eines Newtons der Geschichte, um das Gesetz ihres Fortschritts als Naturgesetz zu erfassen. Vor den kritischen Distinktionen der Kantischen Philosophie enthüllte aber alsbald jeder Versuch, die Gesetze der Geschichte unter die allgemeinen Gesetze der Natur zu subsumieren, die Zwiespältigkeit seiner Voraussetzungen. Die Vernunft, die jene als Natur der Entwicklung des Menschengeschlechts zugrunde legten, wurde jetzt peinlich von *der* Vernunft unterschieden, die die mündige Menschheit selbst geschichtlich erst verwirklichen soll.

Kant kehrt, mit der festgehaltenen Konzeption des linearen Fortschritts, auf Vicos Problemboden zurück und mißt dessen Erkenntnismaxime des verum et factum convertuntur an den Bedürfnissen einer prospektiven Geschichtsphilosophie. Voraussagbarkeit geschichtlicher Entwicklungen ist nur möglich, »wenn der Wahrsager die Begebenheiten selber macht, die er zum voraus verkündet«. Soweit die geschichtlichen Subjekte als mündige Individuen ihrer Idee nach Subjekt der Geschichte schon sind, ist der weltbürgerlich geordnete Dauerfriedenszustand ihrem sittlichen Tun als Ziel vorgeschrieben und nur im Verhältnis zur tatsächlichen Pflichterfüllung auch voraussagbar; soweit aber reflektierende Urteilskraft den Fortschritt der Geschichte zu ihrem Ziel als notwendigen Zusammenhang der Erscheinungen konstruiert, muß sie eine Absicht der Natur, oder Vorsehung, derart unterstellen, als gäbe es ein Subjekt der Geschichte, das zwecktätig jenes Ziel verwirklicht. Die, wenn auch hypothetisch bloß unterstellte, göttliche Teleologie setzt freilich die Menschheit wiederum zur Naturgattung unter Gesetzen der Kausalität herab. Die geschichtlichen Subjekte sind in noumenale und phänomenale Aspekte gleichsam zersprungen; sie sind die Autoren ihrer Geschichte und haben sich gleichwohl noch nicht als deren Subjekt konstituiert – kausal determinierte Naturgattung und moralisch freie Individuen in einem. Wenn nun aber die Menschheit die Einheit dieses Widerspruchs im Gang ihrer Geschichte selber zum Austrag bringt, dann muß der in den Erkenntnisansatz der Geschichtsphilosophie hereinragende Widerspruch als der Geschichte zugehörig, ja als deren eigentliche Triebkraft begriffen werden. In dieser Weise stellt sich noch Kant (in Verfolgung seiner Frage nach der möglichen Einstimmigkeit der Politik mit der Moral) innerhalb der eigenen Geschichtsphilosophie das Problem, ohne daß er es freilich in deren Rahmen aufzulösen vermocht hätte[64].

Das bleibt Hegel vorbehalten. Weil die Menschen immer auch schon sind, was aus der Geschichte als ein Fremdes von außen auf sie zukommt, wiederholt sich auf jeder Stufe die Aneignung des zuvor Entäußerten. Der Begriff durchbohrt den Gegenstand und erweckt das in der vorgängigen Vergegenständlichung Erstorbene zu neuem Leben. Weil die Menschheit Subjekt der Geschichte ist und es doch nicht ist als ein solches, glaubte Geschichtsphilosophie von Vico bis Kant, einerseits ihren Erkenntnisanspruch auf die Machbarkeit der Geschichte gründen und doch andrerseits nicht ganz auf Vorsehung, und sei's nur zum heuristischen Zweck, verzichten zu können. Dies vermag sie erst, seitdem Hegel in eben jenem Widerspruch die vorantreibende Kraft einer ihren Vorstellungen je sich entwindenden und so sich selbst erzeugenden Menschheit entdeckt, in ihm die Dialektik der sich selbst bewegenden Geschichte gesehen hat.

Damit ist allerdings erst das eine *der* beiden Probleme aufgerollt, die sich mit dem Verzicht auf Vicos Kreislaufschema von neuem stellten. Dem anderen, der erkenntniskritischen Begründung der Prognostik, entgeht Hegel. Zwar bezieht er die Philosophie der Geschichte dialektisch in Geschichte selber mit ein, aber doch so, daß diese sich ihrerseits als eine Geschichte des Geistes im absoluten Selbstbewußtsein der Philosophie resümiert. Wohl impliziert die Perspektive der Geschichtsphilosophie ihre eigene Anstrengung als diejenige, die die Menschheit vom Bann ihrer weltgeschichtlichen Verstellungen endlich löst; dennoch bleibt sie auf dieser höheren Stufe wie die Geschichtsphilosophie Vicos retrospektiv. – Diesen absoluten Standpunkt, von dem aus Geschichte als Totalität sich philosophisch reflektiert, büßt die Geschichtsphilosophie erst ein mit der Umwandlung ihrer Dialektik in eine materialistische. Marx entdeckt, wie wir sahen, in der Herrschaft der toten Arbeit über die lebendige den eigentlichen Grund für die Ohnmacht der geschichtlichen Subjekte vor *dem* Subjekt der Geschichte, das sie doch selber sind, ohne es freilich schon als solches zu sein. Daher bewegt die als entfremdet begriffene Arbeit, und nicht die Arbeit des Begriffs, die Geschichte. Nicht das sich wiederfindende Bewußtsein, sondern die tätige Aneignung selbst »durchbohrt« die vergegenständlichten Beziehungen. Diese Praxis ist durch theoretische Akte vermittelt, aber Theorie als solche, auch die letzte, die geschichtsphilosophisch das Bewegungsgesetz der Geschichte dialektisch durchschaut, bleibt vorletzter Schritt vor der, theoretisch nur eingeleiteten und angeleiteten, Praxis. Auch die marxistische Geschichtsphilosophie, und sie erst recht, impliziert ihre eigene Anstrengung; retrospektiv und prospektiv zugleich auf die soziale Praxis unter sich (Produktion) und die revolutionäre Praxis vor sich bezogen, verwandelt sie jedoch Kontemplation in Kritik.

In seiner Kritik versöhnt Marx den durch Hegel aufgehobenen Vico mit Kant. Wie dieser legt Marx die Vicosche Erkenntnismaxime einer prospektiven Geschichtsphilosophie zugrunde. Der Sinn der noch unabgeschlossenen Geschichte wird sich, so glauben beide, theoretisch erst prognostizieren lassen, wenn die Menschheit als Gattung ihre Geschichte mit Willen und Bewußtsein macht; solange das nicht geschieht, muß er in praktischer Vernunft begründet werden. Während indes bei Kant die praktische Vernunft allein regulative Ideen für das sittliche Handeln hergibt, so daß der Sinn der Geschichte nur als Idee entworfen werden kann, ohne irgend für die Theorie der Geschichte verbindlich zu sein, stellt Marx eben diese Verbindlichkeit mit der These her: daß der Sinn der Geschichte in dem Maße theoretisch zu erkennen ist, in dem sich die Menschen anschicken, ihn praktisch wahrzumachen[65]. Marx erklärt das Machenwollen zur Voraussetzung des Erkennen-könnens, weil er von Hegel gelernt hat, jenen »Sinn« als die Emanzipation von dem bis in den Erkenntnisansatz der Geschichtsphilosophie selbst hineinreichenden Widerspruch der Menschheit mit sich selbst zu begreifen. Der »Sinn« der Geschichte im ganzen erschließt sich theoretisch in dem Maße, als sich die Menschheit praktisch anschickt, ihre Geschichte, die sie immer schon macht, nun auch mit Willen und Bewußtsein zu machen. Dabei muß sich die Kritik selbst als Moment der Situation, deren Aufhebung sie vorbereitet, begreifen. Denn am Ende findet Geschichtsphilosophie mit dieser materialistischen Selbstimplikation in Geschichte nachträglich die Legitimation ihrer Voraussetzung, derzufolge sie den Widerspruch ihres Erkenntnisansatzes als treibenden Widerspruch der Geschichte selbst substituiert.

2. Marx hat bekanntlich seine Kritik ans Proletariat nicht nur adressiert; er hat vielmehr die erkenntnistheoretische Rechtfertigung ihres Standpunktes aus der Entwicklungsgeschichte des Proletariats abgeleitet. Weil sich die entfremdete Arbeit, die Herrschaft der toten über die lebendige, in der pauperisierten Existenz dieser Klasse zur gebieterischen Not – »dem praktischen Ausdruck der Notwendigkeit« – ihrer eigenen Aufhebung entfaltet, ist, so argumentiert er, mit der objektiven Stellung des Proletariats im Produktionsprozeß zugleich ein Standpunkt außerhalb dieses Prozesses erreicht, von dem aus das System als ganzes kritisch erfaßt und seiner geschichtlichen Hinfälligkeit überführt werden kann. Wieweit dieses Argument geeignet war, die materialistische Version einer Geschichtsphilosophie in praktischer Absicht und deren Umwandlung aus Theorie in Kritik im begriffenen Prozeß der Geschichte selbst materialistisch zu begründen, können wir hier auf sich beruhen lassen. Es reichte aber nicht aus, um von der zeitgenössischen Klassenkampfsituation auf die Struktur der Geschichte im ganzen zu extrapolieren. Die Rezeption des theologi-

schen Rahmens, in dem sich die Weltgeschichte überhaupt erst als eine Geschichte mit Anfang und Ende derart darbietet, daß Marx sie kurzerhand als eine Geschichte der Klassenkämpfe begreifen kann, mit einem Wort: der Vorgriff, der in die geschichtsphilosophische Fragestellung als solche eingeht und die aktuellen Krisenerscheinungen zur Totalität eines weltgeschichtlichen Krisenzusammenhanges universalisiert, findet *darin* keine Begründung.

Der theologische Rahmen des Heilsgeschehens ließ sich nur in dem Maße für eine philosophische Betrachtung der Weltgeschichte funktionalisieren, als sich ein Bewußtsein von der Einheit der Welt, der Menschheit und ihrer Entwicklung ausgebildet hatte – nur so wurde ein empirisches Subjekt der Geschichte vorstellbar. Geschichtsphilosophie setzt daher jenes globale Einheitsbewußtsein voraus, das im 18. Jahrhundert entsteht. Die großen Entdeckungen der Kolonialzeit, die Missionierung Chinas und endlich die sich anbahnende Emanzipation der nordamerikanischen Territorien zwangen zur Selbstrelativierung der europäischen Zivilisation: diese lernte sich sowohl von außen (Voltaires Geschichtsphilosophie beginnt mit China), als auch aus dem Ursprung der Vorgeschichte (im Kontrast zu den »Wilden«, die die Gemüter vielfältig beschäftigten) zu betrachten. Zugleich erfuhr sie sich im Zusammenhang einer geschichtlichen Kontinuität und im Rahmen einer wachsenden globalen Einheit, die durch den gesellschaftlichen Verkehr der Menschen untereinander strenger verbürgt schien als durch die historisch zufällige Heilstatsache der christlichen Offenbarung.

Die Einheit der Welt ist die eine Voraussetzung der Geschichtsphilosophie, Machbarkeit der Geschichte die andere. Die Menschen können sich ihrer Geschichte nur so weit rational versichern, als sie deren eigenes Werk ist. Mit der Durchsetzung der kapitalistischen Produktionsweise wurden immer weitere Bereiche des gesellschaftlichen Verkehrs in Tauschbeziehungen aufgelöst; mit der Entfaltung der materiellen Produktivkräfte verloren immer mehr Einrichtungen des gesellschaftlichen Lebens ihre naturwüchsige Gewalt. Die Revolutionierung der feudalen Produktionsverhältnisse und die Etablierung der bürgerlichen Gesellschaft als einer Sphäre privater Autonomie geht überdies mit einer, wie immer auch partikularen, Rationalisierung weiter Bereiche zusammen. Im gleichen Maße, wie die Geschichte tatsächlich machbarer wird, wächst auch das Selbstbewußtsein der Aufklärung, die Geschichte vernünftig beherrschen zu lernen.

Diese beiden subjektiven Motive der geschichtsphilosophischen Fragestellung sind so mit objektiven Tendenzen der geschichtlichen Entwicklung verknüpft, daß ihr Ursprung auf dem Felde einer über Jahrhunderte sich entfaltenden und schließlich zwischen der englischen Revolution des 17. und der Französischen des 18. Jahrhunderts auch zum Bewußtsein ihrer selbst gelangenden bürgerlichen Gesellschaft lokalisiert werden kann.

Zwei Schlußfolgerungen bieten sich an. Auf der einen Seite haben sich die bezeichneten Tendenzen verstärkt. Auf der Basis der industrialisierten Gesellschaft und ihres technisch vermittelten Verkehrs ist die Interdependenz der politischen Ereignisse und die Integration der sozialen Beziehungen über das vor zwei Jahrhunderten auch nur vorstellbare Maß hinaus so weit fortgeschritten, daß innerhalb dieses Kommunikationszusammenhangs zum ersten Mal die partikularen Geschichten zur Geschichte der *einen* Welt zusammengewachsen sind. Ebenso war die Menschheit niemals zuvor so unausweichlich mit der ironischen Tatsache der Machbarkeit einer ihrer Beherrschung immer noch entzogenen Geschichte konfrontiert, wie es der Fall ist, seitdem Mittel gewaltsamer Selbstbehauptung entwickelt worden sind, deren Wirkungsgrad ihren Einsatz als Mittel zur Erreichung bestimmter politischer Zwecke problematisch macht. Die immanenten Voraussetzungen der Geschichtsphilosophie sind also nicht etwa entfallen, sondern heute erst wahr geworden[66]. Deshalb geraten alle Gegenideologien, die vorgeben, die geschichtsphilosophische Fragestellung als solche überwunden zu haben, in den Verdacht des Eskapismus.

Andererseits wird, und das ist die zweite Schlußfolgerung, die von der Theologie philosophisch rezipierte Rahmenvorstellung der Geschichte als Totalität fragwürdig.

Wenn die losen Fäden der geschichtlichen Entwicklung erst auf einer verhältnismäßig späten Stufe zum Netz des weltgeschichtlichen Zusammenhangs verknüpft werden, darf dieses nicht nachträglich der Geschichte im ganzen übergeworfen werden; die Tatsache, daß die globale Einheit selbst geschichtlich erst geworden ist, widerspricht einer Betrachtungsweise, die von Anbeginn der Geschichte Totalität unterstellt. Wenn zudem die gesellschaftlichen Verhältnisse erst auf einer verhältnismäßig späten Stufe ihrer geschichtlichen Entwicklung der rationalen Planung der Menschen zugänglich werden, darf auch Machbarkeit nicht von der Geschichte im ganzen behauptet werden; die Tatsache, daß das Vermögen der Rationalisierung selbst erst geschichtlich geworden ist, widerspricht einer Betrachtungsweise, die von Anbeginn der Geschichte ein Subjekt unterstellt.

Gerade die materialistische Geschichtsphilosophie müßte ihre Voraussetzungen streng aus dem epochalen Zusammenhang begreifen, aus dem sie geschichtlich hervorgegangen ist. Sie müßte in ihr Selbstbewußtsein kritisch mit aufnehmen, daß die Kategorien von der Einheit der Welt und der Machbarkeit der Geschichte von der Geschichte selbst erst in einer bestimmten Phase wahr gemacht worden sind.

Wie die Verlängerung der aktuellen Konflikte bis in den Anfang der Geschichte bloß heuristischen Charakter behält, so bleibt auch die Vorwegnahme ihres Endes hypothetisch. Geschichtsphilosophie fingiert die geschichtlichen Subjekte als das mögliche Subjekt der Geschichte in der Weise, als würden tatsächlich die objektiv mehrdeutigen Entwicklungstendenzen von den politisch Handelnden mit Willen und Bewußtsein ergriffen und zu ihrem Wohle entschieden. Von der Warte dieser Fiktion aus enthüllt sich nämlich die Situation in ihren für den praktischen Zugriff empfindlichen Ambivalenzen, so daß sich eine belehrte Menschheit dann auch zu dem erheben kann, als was sie zunächst nur fingiert war[67].

Ergänzende bibliographische Notiz (1971)

Als ich meinen zuerst 1957 veröffentlichten Literaturbericht (siehe unten Anhang) im Anhang zur ersten Auflage von ›Theorie und Praxis‹ im Jahre 1963 wieder erscheinen ließ, hatte sich die Marxismusdiskussion seit der ersten Veröffentlichung keineswegs in ihren Grundzügen verändert. Ich hätte damals die im Jahre 1957 beobachteten Tendenzen gewissermaßen fortschreiben können, ohne daß davon die Argumentationsstruktur berührt worden wäre. Heute hingegen hat sich die Szene vollständig verwandelt. Die Erfolge der nationalistischen Befreiungsbewegungen in den Ländern der Dritten Welt, die neue strategische Rolle Chinas im internationalen Klassenkampf, die Studentenbewegung in den Ländern des entwickelten Kapitalismus auf der einen Seite, die verschärften sozialen und ökonomischen Konflikte in den USA und die im internationalen Rahmen stabilisierende Funktion, überhaupt der immer sichtbarer werdende konservative Charakter der UdSSR auf der anderen Seite bilden den politischen Kontext für einen Wechsel der Einstellung auch gegenüber der marxistischen Theorie. Während ich seinerzeit den Literaturbericht als Auseinandersetzung mit den philosophischen und geistesgeschichtlichen Versuchen, Marx antiquarisch zu entschärfen, anlegen konnte, überwiegt heute in der einschlägigen Literatur das systematische Interesse an Marx und an marxistischer Gesellschaftstheorie. Insofern ist der im Anhang verbliebene Bericht überholt. Ich gebe einige Hinweise auf Titel, die für die deutsche Diskussion der letzten Jahre wichtig sind.

Die philosophische Diskussion der 50er Jahre, die sich in der Bundesrepublik an Motiven der Marxschen Frühschriften entzündet hat, ist von der Marxismuskommission der Evangelischen Studiengemeinschaft fortgesetzt worden; siehe die von Iring Fetscher herausgegebenen *Marxismusstudien* Bd. IV bis VI, Tübingen 1962, 1968, 1969. G. Rohrmoser, *Emanzipation und Freiheit*, München 1970, bes. Kap. 8, S. 284 ff. Vgl. auch die von Fetscher besorgte Dokumentation: *Der Marxismus, Seine Geschichte in Dokumenten*, Bd. I bis III, München 1962, 1964, 1965. Diese Bemühungen haben auf katholischer Seite inzwischen ein Pendant gefunden: E. Kellner (Hg.), *Gespräche der Paulusgesellschaft, Christentum und Marxismus – heute*, Wien 1966; ferner: I. Fetscher (Hg.), *Marxistisches und christliches Weltverständnis*, Freiburg 1966.

Die im engeren Sinne theologische Diskussion hat Anstöße von marxistischer Seite, insbesondere von E. Bloch (siehe dessen *»Atheismus im Christentum«*, Frankfurt 1969) und von seiten der Kritischen Theorie aufgenommen und produktiv verarbeitet: J. Moltmann, *Theologie der Hoffnung*, München 1969; W. Pannenberg, *Grundfragen systematischer Theologie*, Göttingen 1967; H. G. Geyer, H. N. Janowski, A. Schmidt, *Theologie und Soziologie*, Stuttgart 1970; T. Rendtorff, H. E. Tödt, *Theologie der Revolution*, Frankfurt 1968; H. Peuckert (Hg.), *Diskussion zur »Politischen Theologie«*, Mainz 1969; D. Sölle, *Atheistisch an Gott glauben*, Olten u. Freiburg 1968. Zur Marxschen Religionskritik vgl. Ch. Wackenheim, *La Faillite de la Religion d'après Karl Marx*, Paris 1963; W. Post., *Kritik der Religion bei Karl Marx*, München 1969.

Zu den Frühschriften vgl. die fundierte Untersuchung von G. Hillmann, *Marx und Hegel, Interpretation der ersten Schriften von Karl Marx im Hinblick auf sein Verhältnis zu Hegel* (1835–41), Frankfurt 1966; ferner: H. Röhr, *Pseudoreligiöse Motive in den Frühschriften von Karl Marx*, Tübingen 1962; E. Fromm, *Das Menschenbild bei Marx*, Frankfurt 1969. Für die spät einsetzende Diskussion der Frühschriften in Polen vgl. B. Baczko, *Weltanschauung, Metaphysik, Entfremdung*, Frankfurt 1969, insbesondere S. 106 ff.; A. Schaff, *Marxismus und das menschliche Individuum*, Frankfurt 1965. Für Ungarn vgl. G. Márkus, *Über die erkenntnistheoretischen Ansichten des jungen Marx*, in: A. Schmidt (Hg.), *Beiträge zur marxistischen Erkenntnistheorie*, Frankfurt 1965, S. 7–17; in Abwehr der Humanismus-Debatte der parteioffizielle Sammelband: W. Eichhorn (Hg.), *Das Menschenbild der marxistisch-leninistischen Philosophie*, Berlin 1969.

Zur marxistischen *Geschichtsphilosophie* siehe H. Fleischer, *Marxismus und Geschichte*, Frankfurt 1969; ferner: A. Schaff, *Geschichte und Wahrheit*, Frankfurt 1970; P. Bollhagen, *Soziologie und Geschichte*, Berlin 1966 und ders., *Interesse und Gesellschaft*, Berlin 1967; A. Schmidt, *Über Geschichte und Geschichtsschreibung in der materialistischen Dialektik*, in: *Folgen einer Theorie*, Frankfurt 1967, S. 103–129. Zum Verhältnis von *Theorie und Praxis* vgl. den vorzüglichen Literaturbericht von M. Theunissen, *Die Verwirklichung der Vernunft*, Beiheft 6 der *Philosophischen Rundschau*, Tübingen 1970; ferner: D. Benner, *Theorie und Praxis, Systemtheoretische Betrachtungen zu Hegel und Marx*, Wien 1966; und zuletzt die durch K. O. Apel angeregte Dissertation von D. Böhler, *Metakritik der Marxschen Ideologiekritik. Prolegomenon zu einer reflektierten Theorie-Praxis-Vermittlung*, Frankfurt 1971; ferner die Essays von G. Lichtheim, *From Marx to Hegel*, London 1971.

Den anspruchsvollsten, in der Zielsetzung jedenfalls umfassendsten und in gewisser Weise abschließenden Beitrag zur akademisch geführten philosophischen Marxdiskussion der letzten Jahre liefert K. Hartmann, *Die Marxsche Theorie, Eine philosophische Untersuchung zu den Hauptschriften*, Berlin 1970.

Zur marxistischen Phänomenologie und zum Strukturalismus

Ich habe in meinem Literaturbericht von 1957 die Aufmerksamkeit auf den *phänomenologischen Marxismus* des frühen Herbert Marcuse (des ersten ›Heideggermarxisten‹) gelenkt. Damals war die eigentümliche Renaissance, die dieser inzwischen vergessene und von Marcuse selbst längst preisgegebene Ansatz (vgl. A. Schmidt, *Existential-Ontologie und historischer Materialismus bei Herbert Marcuse*), in: J. Habermas (Hg.), *Antworten auf Herbert Marcuse*, Frankfurt 1968, S. 17 ff; ausführlich diskutiert die Entwicklung Herbert Marcuses von der Phänomenologie zur Kritischen Theorie: J. Arnasson, *Anthropologische Aspekte der Kritischen Theorie*, Neuwied 1971) alsbald erfahren sollte, nicht zu ahnen. Wenn ich recht sehe, geht diese Bewegung auf den Anstoß Sartres selbst zurück. Sartre hat in der zweiten Hälfte der 50er Jahre seine existentialistische Anthropologie zu der 1960 in der *Critique de la raison dialectique*, (deutsch: *Kritik der dialektischen Vernunft*, Reinbek 1967) entwickelten Praxis-Philosophie fortgebildet (dazu: D. Rave, *Phänomenologische Ontologie und Dialektische Anthropologie, Zur Philosophie von J. P. Sartre*, Diss. phil., Frankfurt 1968, bes. S. 158 ff.). In Frankreich hat diese Wendung Einfluß sogar auf den damals führenden Ideologen der KPF, R. Garaudy (*Gott ist tot*, Frankfurt 1965; *Die Aktualität des Marxschen Denkens*, Frankfurt 1969), gehabt. In diesen Zusammenhang gehört auch das berühmte Streitgespräch zwischen Sartre, Hyppolite, Garaudy und Vigier über Existentialismus und Marxismus (Ffm. 1965) vgl. auch die Arbeiten von H. Lefèbvre, *Probleme des Marxismus heute*, Frankfurt 1965. Die Anknüpfung des Marxismus an die Phänomenologie des späten Husserls und insbesondere Heideggers ist indessen vor allem für die philosophische Entwicklung in einigen Ländern des bürokratischen Sozialismus wichtig geworden. Sie dient der Begründung einer *marxistischen Anthropologie und Ethik*. Die bedeutendste Untersuchung aus dem Umkreis dieser Praxis-Philosophie ist: Karel Kosik, *Die Dialektik des Konkreten*, Frankfurt 1967. Kosik hat bis zur politischen Reaktion auf den Prager Frühling für die tschechoslowakische Intelligenz eine Rolle gespielt, die sich mit der Kolakowskis vergleichen läßt. Eine breite Wirkung hat die Praxis-Philosophie in Jugoslawien entfaltet; sie ist um die seit 1965 (auch mit einer internationalen Ausgabe) in Zagreb erscheinende Zeitschrift *Praxis* und die jährlich in Korčula abgehaltene Sommerschule zentriert. Dazu: P. Vranitzki, *Der augenblickliche Stand der ideologischen Diskussion in Jugoslawien*, in: *Marxismusstudien* Bd. 5, Tübingen 1968; ders., *Mensch und Geschichte*, Frankfurt 1969; ferner der Sammelband: G. Petrović (Hg.), *Revolutionäre Praxis*, Freiburg 1969, ders., *Wider den autoritären Marxismus*, Frankfurt 1969, und S. Stojanović, *Kritik und Zukunft des Sozialismus*, München 1970. Für Ungarn siehe: A. Heller, *Alltag und Geschichte*, Neuwied 1970. Freilich sind im Umkreis von Lukács neben phänomenologischen auch strukturalistische Einflüsse wirksam; darüber wird ein Sammelband unterrichten: G. Lukács, Agnes Heller u. a., *Individuum und Praxis, Positionen der Budapester Schule des Marxismus*, Frankfurt 1972.

In den 60er Jahren hat sich in Frankreich ein *marxistisch orientierter Strukturalismus* entwickelt, der vor allem durch Althusser repräsentiert wird: L. Althusser, *Lire le Capital*, I und II, Paris 1965, deutsch: *Das Kapital lesen*, Reinbek 1972, ders., *Pour*

Marx, Paris 1965, deutsch: *Für Marx,* Frankfurt 1968. Wichtig sind ferner die theoretischen Arbeiten von M. Foucault, *Les mots et les choses,* Paris 1966, deutsch: *Die Wörter und die Sachen,* Frankfurt 1971; ders., *L'archéologie du savoir,* Paris 1969. Eine eigentümliche Stellung zwischen Marxismus und Strukturalismus nimmt der Lacan-Schüler L. Sebag ein: *Marxismus und Strukturalismus,* Frankfurt 1967. Zur marxistischen Kritik am Strukturalismus siehe: R. Garaudy, *Strukturalismus und der Tod des Menschen,* in: *Marxismus in unserer Zeit,* Marxistische Blätter, 1968, S. 64–78 (enthält eine Auseinandersetzung mit Foucault); ferner A. Schmidt, *Der strukturalistische Angriff auf die Geschichte,* in: A. Schmidt (Hg.), *Beiträge zur marxistischen Erkenntnistheorie,* Frankfurt 1969, S. 194–266; W. Lepenies, *Lévi-Strauss und die strukturalistische Marxlektüre,* in: W. Lepenies, H. H. Ritter, *Orte des wilden Denkens,* Frankfurt 1970, S. 160–224; und U. Jaeggi, *Ordnung und Chaos, Strukturalimus als Methode und Mode,* Frankfurt 1968, bes. S. 149 ff.

Zur Kritischen Theorie

In der Bundesrepublik bahnt sich zum ersten Mal eine marxistisch orientierte Forschung an. Eine konkurrenzfähige marxistische Forschung hat es bisher nur okkasionell oder in abgeschirmten, der üblichen Kommunikation entzogenen und daher dogmatisierten Rückzugsgebieten gegeben. Es gibt Indikatoren dafür, daß sich das in Zukunft auf Gebieten wie der Methodologie der Sozialwissenschaften, der politischen Ökonomie und der Sozialpsychologie ändern wird; in der Sozial- und Wirtschaftsgeschichte, einer alten Domäne der marxistischen Forschung, sind die neuen Impulse im angelsächsischen Bereich deutlicher als in der Bundesrepublik zu verfolgen. Eine anregende, mindestens aber katalysatorische Funktion für diese Wendung in der Bundesrepublik ist der sogenannten »Kritischen Theorie« zugefallen.

T. W. Adorno hat mit *Negative Dialektik,* Frankfurt 1966, sein Hauptwerk vorgelegt. Vorher war Herbert Marcuses Versuch einer systematischen Analyse des Spätkapitalismus erschienen: *One Dimensional Man,* London 1964, deutsch: *Der eindimensionale Mensch,* Neuwied 1967; vgl. auch die Aufsatzsammlungen: H. Marcuse, *Kultur und Gesellschaft* 1 und 2, Frankfurt 1965, und ders., *Ideen zu einer kritischen Theorie der Gesellschaft,* Frankfurt 1969; M. Horkheimer hat seine Arbeiten aus der *Zeitschrift für Sozialforschung* wieder zugänglich gemacht in: *Kritische Theorie,* 2 Bände, Frankfurt 1968. In diesem Zusammenhang gehören meine beiden Arbeiten: J. Habermas, *Erkenntnis und Interesse,* Frankfurt 1968; *Technik und Wissenschaft als ›Ideologie‹,* Frankfurt 1968. Neben Arbeiten von Haag und Schweppenhäuser sind aus *Frankfurter Beiträge zur Soziologie* (Europäische Verlagsanstalt Frankfurt) die erkenntnistheoretische Untersuchung von A. Schmidt, *Der Begriff der Natur in der Lehre von Marx,* Frankfurt 1962, und die Festschrift für T. W. Adorno: *Zeugnisse,* Frankfurt 1963, hervorzuheben. Wichtig ist ferner O. Negts Kritik am Diamat: *Marxismus als Legitimationswissenschaft. Zur Genese der stalinistischen Philosophie.* Einleitung zu: A. Deborin und N. Bucharin, *Kontroversen über dialektischen und mechanistischen Materialismus,* Frankfurt 1969, S. 7–50; ferner H. J. Krahl, *Bemerkungen zum Verhältnis von Kapital und Hegelscher Wesenslogik,* in: O. Negt, *Aktualität und Folgen der Philosophie Hegels,* Frankfurt 1970, S. 137–150. Für den Einfluß der kritischen Theorie auf die methodologische und soziologische Diskussion in der Bundesrepublik vgl. T. W. Adorno u. a., *Der Positivismusstreit in der deutschen Soziologie,* Neuwied 1969 und: *Verhandlungen des 16. Deutschen Soziologentages, Spätkapitalismus oder Industriegesellschaft,* Stuttgart 1969. Für die philosophische Rolle der

Frankfurter Schule vgl. F. W. Schmidt, *Hegel in der Kritischen Theorie der ›Frankfurter Schule‹*, in: O. Negt, *Aktualität und Folgen*, a. a. O., S. 17–57.

Zur philosophisch motivierten Kritik an diesen Auffassungen vgl.: M. Theunissen, *Gesellschaft und Geschichte, Zur Kritik der kritischen Theorie*, Berlin 1969; R. Bubner, *Was ist Kritische Theorie?*, in: *Hermeneutik und Ideologiekritik*, Frankfurt 1971; G. Rohrmoser, *Das Elend der Kritischen Theorie*, T. W. Adorno, H. Marcuse, J. Habermas, Freiburg 1970; D. Böhler, *Das Problem des ›emanzipatorischen Interesses‹ und seiner gesellschaftlichen Wahrnehmung*, in: *Man and World*, Vol. 3, May 1970. Zur politisch motivierten Kritik vgl. J. Habermas (Hg.), *Antworten auf Herbert Marcuse*, Frankfurt 1968; P. Breines, *Critical Interruptions, New Left Perspectives on Herbert Marcuse*, New York 1970; T. Schroyer, *Marx and Habermas*, in: *Continuum*, Spring-Summer 1970 (Chicago), S. 65–76; H. D. Bahr, *Kritik der ›Politischen Technologie‹*, Frankfurt 1970; und zur parteioffiziellen Kritik: J. H. Heiseler, R. Steigerwald, J. Schleifstein (Hg.), *Die ›Frankfurter Schule‹ im Lichte des Marxismus*, Frankfurt 1970.

Zur marxistischen Erkenntnistheorie

Auch die konventionelle marxistische Erkenntnistheorie sieht sich heute zur Auseinandersetzung mit der analytischen Wissenschaftstheorie genötigt: vgl. dazu R. Garaudy, *Die materialistische Erkenntnistheorie*, Berlin 1960; A. Schaff, *Zu einigen Fragen der marxistischen Theorie der Wahrheit*, Berlin 1954; ders., *Sprache und Erkenntnis*, Wien 1964; ders., *Einführung in die Semantik*, Berlin 1966; G. Klaus, *Semiotik und Erkenntnistheorie*, Berlin 1963; ders., *Spezielle Erkenntnistheorie*, Berlin 1966. Unorthodox: M. Markovic, *Praxis als Grundkategorie der Erkenntnis*, in: *Dialektik der Praxis*, Frankfurt 1968, S. 17–41; A. Schmidt (Hg.), *Beiträge zur marxistischen Erkenntnistheorie*, Frankfurt 1969. C. Luporini, *Problèmes philosophiques et épistémologiques*, in: *Marx and contemporary scientific thought*, den Haag 1969, S. 168–178. Zur Rekonstruktion der in Marxens Gesellschaftstheorie selbst implizierten Erkenntnistheorie vgl. außer den erwähnten Arbeiten von A. Schmidt vor allem A. Sohn-Rethel, *Geistige und körperliche Arbeit. Zur Theorie der gesellschaftlichen Synthesis*, Frankfurt 1970, und meine Marx-Interpretation in: *Erkenntnis und Interesse*, Frankfurt 1968, S. 36–87.

In den Zusammenhang des sog. *Positivismus*streits gehören: T. W. Adorno, *Aufsätze zur Gesellschaftstheorie und Methodologie*, Frankfurt 1970; J. Habermas, *Zur Logik der Sozialwissenschaften. Materialien*, Frankfurt 1970; A. Wellmer, *Kritische Gesellschaftstheorie und Positivismus*, Frankfurt 1969; H. Schnädelbach, *Erfahrung, Begründung und Reflexion. Versuch über den Positivismus*, Frankfurt 1971; P. Lorenzen, *Szientismus versus Dialektik*, in: R. Bubner u. a. (Hg.), *Hermeneutik und Dialektik*, Tübingen 1970, S. 57–72; ferner B. Schäfers (Hg.), *Thesen zur Kritik der Soziologie*, Frankfurt 1969.

Zur marxistischen Kritik am sozialwissenschaftlichen *Funktionalismus* vgl.: C. W. Mills, *Kritik der soziologischen Denkweise*, Neuwied 1964; D. Lockwood, *Soziale Integration und Systemintegration*, in: W. Zapf (Hg.), *Theorien des sozialen Wandels*, Köln 1969, S. 124–140; J. E. Bergmann, *Die Theorie des sozialen Systems von T. Parsons*, Frankfurt 1967; J. Habermas, N. Luhmann, *Theorie der Gesellschaft oder Sozialtechnologie – Was leistet die Systemforschung*, Frankfurt 1971; siehe auch die kritischen Bemerkungen zur Konvergenz von Funktionalismus und Marxismus in: A. Gouldner, *The Coming Crisis of Western Sociology,* New York 1970, bes. S. 362 ff.

Erwähnenswert ist noch die Kontroverse zwischen einer an Marx und Freud geschulten Ideologiekritik und der geisteswissenschaftlichen *Hermeneutik.* Dazu vor allem: K. O. Apel, *Die Entfaltung der ›sprachanalytischen‹ Philosophie und das Problem der ›Geisteswissenschaften‹,* in: *Philosophisches Jahrbuch* 72. Jg., München 1965, S. 239 ff.; ders., *Reflexion und materielle Praxis,* in: *Hegel-Studien,* Beiheft 1, 1964, S. 151 ff.; G. Radnitzky, *Contemporary Schools of Metascience,* Bd. II, 2. Aufl., Göteborg 1970; J. Hellesnes, *Education and the Concept of Critique,* in: *Continuum,* Spring-Summer 1970 (Chicago), S. 40–51; die wichtigsten Beiträge (von K. O. Apel, C. v. Bormann, R. Bubner, H. G. Gadamer, J. Giegel und J. Habermas) sind gesammelt in: *Hermeneutik und Ideologiekritik,* Frankfurt 1971. Demnächst: H. J. Sandkühler, *Praxis und Geschichtsbewußtsein. Fragen einer dialektischen und historisch-materialistischen Hermeneutik,* Frankfurt 1972.

Zur Politischen Ökonomie

Daß Marxsche Theoreme in die gegenwärtigen Sozialwissenschaften, insbesondere in Ansätze zur Theorie der gesellschaftlichen Entwicklung (wie der von der UNESCO besorgte Band: *Marx and Contemporary Scientific Thought,* den Haag 1969, Section II und III eindrucksvoll belegt), eingeht, ist wohl selbstverständlich. Nicht trivial hingegen ist die Renaissance der Beschäftigung mit systematischen Fragen der Politischen Ökonomie, die seit den Tagen Hilferdings ein seriöses wissenschaftliches Interesse kaum noch gefunden hat. Ein Indiz dafür ist die Aufmerksamkeit für die ökonomischen Schriften von Marx: R. Rosdolski, *Zur Entstehungsgeschichte des Marxschen ›Kapitals‹,* Frankfurt 1969; E. Mandel, *Entstehung und Entwicklung der ökonomischen Lehre von Karl Marx 1843–1863,* Frankfurt 1968; ferner die methodologischen Untersuchungen zum Kapital: J. Zeleny, *Die Wissenschaftslogik und das ›Kapital‹,* Frankfurt 1968, und H. Reichelt, *Zur logischen Struktur des Kapitalbegriffs bei Karl Marx,* Frankfurt 1970. Siehe auch die Publikationen aus Anlaß der Centenarfeiern zum Erscheinen des ersten Bandes des ›Kapital‹: W. Euchner und A. Schmidt (Hg.), *Kritik der Politischen Ökonomie. 100 Jahre ›Kapital‹,* Frankfurt 1968; *Folgen einer Theorie. Essays über ›Das Kapital‹ von Karl Marx,* Frankfurt 1967 (darin vor allem die Beiträge von W. Hofmann, Th. Mohl, E. Mandel und J. Robinson); und: G. Mende, E. Lange (Hg.), *Die aktuelle philosophische Bedeutung des ›Kapital‹,* Berlin 1968.

Zur Erneuerung der marxistischen Wirtschaftstheorie haben in erster Linie beigetragen: P. M. Sweezy, *Theorie der kapitalistischen Entwicklung,* Frankfurt 1970; ders., *Die Zukunft des Kapitalismus und andere Aufsätze zur Politischen Ökonomie,* Frankfurt 1970; P. A. Baran, *Die Politische Ökonomie der wirtschaftlichen Entwicklung,* Neuwied 1966; ders., *Unterdrückung und Fortschritt,* Frankfurt 1966; P. A. Baran, P. M. Sweezy, *Monopolkapital,* Frankfurt 1967; vgl. dazu den Diskussionsband: F. Hermanin (Hg.), *Monopolkapital,* Frankfurt 1969; M. Dobb, *Studies in the Development of Capitalism,* London 1963; ders., *Organisierter Kapitalismus,* Frankfurt 1966; ders., *Ökonomisches Wachstum und Planung,* Frankfurt 1968; und die Festschrift für Dobb: C. H. Feinstein (Hg.), *Socialism, Capitalism, and Economic Growth,* Cambridge 1967; schließlich E. Mandel, *Marxistische Wirtschaftstheorie,* Frankfurt 1968, und demnächst: E. Mandel, *Theorie des Spätkapitalismus,* Frankfurt 1972. Ferner sind zu erwähnen: J. M. Gillman, *Das Gesetz vom tendenziellen Fall der Profitrate*, Frankfurt 1969; ders., *Prosperität in der Krise*, Frankfurt 1969; P. Matick, *Marx und Keynes*, Frankfurt 1971; E. Altvater, *Gesellschaftliche Produktion und ökonomische Rationalität*, Frankfurt 1968; H. Hemberger, L. Maier, H. Petrak, O. Reinhold, K. H. Schwank (Institut für Gesellschaftswissenschaften beim ZK der SED), *Imperialismus heute, Der staatsmonopolistische Kapitalismus in Westdeutschland*, Berlin 1966.

Zum Verhältnis von marxistischer und bürgerlicher Ökonomie siehe D. Horowitz (Ed), *Marx and Modern Economics*, New York 1968; O. Lange, *Politische Ökonomie* I und II, Frankfurt 1968; J. Robinson, *Kleine Schriften zur Ökonomie*, Frankfurt 1968, dies., *Die fatale Politische Ökonomie*, Frankfurt 1968; A. Löwe, *Politische Ökonomie*, Frankfurt 1968. Neuere Analysen des Spätkapitalismus: J. K. Galbraith, *Industriegesellschaft*, München 1967; R. L. Heilbronner, *The Limits of American Capitalism*, New York 1966; A. Shonfield, *Geplanter Kapitalismus*, Frankfurt 1968; E. Varga, *Die Krise des Kapitalismus und ihre politischen Folgen*, Frankfurt 1969; M. Kidron, *Rüstung und wirtschaftliches Wachstum. Ein Essay über den westlichen Kapitalismus nach 1945*, Frankfurt 1971. Interessante Einzelanalysen: C. Offe, *Politische Herrschaft und Klassenstrukturen*, in: G. Kress, D. Senghaas (Hg.), *Politikwissenschaft*, Frankfurt 1969, S. 155 ff.; ders., *Das politische Dilemma der Technokratie*, in: C. Koch, D. Senghaas (Hg.), *Texte zur Technokratiediskussion*, Frankfurt 1970, S. 156 ff.; J. Huffschmid, *Die Politik des Kapitals. Konzentration und Wirtschaftspolitik in der Bundesrepublik*, Frankfurt 1969; J. Hirsch, *Zur politischen Ökonomie des politischen Systems*, in: G. Kress, D. Senghaas (Hg.), *Politikwissenschaft*, a. a. O., S. 190 ff.; ders., *Wissenschaftlich-technischer Fortschritt und politisches System*, Frankfurt 1970; demnächst: U. Rödel, *Forschungsprioritäten und technologische Entwicklung*, Frankfurt 1972; E. Altvater, F. Huisken (Hg.), *Materialien zur Politischen Ökonomie des Ausbildungswesens*, Erlangen 1971; D. Hirsch, St. Leibfried, *Materialien zur Wissenschafts- und Bildungspolitik*, Frankfurt 1971; G. Fischer (Hg.), *The Revivel of American Socialism*, New York 1971.

Zur Sozialpsychologie

In den letzten Jahren ist der von der Orthodoxie verleugnete Zusammenhang von Marxismus und Psychoanalyse wiederentdeckt worden. Das hat nicht nur zum Nachdruck der wichtigsten Werke von Wilhelm Reich (Kiepenheuer & Witsch, Köln) geführt; auch die Kontroverse, die in der zweiten Hälfte der zwanziger Jahre zwischen Bernfeld und Reich, Jurinetz, Stoljarov und Sapir stattgefunden hat, ist inzwischen dokumentiert und vorzüglich erläutert von J. Sandkühler (Hg.), *Psychoanalyse und Marxismus*, Frankfurt 1970. Vgl. auch R. Osborn, *Marxismus und Psychoanalyse*, München 1970. Zur Verbindung Freudscher und Marxscher Motive bei E. Fromm vgl. E. Fromm, *Analytische Sozialpsychologie und Gesellschaftstheorie*, Frankfurt 1970; und in der Kritischen Theorie: M. Horkheimer (Hg.), *Studien über Autorität und Familie*, Paris 1935; T. W. Adorno, *Zum Verhältnis von Soziologie und Psychologie*, in: *Sociologica*, Frankfurt 1955, S. 11–45; H. Marcuse, *Eros und Zivilisation*, unter dem Titel: *Triebstruktur und Gesellschaft*, Frankfurt 1965; zu Marcuse: H. Berndt und R. Reiche, *Die geschichtliche Dimension des Realitätsprinzips*, in: J. Habermas (Hg.), *Antworten auf Herbert Marcuse*, Frankfurt 1968, S. 104 ff.; siehe auch: R. Reiche, *Sexualität und Klassenkampf. Zur Abwehr repressiver Entsublimierung*, Frankfurt 1968; dazu: W. F. Haug, *Sexuelle Verschwörung des Spätkapitalismus*, in: *neue Kritik* 51/52, Febr. 1969, S. 87–108. Zum Gesamtkomplex: H. Dahmer, *Psychoanalyse und historischer Materialismus,* in: *Psychoanalyse als Sozialwissenschaft,* Frankfurt 1971, S. 60–92.

Eine systematisch fruchtbare Diskussion ergibt sich a) auf der Ebene der Methodologie: vgl. dazu P. Ricœur, *Die Interpretation, Ein Versuch über Freud,* Frankfurt 1969; J. Habermas, *Erkenntnis und Interesse,* Frankfurt 1968, S. 262 ff., A. Lorenzer, *Sprachzerstörung und Rekonstruktion,* Frankfurt 1970, ders., *Symbol, Interaktion und Praxis,* in: *Psychoanalyse als Sozialwissenschaft,* Frankfurt 1971, S. 9–59; K. Horn, *Kulturistische Tendenzen der modernen psychoanalytischen Orthodoxie,* ebd., S. 93–151; und b) auf der Ebene einer Theorie der Bildungsprozesse, die die Grundannahmen der Metapsychologie, der Sprachpsychologie und der kognitivistischen Entwicklungspsychologie in eine um den rollentheoretischen Begriff der Ich-Identität (L. Krappmann, *Soziologische Dimensionen der Identität,* Stuttgart 1971) zentrierte Sozialisationstheorie einbringt. Ansätze dazu bei U. Oevermann, *Sprache und soziale Herkunft,* Frankfurt 1972. In diesem Rahmen sind Diskussionen zur Struktur pathogener Familiensysteme, zu Problemen abweichenden Verhaltens und kompensatorischer Lernprozesse, zu alternativen Erziehungsmodellen usw. in Gang gekommen.

1 A. Shonfield, Geplanter Kapitalismus, Köln 1968.
2 H. Marcuse, Eros und Zivilisation, Stuttgart 1958; unter dem Titel: Triebstruktur und Gesellschaft, Frankfurt 1965.
3 Vgl. jetzt H. Arendt, Konzentration in der westdeutschen Wirtschaft, Pfullingen 1966; J. Huffschmid, Die Politik des Kapitals, Konzentration und Wirtschaftspolitik in der BRD, Frankfurt 1969; G. Kolko, Besitz und Macht, Sozialstruktur und Einkommensverteilung in den USA, Frankfurt 1968.
4 Popitz, Bahrdt, Kesting, Jüres, Das Gesellschaftsbild des Arbeiters, Tübingen 1957, jetzt: F. Kern, M. Schuman, Industriearbeit und Arbeiterbewußtsein, 2 Bde., Frankfurt 1970.
5 Vgl. die marxistische Kritik dieser Theorien in: Monthly Review, XI, H. 3/4, 1959; ebenso in: Periodikum, H. 12, 1959. Inzwischen: P. A. Baran, P. M. Sweezy, Monopol Capital, New York 1966, deutsch: Monopolkapital, Frankfurt 1967.
6 H. Marcuse, Soviet Marxism, New York 1958, dtsch. Die Gesellschaftslehre des sowjetischen Marxismus, Neuwied 1964.
7 Natürlich hat sich diese Perspektive seit 1960 erheblich verändert, vor allem durch die politische Rolle Chinas und die nationalen Befreiungsbewegungen der Dritten Welt.
8 Freilich hat erst der Vietnam-Krieg wieder ein ernsthaftes theoretisches Interesse an Problemen des Imperialismus und der Folgen der internationalen Arbeitsteilung geweckt.
9 Für Polen vgl. jetzt die ausgezeichnete marxistische Untersuchung: J. Kuron, K. Modzelewski, Monopolkapitalismus, Hamburg 1969.
10 Marxismusstudien der evangelischen Studiengemeinschaft, Tübingen, Bd. I 1954; Bd. II 1957; Bd. III 1960; Bd. IV 1962.
11 Eine Auseinandersetzung mit Landgrebes Position enthält A. Wellmer, Kritische Gesellschaftstheorie und Positivismus, Frankfurt 1969, Kap. II.
12 Dazu jetzt G. Hillmann, Marx und Hegel, Frankfurt 1966.
13 Th. W. Adorno, Zur Metakritik der Erkenntnistheorie, Stuttgart 1956, bes. Einleitung S. 12 ff., jetzt in: Gesammelte Schriften 5, Frankfurt 1971.

14 Siehe jedoch oben meine bibliographische Notiz.

15 M. Horkheimer, Th. W. Adorno, Dialektik der Aufklärung, Amsterdam 1947; H. M. Enzensberger, Bewußtseinsindustrie, in: Einzelheiten, Frankfurt 1962.

16 Zur wieder aufgelebten politökonomischen Diskussion vgl. meine bibliographische Notiz.

17 R. Bendix, S. M. Lipset (Eds.), Class, Status, Power, New York 1966.

18 J. Schumpeter, Kapitalismus, Sozialismus und Demokratie, Bern 1950, S. 17 ff.

19 Vgl. hier und im folgenden meine veränderte Auffassung in: Zur Logik der Sozialwissenschaften, Frankfurt 1970; und: Erkenntnis und Interesse, Frankfurt 1968, und die Einleitung zu diesem Band.

20 Zu einer Revision der konventionellen Rollentheorie, die diese Bedenken weitgehend entkräftet vgl. inzwischen: L. Krappmann, Soziologische Dimensionen der Identität, Stuttgart 1971; ferner: H. Popitz, Der Begriff der sozialen Rolle, Tübingen 1967; H. P. Dreitzel, Die gesellschaftlichen Leiden und das Leiden an der Gesellschaft, Stuttgart 1968.

21 R. Dahrendorf, Homo Sociologicus, in: Kölner Zeitschrift für Soziologie und Sozialpsychologie, X, H. 3/4, 1958; ders., Sozialwissenschaft und Werturteil, in: Gesellschaft und Freiheit, München 1961, S. 27 ff.

22 I. Kant, Kritik der reinen Vernunft, A S. 651.

23 M. Horkheimer, Traditionelle und kritische Theorie, in: Zeitschrift für Sozialforschung, VI, 1937, S. 253, 264; jetzt in: Kritische Theorie, Frankfurt 1968, Bd. II.

24 Vgl. etwa E. Topitsch, Sozialphilosophie zwischen Ideologie und Wissenschaft, Neuwied 1962.

25 Vgl. meine Antrittsvorlesung: Erkenntnis und Interesse, in: Technik und Wissenschaft als ›Ideologie‹, Frankfurt 1968.

26 Ich stütze mich im folgenden auf die begriffsgeschichtlichen Hinweise bei R. Koselleck, Kritik und Krise, a. a. O. S. 189 ff. Anm. 155.

27 Zum geistesgeschichtlichen Zusammenhang von Dialektik und Mystik vgl. zuletzt E. Topitsch, Marxismus und Gnosis, in: Sozialphilosophie zwischen Ideologie und Wissenschaft, a. a. O. S. 235 ff.

28 K. Marx, Frühschriften, a. a. O. S. 17.

29 Hegel, Heidelberger Enzyklopädie, ed. Glockner, § 391, S. 275.

30 A. Schmidt, Einleitung zu: L. Feuerbach, Anthropologischer Materialismus, Bd. I, Frankfurt 1967, S. 5–65.

31 K. Marx, Das Kapital, Berlin 1947 ff., Bd. I S. 77 f.; dazu jetzt: H. Reichelt, Zur logischen Struktur des Kapitalbegriffs bei Marx, 1970.

32 K. Marx, Das Kapital, a. a. O. I, S. 81.

33 Ebd. I, S. 174 f.

34 Ebd. III, S. 278 f.

35 Vgl. dazu M. Gillmann, Das Gesetz des tendenziellen Falls der Profitrate, Frankfurt 1969.

36 K. Marx, Das Kapital, III, S. 240.

37 R. Rosdolsky: Zur neueren Kritik des Marxschen Gesetzes der fallenden Profitrate, in: Kyklos, IX, 1956, H. 2 S. 208 ff.

38 So bereits N. Moszkowska: Das Marxsche System, Berlin 1929, S. 118.

39 R. Rosdolsky a. a. O. S. 219, Anm. 23, 24.

40 J. Robinson, An Essay on Marxian Economics, London 1957, S. 38; vgl. jetzt dies., Kleine Schriften zur Ökonomie, Frankfurt 1968.

41 K. Marx, Grundrisse der Kritik der Politischen Ökonomie, Berlin 1953, S. 592.

42 Vgl. jetzt R. Rosdolsky, Zur Entstehungsgeschichte des Kapitals, Frankfurt 1968.

43 K. Marx, Grundrisse der Kritik der Politischen Ökonomie, a. a, O. S. 243, 246.

44 K. Marx, Grundrisse..., a. a. O. S. 592 f.

45 Auf diesem Wege ließe sich auch der legitime Einwand einiger Keynesianer berücksichtigen, daß »die Ricardo-Marxsche Verwendung von Mann/Stunden an
sozial notwendiger Arbeitszeit als Recheneinheit zu fast ausschließlicher Befas-
sung mit der Verteilung des Sozialproduktes auf die verschiedenen Gesellschafts-
klassen führte« (J. Strachey, Kapitalismus heute und morgen, Düsseldorf 1957,
S. 121). Erst mit Hilfe der modernen statistischen Verfahren gelingt eine Bestimmung des Sozialprodukts auch nach seinem Umfang: »The problem of finding a
measure of real output... is not solved by reckoning in terms of value, for the rate
of exchange between value and output is constantly altering« (Robinson a. a. O.
S. 19 f.). Tatsächlich könnte der real output erst in der Wertrechnung erscheinen,
wenn der Produktivitätsindex im Wertgesetz berücksichtigt würde.

46 K. Marx, Das Kapital, I, S. 179.

47 Zur Kritik meiner Überlegungen: M. Müller, Habermas und die Anwendbarkeit
der Arbeitswerttheorie, in: Zeitschrift Sozialistische Politik, April 1969, S. 39–53;
ferner K. Hartmann, Die Marxsche Theorie, Berlin 1970, S. 382 ff., S. 471 f.

48 K. Marx, Das Kapital, III, S. 272 f.

49 Ebd. III, S. 286.

50 Strachey, a. a. O. S. 152, 154, vgl. auch J. Robinson, Kleine Schriften zur Ökonomie, a. a. O. S. 71 ff; dies., Die fatale politische Ökonomie, Frankfurt 1969.

51 Zur Theorie der Staatsinterventionen im Spätkapitalismus: J. K. Galbraith,
Gesellschaft im Überfluß, München 1958; ders., Die moderne Industriegesell-
schaft, München 1968; M. Kidron, Rüstung und wirtschaftliches Wachstum,
Frankfurt 1971; A. Shonfield, Geplanter Kapitalismus, Frankfurt 1968.

52 K. Marx, Das Kapital, III, S. 287.

53 Dagegen: F. Tomberg, Basis und Überbau, Neuwied 1969; W. Müller, Ch. Neu-
süss, Die Sozialstaatsillusion und der Widerspruch von Lohnarbeit und Kapital,
in: Zeitschrift Sozialistische Politik, Oktober 1970, S. 4 ff; einen aussichtsreichen
Ansatz zur Analyse des veränderten Verhältnisses von politischem und ökonomi-
schem System entwickelt C. Offe, Politische Herrschaft und Klassenstrukturen,
in: Kress, Senghaas (Hg.), Politikwissenschaft, Frankfurt 1969, S. 155 ff; ferner:
J. Hirsch, Wissenschaftlich-technischer Fortschritt und politisches System, Frankfurt 1970.

54 Strachey, a. a. O. S. 151; vgl. u. a. die erwähnten Untersuchungen von Galbraith,
Kidron, Offe, Shonfield.

55 Vgl. meine Marx-Interpretation, in: Erkenntnis und Interesse, Frankfurt 1968, S.
59 ff.

56 Vgl. jetzt das von A. Kosing herausgegebene Lehrbuch: Marxistische Philosophie,
Berlin 1967. Zum Verhältnis des ursprünglichen Marxismus zur entstellten
Gestalt des Diamat vgl. G. Lichtheim, Marxism, A Historical and Critical Study,
London 1961; ders., A Short History of Socialism, London 1970; I. Fetscher, Karl
Marx und der Marxismus, Von der Philosophie des Proletariats zur politischen
Weltanschauung, München 1967.

57 Marx/Engels, Werke, Bd. 3, S. 6.

58 E. Bloch, Das Prinzip Hoffnung, Fünf Teile, Frankfurt 1959; ders., Tübinger Einleitung in die Philosophie, erw. Ausgabe, Frankfurt 1970.

59 Vgl. jetzt die posthume Veröffentlichung Th. W. Adorno, Ästhetische Theorie,
Frankfurt 1970.

60 Vgl. meine Untersuchung zu Adorno: Vorgeschichte der Subjektivität und ver-
wilderte Selbstbehauptung, in: Philosophisch-politische Profile, a.a.O. S. 184-199.

61 Vgl. A. Wellmer, Kritische Gesellschaftstheorie und Positivismus, a. a. O. S. 69 ff.

62 G. B. Vico, Die Neue Wissenschaft, a. a. O. S. 139.

63 Insofern hat Löwith mit seiner Bemerkung recht, daß Vico aufhöre, mit sich selbst übereinzustimmen, wenn er gegen Ende seines Werks die Möglichkeit einer Vollendung der Geschichte in Erwägung zieht. Vgl. K. Löwith, Weltgeschichte und Heilsgeschehen, Stuttgart 1953, S. 124.

64 Vgl. meine Untersuchung über das Verhältnis von Politik und Moral, in: Das Problem der Ordnung, ed. Kuhn und Wiedmann, Meisenheim 1962, S. 94 ff.

65 M. Horkheimer behandelt in diesem Sinne das Problem der Voraussage in den Sozialwissenschaften, in: Zeitschrift für Sozialforschung, II, 1933, S. 407 ff.

66 Dagegen H. Kesting, Geschichtsphilosophie und Weltbürgerkrieg, Heidelberg 1959.

67 Ich selbst habe in den hier gesammelten, aber auch noch in späteren Arbeiten von der Idee einer Menschengattung, die sich als Subjekt der Weltgeschichte konstituiert, oft einen unkritischen Gebrauch gemacht. Erst im Zusammenhang mit den Vorarbeiten zu einer Kommunikationstheorie der Gesellschaft ist mir die Tragweite einer hypostasierenden Erzeugung höherstufiger Subjektivitäten klargeworden. Vgl. J. Habermas, N. Luhmann, Theorie der Gesellschaft oder Sozialtechnologie, Frankfurt 1971, S. 172–181, und die Einleitung zu diesem Band.

7. Kritische und konservative Aufgaben der Soziologie

Sozialwissenschaftler können praktisch vorgegebene Fragen mit technischen Empfehlungen beantworten, die sie aus einer methodisch strengen Analyse von Wenn-Dann-Beziehungen gewinnen. An der organisatorischen Verwertbarkeit solcher Empfehlungen bemißt sich freilich der kritische oder konservative Charakter einer Soziologie noch nicht. Der hängt vielmehr davon ab, ob die Forschungsinstrumente per se im Dienste der jeweils bestehenden Institutionen und Autoritäten beansprucht werden – oder ob sie auch mit dem Ziel verwendet werden, auf deren Veränderung oder gar Auflösung hinzuwirken. Carl Brinckmann hat in diesem Sinne die Soziologie als Oppositionswissenschaft reklamieren wollen; wir werden sehen, daß sie gleichermaßen eine Stabilisationswissenschaft gewesen ist. Vorerst sei dahingestellt, ob dieser historisch richtige Sprachgebrauch *heute* noch sinnvoll ist. Jedenfalls stößt, wer der Soziologie überhaupt kritische oder konservative Aufgaben dieser Art zumutet, auf energischen Widerspruch.

Als eine Erfahrungswissenschaft, die sich in ihrem logischen Aufbau und den methodischen Verfahrensweisen an die Regeln empirisch-theoretischer Systeme hält (oder sich zu halten wenigstens bestrebt ist), bleibt die Soziologie gegenüber den möglichen politischen Folgen ihrer in die Praxis umgesetzten Ergebnisse neutral. Wohl mag sie, so lautet ein Gegenargument, nachträglich die politische Relevanz ihrer Auswirkungen in der Praxis wiederum zu einem Gegenstand der Untersuchung erheben; sie kann aber diese Wirkungen nicht von vornherein als ihre eigene Aufgabe wollen. Es sei denn, Soziologie würde das positivistische Wissenschaftsmodell, dem sie heute (mit einigen, wenn auch nicht unbedeutenden Ausnahmen) verpflichtet ist, sprengen. *Innerhalb* dieses wissenschaftstheoretischen Selbstverständnisses bleibt aber dem Soziologen allenfalls der Spielraum seiner Doppelrolle als Wissenschaftler *und* Staatsbürger: er kann die Aufgaben, die er soziologisch bearbeiten möchte, nach Gesichtspunkten politischer Relevanz auswählen, aber auf die wissenschaftliche Arbeit selbst kann dann eine solche staatsbürgerliche Vorentscheidung keinen Einfluß haben[1].

Diesem Selbstverständnis der Soziologie liegen die bekannten Unterscheidungen Max Webers zugrunde. Jedoch nicht an *diese* Diskussion, die die Sozialwissenschaften von Motiven der Gesellschaftspolitik reinigen sollte[2], möchte ich anknüpfen. Für's erste ist die Frage nach den kritischen und den konservativen Aufgaben der Soziologie nur aus dem Gang ihrer eigenen Geschichte legitimiert[3]. Wir vergewissern uns daher zunächst wissenschaftshistorisch, wie die Soziologie ihr politisches Verhältnis zur etablierten Ordnung begriffen hat.

I

Die Soziologie hat sich, zusammen mit der Ökonomie, in der zweiten Hälfte des 18. Jahrhunderts vom Corpus der praktischen Philosophie gelöst. Die Tradition der klassischen Lehre von der Politik hatte damals freilich schon, bei den Schotten, die utilitaristisch modernisierte Gestalt der Moralphilosophie angenommen. Diese war ihrerseits in Auseinandersetzung mit der Sozialphilosophie eines Hobbes entwickelt worden –: die natürliche Ordnung der bürgerlichen Gesellschaft, die im rationalen Naturrecht noch juristisch mit Hilfe des Vertragsinstruments konstruiert worden war, suchte die Schule der schottischen Denker alsbald »historisch« zu begreifen. Hume hatte die Frage moralphilosophisch gestellt: wie wäre eine wissenschaftliche Politik möglich, wenn nicht die Gesetze und die Einrichtungen der Herrschaft einen uniformierenden Einfluß auf die Gesellschaft ausübten; wie wäre eine wissenschaftliche Grundlegung der Moral möglich, wenn nicht bestimmte Charaktere entsprechende Gefühle, und diese wiederum in einem konstanten Verhältnis die Handlungen bestimmen würden[4]? Die drei großen Schotten der zweiten Jahrhunderthälfte, Adam Smith, Adam Ferguson und John Millar, geben darauf bereits eine *soziologische* Antwort: die bürgerlichen Gesetze und die Einrichtungen der Herrschaft seien ebenso wie das Verhalten der Menschen, ihre Gefühle und Bedürfnisse, abhängig vom state of society; und diese gesamtgesellschaftliche Verfassung bestimme sich nach dem Entwicklungsstand in der Naturgeschichte der bürgerlichen Gesellschaft. John Millar hat den Grundsatz formuliert, der es diesen ersten »Soziologen« erlaubte, die natural history of civil society als einen gesetzmäßigen Zusammenhang zu begreifen: die Menschengattung sei von Natur aus dazu disponiert, ihre Lebensumstände zu verbessern; und die Gleichartigkeit ihrer Bedürfnisse habe ebenso wie die Gleichheit der Fähigkeiten, diese Bedürfnisse zu befriedigen, überall zu einer bemerkenswerten Gleichförmigkeit in den Stufen der gesellschaftlichen Entwicklung geführt[5]. Dieser evolutionistische Begriff der Gesellschaft macht es dem Soziologen zur Aufgabe, die Naturgeschichte der menschlichen Gattung als eine histoire raisonnée zu schreiben. Ursprünglich stellt also Soziologie den Anspruch einer theoretical oder philosophical history, die die vom Historiker festgehaltenen Erscheinungen in ihrer inneren Gesetzmäßigkeit begreift, damit Pädagogen und Politiker jene gesellschaftlich sich zugleich wandelnden und anreichernden Traditionen ergreifen und in eine gewünschte Richtung lenken können.

Der Wandel der Traditionen vollzieht sich zwar meist naturwüchsig in der Art einer unbewußten Anpassung der Menschen an wechselnde Lagen. Weil Millar ihn aber gesetzmäßig als einen Fortschritt in der Zivilisierung der Menschheit, weil er ihn aus dem Zusammenhang mit den Methoden der gesellschaftlichen Arbeit und den Ordnungen privaten Eigentums, mit dem System der sozialen Schichtung und der politischen Herrschaft zu *erkennen* glaubt, scheint sich die Entwicklung auch für den modifizierenden Eingriff, für eine bewußte Hemmung oder Beschleunigung zu öffnen. Unter diesem Gesichtspunkt beurteilt Millar auch die englische Politik seines Jahrhunderts: die Tory-Politik stütze sich auf die Autorität der bestehenden Institutionen und auf das Interesse der privilegierten Klassen; sie halte am status quo fest, während sich die Whig-Politik an Gesichtspunkten der sozialen Nützlichkeit orientiere. In diesem Streit zwischen authority und utility nimmt die Soziologie durchaus Partei, aber nur die Partei, die die von ihr entdeckte und begriffene Naturgeschichte der Gesellschaft selbst vorschreibt: »Wenn wir historisch das Ausmaß des Tory- und des Whigprinzips untersuchen, ist es evident, daß mit den Fortschritten von Gewerbe und Handel *jenes* nach und nach verschwindet und *dieses* im gleichen Verhältnis Boden gewinnt... Seit jener Zeit (der Großen Revolution) gab es einen steten Fortschritt der öffentlichen Meinung. Die Philosophie... hat ihre Forschungen auf politischem Gebiet vorangetrieben... Die Mysterien der Herrschaft sind immer mehr entschleiert worden; und die Umstände, die zur Perfektion der gesellschaftlichen Ordnung beitragen, sind bloßgelegt worden. Die Regierung... erscheint nun als der eigentliche Diener des Volkes, dazu bestellt, die große politische Maschine zu übernehmen und in Bewegung zu halten… Die Gewohnheit, öffentliche Maßnahmen auf ihre gesellschaftliche Nützlichkeit hin zu prüfen, ist universell geworden; sie beherrscht die literarischen Zirkel und den Großteil des Mittelstandes und dringt nun auch in die unteren Klassen vor[6].« Millar schließt mit der Behauptung: »… und wenn ein Volk weithin damit beschäftigt ist, die Vorzüge verschiedener politischer Ordnungen zu diskutieren, fühlt es sich am Ende zu dem System hingezogen, das zur Angleichung der gesellschaftlichen Ränge und einer Verbreitung der bürgerlichen Gleichheitsrechte tendiert« – das ist also der Weg, den die soziologisch dechiffrierte Naturgeschichte der Menschheit stillschweigend und mit der Kraft natürlichen Wachstums ohnehin nimmt.

Die Soziologie der schottischen Moralphilosophen richtet sich gegen den blinden Respekt vor bestehenden Institutionen und Autoritäten; sie fördert eine kritische Untersuchung ihrer Nützlichkeit und ihrer Fehler. Aber gleichzeitig weiß sie die Tradition als die ruhige Grundlage einer kontinuierlichen Entwicklung; denn sie stellt die Naturwüchsigkeit des Fortschritts nicht grundsätzlich in Frage und ist insofern zugleich konservativ. Ihre Kritik hält sich im Einklang mit dem Konservatismus der Naturgeschichte selbst[7]. Die kritische Absicht der ersten Soziologen überschritt niemals die Grenzen des konservativen Grundsatzes ihres gemeinsamen Lehrers David Hume: liberty is the perfection of civil society: but… authority must be acknowledged essential to its very existence[8].

Wir haben an diese Anfänge der Soziologie erinnert, um die eigentümliche Verschränkung ihrer *zugleich* kritischen *und* konservativen Intentionen zu zeigen. Gewiß ist sie damals schon im eminenten Sinne Gegenwartswissenschaft. Sie begreift die Entwicklungsgeschichte der menschlichen Gattung aus der Perspektive des englischen 18. Jahrhunderts. Ihr Thema ist die civil society, die sich unter dem Parlamentsabsolutismus einer durch kapitalistische Interessen zunehmend verbürgerlichten Aristokratie als eine eigentümliche und ihrer Eigengesetzlichkeit alsbald erkennbare Sphäre des Sozialen verselbständigt. Die Emanzipation der bürgerlichen Gesellschaft vollzieht sich auf der Basis der Revolutionsordnung von 1688. *Diese* Entwicklung macht die neue Soziologie nicht nur zum Untersuchungsgegenstand, sie selbst begreift sich als deren Teil. Sie bleibt sich insofern ihres gleichsam whiggistischen, ihres eigenen revolutionären Ursprungs bewußt. Sie verfolgt fraglos ein kritisches Interesse – nämlich die Aufklärung der ebenfalls im 18. Jahrhundert sich bildenden politischen Öffentlichkeit bürgerlicher Privatleute, und zwar betreibt sie deren Aufklärung im Sinne eines natürlichen Fortschritts des bürgerlichen Verkehrs nach Maßstäben gesellschaftlicher Nützlichkeit. Gleichwohl ist dieses erkenntnisleitende Interesse, eben auf der Grundlage der gelungenen Revolution, *auch* konservativ. Die *Tradition des Fortschritts* gilt es ebenso gegen den voreiligen Abbau sozial nützlicher Autoritäten zu konservieren, wie auch kritisch abzusichern gegen die blinde Behauptung der historisch überfälligen Autoritäten.

II

Geschichte bleibt Naturgeschichte in dem genauen Sinne, daß der Zusammenhang von authority und utility im natürlichen Fortschritt der Gesellschaft zur bürgerlichen Freiheit objektiv so gewahrt zu sein scheint wie in der Theorie, die ihn zum Thema hat. Dieser Zusammenhang zerreißt erst mit der Französischen Revolution. Erst seitdem ist Soziologie eingestandenermaßen Krisenwissenschaft: »Die ganze und nackte Wahrheit, die unter den heutigen Umständen gesagt werden muß, lautet: der Augenblick der Krise ist gekommen[9].«

Dieses Wort des Grafen St. Simon ist in kritischer Absicht gesprochen; in entgegengesetzter Absicht könnte ihm darin sein konservativer Gegenspieler, de Bonald, zugestimmt haben. Wie St. Simon stammt er aus einer alten Adelsfamilie; wie bei diesem ist die Sensibilität für den sozialen Zusammenhang der politischen Ereignisse sozusagen Mitgift der Lebensgeschichte: die beiden Zeitgenossen sind von Haus aus zu einer Art der Betrachtung genötigt worden, die auf dem Kontinent Soziologie erst begründet. Hier, im nachrevolutionären Frankreich der zurückgekehrten Bourbonen wird Soziologie sogleich in zwei unversöhnlichen Versionen entworfen, als Oppositionswissenschaft von St. Simon, als Stabilisationswissenschaft von de Bonald. Beide wollen gleichermaßen dazu beitragen, die mit der Revolution eingeleitete, seitdem permanent gewordene Krise zu lösen; beide deuten diese Krise als eine *soziale* Umwälzung – nämlich als die Loslösung einer im engeren Sinne sozialen, durch Interessen des Warenverkehrs und der gesellschaftlichen Arbeit zusammengehaltenen Sphäre, von einer politischen Ordnung, deren Legitimation bis dahin unmittelbar und im wesentlichen unangefochten in der gesellschaftlichen Hierarchie verwurzelt gewesen war. Je nachdem, ob diese Loslösung, diese

Trennung der Gesellschaft vom Staat als Emanzipation oder als Anarchie gedeutet wird, tritt Soziologie in den Dienst von »Industrialismus« oder »Traditionalismus« – beide Worte werden damals geprägt.

St. Simon möchte die Revolution durch eine Organisation der Gesellschaft epochal vollenden; de Bonald durch eine »Rekonstitution« der Gesellschaft zur Episode herabsetzen. Während St. Simon die Sphäre der gesellschaftlichen Arbeit von den bloß politischen Gewalten befreien, und einer Selbstverwaltung der leitenden Industriellen unterstellen möchte – damit die Reproduktion des gesellschaftlichen Lebens rational geregelt und der soziale Nutzen für alle Werktätigen maximiert werden kann; sieht de Bonald umgekehrt das Heil einzig in der Unterwerfung der »natürlichen Gesellschaft«, einer bloßen Erwerbsgesellschaft, unter die Herrschaft der sogenannten »politischen Gesellschaft«, nämlich unter Monarchie, Klerus und Aristokratie. Denn die Menschen finden, so meint er, ihr substantielles Dasein nur in der Konkretion einer gesellschaftlichen Institution, die mit undiskutierbarer Autorität ausgestattet ist. In diesem Sinne »konstituiert« sich die bürgerliche Gesellschaft in der konkreten Gestalt von Staat und Kirche, Erbmonarchie und Staatskatholizismus. Nur unter solch genuin politischen Gewalten tendiere »die konstituierte Gesellschaft danach, aus allen Menschen, allen Familien, allen Berufen Körperschaften zu machen. Sie sieht (dann) die Menschen nur in der Familie, die Familie nur in den Berufen, die Berufe nur in den Korporationen[10]«. Dieser Begriff der konstituierten Gesellschaft verhält sich polemisch zum Begriff der industriell organisierten. In dieser ist, St. Simon zufolge, die Regierungsgewalt, die Gehorsam erzwingt, zugunsten einer Verwaltungstätigkeit, die den gesellschaftlichen Verkehr regelt, verabschiedet – »die höchste Verwaltung der Gesellschaft umfaßt die Erfindung, Prüfung und Ausführung der für die Masse nützlichen Vorhaben«[11]. Die Ausübung von Autorität ist Gesichtspunkten der Utilität untergeordnet. Die Gesellschaft, die im Interesse aller produktiv Arbeitenden vernünftig organisiert ist, hat den Staat gleichsam in sich zurückgenommen – statt nur die Herren zu wechseln, verändert sie die Natur der Herrschaft selbst.

Soziologie als Krisenwissenschaft ist also von Anbeginn gespalten: sie ist gleichermaßen aus dem Geist der Revolution wie der Restauration entsprungen; jede der Bürgerkriegsparteien hat sie für sich reklamiert. Und die doppelte Intention einer kritischen

Auflösung von Autorität oder ihrer Konservierung um jeden Preis hat die Richtungskämpfe auch in der zweiten Hälfte des neunzehnten Jahrhunderts, hat sie fast bis auf unsere Tage noch bestimmt.

Zunächst war freilich das soziologische Selbstverständnis des Verhältnisses von Theorie und Praxis prekär. Schon de Bonald hatte mit der Schwierigkeit zu kämpfen, mit der es seitdem alle Theoretiker der Gegenaufklärung zu tun haben. Ich meine die Schwierigkeit, mit Mitteln der Reflexion einer Autorität zu dienen, deren Stabilität einzig dadurch gewahrt werden kann, daß sie der Diskussion entzogen bleibt. Selbst ein ganzes Volk von Philosophen, so heißt es, würde nicht die substantielle Sittlichkeit zur Darstellung bringen, die in den gesellschaftlichen Institutionen immer schon wirklich ist[12]. Die Konsequenz hieße dann allerdings: daß eine in Unordnung geratene Gesellschaft, die nur durch unmittelbare Autorität wiederhergestellt werden kann, durch eine Theorie der Gesellschaft bloß fortgesetzte Verunsicherung erwarten darf. Soziologie könnte einzig in Gestalt einer Theologie auf Wirksamkeit hoffen – ein Schluß, den de Bonald nicht scheut, den aber auch, in einer anderen Variante, gerade die Schüler St. Simons gezogen haben[13].

Denn auch für diesen stellt sich eine nicht minder große Schwierigkeit; er sucht für seinen Konstruktionsplan einer organisierten Gesellschaft die Ingenieure, die ihn nun auch ausführen, vergebens. Wer, wie de Bonald, die Gesellschaft als einen autoritätsgebietenden Zusammenhang im Kern irrationaler Institutionen wiederherstellen möchte, sieht sich auf sozialethische Erziehung verwiesen; wer hingegen, wie St. Simon, Gesellschaft als rationale Organisation eines weitgehend entpolitisierten Verkehrs herstellen möchte, verlegt sich am Ende auf die sozialutopische Beschwörung: genauso lesen sich die zahlreichen Appelle an die Chefs der industriellen Unternehmen, nun endlich den reinen Müßiggängern die Macht zu entreißen.

Die englische Moralphilosophie und die aus ihr hervorgehende Soziologie einer Naturgeschichte der bürgerlichen Gesellschaft hatten in der Tradition der klassischen Lehre von der Politik insofern immer noch gestanden, als sie sich im Zusammenhang mit einer politischen Öffentlichkeit verstehen konnten. Diese Art Theorie war Anleitung der staatsbürgerlichen Praxis und des individuellen Verhaltens geblieben – eher eine philosophische Orientierung des Handelns von Menschen gegenüber Menschen als eine wissenschaftliche Vorschrift für die Leitung von Produktionsprozessen, für eine Rationalisierung des bürgerlichen Verkehrs. Die Soziologie der Schotten konnte sich auf diese im engen Sinne praktische Beförderung des geschichtlichen Prozesses, weil sie sich mit ihm in Einklang wußte, beschränken: sie kam nicht auf den Gedanken, daß der soziale Fortschritt durch die Menschen selbst organisiert werden müßte. Als dann aber St. Simon in diesem Gedanken seine Soziologie entwarf, verschloß sich ihm jene Dimension der Praxis, die seit Aristoteles von Poiesis, der planmäßigen Hervorbringung eines Werkes, getrennt worden war. Für St. Simon löst sich politische Praxis in die politische Technik der sozialen Organisation auf, so daß am Ende die Umsetzung der Theorie in Praxis nicht mehr selber theoretisch verhandelt werden kann; es blieb vielmehr bei der vagen Hoffnung, daß sich die Industriellen eines Tages durch die Lektüre St. Simons doch noch zur Revolution bewegen lassen würden. Erst Marx erhob den Anspruch, diese sozialutopische Schwelle, an der St. Simon verharrt, zu nehmen.

Mit der revolutionären Aktion des Proletariats führt Marx die politische Praxis in die Theorie selbst wieder ein. Erst das praktische Zerbrechen des bestehenden Staatsapparats ermächtigt zur Technik jener von St. Simon abstrakt entworfenen Gesellschaftsorganisation. Marx kann dem Utopismus der Frühsozialisten nur entgehen, wenn er den Nachweis führt, daß die Sozial*techniken* der Gesellschaftsplaner durch die politisch erfolgreiche *Praxis* der Klassenkämpfer vermittelt werden können. Er muß soziologisch glaubhaft machen, daß diese Praxis aus der Naturgeschichte der bürgerlichen Gesellschaft ebenso hervorgetrieben wird wie die Elemente der neuen Gesellschaftsformation selbst. Dazu reicht freilich der naive Evolutionismus der Schotten nicht mehr aus; dazu bedarf es einer Gesetzmäßigkeit eigener Art. Historische Dialektik soll eine Entwicklung verbürgen, in der sich die Geschichte kraft ihrer Naturwüchsigkeit gleichwohl *als* Naturgeschichte am Ende aufhebt. Mit der Machbarkeit des gesellschaftlichen Geschehens soll zugleich die Mündigkeit der menschlichen Gattung so wachsen, daß die Menschen die objektive Möglichkeit, ihre Geschichte mit Willen und Bewußtsein zu lenken, dann auch ergreifen. Auf diese Weise denkt Marx die Vermittlung der politischen Technik durch politische Praxis.

Marx hat der Soziologie die kritische Aufgabe gestellt, zur praktischen Gewalt zu werden; wir wissen heute, daß sie sich auf diesem Wege ihrerseits in einer Dialektik verfangen hat, die sie nicht voraussah: in der Dialektik von revolutionärem Humanismus und sta-

linistischem Terror[14]. Wir sollten uns indessen dadurch nicht ver-
bieten lassen, zu prüfen, ob der alternative Weg, den die akademische Soziologie seit der Mitte des vorigen Jahrhunderts genommen
hat, wirklich zu Positionen *jenseits* des prekären Zwiespalts führt,
der ihr als einer Krisenwissenschaft eigentümlich ist. Sollten ihr
vielleicht jene kritischen oder auch konservativen Aufgaben, deren
sie sich *als Aufgaben* bewußt entschlägt, hinterrücks doch wieder
zuwachsen?

III

Der Abstand der modernen Soziologie von den Anfängen, die wir
im England des 18. und im Frankreich des beginnenden 19. Jahrhunderts kurz berührt haben, ist gewaltig. Damals tritt, mit der
Verselbständigung einer Sphäre bürgerlicher Gesellschaft, Gesellschaft *als ganze* in den Blick; die strenge Erfahrungswissenschaft
muß hingegen auf einen expliziten Begriff des gesellschaftlichen
Lebenszusammenhangs in seiner Totalität verzichten. Damals
drängt die Ablösung neuer Elemente von einer älteren Gesellschaftsformation zu einer *entwicklungsgeschichtlichen* Deutung;
die strenge Erfahrungswissenschaft muß sich hingegen mit dem
richtungsneutralen Begriff des sozialen Wandels begnügen.
Damals war der Zusammenhang der Theorie der Gesellschaft mit
der *praktischen* Einflußnahme auf deren Entwicklung selbstverständlich; die strenge Erfahrungswissenschaft muß sich auf technische Empfehlungen beschränken.
Vor allem zwei historische Tatbestände kommen, wie mir scheint,
dieser akademischen Zähmung einer durch und durch politisierten
Krisenwissenschaft entgegen. *Erstens* die Verlagerung des europäischen Bürgerkriegs auf die Ebene einer zwischenstaatlichen
Rivalität verschiedener Gesellschaftssysteme (also der Vorgang,
den schon Lenin als die Internationalisierung des Klassenkampfes
gedeutet hat). Mit einer gleichzeitigen internen Befriedigung und
Befestigung der fortgeschrittenen Industriegesellschaft verlor
dann auch der Konflikt, an dem sich die Soziologie in Oppositions-
und Stabilisationswissenschaft geschieden hatte, seine manifeste
Schärfe. Sowie dieser Konflikt institutionalisiert und gleichsam
nach außen transponiert werden konnte, wurde die Soziologie vom
aktuellen Gesinnungsdruck entlastet[15].
Der *zweite* Tatbestand, der mir in diesem Zusammenhang wichtig

zu sein scheint, ist die zuerst von Max Weber analysierte Bürokratisierung gesellschaftlicher Bereiche und eine parallele Verwissenschaftlichung der Praxis. Dem Funktionszuwachs des Verwaltungsstaates, der sozialtechnisch in Eigentumsordnung und Wirtschaftskreislauf immer weiter eingreift, entspricht innerhalb der industrialisierten Arbeits- und einer urbanisierten Lebenswelt ein gewisser Zwang zu Selbstorganisation und rationaler Planung. Sowenig heute die Soziologie zur Thematisierung der gesamtgesellschaftlichen Entwicklung angehalten und für eine Klärung des praktischen Bewußtseins in der politischen Gesamtwillensbildung beansprucht wird, so sehr sind deshalb von seiten der staatlichen wie gesellschaftlichen Bürokratien und von seiten einer verwissenschaftlichen Berufspraxis die Detailansprüche an die Soziologie gewachsen. Sie ergeben sich gleichsam aus dem Alltag unserer Gesellschaft: immer wenn die Routinen des normalen Ablaufs auf obstinate Widerstände stoßen, sind sozialtechnische Empfehlungen und sozialorganisatorische Vorschläge vonnöten.

Die Soziologie hat nun nicht nur treffliche Methoden entwickelt, um solchen institutionellen Verkehrsstörungen einer bürokratisierten Gesellschaft empirisch beizukommen. Einige ihrer bedeutendsten Vertreter haben ein pragmatistisches Wissenschaftsideal entwickelt, das dieser Bearbeitung praktischer Einzelprobleme genau entspricht. Ein deduktiver Zusammenhang hypothetischer Sätze, eben eine Theorie, soll anläßlich eines praktisch vorgegebenen, technisch lösbaren Einzelproblems ad hoc entwickelt werden. Konnte jene Kritik, die zur praktischen Gewalt werden sollte, um die Gesellschaft im ganzen zu verändern, als eine Art weltgeschichtlicher Pragmatismus verstanden werden, so wird durch diesen strengeren Pragmatismus die Soziologie zur Hilfswissenschaft im Dienste von Verwaltungen instrumentalisiert.

Das herrschende Selbstverständnis der modernen Soziologie gibt sich damit freilich nicht zufrieden. Der Erkenntnisanspruch zielt nach wie vor darauf, die funktionellen Abhängigkeiten in einem sorgfältig begrenzten sozialen Bereich systematisch zu untersuchen. Bei dieser möglichst vollständigen Durchdringung der in Sektoren aufgeteilten gesellschaftlichen Realität soll es dann einer general theory vorbehalten sein, die den klassifizierten Gegenstandsgebieten entsprechenden Einzeltheorien zusammenzufassen. Wie bestimmt sich hier das Verhältnis der Theorie zu den wachsenden Ansprüchen aus der sogenannten Praxis?

Talcott Parsons selbst verbindet mit seiner Theorie das Programm eines Control of Social Change[16], also der planmäßigen Beeinflussung und Lenkung des gesellschaftlichen Wandels. Bei Karl Mannheim hatte diese in großem Stil vertretene Auffassung der Soziologie als Planungswissenschaft noch etwas von einer self-fulfilling prophecy; es erwies sich, daß sie gegenüber der bescheideneren Auffassung der Soziologie als einer Hilfswissenschaft, die einzelne Routinestörungen in Verwaltungsprozessen beseitigt, den Vorzug hatte, immer wahrer zu werden. Seit die kontrollierten Entwicklungen ganzer gesellschaftlicher Sphären in den Entscheidungsradius einer sozialorganisatorisch tätigen Staatsverwaltung einrücken, erstreckt sich auch die sozialwissenschaftliche Vorbereitung und Beratung auf Planungsarbeiten größeren Maßstabs. Die Planungen für einzelne Entwicklungsländer geben drastische Beispiele.

Auch in der Rolle einer solchen Planungswissenschaft muß sich freilich die Soziologie auf analytische Leistungen beschränken; diese dürfen nicht mit technokratischen Entwürfen verwechselt werden. Auch die Kooperation mit den großen Bürokratien im Dienste einer wissenschaftlichen Anleitung der politischen Praxis erfüllt nicht etwa die Utopie St. Simons. Die Soziologen werden auch heute nicht zu Autoren gesellschaftsorganisatorischer Entwicklungsprogramme bestellt. Eine empirische Wissenschaft ist ja, solange sie die positivistische Selbstbeschränkung nicht vorsätzlich oder fahrlässig verletzt, unfähig, Zielvorstellungen und Ordnungsgesichtspunkte selbst zu produzieren, Prioritäten festzulegen und Programme zu entwerfen. Gewiß kann sie das politische Handeln zu Zweckrationalität anhalten; aber die Zwecke selbst und die Richtung der Entwürfe und Planungen, für die sie in Anspruch genommen wird, bleiben ihr vorgegeben. Gerade in der Kooperation mit den Planungsbürokratien, in der Soziologie folgenreicher denn je wirksam werden kann, muß sie sich also der Arbeitsteilung von Analyse und Dezision, Diagnose und Programm fügen: je mehr sie sich (wenn nicht in praktische, so doch) in technische Gewalt umsetzen lassen kann, um so sicherer verschließt sich vor ihr die Dimension, in der sie aus eigener Verantwortung kritische oder konservative Aufgaben übernehmen könnte.

Helmut Schelsky hat diesen Sachverhalt so formuliert: »Die soziale Handlung ist endgültig nicht mehr nach den anthropologischen und geistigen Strukturen zu denken, die sich auf die Einheit der Person beziehen; weder der Wissenschaftler noch der Praktiker kann heute die Attitüde und das Selbstverständnis in Anspruch nehmen, als Person das sozusagen verallgemeinerte Subjekt des sozialen Handelns zu sein. Das soziale Handeln ist vielmehr grundsätzlich als ein System der Kooperation und Spezialisierung zu verstehen, in dem nicht nur der Gegenstandsbereich, sondern die Handlungs- und Denkformen selbst arbeitsteilig aufgespalten und aufeinander verwiesen sind. Dieses System der sozialen Handlung erlaubt es nicht mehr, diagnostische und programmatische Denkformen, Sollens- und Seinsgesichtspunkte in dem gleichen Kopf zusammenzufassen.« Und weiter: »Die Betonung der rein analytischen Funktion der Soziologie oder ihrer Aufgabe, die Wirklichkeit als solche zur Geltung zu bringen, setzt also gerade voraus, daß sich die Soziologie in keiner Weise der sozialen Handlung gegenüber als total begreift[17].«

Schelsky nennt diesen Tatbestand nicht bloß, um ihn affirmativ zu registrieren. Ihn zu interpretieren heißt aber, die Selbstreflexion der Soziologie auf einer Stufe aufzunehmen, auf der diese von ihrer eigenen Pragmatik Abstand nimmt. Schelsky selbst gibt eine bemerkenswerte Interpretation. Er ist der Auffassung, daß die Soziologie gerade auf der Basis jener strengen Arbeitsteilung zwischen Analyse und Dezision über die pragmatischen Aufgaben hinaus den Freiheitsspielraum der einst Philosophie vorbehaltenen Kontemplation wiederfindet. Wenn die arbeitsteilig integrierte Sozialwissenschaft, so meint er, den Entscheidungsspielraum der sozialorganisatorisch tätigen Verwaltungen zwar klären, aber nicht eigentlich einengen kann; wenn sie vielmehr wertneutral in ein Handlungssystem eingespannt ist, das ihre technischen Empfehlungen konsumiert, ohne sich doch von soziologischen »Generalrezepten der Weltveränderung« steuern zu lassen; dann kann sich Soziologie auf der Stufe der Selbstreflexion erst recht von allen unmittelbar praktischen Ansprüchen lösen und dem Geschäft zeitgeschichtlicher Deutung kontemplativ hingeben.

Dieses Geschäft bestehe darin, »sichtbar zu machen, was sowieso geschieht und was gar nicht zu ändern ist[18]«. In dieser Funktion einer Deutungswissenschaft gewänne Soziologie explizit die *konservative* Aufgabe einer Metakritik ihrer selbst als Planungswissenschaft: sie hätte die *Grenzen* der Planung aufzuweisen, nämlich die Verfestigung des Bestehenden, das sich der Machbarkeit entzieht. Dieser konservativen Aufgabenstellung liegt die These zugrunde, die Schelsky an einer anderen Stelle ausgesprochen hat: »Die Soziologie steht einer Erscheinung gegenüber, die wider Erwarten aller intellektuellen Utopien intellektuell am schwierigsten anzuerkennen sein wird: der Stabilisierung der industriellen Gesellschaften der Erstarrung des neuen sozialen und ›natürlichen‹ Milieus[19].« ... »was wird hier restauriert? Doch höchstens der Zwang der Umstände und damit die Ohnmacht des Menschen, im übrigen verfestigt sich gerade das Neue[20].«

Der Ausgangspunkt dieser Überlegung ist problematisch. Schelsky gelangt zu seinem Stabilitätstheorem anscheinend nur durch eine vorgreifende Entschärfung und Verharmlosung der institutionalisierten Planungs- und Neuerungsaktivitäten: er deutet nämlich jene arbeitsteilige Kooperation von Sozialwissenschaften und Planungsbürokratien stillschweigend nach dem Muster solcher naturwüchsigen Institutionen, von denen sich schon de Bonald die Wahrung des substantiellen Daseins versprochen hatte: »Die Institutionen sind daher nicht nur Zweck-, sondern auch Denksynthesen, in die die einzelnen Wissenschaften mit ihren partiellen Wahrheiten einzugehen haben, um das System eines sozialen Handelns zu ermöglichen[21].« Ein Handlungssystem dieser Art gewinnt aber nicht schon dadurch, daß in ihm gewisse dezisionistische Leerstellen ausgespart und gegen rationalisierende Übergriffe abgedichtet sind, jene zuverlässige Unmittelbarkeit stabiler Institutionen zurück, in denen einst das Zusammenleben der Menschen nach tradierten Regeln autoritativ geregelt gewesen sein mag. Das Aufregende daran ist im Gegenteil gerade die Tatsache, daß die zentralen Plan- und Verwaltungsstellen in einer hochindustrialisierten Gesellschaft mit weitreichenden Kompetenzen und entsprechend wirksamen Instrumenten ausgestattet sein müssen, *ohne* daß eine wissenschaftliche Rationalisierung die inneren Höfe spontaner Bewertungen und Entscheidungen durchdringen kann[22].

Faktisch wächst die Machbarkeit der Dinge *und* der gesellschaftlichen Beziehungen, unabhängig davon, ob wir sie mit Bewußtsein machen oder nicht. Weil sich eine arbeitsteilig instrumentalisierte Sozialwissenschaft zum Bewußtsein eines gesamtgesellschaftlichen Subjekts nicht erheben darf, entsteht gerade die Gefahr, daß die steigende technische und organisatorische Beeinflussung des sozialen Wandels in täglichen Routinen tatsächlich eine zweite Naturwüchsigkeit zurückgewinnt. Dadurch würde nämlich die Schwelle jenes Risikobewußtseins hochgedrückt, das sonst die in eigener Verantwortung betriebenen Prozesse begleitet. Wenn daher der Soziologe über die Pragmatik einer empirischen Planungswissenschaft hinaus noch eine Aufgabe überhaupt zugemutet werden kann, dann ist es die: statt sichtbar zu machen, was ohnehin *geschieht,* gerade bewußt zu halten, was wir ohnehin *machen,* nämlich planen und gestalten müssen, gleichviel, ob wir es mit Bewußtsein tun oder blindlings und ohne Besinnung. Eine derart kritische Soziologie sollte gerade aus der fiktiv vorentworfenen Perspektive eines verallgemeinerten Subjekts des sozialen Handelns denken. Nur in dieser *doppelten Rolle* kann Soziologie zum Bewußtsein ihrer selbst gelangen; kann sie sich und die Gesellschaft vor einer kritiklosen Bearbeitung des Bestehenden, vor seiner mit wissenschaftlichen Mitteln naiv vollzogenen Befestigung schützen[23].

Kritisch wäre diese Soziologie in dem höchst dialektischen Sinne einer Konservierung ihrer eigenen kritischen Tradition. Es ist nämlich dieselbe Tradition, aus welcher der in unseren Institutionen programmatisch investierte Anspruch stammt – jener »objektiv« gewordene Sinn der humanistischen Aufklärung, der den historisch angemessenen Maßstab angibt für die soziologische Erfolgskontrolle eines seinerseits sozialwissenschaftlich angeleiteten politisch-technischen Handelns. Die kritische Soziologie ist der Erinnerung dessen mächtig, was mit dem heute täglich zu Verwirklichenden und tatsächlich Erreichten einst intendiert war[24]. Sie nimmt den prätendierten Sinn der bestehenden Einrichtungen beim Wort, denn noch wo es utopische Worte sind, erschließen diese, realistisch verstanden, am Bestehenden das, was es *nicht* ist. Die falschen Identifikationen des Gesollten mit dem Erreichten sind in gleicher Weise, wenn auch nicht gleichermaßen, verhängnisvoll, ob sie nun terroristisch erzwungen oder manipulativ erzeugt sind. Wenn die kritische Soziologie ohne Anklage und ohne Rechtfertigung zeigt, daß Sekurität um den Preis eines gewachsenen Risikos nicht Sicherheit; Emanzipation um den Preis steigender Reglementierung nicht Freiheit; Prosperität um den Preis der Verdinglichung des Genusses nicht Überfluß ist; dann ist diese wie immer bittere Erfolgskontrolle *ihr* Beitrag, um die Gesellschaft entgegen dem Huxleyschen Alptraum, entgegen dem Orwellschen Grauen, offenzuhalten. Diese Erfolgskontrolle hätte das dezidiert politische Ziel, unsere Gesellschaft davor zu bewahren, sich unter einem autoritären Regime in eine geschlossene Anstalt zu verwandeln – sogar dann noch, wenn es außer den schon erreichten gar keine anderen Erfolge geben sollte.

Wir haben das Konzept einer Naturgeschichte der Menschheit im Fortschreiten zum je Besseren, das der Soziologie einst Pate gestanden hat, aufgegeben. Die Erfahrungen unseres Jahrhunderts geben keinen Anhalt für die Überzeugung, daß die Zivilisierung der Menschheit die stärkste ihrer Traditionen sei. Gleichwohl scheint Soziologie in einer Art ironischen Wiederholung, wenn auch ohne die metaphysische Garantie einer natürlichen Ordnung, ihre *kritischen* Aufgaben als die eigentlich *konservativen* aufnehmen zu müssen, denn die *Motive* der Kritik zieht sie einzig aus einer Konservierung ihrer eigenen kritischen Tradition[25].

Ich verhehle nicht die spekulative Überlegung, die dem zugrunde liegt. Sie kann ich nicht mit der Kompetenz des Soziologen mitteilen, sondern allenfalls unterm Schutz jener Narrenkappe, die ein wissenschaftliches Zeitalter der Philosophie überzogen hat. Ich gehe einfach von folgendem Tatbestand aus: mit der wachsenden Machbarkeit der natürlichen Dinge und der gesellschaftlichen Beziehungen wachsen offensichtlich auch die unseren Konflikten innewohnenden Risiken; gleichzeitig wird aber die pure Reproduktion des Lebens von immer anspruchsvolleren Voraussetzungen abhängig. Die eigentümliche Dialektik, die von Anbeginn darin begründet sein mag, daß die menschliche Natur stets mehr als Natur war, entfaltet sich daher heute in einer weltgeschichtlichen Dimension. Denn angesichts der mit Händen zu greifenden Katastrophen, die sich immer deutlicher als die einzigen Alternativen zur Abschaffung des Krieges, zur Sicherung des Wohlstandes und, obschon nicht ebenso deutlich, zur Erweiterung der persönlichen Freiheit und Freizügigkeit abzuzeichnen beginnen, – angesichts dieser katastrophalen Alternativen scheint es so zu sein, daß gewisse utopische Entwürfe zum erzwungenen Minimum der Existenzfristung geworden sind; daß das kostspieligste, großzügigste und zerbrechlichste Leben die beinahe einzige Form des Überlebens bleibt.

1 In diesem Sinne beispielsweise R. Dahrendorf, Sozialwissenschaft und Werturteil, a. a. O. S. 27 ff.

2 Vgl. W. Hofmann, Gesellschaftslehre als Ordnungsmacht, Berlin 1961.

3 Vgl. F. Jonas, Geschichte der Soziologie, Bd. I–IV, Reinbek 1968 u. 1969.

4 D. Hume, Works, Boston 1854, Bd. IV, S. 102.

5 Vgl. John Millar, The Origin of the Distinction of Ranks, in der Ausg. v. W. C. Lehmann, Cambrd. 1960, S. 176, deutsch: Vom Ursprung des Unterschieds in den Rangordnungen und Ständen der Gesellschaft, Frankfurt 1967.

6 Übersetzt nach Millar, ed. Lehmann, a. a. O. S. 354.

7 Dafür ist Millars Urteil über die Französische Revolution typisch: »Im großen und ganzen ist klar, daß die Verbreitung des Wissens das Prinzip der Utilität in allen politischen Diskussionen fördert; aber wir dürfen daraus nicht schließen, daß der Einfluß bloßer Autorität, die ohne Reflexion wirkt, vollkommen unnütz wäre« a. a. O. S. 357). Die Gehorsamsbereitschaft der breiten Masse sei ein brauchbares Korrektiv gegen Aufruhr und voreilige Neuerungen.

8 D. Hume, a. a. O. Bd. III, S. 222.

9 Saint Simon zitiert nach der Übersetzung von Thilo Ramm, Der Frühsozialismus, Stuttgart, o. J., S. 58.

10 Nach L. G. A. Vicomte de Bonald, Oeuvres complètes, ed. Migne, Paris 1864, Bd. I, S. 757.

11 Ramm, a. a. O. S. 45.

12 Vgl. R. Spaemann, Studien über L. G. A. de Bonald, München 1959, bes. S. 19 ff.

13 Vgl. jetzt das interessante Kapitel über soziologischen Positivismus, in: A. Gouldner, The Coming Crisis of Western Sociology, New York 1970, S. 88 ff.

14 Vgl. M. Merleau-Ponty, Humanismus und Terror, 1 und 2, Frankfurt 1966.

15 Vgl. R. Mayntz, Soziologie in der Eremitage, in: Kölner Zeitschrift für Soziologie und Sozialpsychologie, XIII 1961, S. 113 f.: »Der Soziologe eines westlichen Landes lebt in einer Gesellschaft, die manch krasse Ausbeutungsverhältnisse und soziale Benachteiligungen auf dem Wege zum demokratischen Rechts- und Wohlfahrtsstaat beseitigt hat, zugleich aber die im eigenen Haus noch bestehenden Machtverhältnisse als Vertrags-, Kooperations-, Verwaltungs- und Delegationsverhältnisse zu deuten und damit Machtkonflikte auf nationaler Ebene ideologisch zu verschleiern und auf die internationale Ebene abzuschieben versucht.« Inzwischen ist die konventionelle Soziologie, insbesondere im Zusammenhang mit den von der studentischen Protestbewegung freigesetzten Impulsen, von Grund auf in Frage gestellt. Vgl. dazu A. Gouldner, The Coming Crisis of Western Sociology, New York 1970.

16 Talcott Parsons, The Problem of Controlled Institutional Change, in: Essays in Sociological Theory, Pure and Applied, Glencoe 1949.

17 H. Schelsky, Ortsbestimmung der deutschen Soziologie, Düsseldorf 1959, S. 124. Vgl. dazu inzwischen: N. Luhmann, Zweckbegriff und Systemrationalität, Tübingen 1968.

18 H. Schelsky, ebd. S. 125 f.

19 Zur Standortbestimmung der Gegenwart, in: Wo stehen wir heute? ed. Bähr, Gütersloh 1960, S. 193, jetzt in: H. Schelsky, Auf der Suche nach Wirklichkeit, Düsseldorf 1965, S. 424 ff.

20 Ebd., S. 194. Vgl. auch: A. Gehlen, Über kulturelle Kristallisationen, in: Anthropologie und Soziologie, Neuwied 1963, S. 311–328.

21 H. Schelsky, Ortsbestimmung der deutschen Soziologie, a. a. O. S. 126.

22 In Auseinandersetzung mit der expliziten Fassung, die diese Theoreme inzwischen in der Systemtheorie (vgl. W. Buckley, Sociology and Modern Systemstheory, Englewood Cliffs 1967; N. Luhmann, Soziologische Aufklärung, Opladen 1970) erhalten haben, habe ich meine These genauer entfaltet in: J. Habermas, N. Luhmann, Theorie der Gesellschaft oder Sozialtechnologie? Was leistet die Systemforschung? Frankfurt 1971.

23 Eine »empirische Forschung, die … durch ihre dynamische Anschauungsweise zur Innovation eher als zu Konservation tendiert« (Mayntz, a. a. O. S. 116) ist nicht schon per se »kritisch« in unserem Sinne. Der Konservatismus überlebt ja, in einer dynamischen Gesellschaft wie der unsrigen, gerade als elastische Anpassung an den im Gefolge technischer Neuerungen institutionalisierten »Fortschritt«. Eine

solche mangelnde Distanzierung von dem, »was ohnehin geschieht«, ist die sozialpsychologische Voraussetzung für eine – in unserem Sinne »konservative« – Erhaltung der grundlegenden Strukturen, deren Veränderung durch ein distanziertes Bewußtsein vermittelt sein müßte.

24 In empirisch-analytischer Einstellung müssen wir Normatives von Faktischem trennen und die heute geltenden Traditionen auf *einer* Ebene mit allen übrigen »Wertsystemen« vergegenständlichen. Demgegenüber gewinnt die Soziologie, die sich ihre *eigene* historische Herkunft aus dem objektiven Zusammenhang von Interessen, Ideologien und Ideen bewußt macht, eine Dimension der Kritik auf hermeneutischem Wege: die Dogmatik der gelebten Situation wird nicht durch Formalisierung ausgeschieden, sie läßt sich nicht entäußern, sondern nur von innen her, gleichsam im Gang durch eine Identifikation mit den geltenden Traditionen hindurch aufbrechen und überholen. Kritische Soziologie in unserem Sinne ist deshalb nur als historische möglich. Ihre Begriffe sind durch das in den Traditionen und Institutionen »objektiv« gewordene Sinnverständnis vermittelt, in dem sich die verschiedenen sozialen Gruppen ihre bestimmten Situationen jeweils verständlich machen, »auslegen«. Dann erst können diese Begriffe an demselben interessenbestimmten Zusammenhang, den sie deuten, auch selbst gemessen werden. Diese dialektische Doppelzüngigkeit ist der Preis, um den eine solche Theorie ihre Zugehörigkeit zu der in ihr sich freilich reflektierenden Lebenspraxis wahrt. Im grundsätzlichen Unterschied zur Wissenssoziologie erhält sie ihre Kategorien aus einer Kritik, die zur Ideologie nur herabsetzen kann, was sie in deren eigener Intention als Idee erst einmal ernstgenommen hat. Vgl. jetzt: Hermeneutik und Ideologiekritik, Frankfurt 1971; und demnächst H. J. Sandkühler, Praxis und Geschichtsbewußtsein, Fragen einer dialektischen und historisch-materialistischen Hermeneutik, Frankfurt 1972.

25 Diese Behauptung möchte ich heute nicht mehr aufrecht erhalten. Vgl. meine Bedenken gegen Adorno in: Philosophisch-politische Profile, a. a. O. S. 194 ff. Ich vermute, daß eine entwickelte Universalpragmatik uns erlauben wird, die Rechtsgründe der Kritik namhaft zu machen, die nicht kontingent in geschichtlichen Traditionen festgemacht werden können.

8. Dogmatismus, Vernunft und Entscheidung – Zu Theorie und Praxis in der verwissenschaftlichten Zivilisation

Das Verhältnis von Theorie und Praxis bezog sich in der Tradition der großen Philosophie stets auf das gute und richtige, auf das »wahre« Leben und Zusammenleben der Individuen wie der Staatsbürger. Im 18. Jahrhundert ist diese Dimension einer theoretisch angeleiteten Lebenspraxis geschichtsphilosophisch erweitert worden. Seitdem erfaßt die auf Praxis gerichtete und auf sie zugleich angewiesene Theorie nicht mehr die natürlichen, wahrhaften oder eigentlichen Handlungen und Einrichtungen einer ihrem Wesen nach konstanten Menschengattung, vielmehr hat es Theorie jetzt mit dem objektiven Entwicklungszusammenhang einer sich selbst produzierenden, zu ihrem Wesen, der Humanität, erst bestimmten Gattung Mensch zu tun. Geblieben ist der Anspruch einer Orientierung im richtigen Handeln, aber die Realisierung des guten, glücklichen und vernünftigen Lebens ist in der weltgeschichtlichen Vertikale auseinandergespannt, die Praxis ist über Stufen der Emanzipation auseinandergezogen. Denn als Befreiung von einem äußerlich imponierten Zwang wird nun die vernünftige Praxis ebenso gedeutet wie als Aufklärung jene Theorie, die sich vom Interesse an dieser Befreiung leiten läßt. Das Erkenntnisinteresse der Aufklärungstheorie ist erklärtermaßen kritisch; es setzt eine spezifische Erfahrung voraus, die ebenso in Hegels Phänomenologie des Geistes wie in Freuds Psychoanalyse festgehalten ist – die Erfahrung der Emanzipation durch kritische Einsicht in Gewaltverhältnisse, deren Objektivität allein daher rührt, daß sie nicht durchschaut sind. Kritische Vernunft gewinnt analytisch Macht über dogmatische Befangenheit[1].

In der Kontroverse zwischen Kritik und Dogmatismus ergreift die Vernunft Partei, mit jeder neuen Stufe der Emanzipation erringt sie einen weiteren Sieg. In einer derart praktischen Vernunft konvergieren Einsicht und das ausgesprochene Interesse an einer Befreiung durch Reflexion. Die höhere Reflexionsstufe fällt zusammen mit einem Fortschritt in der Autonomie der Einzelnen, mit der Eliminierung von Leid und der Beförderung des konkreten Glücks. Die mit dem Dogmatismus streitende Vernunft hat dieses

Interesse entschieden in sich aufgenommen – sie läßt das Moment der Entscheidung nicht außer sich. Vielmehr bemessen sich rational die Entscheidungen der Subjekte an jener einzigen objektiven Entscheidung, die vom Interesse der Vernunft selbst gefordert ist. Die Vernunft hat dem Willen zum Vernünftigen noch nicht entsagt.

Nun hat sich diese Konstellation von Dogmatismus, Vernunft und Entscheidung seit dem 18. Jahrhundert tiefgreifend verändert, und zwar in demselben Maße, in dem die positiven Wissenschaften zu Produktivkräften der gesellschaftlichen Entwicklung geworden sind. Im Maße der Verwissenschaftlichung unserer Zivilisation ist nämlich die Dimension, in der einst Theorie auf Praxis sich richtete, zugeschnürt worden. Die Gesetze der Selbstreproduktion verlangen von einer industriell fortgeschrittenen Gesellschaft, daß sie sich auf der Stufenleiter einer stetig erweiterten technischen Verfügung über Natur und einer stetig verfeinerten sozialorganisatorischen Verwaltung der Menschen und ihrer Beziehungen untereinander am Leben erhält. In diesem System schließen sich Wissenschaft, Technik, Industrie und Verwaltung zu einem Kreisprozeß zusammen. Darin kann das Verhältnis von Theorie und Praxis nur mehr als zweckrationale Verwendung erfahrungswissenschaftlich gesicherter Techniken zur Geltung kommen. Die gesellschaftliche Potenz der Wissenschaften wird auf die Gewalt technischer Verfügung reduziert – als eine Potenz aufgeklärten Handelns kommen sie nicht länger in Betracht. Die empirisch-analytischen Wissenschaften erzeugen technische Empfehlungen, sie geben aber keine Antwort auf praktische Fragen. Der Anspruch, mit dem sich einst Theorie auf Praxis bezog, ist apokryph geworden. Anstelle einer Emanzipation durch Aufklärung tritt die Instruktion der Verfügung über gegenständliche oder vergegenständlichte Prozesse. Die gesellschaftlich wirksame Theorie ist nicht mehr an das Bewußtsein zusammenlebender und miteinander sprechender, sondern an das Verhalten hantierender Menschen adressiert. Sie verändert als eine Produktivkraft der industriellen Entwicklung die Basis des menschlichen Lebens, aber sie reicht nicht mehr kritisch über diese Basis hinaus, um das Leben selbst, und für es, auf eine andere Stufe zu heben.

Die eigentliche Schwierigkeit im Verhältnis der Theorie zur Praxis erwächst freilich nicht aus dieser neuen Funktion der Wissenschaft, die zur technischen Gewalt wird, sondern daraus, daß wir zwischen technischer und praktischer Gewalt nicht mehr unterscheiden können². Auch eine verwissenschaftlichte Zivilisation ist von der Beantwortung praktischer Fragen nicht dispensiert; deshalb entsteht eine eigentümliche Gefahr, wenn der Prozeß der Verwissenschaftlichung die Grenze technischer Fragen überschreitet, ohne sich doch von der Reflexionsstufe einer technologisch beschränkten Rationalität zu lösen. Dann nämlich wird ein vernünftiger Konsensus der Bürger über die praktische Beherrschung ihrer Geschicke gar nicht mehr angestrebt. An seine Stelle tritt der Versuch, die Verfügung über Geschichte ebenso unpraktisch wie unhistorisch in der Art einer perfektionierten Verwaltung der Gesellschaft technisch zu erlangen. Theorie, die sich noch auf Praxis im genuinen Sinne bezog, begriff die Gesellschaft als einen Handlungszusammenhang von sprechenden Menschen, die den sozialen Verkehr in den Zusammenhang bewußter Kommunikation einholen und sich selbst darin zu einem handlungsfähigen Gesamtsubjekt bilden müssen – sonst mußten die Geschicke einer im einzelnen immer strenger rationalisierten Gesellschaft insgesamt der rationalen Zucht, der sie um so mehr bedürfen, entgleiten. Eine Theorie hingegen, die Handeln mit Verfügen verwechselt, ist einer solchen Perspektive nicht mehr fähig. Sie begreift Gesellschaft als einen Konnex von Verhaltensweisen, in dem Rationalität einzig durch den Verstand sozialtechnischer Steuerung, nicht aber durch ein kohärentes Gesamtbewußtsein vermittelt ist, eben durch jene interessierte Vernunft, die allein durch die Köpfe der politisch aufgeklärten Bürger hindurch praktische Gewalt erlangen kann.

In der industriell fortgeschrittenen Gesellschaft sind Forschung, Technik, Produktion und Verwaltung zu einem unübersichtlichen, aber funktionell verschränkten System zusammengewachsen. Dieses ist buchstäblich zur Basis unseres Lebens geworden. Mit ihm hängen wir auf eine merkwürdige, zugleich intime und doch auch entfremdete Weise zusammen. Einerseits sind wir durch ein Netz von Organisationen und eine Kette von Konsumgütern äußerlich an diese Basis angebunden, andrerseits bleibt diese der Kenntnis und erst recht der Reflexion entzogen. An diesem Tatbestand wird freilich nur eine Theorie, die auf Praxis gerichtet ist, das Paradox erkennen, das doch auf der Hand liegt: je mehr Wachstum und Wandlung der Gesellschaft von der äußersten Rationalität arbeitsteiliger Forschungsprozesse bestimmt werden, um so weniger ist die verwissenschaftlichte Zivilisation im Wissen und Gewissen ihrer Bürger festgemacht. An diesem Mißverhältnis finden sozial-

wissenschaftlich angeleitete und entscheidungstheoretisch ausgewählte, am Ende sogar kybernetisch gesteuerte Techniken ihre un-
überschreitbare Grenze; es kann nur verändert werden durch Veränderung der Bewußtseinslage selber, also durch die praktische
Wirkung einer Theorie, die nicht Dinge und Verdinglichtes besser
manipuliert, die vielmehr durch die penetranten Vorstellungen
einer beharrlichen Kritik das Interesse der Vernunft an Mündigkeit, an Autonomie des Handelns und Befreiung von Dogmatismus
vorantreibt.

Dezidierte Vernunft und das Interesse der Aufklärung: Holbach, Fichte und Marx

Diese Kategorien stammen, wie überhaupt die Konstellation von
Dogmatismus, Vernunft und Entscheidung, welche Einheit der
Theorie mit Praxis begründete, aus dem 18. Jahrhundert. Im Vorwort zu seinem »System der Natur« spricht Paul Thiry d'Holbach
von der Verseuchung des Geistes durch Vorurteile: er sei mit dem
Schleier der Anschauungen, die man von Kindheit an über ihn
breitet, so verwachsen, daß er nur mit größter Mühe daraus sich
lösen lasse[3]. Dogmatismus trägt hier noch den Namen des Vorurteils; ihm ist eine von Erfahrung geleitete Vernunft konfrontiert.
Sie hält den Menschen zum Studium der Natur an, während das
Unglück des Dogmatismus aus Versuchen entstanden ist, diese
Sphäre der sichtbaren Welt zu überschreiten. Die kritische Vernunft wird den Menschen auf die Rolle des Physikers beschränken;
in die Hirngespinste seiner Vorurteile hat er sich verfangen, weil
er Metaphysiker sein wollte, ehe er Physiker war. Hier ist also jene
Unterscheidung schon in aller Klarheit getroffen, zu der die
Grundsätze des Positivismus bloß den Refrain bilden. Und doch
meinte die Aufklärung den Gegensatz von Dogmatismus und Vernunft nicht positivistisch.
Der Titel des Vorurteils deckte nämlich mehr als den Inbegriff
subjektiver Meinungen. Dogmatische Befangenheit ist nicht ein
schlichter Irrtum, der analytisch mit leichter Hand aufzulösen
wäre. Der Irrtum, mit dem es die Aufklärung zu tun hatte, ist vielmehr das falsche Bewußtsein einer Epoche, das in den Institutionen einer falschen Gesellschaft verankert ist und ihrerseits herrschende Interessen befestigt. Die massive Objektivität des Vorurteils, der die Rede von Kerkermauern angemessener wäre als die

eines Gespinstes, wird handgreiflich in den Repressionen und Versagungen der vorenthaltenen Mündigkeit: »Dem Irrtum verdanken wir die drückenden Ketten, die die Despoten und die Priester überall den Völkern schmieden. Dem Irrtum verdanken wir die Sklaverei, in der fast in allen Ländern die Völker schmachten ... Dem Irrtum verdanken wir die religiösen Schrecken, die überall die Menschen in Furcht erstarren und für Hirngespinste sich niedermetzeln lassen. Dem Irrtum verdanken wir die eingewurzelten Feindschaften, die barbarischen Verfolgungen, das fortwährende Blutvergießen und die empörenden Tragödien ...«[4] Unwissenheit fällt zusammen mit Leid und verhindertem Glück, Ungewißheit mit Sklaverei und der Unfähigkeit, richtig zu handeln.

Weil aber die Vorurteile aus dieser Verknüpfung der vorenthaltenen Mündigkeit mit versagter Freiheit und verhinderter Befriedigung ihre eigentümliche Objektivität ziehen, bedarf es umgekehrt zur kritischen Auflösung der existierenden Unwahrheit, des Irrtums als Substanz, über die vernünftige Einsicht hinaus auch und vor allem der Kardinaltugend des Mutes, genauer: die Vernunft selber lebt aus diesem Mut zur Vernunft, jenem sapere aude, das Kant zum Motto seiner Antwort auf die Frage, was Aufklärung sei, erhoben hat. Die kritische Vernunft erlangt über den leibgewordenen Dogmatismus nur Gewalt, weil sie den Willen zur Vernunft in ihr eigenes Interesse aufgenommen hat. Sie kann deshalb, davon ist Holbach überzeugt, nicht zu verderbten Menschen sprechen: »ihre Stimme wird nur von rechtschaffenen Menschen vernommen, die an eigenes Denken gewöhnt sind und Gefühl genug besitzen, um die unzähligen Leiden zu beklagen, die der Erde durch religiöse und politische Tyrannei zugefügt werden, und die aufgeklärt genug sind, um die unermeßliche Kette der Übel wahrzunehmen, unter denen das bedrückte Menschengeschlecht zu allen Zeiten durch den Irrtum hat leiden müssen[5].« Die Vernunft wird fraglos gleichgesetzt mit dem Talent zur Mündigkeit und mit der Sensibilität gegenüber den Übeln dieser Welt. Sie ist für das Interesse an Gerechtigkeit, Wohlfahrt und Frieden immer schon entschieden; gegen Dogmatismus wehrt sich eine dezidierte Vernunft.

Nun mochte diese Entschiedenheit als die undiskutierte Basis aller vernünftigen Anstrengungen gelten können, weil man damals in der Kategorie der Natur noch zusammendachte, was eine spätere Aufklärung präzise geschieden hat. Holbachs Vorwort beginnt ja mit dem klassischen Bekenntnis: »Der Mensch ist darum unglücklich, weil er die Natur verkennt.« Einsicht in die Gesetze der Natur sollte zugleich Anweisungen für das richtige Leben vermitteln können. Im Untertitel des Systems sind nicht zufällig die loix du monde physique et du monde moral auf einen Nenner gebracht. Wie schon bei Hobbes scheint aus dem Studium der Natur beides hervorzugehen: die Erkenntnis dessen, wie es sich mit der Natur verhält, und Belehrung darüber, wie die Menschen der Natur entsprechend sich verhalten sollen. Sobald hingegen Natur erfahrungswissenschaftlich objektiviert wird, muß man die Hoffnung, aus der Erkenntnis kausaler Gesetze zugleich die Gewißheit über normative Gesetze zu gewinnen, preisgeben. Die positivistische Aufklärung, die sich darum eine radikale nennt, hat die Äquivokationen im Begriff der Natur durchschaut, die Konvergenz von Wahrheit und Glück, von Irrtum und Leid gelöst, und Vernunft auf eine Potenz von Erkennen reduziert, das mit dem kritischen Stachel seine Entschiedenheit eingebüßt, sich von Entscheidung als einem ihm fremden Moment getrennt hat.

Noch ließ sich diese Konsequenz vermeiden, ließ sich Vernunft als Kategorie der Aufklärung retten und erst recht gegen Dogmatismus zuspitzen, als am Ausgang des 18. Jahrhunderts Fichte das System der Natur durch eine transzendentale Wissenschaftslehre ersetzte. Die Gesetzgebung sowohl für ein kausal bestimmtes Reich der Erscheinungen als auch für das Reich der Freiheit unter selbstgegebenen Normen hatte ja schon Kant aus der Natur herausgenommen und in die synthetischen Leistungen des Subjekts hineingelegt. Fichte macht praktische Vernunft autonom und setzt Natur zu dem aus Freiheit hervorgebrachten Material der Handlung herab. Unter diesen veränderten Voraussetzungen des Idealismus kann der Dogmatismus nicht länger von einer die Natur studierenden, durch Sinneserfahrung kontrollierten Vernunft überwunden werden. Ja, der Dogmatismus selber hat noch an Gewalt und Undurchdringlichkeit gewonnen, er wird penetrant und universell, weil sich nun dogmatische Befangenheit nicht erst in Gestalt eines durch Tyrannen und Priester institutionalisierten Vorurteils etabliert – dogmatisch ist bereits ein Bewußtsein, das sich als Produkt der Dinge um uns herum, als ein Naturprodukt begreift: »Das Prinzip der Dogmatiker ist Glaube an die Dinge um ihrer selbst willen: also mittelbarer Glaube an ihr eigenes zerstreutes und nur durch die Objekte getragenes Selbst[6].« Fichte faßt den Dogmatismus elementarer als Holbach. Das Vorurteil der französischen Enzyklopädisten erscheint im Deutschen Idealismus unter dem Titel der »Zerstreuung«, einer Fixierung des ichschwachen und unmündigen Bewußtseins an die Außenhalte existierender Dinge; es meint die Verdinglichung des Subjekts.

Wenn sich aber Vernunft in einer Kritik des verdinglichten Bewußtseins konstituiert, kann deren Standpunkt, nämlich der Idealismus, nicht durch Argumente allein nach Regeln der Logik erzwungen werden. Man muß sich, um vernünftig die Schranken des Dogmatismus abstreifen zu können, zuvor das Interesse der Vernunft zu eigen gemacht haben: »Der letzte Grund der Verschiedenheit des Idealisten und des Dogmatikers ist sonach die Verschiedenheit des Interesses[7].« Das Bedürfnis der Emanzipation und ein ursprünglicher Akt der Freiheit sind vorausgesetzt, damit sich der Mensch zum Standpunkt der Mündigkeit emporarbeiten kann, von dem aus kritische Einsicht in den verborgenen Mechanismus der Entstehung der Welt und des Bewußtseins erst möglich ist. Der junge Schelling spricht den Gedanken Fichtes so aus, daß wir keinen anderen Anfang mit der Vernunft machen können »denn durch eine Antizipation der praktischen Entscheidung[8].« Die Vernunft wird so wenig als ein vom Wollen losgetrenntes Erkennen aufgefaßt, daß sie selber die Stufe erst realisiert, auf der sie dann ein an Objekten haftendes Bewußtsein als falsches Bewußtsein reflektieren kann. Das entwickelte System der Vernunft ist »notwendig entweder Kunststück, Gedankenspiel ... oder es muß Realität *erhalten,* nicht durch ein theoretisches, sondern durch ein praktisches, nicht durch ein erkennendes, sondern durch ein *produktives, realisierendes* Vermögen, nicht durch Wissen, sondern durch Handeln[9].« Genau in diesem Sinne muß auch Fichtes berühmtes Diktum verstanden werden: was für eine Philosophie man wähle, hänge davon ab, was man für ein Mensch sei[10]. Wie bei Holbach die Vernünftigkeit des Subjekts, ein bestimmter Grad von Autonomie und eine bestimmte Art von Sensibilität Voraussetzung waren für die Fähigkeit kritischer Einsicht, so ist bei Fichte erst recht Vernunft mit der Komplexität des menschlichen Geistes im fortgeschrittenen Stadium seiner historischen Entfaltung verwachsen. Die im weltgeschichtlichen Bildungsprozeß der Gattung erworbene Freiheit, sich des Interesses der Vernunft als des eigenen anzunehmen, zeichnet die Menschen aus, die den Dogmatismus überwunden haben: ihnen kommt in erster Linie kein theoretisches, sondern ein praktisches Verdienst zu. »Einige, die sich noch nicht zum vollen Gefühl ihrer Freiheit und absoluten Selbständigkeit erhoben haben, finden sich selbst nur im Vorstellen der Dinge; sie haben nur jenes zerstreute, auf den Objekten haftende, und aus ihrer Mannigfaltigkeit zusammenzulesende Selbstbewußtsein. Ihr Bild wird ihnen nur durch die Dinge wie durch einen Spiegel zugeworfen; sie können um ihrer selbst willen den Glauben an die Selbständigkeit derselben nicht aufgeben: denn sie selbst bestehen nur mit jenen … Wer aber seiner Selbständigkeit und Unabhängigkeit von allem, was außer ihm ist, bewußt wird – und man wird dies nur dadurch, daß man sich unabhängig von allem durch sich selbst zu etwas macht –, der bedarf der Dinge nicht zur Stütze seines Selbst, und kann sie nicht brauchen, weil sie jene Selbständigkeit aufheben, und in leeren Schein verwandeln[11].«

Der Preis, den Fichte für die Einheit von Vernunft und Entscheidung um eines kritischen Begriffs der Vernunft willen entrichtet, ist freilich, wie vor allem der letzte Satz zeigt, zu hoch. Alsbald hatten ja Schelling und Hegel entdeckt, daß die Spontaneität eines die Welt und sich selber setzenden absoluten Ichs abstrakt bleibt; sie hatten gezeigt, daß Natur nicht zur bestimmungslosen Materie handelnder Subjekte herabgesetzt werden darf – es sei denn eine selber entqualifizierte Menschenwelt schrumpfe auf den blinden Punkt einer Aktion um des Agierens willen zusammen[12]. Auf dem durch Hegel bereiteten Niveau der Diskussion entwickelt daher Marx, nach Holbach und Fichte Repräsentant einer dritten Generation dezidierter Aufklärer, wie das Innere der Vernunft und die Parteinahme des Denkens gegen Dogmatismus selbst erst historisch aus einem Bildungsprozeß hervorgehen. Die arbeitenden Subjekte erstreben in Auseinandersetzung mit einer in sich strukturierten Natur, und auf deren Boden, eine am Ende von Naturzwang und Herrschaft emanzipierte Form des sozialen Verkehrs – und damit politische Mündigkeit. Marx zeigt gegen Fichte, daß das verdinglichte Bewußtsein gleichsam durch die Dinge hindurch praktisch kritisiert werden muß – statt bloß erkenntnistheoretisch durch einen Rückzug ins selbsttätige Subjekt, durch die Absage an den Realismus des gesunden Menschenverstandes. Wie Fichte gegenüber Holbach, so versteift Marx gegenüber Fichte den Dogmatismus noch einmal; noch einmal gewinnt dieser an Undurchdringlichkeit der Substanz, an Naturwüchsigkeit objektiver Verblendung. Die beiden »Hauptgattungen von Menschen«, die Fichte als Dogmatiker und Idealisten unterscheidet, verlieren ebenso wie der Gegensatz ihrer Interessen die bloß subjektive Gestalt einer moralischen Bestimmung. Vielmehr sind jene Interessen, die das Bewußtsein unter die Herrschaft der Dinge und der verdinglichten

Zusammenhänge beugen, als materielle in der gesellschaftlichen Basis entfremdeter Arbeit, versagter Befriedigungen und unterdrückter Freiheit ebenso historisch bestimmt verankert wie das Interesse, das durch die realen Widersprüche einer zerrissenen Welt hindurch die Einheit der Lebensprozesse als die den Verhältnissen immanente Vernunft zur Geltung bringen will. Aus einem institutionalisierten Vorurteil, und durch die Form einer transzendentalen Zerstreuung vermittelt, nimmt der Dogmatismus hier die Gestalt von Ideologien an. Die gegen Dogmatismus entschiedene Vernunft wirkt fortan unter dem Namen der Ideologiekritik. Deren Parteilichkeit beansprucht aber die gleiche Objektivität, die dem kritisierten Schein zugeschrieben wird. Das erkenntnisleitende Interesse wird aus dem objektiven Zusammenhang legitimiert.

Die Momente von Erkenntnis und Entscheidung verhalten sich im Begriff einer ideologiekritisch tätigen Vernunft dialektisch: einerseits läßt sich die Dogmatik der geronnenen Gesellschaft nur in dem Maße durchschauen, in dem sich Erkenntnis entschieden von der Antizipation einer emanzipierten Gesellschaft und der realisierten Mündigkeit aller Menschen leiten läßt; zugleich verlangt aber dieses Interesse umgekehrt auch schon die gelungene Einsicht in Prozesse der gesellschaftlichen Entwicklung, weil es sich in ihnen allein als ein objektives konstituiert. Auf der Stufe der historischen Selbstreflexion einer Wissenschaft in kritischer Absicht identifiziert Marx ein letztes Mal Vernunft mit der Entscheidung zur Vernünftigkeit im Stoß gegen den Dogmatismus.

In der zweiten Hälfte des 19. Jahrhunderts, im Zuge der Herabsetzung der Wissenschaft zur Produktivkraft einer industrialisierten Gesellschaft, brechen Positivismus, Historismus und Pragmatismus aus diesem umfassenden Begriff der Rationalität je ein Stück heraus[13]. Der bis dahin unangefochtene Versuch der großen Theorien, den Lebenszusammenhang im ganzen zu reflektieren, ist fortan selbst als dogmatisch diskreditiert. Die partikularisierte Vernunft wird auf die Stufe des subjektiven Bewußtseins verwiesen, sei es als das Vermögen der empirischen Überprüfung von Hypothesen, des historischen Verstehens oder einer pragmatischen Verhaltenskontrolle. Gleichzeitig werden Interesse und Neigung als subjektive Momente aus dem Hof des Erkennens ausgestoßen. Die Spontaneität der Hoffnung, die Akte des Stellungnehmens und die Erfahrung von Relevanz oder Indifferenz vor allem, die Sensibilität gegen Leid und Unterdrückung, der Affekt für die Mündigkeit, der Wille zur Emanzipation und das Glück der gefundenen Identität – sie allemal sind aus dem verbindlichen Interesse der Vernunft nun entlassen. Eine desinfizierte Vernunft ist von Momenten aufgeklärten Wollens gereinigt; selbst außer sich, hat sie sich ihres Lebens entäußert. Und das entgeistete Leben führt geisterhaft ein Dasein der Willkür – unter dem Namen von »Entscheidung«.

Die positivistische Isolierung von Vernunft und Entscheidung

Bis dahin war kritische Erkenntnis bezogen auf eine wissenschaftliche Orientierung im Handeln. Auch die Erkenntnis der Natur (Physik im klassischen Sinne) hatte ihren Stellenwert für die Praxis (für Ethik und Politik). Nachdem aber in Positivismus und Pragmatismus die Erfahrungswissenschaften des neuen, seit Galilei erfolgreichen Typs zum Bewußtsein ihrer selbst gelangt sind, und nachdem in der analytischen Philosophie, vom Wiener Kreis ebenso wie von Peirce und Dewey inspiriert, dieses wissenschaftstheoretische Selbstverständnis aufs genaueste expliziert worden ist, durch Carnap, Popper und Morris[14] vor allem, sind zwei Erkenntnisfunktionen deutlich geschieden – beide einer Orientierung zum Handeln gleichermaßen entmächtigt.

Die *affirmative Leistung* der modernen Wissenschaften besteht in Aussagen über empirische Gleichförmigkeiten. Die Gesetzeshypothesen, die aus einem deduktiven Zusammenhang von Sätzen gewonnen und an kontrollierten Erfahrungen überprüft werden, beziehen sich auf regelmäßige Kovarianzen empirischer Größen in allen der Erfahrung intersubjektiv zugänglichen Bereichen. Bei gegebenen individuellen Ausgangsbedingungen dienen universelle Gesetze dieser Art zur Erklärung. Dieselben theoretischen Sätze, die Wirkungen kausal zu erklären gestatten, ermöglichen ebenso die Prognose der Wirkungen bei gegebenen Ursachen. Diese prognostische Verwendung erfahrungswissenschaftlicher Theorien verrät das leitende Erkenntnisinteresse generalisierender Wissenschaften. Wie sich einst die Handwerker bei der Bearbeitung ihres Materials von traditionell bewährten Erfahrungsregeln leiten ließen, so können sich heute Ingenieure aller Sparten bei der Wahl ihrer Mittel, ihrer Instrumente und Operationen, auf solche wissenschaftlich erprobten Vorhersagen stützen. Die Zuverlässigkeit der Regeln unterscheidet freilich die Ausübung der Technik im alten

Sinne von dem, was wir heute Technik nennen. Die Erkenntnisfunktion der modernen Wissenschaften muß daher im Zusammenhang mit dem System gesellschaftlicher Arbeit begriffen werden: sie erweitern und rationalisieren unsere Gewalt technischer Verfügung über gegenständliche oder, gleichviel, vergegenständlichte Prozesse der Natur und der Gesellschaft.

Von dieser affirmativen Leistung der auf Erfahrungswissenschaft reduzierten Erkenntnis leitet sich auch die andere Funktion, ihre *kritische Leistung* her. Wenn nämlich jener Typus von Wissenschaft die Anleitung zu rationalem Verhalten monopolisiert, müssen alle konkurrierenden Ansprüche auf wissenschaftliche Orientierung im Handeln abgewiesen werden. Dieses Geschäft ist einer positivistisch beschnittenen Ideologiekritik vorbehalten. Sie richtet sich gegen einen Dogmatismus in neuer Gestalt. Als dogmatisch muß jetzt jede Theorie erscheinen, die auf Praxis anders als in der Weise der Potenzierung und Perfektionierung der Möglichkeiten zweckrationalen Handelns bezogen ist. Weil in der Methodologie der Erfahrungswissenschaften ein alle übrigen Interessen ausschließendes technisches Erkenntnisinteresse ebenso stillschweigend wie zuverlässig begründet ist, können unter dem Titel der Wertfreiheit alle anderen Bezüge zur Lebenspraxis abgeblendet werden. Die Ökonomie der zweckrationalen Mittelwahl, die durch bedingte Prognosen in der Form technischer Empfehlungen verbürgt wird, ist der einzige zugelassene »Wert«[15], und auch er wird nicht explizit als Wert vertreten, weil er mit Rationalität schlechthin zusammenzufallen scheint. In Wahrheit handelt es sich um die Formalisierung eines einzigen Lebensbezuges, nämlich der Erfahrung der in Systemen gesellschaftlicher Arbeit eingebauten, in jedem elementaren Arbeitsvollzug schon realisierten Erfolgskontrolle.

Nach Grundsätzen einer analytischen Wissenschaftstheorie dürfen mithin empirische Fragen, die sich nicht in Form technischer Aufgaben stellen und lösen lassen, keine theoretisch verbindliche Antwort erwarten. Alle praktischen Fragen, die durch technische Empfehlungen nicht zureichend beantwortet werden können, vielmehr auch eines Selbstverständnisses in konkreter Lage bedürfen, überschreiten das erfahrungswissenschaftlich investierte Erkenntnisinteresse von vornherein. Der positivistisch allein zugelassene Typus von Wissenschaft ist einer rationalen Erörterung solcher Fragen nicht mächtig. Theorien, die gleichwohl Lösungen anbieten, können nach diesen Maßstäben des Dogmatismus überführt werden. Das Ziel einer entsprechend verkürzten Ideologiekritik ist es, auf jeden dogmatischen Vers den dezisionistischen Reim zu finden: daß (in unserem Sinne) praktische Fragen verbindlicher Diskussion unfähig sind und in letzter Instanz *entschieden* werden müssen. Das Zauberwort für die Lossprechung vom dogmatischen Bann ist eine gegen Vernunft peinlich isolierte Entscheidung: praktische Fragen sind nicht länger »wahrheitsfähig.«

An diesem Punkt der positivistischen Auseinandersetzung mit den neuen Gestalten des Dogmatismus[16] zeigt sich die Kehrseite solcher Ideologiekritik. Sie zieht mit Recht von Wertethiken nach dem Muster Schelers und Hartmanns den Schleier einer falschen Rationalisierung des Entrationalisierten ab und stößt die idealen Gegenstände in die Subjektivität von Bedürfnissen und Neigungen, Wertungen und Entschlüssen zurück. Aber das Ergebnis ihrer Arbeit ist monströs genug: aus dem Fluß der erfahrungswissenschaftlichen Rationalität sind die Verunreinigungen, die Abwässer der Emotionalität abgefiltert und in einem Staubecken hygienisch abgesperrt – eine imponierende Masse subjektiver Wertqualitäten. Jeder einzelne Wert erscheint als die sinnlose Zusammenballung von Sinn, einzig mit dem Stigma der Irrationalität gezeichnet, daß der Vorrang des einen Wertes vor dem anderen, also die Verbindlichkeit, die er fürs Handeln beansprucht, schlechterdings nicht begründet werden kann. So führt denn auf dieser Stufe Ideologiekritik unfreiwillig den Beweis, daß das Fortschreiten einer auf technische Verfügung erfahrungswissenschaftlich beschränkten Rationalisierung erkauft wird mit dem proportionalen Anwachsen einer Masse von Irrationalität im Bereich der Praxis selber. Denn Orientierung verlangt Handeln nach wie vor. Aber nun wird sie zerteilt in eine rationale Vermittlung von Techniken und Strategien und in eine irrationale Wahl sogenannter Wertsysteme. Der Preis für die Ökonomie der Mittelwahl ist ein freigesetzter Dezisionismus in der Wahl der obersten Ziele.

Die positivistisch bereinigte Grenze zwischen Erkennen und Werten bezeichnet freilich weniger ein Resultat als ein Problem. Denn des abgeschiedenen Bereichs der Werte, Normen und Entscheidungen bemächtigen sich nun die philosophischen Deutungen eben auf der Basis einer mit der reduzierten Wissenschaft geteilten Arbeit von neuem.

Die *subjektive Wertphilosophie* ist sich der vom realen Lebenszusammenhang abgespaltenen und hypostasierten Sinnbezüge schon nicht mehr so sicher wie die objektive Wertethik, die daraus sogleich ein der Sinneserfahrung transzendentes Reich idealen Seins gemacht hatte. Auch sie reklamiert die Existenz von Wertordnungen (Max Weber) und Glaubensmächten (Jaspers) in einer der Geschichte enthobenen Sphäre. Aber die wissenschaftlich kontrollierte Erkenntnis wird nicht durch eine intuitive schlicht ergänzt. Der philosophische Glaube, der zwischen purer Entscheidung und rationaler Erfassung in der Mitte bleibt, muß sich einer der konkurrierenden Ordnungen verschreiben, ohne doch deren Pluralismus aufheben und den dogmatischen Kern, aus dem er selber lebt, ganz auflösen zu können. Die verantwortliche, obgleich prinzipiell unentscheidbare Polemik zwischen Philosophen, den intellektuell redlichen und existentiell verpflichteten Repräsentanten geistiger Mächte, erscheint in diesem Bereich praktischer Fragen als die einzig erlaubte Form der Auseinandersetzung. – Ein weltanschaulicher *Dezisionismus* scheut sich nicht länger, Normen auf Entscheidungen zurückzuführen. In der sprachanalytischen Form einer nicht-kognitiven Ethik ist die dezisionistische Ergänzung zu einer positivistisch beschränkten Wissenschaft selber noch positivistisch konzipiert (R. M. Hare). Sobald man bestimmte fundamentale Werturteile als Axiome setzt, läßt sich jeweils ein deduktiver Zusammenhang von Aussagen zwingend analysieren; dabei sind solche Prinzipien keiner rationalen Erfassung zugänglich: ihre Annahme beruht einzig auf Entscheidung. Solche Dezisionen mögen dann in einem existentialistisch-persönlichen Sinne (Sartre), in einem öffentlich politischen Sinne (Carl Schmitt), oder aus anthropologischen Voraussetzungen institutionalistisch (Gehlen) gedeutet werden, die These bleibt dieselbe: daß lebenspraktisch relevante Entscheidungen, ob sie nun in der Annahme von Werten, in der Wahl eines lebensgeschichtlichen Entwurfs oder in der Wahl eines Feindes bestehen, einer vernünftigen Beratung nicht zugänglich und eines rational motivierten Konsensus nicht fähig sind. – Wenn aber die praktischen, aus der erfahrungswissenschaftlich reduzierten Erkenntnis eliminierten Fragen derart aus der Verfügungsgewalt rationaler Erörterung überhaupt entlassen, wenn Entscheidungen in Fragen der Lebenspraxis von jeder nur irgend auf Rationalität verpflichteten Instanz losgesprochen werden müssen, dann nimmt auch der letzte, ein verzweifelter Versuch, nicht wunder: durch Rückkehr in die geschlossene Welt der mythischen Bilder und Mächte eine sozial verbindliche Vorentscheidung praktischer Fragen institutionell zu sichern (Walter Bröcker). Diese Ergänzung des Positivismus durch *Mythologie* entbehrt, wie

Horkheimer und Adorno nachgewiesen haben, nicht eines logischen Zwangs, dessen abgründige Ironie nur Dialektik zum Gelächter befreien könnte.

Redliche Positivisten, denen solche Perspektiven das Lachen verschlagen, Positivisten also, die vor der halbblauen Metaphysik objektiver Wertethik und subjektiver Wertphilosophie so zurückschrecken wie vor der erklärten Irrationalität von Dezisionismus und gar Remythisierung, suchen Halt in einer verselbständigten Ideologiekritik, die in der von Feuerbach bis Pareto entwickelten planen Gestalt einer Entkräftung von Projektionen selber zum weltanschaulichen Programm geronnen ist. Denn eins bleibt bei aller Radikalität ungeklärt, die Wurzel: das Motiv der Ideologiekritik selber. Wenn doch deren Ziel nur darin besteht, die wissenschaftlich rationalisierte Wirklichkeitsgestaltung prinzipiell abzuheben von den »werthaft-weltanschaulichen Formen der Welt- und Selbstinterpretation des Menschen«[17] – wobei diese Versuche der »Bewußtseinserhellung« Anspruch auf verbindliche Rationalität nicht machen können –, dann entzieht sich Ideologiekritik die Möglichkeit, ihr eigenes Unternehmen theoretisch zu rechtfertigen. Als Kritik macht sie ja selbst einen Versuch zur Erhellung des Bewußtseins und nicht etwa zur Gestaltung der Wirklichkeit: neue Techniken bringt sie nicht hervor, sie verhindert allenfalls, daß gegebene Techniken mißbräuchlich im Namen einer bloß prätendierten Theorie verwendet werden. Woraus zieht diese Kritik aber ihre Kraft, wenn die von Entscheidung abgetrennte Vernunft des Interesses an einer Emanzipation des Bewußtseins von dogmatischer Befangenheit ganz entbehren muß?

Gewiß soll Wissenschaft in ihrer affirmativen Erkenntnisfunktion zum Zuge kommen, sie ist sozusagen selber als ein Wert anerkannt. Dem dient die ideologiekritische Trennung des Erkennens von Entscheidung, und eine durchgeführte Trennung hätte den Dogmatismus aufgehoben. Auch so ist aber Wissenschaft in ihrer kritischen Erkenntnisfunktion, ist Bestreitung des Dogmatismus auf positivistischer Stufe, nur in Gestalt einer Wissenschaft möglich, die sich selbst als einen Zweck reflektiert und will, also wiederum in der Art einer entschiedenen Vernunft, deren *begründete* Möglichkeit Ideologiekritik gerade bestreitet. Wenn sie hingegen auf Begründung verzichtet, bleibt der Streit der Vernunft mit dem Dogmatismus selbst eine Sache der Dogmatik; Unauflösbarkeit des Dogmatismus wäre von Anbeginn zugestanden. Hinter diesem Dilemma steckt, wie mir scheint, daß die Ideologiekritik, was sie als dogmatisch bekämpft, nämlich Konvergenz von Vernunft und Entscheidung, als ihr eigenes Motiv stillschweigend voraussetzen muß – eben einen umfassenden Begriff von Rationalität. Freilich ist dieser heimliche Begriff einer substantiellen Rationalität verschieden gefaßt, je nachdem, ob die treibende Reflexion einzig vom Wert wissenschaftlicher Techniken überzeugt ist oder auch von dem Sinn einer wissenschaftlichen Emanzipation zur Mündigkeit; je nachdem, ob Ideologiekritik verständig motiviert ist vom Interesse an der erfahrungswissenschaftlichen Vermehrung technischen Wissens oder vernünftig motiviert von dem Interesse an Aufklärung als solcher. Der Positivismus ist der Unterscheidung dieser beiden Begriffe von Rationalität so wenig fähig wie überhaupt des Bewußtseins, daß er selbst impliziert, was er nach außen bekämpft – dezidierte Vernunft. Daran aber, daß deren beide Gestalten unterschieden werden, hängt das Verhältnis von Theorie und Praxis in der verwissenschaftlichten Zivilisation.

Die ideologiekritische Parteinahme für technologische Rationalität

Die Ideologiekritik des Positivismus ist, wie sehr sie auch gegen den Dogmatismus auf einer Trennung von Theorie und Dezision beharrt, selbst eine Gestalt dezidierter Vernunft; nolens volens nimmt sie für eine fortschreitende Rationalisierung Partei. In dem Fall, den wir zunächst analysieren, geht es ihr ohne Vorbehalt um die Erweiterung und Verbreitung technischen Wissens. Im Streit mit dem Dogmatismus, wie sie ihn versteht, beseitigt sie traditionalistische, überhaupt ideologische Schranken, die den Fortschritt empirisch analytischer Wissenschaften und den ungehinderten Prozeß ihrer Verwertung hemmen könnten. Diese Kritik ist keine wertfreie Analyse, sie unterstellt den Wert erfahrungswissenschaftlicher Theorien nicht etwa hypothetisch, sondern setzt mit ihrem ersten analytischen Schritt bereits normativ voraus, daß ein rationales Verhalten nach technischen Empfehlungen – sowohl wünschenswert als auch »vernünftig« sei. Dieser implizierte Begriff von Vernunft kann freilich mit den Mitteln des Positivismus selbst, obwohl er dessen Intentionen ausdrückt, nicht geklärt werden. Nach positivistischem Maßstab ist Rationalität des Verhaltens ein Wert, den wir durch Entscheidung akzeptieren oder ablehnen. Zugleich läßt sich aber, nach denselben Maßstäben, zwingend dartun, daß Rationalität ein Mittel zur Realisierung von Werten ist und insofern nicht selber auf *einer* Stufe mit allen übrigen Werten stehen kann. Ja, die ideologiekritische Vorbereitung rationalen Verhaltens empfiehlt Rationalität als vorzügliches, wenn nicht gar ausschließliches Mittel der Wertrealisierung, weil sie »Effizienz« oder »Ökonomie« des Vorgehens verbürge. Beide Ausdrücke enthüllen das Erkenntnisinteresse der Erfahrungswissenschaften als ein technisches. Sie verraten, daß Rationalisierung von vornherein in den Grenzen des Systems gesellschaftlicher Arbeit festgestellt ist, eben die Verfügbarmachung von gegenständlichen und vergegenständlichten Prozessen meint. Dabei verhält sich die Gewalt technischer Verfügung gegenüber möglichen Wertsystemen, in deren Dienst sie ausgeübt werden kann, indifferent. Effizienz und Ökonomie des Verfahrens, die Bestimmungen dieser Rationalität können nicht selbst wieder als Wert aufgefaßt werden, und doch können sie nur, als seien sie Werte, im Rahmen des positivistischen Selbstverständnisses gerechtfertigt werden. Eine Ideologiekritik, deren einziges Ziel die Durchsetzung technologischer Rationalität ist, entgeht diesem Dilemma nicht: sie will Rationalität als Wert, weil sie vor allen übrigen Werten den Vorzug hat, in den rationalen Verfahrensweisen selber impliziert zu sein. Weil dieser Wert mit Hinweis auf den Forschungsprozeß und dessen technische Umsetzung legitimiert werden kann und nicht durch pure Dezision allein begründet zu werden braucht, hat er einen bevorzugten Status vor allen übrigen Werten. Die Erfahrung des kontrollierten Erfolgs rationalen Verhaltens übt einen rational ausgewiesenen Zwang auf die Annahme solcher Verhaltensnormen aus: noch diese beschränkte Rationalität impliziert mithin eine Entscheidung zur Rationalität. In der Ideologiekritik, die das wenigstens stillschweigend realisiert, ist darum ein Partikel entschiedener Vernunft lebendig – im Widerspruch zu den Maßstäben, an denen sie den Dogmatismus kritisiert. Weil sie, wie pervertiert auch immer, ein Stück entschiedener Vernunft ist, hat sie auch Konsequenzen, die gegen eine vorgebliche Neutralität gegenüber beliebigen Wertsystemen verstoßen. Der Begriff von Rationalität, den sie entschieden durchsetzt, impliziert vielmehr am Ende eine ganze Organisation der Gesellschaft, in der eine verselbständigte Technologie den usurpierten Bereichen der Praxis im Namen der Wertfreiheit auch noch das Wertsystem diktiert, nämlich ihr eigenes.

Ich möchte vier Stufen der Rationalisierung unterscheiden, auf denen wir unsere technische Verfügungsgewalt qualitativ erweitern. Auf den beiden ersten Stufen verlangen die Technologien eine

Ausscheidung der normativen Elemente aus dem Prozeß wissenschaftlicher Argumentation, auf den beiden folgenden Stufen schlägt aber diese Eliminierung um in eine Unterordnung der zunächst nur irrationalisierten Werte unter die technologischen Verfahren, die sich selbst als Wertsystem etablieren.

Die *erste* Stufe der Rationalisierung hängt ab vom methodologischen Stand der empirischen Wissenschaften. Die Masse der bewährten Gesetzeshypothesen bestimmt den Umfang möglichen rationalen Verhaltens. Dabei handelt es sich um technologische Rationalität im strengen Sinne: wir bedienen uns zur Realisierung von Zielen der wissenschaftlich verfügbaren Techniken. Wenn aber zwischen technisch gleich geeigneten Akten zu wählen ist, bedarf es einer Rationalisierung *zweiter* Stufe. Auch die Umsetzung der technischen Empfehlungen in die Praxis, also die technische Verwertung erfahrungswissenschaftlicher Theorien, soll noch unter Bedingungen technologischer Rationalität stehen. Das kann nicht mehr die Aufgabe empirischer Wissenschaften sein. Die erfahrungswissenschaftlichen Informationen genügen nicht zu einer rationalen Wahl zwischen funktional äquivalenten Mitteln bei konkreten Zielen, die im Rahmen eines gegebenen Wertsystems verwirklicht werden sollen. Diese Beziehungen zwischen alternativen Techniken und gegebenen Zielen einerseits, Wertsystem und Entscheidungsmaxime andererseits klärt vielmehr die Entscheidungstheorie[18]. Sie analysiert die möglichen Entscheidungen normativ nach Maßgabe einer als »ökonomisch« oder »effizient« bestimmten Rationalität der Wahl. Dabei bezieht sich Rationalität nur auf die Form der Entscheidung, nicht aber auf den sachlichen Zusammenhang und das tatsächliche Ergebnis[19].

Auf den beiden ersten Stufen erzwingt die Rationalität des Verhaltens eine Isolierung der jeder verbindlichen Diskussion entzogenen Werte, die nur in Form hypothetisch angenommener Imperative mit gegebenen Techniken und konkreten Zielen in Beziehung gesetzt werden können: diese Beziehungen sind einem rationalen Kalkül zugänglich, weil sie den irrationalisierten Werten als solchen äußerlich bleiben. »Was hier als Wertsystem bezeichnet wird, ist also ein System von Regeln, die angeben, wie die vom Informationssystem geschilderten Konsequenzen *aufgrund der Wertempfindungen* des Aktors zu bewerten sind[20].« – Die subjektivistische Zurückführung der für die Orientierung im Handeln maßgebenden Interessen auf nicht weiter rationalisierbare »Empfindungen« ist ein exakter Ausdruck dafür, daß die Wertfreiheit des technologi-

schen Begriffs von Rationalität im System der gesellschaftlichen
Arbeit fungiert und alle übrigen Interessen der Lebenspraxis zugunsten des einzigen Interesses an der Effektivität von Leistungen
und der Ökonomie der Mittelverwendung mediatisiert. Die konkurrierenden Interessenlagen sind, zu Werten hypostasiert, aus der
Diskussion ausgeschlossen. Bezeichnenderweise kann nach Maßstäben technologischer Rationalität Einigung über ein kollektives
Wertsystem niemals auf dem Wege einer aufgeklärten Diskussion
in der politischen Öffentlichkeit, also über einen vernünftig hergestellten Konsensus erreicht werden, sondern nur durch Summie-
rung oder Kompromiß – Werte sind grundsätzlich indiskutabel[21].
In der Praxis läßt sich natürlich die entscheidungstheoretische
Annahme »unabhängiger« Wertsysteme nicht halten. Die Durchsetzung formaler Wahlrationalität, also eine Ausdehnung des
technologischen Denkens auch auf die Wahl wissenschaftlicher
Techniken, verändert die zuvor gegebenen Wertsysteme selber.
Ich meine damit nicht nur die Systematisierung der Wertvorstellungen, zu der jede entscheidungstheoretische Analyse nötigt; ich
meine vor allem die Reformulierung oder gar Entwertung überlie-
ferter Normen, die beim Versuch einer technischen Verwirklichung konkreter Ziele als Grundsätze der Orientierung versagen.
Das dialektische Verhältnis zwischen Werten, die aus spezifischen
Interessenlagen hervorgehen, und Techniken zur Befriedigung
wertorientierter Bedürfnisse liegt auf der Hand: wie sich Werte als
ideologisch verschleißen und absterben, wenn sie den Zusammenhang mit einer technisch ausreichenden Befriedigung realer
Bedürfnisse auf die Dauer verloren haben, so können sich auch
umgekehrt mit neuen Techniken aus veränderten Interessenlagen
neue Wertsysteme bilden. Schon Dewey hat bekanntlich an eine
Verknüpfung der Werte mit technischem Wissen die Erwartung
knüpfen können, daß der Einsatz stetig vermehrter und verbesser-
ter Techniken nicht nur an Wertorientierungen gebunden bleibt,
sondern auch Werte selber indirekt einer pragmatischen Bewährungsprobe unterzieht. Nur weil dieser entscheidungstheoretisch
vernachlässigte Zusammenhang zwischen tradierten Werten und
wissenschaftlichen Techniken besteht, kann Dewey die provoka-
tive Frage stellen: »How shall we employ what we know to direct
our practical behaviour so as to test these beliefs and make possible
better ones? The question is seen as is has always been empirically:
What shall we do to make objects having value more secure in
existence?«[22] Diese Frage kann im Sinne einer an Aufklärung in-

teressierten Vernunft beantwortet werden, in diesem Sinne hat Dewey sie jedenfalls gestellt. Wir haben es indessen zunächst mit der alternativen Antwort zu tun, die auch noch die Formierung der Wertsysteme Maßstäben technologischer Rationalität unterwirft. Damit erreichen wir die *dritte* Stufe der Rationalisierung. Sie erstreckt sich auf strategische Lagen, in denen ein rationales Verhalten gegenüber ebenfalls rational handelnden Gegnern kalkuliert wird. Beide Partner verfolgen konkurrierende Interessen; im Falle einer streng kompetetiven Situation bewerten sie dieselben Konsequenzen gemäß entgegengesetzten Reihen von Präferenzen, gleichviel ob die Wertsysteme übereinstimmen oder nicht. Eine solche Lage verlangt eine weitergehende Rationalisierung. Der Handelnde will nicht nur über ein durch wissenschaftliche Prognosen bestimmtes Feld von Ereignissen technisch verfügen, sondern die gleiche Kontrolle nun auch über Lagen rationaler Unbestimmtheit gewinnen; er kann sich über das Verhalten des Gegners nicht auf die gleiche Weise empirisch durch Gesetzeshypothesen informieren wie über Naturprozesse, er bleibt nicht gradweise, sondern prinzipiell unvollständig informiert, weil auch der Gegner einer Wahl alternativer Strategien, und das heißt nicht eindeutig bestimmter Reaktionen, fähig ist. Uns interessiert jedoch nicht die spieltheoretische Auflösung des gestellten Problems, sondern der eigentümliche technische Zwang, den solche strategische Lagen noch auf die Wertsysteme ausüben. In die technische Aufgabe selbst geht ein Basiswert, nämlich die erfolgreiche Selbstbehauptung gegenüber dem Gegner, die Sicherung des Überlebens, mit ein. An diesem strategischen Wert, an dem Spiel oder Kampf als solche orientiert sind, relativieren sich dann die anfänglich investierten Werte, jene Wertsysteme also, mit denen es die Entscheidungstheorie zunächst nur zu tun hat.

Sobald die spieltheoretische Annahme strategischer Lagen auf alle Entscheidungssituationen verallgemeinert wird, können Entscheidungsprozesse allemal unter politischen Bedingungen analysiert werden – wobei ich »politisch« in dem von Hobbes bis Carl Schmitt geklärten Sinn einer existentiellen Selbstbehauptung verstehe. Dann genügt es am Ende, die Wertsysteme auf einen gleichsam biologischen Grundwert zu reduzieren und das Entscheidungsproblem allgemein in der Form zu stellen: wie die Entscheidung fällenden Systeme – Einzelne oder Gruppen, bestimmte Einrichtungen oder ganze Gesellschaften – organisiert sein müssen, um in gegebener Lage dem Basiswert des Überlebens zu genügen und Risiken zu vermeiden. Die Zielfunktionen, die im Zusammenhang mit den anfänglich investierten Werten das Programm abgaben, entfallen hier zugunsten formalisierter Zielgrößen: wie Stabilität oder Anpassungsfähigkeit, die nur noch an ein quasi biologisches Grundbedürfnis des Systems, das Leben zu reproduzieren, gebunden sind. Freilich wird diese Selbstprogrammierung rückgekoppelter Systeme erst auf der *vierten* Stufe der Rationalisierung möglich, sobald es gelingt, den Entscheidungsaufwand einer Maschine zu übertragen. Wenn es auch heute schon eine große Klasse von Problemen gibt, für die Maschinen mit Erfolg benutzt werden, um den Ernstfall zu simulieren, so bleibt natürlich diese letzte Stufe weithin noch Fiktion. Immerhin enthüllt sie erst ganz die Intention einer über alle Bereiche der Praxis ausgedehnten technologischen Rationalität, und damit den substantiellen Begriff von Rationalität, den eine positivistische Kritik voraussetzt und sich zugleich verheimlicht. Lernende Maschinen als Steuerungsmechanismen gesellschaftlicher Organisationen können prinzipiell jene Entscheidungsprozesse unter politischen Bedingungen übernehmen. Sobald diese Schwelle überschritten wäre, würden auch die auf niedrigerer Stufe aus dem Rationalisierungsvorgang zunächst ausgestoßenen Wertsysteme selber noch nach Maßstäben rationalen Verhaltens fungibel gemacht; ja, die Werte können in die Anpassungsvorgänge einer ihr Gleichgewicht stabilisierenden und sich selbst programmierenden Maschine als liquide Masse nur eingehen, weil sie zuvor qua Werte irrationalisiert worden sind[23].

In einem Manuskript über die wissenschaftliche und politische Bedeutung der Entscheidungstheorie hat Horst Rittel für die vierte Stufe der Rationalisierung unmißverständliche Konsequenzen gezogen: »Die Wertsysteme können nicht mehr als über längere Zeit stabil angesehen werden. Das, was gewollt werden kann, hängt von dem ab, was ermöglicht werden kann, und das was ermöglicht werden soll, hängt davon ab, was man will. Ziele und Nutzfunktionen sind keine unabhängigen Größen. Sie stehen in Wechselwirkung mit dem Entscheidungsspielraum. Wertvorstellungen sind in weiten Grenzen steuerbar. Angesichts der Unsicherheit der alternativen Zukunftsentwicklungen ist es aussichtslos, starre Entscheidungsmodelle aufstellen zu wollen, die Strategien über längere Zeiträume liefern ... Es erweist sich als sinnvoller, das Entscheidungsproblem allgemeiner zu sehen und die Eignung Entscheidung fällender Systeme ins Auge zu fassen. Wie muß eine Organisation beschaffen sein, damit sie den Unsicherheiten durch Innovation und politische Wechselfälle gewachsen ist? ... Anstatt ein bestimmtes Entscheidung fällendes System und ein Wertsystem als fest gegeben zu nehmen, wird die Eignung dieses Systems zur Erfüllung seiner Aufgaben untersucht. Welche Rückkoppelungen zum Objektsystem sind notwendig? Welche Daten über das Objektsystem werden mit welcher Präzision gebraucht? Welche Vorrichtungen zur Aufbereitung dieser Daten sind notwendig? Welche Wertsysteme sind überhaupt konsistent und gewährleisten Chancen für die Anpassung und damit für das ›Überleben‹[24]?« Die schlechte Utopie einer technischen Verfügung über Geschichte wäre erfüllt, wenn man einen lernenden Automaten als zentrales gesellschaftliches Steuerungssystem eingerichtet hätte, der diese Fragen kybernetisch, eben »selbst« beantworten könnte.

Die Ideologiekritik, die um der Auflösung des Dogmatismus und der Durchsetzung technologisch rationalen Verhaltens willen Vernunft von Entscheidung hartnäckig trennt, automatisiert am Ende die Entscheidungen nach Gesetzen dieser zur Herrschaft gebrachten Rationalität. Weil sich Kritik an die geforderte Trennung nicht halten kann, sondern erst in der Parteinahme für eine wie immer beschränkte Rationalität ihre eigene Vernunft findet, zeigt denn auch die über vier Stufen entfaltete Rationalisierung keine Toleranz oder gar Indifferenz gegenüber Werten. Aus diesem Begriff der Rationalität sind die ultimativen Entscheidungen über die Annahme oder Ablehnung von Normen eben doch nicht entlassen. Noch diese Entscheidungen fallen schließlich in einem sich selbst regulierenden Anpassungsprozeß lernender Automaten nach Gesetzen rationalen Verhaltens – eben nicht losgelöst von einem an technischer Verfügung orientierten Erkenntnisvorgang. Die in der arglosen Parteinahme für die formale unterschlagene substantielle Rationalität enthüllt in dem antizipierten Begriff einer kybernetisch geregelten Selbstorganisation der Gesellschaft eine verschwiegene Geschichtsphilosophie. Diese beruht auf der fragwürdigen These, daß die Menschen im Maße der Verwendung von Sozialtechniken ihre Geschicke rational lenken, ja diese, im Maße der kybernetischen Steuerung noch des Einsatzes dieser Techniken, rational lenken lassen können. Eine solche rationale Verwaltung der Welt aber ist mit der Lösung historisch gestellter praktischer Fragen nicht ohne weiteres identisch. Es besteht kein Grund zu der Annahme eines Kontinuums der Rationalität zwischen der Fähigkeit technischer Verfügung über vergegenständlichte Prozesse und einer praktischen Beherrschung geschichtlicher Prozesse. Die Irrationalität der Geschichte ist darin begründet, daß wir sie »machen«, ohne sie bisher mit Bewußtsein machen zu können. Eine Rationalisierung der Geschichte kann darum nicht durch eine erweiterte Kontrollgewalt hantierender Menschen, sondern nur durch eine höhere Reflexionsstufe, ein in der Emanzipation fortschreitendes Bewußtsein handelnder Menschen befördert werden.

Zur Selbstreflexion des rationalistischen »Glaubens«

Nun kann Ideologiekritik auch in ihrer positivistischen Form ein Interesse an Mündigkeit verfolgen; sie braucht, wie es das Beispiel Poppers zeigt, nicht am technischen Erkenntnisinteresse haftenzubleiben. Gewiß besteht auch Popper, und er als einer der ersten, auf der wissenschaftslogisch strikt gezogenen Grenze zwischen Erkennen und Werten. Auch er identifiziert die erfahrungswissenschaftliche Erkenntnis nach Regeln einer allgemein-verbindlichen Methodologie mit Wissenschaft schlechthin; auch er nimmt die residuale Bestimmung des Denkens, das von Momenten vernünftigen Wollens gereinigt ist, hin und fragt nicht: ob vielleicht die Monopolisierung aller möglichen Erkenntnis durch ein technisches Erkenntnisinteresse erst die Norm schafft, an der gemessen alles, was sich ihr nicht fügt, die Fetischgestalt des Wertens, Entscheidens oder bloßen Glaubens annimmt. Aber Poppers Kritik an der positivistisch bestimmten Gestalt des Dogmatismus teilt nicht die unausgesprochene Metaphysik der Parteigänger technologischer Rationalität. Sein Motiv ist das der Aufklärung, jedoch mit dem resignierten Vorbehalt, Rationalismus nur noch als Glaubensbekenntnis rechtfertigen zu können. Wenn das vom Interesse der Vernunft purgierte wissenschaftliche Erkennen jedes immanenten Sinnbezugs auf Praxis entbehrt, und wenn umgekehrt jeder normative Gehalt nominalistisch von Einsichten in den realen Lebenszusammenhang losgelöst ist – wie Popper undialektisch voraussetzt –, dann muß in der Tat das Dilemma zugestanden werden: daß ich niemanden rational zwingen kann, seine Annahmen auf Argumente und Erfahrungen zu stützen. Mit Hilfe von Argumenten und Erfahrungen kann ich ebensowenig zwingend begründen, warum ich selbst etwa zu diesem Verhalten entschlossen bin. Zu einer rationalistischen Einstellung muß ich mich eben entscheiden. Selbst hier besteht das Problem »nicht in der Wahl zwischen Wissen und Glauben, sondern nur in der Wahl zwischen zwei

Glaubensarten«[25]. Dabei geht es Popper nicht um die Empfehlung, technologische Rationalität als einen Wert anzunehmen. Der geglaubte Rationalismus will vielmehr die Gesellschaft durch das aufgeklärte Bewußtsein ihrer Bürger hindurch auf ein sozialtechnisch korrektes Verhalten verpflichten. Diese handeln rational in dem über technologische Rationalität schon hinausweisenden Sinne, wenn sie gesellschaftliche Normen und Institutionen in Kenntnis der verfügbaren wissenschaftlichen Informationen einrichten oder verändern. Gerade der Dualismus von Tatsachen und Entscheidungen mit der implizierten Annahme, daß Geschichte so wenig einen Sinn haben kann wie Natur, erscheint nämlich als Voraussetzung für die praktische Wirksamkeit eines entschieden angenommenen Rationalismus, dafür: daß wir in der Dimension der geschichtlichen Tatsachen kraft Dezision und vermöge unserer theoretischen Kenntnis faktischer Naturgesetze sozialtechnisch einen der Geschichte von Haus aus fremden »Sinn« realisieren.

Auch Poppers Begriff der Rationalität wahrt zunächst den Schein einer bloß formalen, wie sehr er auch sonst mit der Kategorie des Sinnes über die vom Zusammenhang gesellschaftlicher Arbeit geforderten Kriterien der Ökonomie und Effizienz hinausschießt: der Sinn selbst, für dessen Realisierung bestimmte Prozeduren vorgesehen sind, bleibt unbestimmt und für eine Konkretisierung nach Maßgabe akzeptierter Wertsysteme offen. Eine materiale Gestaltung der gegebenen Situationen darf durch die Verpflichtung auf rationale Verfahren nicht als solche schon präjudiziert sein – sonst wäre auch in diesem anderen Fall ein substantieller Begriff von Rationalität unterstellt, der dem geglaubten Rationalismus den Charakter bloßer Entscheidung nähme.

Der Rationalismus in Poppers positivistisch begrenztem Sinne verlangt zunächst nur, daß möglichst viele Individuen eine rationalistische Einstellung annehmen. Diese Einstellung, gleichviel ob sie das Verhalten im Forschungsprozeß oder in der gesellschaftlichen Praxis bestimmt, richtet sich nach Regeln wissenschaftlicher Methodologie. Sie akzeptiert die üblichen Normen wissenschaftlicher Diskussion, ist insbesondere über den Dualismus von Tatsachen und Entscheidungen belehrt und kennt die Grenzen intersubjektiv gültiger Erkenntnis. Sie wehrt sich deshalb gegen Dogmatismus, wie ihn die Positivisten verstehen, und verpflichtet sich bei der Beurteilung von Wertsystemen, überhaupt von gesellschaftlichen Normen, auf kritische Grundsätze, die das Verhältnis von Theorie und Praxis festlegen. Allen gesellschaftlichen Normen wird erstens absolute Geltung bestritten, sie sind vielmehr jederzeit einer kritischen Untersuchung und einer möglichen Revision fähig. Normen werden zweitens nur akzeptiert, nachdem ihre Auswirkungen im gegebenen sozialen Lebenszusammenhang aufgrund der verfügbaren wissenschaftlichen Informationen geprüft und bewertet worden sind. Schließlich wird jedes politisch relevante Handeln die Reserven des technischen Wissens ausschöpfen und alle prognostischen Mittel einsetzen, um unkontrollierte Nebenfolgen zu vermeiden. Allerdings bleiben alle Stufen dieser Rationalisierung, und das unterscheidet sie von den vier genannten Stufen der Technologie, stets rückbezogen auf die Kommunikation der in rationaler Einstellung diskutierenden Bürger. Denn Popper hat die Methodologie auf Grundsätze der politischen Diskussion überhaupt, und so auch das Forum der die Methoden erörternden und die empirisch-theoretischen Fragen diskutierenden Forscher auf die politische Öffentlichkeit insgesamt fiktiv erweitert.

Mit der gesellschaftspolitischen Extrapolation einer Methodologie ist indessen mehr als bloß die Form der rationalen Verwirklichung von Sinn, mit ihr ist bereits ein bestimmter Sinn, ja die Intention einer spezifischen Gesellschaftsordnung, nämlich die der liberalen Ordnung der »offenen Gesellschaft« expliziert. Aus der formalen Annahme einer rationalistischen Einstellung gewinnt Popper Maximen für die Entscheidung praktischer Fragen, die, wenn sie in einer politisch relevanten Größenordnung befolgt würden, tief in die naturwüchsige Struktur der bestehenden Gesellschaft eingreifen müßten. Jener, in der politischen Öffentlichkeit institutionalisierte, Prozeß wissenschaftlich aufgeklärter Kommunikation würde eine sozialtechnische Auflösung aller substantiellen Formen der Herrschaft in Gang bringen – und diese Auflösung selbst in der Dauerreflexion der Bürger, um deren Emanzipation willen, einbehalten. Nicht ohne Grund erwartet deshalb Popper von einem solchen, auf der Ebene der modernen Wissenschaften wiederhergestellten, Liberalismus der politischen Willensbildung eine Abnahme der Repressionen, und als Folge der wachsenden Emanzipation der Menschen: die Verringerung kollektiver und individueller Leiden innerhalb der Grenzen eines zwanglosen Konsensus über die Grundlagen der Wohlfahrt und des Friedens. Wie in der Aufklärung des 18. Jahrhunderts fällt wiederum ein Mangel an Rationalität zusammen mit versagter Freiheit und verhindertem Glück.

Wenn aber ein begründeter Zusammenhang zwischen dem gesellschaftspolitisch extrapolierten Kanon wissenschaftlich verbindlicher Kommunikation und solchen praktischen Folgen im Ernst bestünde, könnte ein sich selbst reflektierender Positivismus vom Begriff der Rationalität das Interesse der Vernunft an Emanzipation nicht länger lösen. Nun besteht aber jener Zusammenhang, weil der vernünftigen Diskussion als solcher unnachgiebig eine Tendenz innewohnt, eben eine Entschiedenheit, die durch Rationalität selbst ausgewiesen ist und der Dezision, des puren Glaubens, nicht bedarf. Der Rationalismus müßte sich selbst als positivistischen Köhlerglauben aufheben, wenn er nur die umfassende Rationalität des zwanglosen Dialogs kommunizierender Menschen, die Popper doch insgeheim immer schon beansprucht, der beschränkten Rationalität der gesellschaftlichen Arbeit nicht wieder beugen wollte[26].

Bereits in der Diskussion über methodologische Fragen ist, worauf Pole gegen Popper mit Recht hingewiesen hat[27], das Vorverständnis einer Rationalität vorausgesetzt, die ihrer normativen Momente noch nicht beraubt ist: methodologische Entscheidungen können wir mit Gründen nur dann diskutieren, wenn wir uns von einer »guten« Theorie, einer »befriedigenden« Argumentation, einem »wahren« Konsensus und einer hermeneutisch »fruchtbaren« Perspektive vorgängig einen Begriff gemacht haben, in dem deskriptive und normative Gehalte noch ungeschieden sind. Popper hingegen muß solchen Entscheidungen Rationalität bestreiten, weil sie selbst erst die Regeln bestimmen, nach denen sich empirische Analyse wertfrei vollziehen kann. Erst recht wird eine Diskussion abgeschnitten, die die sachlichen Implikationen methodischer Entscheidungen aus dem gesellschaftlichen Zusammenhang des Forschungsprozesses selber entfalten müßte, sie aber, infolge einer undialektischen Trennung von Genesis und Geltung, nicht entfalten darf.

Diese prekäre Hemmung von Rationalität zeigt sich deutlicher noch in der von Popper vorgesehenen Diskussion praktischer Fragen. Auch Wertsysteme sollen ja ebenso streng, wenn auch auf andere Weise als wissenschaftliche Theorien, einer rationalen Bewährungsprobe unterzogen werden. Über Kriterien für diese Bewährung wird, wie in den Wissenschaften auch, methodologisch entschieden. Anhand solcher Kriterien können die tatsächlichen Folgen von Wertsystemen für das soziale Leben in gegebenen Situationen ebenso überprüft werden wie analog die informativen Gehalte erfahrungswissenschaftlicher Theorien. Hans Albert macht in diesem Zusammenhang den utilitaristischen Vorschlag, »bei der Festsetzung eines Kriteriums für die Bewährung ethischer Systeme die Befriedigung menschlicher Bedürfnisse, die Erfüllung menschlicher Wünsche, die Vermeidung unnötigen menschlichen Leidens ... in den Vordergrund (zu stellen) ... Ein solches Kriterium muß erfunden und festgesetzt werden, wie das auch für die Kriterien des wissenschaftlichen Denkens gilt. Auch die sozialen Spielregeln und Institutionen, gewissermaßen Verkörperungen ethischer Ideen, die mit seiner Hilfe überprüft werden können, beruhen auf menschlicher Erfindung. Es ist nicht zu erwarten, daß ein derartiges Kriterium ohne weiteres akzeptiert wird, aber ... eine rationale Diskussion um ein brauchbares Kriterium ist ohne weiteres möglich«[28]. Nun ist jedoch die Festsetzung solcher Kriterien der erfahrungswissenschaftlichen Kontrolle mit Rücksicht auf den methodisch vorausgesetzten Dualismus von Tatsachen und Entscheidungen entzogen. Gerade das Verlangen nach einer weitergehenden Rationalisierung macht die positivistischen Schranken unfreiwillig sichtbar: Sachfragen werden in der Form methodologischer Entscheidungen präjudiziert und die praktischen Folgen der Anwendung solcher Kriterien aus der Reflexion ausgeschlossen. Statt dessen bedürfte es einer hermeneutischen Klärung des dem Entwicklungsstand der Gesellschaft historisch angemessenen Begriffs von Bedürfnis und Bedürfnisbefriedigung ebenso wie eines für die Epoche triftigen Begriffs von Leid und »unnötigem« Leiden. Vor allem müßte aber das gewählte Kriterium als solches aus dem objektiven Zusammenhang zugrunde liegender Interessen abgeleitet und gerechtfertigt werden. Das wiederum setzte einen umfassenden Begriff von Rationalität schon voraus, und zwar einen, der sich vor der Selbstreflexion seines Zusammenhangs mit der historischen Entwicklungsstufe der erkennenden Subjekte nicht scheut. Sobald auf der methodologischen, der sogenannten metatheoretischen und metaethischen Ebene überhaupt *mit Gründen* argumentiert wird, ist die Schwelle zur Dimension umfassender Rationalität schon überschritten. Die positivistischen Aufklärer, die ihrem Rationalismus nur als Glaubensbekenntnis trauen, können das, was sie so voraussetzen, nicht *als* Vernunft, als eine mit dem Interesse der Vernunft identische reflektieren, weil sie den Dogmatismus der Technologen, obschon von ihm bloß angesteckt, nicht durchschauen.

Erst eine Vernunft, die sich des in jeder vernünftigen Diskussion unvertilglich arbeitenden Interesses am Fortschritt der Reflexion zur Mündigkeit inne ist, wird die transzendierende Kraft aus dem Bewußtsein ihrer eigenen materialistischen Verflechtung gewinnen. Erst sie wird die positivistische Herrschaft des technischen Erkenntnisinteresses aus dem Zusammenhang einer die Wissenschaft als Produktivkraft integrierenden Industriegesellschaft, welche sich so im ganzen vor kritischer Erkenntnis schützt, reflektieren. Erst sie kann darauf verzichten, eine schon erreichte dialektische Rationalität der Sprache den zutiefst unvernünftigen Maßstäben einer technologisch beschränkten Rationalität der Arbeit aufzuopfern. Erst sie kann an den Zwangszusammenhang der Geschichte ernsthaft rühren, der so lange ein dialektischer bleibt, als er noch nicht zum Dialog mündiger Menschen befreit ist. Heute muß die Konvergenz von Vernunft und Entscheidung, die die große Philosophie noch unmittelbar dachte, auf der Stufe der positiven Wissenschaften und das heißt: durch die auf der Ebene technologischer Rationalität notwendig und zurecht gezogene Trennung, durch die Diremption von Vernunft und Entscheidung hindurch wiedergewonnen und reflektiert behauptet werden. Wissenschaft als Produktivkraft wirkt, wenn sie in Wissenschaft als Kraft der Emanzipation einströmt, so heilsam, wie sie Unheil stiftet, sobald sie den technisch unverfügbaren Bereich der Praxis ihrer *ausschließenden* Kontrolle unterziehen will. Die Entzauberung, die den Zauber nicht löst, sondern hintergeht, bringt neue Schamanen hervor. Die Aufklärung, die den Bann nicht dialektisch bricht, sondern im Schleier der halben Rationalisierung nur um so fester schnürt, macht die entgötterte Welt selber zum Mythos.

Schellings romantisches Wort von der Vernunft als einem geregelten Wahnsinn gewinnt unter der Herrschaft der Technik über eine nur darum von Theorie gelöste Praxis einen beklemmend akuten Sinn. Wenn im Wahnsinn das zentrale, schon in Mythos, Religion und Philosophie bestimmende Motiv der Vernunft auf pervertierte Weise fortlebt: nämlich in der Mannigfaltigkeit der gestaltlosen Erscheinungen die Einheit und den Zusammenhang einer Welt zu stiften; dann sind die Wissenschaften, die in einer prinzipiell weltlosen Flut der Erscheinungen empirisch Gleichförmiges dem Zufall entringen, von Wahnsinn positivistisch gereinigt. Sie regeln, aber keinen Wahnsinn mehr; und der Wahnsinn muß der Regelung deshalb entbehren. Vernunft wäre nur in beiden zumal, so aber fällt sie mitten hindurch. Entsprechend ist auch die Gefahr einer ausschließlich technischen Zivilisation, die des Zusammenhangs der Theorie mit Praxis enträt, deutlich zu fassen: ihr droht die

Spaltung des Bewußtseins und die Aufspaltung der Menschen in zwei Klassen – in Sozialingenieure und Insassen geschlossener Anstalten.

1 Das habe ich inzwischen entwickelt in: J. Habermas, Erkenntnis und Interesse, Frankfurt 1968.

2 Vgl. meine Untersuchung: Technik und Wissenschaft als ›Ideologie‹, Frankfurt 1968.

3 P. Th. d'Holbach, System der Natur, Berlin 1960, S. 5; vgl. dazu G. Mensching, Totalität und Autonomie, Untersuchungen zur philosophischen Gesellschaftstheorie des französischen Materialismus, Frankfurt 1971.

4 Holbach, a. a. O. S. 6.

5 Ebd., S. 6.

6 Joh. Gottl. Fichte, Werke, ed. Medicus, Darmstadt 1962, Bd. III, S. 17.

7 Ebd.

8 Schelling, Werke, a. a. O. Bd. I, S. 236.

9 Ebd. I, 229.

10 Zu Fichte vgl. W. Schulz, J. G. Fichte, Vernunft und Freiheit, Pfullingen 1962; W. Weischedel, Der Zwiespalt im Denken Fichtes, Berlin 1962.

11 Fichte a. a. O. III, S. 17.

12 Eine Einsicht, die Horkheimer und Adorno in der Dialektik der Aufklärung entfaltet haben. Vgl. meine Untersuchungen zu Adornos Philosophie in: Philosophisch-politische Profile, a. a. O. S. 176–199.

13 Vgl. J. Habermas, Erkenntnis und Interesse, Frankfurt 1968.

14 Zur Semiotik von Ch. Morris vgl. K. O. Apel, Sprache und Wahrheit, in: Philosophische Rundschau, 7. Jg. 1959, S. 161 ff.; ders., Szientismus oder transzendentale Hermeneutik?, in: R. Bubner (et al.), Hermeneutik und Dialektik, Bd. 1, Tübingen 1970, S. 105–144.

15 Mit Ausnahme der wissenschaftsimmanent durch logische und methodologische Regeln festgelegten Werte.

16 Darunter fallen ontologische Lehren ebenso wie dialektische, das klassische Naturrecht ebenso wie moderne Geschichtsphilosophien. Nicht zufällig nennt Popper in der Reihe der großen Dogmatiker neben Plato eben Hegel und Marx – als sogenannte Historizisten.

17 E. Topitsch, Sozialphilosophie zwischen Ideologie und Wissenschaft, a. a. O. S. 279.

18 Vgl. G. Gäfgen, Theorie der wirtschaftlichen Entscheidung, Tübingen 1963.

19 Vgl. Gäfgen a. a. O. S. 26 f.: »Das Ergebnis der Entscheidung muß keineswegs in einem alltäglichen Sinne ›vernünftig‹ erscheinen, da der Aktor ein Wertsystem haben kann, das zwar in sich kohärent ist, aber im Vergleich zu dem anderer Aktoren absurd erscheint. Eine solche Absurdität läßt sich nur definieren durch Vergleich mit einem Standard der Normalität von Werten und Zielen … Diese Art von Irrationalität bezieht sich auf den Gehalt, nicht auf die Form von Entscheidungen.«

20 Gäfgen a. a. O. S. 99.

21 Ebd., S. 176 ff.

22 J. Dewey, Quest for Certainty, New York 1960, S. 43.

23 H. Rittel, Überlegungen zur wissenschaftlichen und politischen Bedeutung der Entscheidungstheorien, Studiengruppe für Systemforschung, Heidelberg, Manuskript, S. 29 f.; ders., Instrumentelles Wissen in der Politik, in: H. Krauch (Hg.), Wissenschaft ohne Politik, Heidelberg 1966, S. 183–209.

24 Vgl. N. Luhmann, Zweckbegriff und Systemrationalität, Tübingen 1968.

25 K. R. Popper, Die offene Gesellschaft, a. a. O., Bd. II, S. 304.

26 D. Pole, Conditions of Rational Inquiry, London 1961, S. 30 ff.

27 Vgl. das Schlußkapitel in: G. Radnitzky, Contemporary Schools of Metascience, Bd. II, 2. Aufl., Göteborg 1970.

28 H. Albert, Ethik und Metaethik, in: Archiv für Philosophie, Bd. 11, 1961, S. 59f.; ders., Traktat über Kritische Vernunft, Tübingen 1968, besonders Kapitel III, S. 55 ff.

9. Praktische Folgen
des wissenschaftlich-technischen Fortschritts

Wissenschaft und Technik sind seit einigen Jahrhunderten zu einem gerichteten Prozeß geworden: unser Wissen und Können erweitert sich in diesen Bereichen kumulativ. Hier steht jede Generation auf den Schultern der vorangegangenen. Denn in dem methodisch festgelegten Bezugsrahmen des wissenschaftlich-technischen Fortschritts sind gerade die überwundenen Theorien und die substituierten Verfahren Stufen des Erfolgs: wir verlassen uns auf die Akkumulation unseres Vorrats an wissenschaftlichen Informationen und technischen Mitteln. Daran hat einst die Geschichtsphilosophie ihre Hoffnungen geknüpft. Der wissenschaftlich-technische Fortschritt schien einen zugleich moralischen und politischen Fortschritt der Zivilisation im Gefolge zu haben.

Im 18. Jahrhundert sollte sich der Fortschritt der Wissenschaften auf dem Wege über die Aufklärung eines Publikums bürgerlicher Privatleute in moralische Fortschritte umsetzen; im 19. Jahrhundert sollte eine fortschreitende Technik die Fesseln eines enggewordenen institutionellen Rahmens sprengen und sich auf dem Weg über die revolutionäre Tat des Proletariats in eine Emanzipation der Menschen umsetzen. Der Fortschritt der Wissenschaft wurde mit Reflexion, mit der Zerstörung von Vorurteilen identifiziert, der Fortschritt der Technik mit der Befreiung von Repression, von repressiven Gewalten der Natur und der Gesellschaft in einem. Die Geschichtsphilosophien haben den wissenschaftlich-technischen Fortschritt in Ansehung seiner praktischen Folgen interpretiert. Sie hatten klare Adressaten: Bürgerliche und Proletarier; und sie verstanden sich als Geburtshelfer einer politischen Praxis: der bürgerlichen Revolutionen und der Arbeiterbewegung. Heute ist in den industriell entwickelten Gesellschaften die Wissenschaft als der Motor des technischen Fortschritts selbst zur ersten Produktivkraft geworden. Aber wer erhofft sich davon heute noch eine Erweiterung der Reflexion oder gar eine wachsende Emanzipation? Die Geschichtsphilosophien haben wir zum alten Eisen geworfen. Gibt es an ihrer Stelle andere Theorien, die die praktischen Folgen des wissenschaftlich-technischen Fortschritts klären? Wer ist ihr Adressat, auf welche Form der politischen Praxis sind sie bezogen?

In Deutschland wird seit einigen Jahren eine Diskussion über die Folgen des wissenschaftlich-technischen Fortschritts geführt. Sie knüpft an Thesen von Jacques Ellul, Arnold Gehlen und Herbert Marcuse an; in erster Linie beteiligen sich Soziologen[1]. Es geht um Entwicklungen der technisierten Gesellschaft und um die Verfassung des technischen Staates. Dabei ist von Technik meist in einem globalen Sinn die Rede.

Ich schlage vor, zwischen technischen Mitteln und technischen Regeln zu unterscheiden. Das Wort Technik beziehen wir nämlich zunächst auf ein Aggregat von Mitteln, die eine arbeitsentlastende und effektive Verwirklichung von Zwecken erlauben – also auf Instrumente, Maschinen und Automaten. Mit Technik meinen wir aber auch ein System von Regeln, die zweckrationales Handeln festlegen – also Strategien und Technologien. Ich nenne die Regeln rationaler Wahl Strategien, die Regeln instrumentalen Handelns Technologien[2]. Technologien sind also Sätze, die Verfahrensweisen festlegen, sie sind nicht selber technische Mittel. Als technische Mittel können beliebige Dinge in einen Zusammenhang instrumentalen Handelns eingehen. Erst wenn sie in bestimmter Funktion für wiederholte Verwendung bereitgestellt sind und nicht bloß für den Einzelfall mobilisiert werden, sagen wir, daß sie Bestandteile der Technik sind – eben Instrumente, Maschinen oder Automaten.

I

Die Entwicklung dieser technischen Mittel scheint einem inhärenten Muster zu folgen. Es sieht so aus, als sei die Geschichte der Technik eine schrittweise Projektion des zweckrationalen und am Erfolg kontrollierten Handelns auf selbstproduzierte Gegenstände. Nach und nach haben wir alle Leistungen, aus denen sich der Kreisprozeß instrumentalen Handelns aufbaut, maschinell nachgeahmt: erst die Leistungen der ausführenden Organe (Hand und Fuß); dann die Leistungen der Sinnesorgane (Auge und Ohr); schließlich die Leistungen des steuernden Organs (Gehirn).

Die Werkzeuge, vom Faustkeil bis zum Fahrrad, *verstärken* die Normalleistungen der natürlichen Organe. Maschinen können die Organleistungen *ersetzen*. Sie arbeiten nicht mehr mit dem

Energievorrat des Menschen (Mühlen und Schleudermaschinen; Uhren). Aber erst mit der mechanischen Umwandlung von Energie (Dampfmaschine) wird die Maschine vom Ort der natürlichen Ernergiezufuhr unabhängig. Auf dieser Grundlage ist die Technik alten Stils errichtet worden: die Welt der uns vertrauten Maschinen, die Kraft übertragen und Stoff umformen. Die Technik neuen Stils erhebt sich auf einer anderen Grundlage. Die Arbeit der datenverarbeitenden Maschinen, die den logischen Fluß von Informationen abbilden, können wir zunächst wieder als eine Organ*verstärkung* auffassen. Freilich verbessern die elektronischen Rechenanlagen nicht motorische oder sensorische Leistungen, sondern die Intelligenz. *Ersetzt* werden diese Organleistungen dann in den selbstgeregelten Systemen, die sich in einem definierten Sollzustand erhalten. Diese entwickelten kybernetischen Anlagen arbeiten nicht (wie der einfache Thermostat) nach starren Programmen; sie entwickeln selbständig neue Strategien der Anpassung an variable Umweltbedingungen.

Mit diesen lernenden Maschinen ist im Prinzip die letzte Stufe der Entwicklung technischer Mittel erreicht: in ihnen ist der gesamte Prozeß des am Erfolg kontrollierten instrumentalen Handelns nachgeahmt. Die Technik neuen Stils kann dem Menschen nicht mehr nur seine Operationen, sondern auch seine Kontrolleistungen abnehmen. Der Funktionskreis des Handelns, auf den der Einsatz technischer Mittel bislang angewiesen blieb, kann als solcher maschinell nachgeahmt werden. Das ist eine neue Situation: der Mensch kann sich, soweit er homo faber ist, zum ersten Mal vollständig objektivieren und den in seinen Produkten verselbständigten Leistungen instrumentalen Handelns auch gegenübertreten. Darauf beruht ja die automatische Steuerung von geschlossenen Produktionsvorgängen, die heute unser System der gesellschaftlichen Arbeit zu revolutionieren beginnt.

Die innere Logik der technischen Entwicklung hat als erster Arnold Gehlen bemerkt: »Dieses Gesetz sagt ein innertechnisches Geschehen aus, einen Verlauf, der vom Menschen als Ganzes nicht gewollt worden ist, sondern dieses Gesetz greift sozusagen vom Rücken her oder instinktiv durch die gesamte menschliche Kulturgeschichte hindurch. Ferner kann es im Sinne dieses Gesetzes keine Entwicklung der Technik über die Stufe der möglichst vollständigen Automatisierung hinaus geben, denn es sind keine weiteren menschlichen Leistungsbereiche angebbar, die man objektivieren könnte[3].«

Allerdings scheint es doch noch einen weiteren Zug in der immanenten Entwicklung der technischen Mittel zu geben. Denn die verselbständigte Technik tritt dem Menschen nicht nur gegenüber. Die Menschen selber können den technischen Anlagen integriert werden. Das gilt für die sogenannten Mensch-Maschine-Systeme. Die Teile solcher Systeme bestehen nicht nur aus Maschinen, wie im Falle der automatisch geregelten Produktionsprozesse, aus denen menschliche Arbeitskraft eliminiert ist. Vielmehr steuern jene Systeme das Zusammenspiel von mechanischen Leistungen und menschlichen Reaktionen. Dafür geben die modernen Luftwarnsysteme ein Beispiel. Prinzipiell ist es möglich, auch einzelne Unternehmungen und Organisationen oder ganze Wirtschaftssysteme in dieser Art aufzufassen, zu analysieren und nach den Ergebnissen der Systemanalyse mit automatischen Steuerungen einzurichten. Auf dieser Stufe scheint sich das Verhältnis von Mensch und Maschine umzukehren. Die Führung der Mensch-Maschine-Systeme ist auf die Maschine übergegangen. Der Mensch hat die Rolle des kontrollierten Einsatzes technischer Mittel abgegeben. Segmente menschlichen Verhaltens sind statt dessen auf die Ebene von gesteuerten Maschinenteilen herabgesetzt worden. Nicht einmal mehr die Rolle des Konstrukteurs von selbstgeregelten, aus Maschinen und Menschen zusammengesetzten Systemen muß auf die Dauer ein unbestrittenes Privileg des Menschen bleiben. Die Aufgabe, Maschinen zu konstruieren, die selber Maschinen höherer Effizienz und komplizierterer Zusammensetzung bauen, ist, wie es scheint, prinzipiell schon gelöst.

Wir dürfen aber, von dieser letzten Stufe der technischen Entwicklung ausgehend, nicht leichtfertig auf den kybernetischen Wunschtraum einer durch Maschinen und immer mehr Maschinen regierten Welt extrapolieren. Solange die Menschen selber die Richtung und das Maß des technischen Fortschritts bestimmen könnten, wäre die Verselbständigung der technischen Mittel und Aggregate nur ein Ausdruck für den hohen Grad ihrer Wirksamkeit. Die automatisierte Güterproduktion der Gegenwart oder das kybernetisch gesteuerte Unternehmen der Zukunft entlasten den Menschen von physischer Arbeit und vermeidbarem Risiko, also von Leiden und Gefahren, die schon in den ältesten Dokumenten der Menschheit als Leiden und Gefahren, und als nichts anderes, bezeugt sind. Auf den ersten Blick bietet sich deshalb eine gar nicht so pessimistische Deutung des technischen Fortschritts an. Wir können sie die *liberale Deutung der Technik* nennen.

Je weiter unsere Verfügungsgewalt über Prozesse der Natur und der Gesellschaft reicht, um so größer wird der Spielraum, innerhalb dessen wir definierte Zwecke unter gegebenen Umständen mit vorhersehbaren Nebenfolgen zuverlässig realisieren können. Statt die Technik, wie es in der Kulturkritik üblich ist (Heidegger, F. G. Jünger, Freyer u. a.), zu einem Fetisch zu erheben, können wir von der plausiblen Überlegung ausgehen, daß technische Mittel in Systeme zweckrationalen Handelns eingehen. Mit der Masse neuer Technologien wachsen also die Spielräume für die rationale Wahl zwischen alternativen Mitteln. Dieses strategische Handeln ist in Situationen der Unsicherheit mit Risiken verbunden, die durch Entscheidungshilfen kalkuliert, freilich nicht ausgeschaltet werden können. »Die großen Verwaltungen, an denen sich die technokratische Phantasie so gerne entzündet, sind weder Organe der Weltvernunft, die mit eherner Notwendigkeit auf einem bestimmten Pfade voranmarschiert, noch sind die Entscheidungen, die in ihnen fallen, ohne Risiko. Die modernen Entscheidungstechniken und Informationsmittel, die wir entwickelt haben, sind nicht Teilsysteme einer riesigen machine à gouverner, einer zunehmend verdinglichten Welt, sondern im Gegenteil Zeugnis dafür, daß die Risiken und Entscheidungsprobleme für normale Methoden unübersehbar geworden sind. Wenn die Führungen der großen Unternehmen und Staaten sich dieser modernen Mittel bedienen, so nicht deshalb, weil sie damit Entscheidungen ausweichen könnten, sondern weil sie ohne diese Mittel nicht in der Lage wären, die Entscheidungen in rationaler Abwägung von Alternativen zu fällen. Der Unterschied zwischen den Sachen, die voller Risiken stecken, und der Vernunft, die über diese Sachen orientiert, wird auch in einer wissenschaftlichen Zivilisation nicht beseitigt[4].« Solche Überlegungen können die These stützen, daß der wissenschaftlich-technische Fortschritt die Bereiche rationalen Verhaltens stetig erweitert. Rationales Verhalten begründet die Macht subjektiver Freiheit. Der technische Fortschritt räumt uns erst die Kompetenz ein, unsere Ziele im widerspenstigen Material der Natur und unsere Ideen in dem naturwüchsigen Material der Gesellschaft zu verwirklichen. Wir können den wissenschaftlich-technischen Fortschritt geradezu als das Vehikel ansehen, um in einer an sich sinnlosen Geschichte einen Sinn, den wir entwerfen, zu realisieren[5]. Diese liberale Fortschrittstheorie beruht freilich auf einer Reihe von problematischen Voraussetzungen. Sie rechnet erstens mit institutionell gesicherten Spielräumen subjektiver Freiheit und verläßt sich darauf, daß die industriell entwickelten Gesellschaften Institutionen für eine ungezwungene kollektive Willensbildung hervorbringen oder wenigstens tolerieren. Denn wir müßten, wenn die liberalen Erwartungen sich erfüllen sollten, unsere Zwecke autonom setzen und unsere Ideen ohne Nötigung wählen, unsere Konzeptionen frei entwerfen können. Weder dürften Kapitalverwertungsinteressen hinterrücks den technischen Fortschritt steuern noch dürfte der technische Fortschritt selber den möglichen Verwendungszusammenhang determinieren. Jene Interpretation geht von der Annahme aus, daß wir den technischen Fortschritt als solchen unter Kontrolle haben. Die wachsenden Reichweiten technischer Verfügungsgewalt sind ja nur dann unproblematisch, wenn der wissenschaftlich-technische Fortschritt im Willen und Bewußtsein der vereinigten Subjekte festgemacht ist und nicht selber automatisch geworden ist. Dessen dürfen wir aber nicht ohne weiteres gewiß sein.

Eine Theorie des technischen Fortschritts darf sich nicht auf die Analyse der Entwicklung technischer Mittel beschränken; es genügt auch nicht, die technisch fortschreitenden Systeme in Betracht zu ziehen, die aus Regeln zweckrationalen Handelns und Aggregaten von Mitteln zusammengesetzt sind. Vielmehr sind Wissenschaft, Technik, Industrie, Militär und Verwaltung heute Elemente, die sich wechselseitig stabilisieren und deren Interdependenz wächst. Die Erzeugung technisch verwertbaren Wissens, die Entwicklung der Technik, die industrielle und militärische Verwertung der Techniken und eine umfassende Administration aller gesellschaftlichen Bereiche, der privaten wie der öffentlichen, wachsen heute, so erscheint es, zu einem krisenfesten und dauerhaften expansiven System zusammen, angesichts dessen subjektive Freiheit und autonome Zwecksetzung zur Bedeutungslosigkeit herabgesetzt sind. Die *konservative Deutung des technischen Fortschritts* knüpft an diesen Tatbestand an.

III

Die Interdependenz von Forschung und Technik ist nicht älter als die modernen Erfahrungswissenschaften, die sich von Wissenschaften älteren Typs dadurch unterscheiden, daß sie Theorien *in der Einstellung* des Technikers entwerfen und erproben. Seit den Tagen Galileis richtet sich die Forschung nach dem Grundsatz, daß wir Prozesse in dem Maße erkennen, in dem wir sie künstlich reproduzieren können. Die modernen Wissenschaften erzeugen deshalb ein nomologisches Wissen, das *seiner Form nach* technisch verwertbares Wissen darstellt, obwohl sich im allgemeinen die Anwendungschancen erst nachträglich ergeben.Eine unmittelbare Abhängigkeit der modernen Wissenschaft von der Technik bestand zunächst nicht[6]; das hat sich inzwischen geändert. In dem Maße, als die Naturwissenschaften nicht nur vorhandene Naturabläufe reproduzieren, sondern sich anschicken, neue Naturprozesse selbst in Gang zu setzen, wird auch die Forschung von den Fortschritten der Technik abhängig. Die präzise Beherrschung des Materials unter extremen Bedingungen, also Entwicklungen in der Höchstfrequenz-, Tiefsttemperatur- und Höchstvakuumtechnik, schaffen nun erst die Grundlage für Experimente im Mikrobereich. Seit den großen Entdeckungen am Ende des 19. Jahrhunderts (Röntgenstrahlung, Radioaktivität, Kathodenstrahlung) besteht eine Interaktion zwischen wissenschaftlichen und technischen Fortschritten[7].

Andererseits hatte sich bis zum Ende des 19. Jahrhunderts auch schon ein Prozeß der gesellschaftlichen Verwertung verfügbarer Techniken eingespielt. Auf der Grundlage der kapitalistischen Produktionsweise entstand im Bereich der industriellen Güterproduktion ein institutioneller Zwang, immer neue Techniken einzuführen. Das gleiche gilt für Transport und Verkehr. Mit der Entfaltung der Produktivkräfte hielt zudem die Entwicklung der Destruktivkräfte Schritt; heute steht auch die Rüstungstechnik unter dem wirtschaftlichen und militärstrategischen Druck permanenter Verbesserungen. Fortschritte in der Medizin haben die hygienischen Lebensbedingungen revolutioniert und eine Bevölkerungslawine ausgelöst. Allerdings bleibt die soziale Verwertung neuer Techniken während des 19. Jahrhunderts noch von sporadischen Neuerungen abhängig. Die technische Entwicklung wird selber von gesellschaftlichen Triebkräften erst in Regie genommen, nachdem auch der wissenschaftliche und der technische Fortschritt systematisch verbunden worden sind. Beide Prozesse, die Rückkoppelung von Wissenschaft und Technik einerseits, von Technik und gesellschaftlicher Verwertung andererseits, laufen zusammen. Mit der Industrieforschung großen Stils werden Wissenschaft, Technik und Verwertung zu einem System kommunizierender Röhren. Heute hat die staatliche Auftragsforschung, die in erster Linie den technischen Fortschritt auf militärischem Gebiet fördert, diesen Platz eingenommen.

Aber dieses System, das die materielle Grundlage der modernen Gesellschaften darstellt, arbeitet nicht etwa nach den koordinierten Plänen handelnder Subjekte. Der dynamische Zusammenhang, zu dem Wissenschaft, Technik, Industrie, Militär und Verwaltung heute verflochten sind, strukturiert sich über den Köpfen der Menschen. Der technische Fortschritt folgt seiner Richtung ohne Direktiven von außen oder von unten, er wird gleichsam zu einem Naturprozeß. Die oft bemerkte Ironie besteht darin, daß gerade die wissenschaftlich angeleiteten Systeme zweckrationalen Handelns in die gleiche Dimension der Naturwüchsigkeit zurücksinken, in der sich bis heute die historischen Wandlungen der wildgewachsenen Institutionen stets vollzogen haben. Im Anblick dieses technischen Fortschritts stellen sich deshalb Vergleiche mit biologischen Vorgängen ein.

Gehlen betrachtet die Entstehung der modernen Technik geradezu als eine Schwelle in der Evolution der Menschengattung: die neuen Apparate gehören zum menschlichen Organismus wie Panzer zu den Schaltieren. »Die am reinsten gesellschaftlichen Gesellschaften, die im reinsten Sinne aus dem Material des Menschen gewoben waren, wären dann in den vorindustriellen Kulturen zu suchen, während künftig die Gefügegesetze in den Beziehungen zwischen Bevölkerungen und ihren industriellen Umwelten sich allen bisherigen Maßstäben entziehen würden. Dieses Gefüge selbst ist nicht mehr lenkbar. Von da aus würde die Politik in ihrer modernen Form, sei sie individualistischer oder kollektivistischer Tendenz, als ein im tiefsten Grunde konservativer Versuch erscheinen, eben diese Kontrollchance über einen metahumanen Prozeß sich einzureden, der sich dieser Kontrolle bereits entzogen hat[8].« Gehlen empfiehlt einen kategorialen Rahmen, der »die Wechselwirkung von Population und Technik als einen metabiologischen Vorgang neuer Art« definiert[9].

Wir nennen die Institutionen, unter denen die vergesellschafteten Individuen ihr Leben führen, eine sekundäre Natur und sprechen deshalb von der Naturwüchsigkeit dieser Institutionen. Die Verfestigung des Systems verwissenschaftlichter Zivilisationen können wir dann analog als sekundäre Naturwüchsigkeit bezeichnen. Gerade die technisch fortschreitenden Systeme scheinen sich, ihrer inneren Zweckrationalität zum Trotz, der Kontrolle im ganzen zu entziehen und in der Art eines Evolutionsprozesses gerichtet, aber nicht mit Bewußtsein gesteuert, fortzuwuchern. Gehlen deutet diese sekundäre Naturwüchsigkeit der technisierten Gesellschaft als willkommenes Zeichen einer anthropologisch notwendigen Stabilisierung. Die Phase der Unsicherheit, nämlich die Phase des Übergangs von den vorindustriellen Hochkulturen zur industriellen Weltkultur, scheint zu Ende zu gehen.

IV

Die konservative Deutung des technischen Fortschritts hat den Vorzug, die beschränkte Perspektive einer Entwicklung technischer Mittel und einer Ausbreitung von Systemen zweckrationalen Handelns zu durchbrechen und den Blick auf den komplexen Zusammenhang von Wissenschaft, Technik, Industrie, Militär und Verwaltung zu richten: der technische Fortschritt vollzieht sich stets in einem institutionellen Rahmen. Aber diese beiden Elemente, nämlich technischer Fortschritt und institutioneller Rahmen, sind in Gehlens Vorstellung eines metabiologischen Vorgangs eigentümlich verschmolzen. Es bedarf nur eines einzigen Schrittes, um diesen ganzen Prozeß wiederum auf eine der beiden Dimensionen zu verkürzen. So hat Helmut Schelsky im Anschluß an Jacques Ellul die Auffassung vertreten, daß jener metabiologische Vorgang der Logik der sogenannten Sachzwänge, also den immanenten Gesetzen des wissenschaftlich-technischen Fortschritts gehorche. Der technisierten Gesellschaft entspricht ein technischer Staat, der die traditionellen Formen politischer Herrschaft zugunsten einer totalen Verwaltung aufhebt: die Herrschaft über Menschen löst sich, diesem Konzept zufolge, zwar nicht in eine Verwaltung von Sachen, aber in eine wissenschaftlich angeleitete Administration versachlichter Beziehungen auf[10]. »Die Souveränität dieses Staates zeigt sich nicht mehr nur darin, daß er die Anwendung der Gewalt monopolisiert (Max Weber) oder über den Ausnahmezustand entscheidet (Carl Schmitt), sondern vor allem darin, daß der Staat über den Grad der Wirksamkeit aller in ihm vorhandenen technischen Mittel entscheidet, sich ihre höchste Wirksamkeit vorbehält und praktisch sich selbst außerhalb der Grenzen der Anwendung technischer Mittel setzen kann, die er den anderen auferlegt. Er selbst ist damit in seinen Zielen aber dem Gesetz unterworfen, das ich schon als das eigentliche Gesetz der wissenschaftlichen Zivilisation erwähnte: daß sozusagen die Mittel die Ziele bestimmen oder besser, daß die technischen Möglichkeiten ihre Anwendung erzwingen. Indem der Staat die technischen Mittel für sich in Anspruch nimmt, wachsen ihm die Aufgaben dafür immer mehr (von außen, von den Sachgesetzlichkeiten her) zu[11].«

Diese *technokratische Deutung* setzt voraus, daß sich der wissenschaftlich-technische Fortschritt im Sinne eines ›Sachzwangs‹ automatisch vollzieht. Ein gegebener Entwicklungsstand zum Zeitpunkt *tn* müßte demnach durch die Problemlage des vorangegangenen Zustandes zum Zeitpunkt *tn – I* vollständig determiniert sein. Diese Annahme trifft jedoch nicht einmal annäherungsweise zu. Es ist nicht wahr, daß wir alles, was theoretisch möglich geworden ist, technisch verwirklichen und sozial verwerten könnten oder gar müßten. Bei einem gegebenen Stand von Forschung und Technik wird der Spielraum der theoretisch möglichen Fortschritte keineswegs ohne Anstoß durch äußere Interessen ausgeschöpft und erweitert. Gewiß schreiten Wissenschaft und Technik in Einklang mit der Logik der Forschung und in Übereinstimmung mit den eingespielten Kriterien des technischen Erfolgs fort, und selbstverständlich knüpfen sie an sachimmanent definierte Fragestellungen an. Aber je enger der technische Fortschritt mit der Verwertung in sozialen Bereichen integriert worden ist, um so mehr hat sich der selektive Zwang der von außen herangetragenen Probleme verstärkt. Gesellschaftliche Interessen bestimmen Tempo, Richtung und Funktionen des technischen Fortschritts[12]. Es liegt auf der Hand: der finanzielle Aufwand für die Großforschung hat heute ein solches Ausmaß erreicht, daß Relationen zwischen knappen Mitteln und gegebenen Präferenzen, also Investitionsentscheidungen und die ihnen zugrunde liegenden Interessen den Gang des technischen Fortschritts festlegen. Die Analysen der Forschungs- und Entwicklungsinvestitionen in den industriell fortgeschrittensten Gesellschaften zeigen den beherrschenden Einfluß der staatlichen Auftraggeber und den klaren Vorrang der militärischen vor den zivilen Aufgaben[13]. In dem System von Forschung, Technik, Industrie, Militär und Verwaltung gibt es keine unabhängige Variable. Wenn wir indessen vereinfachen wollen, dann ist eines gewiß: daß heute der technische Fortschritt eher Rüstungsinteressen als immanenten Sachzwängen folgt[14].

Die Aggregate technischer Mittel und die Systeme zweckrationalen Handelns entfalten sich keineswegs autonom, sondern jeweils in dem institutionellen Rahmen bestimmter Gesellschaften. Das konkrete Muster des technischen Fortschritts ist durch gesellschaftliche Institutionen und Interessenlagen vorgezeichnet. Von diesem Verhältnis hat sich die marxistische Deutung des technischen Fortschritts immer leiten lassen[15]. Um so bemerkenswerter, daß Herbert Marcuse gerade dieser Interpretation eine Wendung gibt, die zu gewissen Übereinstimmungen mit der Theorie Gehlens und Schelskys führt.

V

Marcuses Begriff der technisierten Gesellschaft ist zweideutig. Einerseits weiß Marcuse, daß die technischen Kräfte der Produktion und der Destruktion in den institutionellen Zusammenhang von politischer Herrschaft und sozialer Macht eingelassen sind, also in einen Rahmen, den Marx »Produktionsverhältnisse« genannt hat. Andererseits scheinen die technisch fortschreitenden Systeme umfassende Gewalt zu erlangen – die Technik wird selbst zu einem Produktionsverhältnis.

Unabhängig von der Eigentumsverfassung, so scheint es, wird in hochindustrialisierten Gesellschaften der technische Fortschritt zum Motor für einen steigenden Lebensstandard auch der breiten Bevölkerung, aber gleichzeitig ist dies der Standard eines zunehmend administrativ oder manipulativ geregelten Lebens. Die Technik hat die Unschuld einer reinen Produktivkraft verloren, denn sie dient nicht in erster Linie einer Pazifizierung des Kampfes ums Dasein – mit dem Wohlstand steigert sie auch die Repression. Mit der Befriedigung materieller Bedürfnisse wächst die Statuskonkurrenz unter Bedingungen künstlicher Knappheit, wächst die Reglementierung von Arbeit und Freizeit, wächst die Gefahr nuklearer Selbstzerstörung. Die technisch fortschreitenden Systeme in Wissenschaft, Produktion, Verwaltung, Kommunikation, Verkehr, Militär und Massenfreiheit haben sich zu einem Apparat verselbständigt, der sich nach Maßstäben technischer Wirksamkeit stetig verbessert, also in diesem Sinne immer rationaler wird, der aber andererseits der Kontrolle der gesellschaftlichen Subjekte immer mehr entgleitet und deshalb nicht im Dienste der Befriedigung spontan entfalteter und zwanglos interpretierter Bedürfnisse steht, nicht zugunsten autonomer Entscheidungen funktioniert – also immer irrationaler wird.

In verschiedenen Terminologien geben Marcuse und Gehlen fast gleiche Beschreibungen. Denn auch Gehlen bemerkt, daß die Disziplinierungen, vor allem indirekte Zwänge und Reizmanipulationen, ein Maß an objektiver Unfreiheit erzwingen, das, gemessen an dem Bewußtsein subjektiver Freiheit, das dieselbe Kultur erzeugt, ohne Beispiel ist. Diese sekundäre Naturwüchsigkeit der technisierten Gesellschaften und die Verselbständigung des technischen Fortschritts erklärt Schelsky mit dem Hinweis auf die Dominanz der sogenannten Sachzwänge: der technische Staat gehorcht der Logik der Sachgesetzlichkeiten und löst politische Herrschaft in wissenschaftlich angeleitete Administration auf. Marcuse hingegen reduziert nicht Herrschaft auf Technik, sondern umgekehrt Technik auf Herrschaft. Seine Erklärung verhält sich zu der Schelskys komplementär: er glaubt, zeigen zu können, daß die substantiell ungebrochenen Verhältnisse politischer Herrschaft und sozialer Macht in die Sachzwänge des technischen Apparats eingehen und damit die Form von technischer Verfügungsgewalt annehmen. Die perennierende Herrschaft von Menschen über Menschen ist in den technisch fortschreitenden Systemen zu einer zweckrationalen Steuerung von Naturprozessen bloß umgeformt worden. Technological rationality merges with political rationality – das ist die zentrale These von Marcuses Deutung des technischen Fortschritts: »Die unaufhörliche Dynamik des technischen Fortschritts wurde von politischem Inhalt durchdrungen und der Logos der Technik in den Logos fortgesetzter Herrschaft überführt. Die befreiende Kraft der Technologie – die Instrumentalisierung der Dinge – verkehrt sich in eine Fessel der Befreiung, sie wird zur Instrumentalisierung des Menschen[16].«

Weil sich heute Herrschaft zu technischer Verfügungsgewalt sublimiert, wird ihr partikularer Charakter unkenntlich und zugleich unanfechtbar. Zum ersten Mal in der Geschichte kann ein Herrschaftssystem sich dadurch legitimieren, daß es sich auf Maßstäbe technischer Rationalität beruft. Wer unter diesen Umständen noch Revolution machen will, der darf sich nicht mit Veränderungen im Herrschaftssystem, marxistisch gesprochen: nicht mit der Aufhebung von Produktionsverhältnissen, begnügen. »Weder Verstaatlichung noch Sozialisierung ändern *von sich aus* diese materielle Verkörperung technologischer Rationalität; im Gegenteil, *letztere* bleibt eine Vorbedingung für die sozialistische Entwicklung aller Produktivkräfte ...

In dem Maße jedoch, wie der bestehende technische Apparat das öffentliche und private Dasein in allen Bereichen der Gesellschaft verschlingt – das heißt zum Medium von Kontrolle und Zusammenhalt in einem politischen Universum wird, das sich die arbeitenden Klassen einverleibt – in dem Maße würde die qualitative Änderung eine solche in der *technologischen Struktur selbst* nach sich ziehen[17].«

VI

Marcuse spricht hier nicht metaphorisch. Er bekräftigt an anderen Stellen die These, der man Konsequenz nicht absprechen kann: wenn heute politische Herrschaft die Form technischer Verfügung angenommen hat, dann läßt sie sich nicht beseitigen, ohne die Technik selbst aufzuheben. Eine erfolgreiche Revolutionierung der fortgeschrittenen Gesellschaftssysteme in West und Ost ist unmöglich ohne die Entwicklung einer ›neuen Technik‹[18]. Und die Idee einer substantiell veränderten Technik schließt die Idee einer neuen empirischen Wissenschaft ein. Ähnlich wie Walter Benjamin und Ernst Bloch und in Übereinstimmung mit mystischen Naturspekulationen und mit Intentionen der romantischen Naturphilosophie, möchte Marcuse das Verhältnis der Menschengattung zur Natur von den repressiven Zügen technischer Naturbeherrschung reinigen. Die Rationalität von moderner Wissenschaft und Technik ist gleichsam vom Kapitalismus, in dessen Rahmen sie zuerst sich entwickelt hat, entstellt und korrumpiert worden. Deshalb bedürfen wir einer neuen Technik und einer revolutionierten Wissenschaft.
In dem alten, systematisch zum letzten Mal von Marx erneuerten Motiv: daß die Emanzipation der Menschengattung nicht gelingen kann ohne eine Resurrektion der Natur, steckt eine Wahrheit, aber, wie ich glaube, nicht diese Wahrheit. Marcuses Verneinung der Technik und die Idee einer neuen Wissenschaft bleiben, nach seinen eigenen Maßstäben, abstrakt. Wir sehen für den institutionalisierten Fortschritt von Wissenschaft und Technik, ihrer Struktur nach beurteilt, nirgendwo eine funktional gleichwertige Alternative. Die Unschuld der Technik, die wir gegen ihre ahnungsvollen Verächter verteidigen müssen, besteht ganz einfach darin, daß die Reproduktion der Menschengattung an die Bedingung instrumentalen, überhaupt zweckrationalen Handelns gebunden ist – und daß deshalb nicht die Struktur, sondern nur die Reichweite der

technischen Verfügungsgewalt historisch sich ändern kann, solange diese Gattung organisch bleibt, was sie ist.

Marcuse wie Schelsky gehen von der problematischen Annahme aus, daß die technisch fortschreitenden Systeme, die aus Regeln zweckrationalen Handelns und aus Aggregaten von Mitteln zusammengesetzt sind, selber zum institutionellen Rahmen der industriell fortgeschrittenen Gesellschaften werden. Dabei glaubt Schelsky an eine Auflösung repressiver Normen in Sachzwänge, Marcuse an eine bloße Umsetzung von politischer Herrschaft in Formen technischer Verfügung. Beide, meine ich, sehen eine Art Verschmelzung von technisch angelegten und geregelten Systemen mit dem industriegesellschaftlichen System im ganzen. Diese Gesellschaft wird so etwas wie ein technischer Apparat im großen. Indem Marcuse und Schelsky diesen Begriff der technisierten Gesellschaft adoptieren, haben sie sich aber auf den Boden der Ideologie gestellt, die sie eigentlich kritisieren wollen[19]. Das ist die Ideologie der Technokraten. Sie gewinnt zunehmend praktische Gewalt und hat somit objektive Folgen, aber darum bleibt sie doch Ideologie. Sie lebt von der Idee, der selbst Marcuse einen Schritt zu weit traut, daß der institutionelle Rahmen industriell entwickelter Gesellschaften nicht etwa Tempo, Richtung und Funktion des wissenschaftlich-technischen Fortschritts bestimmt, sondern seinerseits in dem autonom gewordenen Prozeß dieses Fortschritts fungibel geworden ist.

Vor dem technokratischen Bewußtsein schrumpfen alle Probleme, die uns herausfordern, unsere Geschichte praktisch beherrschen zu lernen, auf Fragen einer angemesseneren Technik zusammen. Darin steckt ein Stück technizistischer Geschichtsphilosophie: als ob der Fortschritt der Technik im sozialen Lebenszusammenhang nur Probleme stellte, die der technische Fortschritt auch lösen kann. Vielleicht ist dieses technokratische Bewußtsein die systemunabhängige Ideologie bürokratisch herrschender Eliten in hochindustrialisierten Gesellschaften. Und vielleicht wird diese Ideologie durch eben die Bedingungen einer wechselseitigen Eskalation des Rüstungspotentials unvermeidlich, die ihrerseits nicht beseitigt werden können, solange Probleme der Abrüstung technokratisch verstanden werden. Vielleicht kann sich das technokratische Bewußtsein unter solchen Umständen stabilisieren und zum kollektiven Bewußtsein der integrierten Massen werden. Vielleicht kann sich im Schutze dieser Ideologie ein Prozeß der Selbstobjektivierung ungehemmt durchsetzen, der einer vollkommen rationalen Verdinglichung gleichkäme und den technokratischen Begriff der Gesellschaft am Ende wahr machte. Aber begreifen könnten wir einen solchen Vorgang gerade nicht unter Voraussetzungen des technokratischen Bewußtseins.

VII

Es empfiehlt sich, auf der analytischen Ebene zwei Elemente zu unterscheiden: den institutionellen Rahmen eines Gesellschaftssystems oder die soziale Lebenswelt, und, darin gleichsam eingebettet, die technisch fortschreitenden Systeme. Soweit unsere Handlungen vom institutionellen Rahmen bestimmt sind, werden sie durch sanktionierte Verhaltenserwartungen normativ zugleich gesteuert und erzwungen. Soweit unsere Handlungen von den technisch fortschreitenden Systemen geregelt werden, entsprechen sie dem Muster instrumentalen oder strategischen Handelns und lassen sich aus der Perspektive eines unabhängigen Beobachters als Anpassungsreaktion an wechselnde Umgebungen auffassen. Durch diese Form aktiver Anpassung an die Umgebung unterscheidet sich ja die gesellschaftliche Reproduktion des Lebens von der animalischen. Die vergesellschafteten Individuen können äußere Bedingungen ihrer Existenz unter Kontrolle bringen. Sie erreichen eine technische Verfügungsgewalt zunächst über Naturprozesse: das ist die Leistung der Produktionstechnik. Die Organisation der gesellschaftlichen Arbeit verlangt ferner Techniken des Verkehrs und der Kommunikation. Hygienische und medizinische Techniken dienen der Abwehr von Krankheiten, militärische Techniken der Abwehr des äußeren Feindes. Diese primären Mittel gehören zu Systemen, die Formen der Kooperation nach Regeln zweckrationalen Handelns organisieren. Dabei entsprechen die Kooperationsformen dem Stand der technischen Mittel – neue Produktionsanlagen verlangen eine neue Arbeitsorganisation, neue Waffen neue Strategien. Unsere Frage heißt nun: Wie wirken diese technisch fortschreitenden Systeme auf den institutionellen Rahmen zurück, in den sie eingebettet sind? Wie ändern sich beispielsweise Familiensysteme und Rechtsordnungen im Gefolge von Änderungen der Produktionsweise, wie ändern sich Kultpraktiken und Herrschaftsverbände im Gefolge von Änderungen der Techniken gewaltsamer Selbstbehauptung? Wir wissen wenig genug über diese empirischen Zusammenhänge. Soviel scheint aber sicher zu sein, daß sich die langfristigen strukturellen Veränderungen des institutionellen Rahmens (soweit sie durch technischen Fortschritt ausgelöst sind) in der Form passiver Anpassung vollziehen. Sie sind nicht Resultat eines geplanten, zweckrationalen und am Erfolg kontrollierten Handelns, sondern Produkt einer naturwüchsigen Entwicklung.

Der *aktiven* Anpassung an die äußeren Bedingungen der Existenz entspricht also eine *passive* Anpassung des institutionellen Rahmens an die technisch fortschreitenden Systeme. Dieses Verhältnis kommt freilich erst zu Bewußtsein, als mit dem Kapitalismus eine Produktionsweise entwickelt wird, die den technischen Fortschritt permanent macht. Das eindrucksvollste Zeugnis dieser Erfahrung ist immer noch das Kommunistische Manifest. Marx rühmt in überschwenglichen Worten die revolutionäre Rolle des Bürgertums: »Die Bourgeoisie kann nicht existieren, ohne die Produktionsinstrumente, also die Produktionsverhältnisse, also sämtliche gesellschaftlichen Verhältnisse fortwährend zu revolutionieren.« Und an anderer Stelle: »Die Bourgeoisie hat in ihrer kaum hundertjährigen Klassenherrschaft massenhaftere und kolossalere Produktionskräfte geschaffen als alle vergangenen Generationen zusammen. Unterjochung der Naturkräfte, Maschinerie, Anwendung der Chemie auf Industrie und Ackerbau, Dampfschiffahrt, Eisenbahn, elektrische Telegraphen, Urbarmachung ganzer Weltteile, Schiffbarmachung der Flüsse, ganze aus dem Boden gestampfte Bevölkerungen…!« Marx sieht auch die Rückwirkung auf den institutionellen Rahmen: »Alle festen und eingerosteten Verhältnisse mit ihrem Gefolge von altehrwürdigen Vorstellungen und Anschauungen werden aufgelöst, alle neugebildeten veralten, ehe sie verknöchern können. Alles Ständische und Stehende verdampft, alles Heilige wird entweiht, und die Menschen sind endlich gezwungen, ihre gegenseitigen Beziehungen mit nüchternen Augen zu sehen.«

Marx hat bereits die großen Entwicklungen im Auge, die Max Weber zwei Generationen später unter dem Namen einer Rationalisierung des gesellschaftlichen Verkehrs analysieren wird: die Industrialisierung der Arbeit, die Urbanisierung der Lebensweise, die Formalisierung des Rechtsverkehrs, die Bürokratisierung der Herrschaft. Die ältere Soziologie hat sich jahrzehntelang abgemüht, um diese Rückwirkung des im Produktionsbereich institutionalisierten technischen Fortschritts auf das System der gesellschaftlichen Normen in den Griff zu bekommen. Die Paarbegriffe, die aus älteren Theorien vertraut sind, kreisen um dieses eine Phänomen; nämlich um die Veränderung des spezifischen Gewichts der Institutionen unter dem Einfluß der Erweiterung der Systeme zweckrationalen Handelns. Denken wir an Kategorien wie Status und Kontrakt, Gemeinschaft und Gesellschaft, mechanische und organische Solidarität, informelle und formelle Gruppen, primäre und sekundäre Beziehungen, Kultur und Zivilisation, traditionelle und bürokratische Herrschaft, sakrale und säkulare Verbände, militärische und industrielle Gesellschaft, Stand und Klasse usw.

Marx stand damals unter dem Eindruck des Mißverhältnisses zwischen der aktiven Unterjochung der Natur, also der Erweiterung der technischen Verfügungsgewalt auf der einen Seite, und der nachhinkenden passiven Anpassung des institutionellen Rahmens an die technisch fortschreitenden Systeme andererseits. Auf dieses Mißverhältnis war der berühmte Satz gemünzt, daß die Menschen ihre Geschichte machen, aber nicht mit Willen und Bewußtsein. Das Ziel seiner Kritik war es, auch diese sekundäre Anpassung des institutionellen Bewußtseins in eine aktive umzuwandeln und den strukturellen Wande der Gesellschaft selber unter Kontrolle zu bringen. Damit würde ein fundamentales Verhältnis aller bisherigen Geschichte aufgehoben und in der Evolution der Menschengattung eine neue Schwelle erreicht, die nur der zu vergleichen ist, an der sich die Menschengattung einst durch die technische Verfügung über die äußeren Bedingungen ihrer Existenz, durch aktive Anpassung an Natur zuerst konstituiert hat und aus ihrer animalischen Vergangenheit hervorgetreten ist. Diejenigen, die im östlichen Lager die legitime Nachfolge Marxens beanspruchen, haben dieses Ziel in einer bestimmten Interpretation übernommen – und in dieser Interpretation treffen sie sich unverhofft mit ihren wichtigsten Kontrahenten im westlichen Lager. Sie treffen sich auf dem gemeinsamen Boden der technokratischen Ideologie.

VIII

Es ist die Grundannahme dieser Ideologie, daß wir jene nachträgliche passive Anpassung des institutionellen Rahmens an die technisch fortschreitenden Systeme, also die ungeplanten soziokulturellen Folgen des in die soziale Lebenswelt einbrechenden technischen Fortschritts, *in der gleichen Weise* in Regie nehmen können, wie wir längst Naturvorgänge unter unsere Kontrolle gebracht haben.

Unter diesem technokratischen Gesichtspunkt interessiert der institutionelle Rahmen nur soweit, als er die Arbeit der technisch fortschreitenden Systeme sichert oder stört. Wie sehr diese Perspektive beschränkt ist, möchte ich zunächst mit einigen allgemeinen Hinweisen klarmachen.

Unter entwicklungsgeschichtlichem Aspekt können wir die soziokulturellen Umwelten, in denen die Menschengattung ihr Leben reproduziert, als Kompensation einer mangelhaften organischen Ausstattung auffassen. Die Systeme gesellschaftlicher Normen haben die Aufgabe, die instinktiv nicht länger gesicherte Arterhaltung durch eine kollektiv organisierte Selbsterhaltung zu ersetzen. Sie institutionalisieren Lern- und Anpassungsprozesse, oder anders ausgedrückt: sie sind der institutionelle Rahmen für technisch fortschreitende Systeme. Aber dieser Rahmen hat nur deshalb die Form von Institutionen, weil libidinöse oder aggressive Triebansprüche, die sich zu den Erfordernissen der organisierten Selbsterhaltung dysfunktional verhalten, unterdrückt und kanalisiert werden müssen.

Der institutionelle Rahmen ist aus gesellschaftlichen Normen gezimmert. Solche Normen können verletzt werden; sie sind durch Gewalt sanktioniert. Die Motive zur Übertretung gesellschaftlicher Normen stammen aus antizipierten Triebbefriedigungen. Wir haben die Welt immer schon mit den Augen unserer Bedürfnisse interpretiert; und diese Deutungen sind im semantischen Gehalt der Umgangssprache aufgehoben. So ist leicht zu sehen, daß der institutionelle Rahmen einer Gesellschaft zwei Aufgaben erfüllt. Er besteht erstens aus einer Organisation der Gewalt, die die Repression von Triebbefriedigung erzwingen kann, und er besteht zweitens aus einem System kultureller Überlieferung, das die Masse unserer Bedürfnisse artikuliert und Ansprüche auf Triebbefriedigung antizipiert. Diese kulturellen Werte führen auch Interpretationen der Bedürfnisse mit sich, die im System der Selbsterhaltung nicht integriert sind – mythische, religiöse, utopische Gehalte, d. h. die kollektiven Tröstungen ebenso wie die Quellen der Philosophie und der Kritik. Ein Teil dieser Gehalte wird umfunktioniert und dient der Legitimation des Herrschaftssystems. Der institutionelle Rahmen hat also nicht nur die Funktion, die Lern- und Anpassungsprozesse zu garantieren und so die kollektive Selbsterhaltung zu sichern. Gleichzeitig entscheidet er über die Struktur der Herrschaft und damit über den Grad der Repression; er legt die kollektiven oder schichtenspezifisch abgestuften Chancen von Triebbefriedigung fest. Ein Handeln nach technischen Regeln bemißt sich allein am Kriterium des Erfolgs; ein Handeln unter gesellschaftlichen Normen hingegen reflektiert immer auch einen historisch veränderlichen Grad von Herrschaft, d. h. einen bestimmten Grad der Emanzipation und Individuierung.

Dieser Aspekt des Handelns geht verloren, wenn wir den Wandel des institutionellen Rahmens nur als eine abhängige Variable im Prozeß der Selbsterhaltung auffassen. Dann findet sich nämlich für dessen ›Rationalität‹ kein anderes Kriterium als die Bestandserhaltung selbstregulativer Systeme. Sobald wir indessen den institutionellen Rahmen auch von innen als ein System gesellschaftlicher Normen begreifen, in dem vergesellschaftete Individuen ihr antizipiertes Leben verwirklichen und die Masse der interpretierten Bedürfnisse befriedigen wollen, genügt jenes Kriterium nicht. Dann müssen wir vielmehr den Fortschritt der technischen Systeme seinerseits als abhängige Variable in einem Prozeß fortschreitender Emanzipation auffassen. Nun bemißt sich die ›Rationalität‹ des institutionellen Rahmens an dem Verhältnis von Herrschaftssystem und kultureller Überlieferung, nämlich danach: in welchem Maße die kulturellen Werte entweder als Ideologien verbraucht und als Utopien verdrängt werden – oder aber aus ihrer projektiven Gestalt in die Lebenspraxis zurückkehren, der sie, zu »Werten« fetischisiert, entfremdet sind[20].

IX

Die zuerst von Marx bezeichnete Intention, die soziokulturellen Folgen des technischen Fortschritts unter Kontrolle zu bringen, scheint sich heute im Westen wie im Osten immer stärker durchzusetzen – aber das technokratische Muster, nach dem diese Intention verwirklicht werden soll, schlägt ihrer erklärten Absicht ins Gesicht. Es gibt allenthalben Anstrengungen, den konfliktreich nachhinkenden institutionellen Rahmen selber als einen Bestandteil der technisch fortschreitenden Systeme zu planen und so mit dem technischen Fortschritt zu synchronisieren. Marx hatte das Problem, die Geschichte mit Willen und Bewußtsein zu machen, als die Aufgabe einer praktischen Beherrschung bisher unkontrollierter gesellschaftlicher Prozesse angesehen. Die Dimension, in der er das Problem einer Veränderung des institutionellen Rahmens entfaltete, war allein die der fortschreitenden Emanzipation.

Heute scheint sich dasselbe Problem in eine technische Aufgabe aufzulösen: es geht um die kontrollierte Anpassung der sozialen Lebenswelt an den technischen Fortschritt. Die Dimension eines historisch veränderlichen Grades der Herrschaft wird dabei ignoriert.

Die Idee, unter der technokratisch angelegte Experimente stehen, ist die instinktanaloge Selbststabilisierung gesellschaftlicher Systeme. Die Perspektive ist uns vertraut: vielleicht gelingt es, zunächst einzelne Institutionen, dann einige institutionelle Bereiche, schließlich Teilsysteme und am Ende gar das Gesellschaftssystem im ganzen so einzustellen, daß sie selbstregulativ arbeiten und sich unter wechselnden externen wie internen Bedingungen in einem optimalen Zustand erhalten. Die Mensch-Maschine-Systeme, die in Bereichen gesellschaftlicher Arbeit und gewaltsamer Selbstbehauptung maximale Zuverlässigkeit verbürgen, werden zum Vorbild für die Organisation der gesellschaftlichen Beziehungen überhaupt. Ich möchte diese Fiktion einen Augenblick verfolgen.

Wenn es gelänge, das System gesellschaftlicher Normen auf diese Weise den technisch fortschreitenden Systemen zu integrieren, müßte sich soziales Handeln eigentümlich aufspalten: nämlich in das zweckrationale Handeln der Wenigen, die die geregelten Systeme einrichten und technische Störungen beheben, einerseits; in das adaptive Verhalten der Vielen, die in die Routinen der geregelten Systeme eingeplant sind, andererseits. Die manifeste Herrschaft des autoritären Staates würde so den manipulativen Zwängen eines technisch-operativen Staates weichen. Denn soweit soziales Handeln als Störfaktor in Betracht kommt, bemißt sich ja das Funktionieren geregelter Systeme nur noch an der empirisch zuverlässigen Regelmäßigkeit der funktional notwendigen Verhaltensreaktionen. Die moralische Durchsetzung einer sanktionierten Ordnung würde durch eingeschliffene Reflexe, kommunikatives Handeln, das an sprachlich artikuliertem Sinn orientiert ist und die Verinnerlichung von Normen voraussetzt, durch konditionierte Verhaltensweisen abgelöst. Immerhin beobachten wir in industriell fortgeschrittenen Gesellschaften einige Entwicklungen, die dem Modell einer eher durch externe Reize als durch Kommunikation gesteuerten Gesellschaft entgegenkommen. Die indirekte Lenkung durch geplante Stimuli hat, vor allem in Bereichen subjektiver Freiheit (Wahl-, Konsum- und Freizeitverhalten) zugenommen, während die Steuerung durch verinnerlichte Normen abzunehmen scheint. Die sozialpsychologische Signatur des Zeitalters wird weniger durch die autoritäre Persönlichkeit als durch die Entstrukturierung des Über-Ich charakterisiert[21].

In Zukunft wird sich das Repertoire der Steuerungstechniken erheblich erweitern. Psychotechnische Verhaltensmanipulationen können heute schon den altmodischen Umweg über verinnerlichte, aber reflexionsfähige Normen ausschalten. Biotechnische Eingriffe in das endokrine Steuerungssystem und erst recht Eingriffe in die genetische Übertragung von Erbinformationen könnten morgen die Kontrolle des Verhaltens noch tiefer ansetzen. Dann müßten die alten, in umgangssprachlicher Kommunikation entfalteten Bewußtseinszonen vollends austrocknen. Auf dieser Stufe der Humantechniken, wenn vom Ende der psychologischen Manipulationen in einem ähnlichen Sinne die Rede sein könnte wie heute vom Ende der politischen Ideologien, wäre die naturwüchsige Entfremdung, das unkontrollierte Nachhinken des institutionellen Rahmens, überwunden. Aber die Selbstobjektivation des Menschen hätte sich in einer geplanten Entfremdung vollendet – die Menschen machten ihre Geschichte mit Willen, aber nicht mit Bewußtsein.

Eine Rationalisierung, die die naturwüchsigen Institutionen der sozialen Lebenswelt in die technisch fortschreitenden Systeme aufsaugt, beseitigt das historische Verhältnis von Herrschaftssystem und kultureller Überlieferung. An die Stelle der Normen, die Triebbefriedigungen kanalisieren und zugleich versagen, die aber auch Freiheit durch Reflexion der verinnerlichten Zwänge ermöglichen, tritt die Außensteuerung durch Stimuli. Diese sind funktional; an ihnen gibt es nichts zu durchschauen. Ihnen gegenüber wäre Reflexion ohnmächtig, denn an den gläsernen Wänden des zweckrational eingerichteten Systems der Selbsterhaltung prallt sie ab. An diesem Punkt gibt die negative Utopie zu erkennen, was wir aus ihren absurden Konsequenzen lernen können.

Es genügt nicht, daß ein Gesellschaftssystem Bedingungen technischer Rationalität erfüllt. Selbst wenn der kybernetische Traum einer gleichsam instinktiven Selbststabilisierung sich verwirklichen ließe, wäre unterdessen das Wertsystem auf Maximierungsregeln für Macht und Wohlstand und auf das Äquivalent für den biologischen Grundwert des Überlebens um jeden Preis, auf Ultrastabilität, zusammengeschrumpft. Die Menschengattung hat sich mit den ungeplanten soziokulturellen Folgen des technischen Fortschritts selbst herausgefordert, ihr soziales Schicksal nicht nur heraufzubeschwören, sondern beherrschen zu lernen. Dieser Herausforderung der Technik ist durch Technik allein nicht zu begegnen. Es gilt vielmehr, eine politisch wirksame Diskussion in Gang zu bringen, die das gesellschaftliche Potential an technischem Wissen und Können zu unserem praktischen Wissen und Wollen rational verbindlich in Beziehung setzt.

Eine solche Diskussion könnte einerseits die politisch Handelnden im Verhältnis zum technisch Möglichen und Machbaren über das traditionsbestimmte Selbstverständnis ihrer Interessen aufklären. Im Lichte der dadurch artikulierten und neu interpretierten Bedürfnisse würden die politisch Handelnden andererseits praktisch beurteilen können, in welcher Richtung und in welchem Maße wir technisches Wissen in Zukunft entwickeln wollen.

Diese Dialektik von Können und Wollen vollzieht sich heute unreflektiert, nach Maßgabe von Interessen, für die eine öffentliche Rechtfertigung weder verlangt noch gestattet wird. Erst wenn wir diese Dialektik mit politischem Bewußtsein auszutragen vermöchten, könnten wir eine bisher naturgeschichtlich sich durchsetzende Vermittlung des technischen Fortschritts mit der sozialen Lebenspraxis in Regie nehmen. Weil das eine Sache der Reflexion ist, gehört sie wiederum in die Zuständigkeit von Spezialisten. Die Substanz der Herrschaft zergeht nicht vor technischer Verfügungsgewalt allein; dahinter kann sie sich allenfalls verschanzen. Die Irrationalität der Herrschaft, die heute zu einer kollektiven Lebensgefahr geworden ist, könnte nur durch eine politische Willensbildung bezwungen werden, die sich an das Prinzip allgemeiner und herrschaftsfreier Diskussion bindet. Rationalisierung der Herrschaft dürfen wir nur erhoffen von Verhältnissen, die die politische Macht eines an Dialoge gebundenen Denkens begünstigen. Die lösende Kraft der Reflexion kann nicht ersetzt werden durch die Ausbreitung technisch verwertbaren Wissens.

1 *A. Gehlen,* Die Seele im technischen Zeitalter, Hamburg 1957 (rde); *ders.,* Die Technik in der Sichtweise der Anthropologie, in: Anthropol. Forschung, Hamburg 1961 (rde), S. 93 ff.; *ders.,* Über kulturelle Kristallisation, in: Studien zur Anthropologie, Neuwied 1963, S. 311; *ders.,* Über kulturelle Evolution, in: Die Philosophie und die Frage nach dem Fortschritt (ed. Kuhn), München 1964; *H. P. Bahrdt,* Helmut Schelskys technischer Staat, in: Atomzeitalter 1961, H. 9, S. 195 ff.; *H. Krauch,* Wider den technischen Staat, in: Atomzeitalter, 1961, H. 9, S. 101 ff.; *ders.,* Technische Information und öffentliches Bewußtsein, in: Atomzeitalter, 1963, H. 9, S. 235 ff; *H. Schelsky,* Der Mensch in der wissenschaftlichen Zivilisation, Köln 1961; *ders.,* Zur Zeitdiagnose, in: Auf der Suche nach Wirk-

lichkeit, Düsseldorf 1965, S. 391–480; *J. Ellul,* The Technological Society, New York 1964; *J. Habermas,* Verwissenschaftlichte Politik und öffentliche Meinung, in: Festschrift f. H. Barth, Zürich 1964, S. 54 ff.; *H. Freyer, J. C. Papalekas, G. Weippert* (Hrg.), Technik im technischen Zeitalter, Düsseldorf 1965; *H. Marcuse,* Triebstruktur und Gesellschaft, Frankfurt a. M. 1965. Zur neueren Technokratiediskussion vgl. inzwischen C. Koch, D. Senghaas, Texte zur Technokratiediskussion, Frankfurt 1970.

2 Informationen über die Wahl des besten Weges sind analytisch, denn im Hinblick auf ein gegebenes Präferenzsystem ergibt sich die Bewertung von Handlungsalternativen durch Kalkulation. Informationen über das geeignetste Mittel haben hingegen empirischen Gehalt; denn instrumentales Handeln richtet sich nach dem prognostizierten Verhalten der Natur.

3 A. Gehlen, Anthropologische Ansicht der Technik, in: Technik im technischen Zeitalter, a. a. O. S. 107.

4 F. Jonas: Technik als Ideologie, in: H. Freyer u. a., Technik im technischen Zeitalter, a. a. O. S. 133.

5 Vgl. K. R. Popper, Selbstbefreiung durch Wissen, in: L. Reinisch (Hg.), Der Sinn der Geschichte, München 1961, S. 100 ff.

6 Nur die Verfahren der empirischen Überprüfung stützten sich auf einige Meß- und Beobachtungstechniken (Barometer und Mikroskop), die den Rahmen der alten Handwerkstechnik sprengten.

7 Vgl. W. Gerlach: Naturwissenschaft im technischen Zeitalter, in: H. Freyer u. a., Technik im technischen Zeitalter, a. a. O. S. 60 ff.

8 A. Gehlen, Über kulturelle Evolutionen, in: Die Philosophie und die Frage nach dem Fortschritt, a. a. O. S. 209.

9 Diese Perspektive ist inzwischen systemtheoretisch entfaltet worden von N. Luhmann, Soziologische Aufklärung, Opladen 1970.

10 H. Schelsky, Der Mensch in der wissenschaftlichen Zivilisation, a. a. O.

11 Ebd., S. 24 f.

12 C. Offe, Das politische Dilemma der Technokratie, in: Kress, Senghaas, a. a. O. S. 156–172.

13 Vgl. H. Krauch, Forschungspolitik und öffentliches Interesse, in: Atomzeitalter, Sept. 1962, S. 218 ff; ders., Die organisierte Forschung, Neuwied 1970.

14 Vgl. K. E. Boulding, Disarmament and the Economy, New York 1963; für Deutschland: F. Vilmar, Rüstung und Abrüstung im Spätkapitalismus, Frankfurt 1965.

15 Zum Zusammenhang von technischem Fortschritt und Kapitalverwertungsinteressen vgl. jetzt: J. Hirsch, Wissenschaftlich-technischer Fortschritt und politisches System, Frankfurt 1970; und U. Rödel, Forschungsprioritäten und technologische Entwicklung, Frankfurt 1972.

16 H. Marcuse, Der eindimensionale Mensch, Neuwied 1967, S. 173 f., vgl. meine Untersuchung: Technik und Wissenschaft als ›Ideologie‹, Frankfurt 1968.

17 H. Marcuse, ebd. S. 43.

18 Ebd., S. 246.

19 Vgl. dazu inzwischen C. Offe in: Antworten auf Herbert Marcuse, Frankfurt 1968, S. 73 ff.

20 Vgl. meine Kritik an Luhmanns Fassung des obersten Bezugsproblems sozialer Systeme, in: J. Habermas, N. Luhmann, Theorie der Gesellschaft oder Sozialtechnologie?, Frankfurt 1971

21 Vgl. H. Marcuse, Das Veralten der Psychoanalyse, in: Kultur und Gesellschaft, Frankfurt 1965, S. 85–106.

10. Vom sozialen Wandel
akademischer Bildung

In der Diskussion um Hochschulreform halten heute fast alle Parteien in verblüffender Einmütigkeit an dem Grundsatz fest, daß die universitäre Form des Hochschulstudiums nicht preisgegeben werden darf: »unüberlegt handeln diejenigen, die uns eine Umbildung und Zerstreuung der Universitäten in Spezialschulen vorschlagen«[1]. Wer die Reformschriften der letzten fünfzehn Jahre durchgesehen hat, wird diesem Satz Schleiermachers ein Alter von mehr als 150 Jahren gar nicht mehr zutrauen.

Die damals so eindringlich vorgetragene Warnung darf nicht als eine Isolierung der Wissenschaft von Praxis mißverstanden werden. Jene Bildung im emphatischen Sinne, die, über die Einübung beruflicher Fertigkeiten hinaus, durch die universitäre Form des Studiums gesichert werden sollte, wurde von Fichte gerade als die Form der »Umwandlung des Wissens in Werke« verstanden[2]. Humboldt rechtfertigt seine Maxime, daß Wissenschaft bilden müsse, mit dem gleichen Argument: daß es dem Staat sowenig als der Menschheit um Wissen und Reden, sondern um Charakter und Handeln zu tun sei[3]. Und Schleiermacher identifiziert ausdrücklich Bildung mit der Bildung des gemeinen Sinnes, jenes sensus communis, der in der weltläufigeren Philosophie der westlichen Nationen als common sense und bon sens die Bedeutung eines Organs für das praktisch Notwendige stets behalten hatte: »ein anständiges und edles Leben gilt es für den Staat ebensowenig als für den einzelnen, ohne mit der immer beschränkten Fertigkeit auf dem Gebiete des Wissens doch einen allgemeinen Sinn zu verbinden«[4] – nur im Horizont der Bildung löst sich eine starre Masse von Kenntnissen zu praktischer Heilsamkeit und Trefflichkeit. Dieser vielfältig bekräftigten Intention widerspricht damals die betonte Abkehr der wissenschaftlichen Studien von den Bedürfnissen der Berufspraxis keineswegs. Denn in der Verachtung der bloß empirischen Zwecke, in dem Versuch der Abgrenzung der Universität gegen die Handwerkertalente, für die Schelling so herbe Worte gefunden hat, spiegelt sich ja auch ein objektiver Stand der sozialen Entwicklung: Zwischen der Berufspraxis der Handwerker auf der einen Seite, der Ärzte, Verwaltungsbeamten und Richter auf der anderen Seite hatte sich noch kein prinzipieller Unterschied der wissenschaftlichen Rationalisierung herausgebildet. Gemessen an dem strengen Anspruch einer theoretischen Begründung der professionellen Fertigkeiten befanden sie sich allemal im Stadium einer pragmatisch erlernten und geübten Kunst, einer »Technik« im griechischen Sinne. Zwar versucht Schelling, die Wissenschaftlichkeit der höheren Fakultäten dadurch zu retten, daß er die Jurisprudenz auf Geschichtsphilosophie und die Medizin auf Naturphilosophie verpflichtet[5], aber wenige Jahre später meldet Fichte energisch Zweifel an, ob der Heilkunde überhaupt eine wissenschaftliche Basis gegeben werden könne. Hier wie in der Rechtswissenschaft überwiege der Teil, der zur praktischen Kunst der Anwendung im Leben gehöre[6]. Schleiermacher zieht daraus nur die Konsequenz, daß die eigentliche Universität in der philosophischen Fakultät vollständig aufgeht, während die höheren Fakultäten Spezialschulen sind: »sie haben ihre Einheit nicht in der Erkenntnis unmittelbar, sondern in einem äußeren Geschäft, und verbinden, was zu diesem erfordert wird, aus den verschiedenen Disziplinen«[7]. Dies sind die philosophischen Disziplinen, für die die Mitglieder der höheren Fakultäten wenigstens als außerordentliche Lehrer verpflichtet werden sollten; die berufspraktischen Spezialschulen der Theologen, Juristen und Mediziner können unter dem einen Dach der Universität nur geduldet werden, wenn alle Universitätslehrer »in der philosophischen Fakultät eingewurzelt« sind[8]. An der Wende vom 18. zum 19. Jahrhundert konnte man sich in einem auf Deutschland beschränkten Blickfeld[9] noch keinen Begriff von einer möglichen Verwissenschaftlichung der »äußeren Geschäfte« machen. Die Universitätsreformer brauchten deshalb mit der Tradition der praktischen Philosophie nicht ernstlich zu brechen. Die bei allen tiefgreifenden Revolutionen der politischen Ordnung gleichwohl durchgehaltenen Strukturen einer vorindustriellen Arbeitswelt gestatten sozusagen zum letzten Mal die klassische Auffassung des Verhältnisses von Theorie und Praxis: die in der Sphäre der gesellschaftlichen Arbeit verwendbaren technischen Fertigkeiten sind der theoretischen Anleitung unmittelbar nicht fähig; sie werden nach tradierten Mustern der Geschicklichkeit pragmatisch eingeübt. Die Theorie, die sich auf das unveränderliche Wesen der Dinge jenseits des veränderlichen Bereichs menschlicher Angelegenheiten bezieht, gewinnt nur dadurch Geltung in der Praxis, daß sie die Lebenshaltung der mit Theorie befaßten Menschen selbst prägt, ihnen aus dem Verständnis des Kosmos im ganzen auch Normen für das eigene Verhalten erschließt und so durch die Handlungen der philosophisch Gebildeten hindurch positive Gestalt annimmt. Eine andere Beziehung der Theorie zur Praxis hat die überlieferte Idee der Universitätsbildung nicht in sich aufgenommen; noch wo Schelling versucht, der Praxis des Arztes durch Naturphilosophie eine wissenschaftliche Basis gleichwohl zu geben, verwandelt sich ihm das medizinische Handwerk unversehens in eine medizinische Handlungslehre: der Arzt soll sich an den naturphilosophisch abgeleiteten Ideen nicht anders orientieren als das sittlich handelnde Subjekt an den Ideen der praktischen Vernunft[10].

Inzwischen ist jedem bekannt, daß die Verwissenschaftlichung der Medizin nur in dem Maße gelingt, wie die pragmatische Kunstlehre des medizinischen Handwerks in eine erfahrungswissenschaftlich kontrollierte Verfügung über objektivierte Naturprozesse umgewandelt werden kann. Das gilt in gleicher Weise für andere Bereiche der gesellschaftlichen Arbeit; ob es darum geht, die Gütererzeugung, Betriebsführung und Verwaltung oder den Bau von Werkzeugmaschinen, Straßen und Flugzeugen oder die Beeinflussung des Wahl-, Kauf- und Freizeitverhaltens zu rationalisieren, stets wird die entsprechende Berufspraxis die Form einer technischen Verfügung über vergegenständlichte Prozesse annehmen müssen. Diese Verfügung entspricht in gewisser Weise immer noch der handwerklichen Technik, sagen wir einer Bearbeitung von Material. Eine wissenschaftliche Technik unterscheidet sich davon allerdings in zweierlei Hinsicht. Erstens stammt unsere Kenntnis von dem Verhalten einer solchen Materie unter definierten Umständen nicht mehr aus tradierten Umgangserfahrungen, sondern aus empirisch bestätigten Gesetzeshypothesen, die über die Abhängigkeit kovarianter Größen Voraussagen gestatten. Zweitens braucht sich unser Eingriff nicht auf materielle Dinge zu beschränken; die verfügbargemachten Prozesse, handle es sich um Meinungen, Verhaltensweisen oder Regeln, müssen sich nur an beobachtbaren Daten überhaupt feststellen lassen. Die erfahrungswissenschaftlich angeleiteten Techniken bringen Erscheinungen unter Kontrolle, über die wir *wie* materielle Dinge verfügen können. Genau damit mag es zusammenhängen, daß ein wissenschaftliches Studium, das doch auf die Berufspraxis in einem anspruchsvollen Sinne theoretisch vorbereitet, auch heute noch den gleichen Argwohn weckt, den schon Schelling gegenüber den »Brotwissenschaften« hegte.

Damals hat die Maxime, daß Wissenschaft bilde, eine strenge Trennung von Universität und Fachhochschule schon deshalb verlangt, weil sich die vorindustriellen Formen der Berufspraxis gegen theoretische Anleitung sperrten. Heute sind die Forschungsprozesse mit der technischen Anwendung und der ökonomischen Verwertung, ist die Wissenschaft mit Produktion und Verwaltung im industriegesellschaftlichen System der Arbeit zusammengekoppelt: Anwendung der Wissenschaft in Technik und Rückanwendung der technischen Fortschritte in der Forschung sind zur Substanz der Arbeitswelt selber geworden. Eine unverändert starre Abwehr gegen die Zerstreuung der Universität in Spezialschulen kann sich unter diesen Umständen nicht mehr auf das alte Argument berufen. Die universitäre Form des Studiums soll heute gegen die Berufssphäre nicht etwa abschirmen, weil diese der Wissenschaft noch immer fremd wäre, sondern weil sich umgekehrt die Wissenschaft in dem Maße, in dem sie die Berufspraxis durchdrang, ihrerseits der Bildung entfremdet hat. Die philosophische Überzeugung des Deutschen Idealismus, daß Wissenschaft bilde, trifft auf die empirisch-analytischen Verfahrensweisen nicht mehr zu. Einst konnte Theorie durch Bildung zur praktischen Gewalt werden; heute haben wir es mit Theorien zu tun, die sich unpraktisch, nämlich ohne auf das Handeln zusammenlebender Menschen untereinander ausdrücklich bezogen zu sein, zur technischen Gewalt entfalten können. Gewiß vermitteln die Wissenschaften jetzt ein spezifisches Können: aber das Verfügenkönnen, das sie lehren, ist nicht dasselbe Leben- und Handelnkönnen, das man vom wissenschaftlich Gebildeten damals erwartete. Strikt erfahrungswissenschaftlich ausgebildete Betriebswirte und Ärzte »können« mehr als vergleichbare Praktiker früherer Generationen; unsere Gesellschaft würde sich ohne dieses Können nicht am Leben erhalten. Gleichzeitig zeigen aber diese vorzüglich geschulten Ökonomen und Mediziner im industriellen Betrieb und in der ärztlichen Praxis, wir wissen das auch aus empirischen Erhebungen[11], eigentümliche Schwächen. Diese Mängel sind schwer greifbar; so behilft man sich mit ideologisch nicht unverdächtigen Klischees und sagt: es fehle diesen Hochschulabsolventen an der Fähigkeit zur »Menschenführung« und »Menschenbehandlung«, ihnen mangele der Sinn für »zwischenmenschliche Beziehungen«, sie verlören »den ganzen Menschen« aus dem Auge usw. Damit mag es bestellt sein wie immer; jedenfalls erhalten unsere Studenten, soweit sie in den Verfahrensweisen einer positivistischen Wissenschaft unterwiesen werden, wohl technisch unentbehrliche Informationen über verfügbar zu machende Prozesse, aber keine praktisch hilfreiche Orientierung für gelebte Situationen. Während der Deutsche Idealismus in Übereinstimmung mit der Tradition der großen Philosophie in den begriffenen Fakten zugleich den idealen Zusammenhang zu fassen meinte, der auch für den Handelnden eine normativ verbindliche Richtung weisen sollte, liefern die Erfahrungswissenschaften heute Normen anderer Art. Diese Vorschriften belehren uns darüber, mit welchem Verhalten der Dinge wir unter angebbaren Umständen rechnen müssen, sie räumen einen Verfügungsbereich ein. Die wechselseitigen Verhaltenserwartungen hingegen, die aus einem Weltverständnis entspringen, gelten für das Zusammenleben von Menschen in Lagen, in denen das Notwendige getan werden muß und verfehlt werden kann. Erst wenn wir Normen *dieses* Typs weder durch naturwüchsige Traditionen noch durch äußerlich verhängte Sanktionen lernten, sondern einzig unter dem Zwang theoretisch erarbeiteter Einsicht und eines vernünftig erzielten Konsensus annehmen würden, wäre der Maxime einer Bildung durch Wissenschaft Genüge getan. Die Erfahrungswissenschaften im strikten Sinne können zu technischen Fertigkeiten verhelfen, nicht aber zu praktischen Fähigkeiten bilden[12].

In der neueren Reformdiskussion ist dieses Dilemma alsbald begriffen worden. Als Hermann Heimpel 1956 die Devise des preußischen Kultusministers Becker, daß die deutsche Hochschule in ihrem Kern gesund sei, im Zeichen eines bundesrepublikanisch erstarkten Bildungskonservatismus erneuerte, hat er zugleich die traditionellen Merkmale von Lehre und Forschung durch Erziehung als ein drittes Moment der Bildung ergänzt; vom Prozeß der wissenschaftlichen Ausbildung möchte er das Moment der menschlichen Bildung abspalten und einen autonomen Erziehungsauftrag neben der akademischen Lehre institutionalisieren[13]. Als sehr revolutionär hat sich diese Auffassung nicht erwiesen; ihr folgt ja nicht nur die jugendbewegte Konzeption des Bremer Universitätsplans[14], sondern auch das reservierte Gutachten des Wissenschaftsrates zur Gestaltung neuer Universitäten[15]. *Eine* Konsequenz aus anderthalb Jahrzehnten Diskussion ist der Vorschlag, die in Kollegienhäusern kasernierten Anfangssemester zur akademischen Lebensgemeinschaft zu verpflichten.

Hier wird, im Namen einer Bewahrung der Idee der Humboldtschen Universität, deren wichtigste Maxime: Bildung durch Wissenschaft preisgegeben. Wer die universitas literarum in einer restaurierten Zunftgenossenschaft der Lehrenden und der Lernenden wieder festmachen möchte, kehrt die großartige Emanzipation der neuhumanistischen Bildung von Normen, die nur durch Tradition ausgewiesen waren und wissenschaftlicher Reflexion nicht standhielten, um. Wenn die Universität die Verschulung, die sie an den Konsumenten überfüllter Seminare beargwöhnt, als Erziehungsauftrag selbst in Regie nehmen wollte, müßte sie mit den autarken Mächten der Unmündigkeit paktieren. Nur unter dem Vorschuß der fingierten Mündigkeit kann diese selbst wachsen.

Ein bemerkenswertes Reformgutachten aus dem Verband Deutscher Studentenschaften[16] gelangt aus diesem Grunde zur rigorosen Ablehnung einer akademischen Erziehung außerhalb des Prozesses wissenschaftlicher Arbeit. Weil die Studenten an der Maxime einer Bildung allein durch Wissenschaft festhalten, die Funktion dieser Wissenschaft aber positivistisch deuten, nämlich auf den Bereich technischer Verfügung beschränkt sehen, müssen sie »intellektuelle Allgemeinbildung« und »harmonische Persönlichkeitsformung« aus dem Tempel der Hochschule verweisen. Damit wird freilich abermals aus dem Bildungsprozeß des Erkennens ein sozusagen ethisch verfestigter Bestandteil an Charakterbildung herausgelöst, den andere vor den Toren der Universität nur in Empfang zu nehmen brauchen, um ihn über Kollegienhäuser der Universitätsverwaltung wieder zuzuführen. Beide Parteien knüpfen ihre konkurrierenden Absichten an die gleiche These einer Arbeitsteilung zwischen Wissenschaft und Erziehung. Während einst Bildung ein wissenschaftlich erschlossenes Verständnis der Welt im ganzen in das Handeln der Menschen umschlagen sollte, wird sie heute zu so etwas wie anständigem Verhalten, zu einem andressierten Persönlichkeitsmerkmal verkürzt. Aus Bildung wird das objektive Moment der wissenschaftlichen Erkenntnis zugunsten des bloß subjektiven einer wohlerzogenen Haltung getilgt.

Der Gebildete verfügte über Orientierung im Handeln. Universal sollte diese Bildung sein im Sinne der Universalität eines perspektivisch zusammengezogenen Horizonts von Welt, in dem wissenschaftliche Erfahrungen interpretiert und in praktische Fähigkeiten, nämlich in ein reflektiertes Bewußtsein von dem praktisch Notwendigen umgesetzt werden konnten. Nun ist *der* Typ Erfahrung, der heute nach positivistischen Kriterien wissenschaftlich allein zugelassen wird, dieser Umsetzung in Praxis nicht fähig. Das

Verfügenkönnen, in dem sie resultiert, ist mit der Potenz aufgeklärten Handelns nicht zu verwechseln. Ist aber deshalb Wissenschaft überhaupt von dieser Aufgabe dispensiert; oder stellt sich heute die Frage nach akademischer Bildung im Rahmen einer mit wissenschaftlichen Mitteln verwandelten Zivilisation von neuem als ein Problem der Wissenschaft selber?

Erst sind die Produktionsverfahren durch wissenschaftliche Methoden revolutioniert worden; dann wurden die Erwartungen des technisch richtigen Funktionierens auch auf gesellschaftliche Bereiche übertragen, die sich im Gefolge der Industrialisierung der Arbeit verselbständigt haben und deshalb einer planmäßigen Organisation entgegenkommen. Die wissenschaftlich ermöglichte Gewalt technischer Verfügung über Natur wird heute auch auf die Gesellschaft direkt ausgedehnt: jedem isolierbaren gesellschaftlichen System, jedem verselbständigten kulturellen Bereich, dessen Beziehungen immanent unter einem vorausgesetzten Systemzweck analysiert werden können, wächst gleichsam eine neue sozialwissenschaftliche Disziplin nach[17]. Im gleichen Maße verwandeln sich aber die wissenschaftlich gelösten Probleme der technischen Verfügung in ebensoviele Lebensprobleme; denn die wissenschaftliche Kontrolle natürlicher und gesellschaftlicher Prozesse entbindet die Menschen nicht vom Handeln. Nach wie vor müssen Konflikte entschieden, Interessen durchgesetzt, Interpretationen gefunden werden – durch umgangssprachlich gebundene Handlungen und Verhandlungen gleichermaßen. Nur sind diese praktischen Fragen heute weithin durch das System unserer technischen Leistungen selber bestimmt.

Wenn aber Technik aus Wissenschaft hervorgeht, und ich meine die Technik der Beeinflussung menschlichen Verhaltens nicht weniger als die Beherrschung von Natur, dann verlangt das Einholen dieser Technik in die praktische Lebenswelt, das Zurückholen der technischen Verfügung partikularer Bereiche in die Kommunikation handelnder Menschen erst recht der wissenschaftlichen Reflexion. Gewiß war die wissenschaftliche Orientierung im Handeln, die der Neuhumanismus an den Hochschulen institutionalisieren wollte, damals schon ein legitimer Anspruch. Heute jedoch ist dieser Anspruch dadurch, daß die praktischen Fragen durch Vermittlung der Wissenschaften selber motiviert sind, erst recht unabweisbar geworden. Bei Strafe der von Vico vorausgesagten Barbarei der Reflexion dürfen wir die Rationalisierung nicht an den Grenzen des Bereichs technischer Verfügung stillstellen. Wir müssen vielmehr deren praktische Folgen selbst noch in die wissenschaftliche Reflexion aufnehmen. Der vorwissenschaftliche Horizont der Erfahrung wird infantil, wenn der Umgang mit den Produkten angespanntester Rationalität auf naive Weise in ihm eingelebt werden soll. Eine wissenschaftliche Orientierung im Handeln aber nannte man früher akademische Bildung. Diese ist nicht als museumsreifer Bestand einer liebgewordenen Tradition der Pflege bedürftig, sondern ein von den objektiven Folgen des Forschungsprozesses erzwungenes und nur von ihm selber einlösbares Desiderat. Freilich läßt sich Bildung dann nicht länger auf die ethische Dimension der persönlichen Haltung einschränken; in der politischen Dimension, um die es geht, muß vielmehr die theoretische Anleitung zum Handeln aus einem wissenschaftlich explizierten Weltverständnis folgen[18].

Eugen Fink hat eine Form der Bildung bezeichnet, die die Produkte der wachsenden technischen Verfügungsgewalt in den verkümmerten Kommunikationsbereich unserer praktischen Fähigkeiten wieder einholen könnte[19]. Diese Bildung wäre technisch und politisch zugleich. Fink geht von der Tatsache aus, daß die moderne Wissenschaft zur Lebensvoraussetzung fast aller Menschen geworden ist und in ihrem originären Modus als Forschung doch nur von einer verschwindend kleinen Minderheit wirklich geleistet wird: »Einige Dutzend Gehirne treiben in schöpferischer Weise Physik, und mehr als zwei Milliarden Menschen leben dank der durch Naturwissenschaft ermöglichten Maschinentechnik«[20]. Diese Mediatisierung der breiten Masse durch eine Forschungselite, und umgekehrt auch die Verselbständigung eines technischen Entwicklungsprozesses gegenüber den diskutierbaren Zielsetzungen der kommunizierenden Menschen selber, ließe sich verringern und am Ende gar aufheben durch ein Bildungssystem, das die Kontinuität einer verwissenschaftlichten Zivilisation von der Universität bis zur Grundschule sichert. Diese Kontinuität wäre dann nicht mehr nur äußerlich in einer Kette von Konsumgütern und in einem Netz von Organisationen, sondern im kritischen Bewußtsein der Bürger selbst festgemacht. Mit dem pragmatischen Charakter der Wissenschaft lernen diese, die verwissenschaftlichte Praxis durchschauen; sie können deren objektive Folgen diskutieren und in den gesellschaftlichen Lebensprozeß bewußt einholen. Die technische Bildung wird so politisch eingelöst: »Die Menschenfreiheit erscheint produktiv in den werktätigen Prozessen der Umwandlung der Natur durch den arbeitenden Menschen, sie erscheint auch in der politischen Selbstformung eines Volkes, das jede Bevormundung abwirft und sich selbst regiert … Nur wenn die Technik in der Bildung aller geistig bewältigt wird, kann das Volk die Kontrolle der technischen Machtmittel wahrnehmen und die Volksherrschaft bekräftigen«.[21]

Die Denkfigur ist Hegelscher, genauer: junghegelianischer Herkunft. Im Maße der Erweiterung ihrer technischen Verfügungsgewalt haben die Menschen Produkte hervorgebracht, denen sie fremd gegenüberstehen; nun gilt es, daß sich die Gattung in den Werken ihrer produzierenden Freiheit selbst als das Subjekt wiedererkennt. Die in der politischen Selbstbestimmung einer emanzipierten Gesellschaft eingelöste technische Bildung wird nach dem Schema von Hervorbringen und Entfremdung, und der Aneignung des Entfremdeten ideologiekritisch gedacht. Ideologiekritisch ist nämlich auch die Funktion des geforderten Bildungssystems: es soll den Schein der Autonomie reiner Theorie und deren Abhängigkeit von der gesellschaftlichen Praxis entlarven. Läßt sich aber eine solche Kritik, die die Vermittlung der reinen Theorie mit Prozessen gesellschaftlicher Arbeit nachweist, in gleicher Weise auch gegenüber dem System von Forschung, Technik, Ökonomie und Verwaltung anwenden? Wenn wir unter »Technik« die wissenschaftlich rationalisierte Verfügung über vergegenständlichte Prozesse verstehen wollen und unter »Demokratie« institutionell gesicherte Formen einer allgemeinen Kommunikation über die praktische Frage: wie die Menschen unter den objektiven Bedingungen ihrer immens erweiterten Verfügungsgewalt miteinander leben können und leben wollen, dann scheint es mir fraglich, ob, nach den Worten Finks, Technik und Demokratie wirklich aus einer *gemeinsamen* Wurzel produzierender Freiheit entspringen. Muß nicht das Zurückholen der Gewalt technischer Verfügung in den Konsensus handelnder und verhandelnder Bürger, also die politische Reflexion andere Bedingungen der Rationalität erfüllen als die, aus denen Technik hervorgegangen ist? Der pragmatistische Hinweis auf den Zusammenhang von Wissen und Arbeit[22] bewährte gegenüber der Theorie im klassischen Sinne kritische Kraft; gegenüber der Technik, die der Einsicht in diesen Zusammenhang entsprungen ist und ihn in jedem ihrer Erzeugnisse von neuem ausspricht, genügt er offenbar nicht.

Die Grenze des ideologischen Ansatzes läßt sich deutlich bei Marx nachweisen. Auch er kritisiert ja den Zusammenhang der kapitalistischen Produktion in der Art einer Gewalt, die sich gegenüber der produzierenden Freiheit, gegenüber den Produzenten verselbständigt hat. Durch die private Form der Aneignung gesellschaftlich produzierter Güter gerät der technische Prozeß der Erzeugung von Gebrauchswerten unter das fremde Gesetz des ökonomischen Prozesses einer Erzeugung von Tauschwerten. Sobald wir diese Eigengesetzlichkeit der Akkumulation des Kapitals auf ihren Ursprung aus dem Privateigentum an Produktionsmitteln zurückführen, kann die Gattung den ökonomischen Zwang als ein entfremdetes Werk ihrer produzierenden Freiheit durchschauen und dann auch aufheben. Schließlich kann die Reproduktion des gesellschaftlichen Lebens als ein Prozeß der Erzeugung von Gebrauchswerten rational geplant werden: die Gesellschaft nimmt ihn technisch unter Kontrolle. Diese wird demokratisch nach dem Willen und der Einsicht der vereinigten Individuen ausgeübt. Dabei setzt Marx die praktische Einsicht einer politischen Öffentlichkeit mit einer erfolgreichen technischen Verfügung gleich. Inzwischen wissen wir, daß selbst eine gut funktionierende Planungsbürokratie keine zureichende Bedingung ist für die Realisierung der vereinigten materiellen und ideellen Produktivkräfte im Genuß und in der Freiheit einer emanzipierten Gesellschaft. Marx hat nämlich nicht damit gerechnet, daß zwischen der wissenschaftlichen Kontrolle über die materiellen Lebensbedingungen und einer demokratischen Willensbildung auf allen Stufen eine Diskrepanz entstehen könnte – der philosophische Grund dafür, daß Sozialisten den autoritären Wohlfahrtsstaat, nämlich eine relative Sicherung des gesellschaftlichen Reichtums unter Ausschluß der politischen Freiheit, nicht erwartet haben.

Selbst wenn die technische Verfügung über die physischen und sozialen Bedingungen der Lebenserhaltung und Lebenserleichterung ein Ausmaß erreicht hätte, wie es Marx für ein kommunistisches Stadium der Entwicklung annimmt, müßte damit nicht automatisch auch schon eine Emanzipation der Gesellschaft im Sinne der Aufklärer des 18. und der Junghegelianer des 19. Jahrhunderts verbunden sein. Denn die Techniken, mit denen die Entwicklung einer hochindustrialisierten Gesellschaft unter Kontrolle zu bringen wären, lassen sich nicht mehr nach dem Werkzeugmodell deuten, so nämlich, als würden für undiskutiert vorausgesetzte oder aber in Kommunikation geklärte Ziele geeignete Mittel organisiert.

Daß dieser Schwierigkeit auf dem Wege einer pragmatistisch einsichtigen Technischen Bildung allein schwerlich beizukommen ist, haben wir gesehen. Inzwischen ist von anderer Seite schon der Ansatz eines solchen Programms in Frage gestellt worden. Freyer und Schelsky haben ein Gegenmodell entworfen, in dem die Verselbständigung der Technik, die Fink noch kritisiert, anerkannt wird. Gegenüber dem primitiven Zustand der technischen Entwicklung scheint sich heute das Verhältnis der Mittelorganisation für gegebene oder vorentworfene Zwecke umzukehren. Aus einem, immanenten Gesetzen gehorchenden Prozeß von Forschung und Technik fallen sozusagen ungeplant die neuen Methoden heraus, für die wir dann erst Verwendungszwecke finden. Uns wächst durch einen automatisch gewordenen Fortschritt, so heißt Freyers These[23], in immer neuen Schüben abstraktes Können zu; dessen müssen sich Lebensinteressen und sinnstiftende Phantasie erst nachträglich bemächtigen, um es für konkrete Ziele auszuschöpfen. Schelsky verschärft und vereinfacht diese These dahin, daß der technische Fortschritt zusammen mit den unvorhergesehenen Methoden auch noch die ungeplanten Verwendungszwecke selber produziert: die technischen Möglichkeiten erzwingen zugleich ihre praktische Auswertung. Er vertritt diese These insbesondere mit dem Blick auf die hochkomplizierten Sachgesetzlichkeiten, die bei politischen Aufgaben angeblich alternativlose Lösungen vorschreiben: »anstelle der politischen Normen und Gesetze (treten) Sachgesetzlichkeiten der wissenschaftlich-technischen Zivilisation, die nicht als politische Entscheidungen setzbar und als Gesinnungs- oder Weltanschauungsnormen nicht verstehbar sind. Damit verliert auch die Idee der Demokratie sozusagen ihre klassische Substanz: an die Stelle eines politischen Volkswillens tritt die Sachgesetzlichkeit, die der Mensch als Wissenschaft und Arbeit selbst produziert«[24]. Während Fink noch mit einer geschichtlich begründeten Konvergenz von Technik und Demokratie rechnet, soll sich diese Problematik im »technischen Staat« erledigen. Gegenüber dem autonom gewordenen System von Forschung, Technik, Ökonomie und Verwaltung scheint die vom neuhumanistischen Bildungsanspruch inspirierte Frage nach der möglichen Souveränität der Gesellschaft über die technischen Lebensbedingungen, die Frage nach deren Integration in die Praxis der Lebenswelt, hoffnungslos veraltet. Derlei Ideen taugen im technischen Staat bestenfalls zu »Motivmanipulationen für das, was unter sachlich notwendigen Gesichtspunkten sowieso geschieht«[25]. Weil Wissenschaft und Technik das praktische Leben ohnehin nach ihren Gesetzen diktieren, ist Bildung in den wissenschaftstranszendenten Bereich religiöser Innerlichkeit abgeschoben: die Bildungsfrage ist zwar im Durchgang durch die Wissenschaften, aber nicht mehr *aus* der Dimension der Wissenschaft selbst zu beantworten[26].

Stimmt indessen die These von der Eigengesetzlichkeit des technischen Fortschritts? Dient nicht die Behauptung, daß sich die politischen Entscheidungen in den Vollzug des immanenten Sachzwangs verfügbarer Techniken auflösen und zum Thema praktischer Überlegungen gar nicht mehr gemacht werden können, am Ende bloß dazu, naturwüchsige Interessen oder vorwissenschaftliche Dezisionen einer möglichen Rationalisierung zu entziehen? Weder Tempo und Richtung des Forschungsprozesses noch dessen praktische Umsetzung werden von sogenannten Sachzwängen diktiert. Auf dem großen Sektor der marktorientierten Forschung, die private Unternehmen in eigener Regie betreiben, unterliegen die Investitionsentscheidungen ohnehin Maßstäben (wenn auch langfristig kalkulierter) betriebswirtschaftlicher Rentabilität; auf dem anderen Sektor der staatlich finanzierten Forschung setzen sich im allgemeinen militärische Bedürfnisse durch; die Prioritäten der Forschung werden weithin nach Gesichtspunkten der militärischen Planung entschieden. In den USA sind die beiden größten öffentlichen Auftraggeber der Forschung das Verteidigungsministerium und die Raumfahrtbehörde. Wenn man dabei berücksichtigt, daß über 70 % der Aufträge des Pentagon durch die Privatwirtschaft ausgeführt werden, die daran nicht nur des unmittelbar ökonomischen Gewinns, sondern auch des dabei abfallenden technischen Wissens wegen interessiert ist, dann wird der private Einfluß auch auf diesem Sektor verständlich. Helmut Krauch, der diese Zusammenhänge am amerikanischen Beispiel analysiert[27], kommt gegen Schelsky zu dem Schluß, daß die Richtung des technischen Fortschritts auf dem Wege über die staatliche Forschungspolitik weithin beeinflußt werden kann; bis heute ist sie aber in hohem Grade noch abhängig von privaten ökonomischen Interessen, die nicht als solche zum Gegenstand der Diskussion einer am allgemeinen Interesse orientierten Wissenschaft und weiterhin einer über die praktischen Folgen hinreichend aufgeklärten, eben gebildeten politischen Öffentlichkeit gemacht werden.

Nicht nur in dieser Hinsicht ist die Marge der Machbarkeit des technischen Fortschritts noch unausgeschöpft. Auch dort, wo laufende politische Entscheidungen durch Gremien wissenschaftlicher Gutachter beraten werden, kann von Sachzwang nicht die

Rede sein. Selbst in strikt isolierbaren Fragen kann eine Rationalisierung der Mittelwahl bei gegebenen Zwecken zu konkurrierenden, funktional äquivalenten Empfehlungen führen. In solchen Fällen wäre die Entscheidungstätigkeit der Politiker keineswegs fiktiv, sondern im Gegenteil dezisionistisch zugespitzt. Normalerweise werden aber die wissenschaftlichen Expertisen selbst schon voneinander abweichen. Deshalb hat James Conant vorgeschlagen, alle Gutachtergremien mit Forschern verschiedener politischer Überzeugung zu besetzen, damit der Politiker aus der Diskussion der konkurrierenden Deutungen lernen könne. Der Anschein des unpolitischen Charakters sogenannter Sachentscheidungen mag vielfach dadurch erst entstehen, daß die Interpretation der sachlichen Informationen und der technischen Empfehlungen in praktischer Absicht von den Sachverständigen selbst vorweggenommen wird. Genau diese Akte der Deutung bezeichnen aber das, worauf eine sozial gewandelte akademische Bildung heute vorbereiten müßte. Der technische Fortschritt verliert den suggestiven Schein einer Art Automatik, wenn man den gesellschaftlichen Interessenzusammenhang reflektiert, von dem seine konkrete Richtung naturwüchsig bestimmt wird, und wenn man sich weiter klar macht, daß die aus der Analyse empirischer Gleichförmigkeiten gewonnenen technischen Empfehlungen im Hinblick auf ihre praktischen Folgen wiederum interpretiert werden müssen. Diese Folgen verweisen auf den geschichtlichen Horizont der sozialen Lebenswelt. In *ihr* sollen die wachsenden Chancen planmäßiger Verfügung realisiert werden. Die Aufgabe, die wissenschaftlich vergegenständlichten, d. h. in der Art von Dingen verfügbar gemachten Beziehungen in das Netz der gelebten Bezüge zurückzuübersetzen, fällt aber in erster Instanz der Wissenschaft selber zu.

Erst wenn sie diese Aufgabe gelöst hat, wird die »Lehrbarkeit der Wissenschaft bis zur Grundschule«[28] denkbar, jenes Bildungssystem also, das die von Eugen Fink behauptete Konvergenz von Technik und Demokratie vorbereiten könnte. Der Forschung entspricht heute eine doppelte Funktion der Lehre: zunächst die Vermittlung des formalen und des empirischen Wissens für die Ausbildung in den Berufstechniken und im Forschungsprozeß selbst; dann aber auch jene Rückübersetzung von wissenschaftlichen Resultaten in den Horizont der Lebenswelt, die es erlauben würde, den Informationsgehalt technischer Empfehlungen in Diskussionen über das im allgemeinen Interesse praktisch Notwendige einzubringen. Wir können das heute nicht mehr den zufälligen Dezisionen Einzelner oder dem Pluralismus von Glaubensmächten überlassen. Es geht darum, einen praktisch folgenreichen Wissensstand nicht nur in die Verfügungsgewalt der technisch hantierenden Menschen weiterzugeben, sondern auch in den Sprachbesitz der kommunizierenden Gesellschaft zurückzuholen. *Das* ist heute die Aufgabe einer akademischen Bildung, die nach wie vor von einer der Selbstreflexion fähigen Wissenschaft übernommen werden muß. Wenn unsere Universitäten auf Bildung in diesem Sinne verzichten, ob sie nun eine abgespaltene Charakterbildung als Erziehungsauftrag für Kollegienhäuser institutionalisieren oder aber aus dem Universitätsbetrieb ganz verweisen wollen; wenn Wissenschaft aus der Tugend ihrer positivistischen Strenge die Not macht, praktische Fragen der Naturwüchsigkeit oder der Beliebigkeit unkontrollierter Werturteile zu überlassen – dann kann auch Aufklärung einer politisch mündig gesprochenen Öffentlichkeit nicht mehr erwartet werden. Diese nämlich ist das Forum, auf dem sich heute akademische Bildung, einer im ironischen Nachhall des hohen Sozialprestiges festgehaltenen Exklusivität zum Trotz, bewähren müßte.

Freilich ist der Zwang zu dieser Form der Reflexion nicht in allen Wissenschaften gleich stark; die Sozialwissenschaften spüren ihn wohl am meisten.

Wir beobachten in den letzten anderthalb Jahrhunderten unserer Universitätsgeschichte eine eigentümliche Polemik der unteren gegen die oberen Fakultäten. Dabei mag auch das Ressentiment des in der akademischen Hierarchie Hintangesetzten eine Rolle gespielt haben; der sachliche Kern des schon von Kant registrierten Streites der Fakultäten war aber stets der Anspruch der unterprivilegierten, daß eigentlich nur in ihrem Bereich strenge Wissenschaft betrieben werde. Prototypisch ist dieser Anspruch damals von Schleiermacher formuliert worden: »Erhalte sich also nur die philosophische Fakultät dabei, daß sie *alles* zusammenfaßt, was sich natürlich und von selbst als Wissenschaft gestaltet, so mag sie immerhin die letzte (Fakultät) sein… Sie ist auch deshalb die erste und in der Tat Herrin aller übrigen, weil alle Mitglieder der Universität, zu welcher Fakultät sie auch gehören, in ihr müssen eingewurzelt sein«[29]. Dieser von Kant bis Schleiermacher entfaltete Hegemonieanspruch der Philosophen gegenüber Theologen, Juristen und Medizinern als den »bloßen Geschäftsleuten der Wissenschaft« ist in der Enzyklopädie Hegels wissenschaftlich eingelöst worden. – In der zweiten Hälfte des Jahrhunderts hat dann eine in ihrer führenden Rolle anerkannte philosophische Fakultät die Polemik mit verkehrten Fronten fortsetzen müssen. Aus ihrem Schoß waren inzwischen die Naturwissenschaften hervorgegangen; nun erhoben diese erfolgreich den Anspruch, die Kriterien der Wissenschaftlichkeit nach den strengeren Maßstäben ihrer Methodologie zu bestimmen. Die ebenfalls erst im 19. Jahrhundert entwickelten hermeneutisch verfahrenen Geschichts- und Geisteswissenschaften haben demgegenüber nur die Auffangstellungen für eine in die Defensive gedrängte philosophische Fakultät bereitet. Der Hegemonieanspruch der Naturwissenschaften ist freilich in wissenschaftstheoretischer Strenge erst im Wiener Kreis begründet worden. – Gegenüber den Naturwissenschaften haben sich schließlich heute die sozialwissenschaftlichen Disziplinen als die letzte, die sogenannte fünfte Fakultät etabliert (nach der historisch korrekten Zählung müßte sie den sechsten Platz einnehmen; aber bezeichnenderweise brauchte an den kommerzialisierten Stadtuniversitäten, an denen die Sozialwissenschaften zuerst Fakultätsrang erhielten, die erste Fakultät nicht mehr mitgezählt zu werden: die theologische Fakultät war entfallen). Das Schlachtfeld, auf dem der Streit der Fakultäten verschwiegener denn je ausgetragen wird, ist unübersichtlich. Gleichwohl scheint sich eine Wachablösung in der polemischen Rolle des Wortführers, der bestimmt, was als Wissenschaft zu gelten hat, nochmals anzubahnen; darauf bezieht sich meine abschließende Vermutung.

Während gerade in den Sozialwissenschaften die Bemühung, den strengen Kriterien einer Erfahrungswissenschaft zu genügen, noch in vollem Gange ist, ja erst in der Ökonomie und, um vieles bescheidener, in der Soziologie zu sichtbaren Erfolgen geführt hat, scheint sich doch hier auch schon eine eigentümlich neue Reflexionsform zu bilden. In dem Maße, als gerade die Sozialwissenschaften genötigt sind, die Umsetzung ihrer Ergebnisse in Praxis noch in die eigene Reflexion aufzunehmen, müssen sie die Lösungen ihrer theoretisch-technischen Fragen in der Form von Antworten auf praktische Fragen interpretieren. Dabei werden sie ihre empirisch-analytischen Verfahrensweisen mit den hermeneutischen verbinden und so die Kriterien der Wissenschaftlichkeit wiederum neu definieren müssen[30]. Das befreit die Hermeneutik aus dem Ghetto der historischen Geisteswissenschaften; und nicht abzusehen ist umgekehrt das Schicksal dieser im 19. Jahrhundert kanonisierten Geschichtswissenschaften selbst, wenn sie in die Dauerkommunikation mit den systematisch verfahrenden Sozialwissenschaften hineingezwungen sind. Nur wenn die Wissenschaften die permanente Erweiterung der technischen Verfügungsgewalt gleichzeitig im Horizont der praktischen Folgen, angesichts deren wir handeln müssen, und das heißt auch: aus historischen Voraussetzungen reflektieren lernen, werden sie die Kraft zur akademischen Bildung in einem sozial gewandelten Sinne zurückgewinnen.

1 Friedrich Schleiermacher, Gelegentliche Gedanken über Universitäten in deutschem Sinn, in: A. Anrich (Hg.), Die Idee der Deutschen Universität, Darmstadt 1959, S. 249.

2 Johann Gottlieb Fichte, Deduzierter Plan einer zu Berlin zu errichtenden Höhern Lehranstalt, in: Anrich a. a. O., S. 130.

3 Humboldt, »Über die innere und äußere Organisation der höheren wissensch. Anstalten in Berlin«, in: Anrich a. a. O., S. 379.

4 Schleiermacher, a. a. O. S. 226.

5 Schelling, Vorlesungen über die Methode des akademischen Studiums, in: Werke, Bd. V, S. 282 ff.

6 Fichte, a. a. O. S. 155.

7 Schleiermacher, a. a. O. S. 259.

8 Ebd., S. 261.

9 Das gilt nicht für Hegel der Jenenser Realphilosophie, vgl. M. Riedel, Studien zu Hegels Rechtsphilosophie, a. a. O. S. 75 ff.

10 Schelling, a. a. O. Bd. V, S. 251 f.

11 Ulrich Gembardt, Akademische Ausbildung und Beruf, in: Kölner Zeitschrift für Soziologie und Sozialpsychologie, 11. Jg. 1959 H. 2, S. 223 ff.

12 Vgl. Max Horkheimer, Eclipse of Reason, New York 1947, bes. Kap. I, S. 3 ff: »Means and Ends«, deutsche Ausgabe Frankfurt 1965.

13 Hermann Heimpel, Probleme und Problematik der Hochschulreform, Göttingen 1956, S. 8.

14 H. W. Rothe, »Über die Gründung einer Universität zu Bremen«, Bremen 1961.

15 Anregungen des Wissenschaftsrats zur Gestalt neuer Hochschulen, Tübingen, 1962.

16 Studenten und die neue Universität, Gutachten einer Kommission des VDS, Bonn 1962 (nicht im Handel), S. 19.

17 Friedrich H. Tenbruck, Bildung, Gesellschaft, Wissenschaft, in: Wissenschaftliche Politik, Ed. Oberndörfer, Freiburg 1962, S. 376 ff.

18 Vgl. meinen Vortrag über Universität in der Demokratie – Demokratisierung der Universität, in: Protestbewegung und Hochschulreform, Frankfurt 1969, S. 108–133.

19 Eugen Fink, Technische Bildung als Selbsterkenntnis, in: Der Begriff Technik, Verein Deutscher Ingenieure, Düsseldorf 1962 (nicht im Handel), S. 16 ff.

20 Eugen Fink, ebd., S. 15.

21 Ebd., S. 15.

22 Vgl. John Dewey, The quest for Certainty, New York 1929, vgl. jetzt: die Einleitung von K. O. Apel zu der von ihm besorgten Peirce-Ausgabe, Frankfurt 1968, 1970; ferner J. Habermas, Erkenntnis und Interesse, Frankfurt 1968, S. 116–177.

23 Hans Freyer, Über das Dominantwerden technischer Kategorien in der Lebens-
    welt der industriellen Gesellschaft, Veröffentl. d. Mainzer Akad. d. Wiss. u. Lit.,
    Mainz 1960.
24 H. Schelsky, Der Mensch in der wissenschaftlichen Zivilisation, in: Auf der Suche
    nach Wirklichkeit, Düsseldorf 1965, S. 439–480.
25 ebd. S. 31.
26 Helmut Schelsky, Der Mensch in der wissenschaftlichen Zivilisation, AFG des
    Landes NRW, H. 96 Köln-Opladen 1961, S. 37. Nach Abschluß des Manuskripts
    ist mir Schelskys noch unveröffentlichte Untersuchung zur Hochschulreform:
    Einheit und Freiheit, Hamburg rde 1963, bekanntgeworden. Darin ist die früher
    vorgetragene These modifiziert. Schelsky definiert hier, in Aneignung der huma-
    nistischen Tradition, Bildung als geistige und sittliche Souveränität gegenüber den
    Handlungszwängen, die sich in der wissenschaftlich angeleiteten Technik durch-
    setzen. Aber diese Bildung ist auch hier als ein privater und die Wissenschaft
    transzendierender Vorgang aufgefaßt; sie soll die Person von der Gesellschaft im
    ganzen innerlich befreien, eine »Befreiung des inneren Menschen«, eine »innere
    Führung des Lebens« ermöglichen; vgl. J. Habermas, Zur Logik der Sozialwissen-
    schaften, Frankfurt 1970, S. 91 ff.
27 Helmut Krauch, Forschungspolitik und öffentliches Interesse, in: Zeitschrift
    Atomzeitalter, Sept. 1962, S. 218 ff.; ders., Wider den technischen Staat, a. a. O.,
    Sept. 1961, S. 201 ff.; vgl. auch die erwähnten Untersuchungen von Hirsch und
    Rödel und die dort verarbeitete neuere Literatur zur »mixed economy«.
28 Plan zur Neugestaltung des deutschen Schulwesens, 4. Fassung, sog. Bremer Plan,
    Sonderdruck der Arbeitsgemeinschaft Deutscher Lehrerverbände 1960, S. 25;
    vgl. dazu Eugen Fink, Menschenbildung und Schulplanung, in: Material uns.
    Nachrichtendienst. d. Arbeitsgemeinschaft deutscher Lehrerverbände, Sonder-
    nummer Juni 1960.
29 Schleiermacher, a. a. O. S. 260.
30 Vgl. J. Habermas, Zur Logik der Sozialwissenschaften, Materialien. Frankfurt
    1970; und der Sammelband: Hermeneutik und Ideologiekritik, Frankfurt 1971.

11. Demokratisierung der Hochschule –
Politisierung der Wissenschaft?

Die studentische Protestbewegung hat, nach über 20 Jahren vergeblicher Reformrhetorik, eine Gesetzgebung in Gang gebracht, die in die Struktur der Hochschulen tief eingreifen wird. Einige dieser Entwürfe berücksichtigen Gesichtspunkte einer »Demokratisierung« der Hochschule. Die formale Teilnahme von Studenten und Assistenten an der Selbstverwaltung der Hochschule hat viele Professoren und die wichtigsten Repräsentanten großer Wissenschaftsorganisationen auf den Plan gerufen.

Ein Argument kehrt in den letzten Monaten immer wieder: Die Reform der Hochschulverfassung, und erst recht studentische Mitbestimmung, so heißt es, verfehlten die eigentlichen Probleme. Nun wird niemand behaupten wollen, daß sich mit einer gesetzlichen Grundlage für die Reorganisation der Hochschulselbstverwaltung die unerträglichen Verhältnisse des Massenstudiums von selbst ändern werden. Eine Reorganisation kann die Hochschule allenfalls instandsetzen, die Probleme zu lösen, die sie aus eigener Kraft lösen muß. Dazu gehört dann auch die politisch begründete und wirksame Vertretung der Hochschulinteressen gegenüber Haushaltsausschuß und Finanzministerium.

Neben solche Argumente, die nur Ablenkungsfunktionen haben, treten ernstzunehmende Bedenken. Ich nenne vier der wichtigeren Einwände:

1. Eine Demokratisierung wird die Hochschule mit politischen Aufgaben belasten, die ihrer Funktion widersprechen. Als eine politisch konstituierte Einheit wird sie im Kampf der Parteien selber zu einer Partei. Darüber muß sie ihre Unabhängigkeit einbüßen. Allein, die Hochschule wird durch Vorkehrungen, die sie politisch handlungsfähig machen sollen, nicht selbst zu einer politischen Institution. Die Hochschule zielt auch dann nicht auf Machterwerb und Machterhaltung. Ihre Funktion ist nach wie vor durch die primär unpolitischen Aufgaben von Forschung und Lehre bestimmt. Diese kann sie aber nur unter Bedingungen politischer Handlungsfähigkeit erfüllen.

2. Eine Demokratisierung der Hochschule führt zu einer Politisierung der Wissenschaft, die mit den immanenten Bedingungen wis-

senschaftlichen Fortschritts unvereinbar ist. Demgegenüber ist jedoch zu bedenken, daß eine materiale Wissenschaftskritik, die die praktischen Implikationen von Forschung und Lehre explizit machen soll, sich gerade gegen eine solche, wie immer auch verschleierte Instrumentalisierung der Wissenschaft für politische Zwecke richtet.

Schwerer wiegt das Argument gegen den Mißbrauch einer zum Vorwand herabgesetzten Wissenschaftskritik. Durch studentische Mitbestimmung wird ein Zwang zur Legitimation und Selbstreflexion der Wissenschaft institutionalisiert, der die *Gefahr* der Nötigung einschließt, Parteilichkeit in Fragen walten zu lassen, die Mehrheitsbeschlüssen nicht unterliegen können und dürfen. Dieses Argument ist nicht leichtzunehmen. Jede Regelung produziert ihre eigenen Risiken. Bei der Frage allerdings, welche Regelung die geringeren Risiken mit sich führt, dürften sich die angeblichen Vorzüge des status quo kaum plausibel machen lassen. Die unpolitische Hochschule hat sich der akademischen Machtergreifungen des Jahres 1933 nicht erwehren können.

3. Eine Demokratisierung der Hochschule läßt Fraktionen entstehen. Diese Elemente widersprechen einer ungezwungenen akademischen Willensbildung. Das ist ein schwaches Argument. In die Erörterung praktischer Fragen gehen, bei der Bewertung von Folgen und Nebenfolgen, konkurrierende Vormeinungen und globale Interpretationen ein, die zwar der Explikation fähig, aber einer Überprüfung ad hoc meistens unzugänglich sind. Der Umstand, daß es Fraktionen gibt, bringt solche Kristallisationspunkte zu Bewußtsein. Die förmliche Bildung von Fraktionen, die ja unter der Hand immer schon bestanden haben, wäre deshalb gerade ein Anzeichen dafür, daß die Willensbildung in der Hochschule nicht mehr im gleichen Maße wie bisher durch Cliquen und Klüngel präjudiziert werden kann.

Eine modifizierte Form des Argumentes lautet, daß feste Stimmenanteile für Professoren, wissenschaftliche Mitarbeiter und Studenten gruppenständische Interessen einfrieren lassen und dadurch die Willensbildung lähmen. Diese Gefahr bestünde jedoch nur dann, wenn sich Fraktionen nicht quer durch die Gruppen hindurch, sondern gruppenspezifisch bilden würden. Dafür gibt es kein Indiz. Nur in trade-unionistischen Fragen können sich Gruppenblöcke formieren; und für diese Angelegenheiten ist ja eine geregelte Konfliktlösung mit gleichen Durchsetzungschancen auch wünschenswert.

4. Eine Demokratisierung der Hochschule wird auf der Ebene des Fachbereichs Fragen, die bisher in den Kompetenzbereich des einzelnen Ordinarius fielen, neuen Verfahren kollektiver Entscheidung unterwerfen. Dadurch entsteht die *Gefahr*, daß der Initiativspielraum, der für produktives wissenschaftliches Arbeiten unerläßlich ist, unzumutbar eingeschränkt wird. Dieses Argument hat Gewicht. Freilich kann es sein relatives Recht nur innerhalb der Grenzen behaupten, die dadurch gezogen sind, daß das Prinzip der Freiheit von Lehre und Forschung nicht nur wie bisher von Professoren in Anspruch genommen werden soll, sondern im Sinne von Teilhaberechten gleichermaßen, wenn auch nicht in gleicher Weise, für Studenten und wissenschaftliche Mitarbeiter Anwendung finden muß.

Um Einwänden gegen eine »Demokratisierung« der Hochschule zu begegnen, habe ich am 28. Mai 1969 vor der Westdeutschen Rektorenkonferenz auf Einladung ihres Präsidenten die folgenden Thesen zur Diskussion gestellt:

Was heißt: »Demokratisierung« der Hochschule und was ist: »Politisierung« der Wissenschaft?

Viele Hochschullehrer und wichtige Repräsentanten der Wissenschaftsorganisationen sind alarmiert: Sie beschwören das Gespenst einer Politisierung der Wissenschaft. Mit diesem Wort belegen sie die Gefahr, daß die grundrechtlich geschützte Autonomie von Lehre und Forschung durch sachfremde Interessen eingeschränkt oder gar zerstört wird. Die deutsche Universitätsgeschichte zwischen 1933 und 1945 gibt in der Tat Beispiele für eine Instrumentalisierung der Wissenschaft zu politischen Zwecken. Indes: aus der Mitbestimmung von Studenten (und Assistenten) würden Gefahren doch nur erwachsen, wenn die Autonomie der Hochschule unter den gegenwärtigen Umständen allein durch das liberale Modell der Freiheitssicherung garantiert werden könnte. Dieses Modell der Ausgrenzung privatautonomer Verfügungsbereiche stützt sich auf individuelle Abwehrrechte privilegierter Wissenschaftler und auf die institutionelle Abschirmung einer entpolitisierten Hochschule gegen interessierte Einwirkung von außen. Heute sind jedoch die gesellschaftlichen Bedingungen, unter denen jenes Modell einst im Sinne der Freiheitssicherung funktionie-

ren konnte, nicht mehr erfüllt. Heute kann die Autonomie von Lehre und Forschung nicht mehr unpolitisch gewahrt werden. Zur Erläuterung dieser These möchte ich zwei Fragen erörtern:
1. *Was heißt: Autonomie der Hochschule?*
2. *Was heißt: Autonomie der Wissenschaft?*
Daraus ergibt sich eine Antwort auf unsere Ausgangsfrage.

I

Ich möchte von einer trivialen Feststellung ausgehen. Der Verwissenschaftlichung der Berufs- und Alltagspraxis entspricht eine Vergesellschaftung der in Hochschulen organisierten Lehre und Forschung. In den industriell entwickelten Ländern ist die Erhaltung des gesellschaftlichen Systems immer mehr von den in Hochschulen erzeugten beruflichen Qualifikationen und wissenschaftlichen Informationen abhängig geworden. Das hat auch die Hochschulen ihrerseits von Staat und Wirtschaft abhängig gemacht. Öffentliche und privatwirtschaftliche Instanzen nehmen auf dem Wege der Finanzierung und der Nebenfinanzierung Einfluß auf Prioritäten der Forschung sowie auf Umfang und Proportion der Ausbildungskapazitäten. Auch die Inhalte der akademischen Lehre ändern sich natürlich im Zusammenspiel der immanenten Wissenschaftsentwicklung mit Interessen der Berufspraxis. Das gab es im 19. Jahrhundert ebenfalls. In dem Maße jedoch, als individuelle Gelehrsamkeit der organisierten Forschung gewichen und die Wissenschaft zur ersten Produktivkraft geworden ist, sind auch die Hochschulen, die heute Investitionen einer beträchtlichen Größenordnung verlangen, in ein wachstumsorientiertes, staatsinterventionistisch geregeltes Gesellschaftssystem teils naturwüchsig, teils planmäßig integriert worden.

Mit Recht macht der Wissenschaftsrat darauf aufmerksam, daß sich das Verhältnis von Universität und Staat nicht mehr nach dem liberalen Selbstverwaltungsmuster von Autonomie und Staatsaufsicht fassen läßt. Entscheidungen über die Struktur und den Ausbau der Hochschule, Entscheidungen über den Umfang der einmaligen Investitionen und der laufenden Mittel, Entscheidungen vor allem über die Allokation der Forschungsmittel haben heute unmittelbar politisches Gewicht. Zugleich erfordern die wachsenden planungsrelevanten Aufgaben innerhalb einzelner Hochschulen die Integration mit Planungen *extra muros*. Darum stellt sich die Alternative: Entweder zieht die Kultusverwaltung immer mehr Kompetenzen einer entpolitisierten Hochschule an sich und entscheidet in relativ großer Entfernung von den Betroffenen administrativ, oder die Hochschule selbst konstituiert sich als eine auf dieser Ebene politisch handlungsfähige Einheit und vertritt sachverständig ihre legitimierten Ansprüche. Die zweite Lösung scheint mir um so eher geboten zu sein, weil eine Reihe von Interessen, die im Hochschulsystem befriedigt werden, nicht organisationsfähig sind, also keine wirksame Lobby finden und daher in Konkurrenz mit den organisierten Gruppeninteressen geringere Durchsetzungschancen haben.

Aber nicht nur gegenüber den staatlichen Instanzen, auch gegenüber der Gesellschaft hat sich die Stellung der Universität verändert. Dieses Verhältnis läßt sich nicht mehr nach dem liberalen Öffentlichkeitsmuster einer diffusen Ausstrahlung von privatgelehrtem Wissen fassen. In geeigneter Form sollten vielmehr die gesellschaftlichen Interessengruppen die Vertreter der Universität mit ihren Ansprüchen und Bedürfnissen konfrontieren können und umgekehrt auch die Repräsentanten der Hochschule Gelegenheit haben, ihre Forderungen und Grundsätze plausibel zu machen. Wie immer nun der Kontakt der Hochschule mit Staat und Gesellschaft förmlich geregelt wird (beispielsweise durch ein Kuratorium mit staatlich delegierten Entscheidungskompetenzen einerseits, durch eine Clearingstelle für den Austausch von Informationen und für öffentlichkeitswirksame Diskussionen andererseits) – in jedem Fall muß die Hochschule instandgesetzt werden, in praktisch folgenreichen Fragen einen politischen Willen zu bilden.

Damit ergibt sich eine Antwort auf die erste unserer beiden Fragen. Unter gegenwärtigen Verhältnissen kann die Hochschule ihre Autonomie nur wahren, wenn sie sich als eine politisch handlungsfähige Einheit konstituiert. Nur dann kann sie die politisch folgenreichen Funktionen, die sie eo ipso erfüllen muß, mit Willen und Bewußtsein übernehmen.

Dem steht bis jetzt ein gewisser Immobilismus der Entscheidungsgremien wie auch die Verfestigung von Autoritätsstrukturen entgegen. Die Kollegialorgane, in denen allein oder fast ausschließlich Professoren vertreten sind, arbeiten auf der Basis gegenseitiger Schonung. Sie sind kaum in der Lage, Prioritätsentscheidungen zu fällen und Initiativen zu Neuerungen zu ergreifen. Die Entscheidungsprozesse in der Hochschule sind überdies nicht transparent und nicht hinreichend legitimiert. Die Folge ist ein lähmender Partikularismus im Inneren und die Unfähigkeit, Gesamtinteressen der Hochschule überzeugend zu deklarieren und wirksam nach außen zu vertreten. Hier kann eine *Demokratisierung* der Hochschule Abhilfe schaffen. Dieses Wort ist, wie ich stets betont habe, mißverständlich. Denn natürlich geht es nicht um eine abstrakte Übertragung von Modellen der staatlichen Willensbildung auf die Universität. Es geht nicht um die Bildung eines Staates im Staat. »Demokratisierung« heißen vielmehr die Vorkehrungen, die der Hochschule politische Handlungsfähigkeit sichern und sie instandsetzen sollen, ihre Selbstverwaltungsautonomie nicht nur im Schilde zu führen, sondern auch zu praktizieren.

Dem dient *erstens* die im Hessischen Hochschulgesetzentwurf vorgesehene funktionale Trennung der Fachbereich-Verwaltung und des Senats von den im engeren Sinne hochschulpolitischen Einheiten. Die Versammlung der Professoren, wissenschaftlichen Mitarbeiter und Studenten wählt einen Konvent in der Weise, daß Fraktionen, die immer schon bestanden haben, sich nun formell und in aller Öffentlichkeit bilden können. Der Konvent seinerseits entsendet Mitglieder in Ständige Kommissionen, welche die für die Entwicklung der Hochschule zentralen Entscheidungen treffen sollen. Damit ist die Chance gegeben, daß hochschulpolitische Fragen auch nach Regeln einer aufgeklärten politischen Willensbildung behandelt und nicht durch den Hinweis auf vermeintliche Sachzwänge präjudiziert oder abgeschnitten werden.

Zu der Rekonstruktion der Willensbildung in der Hochschule gehört *zweitens* die Einbeziehung aller an Lehr- und Forschungsprozessen beteiligten Gruppen. Die Mitbestimmung von Studenten (und Assistenten) empfiehlt sich schon deshalb, weil diese Gruppen nicht oder nicht im gleichen Maße wie die Hochschullehrer mit langfristigen Positionsinteressen identifiziert sind. Ihre Teilnahme sichert die Transparenz der Willensbildung; sie verstärkt den Zwang zur Legitimation von Entscheidungen und die Kontrolle der Ausführung von Beschlüssen; vor allem kann sie zu einer unbefangenen Thematisierung von Fragen beitragen, die sonst ausgeklammert blieben. Andrerseits kann die fiktive Einheit von Lehrenden und Lernenden nicht länger Grundlage der Hochschulorganisation sein. In der Hochschule gibt es verschiedene positionsgebundene Interessen, die eine geregelte Konfliktlösung mit gleichen Durchsetzungschancen verlangen. Die Interessengegensätze ergeben sich, sobald das Prinzip der Freiheit von Lehre und Forschung nicht nur von Professoren in Anspruch genommen wird, sondern in Übereinstimmung mit dem Grundgesetz auch im Sinne von Teilhaberechten Anwendung findet.

Ihre Grenze findet die Mitbestimmung von Studenten (und Assistenten) an dem Kompetenzgefälle, das zwischen den Gruppen besteht. Freilich betrifft das nicht die Kompetenz in allgemeinen hochschulpolitischen Fragen, sondern die Fachkompetenz. Das Kompetenzgefälle sollte deshalb bei Berufungen, Habilitationen und bei der Anstellung wissenschaftlicher Mitarbeiter berücksichtigt werden.

II

Wie aber verhält sich die Demokratisierung der Hochschule zur Autonomie der Wissenschaft? Muß nicht eine im erläuterten Sinne demokratisierte Hochschulselbstverwaltung die Unabhängigkeit wissenschaftlichen Arbeitens korrumpieren? Gewiß sind wir uns alle darin einig, daß die forschungsimmanenten Bedingungen wissenschaftlichen Fortschritts und insbesondere die Voraussetzungen für eine unbehinderte, von Herrschaftsbeziehungen freie Diskussion erfüllt sein müssen. Der Erkenntnisprozeß darf weder durch unreflektierte gesellschaftliche Interessen noch durch plebiszitären Druck bestimmt werden. Allein, dieses Ziel kann heute mit den Mitteln der privatautonomen Abwehrrechte privilegierter Wissenschaftler nicht mehr zureichend realisiert werden. Dieser Vorstellung liegt ein Quarantänemodell der Wissenschaft zugrunde: nur durch strenge Isolierung könne Wissenschaft gegen politische Ansteckungsgefahren immunisiert werden.

Man kann darauf hinweisen, daß sich normative Aussagen aus deskriptiven nicht ableiten lassen. Deshalb scheint es angebracht zu sein, die Wahl von Normen, also die Entscheidung moralischer oder politischer Fragen, nicht mit Fragen der empirischen und der formalen Wissenschaften zu vermengen. Aber dieser Purismus trügt. Denn die kritische Erörterung praktischer Fragen wohnt den Wissenschaften selber inne. Ich denke dabei zunächst an jene metatheoretischen Erörterungen, die das Medium des wissenschaftlichen Fortschritts sind. Diskussionen über die Implikationen eines begrifflichen Rahmens oder theoretischer Grundannahmen, über die Tragweite verschiedener methodischer Ansätze oder Forschungsstrategien, über die Interpretation von Messungen oder die impliziten Annahmen von Operationalisierungen – Diskussionen dieser Art folgen Spielregeln einer Kritik, die auf unbewußte Voraussetzungen reflektiert, Vorentscheidungen explizit macht und mit Argumenten die Wahl von Standards stützt oder schwächt. Allein in dieser Dimension einer Selbstreflexion der Wissenschaften können wir uns des inhaltlich verstandenen Interesses an der Freiheit von Lehre und Forschung vergewissern; denn in dieser Dimension lassen sich auch die gesellschaftlichen Implikationen eines scheinbar immanenten Ganges der Forschung aufdecken. Das gilt für unvermeidliche erkenntnisleitende Interessen und vermeidbare weltanschauliche Voraussetzungen ebenso wie für die methodologischen Bedingungen der Umsetzung wissenschaftlicher Informationen in die Lebenswelt. Die Selbstaufklärung der Wissenschaften über ihre jeweils spezifische Einbettung in objektive Lebenszusammenhänge schafft die Grundlage, auf der dann auch die konkrete Verwendung einzelner Projekte und bestimmter Qualifikationen geprüft werden kann.

Die Teilnahme der Studenten an Forschungsprozessen muß Beteiligung auch und gerade an dieser Selbstreflexion der Wissenschaften einschließen, wenn anders das Programm einer Bildung durch Wissenschaft unter Bedingungen hochspezialisierter Einzelwissenschaften noch eingelöst werden soll. Nur auf diesem Wege ist, wenn überhaupt, eine rationale Integration fachwissenschaftlich eingeübter Kenntnisse und Fertigkeiten in die Biographie des Einzelnen und seine künftige Berufspraxis möglich. Wissenschaftliche Bildungsprozesse haben dann vor allem die Form der Einübung der Hochschulabsolventen in ein kritisches Verhältnis zur Berufspraxis, das an die Stelle der traditional eingespielten Berufsethiken tritt. Kritisch heißt hier eine Verbindung von Kompetenz und Lernfähigkeit, die beides gestattet: den skrupulösen Umgang mit einem tentativen Fachwissen – und eine kontextempfindliche, gut informierte Bereitschaft zum politischen Widerstand gegen fragwürdige Funktionszusammenhänge des praktizierten Wissens. Aus diesen Überlegungen ergibt sich eine Antwort auf die zweite unserer beiden Fragen: unter gegenwärtigen Verhältnissen kann die Autonomie der Wissenschaft nur gewahrt werden, wenn alle am Lehr- und Forschungsprozeß Beteiligten auch an der Selbstreflexion der Wissenschaften teilnehmen – mit dem Ziel, unvermeidliche Abhängigkeiten zu reflektieren und die gesellschaftlichen Funktionen der Wissenschaft im Bewußtsein politischer Verantwortung für Folgen und Nebenfolgen explizit zu machen. Dem steht vielfach noch ein unpolitisches Selbstverständnis der Wissenschaften entgegen. Wenn eine materiale Wissenschaftskritik, welche die Verschränkung von methodischen Grundlagen, weltanschaulichen Implikationen und objektiven Verwertungszusammenhängen aufklären soll, »*Politisierung*« der Wissenschaft genannt werden könnte, dann würde diese Politisierung erst erkennen lassen, wann Wissenschaft ihre Autonomie einbüßt und sich von gesellschaftlichen Instanzen zur Durchsetzung rational nicht ausgewiesener Ziele und Interessen in Anspruch nehmen läßt.

Diskussionen dieser Art werden in der Regel Bestandteil des Lehrbetriebs sein, sie können auch informell geführt werden. Das wird von Fach zu Fach verschieden sein. Aber auf der Ebene des Fachbereichs sollten institutionelle Vorkehrungen getroffen werden, damit die Organisation der Lehre (und der mit dem Lehrbetrieb verbundenen Forschung) unter Gesichtspunkten jener Wissenschaftskritik in Frage gestellt werden kann. Die Mitwirkung der Studenten an Prüfungsordnungen, am Curriculum und an den Grundsatzentscheidungen über die mit der Lehre integrierten Forschungsprojekte ergibt sich bereits aus dem Umstand, daß eine abstrakte Trennung zwischen dem gemeinsam betriebenen Prozeß der Selbstreflexion der Wissenschaft und den organisatorischen Folgerungen für Form und Inhalt des Studiums das erklärte Ziel einer Bildung durch Wissenschaft vollends fiktiv werden ließe. Studenten sind junge Erwachsene, die nicht Spielwiesen für Unmündige (nach dem Modell der Schülermitverwaltung) brauchen, sondern Mitbestimmung auf der Grundlage einer, sei es auch erst antizipierten, Mündigkeit. Dieses Erbe der Humboldt-Universität sollten wir nicht vorschnell preisgeben.

Im übrigen sind Studenten von Entscheidungen über ihr Studium unmittelbar betroffen. Ihre Interessen und ihre Erfahrungen decken sich aber nicht mit denen der Professoren. Sie erwerben Qualifikationen, und sie eignen sich Informationen (und die Regeln zur Erzeugung von Informationen) mit dem Blick auf eine künftige Berufspraxis an; für sie gewinnt daher der objektive Zusammenhang, in den Wissenschaft eingebettet ist, im allgemeinen eine andere Aktualität als für ihre Lehrer. In den Lehrveranstaltungen sammeln Studenten zudem Erfahrungen, die ihnen ein kompetentes Urteil in Fragen der Didaktik erlauben.

Freilich setzt eine Institution der wissenschaftlichen Lehre ein funktionales Gefälle der fachlichen Kompetenz stets voraus. Deshalb kann sich die Mitwirkung der Studenten an Prüfungsordnungen, Curriculum und Grundsatzentscheidungen über die mit der Lehre integrierten Forschungsprojekte nur auf den institutionellen Rahmen des Studiums, nicht auf die Wahrnehmung von Funktionen innerhalb dieses Rahmens erstrecken, die Fachkompetenz voraussetzen. Für solche Veranstaltungen tragen der einzelne Dozent, der einzelne Prüfer, der einzelne Projektleiter die Verantwortung.

Eine »Politisierung« im Sinne der Selbstreflexion der Wissenschaft ist nicht nur legitim, sie ist Bedingung einer Autonomie der Wissenschaft, die heute unpolitisch nicht mehr gewahrt werden kann. Alle Gruppen, Professoren, wissenschaftliche Mitarbeiter und Studenten sollen Einfluß haben auf die Organisation einer Lehre (und der mit Lehre verbundenen Forschung), die den legitimen Ansprüchen der Studenten auf eine Wahl zwischen flexiblen, berufsvorbereitenden Studiengängen und auf Teilnahme an Forschungsprozessen sowie an der Selbstreflexion der Wissenschaft genügt. Diese Willensbildung würde mit ihrem eigenen legitimen Ziel in Widerspruch geraten, wenn sie nicht gleichzeitig garantierte, daß für fachkompetent Lehrende und Forschende ein unverletzbarer Produktivitätsspielraum individueller Unabhängigkeit und Selbstverantwortung besteht, der der Struktur wissenschaftlichen Arbeitens genügt.

Anhang

Literaturbericht zur philosophischen Diskussion um Marx und den Marxismus (1957)

Bevor wir die gegenwärtige[1] Marx- und Marxismusdiskussion auf ihre Gründe zurückführen, nennen wir die beiden Anlässe, von denen sie lebt. Das ist erstens immer noch die Publikation der sogenannten Pariser Manuskripte, jener Arbeit über »Nationalökonomie und Philosophie«, mit der Marx 1844 im Pariser Exil sein System der Entfremdung, wie man es später genannt hat, entwarf. Der zweite Anlaß ist die politische Realität, die der Kommunismus im Staate Lenins und seiner Satelliten gewonnen hat, und die Bedrohung, die von ihm seit dem Sieg von 1945 für die westliche Welt auszugehen scheint.

Die Pariser Manuskripte –
drei typische Situationen ihrer Interpretation

Bereits die erste Interpretation der soeben veröffentlichten Pariser Manuskripte kam zu dem Schluß, daß diese Arbeit »die Diskussion über den Ursprung und den ursprünglichen Sinn des historischen Materialismus auf einen neuen Boden stellt[2]«. Freilich kam diese Diskussion in Deutschland gar nicht mehr erst in Gang. Sie mußte, nach zwölfjährigem Tabu, erneut einsetzen; und sie begann auf vollends verwandelter Bühne. Vor 1933 schien die Diktatur des Proletariats im Deutschland der Wirtschaftskrise und eines gelähmten Parlaments eine Zeitlang die einzige Alternative zum heraufziehenden Terror des Faschismus. Drum war die Diskussion um Marx und, mit der Veröffentlichung des Jahres 1932, um den jungen Marx eine eminent politische. Sie wurde auf der einen Seite von Sozialisten geführt, sowohl von den Leninisten wie Georg Lukács als auch von Bloch, Horkheimer und Marcuse, die im Gefolge der Rosa Luxemburg[3] glaubten, gegen Lenin den unverfälschten Sozialismus zu vertreten. Es beteiligten sich religiöse Sozialisten wie Paul Tillich und Theodor Steinbüchel; es beteiligte sich die bürgerliche Soziologie, voran Karl Mannheim, der mit dem wissenssoziologischen Ausverkauf des Marxismus über Nacht berühmt wurde. Und auf der anderen Seite standen die jungkonservativen Intellektuellen, die ihre Hoffnung auf eine Revolution von rechts setzten: Hans Freyer, Carl Schmitt, Ernst Jünger. Die Gegner, alle zumal, sahen in der Sache eine auf Leben und Tod: mit ihr schien sich das Geschick der ganzen Gesellschaft zu Heil oder Unheil zu wenden.

Nach dem Zusammenbruch von 1945 dagegen, und mit zunehmender ökonomischer wie politischer Konsolidierung Westdeutschlands, wurde der Marxismus akademisch. Kommunisten gab es so gut wie keine mehr im Lande; die Sozialisten blieben bis auf den heutigen Tag stumm. Karl Löwith hatte schon Anfang der vierziger Jahre, im Ausland, seine ausgezeichneten Interpretationen zur Geistesgeschichte des 19. Jahrhunderts vorgelegt[4]; in deren Folge gewöhnte man sich daran, Marx mit Kierkegaard und Nietzsche in einem Atem zu nennen. Marx erscheint seitdem unter der Rubrik »große Philosophen«; er wird zum bevorzugten Dissertationsthema. Digests machen ihn neben Plato und Spinoza zum Klassiker der Taschenbuchreihen. Klassiker wird er überhaupt, ebenso ehrenwert wie unschädlich. Und der Marxismus gedeiht auf hohen Schulen als Eigentum der Philosophie – geistesgeschichtliches Problem unter anderen.

Anders in Frankreich. Dort hatte die Diskussion der berühmten Jugendarbeit nicht sofort abbrechen müssen. Eine starke kommunistische Partei, zeitweise Bürge einer Volksfrontregierung, gab einem orthodoxen Marxismus Rückendeckung. 1933 erschien Auguste Cornu's Thèse über den jungen Marx[5]. Entscheidend wurden indes die Vorlesungen, die Alexandre Kojève zwischen 1933 und 1938 in der Ecole des Hautes Etudes hielt[6].

Er gibt in ihnen, auf Grund der neuen Veröffentlichungen sowohl der Jenenser Realphilosophie als auch der Pariser Manuskripte, eine Marx existentialistisch stilisierende Interpretation der »Phänomenologie des Geistes«; Hegel und Marx kommentieren sich wechselseitig so, daß sie sich am Ende ohne Unterschied, wie es scheint, zu einer großartigen Philosophie der Geschichte zusammenfügen[7]. Diese Aneignung des Marxismus hielt sich auf philosophischem Niveau, ohne doch die konkreten politischen Impulse ganz zu neutralisieren. An sie kann darum nach der Befreiung die aus der Résistance hervorgegangene unabhängige Linke anknüpfen; aus ihr kann sie schöpfen, als sie – in ständiger Auseinandersetzung mit der auf eine starke kommunistische Partei gestützten stalinistischen Orthodoxie – eine existentialistische Philosophie der Revolution entwickelt, die geradezu verblüffend, wenn nicht vom Buchstaben, so doch aus dem Geiste der Marxschen Frühschriften lebt.

In Ländern endlich, in denen die kommunistische Herrschaft nach sowjetischem Muster etabliert ist, vollzieht sich die Begegnung mit diesen Schriften unauffälliger; vielleicht um so wirksamer. In der DDR sind einige der philosophischen Frühschriften 1953, die Pariser Manuskripte 1955 erschienen[8]. Die Rezeption ging nicht ohne Schwierigkeiten vonstatten. Zumindest in Berlin, im Kreis um den verhafteten Philosophiedozenten Wolfgang Harich, und in Leipzig, unter den Schülern Ernst Blochs, haben die bloßgelegten Ursprünge des Kommunismus als eines Humanismus, im grellen Gegensatz zur inhumanen Gestalt der kommunistischen Diktatur, Erregung ausgelöst. In der parteioffiziellen Presse ist von idealistischen Verirrungen, von utopistischen Abweichungen die Rede.

Die Polemik und deren Gegenstand wird am besten durch einen Satz des Leipziger Professors R. O. Gropp gekennzeichnet: »An die Stelle konkreter Untersuchungen der Aufgaben, die die Geschichte stellt, wird eine vage Spintisiererei über den ›Menschen‹, seine ›Entfremdung‹ und dergleichen gesetzt ... Der Kern der Sache liegt überhaupt darin, einen abstrakt-›menschlichen‹ Sozialismus gegen den auf der Lehre vom Klassenkampf beruhenden wissenschaftlichen Sozialismus, der zutiefst menschlich ist, zu stellen; hier berühren sich die ›anthropologischen‹ Spekulationen mit sozialdemokratischen Theorien ähnlichen Inhalts[9]« (als wenn es die gäbe!).

Was sich unter der Decke der stalinistischen Orthodoxie entwickelt hatte, konnte in Polen, nach der Oktoberrevolution, ungehemmt zum Ausdruck kommen. Auch hier schließen sich Intellektuelle, im Namen eines »humanistischen Kommunismus«, der Kritik des jungen Marx an, um von diesem Ursprung her den Marxismus als Wissenschaft zu regenerieren[10].

Wir nennen diese drei typischen Situationen nicht nur, weil sich in ihnen je ein anderer Zugang zu den Marxschen Frühschriften spiegelt. Sie zeigen überdies in aller Schärfe das eigentümliche Verhältnis, in dem sich jede Diskussion über Marxismus, in dem sich der Marxismus selber in seiner zwieschlächtigen Stellung zwischen Theorie und Praxis, vorfindet: jene Situationen, in denen marxistisch oder über Marxismus philosophiert worden ist, sind selber schon durch diese oder jene Gestalt der marxistischen Praxis mitbestimmt. Der Marxismus betrifft uns stets in doppelter Position: als eine politische Realität und als eine Theorie, die die Realität im ganzen verändern will. Die Theorie ist überdies mit dem Anspruch versehen, auch noch die objektive Lage, die ohnehin schon durch den Marxismus in beiderlei Gestalt mitgeprägt ist, auf den Begriff zu bringen. Daraus erklärt sich eine merkwürdige Rückbezüglichkeit der marxistischen Theorie.

So müssen beispielsweise auf die sowjetische Gesellschaft Kategorien einer Theorie angewendet werden, die diese Gesellschaft selber mit verwirklichen half[11]. Oder nach einem Wechsel von der einen Spielart des Sozialismus zur anderen (Jugoslawien, Polen) will auch dieser Wechsel noch marxistisch begriffen sein. Ebensowenig kann in nichtkommunistischen Ländern die Existenz und Taktik der kommunistischen Partei einfach hingenommen, beide müssen vielmehr in der Theorie abgeleitet und begründet werden. Entsprechendes gilt für eine »unabhängige Linke«, die sich noch marxistisch verstehen will: sie muß sich gegenüber der praktischen Autorität der Partei theoretisch legitimieren und die Abweichung der Partei und deren Ideologie obendrein erklären[12].

Die philosophische Diskussion des Marxismus ist, soweit sie sich selbst als marxistisch versteht, stets mehr als eine »nur« philosophische. Das gilt sogar in gewissen Grenzen auch noch da, wo der Marxismus als solcher und in seinem Selbstverständnis abgewiesen, eben, wo er akademisch verwandelt wird. Auch der »bloße« Historiker hat im Marxismus mehr als eine Theorie, mehr gar als die gelebten Möglichkeiten einer existentiell ergriffenen Philosophie zu verstehen. Erst recht steht der philosophische Kritiker vor der Aufgabe, mit der Theorie zugleich die praktische Gestalt dieser Theorie und deren Funktion für die Praxis zu kritisieren. Die marxistische Kritik ist sich auf Grund jener merkwürdigen Rückbezüglichkeit dessen stets bewußt, was eine nicht-marxistische Kritik sich ausdrücklich zu Bewußtsein bringen muß, wenn sie nicht sogleich hinter ihren Gegenstand zurückfallen will: daß nämlich der Marxismus über sich als Theorie hinausweist, tatsächlich hinaus ist und insofern das Medium der Reflexion selber verändert.

Wie der eine Teil der Diskussionsbeiträge die wiederentdeckten
Ursprünge der theoretischen Position des Marxismus zum Anlaß
nimmt, so der andere Teil die vorerst letzte Gestalt seiner politischen Position: Macht und Gefahr des sowjetischen Staatensy-
stems. Hier stellen sich vor allem die Kirchen als engagierte Gegner
der Auseinandersetzung; daneben bemühen sich offizielle Ver-
waltungsinstanzen durch Broschüren, Lehrmaterial und Untersuchungen das staatsbürgerliche Bewußtsein gegenüber Infiltration,
wie es heißt, zu immunisieren. Aus Tagesanlässen entstehen zuweilen bemerkenswerte Publikationen, die hier indes außer
Betracht bleiben sollen[13]. Wer freilich den politischen Gegner ausschließlich in der Diskussion des orthodoxen Lehrbestandes treffen, ihn wie sein Verhalten in den Widersprüchen seiner Theorie
fassen möchte, läßt sich nur zu leicht von den Voraussetzungen des
eigenen geistesgeschichtlichen Verfahrens gefangennehmen.
»Die Realität«, der die Auseinandersetzung gilt, ist gewiß ebensogut ideologisch wie politisch und ökonomisch; aber politisch wirksam ist die Ideologie gerade nicht in ihrer ausgebildeten Theorie
(einer abgestandenen naturalistischen Metaphysik, einem philosophisch naiven Erkenntnisrealismus und dem geschichtsphilosophischen Schema einer verballhornten Dialektik von Produktivkräften und Produktionsverhältnissen), sondern vielmehr in jenen pra-
xisnahen und oft kontroversen Überlegungen, die schließlich politische Taktik nach innen wie außen und die konkreten Entscheidungen beim »Aufbau des Sozialismus« bestimmen. Der als
Staatsideologie ausgehaltene, grundsätzlicher Diskussion längst
entzogene und im Innersten leblose Kanon des Diamat, mit einem
Wort: die parteioffizielle sowjetische Philosophie ist nicht nur philosophisch gesehen so unbeträchtlich, sondern auch in Ansehung
ihrer orientierenden Kraft für die politische Praxis von so geringer
Wirksamkeit, daß das Gewicht einer Auseinandersetzung mit dieser Philosophie, für sich genommen, kaum unterschätzt werden
kann.
Man begreift den Kommunismus der Sowjets höchst unzureichend,
wo man ihn nur beim gefrorenen Wort seines philosophischen
Selbstverständnisses ruft, anstatt auf politisch-historischer Ebene
die Aktionen mit den Organisationsideen der Akteure zu konfron-

tieren. Das hat seinerzeit die »Geschichte des Bolschewismus« von dem aus dem Kreis um Rosa Luxemburg kommenden Arthur Rosenberg vorbildlich geleistet[14]; in der gleichen Dimension halten sich, wenn auch keineswegs mit der gleichen Tendenz, die ausgezeichneten Untersuchungen von *Richard Nürnberger* über Lenins Revolutionstheorie und über die Rolle der Französischen Revolution im Selbstverständnis des Marxismus[15]. In diesem Zusammenhang wäre neben anderen auch das Buch von *Klaus Mehnert* zu nennen[16]. Einen Ansatz großen Stils, den Stalinismus unter dem Titel eines Islams des 20. Jahrhunderts in seiner Gesamtheit zu begreifen, macht *Jules Monnerot* mit seiner *Soziologie des Kommunismus*[17].

Trotz gut beobachteter Einzelheiten – wie etwa der, daß die Sprache Trotzkis zur offiziellen Sprache des Diamat geworden ist – und einer trefflichen Analyse des bolschewistischen Staats- und Parteiapparates ist dieser Versuch nicht recht gelungen. Und zwar einmal, weil Monnerot nach dem Vorbild Paretos klassifizierend verfährt: die Voraussetzung, daß sich die Menschen im Grunde doch nicht ändern, erlaubt ein Abziehen geschichtlicher Ereignisse auf allgemeine anthropologische Kategorien, die den je spezifischen Sinn historischer Tendenzen verfehlen. Zum anderen führt die These, daß der Versuch, Philosophie zu verwirklichen, eo ipso Religion sei, zur religionssoziologischen Deutung, ja zur religionspsychologischen Pseudoerklärung eines Vorgangs, der sich in terms einer Religionsbewegung nicht ausdrücken läßt. Die Industrialisierung eines Kontinents ist aus härterem Stoff als die angebliche Kunstreligion von Berufsrevolutionären.

Der sowjetischen Philosophie, für sich genommen, widmen sich in der Absicht »weltanschaulicher« Auseinandersetzung nicht zufällig Theologen, darunter vor allem katholische Theologen, deren forma mentis in der Tat mit der sowjetischer Parteiphilosophen eine gewisse Verwandtschaft hat. Sie resultiert aus der gemeinsamen theologischen Methode, nicht ex ratione, sondern ex auctoritate zu argumentieren; im einen Fall beruft sich das Kerygma auf Christus, im andernen Fall auf Mels, wie ein polnischer Marxist die Viereinigkeit von Marx-Engels-Lenin-Stalin ironisiert; und in beiden Fällen ist die Autorität wirksam institutionalisiert: im Apparat der Kirche und der Staatspartei. Es ist ein Jesuit, *August Wetter*, der diese Verwandtschaft in seiner sehr fleißigen und ebenso zuverlässigen Darstellung der philosophischen Kontroversen in Rußland zwischen 1917 und 1931 und des im Diamat kanonisierten sowjetphilosophischen Lehrbestandes umsichtig entfaltet[18]. Wetter kommt zu dem Schluß, daß die thomistische und die stalinistische Scholastik nicht nur im exegetischen Verfahren, sondern sowohl im ontologischen Ansatz als auch in bestimmten Lehrstücken übereinstimmen. Dieser Schluß hat, besonders innerhalb des katholischen Lagers, eine scharfe Polemik ausgelöst, was psychologisch so verständlich wie sachlich unbegründet ist. Denn es ist das große Verdienst dieses Werkes, klargestellt zu haben, daß die objektivierte, der Subjektivität als ihrer Legitimitätsbasis beraubte Dialektik des durch Stalin kodifizierten dialektischen Materialismus vom kritischen Prinzip nichts mehr behalten hat, und somit zum Prinzip geradezu der Restauration einer vorkritischen Ontologie geworden ist[19].

Wie auf dieser Grundlage die neuesten Entwicklungen innerhalb der Sowjetphilosophie folgerichtig zu einer, im Hegelschen Sinne, abstrakten Kategorialanalyse im Stile Nicolai Hartmanns und gewisser Neuscholastiker gedeihen, demonstriert ein wichtiger Aufsatz von *W. P. Tugarinow* über die Wechselbeziehung der Kategorien des dialektischen Materialismus[20]. Wenn es noch eines Beweises bedürfte, dann wäre diese Kategorienlehre allein Beweis genug, daß der Marxismus spätestens mit Engels' »Anti-Dühring« aus einer Revolutionstheorie zu einer sogenannten realistischen Ontologie umgebildet worden ist; und Wetter führt mit aller Klarheit den Nachweis, daß auch Lenins »Philosophische Hefte«, auf Grund deren ihm manche ein »tieferes« oder »ursprüngliches« Marxverständnis reservieren möchten, an dieser Umbildung teilhaben, ja bereits ganz im Rahmen der von Engels eingeführten naturalistischen Kosmologie befangen sind.

Daß freilich zwischen dieser und den marxistischen Ursprüngen des Historischen Materialismus ein Abgrund, nicht nur der Lehre und ihres Verfahrens, sondern des philosophischen Kritisierens überhaupt klafft, kommt Wetter so wenig zu Bewußtsein wie Engels und der gesamten fortan orthodox genannten Tradition. Auch diese Beschränkung mag schließlich darauf zurückgehen, daß Wetter der Herausforderung des Stalinismus in theoretischer wie praktischer Gestalt unverhältnismäßig, nämlich auf der Ebene »reiner Philosophie«, begegnet; der Anlaß reicht weit über das, was er auslöst, hinaus und zurück. Er weist zurück, insofern noch die falsche Gestalt des Stalinismus vom ursprünglichen Sinn des Marxismus lebt und aus dem Anspruch lebt, diesen zu verwirklichen. Diesen Sinn ernst zu nehmen und ihn durch Verwandlungen und Entstellungen hindurch zu fassen, ist die Aufgabe einer strengen philosophischen Diskussion um Marx und den Marxismus, die sich von den Anlässen löst und dem eigentlichen Grunde zuwendet. In dieser Absicht sind wohl alle die Beiträge geschrieben, die wir im folgenden behandeln. Die Rezension wird in der Entfaltung der Diskussion *mit* den Autoren, soweit es ihre Reflexionen erlauben, und *gegen* sie, soweit es der Gegenstand ihrer Reflexionen verlangt, den Historischen Materialismus in wesentlichen Zügen selber zur Sprache bringen; und sie wird sich, gemäß den Grundsätzen immanenter Kritik, zu seinem Anwalt machen müssen, solange es irgend die aus sich schlüssigen Gedanken erlauben. Diese hypothetische Anwaltschaft verfährt in dubio pro reo. Und wenn es so etwas wie eine existentielle Hypothese gäbe, die Geistesverfassung, in der sie geübt werden müßte, wäre eben recht, um einer Theorie, die als Vorwort einer revolutionären Praxis verstanden sein möchte, gerecht zu werden.

Marx als Gegenstand philosophischer Forschung

1. Philosophiehistorische Flurbereinigung – Marxismus und marxistische Orthodoxie (Hermann Bollnow, Iring Fletscher)
Die Philosophiehistorie hat das Selbstverständnis des parteioffiziellen Diamat als eines »orthodoxen Marxismus« widerlegen können. Grundlage dieser Orthodoxie ist nämlich bereits die Umdeutung und Erweiterung, die Engels, nicht erst mit dem »Anti-Dühring«, an der von Marx konzipierten Theorie der Gesellschaft vornahm. Der Historische Materialismus in seiner ursprünglichen Gestalt ist weder »materialistisch« im Sinne des Naturalismus der Enzyklopädisten im 18. oder gar der Monisten am Ende des 19. Jahrhunderts, noch beansprucht er Welterklärung schlechthin. Er ist vielmehr als Geschichtsphilosophie und Revolutionstheorie in einem zu begreifen, ein revolutionärer Humanismus, der seinen Ausgang nimmt von der Analyse der Entfremdung und in der praktischen Revolutionierung der bestehenden gesellschaftlichen Verhältnisse sein Ziel hat, um mit ihnen zugleich Entfremdung überhaupt aufzuheben.
Iring Fetscher[21] entwickelt den theoretischen Gegensatz von Marx und Engels. Philosophie und Revolution bleiben für Marx streng aufeinander bezogen: das Begreifen der Welt ermöglicht in dem Maße die Machtergreifung des Proletariats, wie es seinerseits von

dieser ermöglicht wird und auch mit ihr erst ganz gelingen kann. Diese Einheit von Theorie und Praxis, die Vermittlung der Erkenntnis des bisherigen und der Beherrschung des künftigen Geschichtsprozesses zerfällt bei Engels zum Verhältnis von Wissenschaft einerseits und »technischer« Anwendung der wissenschaftlichen Ergebnisse andererseits. Die Philosophie soll nicht mehr durch die solidarische Befreiungstat des Proletariats verwirklicht werden, sie soll sich, soweit sie mehr ist als die Lehre vom richtigen Denken, in »einfache Weltanschauung« auflösen, beziehungsweise in den Einzelwissenschaften verschwinden, in denen diese Weltanschauung allein zureichend zum Ausdruck kommt. Damit verliert indes das Bewußtsein, zumal das revolutionäre, seine umwälzende Funktion. Die Dialektik der Selbstreflexion der Gesellschaft im Klassenbewußtsein des Proletariats weicht einer Entwicklungsmechanik blindwirkender Naturkräfte.

Hermann Bollnow hat darauf hingewiesen, daß Engels schon vor 1848[22] seinen Revolutionsbegriff am Modell der »industriellen Revolution« ausgebildet hat. Diese bezeichnet »die aus der Entwicklung der Industrie notwendig hervorgehende Umgestaltung der gesamten Gesellschaftsordnung«. Und die Entwicklung der Industrie ist wesentlich »durch die Erfindung der Maschine herbeigeführt worden«. Revolution wird nicht als ein historischer Akt, sondern mechanisch als Quantenexpansion begriffen. Die Dialektik von Subjekt und Objekt, des Subjekts wie der Subjekte ganz beraubt, wird Entwicklungsmechanik von Naturgegenständen; darunter ist das Bewußtsein einer unter anderen; Geschichte wird entsprechend Gesetzen der Natur subsumiert.

Mit dieser Umdeutung der Dialektik ist zugleich eine Erweiterung ihres Bereichs verbunden; die objektivistisch verstümmelte Dialektik, die, mit Engels' eigenen Worten, weiter nichts als die Wissenschaft von den allgemeinen Bewegungs- und Entwicklungsgesetzen der Natur, der Menschengesellschaft und des Denkens ist, spricht ein ontologisches Gesetz aus, das alle Seinsbereiche gleichermaßen bestimmen soll. Für den jungen Marx war Dialektik wesentlich historisch, und eine Dialektik der Natur, unabhängig von gesellschaftlichen Bewegungen, undenkbar.

Die Natur hatte Geschichte nur in bezug auf den Menschen, der Mensch Geschichte nur in bezug auf die Natur. Kritik blieb in jedem Betracht auf Revolution bezogen; kein Gegenstand also, der nicht kritisch im Rahmen der Revolutionstheorie des Historischen Materialismus müßte begegnen können, Natur nicht ausgenommen. Engels degradiert dagegen die Dialektik der Geschichte zu einer Disziplin neben den Disziplinen der Dialektik der Natur und der Logik. Die Welt wird als eine in ihrer Materialität begründete Einheit aufgefaßt und als ein Entwicklungsprozeß, dessen Wesen mit Hilfe der dialektischen Methode gedeutet werden kann. Dabei soll die Pseudodialektik des Umschlags von Quantität in Qualität es erlauben, über den Vulgärmaterialismus hinauszugehen und quantitativ unterschiedene Seinsweisen für die tote, die lebendige und die bewußtseinsfähige Materie zu setzen, ohne daß dadurch die These der allgemeinen Materialität der Welt aufgegeben werden müßte[23].

Teil der naturalistischen Metaphysik ist eine naiv-realistische Erkenntnistheorie, die von Lenin in »Materialismus und Empiriokritizismus« unter dem Titel einer Abbildtheorie ausgearbeitet worden ist. Subjekt und Objekt verhalten sich im Erkenntnisprozeß undialektisch, in bloßer »Widerspiegelung«, wie die »Sprünge« der Naturdialektik: weder die Entwicklung der Natur noch deren Erkenntnis sind durch das lebendige Tun der Menschen vermittelt. Die Einheit von Subjekt und Objekt ist in Ansehung der Natur und der Naturerkenntnis ebenso aufgehoben wie die Einheit von Theorie und Praxis in Ansehung der Geschichte und des revolutionären Aktes ihrer Beherrschung durch eine zum Bewußtsein ihrer selbst gelangte Menschheit. Ideologie wird nunmehr, in Gestalt einer wörtlich genommenen »Überbau«-Lehre, zum Titel für Bewußtseinsinhalte *überhaupt*. Die Abhängigkeit des Bewußtseins vom gesellschaftlichen Sein wird zum Spezialfall des allgemeinen ontologischen Gesetzes, demzufolge Höheres vom Niederen, und schließlich alles vom »materiellen Substrat« abhängt. Vergessen ist der strategische Sinn der Ideologie[24], vergessen ihr Verhältnis zur Kritik auf der einen, zur revolutionären Praxis auf der anderen Seite. Wo »Widerspiegelung« zum Index von Erkenntnis überhaupt geworden ist, kann sie nicht mehr als Teil der praktischen Entfremdung begriffen werden. Vergessen ist das Prinzip aller Ideologiekritik, daß Bewußtsein in dem Maße aufhört, »idealistisch« zu sein, als Gesellschaft aufhört, »materialistisch« zu sein.

Der Rückgriff auf die ursprüngliche Gestalt des Historischen Materialismus und seine kritische Verwahrung gegen alle späteren, an Engels' Umdeutung und Ergänzung anknüpfenden Versionen, ist explizit oder implizit Voraussetzung der gesamten philosophischen Diskussion um den Marxismus heute. Sie beruft sich auf die philosophiehistorische Klärung des Verhältnisses von Marx und Engels. Wobei freilich die eigentümliche theoretische Nachgiebigkeit des »ökonomischen« Marx, seit etwa 1858, gegenüber dem »metaphysischen« Engels; wobei der Einfluß der Engelsschen »Weltanschauung« auf Marx, der an einigen Stellen des »Kapitals« deutlich nachweisbar ist, wohl auch auf das bekannte Vorwort von 1867 (Kapital Bd. I) eingewirkt hat, noch der Aufklärung bedarf[25]. Die Rede vom jungen Marx und vom alten verdeckt nur eine Verlegenheit.

Zwar führt der Begriff der Entfremdung gegenüber naiven Schilderungen einer naturalistischen Metaphysik zum Bewußtsein der dialektischen Elemente und zu der, wenigstens verbal getroffenen Feststellung, daß der Historische Materialismus wesentlich Revolutionstheorie ist; andererseits scheint das genuin philosophische Verständnis seinerseits den Marxismus auf eigentümliche Weise zu verengen und genau das an ihm zu unterschlagen, was mehr ist als »reine« Philosophie. Die Reduktion des Materialismus auf Philosophie verändert diesen in seinem Wesen. Die Problematik dieses Verfahrens sei zunächst an Hommes' Versuch exponiert; sie wird sodann am Beispiel der wichtigsten philosophischen Exegeten des Marxismus (an dem Versuch Landgrebes, Metzkes und Popitz') zu diskutieren sein.

2. Die ontologische Deutung (Jakob Hommes)

Hommes versteht Marx als Ontologen. Ontologie gilt dabei als Explikation der Seinsfrage. Sie versichert sich des Ursprungs nicht mehr, wie die Metaphysik, in der Frage nach dem ersten und obersten Grund alles Seienden, sondern in der Frage nach dem Sinn vom Sein alles Seienden. Der Mensch, der durch ein Fragenkönnen dieser Art ausgezeichnet ist, gilt als das ontologische Wesen; dieses »Wesen« freilich liegt nicht, wie die Wesenheiten der Metaphysik, jenseits der Geschichte, liegt ihr vielmehr als Wesen der Geschichtlichkeit selber ursprünglich zugrunde. Wenn der Historische Materialismus Ontologie in diesem Sinn sein soll, ist es nur folgerichtig, die Existentialphilosophie, insbesondere die Fundamentalontologie Heideggers, als dessen »Fortsetzung« zu begreifen. Hommes versteht die Anthropologie des jungen Marx als Fundamentalontologie und die Dialektik der Arbeit als »ekstatische Gegenständlichkeit des geschichtlichen Menschen«. Es gelingt in der Tat, die »Gegenständlichkeit« des Menschen formal als so etwas wie eine existentiale Struktur zu analysieren. Legt man es darauf an, so ergeben sich die folgenden Bestimmungen[26]:

Die Behauptung, der Mensch sei gegenständlich, heißt zunächst: a) er hat Gegenstände außer sich und ist selbst Gegenstand für andere Wesen. Gegenständlichkeit deckt somit unseren Sprachgebrauch von Endlichkeit. Darüber hinaus besteht freilich die phänomenologische Korrelation: daß Gegenstände sinnlich müssen begegnen können. Gegenstand heißt soviel wie, Gegenstand der Sinne, sinnlicher Gegenstand sein. Die Sinne erschließen den Raum, in dem wirkliche Gegenstände nur »sein« können.

b) Der Mensch setzt seine Wesenskräfte gegenständlich. Zunächst: der Mensch »setzt« nur Gegenstände, soweit er selbst »von Hause aus Natur ist«; als Endlicher überschreitet er seine Endlichkeit. Und dann: der Mensch setzt mit seinen Gegenständen sich selbst, seine Wesenskräfte »gegenständlich«. Gleichwohl schafft er, erzeugt er die Gegenstände nicht, »sondern sein gegenständliches Produkt *bestätigt* nur seine gegenständliche Tätigkeit«. Was heißt hier »bestätigen« und wie verträgt sich das mit dem »Setzen« von Gegenständen?

c) Der Mensch ist ein zugleich tätiges und leidendes Wesen. »Die Gegenstände seiner Triebe existieren außer ihm, als von ihm unabhängige Gegenstände, aber diese Gegenstände sind Gegenstände seines Bedürfnisses zur Betätigung und Bestätigung seiner Wesenskräfte … (sie sind) unentbehrliche, wesentliche Gegenstände«. Marx illustriert die »Leidenschaft, die Passion der nach ihrem Gegenstand energisch strebenden Wesenskraft« am Beispiel des Hungers, der zur »Wesensäußerung« eines, und zwar eines bestimmten Gegenstandes bedarf. Aber »nicht nur die fünf Sinne, sondern auch die sogenannten geistigen, die praktischen Sinne (Liebe, Wille usw.), mit einem Wort, der menschliche Sinn, die Menschlichkeit der Sinne wird erst durch das Dasein seines Gegenstandes«. Den Wesenskräften sind spezifische Gegenstände zugeordnet, an denen sie ihr Leben äußern und selbst gegenständlich werden können. Der Mensch »setzt« alsdann an den wesensspezifischen Gegenständen seine Wesenskräfte gegenständlich. In diesem Sinne ist die Rede von den »zur Gegenständlichkeit herausgeborenen Wesenskräften« zu verstehen. Der Gegenstand bleibt indes, integriert in diese Lebensäußerung, nicht unverändert. Der Mensch »eignet« sich die Gegenstände an, indem er seine Wesenskräfte an sie »entäußert«. Aneignend bringt er zugleich die Gegenstände zu sich selbst und setzt sie insofern in ihre Wesenheit.

d) Der Mensch, endliches, tätiges und leidendes Wesen, steht von Anfang an im »Austausch mit der Natur«, mehr noch, er konstituiert sich in diesem Austausch; aber nicht nur sich, sondern zugleich die Natur. Seine Wesenskräfte entäußernd und die Gegenstände sich aneignend, verwirklicht der Mensch sein Wesen zu einem gegenständlichen, universal entfalteten, »totalen« Individuum und vermenschlicht in einem die Naturgegenstände, entfaltet sie als solche, denn »weder die Natur objektiv (die Natur an sich), noch die Natur subjektiv (der Mensch als Naturwesen) ist unmittelbar dem menschlichen Wesen adäquat ... Weder sind also die menschlichen Gegenstände die Naturgegenstände, wie sie sich unmittelbar bieten, noch ist der menschliche Sinn, wie er unmittelbar ist, – menschliche Gegenständlichkeit«. Beiden *werden* erst im »Austausch« oder, wie wir jetzt sagen können, in der Arbeit, in der Produktion. Diese ist ein geschichtlicher Prozeß, besser: der Prozeß der Geschichte selbst. Darum kann Marx resümieren: die Geschichte ist die wahre Naturgeschichte des Menschen.

e) Beides, die Vergegenständlichung der Wesenskräfte und die Aneignung der Gegenstände, zusammengenommen, macht das Wesen der Arbeit, der Industrie aus. Infolgedessen ist die Geschichte der Industrie, die Mannigfaltigkeit der Produkte ebenso wie das System der Produktion »das aufgeschlagene Buch der menschlichen Wesenskräfte« – aller menschlichen Wesenskräfte; denn Industrie bezeichnet im Rahmen der Wesensbestimmung des Menschen *jedes* menschliche Verhältnis zur Welt und keineswegs die ökonomische Praxis allein.

Diese Analyse, die wir der Kürze und der Überprüfung halber unabhängig von Hommes am Text selber vorgenommen haben, kann, da sie von vornherein als Existentialanalyse angelegt ist, den Schluß rechtfertigen:

»Wir sehen jetzt, in welchem Sinne die dialektische Methode eine neue Ontologie, das heißt Grundbegrifflichkeit für die Auffassung und Bestimmung alles Seienden, zu geben beansprucht. Diese neue formale Ontologie oder Lehre vom Sein alles Seienden hängt mit jener neuen materialen Ontologie des Menschenwesens zusammen, die wir bei Marx unter dem Titel seiner Lehre von der Gegenständlichkeit des Menschen studiert haben. Indem der Mensch sich selbst nur noch als das anerkennt, als was er sich in seiner Beziehung auf die gegenständliche Welt selber hervorbringt, wirft er praktisch auch der gegenständlichen Welt unter dem Namen ›Wirklichkeit‹ sich selbst, seine eigene Tat, als deren wahres Sein über. Ebenso können wir jetzt umgekehrt Marxens Anthropologie dahin zusammenfassen, der Mensch sei gegenständlich oder ontologisch, das heißt, er selber mache das andere Wesen (aller Dinge) zu seinem Gegenstand in dem Sinne, daß es ihm das eigene Selbst herzugeben habe«[27]. Und an anderer Stelle wird die von Marx recht handfest verstandene Produktivität des Menschen ontologisch so gedeutet: »Er hat der gegebenen Wirklichkeit der gegenständlichen Welt durch den Zurückblick auf sich selbst erst die wahre ›gegenständliche‹ Gegebenheit oder Wirklichkeit zu geben«[28]. Darin liege, um wenigstens die Richtung der Kritik, die Hommes anmeldet, zu bezeichnen – darin liege eine »Gleichschaltung« der gegenständlichen Welt mit dem menschlichen Innern. Die dialektische Methode setze sich über den »Eigenstand« der Welt hinweg und betrachte sie nur im Hinblick auf die Möglichkeiten der »Selbsthabe«[29].

Aber nicht die thomistische Defensive des Autors interessiert hier, sondern die merkwürdige Verkehrung des Sinnes aller Marxschen Texte, sofern sie der philosophische Interpret von den Jugendschriften her als Vorwort zu »Sein und Zeit« entschlüsselt.

Der Drehpunkt dieser Verkehrung zeigt sich dort, wo Hommes im »ontologischen Prozeß« der Vergegenständlichung den Ort der Entfremdung bestimmt. Marx sieht Entfremdung nicht schon darin gegeben, daß sich Menschen in ihrer Arbeit entäußern und ihre Wesenskräfte an den bearbeiteten Dingen, diese in einem entfaltend, gegenständlich setzen; daß sie dies auf falsche Weise tun und gewissermaßen tun müssen – erst darin ist Entfremdung begründet. Die »herausgeborenen Wesenskräfte« gerinnen unter den Verhältnissen des Privateigentums und der Lohnarbeit zu einer fremden, der Aneignung entzogenen Wirklichkeit; was sie an sich sind, sind sie fortan nur noch für andere und nicht für mich. Die falsche Ontologisierung der Arbeit verfehlt diesen elementaren Sinn von Entfremdung. Diese wird aus einer »Art Selbstvergeßlichkeit« (S. 267) oder »Selbstvergessenheit« (S. 388), einer seinsgeschichtlich konzipierten »Verunglückung des Wesens« (S. 158) abgeleitet. Für Marx hingegen ist Entfremdung nicht Chiffre eines metaphysischen Unfalls, sondern Titel einer faktisch vorgefundenen Situation des Pauperismus, von der seine Analyse der bestehenden Gesellschaft ausgeht. Das Nächste und Einfachste gerät unter der Hand des Ontologen zum fernsten Unheimlichen. Und das nicht zufällig. Während nämlich Ontologie die vorgefundene Entfremdung (oder »Uneigentlichkeit«, wie immer sie im einzelnen expliziert werden mag) stets vom Wesen des Menschen, als einem ti én einai, einem je schon Gewesenen, her begreifen muß;

als eine Verschiebung gleichsam auf der Folie eigentlicher Strukturen; faßt Marx sie zunächst einmal als Beweggrund eines praktischen Interesses, als Anstoß und Rechtfertigung für die Leidenschaft der Emanzipation. Die Analyse der Entfremdung bleibt darum Schritt für Schritt Analyse ihrer Aufhebung. Und zwar nicht so, als folge auf die Feststellung der einen die Erwägung der anderen. Vielmehr leitet der Blick auf die Beseitigung stets schon die Wahrnehmung dessen, was beseitigt werden soll.

Zugleich wird Philosophie als ganze in die Reflexion einbezogen. Wo der Primat des praktischen Interesses anerkannt ist, wo der Hinblick auf die Verwirklichung dieses Interesses gar als die einzig zuverlässige Bedingung möglicher Erkenntnis gilt, verliert Philosophie die Selbstverständlichkeit ihrer Autonomie: muß sie doch, sofern und soweit sie Ausdruck jener Entfremdung ist, zum Zwecke der Aufhebung von Entfremdung selber aufgehoben werden. So in Frage und der Wirklichkeit ihrer Selbstüberschreitung gegenübergestellt, verliert marxistische Kritik, die Analyse der Gegenständlichkeit zumal, ontologisch jeden Sinn. Die in dieser Struktur entdeckte »Welt«[30] darf nicht als invariante Verfassung »des« Menschen, als Bedingung der Möglichkeit jeder menschlichen Seinsweise, und damit als Ort der Wahrheit und Unwahrheit zumal, gefaßt werden. Zu dieser ontologischen Fixierung eines historischen Tatbestandes ist Philosophie nur so lange angehalten, als sie im Schein ihrer Autonomie befangen bleibt und sich des Gedankens entschlägt, daß sie selber, samt ihrer Nötigung zum transzendentalen Verfahren, geschichtlich begründeter Ausdruck einer falschen Wirklichkeit sein, und daß die Transzendentalstruktur der Gegenständlichkeit mit dieser zugleich verändert werden könnte. Wo Philosophie hingegen diesen Gedanken in seiner Konsequenz auf sich nimmt, kann die Analyse der Gegenständlichkeit des Menschen legitim nur den einen Sinn haben: gleichsam die Scharniere der gegenwärtigen gesellschaftlichen Verfassung zu bezeichnen, in der diese revolutionär umgewandelt werden kann. Die »Welt« des Menschen steht nicht im Sinne eines Apparates von Kategorien oder Existentialien zur Diskussion, sondern als die Verfassung des konkreten gesellschaftlichen Lebenszusammenhangs, innerhalb dessen Menschen nicht mehr als das, was sie sind, vielmehr als das, was sie nicht sind, miteinander verkehren müssen. Gesellschaft ist dann stets als eine begriffen, die anders werden muß.

Bei allem Gewinn, den wir aus der philosophischen Aneignung des

Marxismus zunächst ziehen, führt doch dessen Reduktion auf »reine« Philosophie zu empfindlichen Verzerrungen. Darüber wird bereits mit dem Vorgriff entschieden, der die Spekulationen des jungen Marx ganz der Problematik der Hegelschen Philosophie unterordnet und einen tatsächlichen geistesgeschichtlichen Zusammenhang zum ausschließlichen Zugang der Interpretation erklärt. Daß Marx Hegel nur unzureichend verstanden, und Hegel alles schon vorgedacht habe, was Marx späterhin in Auseinandersetzung mit ihm zu entdecken glaubte, ist die Tabuformel, die vor der spezifischen Problematik einer auf empirische Sicherung bedachten revolutionären Geschichtsphilosophie bewahrt. Die Folgen der geistesgeschichtlichen Lizenzierung philosophischer Marxkritik soll an drei Untersuchungen dargetan werden, die im übrigen mit methodischer Strenge und einem hohen Maß an philosophischem Takt durchgeführt sind.

Problematik der »philosophischen« Aneignung des Marxismus, dargestellt am Verhältnis von Hegel und Marx (Ludwig Landgrebe, Erwin Metzke, Heinrich Popitz)

In seiner Einleitung zur Kritik der Hegelschen Rechtsphilosophie geht Marx mit den ehemaligen Freunden vom Doktorklub ins Gericht, zwei Jahre bevor er, in der »Deutschen Ideologie«, das vorweggenommene Urteil im Detail begründet. Er nennt die radikalen Junghegelianer hier beim Namen einer »theoretischen, von der Philosophie datierenden Partei« und verwirft sie global: »Kritisch gegen ihren Widerpart, verhielt sie sich unkritisch zu sich selbst, indem sie von Voraussetzungen der Philosophie ausging und bei ihren gegebenen Resultaten entweder stehenblieb oder anderweitig hergeholte Forderungen und Resultate für unmittelbare Forderungen und Resultate der Philosophie ausgab, obgleich dieselben – ihre Berechtigung vorausgesetzt – *im Gegenteil nur durch die Negation der seitherigen Philosophie, der Philosophie als Philosophie,* zu erhalten sind ... Sie glaubte, die Philosophie verwirklichen zu können, ohne sie aufzuheben[31]«.
Und zur Begründung heißt es: »Sie erblickte in den jetzigen Kämpfen nur den kritischen Kampf der Philosophie mit der deutschen Welt, sie bedachte nicht, daß die seitherige Philosophie selbst zu dieser Welt gehört und ihre, wenn auch ideelle, Ergänzung ist«.

Wer den Marxismus immanent daraufhin prüfen will, wieweit sein Ansatz zur Lösung auch der klassischen philosophischen Probleme taugt, hat diese These von der Verwirklichung der Philosophie durch ihre Aufhebung *als* Philosophie oder, wie es bereits die Dissertation formulierte, die These vom Philosophischwerden der Welt durch das Weltlichwerden der Philosophie ernstzunehmen, ja er muß von ihr als der Schlüsselthese ausgehen. Sie schließt die Idee der »praktischen Emanzipation« und das Argument des »Materialismus« bereits ein. Beide negieren das Stehenbleiben bei der »bloß theoretischen Emanzipation« (wie sie Marx exemplarisch in Feuerbachs Religionskritik durchgeführt sah).

Solange Kritik als theoretische autark bleibt, wird sie stets nur auflösen können, was selber theoretischer Natur ist: falsche Vorstellungen. Was darüber hinausgeht und nicht sowohl die Vorstellungen als die Wirklichkeit dieser Vorstellungen betrifft, ist der auflösenden Kraft der Kritik überlegen und auf eine praktische Auflösung der falschen Wirklichkeit angewiesen. So weit reicht der »kritische Kampf der Philosophie mit der deutschen Welt«, und nicht weiter. Das philosophische Selbstbewußtsein ist letzte Appellationsinstanz. Wenn aber die Philosophie selber zu dieser Welt gehört, wenn sie als Ausdruck und Ergänzung der kritisierten Wirklichkeit dieser noch verhaftet bleibt, dann muß eine radikale Kritik darauf bestehen, mit den Mängeln der kritisierten Welt zugleich die Wurzeln der Kritik selber zu kritisieren. Wenn Philosophie noch mit dem, was sie kritisiert, geschlagen ist, wird sie die Mängel der Welt als die Mängel ihres eigenen Wesens reflektieren und ihr kritisches Selbstbewußtsein daran gewinnen müssen: daß sie ihr Geschäft nur in dem Maße erfolgreich betreibt, in dem sie als »kritisch-praktische Tätigkeit« mit der Praxis verschmilzt. Darin wird Philosophie in einem aufgehoben und verwirklicht: »ihre Freimachung der Welt von der Unphilosophie ist zugleich ihre eigene Lösung von der Philosophie, die sie als ein bestimmtes System in Fesseln schlug[32]«.

Marx will nicht mehr unter den Voraussetzungen der Philosophie, vielmehr unter der Voraussetzung ihrer Aufhebung philosophieren – eben kritisieren. Davon in Anspruch genommen, verändern sich die Kategorien ebenso wie die Probleme der Philosophie, mit ihnen verändert sich das Medium der Reflexion überhaupt. Wo der Marxismus seinerseits »unter den Voraussetzungen der Philosophie« weiterhin betrachtet wird, nimmt er darum unversehens eine Gestalt junghegelianischer Philosophie an, an deren Kritik er doch das Bewußtsein seiner eigentlichen Bestimmung erst fand. Also »junghegelianisch« mißverstehen Marx immer noch die besten Interpreten unter den Philosophen: Landgrebe, Metzke und Popitz[33].

1. *Landgrebe* geht von der Schlüsselthese des Marxismus aus: daß der Anspruch der Philosophie innerhalb der Philosophie nicht verwirklicht und auch nicht zu verwirklichen ist. Wie nun diese These, die eigens den »Voraussetzungen der seitherigen Philosophie« widerstreitet, eben unter denselben Voraussetzungen befragt wird – gibt ein Beispiel der unfreiwilligen Selbstzensur der philosophischen Auslegung[34].

Der Gedankengang ist etwa der folgende: Der Streit um den Marxismus soll auf den Boden zurückgeführt werden, auf dem er legitim ausgetragen werden kann; auf den Boden nämlich der »inneren Geschichte des Abendlandes«, sprich: der Geschichte, wenn nicht der Philosophie, so doch des Philosophierens. Das Auftreten der Philosophie in Griechenland bedeutet den ersten Versuch einer spezifisch abendländischen Befreiung, das Vorhaben des Menschen, keine Bindung an ein höchstes Prinzip anzuerkennen als die, die er selbst durch seine Erkenntnis gerechtfertigt hat. Hegels Philosophie ist der vorerst letzte in der Reihe der Entwürfe, die diesen ursprünglichen Sinn der Philosophie herstellen wollen: Bindung des Menschen an die in der Erkenntnis geschlossene Ordnung des Seins, eine Bindung, in der sich zugleich Freiheit vollendet. Marx durchschaut diese Philosophie, nach dem Vorgang Feuerbachs, wesentlich als Theologie. Ihr Versprechen der Befreiung würde Philosophie wahrhaft dann erst einlösen, wenn sie die Ordnung, die sie erkennend hinnimmt, auch selber real erzeugen würde. Also nicht nur Hegels Philosophie, sondern Philosophie überhaupt ist falsch; sie befreit prinzipiell die Menschen nur in der Abstraktion und nicht in der Realität. Qua Philosophie kann sie nicht das sein, was sie zu sein beansprucht – Befreiung der Menschen.

Das ist in der Tat Marxens These. Indem aber Landgrebe sie ausspricht, hat er sie schon unter eben den Voraussetzungen der Philosophie gedeutet, die sie ausdrücklich bestreitet. Er faßt sie nämlich am Ende als Ausdruck »der innersten Tendenz« der abendländischen Geistesgeschichte, die dem Vorhaben des Menschen entsprang, sein Dasein auf philosophische Erkenntnis zu gründen[35]. Darum muß er zu dem Schluß gelangen, daß mit dieser marxistischen These die Grenze der Emanzipation des Menschen nur um so deutlicher hervortritt: »Diese stellt vor die Entscheidung über die Grenzen der Emanzipation des Menschen und über die Wiedergewinnung der echten Funktion der philosophischen Erkenntnis: nicht Werkzeug zu sein des restlos selbstherrlichen Menschen, sondern Weg der Bindung in dem Zusammenhang des Seins[36]«.

Das Schema der Argumentation ist durchsichtig: die These, daß Philosophie, am Maßstab ihres eigenen Begriffs gemessen, ihr Versprechen qua Philosophie nie wird einlösen können, diese These wird in ihrem Sinn hinterrücks sogleich verkehrt, indem die geistesgeschichtliche Interpretation philosophischen Aussagen überhaupt einen möglichen Sinn nur im Spannungsfeld der »inneren Geschichte des Abendlandes« einräumt. Wo aber Sätze, weil die Methode ihrer Auslegung es anders nicht zuläßt, nur unter den Voraussetzungen gelten, deren Bestreitung ihr einziger Inhalt ist, da ergeben sich genügend Paradoxien, angesichts deren nur mehr irrational an Entscheidungen appelliert werden kann, etwa an die: ein Absolutes wiederzufinden, »dessen Offenbarung nur in der konkreten Situation des Menschen geschehen kann[37].«

Auf andere Weise kommt *Popitz* gleichfalls darum herum, die Selbstaufhebung der Philosophie ernstzunehmen. Er glaubt, »daß die Gedanken von Marx über die von Hegel entwickelte Problematik der ›Verwirklichung‹ nicht hinausgehen«[38]. Wenn die Diskussion des jungen Marx gleichsam als die nachträgliche Vorläufigkeit einer Problemstellung entlarvt werden kann, die Hegel vor ihm über ihn hinaus zu Ende gedacht hat, dann erledigt sich in der Tat die Bestreitung des Autonomieanspruchs reiner Philosophie und ihre Versprechungen, den Menschen qua Philosophie die Freiheit zu bringen, auf dem Geschäftsordnungsweg. Mit der problemgeschichtlichen Reduktion von Marx auf Hegel verknüpft Popitz überdies eine psychologische.

Ausgangspunkt ist ein Satz aus Marxens Dissertation: »So ergibt sich die Konsequenz, daß das Philosophischwerden der Welt zugleich ein Weltlichwerden der Philosophie, daß ihre Verwirklichung zugleich ihr Verlust, daß, was sie nach außen bekämpft, ihr eigener innerer Mangel ist, daß gerade im Kampf sie selbst in die Schäden verfällt, die sie am Gegenteil als Schäden bekämpft, und daß sie diese Schäden aufhebt, indem sie in dieselben verfällt. Was ihr entgegentritt und was sie bekämpft, ist immer dasselbe, was sie ist, nur mit umgekehrten Faktoren[39].«

Das Argument trifft den gleichen Sachverhalt, den wir am Text der Einleitung zur Kritik der Hegelschen Rechtsphilosophie entfaltet haben. Sobald sich Philosophie ihrem innersten Anspruch gemäß verwirklicht, verliert sie ihre Gestalt als Philosophie. Denn indem sie kritisch die Praxis entfacht, die den Mängeln der Welt ein Ende macht, macht sie sich selbst ein Ende, insofern und soweit sie selbst Ausdruck derselben Mängel (oder deren »Ergänzung«) ist. Nichts anderes ist mit dem Satz gemeint, »daß, was die Philosophie nach außen bekämpft, ihr eigener innerer Mangel ist.« – Mit der Unwahrheit der Wirklichkeit soll vergehen, was an der Philosophie qua Philosophie Unwahrheit ist: ihre Entfremdung von der Praxis. Die Entfremdung der Wirklichkeit von der Philosophie, die Unphilosophie der Welt, meint zugleich die Entfremdung der Philosophie von der Wirklichkeit, die Unweltlichkeit der Philosophie – im kritischen Selbstbewußtsein erscheint sie sich »zur abstrakten Totalität herabgesetzt«.

Diesem strengen Sinn wird Popitz durch eine Konfrontation des Marxtextes mit Passagen aus Hegels »Phänomenologie des Geistes[40]« nicht gerecht. Dort findet sich ein Satz, der mit dem der Marxschen Dissertation eine gewisse Parallelität aufweist: »Das Individuum vollbringt also das Gesetz seines Herzens; es wird allgemeine Ordnung ... Aber in dieser Verwirklichung ist es ihm (selbst) in der Tat entflohen; es wird unmittelbar nur das Verhältnis, welches aufgehoben werden sollte. Das Gesetz des Herzens hört eben durch seine Verwirklichung auf, Gesetz des Herzens zu sein[41].«

Diese Parallelisierung ist bloß äußerlich, denn weder hat das »Gesetz des Herzens« als die leidenschaftliche Behauptung der Individualität mit der Philosophie als der wahrhaften Behauptung des Allgemeinen, noch hat die Verwirklichung des einen mit der der anderen irgend etwas gemein. Marx stellt die Frage: wie kann das abstrakte Allgemeine der philosophischen Versprechungen zum konkreten Allgemeinen einer Welt werden, die diese Versprechungen auch einlöst. Hegel dagegen stellt die ganz andere Frage: wie kann ein besonderer Inhalt als solcher für allgemein gelten; das »Herz« ist nämlich »die unmittelbar allgemein sein wollende Einzelheit des Bewußtseins« oder »die unmittelbar allgemeine Individualität«. Hegel antizipiert hier die Grundfrage einer von Kierkegaard bis Sartre entfalteten Situationsethik; nicht aber die der Marxschen Revolutionstheorie. Darum geht auch mit der verwirklichten und zugleich aufgehobenen Philosophie »die gewalttätige Ordnung der Welt« zugrunde; nicht aber mit dem verwirklichten und zugleich aufgehobenen Gesetz des Herzens »die bewußtlose, leere und tote Notwendigkeit« der bestehenden

Gesetze. Diese vielmehr triumphieren über den Untergang des Herzens, »so daß, wenn sie (die Individuen) auch über diese Ordnung, als ob sie dem inneren Gesetz zuwiderlaufe, klagen und die Meinungen des Herzens gegen sie halten, sie in der Tat mit ihrem Herzen an ihr als ihrem Wesen hängen, und wenn diese Ordnung ihnen genommen wird oder sie selbst sich daraussetzen, sie alles verlieren[42]«. Popitz versucht, das Problem einer an Praxis ebenso verweisenden wie ihrerseits verwiesenen Philosophie unter die Phänomenologie des kraftlosen Meinens zu subsumieren.

Dieser Reduktion folgt eine zweite, eine psychologische. Popitz erklärt die Entstehung des Problems aus der epigonalen Stellung von Marx gegenüber Hegel: er habe dessen übermächtige Philosophie theoretisch nicht überwinden können; er setzte sie, als ganzes unkritisiert, zur abstrakten Totalität herab, um sie in der »ganz anderen« Sphäre der Praxis überwinden zu können. Dies nennt Popitz »die praktisch-psychologische Lösung von der Philosophie, die gerade aus der theoretisch nicht überwundenen Gefolgschaft resultiert[43]«. Mag auch diese biographische Deutung für den Marx der Dissertation einiges Recht für sich haben, so gibt doch die Erkenntnispsychologie für die in der Dissertation zuerst ausgesprochene und später entwickelte Erkenntnis selber nichts her; denn diese öffnet nicht etwa den letzten Ausweg zur praktischen Distanzierung von einer kritisch unbewältigten Philosophie. Die Philosophie, die Marx zugleich verwirklichen und aufheben möchte, ist nicht das unangetastete Hegelsche System schlechthin. Sie ist vielmehr die in Kritik überführte und insofern als Philosophie bereits aufgelöste Philosophie, eine im Hinblick auf die neue Reflexionsstufe einer herzustellenden Einheit von Theorie und Praxis, sowohl in ihrem systematischen Prinzip als auch in ihren Elementen, revolutionierte Philosophie.

2. Die »Gleichschaltung« von Marx mit Hegel muß sich an der Auflösung des Gegensatzes bewähren, durch den Marx selber sein Verhältnis zu Hegel bestimmt: durch den Gegensatz von Materialismus und Idealismus. Wenn der Marxismus wirklich nichts anderes ist als eine der junghegelianischen Versionen, dann muß sich dieser Gegensatz, der im Selbstverständnis des Marxismus geradezu systembildende Funktion hat, als unbeträchtlich auflösen lassen.

Einen solchen Nachweis versuchen Metzke und Popitz. Zunächst läßt sich in der Tat zeigen (wie oben im Zusammenhang mit der Arbeit Iring Fetschers bereits dargetan), daß sich eine philosophische Analyse, die von der »gegenständlichen Tätigkeit« der Menschen und ihres darin begründeten gesellschaftlichen Lebenszusammenhangs ausgeht, vom »anschaulichen« Materialismus mindestens ebensoweit entfernt wie vom Idealismus, »der die wirkliche, sinnliche Tätigkeit als solche nicht kennt« (1. These über Feuerbach).

Materialismus und Idealismus sind, wie Marx in einem Exkurs zur »Metaphysik des 17. Jahrhunderts« ausführt, gleichermaßen abstrakt. Darum konstatiert Metzke mit Recht: »Das ganze Einteilungsschema von Materialismus und Idealismus reicht nicht aus; es ist uninteressant. Es geht weder um Materie noch um Ideen; es geht bei Marx um das ›werktätige Gattungsleben‹, und zwar als ein leibhaftes, sinnliches, reales Tätigsein[44].«

Steht aber Marx diesseits von Materialismus und Idealismus, was hat es dann, so heißt der zweite Schritt der Argumentation, mit seiner materialistischen Kritik überhaupt auf sich? Enthüllt sie sich am Ende als ein bloßes, bestenfalls als ein produktives Mißverständnis? Kann Marx zu Recht seine Anerkennung Hegels (dieser habe zutreffend die Arbeit als den Selbsterzeugungsakt des Menschen aufgefaßt und als das werdende Bewußtsein und Leben der Gesellschaft dargestellt) mit dem einschränkenden Zusatz »innerhalb der Abstraktion« versehen, oder hat Hegel bereits im selben Sinne wie Marx, von diesem nur mißverstanden, Arbeit als den realen Lebensprozeß der Gesellschaft begriffen?

Marx kritisiert, daß in der Geschichte des absoluten Geistes schließlich »die Gegenständlichkeit aufgehoben« werde. Popitz weist jedoch darauf hin, daß die Aufhebung der Gegenständlichkeit als Ausdruck der Überwindung jeder Gegensätzlichkeit »die konkret-reale Bedeutung des Hegelschen Arbeitsbegriffes« nicht beeinträchtige. Marx kritisiert, daß die Dialektik bei Hegel stets eine des Geistes, sei's auch des absoluten, bleibt und darum auch die Aufhebung der Entfremdung nicht praktisch, sondern nur theoretisch zustande bringen kann. Metzke weist jedoch darauf hin, daß sich die Stufen des Bewußtseins, die die Phänomenologie des Geistes darstellt, »im Element realer Auseinandersetzung mit der Härte der Wirklichkeit« bilden. Das zeige sich an der Realdialektik der Begierde ebenso wie an der von Herr und Knecht, von Tugend und Weltlauf, von Schuld und Schicksal[45]. Popitz spricht zwar vorsichtiger von der realen Entäußerung eines in sich seienden Ich, der die Phänomenologie des Geistes für das Bewußtsein *entspricht,* aber auch er betrachtet ganz wie Metzke die Kategorien der Arbeit, der Herrschaft und des Bedürfnisses bei Marx wie Hegel als wesentlich dieselben[46].

Daß Hegels Subjekt-Objekt eben doch Subjekt, wenn auch aus Substanz gewordenes Subjekt, bleibt, gewinnt bei alledem den Schein einer quantité négligeable; zu Unrecht. Denn der Bruch zwischen der Metaphysik, die sich in Hegels System vollendet, und dem nachmetaphysischen Denken seit Marx wird genau dadurch bezeichnet, daß die Logik der Geschichte als eine geschichtliche Logik, als eine von uns selber hergestellte, mit aller Kontingenz, die daran hängt, behauptet wird; und nicht als eine Logik des absoluten Bewußtseins, die keineswegs dadurch schon geschichtlich wird, daß sie in der Geschichte expliziert, was sie vor aller Geschichte antizipiert. Der marxistische »Materialismus« bezieht sich zuerst auf diese Relativierung, wenn man so will, auf die Historisierung der Dialektik. Er entscheidet nicht über einen ontologischen Primat von Idee oder Materie, wohl aber über das Verhältnis der Philosophie zum »Gesetz der Geschichte«: »idealistisch« genügt sich die Philosophie zur Erfüllung ihres Anspruchs, indem sie die Logik der Geschichte als den Gang des Geistes zu sich selber rekonstruiert; »materialistisch« genügt sich die Philosophie nicht, weil sie sich in Abhängigkeit der gesellschaftlichen und als Vorbereitung einer umwälzenden Praxis reflektiert, weil sie den Gang der Geschichte als den Gang der gesellschaftlichen Reproduktion des Lebens und nicht als die Logik eines absoluten Bewußtseins unterstellt. Das »Gesetz« der Geschichte ist so kontingent wie das Verhalten der Menschen, die sie, ihrer selbst unbewußt, gemacht haben, und nun mit Willen und Bewußtsein machen sollen. Was aber heißt im Hinblick auf den Gang der Geschichte sinnvoll Dialektik, wenn sie nicht als die Logik eines absoluten Subjekts transzendental ausgewiesen werden kann; was heißt, mit einem Wort, materialistische Dialektik? Bevor wir auf diese Frage eingehen[47], ist zu zeigen, wie sie von philosophischen Interpreten des Marxismus verfehlt wird; diese reduzieren Marx so sehr auf Hegel, daß für sie hernach die berühmte Umkehrung der Dialektik »vom Kopf auf die Füße« als Problem im Ernst nicht mehr auftaucht.

3. Landgrebe bringt den, seiner Auffassung nach scheinbaren, Unterschied der Dialektik bei Hegel und Marx auf die deskriptive Formel: daß sie bei diesem die Logik der Selbstreproduktion nicht des absoluten Geistes, sondern der Menschen, und damit die Logik der Arbeit, nicht primär die des Denkens meine[48]. Landgrebe stellt

ausdrücklich die Frage: »Inwiefern ist in diesem Denken Hegels Prinzip beibehalten? Insofern als Marx meint, daß die Entwicklung der Produktionsverhältnisse nicht Folge eines blinden Wirkens sei, sondern die Aneignung im Bewußtsein voraussetze; die jeweilige Lage muß bewußt sein. Das Klassenbewußtsein ist also ein Prinzip von philosophischer Bedeutung. Es ist das An-und-für-sich-sein des Proletariats und der Quell seiner geschichtlichen Wirksamkeit. Für die Philosophie beziehungsweise das Klassenbewußtsein ist die Logik der Reflexion qua Dialektik beibehalten. Sie zeichnet die Aktion vor. Außerdem ist die Logik auch hier zugleich die Logik der Geschichte. Es ist also auch beibehalten, daß die Geschichte ein Weg der Notwendigkeit ist«[49].

Landgrebe deutet, im Stile des neuhegelianischen Marxismus des jüngeren Lukács, die Logik des absoluten Geistes in die des absoluten Klassenbewußtseins um, er löst die materialistische Dialektik idealistisch auf. Die schlichte, kaum mehr als verbale, Substitution des einen Subjekt-Objekts durch das andere, des Weltgeistes in Gestalt der Philosophie durch den Weltgeist in Gestalt des proletarischen Klassenbewußtseins, soll am Ende den Satz rechtfertigen: »Marx bleibt geradezu Idealist.« Aber schon die erste Folgerung, die Landgrebe daraus zieht: »Die Dialektik ist also nicht an das Proletariat, dieses aber an die Dialektik, beziehungsweise an die Philosophie gebunden«, zeigt, wie wenig mit Marx selber diese Auslegung des Marxismus zu tun hat. Das Problem einer materialistischen Dialektik wird so nicht aufgelöst, sondern beseitigt, freilich um den Preis einer Rückverwandlung des Marxismus aus Kritik in Philosophie.

Popitz geht insofern über Landgrebe hinaus, als er die Feststellung, daß die Logik des Historischen Materialismus mit der Logik des Hegelschen Systems identisch ist, kritisch gegen Marx selber wendet. Er sieht nämlich, daß beide nicht identisch sein dürfen, wenn anders bei Marx der »Materialismus« einen angebbaren Sinn behalten soll. Popitz nennt die methodische Orientierung, die Marx aus seiner Kritik an Hegel gewinnt: »Die eigentümliche Logik des eigentümlichen Gegenstandes ist analytisch zu erschließen, seine ›innere Genesis‹ aufzuzeigen. Die wahre Kritik kämpft nicht mit ihrem Gegenstand, sondern begreift seine spezifische Bedeutung, seinen Entstehungsakt wie seine immanente Entwicklungstendenz. Sie verbindet die genetische Analyse mit der Erschließung des ›Wesens‹ der Phänomene[50].«

Wo Dialektik im strengen Sinne historisch (weil ihrem historischen

Gegenstand angemessen) sein will, muß sie sich Kontingenz gefallen lassen. Sie darf jedenfalls nicht als Logik eines Subjekts transzendental abgeleitet werden, das als Subjekt der Geschichte zugleich vor und über dieser ist – sei's ein Weltgeist oder sei's der Geist der jeweils zur Herrschaft gelangenden Klasse. Nur wenn Marx, wie der Lukács von »Geschichte und Klassenbewußtsein« verführe, könnte Popitz einwenden: »Marx tut also gerade das, was er Hegel vorwirft: die Bestimmungen des logischen Begriffs erkennt er überall wieder. Nur leitet er diese nicht spekulativ ab, sondern setzt die Hegelsche Logik gleichsam als Vorwort voraus[51].« »Er kritisiert bestimmte gesellschaftliche Verhältnisse und führt sie auf ein unbestimmtes Zentrum zurück, das er ›menschliches Wesen‹ nennt. Dies ist das begriffliche Substrat der empirisch festgestellten Verhältnisse und entwickelt sich nach einer dialektischen Gesetzlichkeit, *die als allgemeingültig von Hegel übernommen wird*. Wie Hegel nach Marx in der Staatsphilosophie lediglich seine Logik expliziert und sie in das Objekt hineindeutet, *so legt Marx den gesellschaftlichen Phänomenen einen dialektischen Schematismus* unter und versucht, diesen durch die Genesis des menschlichen ›Wesens‹ zu begründen. Er spielt die Rolle des Hegelschen Welt- beziehungsweise Volksgeistes«[52]. Grundthese: Marx hat die »idealistische« Dialektik Hegels übernommen, obwohl das der Prätention einer »materialistischen« Kritik widerstreitet. Die Frage nach einer materialistischen Dialektik stellt Popitz infolgedessen nicht.

Er stützt sein Argument vielmehr biographisch auf den Entwicklungsgang der Marxschen Jugendschriften von der Dissertation bis zu den Pariser Manuskripten. An ihm läßt sich in der Tat eine zeitliche Folge von dialektischer Konstruktion des menschlichen Wesens (qua gegenständlicher Tätigkeit) und einer Bestätigung durch empirische Analysen nachweisen. Erst wird der systematische Ort des Proletariats gleichsam deduziert, dann mit dem nachträglich festgestellten wirklichen Proletariat besetzt. Immer wieder läßt sich diese Reihenfolge anhand der Texte bestätigen. Erst zieht Marx ein Gitterwerk dialektischer Kategorien über die kritisierten Phänomene und präsentiert damit die »Logik des Gegenstandes«. Die empirische Analyse folgt dem erst. Diese Entwicklung, auf die Ebene einer systematischen Erörterung der Pariser Manuskripte projiziert, nötigt infolgedessen zu dem Eindruck, als wolle Marx den ökonomischen Prozeß als Geschichte der Verwirklichung a priori ableitbarer menschlicher Wesenskräfte auf der Grundlage eines statischen Systems der Entfremdung darstellen. Popitz rügt darum: »So würde er auf anthropologischer Basis das gleiche tun, was er den Nationalökonomen vorwirft[53].«

Allein, was aus der Erkenntnispsychologie für die Reihenfolge der Entstehung der Marxschen Theorie abgeleitet werden kann, trifft nicht auch schon den logischen Zusammenhang der Erkenntnis selber. Daß späteren Betrachtern dieser Unterschied nicht so klar erscheinen möchte wie er ist, war darum wohl auch die Befürchtung, die Marx in den 50er Jahren veranlaßte, »mit seinem ehemaligen philosophischen Gewissen abzurechnen[54]«. Gleichwohl behält er die philosophische Vergangenheit stets »im Sinn«; aus ihr gewinnt er den Horizont, in den er, ohne ihn freilich ausdrücklich zu machen, seine ökonomischen Analysen einrückt. Daß die Kenntnis der Hegelschen Logik für das Studium des Kapitals nützlich ist, ist eine Sache für sich. Daß aber Marx Hegels Logik als Vorwort seiner eigenen Kritik voraussetzt, ist biographisch und erkenntnispsychologisch so richtig wie systematisch falsch. Es entspricht vielmehr dem Sinn einer materialistischen Dialektik, daß Philosophie mit der Reflexion der Lage anhebt, in der sie sich vorfindet; daß sie folglich von der erfahrenen Entfremdung und dem Bewußtsein der praktischen Notwendigkeit ihrer Aufhebung ausgeht. Dieses Bewußtsein erhebt sich zum Selbstbewußtsein, wo sich Philosophie kritisch selber noch als Ausdruck eben der Lage, die aufgehoben werden soll, erkennt und fürderhin ihre kritische Praxis unter das Ziel einer Kritik durch Praxis stellt. Sie weiß, daß sie in dem Maße an der Aufhebung ihrer selbst qua Philosophie arbeitet, indem sie die Verwirklichung ihres immanenten Sinnes betreibt. Eine solche Kritik verläßt, wie Marx sich ausdrückt, das Stadium der Kontemplation. Sie hat den Schein ihrer Autonomie durchschaut, der ihr stets vorgegaukelt hat: daß sie sich sowohl selber begründen als auch verwirklichen könne. »Materialistisch« nennt Marx die Philosophie, die das falsche Bewußtsein in dieser doppelten Ansicht abgelegt hat. Einerseits ist Kritik »praktisch« an der Aufhebung der bestehenden Lage interessiert, und ihre Bewegung läßt sie allein von diesem Interesse bestimmen: insofern ist die Revolutionstheorie die Kategorienlehre der Kritik. Andererseits erschließt jenes Interesse einen Gesichtspunkt, und nicht einen Bereich, der mit Mitteln transzendentaler Analyse aufgearbeitet werden könnte; insofern muß sich Kritik, *was* sie wissen will, wissenschaftlich geben lassen.

Das Wissen um die »Notwendigkeit« der Revolution dispensiert nicht von der wissenschaftlichen Untersuchung der Bedingungen ihrer Möglichkeit. Die Angewiesenheit der Kritik auf Wissenschaft, auf empirische, historische, soziologische und ökonomische Analysen, ist so unabdingbar, daß sie wissenschaftlich, und – innerhalb der Theorie – allein wissenschaftlich widerlegt werden kann. Das heißt noch nicht, daß sie wissenschaftlich auch zureichend bewiesen werden könnte. Gesetzt, daß die wissenschaftlich feststellbaren Bedingungen der Möglichkeit einer Revolution erfüllt seien – die Revolution selber verlangte darüber hinaus das entschlossene Ergreifen dieser Möglichkeit, eben die von der Einsicht in die praktische Notwendigkeit der Revolution stimulierte, nicht determinierte Praxis. Marx unterscheidet zwischen praktischer und theoretischer Notwendigkeit. Diese charakterisiert die Kategorien gesellschaftlicher Veränderungen, die sich über die Köpfe der Menschen hinweg »objektiv« durchsetzen, mithin »naturwissenschaftlich treu« berechnet und vorausberechnet werden können; jene dagegen die ganz andere Kategorie gesellschaftlicher Veränderungen, die sich mit Willen und Bewußtsein der Menschen und nicht »objektiv«, durchsetzen, mithin nur in ihren objektiven Bedingungen der Möglichkeit vorausgesagt werden können[55]. Wo indes gar nicht erst der Gedanke erwogen wird, ob von diesem Ansatz aus eine »materialistische« Dialektik sinnvoll entwickelt werden kann, wird die Verwechslung von praktischer und theoretischer Notwendigkeit zur Aporie. So etwa erkundigt sich Popitz nach der Notwendigkeit der Progressivität geschichtlicher Entwicklung: »weshalb soll die Menschheit nicht tiefer sinken, weshalb das humane Niveau nicht das gleiche bleiben[56]?« Und weiter: »Das Proletariat ist eine Tatsache, die die gesellschaftliche Entwicklung bestimmen muß. Weshalb aber durch eine revolutionäre Enthebung?« (ebenda). Abgesehen einmal vom Proletariat, das als möglicher, vielleicht als einziger Revolutionsträger in wissenschaftlicher Analyse der Bedingungen der Möglichkeit ermittelt, oder auf gleichem Wege bestritten werden kann – die »Notwendigkeit« des Fortschritts und der Revolution ist eine praktische und keine theoretische. Ansonsten wäre die historische Dialektik nicht historisch und auch nicht kontingent, und die Behauptung, Marx habe Hegels Logik als Vorwort undiskutiert vorausgeschickt, behielte recht. Gegenüber einer solchen Voraussetzung blieben dann alle empirischen Analysen bloßes Nachwort, ihrer eigentlichen Kraft zur Falsifizierung beraubt.

Aus der falschen Identifizierung der von Marx intendierten Dialektik mit der Hegels ergibt sich zweierlei; nämlich die Trennung der »Philosophie« des Marxismus von seinen »wissenschaftlichen Elementen« einerseits; und auf der anderen Seite eine theologische Deutung des Überschusses, der bei der Reduktion von Marxscher Kritik auf Hegelsche Philosophie nicht aufgeht.

1. Auseinanderfallen der sog. philosophischen und wissenschaftlichen Elemente im Marxismus (Schumpeter)

Iring Fetscher macht auf eine kritische Bemerkung aufmerksam, die für die Stellungnahme sowjet-orthodoxer Marxinterpreten zur »philosophischen« Interpretation ihrer westlichen Kollegen in der Tendenz typisch sein dürfte: »Die Wiederentdeckung des früheren Marxschen Humanismus ... ist nicht von ungefähr zum Hauptanliegen einer nicht geringen Zahl westlicher Marxinterpreten geworden. Wenn ... der ›wahre Marx‹ der Marx der Frühschriften sein sollte, dann erfolgt zwangsläufig eine Abwertung der Spätschriften und ihre Revision im Hinblick auf die philosophisch-anthropologische Jugendperiode[57].«

Wenn es auch den philosophischen Wortführern des Stalinismus schlecht ansteht, den ursprünglichen Humanismus ihrer eigenen Lehre in Anführungsstriche zu setzen, sollten wir gleichwohl nicht zögern, diese Behauptung zu prüfen. Denn wo weder der Begriff einer Philosophie, die an der Aufhebung ihrer selbst ihr Bewußtsein ausbildet, noch die Kontingenz einer von daher inspirierten historischen Dialektik genau gefaßt werden, wird auch die korrekte Einschätzung der marxistischen Kritik verfehlt, die, in der Fragestellung zwar aller einzelwissenschaftlichen Untersuchung vorausgehend, sich die Bedingungen der Möglichkeit dessen, worauf sie abzielt, von empirischen Analysen geben lassen muß. Wo der geistesgeschichtliche Zusammenhang von Hegel und Marx zur Verwechslung beider, wenigstens ihrer dialektischen Verfahrensweisen geführt hat, wird das klassische Verhältnis von Philosophie und Wissenschaft als das von Grundlegung und Begründetem begriffen. Der Marxismus, als eine Philosophie ausgelegt, könnte demnach in seinem Anspruch auf philosophischer Ebene zureichend entschieden werden, die Diskussion seiner wissenschaftlichen Elemente könnte davon abgetrennt werden.

So spricht beispielsweise Popitz ausdrücklich von der Reduktion nationalökonomischer auf anthropologische Kategorien. Metzke vom Rückgang auf die ursprüngliche, zugrunde liegende Ebene menschlichen Handelns auf der erst das ökonomische Faktum zu begreifen sei. Wie das aussieht, setzt er sogleich auseinander: »Der Ursprung der Macht des Materiellen liegt letztlich darin, daß der Mensch selbst vom ›Haben‹ und ›Habenwollen‹ besessen ist ... Man hat gemeint, daß dieser kritischen Aufdeckung der Entfremdung bei Marx selbst keine eigene positive anthropologische Konzeption entspreche. Das ist irrig...[58]« Sowenig indes Marx das Privateigentum von der Kategorie des »Habenwollens« abgeleitet hat, sowenig ist die Anatomie der bürgerlichen Gesellschaft, die Marx in Form einer Kritik der politischen Ökonomie durchführt, so etwas wie nachträgliche Bestätigung einer »positiven anthropologischen Konzeption«.

Im Gegenteil – weil Philosophie sich selber *auch* als Ausdruck der zu kritisierenden Gesellschaft weiß, ist die wissenschaftliche Analyse der Gesellschaft nicht als solche philosophisch zu begründen, *nur deren Ergebnisse sind kritisch auszulegen*. Wenn daher Landgrebe die von Marx gestellten Fragen nicht als Fragen der politischen Ökonomie, sondern auf philosophischer Ebene allein zureichend glaubt verstehen zu können[59], so schneidet er methodisch von vornherein ab, was mit dem »Materialismus« der marxistischen Kritik auch gemeint ist: nämlich ein eigentümliches, in der traditionellen Wissenschaftstheorie unbekanntes Verhältnis von Philosophie und Ökonomie, von Kritik und Sozialwissenschaften. Dem Vorgehen der philosophischen entspricht übrigens komplementär das der wissenschaftlichen Exegeten des Marxismus. Lange bevor die Philosophie seit Entdeckung der Pariser Manuskripte, den Marxismus unter Vernachlässigung seiner »wissenschaftlichen« Elemente ganz der Philosophiehistorie subsumierte, haben Ökonomie und Soziologie in der Auseinandersetzung mit der marxistischen Kritik der Politischen Ökonomie ihrerseits eine Grenzziehung unter Ressortgesichtspunkten vorgenommen.

Oppenheimer hat so der politischen die reine Ökonomie gegenübergestellt, das also, was Nationalökonomen heute allgemein unter »reiner Theorie« verstehen – »diese hat es mit den wertfreien Problemen der Seinszusammenhänge zu tun[60]«. Ähnliches versuchen die Soziologen, indem sie die »philosophischen Elemente« des Marxismus peinlich aus ihrer Betrachtung ausschließen. So Schumpeter, der Marx nacheinander als »Propheten«, als Nationalökonomen und Soziologen abhandelt[61]. In der jüngsten soziologischen Diskussion des Marxismus[62] führt diese Trennung von wissenschaftlichen und nichtwissenschaftlichen Elementen, weit über die immer noch historische Betrachtung Schumpeters hinaus, zur formalen Konstruktion von Modellen auf genau jener Ebene vergegenständlichender Abstraktion, die Marx Anlaß zu dem Bedenken gab: daß die gesellschaftlichen Verhältnisse »als eingefaßt in von der Geschichte unabhängigen ewigen Naturgesetzen dargestellt werden, bei welcher Gelegenheit dann ganz unterderhand bürgerliche Verhältnisse als unumstößliche Naturgesetze der Gesellschaft in abstracto untergeschoben werden«[63].

Eine zweite Folge der Auslegung des Marxismus als reiner Philosophie ist die theologische Deutung der von der philosophischen Reduktion übriggelassenen, über Philosophie als solche hinausweisenden Residuen.

Popitz gibt sich, wie der Untertitel seiner Studie (Zeitkritik und Geschichtsphilosophie des jungen Marx) schon anmeldet, große Mühe, wie er es ausdrückt, die dialektischen Formeln auf den irrationalen Kern der Zeitkritik zu beziehen: »Die abstrakten Argumente dienen zur Begründung eines Glaubens, der unmittelbar in und durch die konkrete Situation gewonnen ist[64].« Und Popitz läßt keine Unklarheit darüber, wie spezifisch er diesen »Glauben« unter religiöse Kategorien gefaßt sehen möchte. »Antwort allein gab für Marx sein eschatologischer Glaube, daß eine neue, eine kommunistische Gesellschaft die menschlichen Gefahren, die er sah, zu überwinden vermag. Antwort gab seine Heilsgewißheit der Arbeit…[65]« Das Verfahren, das die Irrationalität der bestehenden Verhältnisse an deren Idee mißt, das von der praktischen Notwendigkeit der Entfremdung ausgeht, um das lose Ende einer Philosophie, die sich selbst nicht mehr begründen kann, im voraus dort festzumachen – ein solches Verfahren muß freilich irrational und nur unter religiösen Kategorien noch faßbar erscheinen, wo die Selbstüberschreitung der Philosophie (in dem von Marx bezeichneten Sinne) gar nicht erst in die Reflexion aufgenommen wird. Wem die Marxsche Dialektik mit der Hegels zusammenfällt, muß Mystifikation argwöhnen, wenn er am Ende feststellt, daß sich die historische Dialektik der Logik eines absoluten Subjekts eben doch nicht fügt. Auch Landgrebe und Metzke polemisieren gegen die »Übersteigerung der neuzeitlichen Subjektivität im marxistischen Anspruch der totalen Emanzipation, derzufolge der Mensch sich in den Prozeß seiner Selbstreproduktion einschließt und selber zum Rohstoff schrankenloser Machtausübung werden müsse: es sei allemal ausgeschlossen, daß sich Unverfügbares zeige. Und beide Autoren finden sich mit Hommes in der Kritik des »technischen Eros« und deren Schlußfolgerung zusammen, daß der philosophisch unbegriffene Überschuß über Philosophie qua reine Philosophie, der mit dem Marxismus allerdings von Anfang an gesetzt ist, nur als Säkularisierung eines eschatologischen Erbes begriffen werden kann. Löwith macht in seiner bekannten Studie die Säkularisierung zum Schlüssel der Auslegung des Historischen Materialismus überhaupt. Er entwickelt diesen systematisch als Pseudomorphose des jüdisch-christlichen Messianismus[66]. Freilich wurde die heute allenthalben gängige theologische Deutung des Marxismus bereits vorgetragen, als die Rede von Metaphysik im Sinne »neuzeitlicher Subjektivität« noch nicht in Mode war. Diese Deutung war einst Domäne religiöser Sozialisten wie Paul Tillich und Eduard Heimann auf protestantischer, Theodor Steinbüchel auf katholischer Seite.

Unbefangen betrachtet, ist die Selbstverständlichkeit, mit der die Reduktion der Geschichtsphilosophie auf das Modell jüdisch-christlicher Eschatologie Evidenz beansprucht, erstaunlich[67]. Denn die Interpretation etwa des Historischen Materialismus als einer säkularisierten Gestalt von Erlösungsreligion besagt so lange nichts, als nicht der Vorgang der Säkularisierung selber begriffen ist[68]. Statt nach jenem Rest zu fragen, der in der philosophischen Interpretation des Marxismus nicht aufgeht und darum zu theologischer Deutung verführt, wird die Anstrengung des Begriffes durch den Schein des Begriffenhabens ersetzt. Es ist dies der geistesgeschichtliche Schein in seiner wirksamsten Form: er gibt nämlich alles als begriffen aus, was irgend seinem Sinne nach mit einer noch so verborgenen Gestalt des Geistes analogen Sinnes in Zusammenhang gebracht werden kann. In unserem Fall wird, was an Marxscher Dialektik nach der Identifizierung ihres Wesens mit dem der Hegelschen Dialektik über diese doch hinausweist, als ein philosophisch unaufgelöstes und irrationales Moment mit den ebenso irrationalen Momenten mythischer oder religiöser Vorbilder in Zusammenhang gebracht. Dabei wird unterstellt, daß aus der Beziehung je für sich unbegriffener Momente so etwas wie ein Begriff allemal hervorgeht. So eingesetzt, erhält die Kategorie der Säkularisierung einen regressiven Sinn. Sie verstellt Fragen, statt sie zu entfalten; etwa der Art: ob das in der Säkularisierung Abgeleitete nicht vielleicht das aus sich selber zu Begreifende, und vielmehr das, wovon es abgeleitet wird, das der Ableitung eigentlich Bedürftige sei. Wie wenn die säkularisierte Gestalt nur ein bislang

verborgenes Geheimnis ausspricht, rationale Lösung eines tabu-
ierten Rätsels? Dann jedenfalls müßte sie selber den Beweis für
sich antreten und gewönne nichts von einer per analogiam noch so
plausiblen Reduktion auf eben den Zauber, dessen Auflösung sie
verspricht.

2. *Theologische und kosmologische Deutung des »Überschusses«
praktischer Theorie über reine Philosophie (Die französischen
Linkskatholiken; Ernst Bloch)*

Die »philosophische« Interpretation des Marxismus hat nicht nur
die Trennung philosophischer und ökonomischer Elemente, nicht
nur die theologische Deutung des Überschusses, der philosophisch
gleichsam nicht aufgeht, zur Folge – sie bestimmt auch noch die
Grundlage, auf der der Marxismus, im Unterschied zu einer philo-
sophiehistorischen Behandlung, als marxistische Philosophie par-
teinehmend angeeignet werden kann. Die erste Version solcher
Aneignung beruft sich apologetisch auf die theologische Deutung
des Marxismus unter dem Aspekt der Säkularisierung. Der Marxismus gilt ihr als der legitime Verwalter der Sakramente; seine
Kategorien bleiben allesamt in Kraft, sie werden nur auf ihre heils-
geschichtliche Bedeutung im Rahmen der christlichen Offenbarung hin durchsichtig gemacht. Der Marxismus wird doppelbödig.
Eine religiöse Transzendenz des immanenten Sinnes dieser Lehre
gestattet, wie es scheint, eine Montage aus Christentum und Marxismus, die wir in Frankreich von Maudouze und Duserre vertreten
und in Kreisen der Arbeiterpriester verbreitet finden.
Diese sogenannten chrétiens communisants organisierten sich, übrigens auch in Italien, 1948. Iring Fetscher faßt ihr Programm gut
in vier Punkten zusammen: a) Der Kapitalismus ist das einzige
grundsätzliche Übel der gegenwärtigen Gesellschaft; b) Der Marxismus ist seinem Wesen nach nicht atheistisch; c) Die Kirche ist
in ihrer gegenwärtigen sozialen Verfassung Teil der kapitalistischen Welt; d) Der Kommunismus entspricht dem Sinn der
Geschichte; ein Christ kann darum nicht Antikommunist sein,
ohne die heillose Verflechtung von Kirche und kapitalistischer
Welt noch zu verstärken[69]. Wie diese Katholiken orthodoxe Lehrstücke des Historischen Materialismus übernehmen und zugleich
ihres »diesseitigen« Sinnes entkleiden, mag die Schlußbemerkung
eines Vortrages von Jean Lacroix deutlich machen: »... wenn der
Widerspruch die eigentliche Triebkraft des Fortschritts ist, wie
kann man dann eine Menschheit auf Erden annehmen, aus der er
verschwunden wäre? Eine Philosophie der reinen Intuition, des in-

tegralen Ja wäre eine Philosophie der Ewigkeit; eine dialektische
Philosophie ist eine Philosophie, die zugibt, daß das Nein dem Ja
immanent ist, ist eine Philosophie der Zeitlichkeit. Dialektisch gesehen sind Zeit und Geschichte identische Begriffe ... Fraglos ist
es die positive Aufgabe der Menschheit hier auf Erden, gegen ihre
Selbstentfremdung zu kämpfen. Aber was würde aus der Menschheit an dem Tag, an dem dieser Kampf aufgehört hätte ... wie kann
man ein Ideal, das ganz offenkundig transhistorisch ist, als ein der
Geschichte immanentes Ideal hinstellen? ... Ohne die fruchtbare
und eindrucksvolle Größe des neuen Menschen zu verkennen, den
der Marxismus herausformt und dem wir uns zuneigen müssen, um
ihn zu verstehen, zu lieben und vielleicht in seiner wahren Intention
zu erfüllen, haben wir doch das Recht, ihm im Bereich der höchsten
Entscheidungen eine Erfahrung entgegenzustellen –; die Erfahrung der Heiligkeit[70].«

Die zweite Version der parteinehmenden Aneignung des Marxismus versucht die Elemente, die in philosophischer Reduktion unaufgelöst stehenbleiben, nicht theologisch, sondern gnostisch-spe-
kulativ einzuholen. Ihre Funktion ist die gleiche wie im Falle der
theologischen Apologie: auch hier bleiben die marxistischen Kategorien in Kraft, nur werden sie auf ihre metaphysische Bedeutung
im Rahmen einer spekulativen Kosmologie hin durchsichtig gemacht. Wie sich dort die Elemente zur Montage aus Christentum
und Marxismus fügten, so hier zur Montage aus Marxismus und
Naturphilosophie: »Es gibt konsequentermaßen keine neue marxistische Anthropologie ohne neue marxistische Kosmologie[71].«
Bloch entwickelt diese These nicht zufällig im Anschluß an Formulierungen, die der junge Schelling[72] fand, als er zuerst seine
Naturphilosophie mit der Transzendentalphilosophie, wie sie ihm
in Fichtes Wissenschaftslehre überliefert war, zusammenbrachte.
Bloch geht es nämlich um die Frage: ob der »im Beginn befindli-
che« Sinn der Geschichte, die Herstellung des Reiches der Freiheit,
ohne fundierenden Sinn einer die Menschengeschichte umgreifenden Naturgeschichte überhaupt möglich ist. »Umgreifend« – denn
Bloch wendet sich (unausdrücklich zwar) gegen Schellings idealistische Lösung, daß die »Ilias der Natur« in der menschlichen
»Odyssee des Geistes« buchstäblich schon heimgekehrt und zu
Ende gegangen sei.

Die »materialistische« Lösung nimmt hingegen ihren Ausgang von
der Frage nach einer, wie es heißt, elastischen Zeitstruktur in der
Geschichte, die in Analogie zum vierdimensionalen Riemannschen

Raum gedacht werden könne. Bloch bemüht sich um einen unstarren Zeitbegriff, um zunächst die Aporien eines undialektisch konzipierten Fortschritts zu bewältigen.

Wie die verschiedene Verteilung und Bewegung der Materie im Weltall die von der euklidischen verschiedene, variable Metrik der Relativitätstheorie erforderlich macht, so soll entsprechend in die Metahistorie des Historischen Materialismus eine variable Metrik der Zeiten eingeführt werden, die sich je nach der Verteilung und den Zielinhalten der historischen Materie richtet. Schon die Koordinierung des Fortschritts verschiedener Kulturen verlangt eine Art »Raumzuschuß in der historischen Zeitlinie«. Ebenso sind die spezifischen Färbungen der verschiedenen Epochen ein und derselben Kultur nicht mit chronometrischen Unterscheidungen allein, vielmehr als Unterschiede der Dichte im Zeitsinn selber zu fassen. Und erst recht gilt das für das Verhältnis der prähistorischen Jahrmillionen zu den paar Jahrtausenden Kulturgeschichte seit der Steinzeit: »Wenn Zeit nur dort ist, wo etwas geschieht, wie dann, wo wenig oder nur ungeheuer langsam etwas geschieht? Oder setzt sich eine Reihe, die sozusagen nur sich selber zählt und innerhalb deren sich fast nichts verändert, wirklich als gleiche in einer geschehnisreichen, ›geschichtlichen‹ fort?[73]« Nicolai Hartmanns Unterscheidung von Dimension und Extension wird, soweit sie die Kategorie der Zeit betrifft, für ungültig erklärt. Andererseits scheint es unzulässig, die Inflationszeit der Naturgeschichte als gleichsam leere Zeit der toten Dinge der Geldzeit der Kulturgeschichte so vorzuordnen, als sei die eine zwar kreisläufig in Bewegung, aber substantiell abgeschlossen, und nur die andere linear fortschreitend und substantiell unvollendet. »Gibt es nicht, evidenterweise, die unaufhörliche Beziehung der Menschen zu Menschen *und* zur Natur: sowohl die zu Rohstoffen, zu Naturkräften und ihren Gesetzen, als auch die ästhetische, mit allen Problemen der Naturschönheit und der in ihr so oft noch antönenden Naturmythen?[74]« Diese doppelte Beziehung zur Natur hat sich methodisch in der Einstellung Newtons und Goethes je auf ihre Weise entfaltet. Demzufolge, und damit wird der entscheidende Schluß formuliert, »gibt sich der riesig gespannte Naturbau eher als eine Szenerie, auf der das ihr gemäße Stück in der Menschengeschichte noch nicht gespielt wurde, als daß das menschlich historische Sein und Bewußtsein bereits als das aufgeschlagene Auge des ganzen Naturseins erscheint. Eines Naturseins, das eben nicht nur vor unserer Geschichte liegt und sie trägt, sondern das sie größtenteils dauernd umgibt als eine formal wie inhaltlich mit der Geschichtszeit noch kaum vermittelte« (ebda.).

Wenn man die kleine Abhandlung über den Begriff des Fortschritts als Kommentar zu dem kurz vorher erschienenen Hauptwerk[75], vor allem zu dem zentralen 19. Kapitel des ersten Bandes liest, ergibt sich Blochs Verlangen nach einer »marxistischen Kosmologie« ohne weiteres als eine Konsequenz der »philosophischen« Auslegung des Marxismus. Die Formel von der Naturalisierung der Menschen und der Humanisierung der Natur wird für Bloch zum Schlüssel: keine Revolution der Gesellschaft ohne Resurrektion der Natur. Wie in der kabbalistischen Mystik eines Luria, deren Motive über Oetinger auf Schelling kamen und von diesem in die »offizielle« Philosophie eingeführt wurden, wird hier die Natur im selben Maße wie die Menschheit Katastrophenbestandteil und Erlösungsversprechen einer Heilsgeschichte, deren Weltalter Fall und Fortschritt der »Welt« in ihrem totalen Sinne, im Sinne des Weltalls, des Kosmos, der natura bezeichnen. Die Geschichte der Menschheit wird zu einem Stück Naturgeschichte[76].

Auch wo der Marxismus nicht unter dem Gesichtspunkt der Selbstaufhebung der Philosophie und ihrer Verwirklichung durch Praxis, sondern »unter den Voraussetzungen der seitherigen Philosophie« interpretiert wird, kann er als Marxismus angeeignet werden; aber um den Preis einer eschatologischen Deutung der Momente, die in jener philosophischen Interpretation nicht aufgehen: dieser irrationale Überschuß kann theologisch im Rahmen einer Heilsgeschichte der Menschheit, und er kann kosmologisch im Rahmen einer Heilsgeschichte des Weltalls gedeutet werden. Neben den beiden Lösungen dieser Art, bleibt noch die Möglichkeit, das am Marxismus, was reine Philosophie übersteigt, für einen Bereich der rational nicht weiter zu begründenden »Entscheidungen« zu reservieren und gleichsam »ethisch« zu deuten. Damit freilich verliert der Marxismus seine eigentliche, seine geschichtsphilosophische Dimension und wird zu einer Anthropologie der Revolution.

1. Reduktion des Marxismus auf eine Anthropologie der Revolution (Sartre)

Sartre weiß mit Marx, daß die Philosophie sich der revolutionären Anstrengung nicht hinzufügen, vielmehr Teil dieser Anstrengung selber werden will[77]. Aber im Unterschied zu Marx begreift Sartre diesen entscheidenden Ansatz in philosophischer Immanenz – und gelangt darum zur Identifikation von Philosophie und Revolution: Philosophie ist, als Vollzug der Freiheit, selber schon Revolution und deren theoretische Explikation in einem. Umgekehrt gilt auch der erste revolutionäre Akt (»in dem ursprünglichen Plan des Arbeiters, der der revolutionären Partei beitritt«) bereits als ein philosophischer, denn jeder Plan (projet), die Welt zu ändern, sei untrennbar von einer Auffassung, die die Welt vom Standpunkt ihrer Veränderung aus entschleiert[75]. Diese unscheinbare Abweichung, die darin besteht, die Philosophie nicht als Vorwort revolutionärer Praxis, sondern als diese selbst zu begreifen, begründet den folgenreichen Unterschied des Marxismus von der Interpretation, die Sartre ihm gibt. Marx theoretisches Bemühen geht darauf aus, sowohl historisch-soziologisch die Bedingungen der Möglichkeit revolutionärer Praxis zu analysieren, als auch historisch-philosophisch aus dem Widerspruch der bestehenden Gesellschaft den Begriff ihrer selbst, zugleich das Maß seiner Kritik und die Idee der kritisch praktischen Tätigkeit, abzuleiten. Demgegenüber fetischisiert Sartre die Revolution zum philosophischen Akt an sich. Soweit Philosophie nicht ganz im »Vollzug« aufgeht, erschöpft sie sich in der Formulierung dieses Vollzugs um seiner selbst willen: »Die Bemühung des revolutionären Philosophen wird also darin bestehen, die großen Leitthemen der revolutionären Haltung freizulegen und zu ausdrücklichen zu machen[79].«

Die Identifikation von Philosophie und Revolution führt zur Selbstbegründung der Philosophie als einer Anthropologie der Revolution. Philosophie begründet und entfaltet sich in der Bestimmung des Aktes, in dem sie sich als Freiheit, und das heißt als Revolution vollzieht. Die revolutionäre Philosophie überschreitet jeweils eine bestehende Situation und erklärt zugleich die Möglichkeit dieses Überschreitens als Möglichkeit von Existieren überhaupt: »Wenn die Revolution möglich sein soll, so muß der Mensch die Zufälligkeit der Tatsache haben und doch durch seine praktische Fähigkeit, die Zukunft vorzubereiten, von der Tatsache verschieden sein und folglich auch durch die Fähigkeit, die Gegenwart zu überwinden, sich aus seiner Lage loszulösen ... Und da er (der Revolutionär) ja ein Mensch ist, der Menschenwerk tut, muß man wohl jeder *menschlichen Tätigkeit* diese Fähigkeit der Loslösung zuschreiben[80].«

Dieser Philosophie der Revolution geht es nicht um die angebbare Revolution einer bestimmten Gesellschaft mit der Absicht einer bestimmten Befreiung – es geht ihr vielmehr um das, was sich in *jeweils* bestimmten Revolutionen *immer wiederholt:* um Transzendenz als Grundzug menschlichen Existierens. Sie kann daher von Weltgeschichte absehen und abstrakt die Formulierung einer jeden möglichen Revolution diktieren: daß menschliches Dasein zufällig und insofern durch keinerlei Vorsehung zu rechtfertigen ist, daß infolgedessen jede durch Menschen errichtete Ordnung auf andere Ordnungen hin überschritten werden kann; daß das in einer Gesellschaft geltende System von Normen das Baugesetz dieser Gesellschaft widerspiegelt und es zu erhalten trachtet; und daß endlich dieses Normensystem in Richtung auf ein anderes, *erfundenes* Normensystem überholt werden kann, das seinerseits wieder Ausdruck der neuen, der revolutionierten Gesellschaft sein wird. Die Revolution selber bezeichnet, samt ihren Bedingungen, die formale Struktur eigentlicher Existenz. In ihr bestätigt sich der Mensch als ein freier, aber nicht so, als wäre der revolutionierte Zustand nun ein solcher, in dem er befreit leben könnte. Die Revolution erreicht nichts. Sie ist die folgenlose Freiheit, die stets in sich selber wieder versinkt. Die Generalformel der revolutionären Philosophie – »es gibt eine menschliche Art, eine nicht zu rechtfertigende und zufällige Erscheinung; durch die Umstände ihrer Entwicklung ist sie irgendwie innerlich aus dem Gleichgewicht geworfen worden; es ist nun die Aufgabe des Revolutionärs, sie jenseits ihres jetzigen Zustandes ein vernünftigeres Gleichgewicht finden zu lassen[81]« – diese Formel spricht nicht nur aus: daß die Revolution, wenn ihre »existentialen« Bedingungen stimmen, unabhängig von bestimmten geschichtlichen Tendenzen und dem Begriff dieser Tendenzen vollzogen werden kann; sie nötigt nicht nur zu dem Schluß, daß der Maßstab des »vernunftgemäßen Gleichgewichts« konventionell gesetzt wird und weder aus der Analyse einer bestimmten historischen Situation noch aus der Situation überhaupt, der condition humaine, abgeleitet werden kann; sie verlangt vielmehr auch, daß jede beliebige Revolution von neuem das gestörte und wiederherzustellende Gleichgewicht als ein Schema der

Selbstinterpretation braucht und verbraucht, ohne je dauerhaft zur Herstellung einer vernunftgemäßen Ordnung wirklich beizutragen. Denn die Revolution erschöpft als existierende Freiheit ihren Sinn in sich (eine Résistance in Permanenz), ja sie behält ihn nur unter der Voraussetzung, daß »der Pluralismus der widereinander gerichteten Freiheiten«, die sich gegenseitig zu verdinglichen suchen, »absolut und unüberwindlich« ist[82]. Die Idee einer befreiten Gesellschaft wird um der Befreiung selber willen zur schlechten Utopie herabgesetzt; zu eben dem Mythos also, im genauen Sinne eines Sorel, als den Sartre den Stalinismus entlarven wollte.

Schon früh fiel den Kritikern Sartres der Gegensatz auf, der zwischen der ahistorischen Dialektik von »Sein und Nichts« bei Sartre und der historischen Dialektik von Produktivkräften und Produktionsverhältnissen bei Marx besteht[83]. Von dieser kritischen Feststellung ausgehend, unternimmt Merleau-Ponty den Versuch, Sartres Dialektik des »einsamen Individuums« in Richung auf eine Dialektik von Gesellschaft und Geschichte zu überwinden. Er nähert sich dabei, im Unterschied zu allen anderen »philosophischen« Interpreten, genau der kritischen Schwelle, an der das vom Marxismus spezifisch gestellte Problem im Ernst aufgenommen werden kann. *Es ist das Problem einer empirisch gesicherten Geschichtsphilosophie und zugleich Theorie der Gesellschaft in Gestalt einer »letzten« Philosophie überhaupt.*

Merleau-Pontys Einwand gegen Sartre lautet: »il y a des hommes et des choses, et rien entre eux que des scories de la conscience[84].« Sartre hatte die Objektivität der gesellschaftlichen Verhältnisse, jenen milieu mixte, ni choses ni personnes, nicht fassen können; Merleau-Ponty entdeckt diesen Bereich im Durchbruch vom solitaire cartésien zur co-existence wieder. Er gewinnt damit eine Position, von der aus er die einsame Transzendenz der Philosophie der Revolution, die es doch nur bei einer revolutionären Philosophie bewenden läßt, als eine bodenlose création continuée, als ein geschichtliches fiat magique kritisieren und Sartres liberté engagée als eine bloß dem Schein nach »engagierte« durchschauen kann. Das Engagement, zum Selbstzweck fetischisiert, erschöpft sich in einer unbestimmten Serie von Akten, solange die Subjektivität und die konkreten Subjekte selber, die darin sich konstituieren, nicht zugleich in ihrer sozialen und historischen Herkunft begriffen und abgeleitet werden. Uns interessiert an dieser Stelle freilich nur, wie sich die existentialistische Philosophie der Revolution zu einer marxistischen, den frühen Marx eigentümlich wiederholenden

Theorie dadurch verwandelt, daß ihr Merleau-Ponty, gegenüber Sartre, die geschichtsphilosophische Dimension zurückgewinnt.

2. Wiederherstellung des Marxismus als einer Geschichtsphilosophie in praktischer Absicht (Merleau-Ponty)

Für *Merleau-Ponty* stellt sich das Wesentliche des Marxismus in der Idee dar, daß Geschichte einen Sinn hat; freilich nur insoweit »hat«, als die Menschen selber ihn herstellen. Der Sinn der Geschichte ist infolgedessen kontingent wie sie. »L'histoire ne travaille pas sur un modèle, elle est justement l'avènement du sens[85]«. Der Sinn der Geschichte ist nicht vorweg durch die Logik eines absoluten, in der Geschichte, aber nicht geschichtlich sich entfaltenden Subjekts bestimmt, sondern durch die Menschen allein, die ihn entweder ergreifen und verwirklichen oder verfehlen und daran scheitern.

Wenn die *intersubjectivité authentique*, jenes durch Kojève »materialistisch« übersetzte allgemeine Selbstbewußtsein Hegels, »das affirmative Wissen seiner selbst im anderen Selbst«, nur mit Willen und Bewußtsein der Menschen selber errungen und ihnen nicht, über ihre Köpfe hinweg, blindlings geschenkt werden kann, dann ist in der Tat die Zufälligkeit der Geschichte kein Fehler ihrer Logik, sondern deren Bedingung. Die Logik der Geschichte bleibt ohne »metaphysische Garantie«, sie ist vielmehr auf das Verhalten der Menschen, auf deren Vernunft angewiesen. »Vernunft« in diesem Sprachgebrauch ist nicht schon die Wahrheit als solche, sondern die von der *vérité à faire* in Anspruch genommene Methode. Die Wahrheit, die herzustellen ist, ist nämlich der philosophierenden Vernunft nicht schon immanent; Vernunft und Wahrheit bedürfen vielmehr der Vermittlung durch Praxis. Vernunft reflektiert sich historisch in einem ihr fremden Medium.

Merleau-Ponty macht den Marxschen Grundsatz: La seule manière de réaliser la philosophie est de la détruire zur Grundlage seiner eigenen Philosophie. Wo die Logik der Geschichte, Bedingung einer jeden möglichen Geschichtsphilosophie, ohne metaphysische Garantie bleibt, ist Geschichtsphilosophie selbst nicht länger philosophisch; sie wird vielmehr zum kritischen Prolog einer Praxis, der sie ihren eigenen Logos mit der Logik der Geschichte im ganzen überantwortet. Das ist der experimentelle Sinn des von Merleau-Ponty vertretenen *marxisme sans illusions tout experimental*. Mit ihm quittiert er die theologische Auffassung der Geschichte. Die experimentelle Geschichtsphilosophie fahndet nicht mehr nach einem verborgenen Sinn; sie rettet ihn, indem sie ihn herstellt.

Strenggenommen »gibt« es keinen Sinn, nur eine fortschreitende Elimination von Unsinn. Ob das Experiment, die Revolution, gelingt, ob es überhaupt ernsthaft unternommen wird, bleibt kontingent: »l'événement révolutionnaire reste contingent, la date de la révolution n'est inscrite nulle part, dans aucun ciel métaphysique...[86]«

Nachdem Merleau-Ponty die Revolution aus der Schwebe des Sartreschen fiat magique auf die Erde, in die geschichtlich bestimmte Situation einer konkreten Gesellschaft zurückgeholt hat, nimmt es wunder, daß die rationalité engagée gleichwohl in formaler Beschwörung der vérité à faire befangen bleibt. Zwar wird die Vernunft zu ihrer Wahrheit, die nicht, im Sinne transzendentaler Philosophie, die »ihre« ist, in Verhältnis gebracht, nicht aber zu den Wissenschaften, die allein gesicherte Aussagen über die realen Bedingungen der Revolution machen können.

Neben der Bestimmung des Verhältnisses von Philosophie und Praxis fehlt – wie bei Marx – die des Verhältnisses von Philosophie und Wissenschaft. Wo Merleau-Ponty etwas über die Bedingungen der Möglichkeit der Revolution ausmachen soll, verfällt er daher in Orthodoxie.

Er unterstellt schlicht die Deduktion des jungen Marx: daß das Proletariat die condition humaine schlechthin darstelle, folglich die Wahrheit, die es herauszustellen gilt, real antizipiere, folglich auch dazu berufen und in der Lage sei, sie in der proletarischen Revolution praktisch zu verwirklichen. Das Proletariat hat eine »mission non providentielle mais historique, et cela veut dire que le prolétariat, à considerer son rôle dans la constellation historique donnée, va vers une reconnaissance de l'homme par l'homme[87].« Hierbei wird zwar die Kontingenz der »Mission«, der Unterschied zwischen einer providentiellen und einer historischen, zwischen einem Auftrag mit und ohne metaphysische Garantie betont, aber nirgends ist die Ableitung dieser proletarischen Mission und der, wie es heißt, geschichtlichen Konstellation wirklich geleistet; nirgends die Qualifikation des Proletariats zum Träger der Revolution empirisch – und wie anders sollte es geschehen – nachgewiesen.

Merleau-Ponty kann den selbständigen Stellenwert wissenschaftlicher Analysen im Rahmen einer auf Praxis bezogenen philosophischen Kritik, will uns scheinen, nicht zureichend bestimmen, weil sich seine Lehre schließlich doch nicht von den »Voraussetzungen seitheriger Philosophie« trennen kann, vor allem nicht von ihrer kardinalen Voraussetzung, daß Philosophie sich selber müsse begründen können. Denn sein Versuch, den Sinn der Geschichte als eine vérité à faire zu begreifen, endet in der Anstrengung, die genèse de la raison in Form der Husserlschen Sinngenese transzendental-ontologisch zu begründen. Sobald jedoch die Algebra der Geschichte auf dem Wege über eine Algebra der Geschichtlichkeit (ob nach dem Vorgang des jüngeren Heidegger oder des älteren Husserl ist in diesem Zusammenhang unbeträchtlich) zugleich entdeckt und begründet werden soll, wird der Geschichte wiederum ein Sinn, wenn nicht von der Logik des absoluten, so doch von der Subjektivität des endlichen Subjekts, die *in* der Geschichte eben doch *über* ihr ist, vorgeschrieben.

Der mit der Geschichtlichkeit menschlichen Daseins konstituierte Sinn, dessen Genese einzig phänomenologisch oder existential gefaßt werden kann, hat mit dem Sinn der realen Geschichte selber nur unter der Voraussetzung etwas zu tun, daß Geschichte ihrem Wesen nach Geschichte eines Geistes oder eines Sinnes ist, der sich primär in der Philosophie niederläßt und über sie dem Zeitalter sich mitteilt. Die Exegese des Geschichtssinnes reduziert sich dann auf die Exegese des Sinnes von Texten und der transzendentalen Bedingungen der Möglichkeit ihres Verständnisses. Geschichtsphilosophie wird damit sogleich (fundamental-) ontologisch – und verfällt den Aporien einer jeden Ontologie der Geschichte. Wo die Geschichte nicht zu Zwecken der Selbstbegründung der Philosophie wesentlich als eine »innere« Geschichte, als eine Geschichte der Philosophie und des Geistes, wenigstens des Geistes der Sprache[88] a priori unterstellt wird, kann eine transzendentale Analyse niemals den Sinn des realen Geschichtsprozesses treffen, gleichgültig ob sie die Genese des Sinns als Konstitution des Bewußtseins oder der Existenz verfolgt.

Eine Analyse der Frage nach dem Sinn wird in die Dimension des Sinns von Geschichte dann erst eintreten können, wenn sie diese Frage aus der bestimmten, geschichtlich gewordenen gesellschaftlichen Situation begreift, in der sie auftaucht oder verschwindet[89]. Merleau-Ponty scheitert, soweit wir sehen, an dem inneren Widerspruch seiner Lehre, die das Bewußtsein von der Kontingenz des Geschichtssinnes als einer vérité à faire entfalten, aber gleichzeitig auch transzendental begründen will. Während er nach den Bedingungen der Möglichkeit des Sinnes transzendental zurückfragt, vergißt er, daß dieser Sinn doch praktisch erst herzustellen, zu »retten« ist; daß somit nach den Bedingungen der Möglichkeit dieser Praxis – und zwar historisch-soziologisch – gefragt werden muß, wenn irgend der Sinn der Geschichte überhaupt »begründet« werden kann.

Daß selbst Merleau-Ponty, der wie kaum ein anderer unter den philosophischen Exegeten den »praktischen« Intentionen des Marxismus nahekommt, diese am Ende gleichwohl verfehlt, zeigt von neuem die zentrale Schwierigkeit der Interpretation. Eine solche muß einerseits, um den Regeln philosophischer Kritik zu genügen, auf ein immanentes Verfahren bedacht sein, nämlich: eine Lehre unter deren eigenen Voraussetzungen zu verstehen, um nur dann über sie hinauszugehen, wenn Widersprüche dazu nötigen. Andererseits wird einer um Immanenz bemühten Kritik in diesem Fall der Einstieg so schwer gemacht, weil der Marxismus wesentliche Voraussetzungen der philosophischen Interpretation als solche bestreitet, die diese gemeinhin mit ihrem Gegenstand teilt: nämlich Wahrheit nur als in der Selbstgewißheit der Philosophie begründete gelten zu lassen.

Aus diesem Dilemma gibt es freilich einen Ausweg. Man kann den Anspruch des Marxismus, zugleich Theorie der Gesellschaft und der Veränderung dieser Gesellschaft zu sein, in eine äquivalente Fragestellung der Schulphilosophie übersetzen, um davon ausgehend zu prüfen: ob sich der Marxismus dieser Fragestellung besser als andere Theorien gewachsen zeigt. Wenn eine solche Übersetzung überhaupt sinnvoll ist, dann würde der Anspruch des Marxismus heißen: er könne die Bedingungen der Möglichkeit einer empirisch überprüfbaren Geschichtsphilosophie angeben – und stelle selber eine Geschichtsphilosophie dieser Art dar. Das ist, spätestens seit Vico, ein systematisches Problem der Philosophie. Daß sich an ihm der Marxismus bewähre, ist das legitime Verlangen einer philosophischen Kritik in dem Dilemma, nicht transzendent verfahren zu wollen, und doch nicht bis zum Ende immanent verfahren zu können.

Die typischen Antworten auf die Frage nach dem Sinn der Geschichte und die Antwort des Historischen Materialismus

Zunächst sei an die fünf typischen Lösungsversuche des Problems einer Philosophie der Geschichte kurz erinnert[90]. Der »Sinn der Geschichte«, der eine Deutung ihres bisherigen Ganges vom Ursprung her im Blick auf ein Ziel hin gestattet, wird in der christlichen Lehre und den daran anschließenden Geschichtstheologien, von den Kirchenvätern zu Joachim von Floris und Bossuet, durch einen geoffenbarten Heilsplan garantiert. Der christliche Gott, zugleich in und über der Geschichte, ist der Offenbarung fähig, weil er selber macht, was er voraussagt: intellectus archetypus. Dieser Typ theologischer Geschichtsdeutung bedarf angesichts der kerygmatischen Garantie einer empirischen überhaupt nicht; wo Weltgeschichte in einzelnen Daten angezogen wird, dient sie eher der Illustration denn einer Demonstration.

Das wird anders, als, mit Vico beginnend, von Herder und Schiller, Fichte und Schelling aufgenommen und in Hegel vollendet, eine spekulative Deutung der Geschichte die theologischen Motive abwandelt. Sie übersetzt die göttliche Vorsehung in eine »Naturabsicht« der Menschheit, den unerforschlichen Ratschluß des Deus absconditus in die transzendental zugängliche Logik des absoluten Subjekts. Der »Plan« der Geschichte wird aus der Logik des Subjekts abgeleitet, das in ihr sich verwirklicht und an der entfalteten (Hegelschen) Philosophie sein Selbstbewußtsein hat. Die spekulative Ableitung fordert natürlich Widerspruchslosigkeit nicht nur in sich, sondern auch in Konfrontation mit dem faktischen Verlauf der Geschichte: aber auch sie bedarf noch keiner empirischen Garantie im strengen Sinne, wohl nachträglicher Übereinstimmung mit dem, was der Fall ist. Anstelle der zu Zwecken der Illustration erzählten Weltgeschichte tritt die zu Zwecken der Bestätigung konstruierte.

Anders war Kant vorgegangen. Die Trennung (und nirgends recht geklärte Verbindung) von theoretischer und praktischer Vernunft gebietet ihm, die Ratio der wissenschaftlichen Betrachtung und die Praxis des sittlichen Tuns auch in Ansehung der Geschichte peinlich auseinanderzuhalten. Aus moralischen Erfahrungen gewinnt er den Glauben an den Sinn der Geschichte; aus den Maximen der praktischen Vernunft die Überzeugung, daß der Geschichte die Idee der Verwirklichung der Vernunft zugrunde liegt; anders ausgedrückt: daß die weltbürgerliche Gesellschaft (das Reich Gottes auf Erden) die Bestimmung der Menschheit ist. Andererseits hindern uns die Grenzen theoretischer Vernunft, daß wir das, was wir als eine Naturabsicht für möglich halten, auch wirklich (das heißt vollständig) wissen können. Folglich bleiben die Konstruktionen des Ganges der Geschichte hypothetisch und die Entwürfe institutioneller Möglichkeiten und gültiger Maximen unter den Ideen der weltbürgerlichen Gesellschaft und des ewigen Friedens praktisch. Der Ursprung der Geschichte kann als Hypothese nur gemutmaßt, ihr Ziel als Idee nur entworfen werden. Der faktische Verlauf der Weltgeschichte kann uns indes keinerlei Erfahrungen an die Hand geben, aus der zwingend abzuleiten wäre, was getan werden muß. Das, was geschehen soll, erkennt (praktische) Vernunft aus sich selbst; eine empirische Bestätigung, gar ein Beweis ist nicht nur nicht nötig, sondern gar nicht möglich[91].

Wie Kant, so bestreitet auch die moderne pragmatische Geschichtsphilosophie die Möglichkeit, durch transzendentalen Rückstieg der endlichen Vernunft sich zur Logik der absoluten und damit gar zum Plan der Weltgeschichte zu gelangen. Aber während jener die Wissenschaft auf Hypothesen und die Philosophie der Geschichte auf praktische Ideen verweist, verspricht diese den induktiven Beweis. Nach dem Vorgang von Spengler und Toynbee soll das ausgebreitete Material der Weltgeschichte selber dem »voraussetzungslosen« Urteil des Historikers seine Gesetze enthüllen. Hier endlich wird der Empirie unter der Voraussetzung ihrer Beweiskraft auch die ganze Beweislast aufgebürdet. Die faktischen Prozesse dienen – der Intention nach – nicht zur Illustration, auch nicht zur Konstruktion, sie vielmehr müssen zeigen, was zugleich aus ihnen geschlossen wird. Denn diesen Schlüssen geht, ihrem eigenen Sinne nach, kein apriorischer Entwurf voraus. Genau daran findet die pragmatische Geschichtsphilosophie ihre Grenze: ihre scheinbar voraussetzungslosen Kategorien, mit Hilfe deren sie Epoche von Epoche, Kultur von Kultur, Gesellschaft von Gesellschaft, Aufstieg von Abstieg trennt, implizieren unkritisch Voraussetzungen eben der Art, die sie leugnet, und über die eine spekulative Theorie, wo sie sie nicht begründen kann, sich immerhin Rechenschaft gibt.

Die seinsgeschichtliche Deutung endlich scheint dem Anspruch sowohl philosophischer Kritik als auch empirischer Kontrolle zu genügen, ohne den Versprechungen theologischer oder spekulativer Geschichtsphilosophie ganz abschwören zu müssen. Seinsgeschichte, die der ontischen Geschichte vorausgeht und sie insgeheim bestimmt, wird nämlich einerseits in der transzendentalen Explikation existentialer Bedingungen der Möglichkeit von Geschichte überhaupt, der Geschichtlichkeit des Menschen, begründet; andererseits anhand der Interpretation jener Texte entwickelt, in denen sich, wie es heißt, Sein ins Werk setzt. So dienen bekanntlich Heidegger die Texte der Vorsokratiker ebenso wie die der offiziellen Philosophie von Plato bis Hegel, Texte schließlich von Hölderlin, Nietzsche, Rilke und Trakl zur Grundlage eines andächtigen Denkens, das gewissermaßen »empirisch«, dem Hegelschen Sinne von Erfahrung verwandt, das Geschick des Seins und der Seinsvergessenheit verfolgt. Und eine Philosophie der Geschichte folgt aus dieser Geschichte der Philosophie, weil der Pegel des Seins, den ihre Erzeugnisse kennzeichnen, den Pegel des ganzen Zeitalters bestimmt: wie sich Sein ins Werk setzt, so leben die Menschen, so machen sie Politik, so führen sie Kriege, so auch betreiben sie Wissenschaft und Technik, und das vor allem. Der »Sinn der Geschichte« ist transzendental begründet und zugleich als Erfahrung gewonnen.

Indessen ist weder diese Erfahrung Empirie im wissenschaftlichen Sinn, oder auch nur auf Empirie dieser Art bezogen; noch erlaubt die transzendentale Begründung des also »erfahrenen« Sinns in einer existentialen Ontologie die Feststellung dieses Sinnes als eines kontingenten. Denn historische Kontingenz schließt eine Rückführung auf die aller Geschichte vorausgehende, Geschichte allererst begründende Geschichtlichkeit »des« Menschen aus. Das mag denn Heidegger auch zur berühmten Kehre veranlaßt haben, die den existentialontologischen Ansatz auf den seinsgeschichtlichen relativiert hat. Die ontologische Struktur, die existentiale Konstitution der »Welt«, wurde fortan vom Sein selber her gedacht und auf der Ebene der Seinsgeschichte historisiert. Damit aber verliert geschichtsphilosophisches Denken seine Kontrolle. Denn was soll Geschichte, die zuvor in der Geschichtlichkeit des Menschen begründet wurde, noch heißen, wenn diese wiederum im Geschick, in eine Geschichte höherer Ordnung aufgelöst wird? Und woran hat das Begreifen dieser Metageschichte seinen verbindlichen Maßstab, nachdem wissenschaftliche Empirie zuerst, dann auch philosophische Transzendentalanalyse zugunsten eines »Andenkens« außer Kraft gesetzt worden sind, das sich nicht mehr selber ausweisen, sondern nur noch auf die Qualifikation des großen Einzelnen berufen kann? Wenn beides, sowohl die historische Kontingenz des »Sinnes« als auch die empirische Kontrolle seiner Feststellung, ernstgenommen werden soll, kann aus der Aporie, in die eine Geschichtsphilosophie auf dem Wege einer Ontologie der Geschichtlichkeit des Menschen führt, nur eine andere »Kehre« herausführen; nämlich die Erkenntnis des »Materialismus«, daß auch die transzendental analysierten existentialen Strukturen selber noch vom realen geschichtlichen Prozeß, statt ihm voranzugehen, bestimmt werden. Auch die Geschichtlichkeit ist noch Produkt der Geschichte selber, und zwar der realen Geschichte, die bei

Kant auf die Seite der Erscheinung, bei Hegel auf die des Besonderen, bei Heidegger auf die des Seienden geschlagen wird, in der Meinung, daß sie der Begründung durch Philosophie bedürfe. Das Äußerste bleibt eine Geschichte der Kategorien oder Existentialien, eine Geschichte zweiter Ordnung. Bei Hegel meint sie nicht Geschichte im eigentlichen Sinne, weil sie nur in der Zeit auseinanderfaltet, was im systematischen Zusammenhang der Kategorien längst beisammen ist; bei Heidegger meint sie wohl Geschichte, zumindest kontingentes Geschehen, aber Wissenschaft und kritischer Philosophie unzugänglich und letztlich von einem Hirngespinst verbindlich nicht zu unterscheiden[92]. Kann nun, was die seinsgeschichtliche Deutung verspricht, die historisch-materialistische wirklich einlösen; kann sie Elemente, nicht in eklektizistischer Absicht, aus jedem der typischen geschichtsphilosophischen Versuche retten und zu einer überzeugenden Antwort auf die Frage nach den Bedingungen der Möglichkeit einer empirisch kontrollierbaren Geschichtsphilosophie verbinden?

Der Sinn der Geschichte bestimmt sich im Hinblick auf deren mögliche Zukunft. Wie Vico, und nach ihm Hegel, die Erkennbarkeit des Ganges der Weltgeschichte mit dem Argument begründet haben: daß wir die Geschichte selber machen bzw. hervorgebracht haben, so weist Kant mit dem gleichen Argument die Voraussagbarkeit der Geschichte gerade ab. Denn möglich sei sie nur dann, »wenn der Wahrsager die Begebenheiten selber macht und veranstaltet, die er zum voraus verkündet«. Kant und Marx folgern daraus übereinstimmend: solange die Menschheit als Gattung ihre Geschichte nicht mit Willen und Bewußtsein macht, läßt sich der Sinn der Geschichte auch nicht aus reiner Theorie bestimmen; er muß vielmehr aus praktischer Vernunft begründet werden. Während indes für Kant die praktische Vernunft allein regulative Ideen für das sittliche Handeln jedes Einzelnen hergibt, folglich der Sinn der Geschichte nur als Idee entworfen werden kann, ohne im strengen Sinne für die Theorie der Geschichte verbindlich zu sein, stellt Marx eben diese Verbindlichkeit her mit der These: daß der Sinn der Geschichte in dem Maße theoretisch zu erkennen ist, in dem sich die Menschen anschicken, ihn praktisch hervorzubringen und zu vollenden. Sowohl Kant wie Marx leugnen gegenüber Hegel, daß sie Naturabsicht oder Vorsehung im transzendentalen Rekurs auf die Logik, welchen Subjekts auch immer, erkennen können. Während Kant es bei einem experimentierenden Entwurf der Idee einer weltbürgerlichen Gesellschaft als einer regulativen

Idee bewenden läßt, ohne sie zur Voraussetzung der Erkenntnis der realen Geschichte im ganzen zu erheben, erklärt Marx in Ansehung der Geschichte das Machenwollen zur Voraussetzung des Erkennenkönnens. Der Sinn des faktischen Geschichtsprozesses erschließt sich in dem Maße, als ein aus »praktischer Vernunft« abgeleiteter Sinn dessen, was, gemessen an den Widersprüchen der gesellschaftlichen Situation und ihrer Geschichte sein, was anders sein soll, ergriffen und auf die Voraussetzungen seiner praktischen Verwirklichung hin theoretisch geprüft wird[93].

Mit blindem Dezisionismus hat das nichts zu tun. Denn die theoretisch-empirische Prüfung wird den faktischen Geschichtsverlauf und die gesellschaftlichen Kräfte der gegenwärtigen Situation unterm Aspekt der Verwirklichung jenes Sinnes interpretieren müssen, und sich daran bewähren oder scheitern. Gelingt es, so ist genau das erreicht, was Geschichtsphilosophie sein will: ihre Richtigkeit, nämlich die Richtigkeit aller verifizierbaren Bedingungen einer möglichen Revolution, sichert sie empirisch, während sich ihre Wahrheit erst in der praktischen Herstellung des von ihr ausgesprochenen Sinnes selber zeigen kann.

Dieses Vorgehen impliziert zweierlei. *Erstens* kann der »Sinn«, wenn er nicht dem realen Geschichtsprozeß hoffnungslos äußerlich bleiben soll, nicht mehr als Idee einer praktischen Vernunft, letztlich aus »Bewußtsein überhaupt« abgeleitet werden. Die Struktur, aus der er zunächst transzendental gewonnen wird, muß vielmehr eine Struktur der geschichtlich-gesellschaftlichen Situation selber sein, und wie diese objektiv: die entfremdete Arbeit, woraus Aufhebung der Entfremdung als »Sinn« abgeleitet wird, geht nicht als allgemeine Struktur des Bewußtseins oder der Geschichtlichkeit des Menschen aller Geschichte voraus, sondern ist Teil einer, nämlich unserer bestimmten geschichtlichen Situation, Marx sagt: deren »Ausdruck«. Daraus folgt, daß Philosophie auf Selbstbegründung verzichten und erkennen muß, wie und wieweit sie durch ein anderes, das sie freilich auch ist, gegründet wird – durch gesellschaftliche Praxis. *Zweitens* kann der Sinn der Geschichte, den Philosophie als ihren eigenen versteht, nicht mehr durch Reflexion allein, nicht mehr im Medium der Philosophie verwirklicht werden, so sehr sie auch Voraussetzung der Verwirklichung bleibt. Denn sowohl der Ansatz bei einem praktischen Sinn, der sich reiner Kontemplation nicht vollständig erschließt, als auch die Erkenntnis, daß Philosophie sich selber als Teil der Geschichte begreifen muß, ohne doch als solche deren Subjekt sein zu können, verweist die Philosophie über sich selbst hinaus auf Praxis. Daraus folgt, daß sie auf Selbsterfüllung verzichten muß. Und beides meint der »Materialismus« der materialistischen Dialektik: in der Erkenntnis, daß sie weder ihres Ursprungs noch der Verwirklichung ihrer eigenen Idee mächtig ist, hört sie auf, prima philosophia zu sein; in doppeltem Verzicht auf Selbstbegründung und Selbsterfüllung gewinnt sie ihr Selbstbewußtsein; und als solche nennt Marx sie Kritik. Zugleich verändert sie den Sinn ihres Fragens von Grund auf. Theorie wird nicht mehr in ontologischer, sondern nur mehr in praktischer Absicht betrieben. Grundfrage ist nicht mehr: warum ist Sein (und Seiendes) und nicht vielmehr nichts?, sondern: warum ist Seiendes so und nicht vielmehr anders? Kritik läßt sich allein von daher in Anspruch nehmen und bewegen.

Unter Voraussetzung eines »Materialismus« in diesem Sinne scheinen sich die Bedingungen der Möglichkeit einer empirisch gesicherten Geschichtsphilosophie klären zu lassen. Der Sinn der Geschichte, den sie zu gewinnen sich anheischig macht, ist – gegenüber den theologischen und spekulativen Verfahren – kontingent, gegenüber dem seinsgeschichtlichen Versuch historisch insofern, als die transzendentale Ableitung selber historisch relativiert wird: die Strukturen der entfremdeten Arbeit sind auf eine reale geschichtliche Situation relativ, und nicht auf ein wie immer »vernommenes« metahistorisches Seinsgeschick. Und zwar ist die philosophische Feststellung des »Sinnes« historisch überprüfbar, ja, ohne historisch-soziologische Analysen, die den faktischen Geschichtsprozeß allererst »geben«, sinnlos. Daher hat der historisch-materialistische Ansatz gegenüber dem pragmatischen i. e. S. den Vorteil, die Kategorien, unter denen das empirisch ermittelte Material gedeutet wird, als solche ausweisen und entwickeln zu können[94].

Dies Resumé bleibt freilich abstrakt, solange nicht die philosophischen Konsequenzen des »Materialismus« wenigstens angedeutet werden. Wir beschränken uns auf vier Andeutungen. Zunächst soll die »materialistische« Kritik negativ als Kritik an der Philosophie qua reiner Philosophie oder Ursprungsphilosophie eingeführt werden (1). Daraus folgt positiv eine Ideologienlehre, die die Einheit von Theorie und Praxis zum verbindlichen Maßstab erhebt (2). Sodann muß sich der Materialismus als ein dialektischer ausweisen lassen (3). Und schließlich ist das Verhältnis von Theorie und Empirie, von philosophischer Kritik auf der einen und den Wissenschaften von der Gesellschaft auf der anderen Seite zu klären (4).

1. Materialistische Kritik an der Philosophie qua Ursprungsphilosophie (Th. W. Adorno)

Adorno schließt die Einleitung zur Metakritik der Erkenntnistheorie mit den Sätzen: »Ist das Zeitalter der Interpretation der Welt vorüber und gilt es sie zu verändern, dann nimmt die Philosophie Abschied ... Nicht die Erste Philosophie ist an der Zeit, sondern eine letzte[95].« Auf Grund der Einsicht, daß der reale Lebensprozeß der Gesellschaft kein in die Philosophie soziologisch durch Zuordnung Eingeschmuggeltes, sondern der Kern des logischen Gehaltes selber ist, entfaltet Adorno in diesem Kapitel eine Kritik an der Ursprungsphilosophie, als die sich Philosophie seit je verstand.

Von ihr heißt es: »Das Erste der Philosophen erhebt totalen Anspruch: es sei unvermittelt, unmittelbar. Damit es dem eigenen Begriff genüge, wären immer erst die Vermittlungen gleichsam als Zutaten des Gedankens zu beseitigen und das Erste als irreduktibles an sich herauszuschälen. Aber ein jegliches Prinzip, auf welches Philosophie als auf ihr erstes reflektieren kann, muß allgemein sein, wenn es nicht seiner Zufälligkeit überführt werden will. Und ein jegliches allgemeines Prinzip eines Ersten ... enthält in sich Abstraktion[96].« Das gilt nicht anders auch für die Erkenntnistheorie, die Ursprungsphilosophie in wissenschaftlicher Gestalt. So hat Kant, deren Begründer, »den Schluß aufs Erste als Unmittelbarkeit widerlegen und gleichwohl das Erste in Gestalt des Constituens bewahren wollen, hat die Frage nach dem Sein liquidiert und doch prima philosophia gelehrt[97].« Und noch die neueren Ontologien, die sich nach dem Bruch der großen Systeme in Form von Fundamentalontologien, eben ontologisch und transzendental zugleich, etablieren, behalten den Anspruch auf Selbstbegründung: »Die Ontologien wollen Erste Philosophie sein, die doch des Zwangs und der Unmöglichkeit ledig wäre, aus einem ersten Prinzip sich selbst und was ist zu deduzieren. Sie möchten vom System den Vorteil haben und die Buße nicht zahlen; die Verbindlichkeit von Ordnung aus dem Geist wiederherstellen, ohne sie aus Denken, der Einheit des Subjekts, zu begründen.« Freilich liegt dem Materialismus, der der Philosophie die Bedingung der Möglichkeit, Ursprungsphilosophie zu sein, bestreitet, nicht etwa seinerseits eine Hypostasierung im Sinne derart, daß Philosophie von gesellschaftlicher Praxis »determiniert« würde, wie Marx mit seinem

unglücklichen Bild von Überbau und Unterbau nahelegt, und
Engels in der Tat behauptet hat: »Der Geist läßt aber vom Gegebenen so wenig sich abspalten wie dieses von ihm. Beide sind kein
Erstes. Daß beide wesentlich durcheinander vermittelt sind, macht
beide zu Urprinzipien gleich untauglich; wollte indessen einer in
solchem Vermitteltsein selber das Urprinzip entdecken, so ver-
wechselte er einen Relations- mit einem Substanzbegriff und re-
klamierte als Ursprung den flatus vocis. Vermitteltheit ist keine
positive Aussage über das Sein, sondern eine Anweisung für die
Erkenntnis, sich nicht bei solcher Positivität zu beruhigen, eigentlich die Forderung, Dialektik konkret auszutragen. Als allgemeines Prinzip ausgesprochen, liefe sie, ganz wie bei Hegel, immer
wieder auf den Geist hinaus; mit ihrem Übergang in Positivität
wird sie unwahr[98].«

2. Ideologienlehre und Revolutionslehre

Dieser Kritik an der Ursprungsphilosophie liegt die Einsicht zugrunde, daß die Philosophie auf Selbstbegründung und Selbsterfüllung qua Philosophie verzichten muß, um qua Einheit von
Theorie und Praxis beides erreichen zu können. Diese Einsicht
wird in der Ideologienlehre entfaltet. Wiederum ist bemerkenswert, daß die Philosophen bei der Aneignung des jungen Marx gerade dieses Lehrstück auslassen, oder aber wissenssoziologisch zur
bloßen These von der Entsprechung bestimmter Aussagen und
Bewußtseinsstrukturen mit bestimmten gesellschaftlichen Stand-
orten neutralisieren. Eine philosophische Diskussion der Marxschen Ideologienlehre in ihrer ursprünglichen Absicht würde hingegen zur Diskussion der Voraussetzungen der Philosophie selber
führen müssen[99].

»Ideologie« nennt Marx jene reale, historisch eminent wirksame
Abstraktion, die Hegel stets als eine Abstraktion des Bewußtseins
entwickelte, wo immer Erscheinung und Wesen auseinanderklaf-
fen und das Besondere mit dem Allgemeinen sich nicht zum konkret Universellen zusammenfügt. Ideologie ist existente Unwahrheit, praktisch begründet, mit praktischen Folgen und am Ende allein durch Praxis ganz aufzuheben. Marx begreift sie unter der
Kategorie der Verselbständigung. Ideologie hat sich gegenüber der
gesellschaftlichen Praxis verselbständigt, um dadurch freilich erst
recht von ihr abhängig zu werden. Als ideologisch denunziert Marx
mithin ein Bewußtsein, das sich von allen subjektiven Elementen,
von Interesse, Talent und Neigung weithin gereinigt und mit dem
Schein der Autonomie etabliert hat; er denunziert gerade jenes

»reine« Bewußtsein, das der philosophischen Tradition ausschließlich für zuverlässig und verbindlich galt. Der Verselbständigung des Bewußtseins liegt nun ihrerseits eine solche der Praxis zugrunde. Ein Vorgang, der sich, glaubt Marx mit seiner Analyse der verselbständigten Arbeit nachweisen zu können, unter den Bedingungen der kapitalistischen Produktion in ganzer Schärfe entfaltet. Die Menschen produzieren zwar immer noch ihren Lebenszusammenhang, jedoch nicht mehr als sie selber, sondern gleichsam als Vollzugsorgane ihrer eigenen Produkte. Die Akkumulation des Kapitals, begründet in der Chance der Kapitalisten, Mehrwert anzueignen, verhilft dem, was mittelalterlicher Philosophie »Realismus« hieß, zu geschichtlicher Realität – sie veräußert die Individuen zur Personifikation ökonomischer Kategorien. Mit dieser falschen Gestalt der Praxis wird das Bewußtsein ebenfalls, nicht in einigen seiner Äußerungen, sondern als ganzes, falsch, eben ideologisch: es wird ebenso unpraktisch wie unselbständig. Herausgelöst aus den unmittelbaren Bezügen zum Lebensprozeß der Gesellschaft, gerät gerade das kontemplative Bewußtsein in Abhängigkeit von ihm. Die Praxis in ihrer falschen Gestalt ist gleichsam die Matrize, von der das Bewußtsein bloße Abzüge herstellt. Es selbst wird falsch durch die – sogar richtige – Spiegelung einer falschen Wirklichkeit. Es spiegelt die objektiv als naturwüchsig erscheinenden Formen einer vergegenständlichten Praxis und vergißt, daß diese Naturformen geschichtlich geworden sind und sich der Tätigkeit der produzierenden Menschen verdanken. Als Waren-, Geld- und Kapitalfetisch verkehrt der kapitalistische Produktionsprozeß auf allen Stufen ökonomische Kategorien zu einem platonischen An sich und erzeugt jenen objektiven Schein der Ideologie, der erst sein Funktionieren garantiert: ohne Warenfetisch keine Warenzirkulation. Noch einmal reflektieren diesen bereits ideologisch in sich scheinenden Prozeß die Wissenschaften von der Gesellschaft, vorab die bürgerliche Ökonomie. Wie sich in ihn die falsche Wirklichkeit unmittelbar abbildet, so mittelbar in den religiösen und philosophischen Vorstellungen, die das in der gesellschaftlichen Wirklichkeit bereits Hypostasierte noch einmal hypostasieren. Sie lösen die Phänomene der Verdinglichung ganz von ihrem ökonomischen Grund ab, und verklären sie zu obersten Gründen.

Auf Grund dieser kontemplativen Abhängigkeit findet Ideologie ihre äußerste Grenze in der korrekten Abbildung des falschen Bestehenden. Im Maße der Unbewußtheit ihrer praktischen Wurzeln sperrt sie sich daher gegen den Gedanken, der das Bestehende kritisch übersteigt und sich in der revolutionären Tätigkeit mit der gesellschaftlichen Praxis versöhnen will. Revolutionäre Praxis ist gegenläufig zur entfremdeten: die eine befreit die andere aus ihrer falschen Gestalt und beseitigt in einem jene reale Abstraktion, von der die ideologische sich herleitet. Erst die hergestellte Einheit von Theorie und Praxis würde den ideologischen Schleier zerrissen haben. Diese Einheit von Theorie und Praxis gehört zu den Begriffen, die aus der bestimmten Negation der bestehenden Verhältnisse gewonnen werden. Sie besagt nicht mehr, als daß die Menschen, wenn sie etwas tun, wissen können, was sie tun; während sie, unter Voraussetzung der entfremdeten Praxis und des ideologischen Bewußtseins, von dem, was sie tun, nicht eigentlich wissen, und noch da, wo sie es wissen können, schwerlich in ihrem Tun sich danach richten können[100]. Einheit von Theorie und Praxis bezeichnet die Wahrheit, die herzustellen ist, und zugleich den obersten Maßstab der Vernunft, soweit innerhalb der Entfremdung bereits alle die Anstrengungen vernünftig heißen dürfen, die auf die Herstellung der Wahrheit zugehen – Vernunft ist der Zugang zur künftigen Wahrheit. Und Kritik bemißt sich an einer Rationalität, die in diesem Sinne »Methode« ist. Sie kann den ideologischen Schein reflektieren, wie Kants Kritik den transzendentalen, aber so wenig wie diese die Voraussetzungen beseitigen, auf Grund deren der Schein sich stets erneuert. Erst die kritisch-praktische Tätigkeit, in der Philosophie sich aufhebt, um sich zu verwirklichen, wird den Bann der Ideologie als solchen brechen können.

An dieser Stelle fügen sich Ideologien- und Revolutionslehre zu einem Stück, besser: zu einem Kreis, in dem wechselseitig eine die Voraussetzung der anderen liefert, zusammen. Ideologie ist eine strategische Kategorie, aber nur als solche von theoretischem, weil kritischem Wert. Die Revolutionslehre ist die Kategorienlehre der Kritik. Was ist, läßt sich feststellen nur im Hinblick auf das, was möglich ist. Eine ihrem Gegenstand angemessene historische Theorie des Bestehenden ist Theorie seiner Veränderung. Ideologienlehre und Lehre der Revolution begründen im Marxismus das Selbstbewußtsein der ebenso notwendigen wie hinfälligen Philosophie, in ihrer Verhaftung an das Naturgeschehen der bisherigen Geschichte und der Möglichkeit ihres Transzendierens zumal[101]. Die eine entwickelt, warum Philosophie sich nicht aus sich selbst begründen, die andere, warum sie den eigenen Anspruch nicht innerhalb ihres eigenen Mediums erfüllen, und beide zusammen, warum heute Philosophie das ideologische Moment an ihr selber reflektieren und sich in Kritik überführen kann[102].

3. Dialektik der Arbeit

Aus alledem mag wohl der »Materialismus« der Marxschen Philosophie hervorgehen, nicht aber: daß und warum er ein dialektischer ist.

Die Philosophie, die eine letzte sein will, ist praktisch. Sie findet weniger Genüge in Begründungen ihrer selbst als im Abweisen aller falschen Begründungen. Das Primum der prima philosophia ist ihr wie der Zauber, für den es gilt, das lösende Wort zu finden; und Erkenntnis bietet nicht Erfüllung in sich, ist vielmehr Arbeit bei Strafe des Unterganges. Eine solche Philosophie nimmt nicht von einem Unmittelbaren seinen Ausgang; auch macht sie nicht die Situation, in der sie sich geschichtlich vorfindet, dazu. Jeder ihrer Ausgangspunkte erscheint immer schon als vermittelt. Und Philosophie hat die Formen dieser Vermittlung, die nicht sie, überhaupt nicht ein Subjekt hervorbringt, zu begreifen; Formen der Vermittlung, in denen sich Natur und Bewußtsein zumal entfalten. Und solange sie nicht begriffen noch beherrscht werden, stecken darin Elemente von Bewußtsein zwar, aber immer auch Elemente blinder Natur. Die Bewegung dieser Vermittlung, Dialektik, ist darum materialistisch. Der Philosophie, die Marx, weil sie ihre Voraussetzungen nicht materialistisch in Frage stellt, die bürgerliche nennt, fällt es schwer, eine Dialektik zu fassen, die nicht eo ipso Dialektik des Bewußtseins ist. Ihr müssen darum der Engels des »Anti-Dühring« und der Lukács von »Geschichte und Klassenbewußtsein« als die beiden einzig möglichen Repräsentanten einer (falschen) materialistischen Dialektik erscheinen: die Dialektik des einen läßt sich mechanistisch auflösen, die des anderen als Dialektik des Klassenbewußtseins, und damit als Dialektik überhaupt von Bewußtsein, verstehen. Und wenn dies eine vollständige Disjunktion ist, erledigt sich das Problem einer materialistischen Dialektik von selbst. Marx wird entsprechend ein- und aufgeteilt: Lukács bringt eher den jungen, Engels den alten zur Sprache.

Marx hat bekanntlich in den Pariser Manuskripten als das »Große« an Hegel gefeiert, »daß er das Wesen der Arbeit faßt und den gegenständlichen Menschen, wahren, weil wirklichen Menschen als Resultat seiner Arbeit begreift«. Der obligate Zusatz »innerhalb der Abstraktion« verbindet dies Lob sogleich mit einer Distanzierung: Hegel hat es, nach Marx, nirgends vermocht, die Logik des Ganges, in dem der Mensch sich als Resultat seiner Arbeit hervorbringt, aus dieser konkreten Arbeit selber zu begreifen. Arbeit ist Austausch der Menschen mit der Natur. In sie geht der Zwang des Naturgegenstandes ein; und auch der Verkehr der arbeitenden Menschen untereinander wird noch vom Naturzwang beherrscht. Nichtidentisches wird unter Identisches subsumiert; Menschen werden wie Dinge behandelt. Arbeit wird Herrschaft, nicht nur in Ansehung des Verhältnisses der Menschen zur Natur, sondern auch in Ansehung des Verkehrs der mit der Arbeit befaßten Menschen untereinander. Dieser Herrschaft ist, wie aller Gewalt, ein Moment der Erinnerung daran eigentümlich, daß sie eine Unwahrheit ist, wenn auch eine existente. Menschen gehen nicht ohne Rest in Verdinglichung auf. Und genau an diesem Moment der Herrschaft, das sie hindert, selbstgewiß ganz Herrschaft ihrer selbst zu sein, entzündet sich Dialektik. Sie ist das schlechte Gewissen der Herrschaft, nämlich der objektive Widerspruch, der darin liegt, daß in der entfremdeten Arbeit, in der die Arbeitenden sich als Individuen nicht gegenständlich werden können, Menschen wie Dinge behandelt werden müssen, ohne doch als solche ganz ohne Rest behandelt werden zu können.

Wenn Dinge kategorial, Menschen aber in ihrem Verhältnis zu den Dingen wie auch untereinander nur dialogisch angemessen gefaßt werden können, darf Dialektik aus dem Dialog begriffen werden; nicht zwar selber als Dialog, sondern als Folge seiner Unterdrückung[103]. Sie ist objektiv und subjektiv zugleich. Objektiv, sofern sich in ihr, wie in aller Logik, Naturzwang durchsetzt; subjektiv, sofern sie an die Unverhältnismäßigkeit von Naturzwang einerseits, Bedürfnis der Individualität andererseits gemahnt. Noch in ihrer reflektiertesten Gestalt, in Hegels Logik, wiederholt Dialektik beide Momente.

»Falsch aber wird der Idealismus, sobald er die Totalität der Arbeit in deren Ansichsein verkehrt, ihr Prinzip zum metaphysischen, zum actus purus des Geistes sublimiert und tendenziell das je vom Menschen Erzeugte, Hinfällige, Bedingte samt der Arbeit selber, die ihr Leiden ist, zum Ewigen und Rechten verklärt. Wäre es erlaubt, über die Hegelsche Spekulation zu spekulieren, so könnte man in der Ausweitung des Geistes zur Totalität die auf den Kopf gestellte Erkenntnis vermuten, der Geist sei gerade kein isoliertes Prinzip, keine sich selbst genügende Substanz, sondern ein Moment der gesellschaftlichen Arbeit, das von der körperlichen getrennte. Körperliche Arbeit aber ist notwendig auf das verwiesen, was sie nicht selbst ist, auf Natur. Ohne deren Begriff kann

Arbeit, und schließlich auch deren Reflexionsform, der Geist, so wenig vorgestellt werden wie Natur ohne Arbeit; beide sind unterschieden und durcheinander vermittelt in eins[104].«

Materialistische Dialektik heißt daher: die dialektische Logik aus dem Arbeitszusammenhang, dem Austausch der Menschen mit der Natur, begreifen, ohne Arbeit metaphysisch (sei es theologisch als eine Notwendigkeit des Heils, sei es anthropologisch als eine Notwendigkeit des Überlebens) zu unterstellen.

Marx beruft sich auf den Widerspruch von Produktionsverhältnissen und Produktivkräften, weil er glaubt, in jenen den Naturzwang der Arbeit in seiner historischen Zufälligkeit, in diesen aber das Moment fassen zu können, das über die jeweilige Gestalt der entfremdeten Arbeit samt deren Herrschaftsformen hinausweist. Jedenfalls gilt dem Materialismus Dialektik als eine im strengen Sinne historische, denn sie ist als ganze so kontingent wie die herrschaftsmäßigen Arbeitsverhältnisse, deren inneren Widerspruch und äußere Bewegung sie ausdrückt. Dialektik steht sowohl für das System, das durch die entfremdete Gestalt der Arbeit zusammengehalten wird[105], als auch für das Versprechen, daß dieses System zufällig ist, mit einem Anfang in der Geschichte und der Möglichkeit eines Endes in der Geschichte. Dialektik besetzt Geschichte nicht im ganzen: sie ist nicht Logik der Geschichte, sondern logische Spur in ihr, die, wenn sie von den Menschen als Wegweiser zur vérité à faire vernünftig und tätig verfolgt wird, zur Entfaltung der Dialektik und deren Aufhebung führt. Die praktisch vollendete Dialektik ist zugleich die aufgehobene – nämlich Aufhebung der Logik als eines Zwangssystems und Beschränkung auf ihren vernünftigen Ort:

»Das Reich der Freiheit beginnt in der Tat erst da, wo das Arbeiten, das durch Not und äußere Zweckmäßigkeit bestimmt ist, aufhört; es liegt also der Natur der Sache nach jenseits der Sphäre der eigentlichen materiellen Produktion. Wie der Wilde mit der Natur ringen muß, um seine Bedürfnisse zu befriedigen, um sein Leben zu erhalten und zu reproduzieren, so muß es der Zivilisierte, und er muß es in allen Gesellschaftsformen und unter allen möglichen Produktionsweisen. Mit seiner Entwicklung erweitert sich dies Reich der Naturnotwendigkeit, weil die Bedürfnisse; aber zugleich erweitern sich die Produktivkräfte, die diese befriedigen. Die Freiheit in diesem Gebiet kann nur darin bestehen, daß der vergesellschaftete Mensch, die assoziierten Produzenten, diesen ihren Stoffwechsel mit der Natur rationell regeln, unter ihre gemeinschaftliche Kontrolle bringen, statt von ihm als von einer blinden Macht beherrscht zu werden; ihn mit dem geringsten Kraftaufwand und unter den ihrer menschlichen Natur würdigsten und adäquatesten Bedingungen vollziehen. Aber es bleibt dies immer ein Reich der Notwendigkeit. Jenseits desselben beginnt die menschliche Kraftentwicklung, die sich als Selbstzweck gilt, das wahre Reich der Freiheit, das aber nur auf jenem Reich der Notwendigkeit als seiner Basis aufblühen kann. Die Verkürzung des Arbeitstages ist die Grundbedingung[106].«

Die durchgeführte Dialektik ist die aufgehobene; dann nämlich, wenn alles von Menschenhand Geschaffene auch in die Verfügung der Menschen eingeht, kann erst das wahrhaft Unverfügbare freigesetzt und einer falschen Verwaltung entzogen werden – nur eine unvollständige Rationalisierung überzieht fälschlich das Ganze. Das bleibt so lange unbegriffen, als die Dialektik nicht materialistisch, in ihrer historischen Kontingenz, sondern idealistisch als eine des absoluten Bewußtseins und aller Geschichte zugrunde liegend gedacht wird. Nur solchem Mißverständnis muß der marxistische Versuch unter der Kategorie der »Selbstmacht« erscheinen: »Ihre Durchsetzung ist für Marx das Ziel der Geschichte. Für ihn tritt der Mensch der kommunistischen Gesellschaft, der Natur und Geschichte sich unterworfen und die Welt schlechthin in Materie der Bearbeitung verwandelt hat, als eine letzte Wirklichkeit auf, die sich aus allem Begrenzenden befreit hat … Es gibt keinen Platz mehr für ein Unverfügbares … Hier vollendet sich der Prozeß, durch den die Welt einschließlich der Wirklichkeit des Menschen selbst zum Rohstoff totaler Machtausübung wird[107]!« Im Unterschied dazu verlangt die Idee der materialistischen Dialektik, ein Arbeitsverhältnis zur Geschichte herzustellen, um die Gestalt der entfremdeten Arbeit samt all den Zügen einer verwalteten Welt, einer irrationalen Rationalisierung aufzulösen; aber sie fordert, Geschichte zu machen, um das Machen in all den Bereichen ganz loszuwerden, die heute zu Unrecht dem Totalitätsanspruch einer unvollständigen Rationalisierung verfallen. Erst die durchgeführte Rationalität des Lebensnotwendigen gestattet die Irrationalität des Lebensüberflusses und deren Aufgehen in wahrhafter Unverfügbarkeit.

Hier hat die Idee der Solidarität ihren Ort. Gerade weil die historische Dialektik nicht wesentlich Dialektik des Klassenbewußtseins ist, verlangt die Verfügung der Menschen über sich und die Reproduktion ihres Lebenszusammenhanges die Solidarität je des Einzelnen mit den übrigen Einzelnen. Sie wird nicht schon vorweg entschieden durch die Bewegung eines absoluten Subjekts. Im Historischen Materialismus hat die Klasse als ein solches, das sich zum Subjekt-Objekt der Geschichte vollendet, keine Stelle. Sie findet sie erst in dessen neuhegelischer Version bei Lukács.

4. Materialistische Dialektik im Verhältnis zu den Sozialwissenschaften

Im Vergleich mit dieser Version läßt sich auch das Verhältnis von Philosophie und Wissenschaften, wie es sich Marx darstellt, klären. Die Wissenschaften von der Gesellschaft sind der Historizität ihres Gegenstandes unangemessen, weil unfähig, eine Situation aus ihren Tendenzen in Hinblick auf das, was sie objektiv sein kann, zu begreifen. Den Wissenschaften entzieht sich der »Begriff« einer Situation, der aus deren eigenen Widersprüchen in bestimmter Negation gewonnen wird. Und mit einem solchen Begriff entzieht sich ihnen der Maßstab kritischer Analyse, die, retrospektiv und prospektiv zugleich, die historische Dimension im Sinne einer praktischen Theorie allein erschließen kann. Diese ist andererseits auf die Wissenschaften von der Gesellschaft angewiesen, solange sie sich nicht in einer Dialektik glaubt versuchen zu können, die sich, aller Geschichte voraus und zugrunde liegend, nach dem Uhrenschlag metaphysischer Notwendigkeit vollzieht. Solange ihr vielmehr Dialektik kontingent ist wie die Geschichte selber, muß sie sich alles, was sie wissen will, empirisch, und das heißt mit Hilfe der Verfahren objektivierender Wissenschaft geben lassen; deren Ergebnisse freilich behandelt Philosophie als Material ihrer Deutung. Die Daten einer wissenschaftlich vergegenständlichten Realität sind im Hinblick auf das begriffene Ziel der Gesellschaft zu interpretieren; aber so, daß der praktisch herzustellende Begriff, die vérité à faire, eindeutig falsifiziert werden kann. Die Theorie hält sich empirisch widerlegbar. Dabei garantiert der Hiatus zwischen Philosophie und Wissenschaft geradezu das Kontinuum der Rationalität, denn Rationalität hat eine andere Gestalt, je nachdem ob sie die Rationalisierung von Naturdingen oder die von Menschen und ihres Verkehrs untereinander ausdrückt. Gegenüber den Sozialwissenschaften übernimmt Philosophie die Aufgabe, die, unter den Bedingungen der Entfremdung unvermeidliche, Objektivation eines im Ganzen nicht Objektivierbaren, im doppelten Sinne des Hegelschen Wortes, aufzuheben.

Die marxistische These, daß die existente Unwahrheit der antagonistischen Gesellschaft, mit einem Wort: Entfremdung, praktisch aufzuheben sei und aufgehoben werden könne, unterliegt demnach einer doppelten Kontrolle. Die These ist richtig, wenn sich die objektiven Bedingungen der Möglichkeit solcher Aufhebung historisch-soziologisch nachweisen lassen; die These ist wahr, wenn zu diesen objektiven Bedingungen die subjektiven hinzutreten und nach kritischer Vorbereitung die Aufhebung praktisch vollzogen wird. Über die objektive Unmöglichkeit der Revolution entscheidet allein Wissenschaft, nicht aber schon deren faktisches Ausbleiben oder gar ihre falsche Verwirklichung. Darin zeigt sich der Unterschied des Historischen Materialismus von der Version, die der jüngere Lukács ihm gegeben hat. Denn wo die Dialektik des Klassenbewußtseins den Gang der Geschichte im vornhinein verbürgt, wird die marxistische These ebenso vom Ausbleiben der revolutionären Praxis wie von deren Durchführung in falscher Gestalt widerlegt. Im Sinne von Lukács wäre eine Aussage über die objektive Möglichkeit der Revolution keine wissenschaftliche Feststellung der gesellschaftlichen Bestimmung ihrer Möglichkeit, zu denen gleichsam in einem Überschuß an Freiheit der Entschluß zur solidarischen Aktion hinzutreten müßte, um die Möglichkeit in Wirklichkeit zu überführen. Sie müßte sich vielmehr zugleich auf beides, auch auf das Bewußtsein der Menschen selber, in diesem Fall auf das proletarische Klassenbewußtsein beziehen. Jene Aussage wäre die dialektische Feststellung einer Notwendigkeit, vor der auch der größte Entschluß zu einem Naturding unter Gesetzen der Natur geworden ist. Das Verhältnis von Philosophie und Wissenschaften ist in diesem Falle unproblematisch. Beide unterscheiden sich nicht, wo die Dialektik über den Lauf der Dinge im voraus Bescheid weiß und keineswegs wie dieser kontingent ist. Zur Abgrenzung dient dann nur noch das Epitheton »bürgerlich«, das jeweils den diskriminiert, der sich dem dialektischen Spruch nicht fügt. Lukács' Kategorie der objektiven Möglichkeit impliziert, weil sie aus der Dialektik eines absoluten Bewußtseins entspringt, die der historischen Notwendigkeit. Weltgeschichte wird zum Weltgericht. Das heißt, ein geschichtlicher Mißerfolg ist zugleich ein unabänderlicher Entscheid gegen die behauptete Sache. Eine ausbleibende oder gar eine falsche Praxis darf es nicht geben, es sei denn um den Preis der Theorie, die dadurch der Unwahrheit überführt würde. Lukács selbst hat folgerichtig die sowjetische Praxis als die einzig legitime, weil erfolgreiche Praxis der Kommunisten anerkannt. Er hat sich ihr unterworfen und, um der Konsequenz seiner Theorie willen, dieser selber noch abgeschworen[108]. Der innersten Intention seiner Lehre konnte nur noch durch deren Selbstwiderruf Genüge geschehen. Simone de Beauvoir läßt den Helden ihres Schlüsselromans (Les Mandarins, Paris 1954) sagen: »Die einzige Überlegenheit der UdSSR über sämtliche möglichen Sozialismen liegt darin, daß sie existiert.«

Immanente Kritik am Marxismus

Man mag daran ermessen, welche gewichtigen theoretischen Konsequenzen der politische Bruch Jugoslawiens mit Rußland, Titos Programm eines eigenen Weges zum Sozialismus, verbunden mit einer grundsätzlichen Kritik an dem russischen Kommunismus als einer falschen Praxis, nach sich ziehen mußte. Ausgetragen wurden diese Konsequenzen von der polnischen Intelligenz nach der Oktoberrevolution 1956. Zwischen beiden Ereignissen lag der 20. Parteitag der KPdSU, der mit dem Stalinismus brach, ohne freilich bislang in der Theorie zu mehr als zu einer Revision der Geschichte des Bolschewismus zu führen. Zusammen mit dem Ungarnaufstand zielen alle diese Prozesse auf eine Relativierung des »objektiven« kommunistischen Historismus, der die sozialistische Realität, wie elend sie in der sowjetrussischen Gestalt immer sein mochte, durch bloße Existenz legitimieren konnte. Diese die bolschewistische Geschichtsmetaphysik an den Kern des Historischen Materialismus gemahnende Problematik gelangte vor allem in Polen zur offenen Diskussion – die erste Diskussion unter Bolschewisten, die das Tabu der Rechtfertigung des Bolschewismus allein durch seinen weltgeschichtlichen Erfolg aufhebt und marxistisch nach den Irrtümern der marxistischen Theorie *und* Praxis fragte[109].

1. Polnische Kritik am Stalinismus (Kolakowski)

»Stalinismus« ist in der polnischen Diskussion (wie in der jugoslawischen) Titel für eine falsche Gestalt der Theorie (als eines Dogmatismus) und der Praxis (als der bürokratischen Diktatur der Partei). Diese falsche Gestalt mit den Kategorien der marxistischen Lehre objektiv zu begreifen und es nicht bei »unmarxistischen« Ausreden, wie der des Personenkults bewenden zu lassen, ist der Impuls der auf Revision drängenden polnischen Intellektuellen, die unter sich keineswegs eine einheitliche Gruppe darstellen. Sie sind entschlossen, die »moralische Reaktion der rechtschaffenen Wahrheit«, wie es in einem Artikel kurz nach der

Oktoberrevolution heißt[110], zu einer wissenschaftlichen Analyse weiterzubilden, die einerseits die politischen und politökonomischen Bedingungen jener »Deformationen des Sozialismus«, andrerseits die Organisationsprinzipien klärt, die die kommunistische Bewegung außerstand setzten, rechtzeitig wirksame Gegenmaßnahmen einzuleiten. Als ökonomische Basis des Stalinismus erscheint die Ablösung der alten, auf Privateigentum an Produktionsmitteln beruhenden Klassengesellschaft durch eine neue, die sich auf die politische Verfügungsgewalt über das gesamte gesellschaftliche Potential gründet. Inhaber dieser Verfügungsgewalt ist die parteigebundene Intelligenz, die man im sowjetischen Sprachgebrauch »Kader« nennt. Ursache der stalinistischen Deformation ist demnach zunächst eine zentralisierte Wirtschaft, die sich auf einem niedrigen Niveau der Produktivkräfte einspielen mußte, verbunden mit jener bürokratischen Verfügungsgewalt, die Djilas veranlaßte, seine These von der »neuen Klasse« zu formulieren. Die entscheidende Rolle spielten Funktion und Organisationsform der Partei, die über dem Staat steht und der gesellschaftlichen Kontrolle entzogen ist. Innerhalb der Partei sind beinahe nur vertikale Kontakte gestattet, so daß ein Einfluß der Mitgliedermasse auf die Parteiführung ausgeschlossen ist. Aus alledem soll eine »Atomisierung der Arbeiterklasse« folgen, die mit der Diktatur des Proletariats keineswegs zur effektiv herrschenden Klasse avanciert ist: »Ist die Abschaffung des Privateigentums zwar eine notwendige, aber nicht ausreichende Bedingung, um eine sozialistische gesellschaftliche Wirklichkeit zu schaffen, dann muß jeder, der die Grundidee des Sozialismus in einem Satz zusammenfassen will, mit Gomulka sagen, daß sie auf der Abschaffung der Ausbeutung des Menschen durch den Menschen beruht. Diesem Grundsatz ist alles andere untergeordnet, einschließlich der Frage, was mit dem gesellschaftlichen Eigentum nach der Abschaffung des Privateigentums zu tun sei, wie man es organisieren und verwalten solle, damit es nicht nur de jure, sondern auch de facto werde, was es nach der Enteignung der Privateigentümer nominell geworden ist. Die Idee der Selbstverwaltung der Betriebe, die Dezentralisierung der Industrie und die Einschränkung der Planungsorgane sind ein Versuch, mit diesem komplizierten Problem fertig zu werden[111].«

Dieser marxistischen Kritik an der Praxis sowjetrussischer Gestalt entspricht eine Kritik am »Dogmatismus«. In der parteioffiziellen Warschauer »Polityka« wiederholt der polnische Soziologe Jerzy

J. Wiatr gegen die orthodoxen Zurechtweisungen seiner Moskauer Kollegin J. W. Kasjanowa[112] die These, die schon vor der polnischen Oktoberrevolution Schule gemacht hatte: »Die Tatsachen, die von groben Fälschungen in der marxistischen Soziologie zeugen, verlangen echte soziologische Erklärungen, d. h. Erklärungen, mit deren Hilfe wir die gesellschaftlichen Bedingungen verstehen, auf Grund derer sich jene Erscheinungen verbreitet haben. Das wird man erst dann tun können, wenn die marxistischen Historiker und Soziologen auf wissenschaftliche Weise eine Erklärung dafür finden, wie es zu den Entstellungen der »Epoche des Persönlichkeitskults« kommen konnte. Aber ich kenne keine Arbeiten, die bei uns über dieses Thema herausgegeben worden sind...[113].«

Die Kritik am Dogmatismus richtet sich einmal methodologisch gegen die theologischen Regeln der Orthodoxie, dann inhaltlich gegen die »historiosophische« Versteinerung des Historischen Materialismus, der die Gesetze der Geschichte wie Naturgesetze behandelt. Die polnische »Linke« entwickelt in diesem Zusammenhang ganz ähnliche Gedanken wie die französische. Einflüsse Sartres und Merleau Pontys sind bei einigen, insbesondere bei L. Kolakowski unverkennbar. Freilich schöpfen die Polen aus einer unmittelbaren Erfahrung.

Ihre Frage nach der historischen Dialektik beginnt bezeichnenderweise mit der Frage nach den »Kosten des historischen Fortschritts« (J. Kott). Wo die Geschichte, wie im Diamat, naturgeschichtlich verfälscht wird, scheint es sich zu lohnen, für die Beschleunigung des Fortschritts, der ohnehin als gewiß und unabänderlich gilt, jeden Preis zu zahlen. »Das Postulat der Beschleunigung der Geschichte um jeden Preis und die Tatsache, daß man sie erleiden müsse, setzt den metaphysischen Glauben voraus, daß die Geschichte von vorneherein etwas Feststehendes sei und daß wir sie für richtig halten müßten[114].« Demgegenüber gilt es, den rationalen Kern des Materialismus zu retten. Für Marx war die Geschichte »absolut erdgebunden, er sah sie niemals metaphysisch und tauschte die Gesetze der gesellschaftlichen Entwicklung nicht gegen absolut logische Kategorien ein«. Die Unterstellung eines »abstrakten, einheitlichen Geschichtsverlaufes mit seinen ebenfalls abstrakten Formationen und Modellen« muß durch die Anstrengung ersetzt werden, konkret die Wege zu untersuchen, auf denen das festgehaltene Ziel des Sozialismus verwirklicht werden kann, ohne daß die Mittel den Zweck pervertieren. »Dem kommunistischen Bewußtsein ist nämlich nicht nur die Rationalisierung der Menschheitsgeschichte, sondern darüber hinaus noch die Verpflichtung zum Mitwirken an ihrer Veränderung sowie die Verantwortung für ihren Verlauf aufgegeben. Sie ist die Bejahung des Lebens, so wie es ist, aber nicht (nur) als Gegenstand einer rationalen Beobachtung, sondern (auch) als Stoff, der dank seiner Rationalität eine gewisse Elastizität besitzt und Objekt der Beeinflussung ist. Die gesamte Wirklichkeit wird einer Humanisierung unterzogen, wird eine menschliche Welt, das heißt sie ist nur existent als veränderliche Materie und nicht als ein nur zu beobachtendes Schauspiel[115].« Diese praktisch-kritische Auffassung der Geschichte schließt aber nicht die Kalkulation der echten Kosten des historischen Fortschritts aus: »Worauf stützen wir die Behauptung unseres Sieges? Darauf, daß wir in einem sozialistischen Staatsgefüge imstande sind, die Bedürfnisse der Menschen besser zu befriedigen; daß in der Schlußabrechnung die historischen Unkosten der sozialistischen Industrialisierung niedriger sein werden als die der kapitalistischen Industrialisierung. Das bezieht sich nur auf die realen Unkosten und den wirklichen Preis der Geschichte, auf den wirtschaftlichen, gesellschaftlichen und moralischen Preis ohne jede Metaphysik[116].« Gegen den Dogmatismus einer gefrorenen Geschichtsmetaphysik soll der humanistische Kommunismus mit dem Ziel der »wirklichen, vollständigen und allseitigen Befreiung der Menschen« erneuert werden. Dies war vor allem das Programm der dezidierten Kritiker aus den Reihen der »Po Prostu« Gruppe[117].

So sehr sich die Oppositionellen dabei auf den Ursprung des Historischen Materialismus berufen können, so sehr geraten sie in ihrer methodologischen Kritik am »Dogmatismus« in die Nähe eines positivistischen Historismus, der mit der »Parteilichkeit« einer materialistischen Philosophie, welcher Version immer, unvereinbar ist. Richtungweisend für die ganze Diskussion wurde Kolakowskis Unterscheidung von intellektuellem und institutionellem Marxismus[118].

Marxismus bezog sich unter Stalin nicht auf eine festumrissene Doktrin, sondern war der formale Ausdruck einer solchen. Der feste Umriß nämlich wurde von einer unfehlbaren Institution heute so und morgen anders dekretiert: »Man wird dadurch zum Marxisten, daß man die Bereitschaft mitbringt, einen Inhalt von Fall zu Fall so, wie ihn die Behörde präsentiert, zu akzeptieren[119].« Zum intellektuellen Marxismus gehört demgegenüber jede wissenschaftliche Aussage, die sich auf ein bestimmtes soziologisches

Verfahren stützt. Der Marxismus ist für Kolakowski Inbegriff eines »methodologischen Rationalismus«: Die Beurteilung einer Geschichtsinterpretation daraufhin, ob sie marxistisch oder nicht-marxistisch ist, kann sich lediglich auf ganz allgemeine methodologische Voraussetzungen beziehen[120]. Selbst diese Voraussetzungen haben nur heuristischen Wert. Sie ermöglichen eine unter vielen möglichen Interpretationen des faktischen Materials; und daran haben sie sich zu bewähren.

Kolakowski kommt zu dem Schluß, daß in den Gesellschaftswissenschaften, die verschiedene Denkweisen und verschiedene methodologische Typen mit Erfolg praktizieren, die Grenze zwischen Marxismus und Nicht-Marxismus ins Fließen kommt. Zwar finden sich in der gleichen Zeitschrift weniger extreme Beiträge, die die Parteilichkeit der Theorie nur im Hinblick auf deren Bindung an die Partei, nicht aber an die Klasse überhaupt revidieren möchten[121], aber es scheint, daß sich die rigorosen Kritiker von der Art Kolakowskis zunächst einmal durchsetzen konnten. Sie erheben den Revisionismus zum Prinzip der Theorie schlechthin: »Das heißt, daß die Gesamtheit des wertbeständigen Marxschen Beitrages im lebendigen Entwicklungsprozeß der Wissenschaften assimiliert wird, wobei ein bestimmter Anwendungsbereich für gewisse Thesen erhalten bleibt, andere ergänzt und manche ganz eliminiert werden«[122].

Die Methodologie der exakten Wissenschaften wird mit der erkenntnistheoretischen Unschuld positivistischer Marxisten, wie sie einst auch für die II. Internationale charakteristisch war, zum Maßstab zulässiger Aussagen erhoben, ohne das Problem der philosophischen Anleitung und Auswertung empirischer Sätze zu reflektieren. Kolakowski bringt die praktisch-kritische Rationalisierung der Geschichte, als die er den Sozialismus ähnlich wie Merleau-Ponty begreift, mit seiner positivistischen Wissenschaftstheorie freilich nicht in Einklang. Die doppelte Kritik am Dogmatismus, nämlich die inhaltliche auf der einen, die methodologische auf der anderen Seite, fallen auseinander. Aus der Not versucht er eine Tugend zu machen, indem er, ganz im Sinne Sartrescher Existenzphilosophie, »das Marxistische« zu einer nicht weiter ableitbaren Haltung, fast zu so etwas wie einem Lebensstil verklärt: »Die wesentlichste Teilung ist aber nicht die Teilung in orthodoxe Marxisten, die um alles in der Welt die Reinheit der Doktrin vor einer Beimischung heidnischen Blutes bewahren wollen, und in alle übrigen. Das Wichtigste ist vielmehr die Teilung in eine geisteswissenschaftliche Linke und in eine Rechte…, die ganz allgemein nicht durch eine konkrete Untersuchungsmethode, sondern durch eine intellektuelle Haltung gekennzeichnet ist[123].« Die Linke vertritt die Haltung des permanenten Revisionismus, die Rechte die des Opportunismus gegenüber dem Bestehenden. Kolakowski hält die eine für so ewig wie die andere und verzichtet darauf, die eher physiognomisch bezeichneten Standorte historisch zu begreifen und abzuleiten. Auch der radikale Rationalismus, für den die Linke Partei nimmt, gründet in einer irrationalen Entscheidung; die Kehrseite des methodologischen Positivismus ist ein existentialistischer Dezisionismus. »Niemand«, heißt es wie bei Sartre, »wird mit einem fertigen Rezept für den Sinn des Lebens geboren, dieses bleibt der eigenen Wahl vorbehalten[124].«

2. Fragwürdige Dialektik des Klassenbewußtseins
(Sartre, H. Marcuse)

Die polnische Kritik am Marxismus unterscheidet sich von der westlichen zunächst durch den Versuch, immanent zu verfahren. Die polnischen Intellektuellen analysieren den Stalinismus als eine falsche Gestalt der kommunistischen Theorie und Praxis; gleichzeitig prätendiert ihre Kritik eine Rechtfertigung des Marxismus. Gerade die politische Erfahrung unter dem Terrorregime scheint ihnen die Gewißheit mitzuteilen, daß die falsche Praxis aus der richtigen Theorie nicht mit Notwendigkeit folgt. Vielmehr bewährt sich diese Theorie, wenn es gelingt, die Abweichung der kommunistischen Praxis von der ursprünglichen Intention des Marxismus selber noch mit marxistischen Kategorien zu begreifen. Die Kritiker des Westens hingegen, die das »System« von außen betrachten, neigen dazu, obendrein von den Voraussetzungen ihrer geistesgeschichtlichen Betrachtungsweise verführt, den Stalinismus als eine Konsequenz bereits der anfänglichen Marxschen Lehre zu begreifen. Sie folgern, im Extrem, die sibirischen Arbeitslager aus den Pariser Manuskripten; und wo das nicht ohne weiteres gelingen will, aus dem menschlich gewiß nicht immer erfreulichen Briefwechsel zwischen Marx und Engels[125].

Der andere Unterschied im Vergleich zur immanenten Kritik der polnischen Marxisten zeigt sich am Mißverständnis des »Materialismus«, soweit dieser die gesellschaftliche Praxis zur Voraussetzung der Philosophie und die politisch-revolutionäre zu ihrem Ziel erklärt. Dieses Mißverständnis liegt indes so ferne nicht. Einerseits haben sich wichtige ökonomische Prognosen des Marxismus nicht erfüllt. Damit scheint er als ökonomische Theorie widerlegt und nur als eine von ihren ökonomischen Elementen gereinigte Philosophie der Diskussion wert zu sein[126]. Andererseits ist im Marxismus selbst das Verhältnis von Philosophie und Sozialwissenschaften nirgends zuverlässig geklärt worden. Als Georg Lukács und Karl Korsch[127] das Versäumte schließlich nachzuholen versuchten, gelang die Rettung der philosophischen Elemente im Marxismus nur mehr um den Preis einer fragwürdigen Hegelianisierung. So entstand eine neue Verbindung des Marxismus mit Hegel, wie vorher seit Engels, der Marxismus stets mit zeitgenössischen Philosophen und Philosophemen verbunden worden war: mit Darwin und Häckel zuerst, dann mit Mach und Avenarius, mit Kant und verschiedenen Kantianismen[128], endlich mit Husserl und Heidegger[129]. Wie sollte, nach alledem, der Marxismus als eine Theorie der Gesellschaft begriffen werden, die ihr Material sowohl durch empirische Analysen wissenschaftlich sich geben lassen, als auch nach Maßstäben einer philosophischen Kritik interpretieren muß, um am Ende Philosophie zugleich aufheben und verwirklichen zu können. Freilich, wo die ökonomischen Prognosen nicht stimmen, stimmen auch die Annahmen nicht, aus denen die Prognosen abgeleitet sind. Eine immanente Kritik würde indes nicht schon daraus das Recht ableiten, die Theorie nur noch »philosophisch«, nämlich nach Aspekten zu analysieren, die historisch mehr oder minder interessant, aber systematisch gleichgültig sind.

Eine immanente Kritik des Marxismus wird anders verfahren. Sie könnte beispielsweise, um von den Versuchen der neueren Imperialismustheorie abzusehen, an Überlegungen derart anknüpfen, daß Marx bei seinen wissenschaftlichen Prognosen (von den philosophischen, die zugleich praktisch-politische sind, ist hier nicht die Rede) die Folgen ihres Ausgesprochenwerdens nicht hinlänglich bedacht, daß er die Selbstimplikationen seiner Lehre nicht vorausgesehen hat. Auf seiten der »herrschenden Klasse« hat eine an Verwaltungszwecken orientierte Ökonomie höchst differenzierte Methoden der Krisenbehandlung und -vorbeugung entwickelt; Techniken, die wirtschaftspolitisch wirksam eingesetzt werden. Die Marxsche Krisentheorie berücksichtigt hingegen, auch hierin objektivistisch, gar nicht erst die Möglichkeit, daß ihre Prognosen nicht nur die Proletarier in ihrer Entschlossenheit zur Revolution, sondern auch die Kapitalisten in ihrer Entschlossenheit zur Verhütung der Revolution bestimmen könnten, nämlich dazu, den ökonomischen Prozeß immer mehr mit Willen und Bewußtsein zu lenken und damit in den Kapitalismus selbst, zu

Zwecken seiner Erhaltung, Elemente einer Rationalisierung einzuführen, die Marx der sozialistischen Verfassung der Gesellschaft vorbehalten glaubte[130]. Auf seiten der »beherrschten Klasse« hatte das Aussprechen der Klassentheorie ebenfalls eine unerwartete Folge: die gewerkschaftliche Organisation zur Vertretung der unmittelbaren Interessen der Arbeiter als Individuen (im Tarifkampf) erwies sich weit wirksamer als die politische Organisation zur Verwirklichung des objektiven Interesses der Arbeiter als Klasse (im Klassenkampf). Bekanntlich hat Lenin dem Faktum dieses schon von Marx bekämpften »Tradeunionismus« die politisch einzig effektive Interpretation gegeben, und eine Partei von Berufsrevolutionären begründet, auf die sich dann die stalinistische Diktatur stützen konnte. Rosa Luxemburg vertrat demgegenüber die orthodoxe These: daß die revolutionäre Bewegung nur mit Willen und Bewußtsein des ganzen Proletariats zum Erfolg führen könne, nicht aber auf dem Wege einer Parteidiktatur über unmündige Massen. Beide behielten recht, Lenin im Hinblick auf den sofortigen, Luxemburg im Hinblick auf den langfristigen Erfolg der (russischen) Revolution.

In dieser Kontroverse spiegelt sich ein theoretisches Dilemma. Kann das proletarische Klassenbewußtsein heute noch als revolutionäres Bewußtsein nachgewiesen werden? Wir sprechen nicht von dem tatsächlichen Prozeß, in dem sich eine Gesellschaft von Klassen, deren eine über die andere rücksichtslos herrscht, zu einer hochbürokratisierten Gesellschaft von Apparaten entwickelt hat, an deren anonymgewordener Herrschaft die Menschen gleichsam wie Dienstpersonal teilnehmen – obschon damit der Klassenunterschied nicht etwa aufgehoben ist. Wir fragen nur, ob nicht der Theorie immanent ein Fehler nachgewiesen werden kann, der erklären würde, warum Marx jenen Selbstimplikationen seiner Theorie gegenüber befangen blieb.

Sartre bietet in seinem Essay über »Materialismus und Revolution« eine ausgezeichnete Analyse, aus der hervorgeht, warum der Historische Materialismus in der Situation der Proletarier, um verstanden und wirksam zu werden, seine ursprüngliche Gestalt einbüßen und die des »materialistischen Mythos«, des offiziellen Diamat also, annehmen mußte. Die Analyse schließt sich an Hegels Dialektik von Herr und Knecht an, um zu zeigen, daß allein eine materialistische Weltanschauung im Stil des »Anti-Dühring« dem Proletarier die angemessenen Mittel in die Hand gibt, seine eigene Lage, soweit sie ihm anschaulich gegeben ist, revolutionär zu inter pretieren. So heißt es zunächst vom Proletarier: »Gewiß, seine Arbeit wird ihm von Anfang an auferlegt, und schließlich stiehlt man ihm ihren Ertrag. Aber innerhalb dieser beiden Grenzen verleiht sie ihm die Herrschaft über die Dinge; der Arbeiter ergreift sie als Möglichkeit, die Form eines materiellen Gegenstandes ins Unendliche sich abändern zu lassen, indem er auf ihn einwirkt nach gewissen allgemeinen Regeln. Anders ausgedrückt: der Determinismus der Materie ist es, der ihm das erste Bild seiner Freiheit darbietet. Ein Arbeiter ist nicht Determinist wie der Gelehrte: Er macht aus dem Determinismus kein ausdrücklich formuliertes Postulat. Er lebt in seinen Arbeitsbewegungen, in der Bewegung seines Armes, der eine Niete trifft oder einen Hebel niederdrückt; er ist davon so durchdrungen, daß er, tritt die gewünschte Wirkung nicht ein, nach der verborgenen Ursache suchen wird, ohne jemals bei den Dingen Launen oder plötzliche und zufällige Brüche der natürlichen Ordnung zu vermuten. Und, wenn im Tiefpunkt seiner Sklaverei, dann nämlich, wenn die Willkür des Herrn ihn in eine Sache verwandelt, das Handeln ihn befreit, indem es ihm die Herrschaft über die Dinge und eine Spezialistenautonomie verleiht, über die der Herr nichts vermag, dann hat sich die Idee der Befreiung für ihn mit der des Determinismus verbunden... So erscheint ihm der Determinismus als ein läuternder Gedanke... Wenn alle Menschen Dinge sind, so gibt es keine Sklaven mehr, es gibt nur noch faktisch Unterdrückte[131].«

Am Ende spricht Sartre die Funktion der materialistischen Weltanschauung für das Klassenbewußtsein unmittelbar aus: »indem der Materialismus den Menschen in Verhaltensweisen zerlegt, die streng nach dem Vorbild der Verrichtungen des Taylorsystems erdacht sind, spielt er die Rolle des Herrn. Es ist der Herr, der den Sklaven als Maschine begreift. Indem er sich als einfaches Naturprodukt betrachtet, als einen ›Naturel‹, sieht sich der Sklave mit den Augen des Herrn. Er denkt sich als einen ›Anderen‹ und mit den Gedanken des ›Anderen‹. Es besteht daher Einheit zwischen der Auffassung des materialistischen Revolutionärs und derjenigen seiner Unterdrücker, und zweifellos kann man sagen, daß das Ergebnis des Materialismus darin bestehe, den Herren in die Falle zu locken und ihn gleich dem Sklaven in ein Ding zu verwandeln«[132].

Wenn aber eine naturalistische Einstellung in den Köpfen der Klasse mit Notwendigkeit entsteht, die die Revolution tragen soll, dann wird die Problematik des proletarischen Klassenbewußtseins offensichtlich. Nach Marx hat das Proletariat die einzigartige Chance, die gesellschaftlichen Verhältnisse zum ersten Mal in der Geschichte ganz, und das heißt frei von ideologischer Befangenheit, zu reflektieren und zu revolutionieren. Und diese Funktion soll es auf Grund einer Dialektik erfüllen, die Marx so beschreibt: »Weil die Abstraktion von aller Menschlichkeit, selbst vom Schein der Menschlichkeit im ausgebildeten Proletariat praktisch vollendet ist, weil in den Lebensbedingungen des Proletariats alle Lebensbedingungen der heutigen Gesellschaft in ihrer unmenschlichsten Spitze zusammengefaßt sind, weil der Mensch in ihm sich selbst verloren, aber zugleich nicht nur das theoretische Bewußtsein dieses Verlustes gewonnen hat, sondern auch unmittelbar durch die nicht mehr abzuweisende, nicht mehr zu beschönigende, absolut gebieterische Not – den praktischen Ausdruck der Notwendigkeit – zur Empörung gegen diese Unmenschlichkeit gezwungen ist, darum kann und muß das Proletariat sich selbst befreien. Es kann sich aber nicht selbst befreien, ohne seine eigenen Lebensbedingungen aufzuheben. Es kann seine eigenen Lebensbedingungen nicht aufheben, ohne alle unmenschlichen Lebensbedingungen der heutigen Gesellschaft, die sich in seiner Situation zusammenfassen, aufzuheben[133].«

Eine materialistische Dialektik muß an den historisch gegebenen Verhältnissen ihre Kraft aufs neue in konkreter Analyse beweisen und darf ihnen das dialektische Schema nicht nur überstülpen. Und doch verfährt Marx so, gerade an diesem Kernpunkt der Theorie. Die Vollendung des Selbstbewußtseins der Menschheit in den Köpfen der erniedrigsten, ausgehungertsten und dumpfesten Individuen ist fragwürdig: Läßt sich die Vernunft in Parolen umsetzen und durch Parolen verwirklichen? Sollte sich nicht das Selbstbewußtsein der Gattung als eine Reaktion gegen die Unwahrheit des Reichtums innerhalb einer ohnehin auf hohes Bewußtsein gespannten Gesellschaft eher herstellen, denn als eine Reaktion gegen die Unwahrheit eines Elends innerhalb einer Klasse, deren körperliche Ausbeutung alle Anstrengungen des Bewußtseins von vornherein zu einer gesellschaftlich zufälligen macht? Sollte der »Pauperismus« inmitten des Wohlstandes nicht eher als der Pauperismus inmitten des Elends die Bedingungen der Möglichkeiten liefern, um die Masse der Bevölkerung dazu zu bewegen, das, was ist, an dem, was möglich ist, zu messen? Sollte nicht eine Dialektik des falschen Überflusses eher zur Reflexion irrationaler Herrschaft führen als eine Dialektik der richtigen Armut[134]? Die Stufe der

Verallgemeinerung, auf der diese Frage in der Absicht einer immanenten Kritik gestellt wird, sollte nicht vergessen machen, daß eine Entscheidung glaubhaft nur auf Grund empirischer Nachweise möglich wäre.

Wenn wir am Ende eine Analyse Herbert Marcuses zur Sprache bringen, dann nicht nur, um die Problematik eines Selbstbewußtseins der Menschheit unter den heutigen Umständen zu bezeichnen, sondern vor allem auch deshalb, um an einem Beispiel vorzuführen: wie der philosophische Ansatz des Historischen Materialismus im Zusammenspiel, und nur im Zusammenspiel mit empirischen Forschungen, seine Fruchtbarkeit gerade dort beweist, wo man die einzelnen Lehrstücke des Marxismus vorbehaltlos der fälligen Revision unterzieht. So diskutiert Marcuse streng in der Absicht einer materialistischen Philosophie, aber schon auf anderen Voraussetzungen als denen beispielsweise der Marxschen Klassentheorie:

»Die bisherige Kultur war herrschaftsmäßig, insofern das gesellschaftliche Bedürfnis durch das Interesse der jeweils herrschenden Gruppen bestimmt war und dieses Interesse die Bedürfnisse der anderen und die Weisen und Grenzen ihrer Befriedigung definierte. Diese Kultur hat den gesellschaftlichen Reichtum bis zu einem Punkte entwickelt, an dem die den Individuen auferlegten Verzichte und Lasten immer unnötiger, irrationaler erscheinen. Am krassesten drückt sich die Irrationalität aus in der intensivierten Unterwerfung der Individuen unter den ungeheuren Produktions- und Verteilungsapparat, in der Entprivatisierung der Freizeit, in der beinahe ununterscheidbaren Verschmelzung von konstruktiver und destruktiver gesellschaftlicher Arbeit. Und gerade diese Verschmelzung ist die Bedingung der stetig wachsenden Produktivität und Naturbeherrschung, die auch die Individuen – oder wenigstens deren Mehrzahl in den fortgeschrittensten Ländern – immer komfortabler am Leben erhält. So wird die Irrationalität zur Form der gesellschaftlichen Vernunft, zum vernünftigen Allgemeinen... Das Allgemeine hat sich von jeher in der Opferung des Glücks und der Freiheit eines großen Teils der Menschen durchgesetzt: Es enthielt immer den Widerspruch gegen sich selbst, verkörpert in politischen und geistigen Kräften, die nach einer anderen Lebensform drängten. Was der gegenwärtigen Stufe eigen ist, ist die Stillstellung dieses Widerspruchs: die Bewältigung der Spannung zwischen der Positivität – der gegebenen Lebensform – und ihrer Negation – dem Widerspruch gegen diese Lebensform im Namen der geschichtlich möglichen größeren Freiheit… Der totalitäre Staat ist nur eine der Formen – vielleicht schon eine veraltete Form – in denen sich der Kampf gegen die geschichtliche Möglichkeit abspielt. Die andere Form verwirft den Terror, weil sie stark und reich genug ist, sich ohne ihn zu retten… Aber nicht dies, sondern die Weise, in der sie die ihr zur Verfügung stehenden Produktivkräfte organisiert und verwendet, bestimmt ihre geschichtliche Tendenz: Auch sie hält trotz allem technischen Fortschritt die Gesellschaft auf der erreichten Stufe fest, auch sie arbeitet gegen geschichtlich mögliche, neue Formen der Freiheit. In diesem Sinne ist auch ihre Rationalität regressiv, obgleich sie mit schmerzloseren und bequemeren Mitteln und Methoden arbeitet[135].«

Diese Thesen stehen hier nicht als Bekenntnis, sondern als Beispiel. Eine Kritik müßte in die soziologische Diskussion der Sache selbst eintreten.

1 Das Manuskript ist Dezember 1957 abgeschlossen worden. Weitere Literaturhinweise habe ich zusammengestellt in: Karl Marx, Ausgewählte Schriften, ed. B. Goldenberg, München 1962, S. 1253 ff., und in meiner bibliographischen Notiz im Anschluß an Kapitel 6.

2 H. Marcuse, Neue Quellen zur Grundlegung des Historischen Materialismus, in: Die Gesellschaft 7/IX, Berlin 1932, wieder abgedruckt in: H. Marcuse, Ideen zu einer kritischen Theorie der Gesellschaft, Frankfurt 1969, S. 7–54.

3 Zu Rosa Luxemburg vgl. jetzt die vorzügliche Biographie von Herbert Nettl, Rosa Luxemburg, Köln 1967.

4 Karl Löwith, Von Hegel zu Nietzsche, 1. Auflage, Zürich 1941. Zur gleichen Zeit war die teils parallel laufende, teils komplementäre Untersuchung von Herbert Marcuse, Reason and Revolution, London–New York 1941, (deutsch: Vernunft und Revolution, Neuwied 3. Aufl. 1970) erschienen.

5 Inzwischen hat Cornu eine dreibändige Biographie verfaßt: Karl Marx und Friedrich Engels, Leben und Werk (1. Bd. Berlin 1954, 2. Bd. Berlin 1962, 3. Bd. Berlin 1968).

6 A. Kojève, Introduction à la lecture de Hegel, Paris 1947, deutsch: Hegel, Versuch einer Vergegenwärtigung seines Denkens, Stuttgart 1958.

7 Vgl. dazu Iring Fetscher, Der Marxismus im Spiegel der französischen Philosophie, in: Marxismusstudien Bd. I a. a. O.

8 Die Heilige Familie und andere philosophische Frühschriften, Berlin 1953. Kleine ökonomische Schriften, ebd. 1955.

9 Aus ›Neues Deutschland‹ vom 19. 12. 1956.

10 Vgl. unten den Abschnitt über Kolakowski.

11 So H. Marcuse, Soviet Marxism, New York 1958, deutsch: Die Gesellschaftslehre des sowjetischen Marxismus, Neuwied 1964, und: W. Hofmann, Stalinismus und Antikommunismus, Zur Soziologie des Ost-West-Konflikts, Frankfurt 1967.

12 Ein Beispiel dafür gibt Sartre, vgl. unten meine Interpretation.

13 Von den Schriften, die zu Zwecken der Staatsbürgererziehung über den Diamat und dessen Entstehung unterrichten, nennen wir, außer den Beilagen des von der Bundeszentrale für Heimatdienst herausgegebenen »Parlament«, die drei wichtigsten: die in Dalp-Taschenbuchausgabe verbreitete Darstellung von I. M. Bochenski (Der sowjetrussische dialektische Materialismus, 2. Aufl. München 1956) ist mit einer gediegenen Bibliographie ausgestattet. Leider sind in die eingängigen Informationen über den Gegenstand kritische Anmerkungen des Autors verarbeitet, die deutlich ein Zeugnis philosophischer Naivität ausstellen. Demgegenüber besitzt die Darstellung Max Gustav Langes (Marxismus, Leninismus, Stalinismus, Stuttgart 1955) den Vorzug größerer Sicherheit vor allem in der historischen Entfaltung des Marxismus, obwohl auch dieses Buch gewissermaßen aus zweiter Hand lebt und aus einem Überblick über die vorhandene Sekundärliteratur gewonnen sein könnte. Die beiden Arbeiten Iring Fetschers sind die besten dieses pädagogischen Genres. Sowohl der Kommentar zum Grundtext des Diamat (Stalin, Über dialektischen und historischen Materialismus, vollständiger Text und kritischer Kommentar von Iring Fetscher, Frankfurt, Berlin, Bonn 1956) als auch das großzügig angelegte Entwicklungsschema von Marx bis auf Tito (Von Marx zur Sowjetideologie, Frankfurt, Berlin, Bonn 1957) präsentieren eine ernstzunehmende Deutung in klarer, fast populärer Gestalt, ohne dabei vom genuinen Niveau des Gegenstandes selbst etwas abzulassen. Vgl. inzwischen: Der Marxismus, Seine Geschichte in Dokumenten, ed. I. Fetscher, München 1962.

14 A. Rosenberg, Geschichte des Bolschewismus, Berlin 1932; Neudruck Frankfurt 1966; vgl. jetzt: A. Rosenberg, Demokratie und Sozialismus, Zur politischen Geschichte der letzten 150 Jahre, Frankfurt 1962.

15 In: Marxismusstudien Bd. I, S. 161 ff. und ebd. Bd. II, S. 61 ff.

16 K. Mehnert, Weltrevolution durch Weltgeschichte. Die Geschichtslehre des Stalinismus, 2. Aufl. Stuttgart 1953; vgl. auch die umfangreiche Bibliographie in: Georg v. Rauch: Geschichte des bolschewistischen Rußlands. Wiesbaden 1955; in diesen Gefilden schießt freilich eine politisch finanzierte Abwehrliteratur reich und nicht immer unverdächtig ins Kraut.

17 Jules Monnerot, Soziologie des Kommunismus, Köln/Berlin 1952; vgl. auch die zuerst 1952 erschienene Untersuchung von L. Kofler, Stalinismus und Bürokratie, Neuwied 1970.

18 Vgl. G. A. Wetter, Der dialektische Materialismus, Freiburg 1952.

19 Ebd. S. 568 ff. Vgl. dazu auch: Helmut Dehn, Der Streit um die Materie des Diamat, in: Ostprobleme, VIII, 27. Juli 1956.

20 Aus: Woprosy filosofii, Moskau 1956, übersetzt in: Ostprobleme IX, 8, (Februar 1957).

21 Iring Fetscher, Von der Philosophie des Proletariats zur proletarischen Weltanschauung, in: Marxismusstudien Bd. II, S. 26 ff.; eine ähnliche Fassung des gleichen Zusammenhangs bietet der Aufsatz: Von Marx zur Sowjetideologie, in: Der Mensch im kommunistischen System, ed. Werner Markert, Tübingen 1957; jetzt in ausgearbeiteter Fassung: Iring Fetscher, Karl Marx und der Marxismus, Von der Philosophie des Proletariats zur proletarischen Weltanschauung, München 1967. Vgl. in diesem Zusammenhang auch die inzwischen erschienene Analyse von G. Lichtheim, Marxism, A Historical and Critical Study, London 1961.

22 In den »Grundsätzen des Kommunismus«, die Bollnow hervorragend interpre-

tiert in seiner Untersuchung über Engels' Auffassung von Revolution und Entwicklung, in: Marxismusstudien Bd. I, S. 77 ff.

23 Vgl. I. Fetscher, Von Marx zur Sowjetideologie, a. a. O. S. 64. Fetscher macht mit Recht darauf aufmerksam, daß die Dialektik auf dem Gebiet der Naturwissenschaften niemals, wie Engels sich einbildet, eine »Methode zur Auffindung neuer Resultate« sein kann, sondern *allein Instrument der philosophischen Deutung von Forschungsergebnissen*. Der von den Naturwissenschaften »erklärte« Prozeß wird durch eine dialektische Interpretation »verstehbar«. Jakob Hommes' Versuch dagegen, Engels' Naturdialektik philosophisch »ernstzunehmen«, ist ebenso geistreich wie falsch. Er glaubt, die dialektisch verbrämte Entwicklungsmechanik der Natur genau aus der Subjekt-Objekt-Einheit begreifen zu dürfen, die sie doch gerade zerreißt: »Der Übergang des Quantitativen in das Qualitative ist die Auswirkung der dialektischen Aneignung der Welt durch den Menschen und insofern ein immerwährender Schöpfungsakt, mit dem die gegebene oder Naturwirklichkeit durch den dialektischen »Entschluß« des Menschen umgeschaffen wird ... Das Ziel der »Bewegung der Dinge«, der Heraussprung des Menschen aus der Notwendigkeit seines Daseins in die Freiheit, teilt sich dem Ganzen der Naturdinge, das für die dialektische Methode in die menschliche Geschichte einbezogen ist, als Grundgesetz der »Bewegung der Dinge« mit: der »Sprung« aus dem Niederen in das Höhere, wie er als Einheit des Entgegengesetzten und als Umschlag der Quantität in Qualität geschieht«. Der Technische Eros, Freiburg 1955, S. 200 f. Hommes unternimmt hier den Versuch, »die Naturdialektik« aus den »Pariser Manuskripten« begreifen zu wollen. Schließlich kann aber selbst er angesichts der harten naturalistischen Münze Engelsscher Weltanschauung nicht umhin, wenigstens »ein gewisses Selbstmißverständnis« des dialektischen Materialismus zuzugeben (a. a. O. Anm. 378, S. 189).

24 Vgl. Helmut Plessner, Abwandlungen des Ideologiegedankens, in: Zwischen Philosophie und Gesellschaft. Bern 1953, S. 218 ff.

25 Vgl. dazu auch den Briefwechsel zwischen Marx und Engels. Im Juni 1867 entwickelt Engels in einem Brief an seinen Freund die mechanische Pseudodialektik der quantitativen Steigerung, die übrigens viel eher etwas mit der quantitativen Differenz aus Schellings Naturphilosophie als mit der Dialektik Hegels zu tun hat. Marx antwortet sechs Tage später und verweist auf einen Paragraphen des »Kapitals« (Kapital Bd. I, Berlin 1955, S. 323), wo er »Hegels Entdeckung über das Gesetz des Umschlags der bloß quantitativen Änderung in qualitative« als in Geschichts- und Naturwissenschaften gleichermaßen bewährt zitiert. Von hier aus ist es allerdings nur ein kleiner Schritt zum materialistischen Evolutionsschema eines äußerlich hegelianischen haeckelschen Monismus, in dem, nach dem Ausspruch von Engels, Marx und Darwin auf gleicher Stufe rangieren: »Wie Darwin das Gesetz der Entwicklung der organischen Natur, so entdeckte Marx das Entwicklungsgesetz der menschlichen Gesellschaft.«

26 Zitate aus: Karl Marx, Pariser Manuskripte.

27 J. Hommes, a. a. O. S. 74 ff.

28 Ebd., S. 77.

29 Hommes' Marxkritik gehört in den Zusammenhang der neuthomistischen Apologetik. Das Schema seiner Konfrontationen: Metaphysik der Natur gegen Ontologie der Geschichte; Naturrecht gegen Selbstmacht des geschichtlichen Daseins; Selbststand der Dinge gegen Selbstüberhebung des technischen Eros usf. basiert auf dem unausgetragenen Streit analogischen und dialektischen Denkens. Das Verhältnis beider wird von katholischer Seite durch Bernhard

Lakebrink vorzüglich reflektiert. Sein Buch: Hegels dialektische Ontologie und die thomistische Analektik, Köln 1955, sei als dechiffrierender Kommentar zu Hommes empfohlen. Vgl. dazu auch Hommes' eigene Voruntersuchung: Zwiespältiges Dasein. Die existentiale Ontologie von Hegel bis Heidegger. Freiburg 1953.

30 Marx: »Der Mensch, das ist die Welt des Menschen...«, Marx/Engels, Werke Bd. I, S. 378.

31 Ebd., S. 384, von mir kursiv.

32 K. Marx, Frühschriften, ed. Landshut, S. 17.

33 Inzwischen hat meine Kritik berücksichtigt: M. Friedrich, Philosophie und Ökonomie beim jungen Marx, Berlin 1960.

34 Zur Kontroverse zwischen Landgrebe und mir vgl. G. Rohrmoser, Emanzipation und Freiheit, München 1970, S. 284 ff.

35 L. Landgrebe, Hegel und Marx, in: Marxismusstudien Bd. I, S. 39 ff., Zitat S. 51.

36 Ebd., S. 53.

37 Ebd., S. 53.

38 H. Popitz, Der entfremdete Mensch, Basel 1953, S. 129.

39 K. Marx, Frühschriften, ed. Landshut, S. 17.

40 Das Gesetz des Herzens und der Wahnsinn des Eigendünkels, in: Phänomenologie des Geistes, ed. Hoffmeister, S. 266 ff.

41 Ebd., S. 268.

42 Ebd., S. 273.

43 H. Popitz, a. a. O. S. 58.

44 E. Metzke, Mensch und Geschichte im ursprünglichen Ansatz des Marxschen Denkens, in Marxismusstudien Bd. II, S. 6; derselbe Aufsatz in: Der Mensch im kommunistischen System, ed. Werner Markert a. a. O., S. 3 ff.

45 E. Metzke, a. a. O. S. 18.

46 H. Popitz, a. a. O. S. 109–160. Übrigens sind die §§ 243 ff. der Hegelschen Rechtsphilosophie, die von den Widersprüchen der »bürgerlichen Gesellschaft« handeln, vor Popitz schon von Robert Heiss, in: Symposion Bd. I, Freiburg 1949, im Sinne eines »Vorwegnehmens« zentraler Gedanken des historischen Materialismus interpretiert worden.

47 Vgl. unten den Abschnitt über Dialektik der Arbeit.

48 L. Landgrebe, Über die Dialektik bei Hegel, Marx und Engels. Vortrag, gehalten vor der Marxismus-Kommission der Studiengemeinschaft der Evangelischen Akademien, März 1956, Protokoll, S. 18, veröffentlichte Fassung: Das Problem der Dialektik, in: Marxismusstudien Bd. III, Tübingen 1960.

49 L. Landgrebe, a. a. O. S. 17 f.

50 H. Popitz, a. a. O. S. 83.

51 Ebd.

52 Ebd. 88, von mir kursiv.

53 H. Popitz, a. a. O. S. 116.

54 Vgl. das Vorwort zur Kritik der politischen Ökonomie von 1858; schon 1845, in der Deutschen Ideologie, suchen Marx und Engels sich von »der philosophischen Phraseologie« zu distanzieren.

55 Die Unterscheidung dieser zwei »Notwendigkeiten« ist freilich, in der »Heiligen Familie« und der »Deutschen Ideologie« noch bewußt, später, insbesondere im Vorwort zum ersten Band des Kapitals und in dessen Schlußparagraphen verwischt worden; dies nicht zuletzt unter dem Einfluß des im metaphysischen Sinne »materialistischen« Engels.

56 H. Popitz, a. a. O. S. 99.

57 Carl Morf in: Deutsche Zeitschrift für Philosophie, 3. Jg. 1955, H. 4, S. 527 ff.

58 E. Metzke, a. a. O. S. 10.

59 L. Landgrebe, a. a. O. S. 39.

60 Hans Peter, Die politische Ökonomie bei Marx, in: Der Mensch im kommunistischen System, a. a. O. S. 24 ff.

61 J. A. Schumpeter, Kapitalismus, Sozialismus und Demokratie, 2. Aufl., Bern 1950, S. 15 ff.

62 Vgl. Ralf Dahrendorf, Klassen und Klassenkonflikt in der industriellen Gesellschaft, Stuttgart 1957.

63 Marx in seiner 1857 verfaßten Einleitung zur Kritik der Politischen Ökonomie von 1859.

64 H. Popitz, a. a. O. S. 104.

65 Ebd., S. 165.

66 K. Löwith, Weltgeschichte und Heilgeschehen, Stuttgart 1953, S. 38 ff.

67 Vgl. die inzwischen erschienene Untersuchung von R. C. Tucker, Philosophy and Myth in Karl Marx, Cambridge 1961; deutsch: Karl Marx, Die Entwicklung seines Denkens von der Philosophie zum Mythos, München 1963.

68 H. Blumenberg, Säkularisation, Kritik einer Kategorie historischer Illegitimität, in: H. Kuhn u. F. Wiedmann (Hg.), Die Philosophie und die Frage nach dem Fortschritt, München 1964, S. 240 ff.; ders., Die Legitimität der Neuzeit, Frankfurt 1966.

69 Marxismusstudien Bd. I, S. 199.

70 Jean Lacroix, Der Marxistische Mensch, in: Der Mensch in marxistischer und in christlicher Schau, Offenburg/Baden o. J. S. 40 ff.

71 Ernst Bloch, Differenzierungen im Begriff Fortschritt, Berlin 1956, S. 42.

72 Vgl. meine Untersuchung über Ernst Bloch, Ein marxistischer Schelling, in: Philosophisch-politische Profile, a. a. O. S. 147 ff.

73 Ernst Bloch, Differenzierungen im Begriff Fortschritt, Berlin 1956, S. 34.

74 Ebd., S. 38.

75 E. Bloch, Das Prinzip Hoffnung.

76 Die »Natur« dieses kosmologischen Naturalismus ist von der »Materie« des Diamat durch einen Abgrund getrennt. Vgl. dazu inzwischen: A. Schmidt, Der Begriff der Natur in der Lehre von Marx, Frankfurt 1962.

77 J. P. Sartre, Materialismus und Revolution, Stuttgart 1950, jetzt in: Situationen, Reinbek 1965, S. 247 ff. Inzwischen hat Sartre durch Aufnahme Hegelscher Motive seinen »anthropologischen« Standpunkt revidiert, vgl. Critique de la raison dialectique, Paris 1960, deutsch: Kritik der dialektischen Vernunft, Reinbek 1967; siehe auch die Übersetzung der interessanten Questions de méthode unter dem Titel: Marxismus und Existentialismus, Reinbek 1964.

78 J. P. Sartre, Materialismus und Revolution, a. a. O. S. 59 f.

79 Ebd. S. 60.

80 Ebd., S. 103.

81 Ebd., S. 69.

82 Ebd., S. 101

83 Vgl. dazu Raymond Aron: Existentialisme et Marxisme, in: L'homme, le monde, l'histoire, Paris 1954. Derselbe: L'opium des Intellectuels, Paris 1954, deutsche Ausgabe 1957. Vom Standpunkt der Sowjetorthodoxie aus erhebt G. Lukacs, in: Existentialismus oder Marxismus, Berlin 1951 gegen Sartre den Vorwurf des »subjektiven Idealismus«.

84 M. Merleau-Ponty, Les Aventures de la Dialectique, S. 186, Anm.; deutsch: Die

Abenteuer der Dialektik, Frankfurt 1968; vgl. zum ganzen Abschnitt die ausgezeichnete Studie von Rudolf W. Meyer, Maurice Merleau-Ponty und das Schicksal des französischen Existentialismus, in: Philosophische Rundschau III, 3/4, S. 1 ff.

85 M. Merleau-Ponty, a. a. O. S. 27.

86 M. Merleau-Ponty, Sens et non-Sens, Paris 1948, S. 163, zitiert nach R. W. Meyer, a. a. O. S. 155.

87 M. Merleau-Ponty, Humanisme et Terreur, Paris 1949, S. 120; deutsch: Humanismus und Terror, Frankfurt 1966.

88 Seinsgeschichte meint nichts anderes, solange Sein je an ein Andenken dieses Seins, eben an den in Dichten und Denken sprachlich »gelichteten« Hof gebunden erscheint.

89 Zur These, daß der Sinn von Geschichte, auch soweit er das ontische Geschehen betrifft, nur ontologisch sich begreifen lasse. vgl. unten meinen Hinweis auf Heidegger.

90 Wir sind hier zu einer fast unzulässigen Verkürzung der Wiedergabe genötigt.

91 Vgl. Karl Jaspers, Die großen Philosophen, München 1957, S. 534 ff.

92 Von der Erkenntnisart des »Andenkens«, dem sich Sein und Geschichte des Seins erschließen sollen, wäre im einzelnen zu handeln. Hier genügt die Feststellung, daß sie sich den Maßstäben transzendentaler und empirischer Kritik entzieht.

93 Inzwischen habe ich bemerkt, daß dieses eigentümliche Motiv von H. Freyer aufgenommen worden ist, in: Soziologie als Wirklichkeitswissenschaft, Leipzig/Berlin 1930, vor allem S. 304 f.

94 Die hier angedeutete Idee einer materialistischen Geschichtsphilosophie in praktischer Absicht kritisiert H. Pilot unter methodologischen Gesichtspunkten: J. Habermas' empirisch falsifizierbare Geschichtsphilosophie, in: Adorno u. a., Der Positivismusstreit in der deutschen Soziologie, Neuwied 1969, S. 307–334. Den Widersprüchen, die Pilot konstruiert, und den skeptischen Folgerungen, die er daraus zieht, meine ich durch eine auf eine Konsensustheorie der Wahrheit gestützte Universalpragmatik entgehen zu können. Vgl. meine Beiträge zu: J. Habermas, N. Luhmann, Gesellschaftstheorie oder Sozialtechnologie, Frankfurt 1971.

95 Th. W. Adorno, Zur Metakritik der Erkenntnistheorie, Studien über Husserl und die phänomenologischen Antinomien, Stuttgart 1956, S. 49; jetzt in: Gesammelte Schriften Bd. 5, Frankfurt 1971.

96 Ebd. S. 15 f.

97 Ebd., S. 30.

98 Ebd., S. 33.

99 Hans Barth, Wahrheit und Ideologie, Zürich 1961; vgl. auch H. J. Lieber, Wissen und Gesellschaft, Tübingen 1952, und K. Lenk, Ideologie, Neuwied 1961.

100 Die Idee des intellectus archetypus, zu dem sich das philosophische Erkennen bisher in Verhältnis setzte, steht innerhalb der ontologischen Denkungsweise genau dort, wo innerhalb der praktischen die Einheit von Theorie und Praxis steht. Der archetypische Intellekt schafft, indem er denkt, er weiß, indem er erzeugt. Die Bedingungen der Endlichkeit sind suspendiert. Die Theorie aber, die mit der Praxis des realen Lebenszusammenhangs wieder übereinkommt, wird nichts dergleichen können; sie gewinnt weder Unendlichkeit noch Schöpfermacht überhaupt. Sie wird, ihrer Idee nach, einzig erlauben, daß Menschen, soweit es die Reproduktion ihrer Gattung betrifft, wissen, was sie tun, und nichts

politisch Folgenreicheres tun müssen, was sie nicht in Antizipation der wichtigsten Folgen und Nebenfolgen wissen können.

101 Im Zusammenhang mit den nationalen Befreiungskämpfen sind neue Revolutionskonzepte entwickelt worden. Neben den taktischen Schriften von Mao Tse-tung und Che Guevara, vgl.: F. Fanon, Die Verdammten dieser Erde, Frankfurt 1966; R. Debray, Revolution in der Revolution, München 1967; mit Folgerungen für den revolutionären Kampf in den »Metropolen«: H. Marcuse, Versuch über die Befreiung, Frankfurt 1969.

102 Hier ist auch der Ort, an dem Marx seine Lehre vom Proletariat einführt. Die Existenz des Proletariats ermöglicht eine Philosophie vom Standpunkt des Proletariats aus. Und dieser Standpunkt, glaubt Marx zeigen zu können, ist im Hinblick auf die bestehende Gesellschaft so zentral wie exzentrisch: Er ist innerhalb außerhalb ihrer und bietet darum einen einzigartigen Erkenntnisvorzug vor allen anderen perspektivisch verzerrenden Standpunkten.

103 Vgl. meine Antrittsvorlesung: Erkenntnis und Interesse, in: Technik und Wissenschaft als ›Ideologie‹, Frankfurt 1968.

104 Th. W. Adorno, Aspekte der Hegelschen Philosophie, Frankfurt 1957, S. 28; jetzt in: Gesammelte Schriften Bd. 5, Frankfurt 1971.

105 »… weil nichts gewußt wird, als was durch Arbeit hindurch ging, wird die Arbeit, zu Recht und zu Unrecht, zum Absoluten, Unheil zum Heil«, ebd. S. 31.

106 K. Marx, Das Kapital Bd. III, Berlin 1953, S. 873 f.

107 E. Metzke, a. a. O. S. 23 f. Zu demselben Schluß kommen, fast gleichlautend, Landgrebe und Hommes.

108 Vgl. Dazu Lukács' eigene Darstellung in dem Aufsatz »Es geht um den Realismus«, in: Essays über den Realismus, Berlin 1948. Ferner die Stellungnahme zu »Geschichte und Klassenbewußtsein« in dem von R. Garaudy herausgegebenen Band: Les Aventures de l'Antimarxisme, Les malheurs de M. Merleau-Ponty, Paris 1956; die letzte und retrospektiv abgewogenste Einschätzung des Buches und der theoretischen Abkehr von diesem Buch findet sich jetzt im Vorwort zu »Geschichte und Klassenbewußtsein«, Werke Bd. 2, Neuwied 1968, S. 11–42.

109 Zur philosophischen Marx-Diskussion in Jugoslawien und der Tschechoslowakei vgl. meine bibliographische Notiz.

110 Vgl. Ostprobleme Bd. IX, S. 769.

111 Ostprobleme Bd. IX, S. 367.

112 In Woprosy filosofii Nr. 4, 1957 unter dem Titel: »Ist das Marxismus?«, vgl. Ostprobleme Bd. IX, S. 1078 ff.

113 Ostprobleme, ebd., S. 1082.

114 Vgl. Ostprobleme Bd. IX, S. 368.

115 Ebd.

116 Ebd.

117 »Po prostu« ist aus einer Warschauer Studentenzeitung hervorgegangen und wurde zur Plattform der linken Opposition mit Gomulka gegen Gomulka. Die Zeitung wurde im September 1957 verboten. Das Verbot löste Unruhen unter der Studentenschaft aus. Über die Gründe des Zentralkomitees unterrichtet ein Artikel der Warschauer Parteizeitung »Trybuna Ludu« vom 12. Oktober 1957, vgl. Ostprobleme Bd. IX, S. 1072.

118 Leszek Kolakowskis hier besprochene Aufsätze liegen inzwischen gesammelt vor: Der Mensch ohne Alternative, München 1960.

119 Ostprobleme Bd. IX, S. 783.

120 Ebd., S. 786.

121 Beispielsweise Ostprobleme Bd. VIII, S. 1598.

122 Ostprobleme Bd. IX, S. 788.

123 Ebd.

124 Ostprobleme Bd. IX, S. 368.

125 Ein extremes Beispiel dieser Art gibt L. Schwarzschild mit seiner Biographie: Der rote Preuße, Stuttgart 1954; vgl. dazu meine Glosse in: Merkur, Heft 94, 1955.

126 Zur ökonomischen Diskussion verweise ich auf: Maurice Dobb, Political Economy and Capitalism, London 1953; ders., Studies in the Development of Capitalism, London 1954, deutsch: Entwicklung des Kapitalismus, Köln 1970; P. M. Sweezy, The Theory of Capitalist Development, deutsch: Theorie der kapitalistischen Entwicklung, Frankfurt 1970; weitere Literaturangaben inzwischen in: Marx, Ausgewählte Schriften, a. a. O. S. 1257 ff. und meine bibliographische Notiz.

127 K. Korsch, Marxismus und Philosophie, Frankfurt 1966. Mit dieser Ausgabe hat E. Gerlach die wichtigen Arbeiten Korschs aus den zwanziger und dreißiger Jahren wieder zugänglich gemacht.

128 Vgl. H. J. Sandkühler und R. de la Vega (Hg.), Marxismus und Ethik, Frankfurt 1970.

129 Der erste »Heideggermarxist« war Herbert Marcuse; vgl. dazu seine Aufsätze: Zum Problem der Dialektik, in: Die Gesellschaft VII, 1; Ideologie und Utopie, ebd. VI, 10; Transzendentaler Marxismus, ebd. VII, 10; Zur Kritik der Soziologie, ebd. VIII, 9; Zum Problem der Dialektik, in Philosophische Hefte I, 1. Vgl. auch die Abhandlung: Über die philosophischen Grundlagen des wirtschaftswissenschaftlichen Arbeitsbegriffs, in: Archiv für Sozialwissenschaft und Sozialpolitik, 69. Bd. H. 3, wieder abgedruckt in: H. Marcuse, Kultur und Gesellschaft 2, Frankfurt 1965, S. 7 ff.

130 Marx hat seine Lehren nicht unter dem Gesichtspunkt einer *selffullfilling* bzw. *selfdestroying prophecy* reflektiert.

131 J. P. Sartre, a. a. O. S. 80 ff.

132 Ebd., S. 88 f.

133 K. Marx, Frühschriften, ed. Landshut, S. 318.

134 Vgl. meine Interpretation der Motive der Studentenbewegung in der Einleitung zu: J. Habermas, Protestbewegung und Hochschulreform, Frankfurt 1969. Vgl. auch meinen Beitrag zu dem Sammelband: Marx und die Revolution, Frankfurt 1970, S. 24–44, wo ich die Hypothese entwickelt habe, »daß nicht materielles Elend, sondern materieller Überfluß die Grundlage ist, auf der die kleinbürgerliche Struktur der Bedürfnisse, die sich unter dem Zwang des individuellen Konkurrenzkampfes in Jahrhunderten herausgebildet und nun auch in die integrierte Arbeiterschaft hinein fortgepflanzt hat, gebrochen werden kann. Erst die Psychologie des Überdrusses an erreichbarem Wohlstand macht für den ideologisch verschleierten Zwang jener bürokratisierten Arbeits- und Lebensformen empfindlich, innerhalb deren der Wohlstand von vergangenen Generationen erarbeitet worden ist. Die Revolution würde, wenn das zutrifft, die Abschaffung der Armut nicht herbeiführen, sondern voraussetzen«, ebd. S. 41 f.

135 H. Marcuse, Trieblehre und Freiheit, in: Freud in der Gegenwart, Frankfurt 1957; vgl. auch: Eros und Zivilisation, a. a. O.

Nachweise

Die klassische Lehre von der Politik in ihrem Verhältnis zur Sozial-
philosophie
Ausarbeitung meiner Marburger Antrittsvorlesung, Dezember
1961, erstmals in *Theorie und Praxis* 1963 veröffentlicht.

Naturrecht und Revolution
Ausarbeitung von Vorträgen anläßlich des VII. Deutschen Kongresses für Philosophie und einer Tagung der Internationalen Vereinigung für Rechts- und Sozialphilosophie, Oktober 1962, erstmals in *Theorie und Praxis* 1963 veröffentlicht.

Hegels Kritik der Französischen Revolution
Ausarbeitung meiner Heidelberger Antrittsvorlesung, Juli 1962,
erstmals in *Theorie und Praxis* 1963 veröffentlicht.

Zu Hegels politischen Schriften
Veröffentlicht als Nachwort in: G. W. F. Hegel, *Politische Schrif-*
ten, Frankfurt 1966, S. 343–370.

Dialektischer Idealismus im Übergang zum Materialismus
Ausarbeitung eines Vortrags vor dem philosophischen Seminar der
Universität Heidelberg, Juli 1961, erstmals in *Theorie und Praxis*
1963 veröffentlicht.

Zwischen Philosophie und Wissenschaft: Marxismus als Kritik
Ausarbeitung eines Vortrages vor der Zürcher Philosophischen
Gesellschaft, Dezember 1960, erstmals in *Theorie und Praxis* 1963
veröffentlicht.

Kritische und konservative Aufgaben der Soziologie
Ausarbeitung eines Vortrages auf den Berliner Universitätstagen,
Januar 1962; veröffentlicht in: *Wissenschaft und Verantwortung*,
Berlin 1962, S. 157 ff. und 1963 in *Theorie und Praxis*.

Dogmatismus, Vernunft und Entscheidung
für *Theorie und Praxis* 1963 geschrieben.

Praktische Folgen des wissenschaftlich-technischen Fortschritts
Veröffentlicht in: H. Maus (Hg.), *Gesellschaft, Recht und Politik*,
Festschrift für W. Abendroth, Luchterhand-Verlag, Neuwied
1968, S. 121–146.

Vom sozialen Wandel akademischer Bildung
Vortrag auf den Berliner Universitätstagen, Januar 1963, veröffentlicht in: Universität und Universalität, Berlin 1963, S. 165 ff.

Demokratisierung und Hochschule – Politisierung der Wissen-
schaft?

Vortrag vor der Westdeutschen Rektorenkonferenz, Mai 1969, veröffentlicht in: Merkur, XXIII, Jg. Juni 1969, S. 597 ff.

Anhang
Literaturbericht zur philosophischen Diskussion um Marx und den Marxismus
Veröffentlicht in: Philosophische Rundschau, Verlag. J. C. B. Mohr (Siebeck), Tübingen 1957, V. Jahrgang, Heft 3/4, S. 165 bis 235.

Register

stw 149 Urs Jaeggi
Theoretische Praxis
224 Seiten
In der deutschen Strukturalismus-Debatte ist der strukturale Marxismus in die sozialphilosophische Fragestellung
aufgesogen worden. Als Kritiker am Hyper-Empirismus,
als Gegner der »Rhapsodie von Fakten«, steht er andererseits quer sowohl zu einem Spät- oder Neohegelianismus
wie auch zu den Exerzitien einer wortgetreuen Marx/
Engels-Exegese. Jaeggi versucht herauszuarbeiten, weshalb
der strukturale Ansatz dabei nicht gegen die historisch-
materialistische Methode ausgespielt werden kann, sondern
im Rahmen des historischen Materialismus richtige Fragen
formuliert und reformuliert.

stw 151 Clemens Lugowski
Die Form der Individualität im Roman
Mit einer Einleitung von Heinz Schlaffer
240 Seiten
Seit ihrem ersten Erscheinen (1932) ist Lugowskis Abhandlung nur wenigen Fachgelehrten bekanntgeworden: einer
der bedeutendsten Beiträge zur Literaturwissenschaft ist
noch zu entdecken. Seine Parallelen liegen außerhalb der
zünftigen Germanistik: in Cassirers *Philosophie der symbolischen Formen*, in den kunsttheoretischen Arbeiten der
Warburg-Schule, im russischen Formalismus.
In der gegenwärtigen Situation der Literaturwissenschaft,
die sich in textlinguistische und sozialgeschichtliche Schulen
getrennt hat, kann dieses Buch an vergessene Vermittlungen erinnern: an ästhetische Sinnformen, an die besondere
Weise der Dichtung, Leben und Welt deutend darzustellen.

stw 154 Jürgen Habermas
Zur Rekonstruktion des Historischen Materialismus
352 Seiten
Die in diesem Band zusammengefaßten Arbeiten zielen
alle auf die Rekonstruktion des Historischen Materialismus ab. Rekonstruktion heißt hier: eine Theorie ausein-
andernehmen und in neuer Form wieder zusammensetzen,
um das Ziel, das sie sich gesetzt hat, besser zu erreichen.

stw 155 Peter Weingart
Wissensproduktion und soziale Struktur
256 Seiten
Die in diesem Band zusammengefaßten Arbeiten zielen
alle auf die Begründung und Explikation eines neuen Ansatzes in der Wissenschaftssoziologie. Ihr systematischer
Zusammenhang ergibt sich aus dem Versuch, Wissen als
»soziale Kategorie« zu fassen. Damit eröffnet sich die
Möglichkeit, die historische und aktuelle Analyse der Wissenschaftsentwicklung und -politik über die Beschränkun-
gen der in diesem Feld vorherrschenden Begriffsraster hin-
auszutreiben.

stw 156 *Seminar: Kommunikation, Interaktion, Identität*
Herausgegeben von Manfred Auwärter, Edit Kirsch
und Klaus Schröter
Der Band enthält Arbeiten aus der Interaktions- und Kom-
munikationsforschung, die u. a. als Beiträge zur Klärung
folgender Fragen gesehen werden können: Wie interpretieren Individuen wechselseitig ihre Äußerungen und Handlungen? Wie stimmen sie Erwartungen aufeinander ab?
Wie verhalten sie sich im Fall der Enttäuschung von Erwartungen? Was folgt daraus für den Prozeß, in dem
grundlegende interaktive und kommunikative Fähigkeiten
erworben werden und Identitäten aufgebaut und bewahrt
werden?

stw 157 Heinz Kohut
Narzißmus
Eine Theorie der psychoanalytischen Behandlung
narzißtistischer Persönlichkeitsstörungen
Aus dem Amerikanischen von Lutz Rosenkötter
400 Seiten

»Ohne Frage ist dieses Buch ein Meilenstein, nicht nur in der Fortentwicklung der Psychoanalyse über Freuds ursprüngliche Ansätze hinaus, sondern auch im so langsam und zäh fortschreitenden Erkenntnisprozeß des Menschen über seine eigene Natur.«   *Jürgen vom Scheidt*

stw 158 Norbert Elias
Über den Prozeß der Zivilisation
Soziogenetische und psychogenetische Untersuchungen
Erster Band: Wandlungen des Verhaltens in den weltlichen Oberschichten des Abendlandes
350 Seiten

stw 159 Norbert Elias
Über den Prozeß der Zivilisation
Soziogenetische und psychogenetische Untersuchungen
Zweiter Band: Wandlungen der Gesellschaft. Entwurf zu einer Theorie der Zivilisation
508 Seiten
Die Soziologie des 20. Jahrhunderts konzentriert sich vor allem auf Zustände. Die langfristigen Transformationen der Gesellschaft und Persönlichkeitsstrukturen hat sie weitgehend aus den Augen verloren. Im Werk von Norbert Elias bilden diese langfristigen Prozesse das zentrale Interesse: Wie ging eigentlich die »Zivilisation« im Abendlande vor sich? Worin bestand sie? Und welches waren ihre Antriebe, ihre Ursachen oder Motoren?
Bei Elias' Arbeit handelt es sich weder um eine Untersuchung über eine »Evolution« im Sinne des 19. Jahrhunderts noch um eine Untersuchung über einen unspezifischen »sozialen Wandel« im Sinne des 20.; seine Arbeit ist grundlegend für eine undogmatische, empirisch fundierte soziologische Theorie der sozialen Prozesse im allgemeinen und der sozialen Entwicklung im besonderen.

stw 160 Hans G. Furth
Intelligenz und Erkennen
Die Grundlagen der genetischen Erkenntnistheorie Piagets
Übersetzt von Friedhelm Herborth
384 Seiten
Hans G. Furth hat den ersten Versuch einer systematischen Darstellung der Theorie Piagets unternommen, und er hat,

wie Piaget selbst es formuliert, »diese Aufgabe außerordentlich erfolgreich gelöst«. Piaget zwingt zu einer Revolution unserer Anschauungen, wie es außer ihm in der Neuzeit nur Kopernikus, Darwin und Freud getan haben.

stw 164 Karl-Otto Apel
Transformation der Philosophie
Band 1: Sprachanalytik, Semiotik, Hermeneutik
384 Seiten

stw 165 Karl-Otto Apel
Transformation der Philosophie
Band 2: Das Apriori der Kommunikationsgemeinschaft
464 Seiten
Transformation der Philosophie meint die Transformation der Transzendentalphilosophie des Privat-Subjekts in eine Transzendentalphilosophie der Intersubjektivität.

stw 166 *Seminar: Theorien der künstlerischen Produktivität*
Entwürfe mit Beiträgen aus Literaturwissenschaft, Psychoanalyse und Marxismus
Herausgegeben von Mechthild Curtius unter Mitarbeit von Ursula Böhmer
464 Seiten
Die in diesem Band versammelten Beiträge aus westlichen und östlichen Ländern geben einen Überblick über den gegenwärtigen Stand der »Theorie« künstlerischer Produktivität und einen Ausblick auf mögliche Weiterentwicklungen dieser Theorie.

stw 176 Emile Durkheim
Soziologie und Philosophie
Mit einer Einleitung von Theodor W. Adorno
Übersetzt von Eva Moldenhauer
160 Seiten
Die Aufsätze und Diskussionsbeiträge, die unter dem Titel *Soziologie und Philosophie* zusammengestellt und zuerst 1924 veröffentlicht wurden, führen in ein für Durkheims Denken zentrales Gebiet: in die von ihm intendierte Wissenschaft der Moral, die sowohl individuelle als auch kollektive moralische – und das heißt zugleich anthropologische, psychologische und soziologische – Phänomene erfassen will.

Alphabetisches Verzeichnis der suhrkamp taschenbücher wissenschaft